当代南昌日史

Dangdai Nanchang rishi

第六卷

（1996—2005）

南昌市史志办公室 主编

方志出版社
Publishing House of Local Records

图书在版编目(CIP)数据

当代南昌日史：1996—2005/南昌市史志办公室编.
—北京：方志出版社，2018.11
ISBN 978-7-5144-0502-6

Ⅰ.①当… Ⅱ.①南… Ⅲ.①南昌-地方史-1996-
2005 Ⅳ.①K295.61

中国版本图书馆CIP数据核字(2018)第261299号

当代南昌日史(1996—2005)

编　　者：南昌市史志办公室
责任编辑：刘方圆
出 版 人：冀祥德
出 版 者：方志出版社
地址　北京市朝阳区潘家园东里9号(国家方志馆4层)
邮编　100021
网址　http://www.fzph.org
发　　行：方志出版社图书经销中心
电话(010)67110500
经　　销：各地新华书店
印　　刷：江西龙莹印务有限公司
开　　本：889×1194　1/16
印　　张：39.5
字　　数：958千字
版　　次：2018年11月第1版　2018年11月第1次印刷
印　　数：0001~1000册

ISBN 978-7-5144-0502-6　定价：360.00元

主　　编：郭　毅　龙国英

副 主 编：谢晓亮　张永华　徐明生　邓水龙
谭小荣　张润生

执行副主编：涂俊彦

编　　委：邓国华　汤华宁　戴　怡

编　　务：汪小平　邓　颖　匡　吟　邹　霞
李皓月　曹　欣　廖子君　刘文龙
谢　竞　揭淑琴　喻学辉　方尤莎

电脑制作：饶国英

目 录

第六卷

CONTENTS

1996

“一江两岸”南岸道路工程开工典礼举行

概要

1996年是“九五”计划开局之年。这一年，市委、市政府贯彻中共十四届五中全会、中央经济工作会议和省十次党代会、市七次党代会精神，坚持两个文明建设一起抓，经济和社会协调发展，努力推进经济体制和经济增长方式转变，全力实施兴工强市、兴贸活市和科技兴昌、教育立市战略，突出主攻工业主旋律，提高乡镇企业发展水平和效益，全市国民经济实现持续、快速、健康发展。

改革国有企业 8月28—29日，市委召开七届二次全会，会议着重研究加快工业特别是国有企业改革和发展问题。按照“抓大放小”方针，积极推进企业转机建制，出台并实施关于国有企业兼并、出售、股份合作制、破产、租赁、风险责任承包、托管7个试行办法;改革工业管理体制，将电子、化工、建材、纺织等4个工业局成建制转为行业管理办公室和总公司；组建市物资集团公司，对大宗物资和重要生产资料的经营积极推行代理制和专项经营。

扩大对外开放 12月18日，市委、市政府发出《关于进一步扩大对外开放，开创招商引资工作新局面的若干意见》，加强对开放工作的领导，建立招商引资工作目标责任制，加快“两区”（南昌高新区、昌北开放开发区）建设步伐，加强对利用外资的产业导向，不断改善环境，为外商提供优质服务。

发展乡镇企业 5月9日，市委、市政府发出《关于加快乡镇企业发展若干问题的决定》。要求明确“九五”目标，把发展乡镇企业的重点转移到既重数量和速度，更重质量和效益上来，转移到依靠科技进步和提高劳动者素质的轨道上来，多渠道增加投入。乡镇企业朝着上规模、上档次、上效益的目标发展。全市实现乡镇企业产值205.1亿元，兴建一批工业小区，5000万元以上规模企业发展到26个，兴办合资企业283个。

强化城市建管 城市基础设施进一步改善，滕王阁110千伏变电站建成投入使用，青云水厂二期工程竣工投产。实施“一江两岸”和昌北机场建设工程。8月15日，全面实施城区“四湖”（东湖、南湖、西湖、北湖）整治工程。10月18日，南昌“一江两岸”南岸道路工程开工。20日，南昌昌北机场工程开工。11月8日，市政府发出《关于加强城市规划管理工作的决定》，强调加强城市规划的统一管理，严格控制老城区改造，强化临街建筑外观规划管理，坚决取缔违章建筑，严格临时建筑审批管理，严格执行城市规划法等。

建设精神文明 11月18—19日，市委召开七届三次全会，研究部署社会主义精神文明建设工作，审议通过《关于加强社会主义精神文明建设的主要措施》。全市深入开展塑造文明省会城市形象活动，在城区以遵守《市民行为“十不准”》《市民文明公约》为主要内容，开展“做文明市民，创文明街道、文明单位、文明楼院”活动；在农村进行创建文明新风户和文明村镇活动；在“窗口”单位推行文明规范服务活动和社会承诺制度;对行政执法和管理部门的收费情况进行认真清理，向社会公开收费项目和标准，废止不合理收费项目。

维护社会稳定 4月26日，全市“严打”工作会议召开，传达贯彻中央关于维护社会治安、社会稳定工作的指示和全省“严打”工作会议精神，研究部署全市“严打”工作，依法从重从快惩处严重危害社会治安的犯罪分子。一批重大恶性案件被侦破，一批犯罪分子被惩处。

干部作风建设 1月26日，市委发出《市委常委会关于学习贯彻江泽民总书记在十四届五中全会上的重要讲话，加强自身思想政治建设的几条具体措施》，要求认真学习贯彻落实江泽民重要讲话精神，加强党的建设和政权建设，不断提高干部特别是领导干部的思想政治素质和工作水平，切实抓好拒腐防变和反腐倡廉工作。9月9日，市委发出《贯彻落实省委〈关于加强干部队伍作风建设的若干意见〉的措施》，要求深入开展领导干部“形象工程”建设活动，完善干部考核任用制度，强化正确用人导向，把作风建设作为系统工程来抓。

党政机构改革 2月16日，市委、市政府发出《关于实施市直党政机构改革方案的通知》。市委机构经过改革和调整后，设置工作部门8个（未含归口机构），比原来11个精简27.3%。市政府机构经过改革和调整后，设置工作部门52个，比原来68个精简23.5%。市纪委与市监察局合署办公，一个机构，两块牌子。市人大、政协、法院、检察院机构的改革，按中央和省统一部署组织实施；人民团体、民主党派机构，按照各自的章程进行设置。

解决企业和职工困难 11月24日，市委、市政府发出《关于贯彻落实中办发〔1996〕29号和赣发〔1996〕24号文件精神的通知》。通过设立帮困资金，落实现有解困政策措施，发挥养老保险功能，全面实施再就业工程，开展生产自救和分流安置，深化企业改革等举措切实保障职工基本生活。12月4日，市委、市政府召开动员大会，对江西第四机床厂、南昌轴承厂等一批困难和主要亏损企业实施“曙光行动”，采取抽调机关干部组成工作组下厂帮促、市直机关和优势企业与困难企业结成“一帮一”对子以及一厂一策对困难企业逐个会诊等办法，帮助企业走出困境。

开展学习活动 12月16日，市委发出《关于在全市开展向邱娥国同志学习的决定》。17日，全市向邱娥国学习动员大会召开。31日，市直机关首场邱娥国先进事迹报告会在江西艺术剧院举行，1600余名副科级以上干部听取报告。

战胜自然灾害 这一年，南昌遭遇罕见洪水和强台风袭击等自然灾害。7月17日，市委召开紧急会议，传达贯彻省委、省政府关于抗洪抢险的指示，部署防汛工作。市政府发出《抗洪抢险命令》。8月1—2日，南昌地区遭8号台风袭击，市领导深入南昌县长乐联圩、新建县赣西联圩等险段检查指导抵御台风、抗洪抢险工作。

全市1996年主要经济指标情况 全年实现国内生产总值301亿元，比1995年增长15.4%；地区工农业总产值380.3亿元，增长7.9%；地方财政收入12.06亿元，增长18.9%；城市居民生活费收入达到3645元，增长11.1%；商品零售价格上涨幅度为7.1%，比1995年回落7.3个百分点。

1996

1月

January

公元1996年1月							农历丙子年【鼠】						
日	一	二	三	四	五	六	日	一	二	三	四	五	六
	1 元旦	2 十二	3 十三	4 十四	5 十五	6 小寒	7 十七	8 十八	9 十九	10 二十	11 廿一	12 廿二	13 廿三
14 廿四	15 廿五	16 廿六	17 廿七	18 廿八	19 廿九	20 初一	21 大寒	22 初三	23 初四	24 初五	25 初六	26 初七	27 初八
28 初九	29 初十	30 十一	31 十二										

1日 南昌市禁止各镭射故事片放映单位、音像经营单位放映、经销、出租、播放涉及淫秽、有政治问题及非法走私的激光视（唱）盘电子出版物和由激光视盘故事片转录的录像带。

2日 彭崑生、程金鹏、周鑫群、田新芳等调研南昌县三江镇、新建县南矶乡蔬菜建设基地，要求进一步搞好全市“菜篮子”工程建设。

3日 刘运来率市计委、市财政局、市卫生局、市水产局、市水电局、市农业局、市蔬菜局、市沼气办等部门负责人到新建县南矶乡现场办公，解决北深湖灭螺工程有关问题。北深湖灭螺工程投资100万元，是国家血吸虫病综合防治试点工程。

4日 在全省建筑工程质量检查中，南昌市以91.67%的合格率和27.17%的优良率名列全省榜首，安全生产综合评价居全国第四位。

5日 南昌市易燃易爆库区安全防火现场会日前召开。会议强调，各易燃易爆（站）区要切实按照国家有关规定、规程和标准对安全防火工作进行全面检查，未经批准或未办理注册手续的要抓紧报批；安全防火制度不健全的，要尽快健全完善到位；设施未配齐的，要立即配齐；设备陈旧的，要及时更新。会议要求城建、公安、劳动等有关部门作好易燃易爆库（站）区安全防火整改工作。

同日 全市内部单位春节安全保卫工作动员大会在市公安局会议室召开。会议通报1995年全市治安状况，部署1996年春节期间安全保卫工作。会议要求，各机关团体、企事业单位要严密内部治安管理，强化防范机制。会议决定，从即日起对全市辖区内机关、团体、企业、事业单位内部开展安全防范工作大检查。

6日 国家教委和团中央联合表彰一批大中专院校三好学生、优秀学生干部和先进班集体。其中，南昌大学唐英被评为“全国三好学生标兵”；南昌冶金学院采矿91级1班，南昌师范93级大专班、南昌铁路机械学校93级工民建1班等被评为先进班集体。

同日 市政府召开会议，研究工业“九五”发展重点，布置1996年工业生产任务。会议强调，要明确任务，强化主攻工业意识，把发展工业经济作为全市经济工作主旋律，努力创造一个发展工业经济的良好环境，集中力量培植支柱产业。刘伟平出席并讲话，陈绍翔、李豆罗、姜任保、雷武江等出席。

7日 南昌市首次举行市人大及其常委会选举、任命的国家机关工作人员宪法和有关法律基础知识考试。市人大常委会主任、副主任、秘书长、委员，各委办主任、副主任；市政府市长、副市长、秘书长，以及市政府其他组成人员；市中级人民法院院长、副院长、审判委员会委员、审判员；市人民检察院检察长、副检察长、检察委员会委员、检察员等200余人参加考试。

同日 香港沙田扶轮社向湾里区“希望小学”捐赠50万元。

8日 全省首座全电脑控制、数字微波通信、综合自动化无人值守的110千伏变电站在南昌高新技术产业开发区竣工。该站由高新技术产业开发区与南昌供电局共同筹资建设。

同日 南昌五湖大酒店开业。该酒店由香港力坚制衣厂有限公司董事长朱子仁与南昌市外商投资服务公司合资兴办，由高甄司马国际酒店集团首家管理。

10日 全市国家血防试点、农村卫生工作会议在市政府第一会议室召开。会议回顾总结1995年国家血防试点、农村卫生三项建设等情况，并就1996年工作进行部署。刘运来出席并讲话。

同日 全市开展打击“车匪路霸”重大盗抢犯罪专项斗争行动。行动至3月底结束。重点打击结伙持刀、持枪抢劫、谋财害命犯罪分子及“车匪路霸”团伙主犯和在逃犯，重大盗窃、抢劫团伙主犯和在逃犯。

11日 南昌市西湖派出所率先推出商业网点保安服务。首批58名保安员由西湖保安大队目测、政审、培训合格后上岗执勤，负责店面巡逻，保障责任区安全。

12日 全市政法系统英模报告会在省军区八一会堂举行。全国法院系统一等功获得者、市中级人民法院法医技术室主任曾宪斌，全国司法系统三等功获得者、市劳动教养学校校长王光明，全国检察系统一等功获得者、市人民检察院检察员李小华，全国警界女“十杰”、二级英模、全国“三八红旗手”、市公安局刑侦支队政委倪宝蓉等4位英模分别向大会报告各自在政法战线工作的经历和感受。史骏飞、刘汝舟、瞿祖一、王栎、吴延林，全市政法系统1000余名干警和武警官兵出席报告会。

13日 国家教委将南昌大学列为地方院校进入全国重点大学的第一所预审学校，派出“211工程”预审专家组对南昌大学进行预审。

同日 在国家教委和中国工业与应用数学学会共同举办的1995年全国大学生数学建模竞赛上，由南昌大学基础课部陈涛老师指导，彭小华、薛峰、肖隆等3名学生组成的参赛代表队夺得全国一等奖。

14日 共青团南昌市第十四次代表大会召开。大会审议通过高鹰群作的《团结带领青年为实现跨世纪宏伟目标而奋斗》工作报告，

共青团南昌市第十四次代表大会召开

选举产生新一届团市委。在十四届一次全会上，选举高鹰群为团市委书记，王玮、黄文、邱胜为团市委副书记，高鹰群、王玮、黄文、邱胜、梅梅、刘建洋、万卫国、程一征、杨文斌、陶红为团市委常委。

15日 中共中央政治局委员、国务院副总理李岚清考察南昌高新技术产业开发区和江铃汽车集团公司。

同日 南昌市城市规划设计院测绘队获国家测绘主管部门首批颁发的全国甲级测绘资格证书。

16日 全市检察长会议召开。会议传达全国检察长会议精神，回顾总结1995年工作，讨论研究1996年工作任务。会议指出，1996年全市检察工作任务是认真研究解决新形势下反腐败查办大案要案、打击严重刑事犯罪、加强执法监督和检察队伍建设中遇到的新情况、新问题，坚持“严格执法，狠抓办案”工作方针，一手抓业务，一手抓队伍，不断深化和发展各项检察工作，充分发挥法律监督职能作用。

18日 全市中小学爱国主义教育经验交流会在市委小礼堂举行。会议总结交流爱国主义教育经验，表彰全市爱国主义教育先进单位，研究布置中小学爱国主义教育工作。南昌一中、百花洲小学、上海路街办、南昌飞机制造公司普教处等获奖单位作经验介绍。陈绍翔、陈守朴、龚汝枢、万贤浩及市爱国主义教育领导小组成员单位负责人出席。

20日 第三次全国城市卫生检查评比总结表彰大会召开。南昌市获城市卫生进步奖。

20—24日 政协南昌市九届五次会议召开。会议审议通过李秉荣作的《大胆探索，勇于实践，开创政协工作新局面》工作报告、经自麟作的提案工作情况报告。与会人员列席市十届人大五次会议，听取并讨论市政府工作报告。会议选举程金鹏为市政协主席，补选吴才仁、王玮为市政协常委。

政协南昌市九届五次会议召开

22—26日 市十届人大五次会议召开。会议听取审议刘伟平作的市政府工作报告，市“九五”计划和2010年远景目标纲要的报告，市1995年国民经济、社会发展计划执行情况和1996年计划（草案）的报告，市1995年市本级财政总预算执行情况和1996年市本级财政总预算（草案）的报告，市人大常委会工作报告，市中级人民法院工作报告，市人民检察院工作报告；通过相应决议。会议选举刘伟平为市人民政府市长。

市十届人大五次会议召开

23日 全市计划生育工作会议在南昌宾馆举行。会议强调，计划生育工作始终是社会主义现代化建设过程中一项极其重要的工作，是一项基本国策，任何时候都不能放松。彭崑生出席并讲话，刘伟平、周鑫群、田新芳、李豆罗等出席。县（区）委书记、县（区）长和市计生委等有关部门负责人参加。

26日 省社会治安综合治理委员会授予南昌市1995年度江西省社会治安综合治理目标管理先进单位。

同日 市委发出《市委常委会关于学习贯彻江泽民总书记在十四届五中全会上的重要讲话，加强自身思想政治建设的几条具体措施》，要求加强理论学习、坚定正确的政治方向；自觉遵守中国共产党章程和中国共产党党员领导干部廉洁从政若干准则，严守党的政治纪律；牢记党的宗旨，坚持党的基本政治观点；顾全大局，坚持从政治上观察和处理问题；按照政治家的素质要求不断锤炼自己，做到“自重、自省、自警、自励”；肩负起领导重任，善于从政治上统揽各项工作。

28日 昌九（南昌至九江）高速公路全线通车。公路总长138公里，总投资18亿元，是江西境内第一条全标准、全封闭、全立交四车道高级公路。

同日 市工业领导小组成立。刘伟平任组长，陈绍翔、姜任保任副组长。

同日 省委同意：彭崑生、刘伟平、陈绍翔、蒋如铭、陈守朴、余志坚、田新芳、周启球、李豆罗、马存才为中共南昌市第七届委员会常委；彭崑生为书记，刘伟平、陈绍翔、蒋如铭为副书记。周启球为中共南昌市纪律检查委员会书记，熊全柏、李广辉、任美清（女）为副书记。

30日 省文化市场管理委员会协同省公安、文化、工商、“扫黄”办等部门开展统一行动，查封位于南昌市民德路的1家夜总会，吊销其营业执照。

是月 全国人大常委会副委员长费孝通、全国政协副主席杨汝岱分别考察南昌洪城大市场。

是月 中国职工互助保险会南昌办事处成立。万立新任办事处主任。

是月 江西省第一例管道液化气输配工程在南昌市桃苑住宅小区新区一村铺设完成，并进入输试通气阶段。

是月 安义县东阳乡撤乡建镇。

1996

2月

February

公元1996年2月　农历丙子年【鼠】													
日	一	二	三	四	五	六	日	一	二	三	四	五	六
				1 十三	2 十四	3 十五	4 立春	5 十七	6 十八	7 十九	8 二十	9 廿一	10 廿二
11 廿三	12 廿四	13 廿五	14 廿六	15 廿七	16 廿八	17 廿九	18 除夕	19 春节 雨水	20 初二	21 初三	22 初四	23 初五	24 初六
25 初七	26 初八	27 初九	28 初十	29 十一									

1日　全市政法工作会议在市委小礼堂召开。会议传达贯彻全国、全省政法工作会议精神，部署1996年工作。会议研究全市政法工作如何为实现南昌市国民经济和社会发展“九五”计划和2010年远景目标提供良好社会环境和有力法律保障。彭昆生出席并讲话，要求认真贯彻中央有关政法工作八条指导方针，坚持专门工作与群众路线相结合原则，加强政法队伍建设。

2日　全市经济工作会议在市委小礼堂召开。会议传达贯彻中央和全省经济工作会议精神，总结1995年工作，部署1996年任务。会议指出，要统一思想、统一步调、统一行动，按照“两个根本转变”（推进经济体制和经济增长方式转变）的要求，围绕提高经济效益这个中心，力求速度与效益、微观搞活与宏观调控、总量增长与优化结构、经济发展与社会进步的统一，努力实现经济增实力、企业增效益、农业增供给、群众增收入、财政增财源、发展增后劲。会议强调，要全力实施兴工强市、兴贸活市和科技兴昌、教育立市战略，突出主攻工业主旋律，致力发展“三高”（高产、高质、高经济效益）农业尤其是特色农业，进一步繁荣以商贸为主的第三产业，提高乡镇企业发展水平和效益，加快区街经济，实现全市国民经济持续、快速、

全市经济工作会议召开

健康发展和社会全面进步。彭昆生、刘伟平出席并讲话，李豆罗、姜任保出席。

3日 全市经济体制改革工作会议在市政府第二会议室召开。会议传达贯彻中央和全省经济体制改革工作会议精神，部署1996年全市经济体制改革工作。会议要求，要积极推进经济体制和经济增长方式转变，执行“抓大放小”方针，重点推进国有企业改革，抓好建立现代企业制度试点，对国有企业实施战略性改组；加快转变政府职能，促进政企分开；加快建立和健全社会保障体系；深化流通体制改革，培育和发展市场体系；继续深化农村、城区改革和其他领域的改革，加快开放开发。李豆罗出席并讲话。

3—4日 全市农村工作会议在市委小礼堂召开。会议传达贯彻全国、全省农村工作会议精神，研究部署1996年及“九五”期间全市农业和农村工作。会议强调，要适应社会主义市场经济要求,抓好“米袋子”和“菜篮子”，引导农民进入市场，推动农业产业化，努力增加农副产品有效供给和较大幅度增加农民收入，走城郊型农业和农村发展的路子；“九五”期间打一场“农业上台阶，农民奔小康”攻坚战，1996年要实现“一稳二超三突破”(确保社会稳定；粮食总产16.8亿公斤超历史、农民人均纯收入净增375元，超2000元；主要农作物单产水平提高有新突破、乡镇企业上水平有新突破、特色农业发展有新突破)。彭昆生、刘伟平、蒋如铭、史骏飞、周鑫群、余志坚、田新芳、周启球、李豆罗、马存才、刘高俅等出席，来自农业县（区）的县（区）委书记、县（区）长;分管农业的县（区）委副书记、副县（区）长；各乡镇党委书记和市直涉农单位和部门主要负责人230余人参加。

7日 南昌市仲裁委员会正式成立。该机构由市政府组织有关部门和商会组建，经省司法行政部门登记设立并启动运转，是江西省首家仲裁机构，洪大诚任主任。

8日 省政府召开座谈会，邀请部分出席省“两会”的非公有制经济界代表、委员，以及在南昌的非公有制企业人士出席。座谈会通报省委、省政府关于“大力引进非公有制企业资金、开辟招商引资第二战场”的指示精神和工作部署；恳请非公有制经济界人士在热情投资家乡、建设家乡的同时，广泛宣传江西这一重大举措，积极联络介绍省外非公有制经济界人士来江西考察洽谈。

10日 铁道部副部长蔡庆华在南昌检查向塘新客站，京九铁路跨越浙赣线的向塘特大桥、王家特大桥和向塘西编组场建设情况。

12日 省领导舒圣佑考察江西拖拉机制造厂，要求南昌在工业组织结构、技术结构调整，实行名牌战略、大集团战略方面率先突破。

同日 南昌至合肥西旅游列车首列开行。

13日 省委、省政府和市委、市政府在八一礼堂举行1996年春节拥军优属慰问晚会。省市领导黄智权、彭昆生、冯金茂、彭宏松、蒋如铭、史骏飞、余志坚等,驻赣解放军指战员、武警官兵及优抚对象代表2000余人出席。

14日 市委发出《关于开展向高招利同志学习活动的决定》。

同日 全省最后一个无电乡——新建县南矶乡通电。

15日 全市工业生产经营责任状签字仪式举行。刘伟平代表市政府与四县五区、市直8个工业局和3个集团（公司）签订1996年工业生产经营责任状。刘伟平讲话指出，要把实现目标责任逐级分解落实到经营者身上，把实现目标的着力点放在深化改革、调整结构上，把选拔企业优秀经营者作为实现目标的根本措施。

16日 市委、市政府发出《关于实施市直党政机构改革方案的通知》。市委机构经过改革和调整后，设置工作部门8个（未含归口机构)，比原来11个精简27.3%。市委机构设：办公厅、组织部、宣传部、统战部、政法委、台办、政研室、市直工委；市委直属事业单位4个：党史办、党校、讲师团、南昌晚报社（以上单位规格均为正县级）。市政府机构经过改革和调整后，设置工作部门52个，比原来68个精简23.5%。市政府机构设：办公厅、市计划委员会、市经济贸易委员会、市教育委员会、市科学技术委员会、市农业委员会、市经济体制改革委员会、市人事局、市劳动局、市公安局、市国家安全局、市司法局、市监察局、市法制局、市民政局、市财政局、市地方税务局、市工商行政管理局、市物价局、市统计局、市审计局、市技术监督局、市国有资产管理局、市环境保护局、市土地管理局、市地质矿产局、市城乡规划局、市公用事业管理局、市市容环境管理局、市园林绿化管理局、市房产管理局、市建筑管理局、市农业局、市林业局、市水利电力局、市水产局、市蔬菜管理局、市乡镇企业局、市机械工业局、市轻工业局、市二轻工业局、市交通局、市商业局、市粮食局、市对外贸易经济合作局、市文化局、市卫生局、市计划生育委员会、市广播电视局、市体育运动委员会、市外事办公室、市人民防空办公室。市政府直属事业单位7个：市档案局、市旅游事业管理局、市经济发展研究中心、市对外经济技术合作办、市地方志编委办、市建筑设计研究院、市机关服务中心（以上单位规格均为正县级）。市纪委与市监察局合署办公，一个机构，两块牌子。市人大、政协、法院、检察院机构改革，按中央和省统一部署后组织实施；人民团体、民主党派机构，按照各自章程进行设置。

18日　省领导吴官正前往南昌十七中，与西藏班学生共庆藏历新年。

同日　市运输总公司成建制划拨给江西长运股份有限公司。

21日　中菲合资南昌亚洲啤酒有限公司集体合同签订仪式举行。该公司依据《中华人民共和国劳动法》《中华人民共和国工会法》及《中外合资经营企业劳动管理规定》等有关法律、法规，拟定《南昌亚洲啤酒有限公司集体合同》，内容包括职责和义务、员工聘用与个人劳动合同管理的实施、工作时间和休息时间、工资与福利、劳动经验、劳动保护、奖惩制度、监督检查和仲裁、期限和变更等共11章51条。南昌亚洲啤酒有限公司是由外方控股的全省最大啤酒生产企业，公司有员工1000余人。

22日　省市领导黄智权、刘伟平、李豆罗走访南昌县蒋巷乡和郊区扬子洲乡，向农村干部、农民群众恭祝新春，并勉励他们在“九五”计划第一年开好头、起好步，为农业增产、农民增收，为丰富城镇居民“米袋子”“菜篮子”做出更大贡献。

25日　市政府将元公碑、圣水塘、邓大桥、后湾村井、下徐牌楼、魏松山墓等列入南昌市第二批文物保护单位。

27日　全省“社会先进文化县”暨“百强文化站”命名表彰大会在南昌举行。南昌县、宜丰县等9个县（市、区）获全省“社会先进文化县”称号。

同日　市国防动员委员会成立。彭昆生任第一主任，刘伟平任主任，市委常委、南昌军分区司令员马存才任常务副主任，南昌军分区政委李元庆，陈绍翔、蒋如铭、李豆罗任副主任。

同日　市直党群机关干部大会在市委礼堂召开。会议对市直党群机关加强学习、改进作风，开创机关工作新局面做出部署和安排。彭昆生、陈绍翔、蒋如铭、余志坚、张锦裳等全市党群系统机关干部500余人出席。

28日　市直机关党政机构改革动员大会在市委礼堂召开。会议指出，各部门、各单位要按照市委、市政府统一部署和要求，精心组织、团结一致、克服困难、狠抓落实，确保全市机构改革有领导、有步骤、有秩序地进行，为逐步建立起功能齐全、结构合理、运转协调、灵活高效的行政管理体制而共同努力。彭崑生、刘伟平、蒋如铭、史骏飞、程金鹏等出席，市委各部门、市直各单位副县级以上干部、市属副县级以上事业单位主要负责干部参加。

同日 全市地方立法工作会议在市人大会议室召开。会议传达贯彻全国人大立法工作座谈会和全省立法工作会议精神，总结交流1995年地方立法工作情况和经验，研究部署1996年地方立法工作任务，进一步推动全市地方立法工作开展。

29日 市政府决定建立定期新闻发布会制度。

是月 南昌罐头啤酒厂与菲律宾财团合资创建的南昌亚洲啤酒有限公司灌装生产线正式投入生产。该生产线总投资4000万元，全套设备均从德国引进，每小时可灌装3.6万瓶，年啤酒灌装能力达到10万吨以上。

1996

3月

March

公元1996年3月							农历丙子年【鼠】						
日	一	二	三	四	五	六	日	一	二	三	四	五	六
					1 十二	2 十三	3 十四	4 元宵节	5 惊蛰	6 十七	7 十八	8 妇女节	9 二十
10 廿一	11 廿二	12 植树节	13 廿四	14 廿五	15 廿六	16 廿七	17 廿八	18 廿九	19 初一	20 春分	21 初三	22 初四	23 初五
24 初六	25 初七	26 初八	27 初九	28 初十	29 十一	30 十二	31 十三						

2日 刘伟平前往新建县、安义县、郊区、湾里区检查蔬菜建设基地，对进一步搞好全市“菜篮子”工程建设提出明确要求。刘伟平指出，要实现供需总量平衡，扩大种植面积，大力推广优良品种和先进栽培技术，努力提高单产；提高规模效益，走产业化发展路子，形成产销体系；进一步培育市场，逐步实现市场规律、价值规律，对蔬菜产销的引导；对菜篮子工程建设、市场管理实行行政首长负责制，合理增加投入，加大调控力度。

3日 省军区和南昌军分区联合举办学雷锋奉献日活动。内容包括开展专家义诊、家电维修、理发、自行车修理、国防法律知识咨询等。省市领导郑仕超、仲清、陆殿义、马存才、李元庆、李家润、谭万来、董浩明等，驻市部队官兵和民兵预备役人员参加。

5日 全市国家安全工作会议在市委小礼堂举行。会议传达全省国家安全工作会议精神和市委、市政府《关于贯彻〈加强全省国家安全工作决定〉的意见》，总结南昌市10年来国家安全工作经验，分析当前隐蔽战线斗争形势，部署今后一个时期国家安全工作和任务。会议指出，国家安全工作关系到国家长治久安和社会主义事业盛衰成败，关系到党的领导地位和人民群众根本利益；要在市委、市政府和省国家安全厅领导下，在全市广大党员和人民群众大力支持和密切配合下，严密防范和坚决打击来自境外境内敌对势力相勾结的各种危害国家安全的破坏活动，为保卫国家安全，维护社会政治稳定多做贡献。刘伟平出席并讲话。

6日 市委宣传部、市公安局联合发出《关于禁止在车辆中插挂中外国旗的公告》，要求每位公民都应严肃、认真、规范地升挂和使用国旗，规定非外事活动场合禁止在车辆中插挂中外国旗。

同日 省市妇女纪念“三八”国际劳动妇女节86周年暨实施《中国妇女发展纲要》《江西省妇女发展规划》动员大会在省科技活动中

心科技会堂召开。舒惠国出席并讲话，要求全省各级妇联组织牢牢把握全党全国工作大局，密切结合妇女和妇联工作实际，大力宣传巾帼扶贫、巾帼创业、巾帼扫盲、巾帼成才和巾帼文明行动的重要意义，动员全省妇女广泛参与巾帼系列活动，在推进改革和现代化建设过程中，加快全省妇女运动发展和进步。省市领导卢秀珍、黄名鑫、孙用和、吴永乐、蒋如铭、王玉香、经自麟，老干部危秀英、朱旦华、柳滨及省市各有关方面领导和代表参加。

同日 全市统战工作会议在市委小礼堂召开。会议传达全国、全省统战部长会议精神，总结1995年全市统战工作，部署1996年主要工作任务，表彰1995年度全市统战工作先进集体。会议要求，各级党委、各级统战部门和统战干部要从政治的高度，全局的高度认识新时期统一战线的重要性、必要性和长期性，切实加强对统一战线工作的领导，努力形成全党全社会重视统战工作的新局面。陈绍翔出席并讲话，崔钦汶、雷武江、王修华、张锦裳、万贤浩、钟乐初、邓启明、瞿祖一和省委统战部负责人，各县区委、市直有关单位党委（党组）、国有大中型企业党委和部分市属事业单位党组织分管领导和统战干部出席。

7日 全市各界妇女庆“三八”座谈会在市委小礼堂召开。与会妇女代表围绕如何为实现南昌市“九五”计划和2010远景目标，发挥“半边天”作用和贯彻实施《中国妇女发展纲要》《江西妇女发展规划》等中心议题发言。陈绍翔出席并讲话，要求全市各级妇联组织从开创南昌工作新局面的实际出发，加强自身建设，认真履行各项职能，扎实有效地组织学习、宣传贯彻好《中国妇女发展纲要》和省、市妇女发展规划，努力把妇女工作提高到一个新水平。余志坚、周启球、马存才、王玉香、张锦裳、经自麟等出席。

8—9日 市纪委二次全体会议召开。会议传达贯彻中纪委、省纪委全会精神，总结1995年工作，部署1996年任务，审议通过周启球作的工作报告。会议强调，全市各级党委、政府和纪检监察机关都必须从政治大局的高度来认识和看待反腐败工作的重要性，从维护和发展全党工作大局出发，坚定不移地贯彻“两手抓，两手都要硬”方针，深入持久、更有成效地开展反腐败斗争，积极推进党风廉政建设。刘伟平出席并讲话，陈绍翔、蒋如铭、周鑫群、陈守朴、余志坚、田新芳、周启球、李豆罗、马存才、张锦裳及市纪委委员出席。

11日 市政府授予江西经济管理干部学院、江西省体工大队、南昌机务段、江西光华塑料厂、新建县委县政府机关、南昌SOS儿童村、郊区塘山乡政府机关、南昌县广福乡政府机关、新建县望城乡政府机关、安义县万埠镇政府机关、市自来水公司青云水厂、江西东方制药厂等12家单位“南昌市园林化单位”称号。

同日 全市绿化工作表彰会召开。会议表彰获“全国绿化先进单位”和“全国四百家植树造林先进单位”的南昌陆军学院，获全国绿化工作先进个人的万先勇，获全国造林绿化“千佳村”的南昌县广福乡木山村、安义县乔岭乡合水村，以及全省造林绿化先进单位、造林绿化最佳单位、园林绿化达标县城、园林化单位等。史骏飞、田新芳、李豆罗、经自麟，省林业厅、省绿化委员会、南昌陆军学院、南昌军分区负责人出席。

11—12日 全市组织工作会议在市委小礼堂召开。会议传达贯彻全省组织工作座谈会精神，围绕加强领导班子思想政治建设，对领导干部严格要求、严格管理、严格监督，抓紧培养选拔优秀年轻干部，抓好农村、街道和国有企业党的建设等重点，研究部署1996年组织工作。刘伟平、蒋如铭出席并讲话，陈绍翔、周鑫群、陈守朴、余志坚、周启球、马存才出席。

12日 机械工业部汽车工业司公布1995年全国汽车产品质量统检结果：江铃汽车股份有限公司生产的JX1030DS五十铃轻型载货车被评为一等品。

14日 全市乡镇党委书记培训班在市委党校开班。来自全市农村90余名乡镇党委书记参加为期7天培训。蒋如铭出席开班典礼并讲话。

15日 市粮油工业公司更名为市粮油实业公司。

16日 经省委批准，追认原安义县水电局水政股长高衍豫烈士为中共党员。

20日 市烟草专卖局在南昌县瓜山靶场销毁646件假冒“云烟牌”香烟。

22日 “武汉—南昌—福州”SDH数字微波工程在南昌微波通信局完成装机。这是中国第一条国家干线，在原有模拟微波电路基础上扩容改造。全线共有19个微波站，电路全长796.66公里。

24日 南昌洪城大厦进入全国商业百强企业第95位。南昌洪城大厦是集商业、餐饮业、宾馆业于一体的综合型集团企业，拥有固定资产1.2亿元。1995年销售额为3.11亿元，创税利1600万元。

25日 全市乡镇长培训班开班仪式在市委党校举行。近100名学员进行为期7天学习。蒋如铭出席并讲话。

26日 全市见义勇为先进集体、先进个人表彰大会在市文化会堂举行。市综治委、市见义勇为基金会授予南昌港客运站井冈山17号客轮、南昌县公安局广福派出所“见义勇为先进集体”称号，授予陈小平、黄胜余、高伟、邹小春、徐贻庭、李细妹、周金根、张国和等“见义勇为先进个人”称号。刘伟平、蒋如铭、史骏飞、程金鹏、周鑫群、余志坚、李豆罗、李元庆等出席。

27日 国家计委核定，鄱阳湖重点圩堤与分洪区工程1993年（含1993年）以后的剩余工程量概算调整为5.3亿元（中央安排水利基建投资2.4亿元，其余2.9亿元由地方安排）。其中南昌市境内红旗、长乐、蒋巷、南新、廿四、赣西及军山湖联圩和黄湖、方洲斜塘两座分洪区工程，总工程概算4.8亿元，安排中央投资1.92亿元，其余部分由地方自筹解决。

28日 市委、市政府发出《关于在全市农村全面开展计划生育“三结合”工作的决定》，强调推行计划生育“三结合”（把计划生育工作与发展经济、帮助农民勤劳致富奔小康、建立文明幸福家庭相结合），是党的基本路线和计划生育基本国策在宏观上、微观上的有机结合，是坚持以经济建设为中心，严格控制人口过快增长，进一步加快经济发展的客观要求。

同日 市委办公厅发出《批转市委党史办〈关于进一步加强党史工作的几点意见〉的通知》，强调党史工作是党的一项重要工作，是党的建设不可缺少的组成部分，又是一项带全局性的工作。

是月 林业部、省绿化委分别授予安义县“全国平原绿化先进单位”和“江西省绿化最佳县”称号。

是月 科技部授予南昌县“全国科技工作先进县”称号。

1996

4月

April

公元1996年4月							农历丙子年【鼠】						
日	一	二	三	四	五	六	日	一	二	三	四	五	六
	1 十四	2 十五	3 十六	4 清明	5 十八	6 十九	7 二十	8 廿一	9 廿二	10 廿三	11 廿四	12 廿五	13 廿六
14 廿七	15 廿八	16 廿九	17 三十	18 初一	19 初二	20 谷雨	21 初四	22 初五	23 初六	24 初七	25 初八	26 初九	27 初十
28 十一	29 十二	30 十三											

1日 市委发出《关于开展领导干部“形象工程”建设活动的通知》，要求通过开展以“学先进、树形象、做人民好公仆”为主题的领导干部“形象工程”建设活动，使全市各级领导干部特别是县级和县级以上领导干部进一步坚定共产主义理想、信念，坚持走有中国特色社会主义道路，牢记党的性质和全心全意为人民服务的宗旨，真正做到“三讲”（讲学习、讲政治、讲正气）和“四自”（自重、自省、自警、自励），树立领导干部好公仆形象。

同日 京九铁路全线分流仪式在南昌向塘火车站举行。10时30分，跨越赣粤的货列驶出京九线上大型枢纽站——向塘火车站，大京九铁路实现全线分流。

2日 全市宣传部长会议在市委小礼堂举行。会议传达贯彻全国、全省宣传部长会议精神，总结中共十四大以来南昌市宣传思想工作经验，研究精神文明建设规划，部署1996年宣传思想工作。会议强调，要认清形势，抓住机遇，把宣传思想工作抓得更紧更好；要明确任务，扎实工作，把宣传思想工作各项任务落到实处；要加强领导，务求实效，努力使全市宣传思想工作更上一层楼。刘伟平出席并讲话，陈绍翔、蒋如铭、周鑫群、陈守朴、余志坚、田新芳、马存才等出席。

4日 省《中华人民共和国土地管理法》执法检查组到南昌市进行检查验收。刘伟平向执法检查组详细汇报南昌市1995年土地执法检查中查出的违法案件情况。

5日 省领导舒圣佑考察南昌市规划建设中的赣江、抚河两岸工程。他指出，搞好南昌市建设，不仅关系到南昌市形象，而且关系到全省形象。

同日 全市党史工作会议召开。会议传达贯彻全省党史工作会议精神，总结全市党史机构建立以来的工作，讨论《南昌市党史工作五年规划（1996—2000年）（征求意见稿）》，部署一个时期的主要任务。蒋如铭出席并讲话。

同日 “俄罗斯杯”国际航海模型锦标赛在俄罗斯罗斯托夫市举行。比赛期间，代表中国参赛的南昌市海模队获3枚金牌、2枚银牌、2枚铜牌。其中，徐宇制作的“密苏里”战舰模型、“谢多夫”海帆船模型分获C4级、C5级金牌，熊强制作的“日本丸”海帆船模型获C3级金牌。

6日 全市防汛工作会议在市政府第二会议室召开。会议强调，要提高对防汛工作重要性、紧迫性、艰巨性和洪水突发性、毁灭性的认识，增强水患意识，牢固树立防大汛、抗大灾和抗灾夺丰收的思想，认真落实好防汛责任制，严格防汛纪律，从早、从难、从严做好防洪抢险各项准备工作，确保全市安全度汛。刘伟平、周鑫群、田新芳、李豆罗、沈思义，市防总成员及各县区防总指挥长、水电局长、防办主任，各重要圩堤、水库管理站负责人出席。

9日 全市领导干部“形象工程”建设活动动员大会在南昌文化会堂召开。蒋如铭作题为《学先进，树形象，做人民好公仆》的报告。刘伟平主持，史骏飞、周鑫群、陈守朴、余志坚、田新芳、马存才等出席。

12日 市政府召开1995年度市属重点企业目标考核兑现会。14户企业获“经济效益先进企业”称号，19位企业法人代表受到奖励。

15日 南昌、九江、景德镇三市与沈阳市举行经贸洽谈会。双方共达成各类经济技术项目170项，其中经济联合项目31项，技术协作项目51项，商贸项目88项。

16日 南昌市第一职业中学晋升为国家级重点职业高中，成为江西省城市职业学校中唯一国家级重点职业高中。

18日 省领导舒圣佑会见到南昌考察江铃汽车集团的美国福特汽车公司董事长兼总裁乔注曼一行。

同日 全市领导干部重新学习《为人民服务》《纪念白求恩》座谈会在市委小礼堂召开。蒋如铭出席并讲话，强调领导干部重温《为人民服务》《纪念白求恩》，就是要树立和保持人民好公仆良好形象，在“自重、自省、自警、自励”上下功夫。

19日 市政府决定设立塑造文明省会城市形象活动奖励基金。奖励基金来源为社会各界、国内外、海内外友好团体和友好人士的自愿捐赠。

21日 晚9时许至次日凌晨6时，全市开展万人统一大搜捕犯罪分子行动。搜捕重点范围是全市旅店业尤其是私人旅社和私人出租房，公共娱乐场所如歌舞厅、酒店、录像厅、游戏机室、营业性浴室，公共复杂场所如公园、车站、码头、停车场、美容美发厅、基建工地等；重点搜捕对象是在册重大逃犯和现行案件的各类在逃人员，各类犯罪团伙中未查处或未归案的成员，非法持有各种枪支、管制刀具的犯罪嫌疑人员，有结伙绑架、勒索等违法犯罪行为人员，称霸乡里、欺行霸市、危害一方的流氓恶势力成员，有贩毒、吸毒、制黄贩黄、卖淫嫖娼，以及聚众赌博等违法犯罪行为人员及各类现行作案的违法犯罪人员。此次行动共破获各类案件563起，其中特大案件57起，抓获各类违法犯罪分子539名，其中在册逃犯130名，捕捉现行违法犯罪人员409名，摧毁犯罪团伙41个，收缴枪支、管制刀具及其他作案工具204件，缴获赃款赃物价值40余万元。

同日 全市轻工行业最大的中外合资企业——江西草珊瑚牙膏有限公司正式挂牌。

同日 李渡国际焰火艺术燃放有限公司成立。

22日 深圳方大实业股份有限公司董事长熊建明向南昌市“塑造文明省会城市形象奖励基金”捐资20万元。刘伟平代表市政府接受捐资，这是南昌市设立“塑造文明省会城市形象奖励基金”后接受的首次捐资。

24日　市委、市政府发出《关于认真做好培养选拔村党支部书记和加强村干部队伍建设工作的意见》，强调按照新形势与任务的要求，进一步增强培养选拔村党支部书记和加强村干部队伍建设工作的紧迫感；按照新时期村党支部书记的任职标准认真做好村党支部书记和村干部选拔工作；按照新时期农村中心任务加强对村干部教育培训；按照新时期村干部职责要求加强对村干部管理；按照现有村干部一职一备要求抓好村级后备干部队伍建设；按照培养选拔村党支部书记和加强村干部队伍建设总体要求强化各级党委领导责任。

25日　南昌县蒋巷乡、广福乡撤乡建镇。

同日　市委办公厅转发市委政法委《关于高度重视当前突出的社会治安问题，切实做好维护稳定工作的意见》，要求各级党委、政府和政法部门认清当前形势，切实加强对维护稳定工作的领导；部署开展强有力的"严打"斗争，坚决把犯罪分子的嚣张气焰打下去；大力加强情报信息和侦查控制工作，严防境内外敌对势力在重要时期制造事端；妥善处理人民内部的矛盾纠纷，做好群众来访工作；注重标本，狠抓综合治理各项措施的落实；深入开展反腐败斗争，大力加强政法队伍建设等。

同日　全市卫生系统首家全国三级甲等医院——南昌市第一医院挂牌仪式举行。陈绍翔、龚汝枢、刘运来、万贤浩出席。

26日　全市"严打"工作会议召开。会议传达贯彻中央关于维护社会治安、社会稳定工作指示和全省"严打"工作会议精神，研究部署全市"严打"工作。会议强调，要依法从重从快惩处严重危害社会治安的犯罪分子。刘伟平出席并讲话，市中级人民法院院长王栎、南昌军分区参谋长李家润及有关部门负责人出席。

同日　全国总工会授予南昌齿轮厂李研、江西棉纺织印染厂周荣花、南昌第一医院朱炎、江西柴油机厂张炳耀全国"五一劳动奖章"；省总工会授予缪黎琴等14人省"五一劳动奖章"，江氨化工有限责任公司等26家单位（班组）"省社会主义劳动竞赛先进集体"，张赣利等9人"优秀组织者奖"。

同日　国内第一条汽车多联齿轮激光焊接设备在南昌齿轮厂通过中国科学院验收。

28日　市委宣传部、团市委、市教委在人民广场联合举行"做文明青年，建文明城市"签名承诺活动。省市领导钟起煌、刘伟平、陈绍翔、蒋如铭等和万名团员青年参加。

"做文明青年，建文明城市"签名承诺活动举行

29日　全市庆"五一"暨劳动奖章、奖状授奖大会在市委礼堂召开。会议宣读全国、全省"五一劳动奖章"南昌市获得者名单和市总工会《关于表彰1996年南昌市"五一"劳动奖章、奖状的决定》。刘伟平、陈绍翔、蒋如铭、史骏飞、周鑫群、余志坚、周启球、马存才等出席并颁发奖章、奖状，来自全市各行各业先进分子代表、职工代表、基层工会干部代表700余人参加。

30日　南昌新八一大桥南引桥D-3标段高架工程正式动工开钻。南昌新八一大桥南引桥D－3标段位于桥头高架三层互通式立交，向市内阳明路延伸，桥面总长740米，桥面宽15.88米，总面积8000平方米，主桥最高点为12.5米，总造价1330万元。

同日 全市纪念五四运动77周年暨1995年度全市共青团先进集体、先进个人表彰大会召开。会议表彰南昌县团委等70个“先进团委”，江西南光仪表电子总厂电子车间团支部等135个“先进团（总）支部”及352名“优秀团干部”“优秀团员”。会议强调，全市各级团组织要引导、帮助广大青年提高素质，发愤成才、艰苦奋斗，建功立业，在团员、青年中广泛开展“做文明市民、树文明城市形象”活动，在社会主义精神文明建设中发挥更大作用。陈绍翔出席并讲话，全市各条战线团员、青年代表200余人参加。

是月 全市各县、区人民武装部从地方收回划归军队建制。

1996

5月 May

公元1996年5月							农历丙子年【鼠】						
日	一	二	三	四	五	六	日	一	二	三	四	五	六
			1 劳动节	2 十五	3 十六	4 青年节	5 立夏	6 十九	7 二十	8 廿一	9 廿二	10 廿三	11 廿四
12 廿五	13 廿六	14 廿七	15 廿八	16 廿九	17 初一	18 初二	19 初三	20 初四	21 小满	22 初六	23 初七	24 初八	25 初九
26 初十	27 十一	28 十二	29 十三	30 十四	31 十五								

2日 铁道部副部长孙永福在南昌市检查浙赣线和皖赣线建线情况。

3日 省市青年纪念五四运动77周年暨表彰大会在省军区八一会堂召开。会议表彰一批先进基层团组织、优秀团干和优秀团员。南昌市东湖区城建局团总支获“先进团（总）支部”，共青团南昌县委获“先进基层团委”。

4日 中共中央政治局常委、国务院副总理朱镕基考察江铃汽车集团发动机分厂发动机总装生产线和江西纸业集团公司。

5日 省市联合在人民广场举行主题为“全民食用合格碘盐”的“防治碘缺乏病日”活动。

6日 市政府发出《南昌市行政事业单位预算外资金管理办法》，对预算外资金的来源、分类、账户、使用、管理等做出规定。

7日 “做文明市民，建文明城市”签名承诺活动在市委大院举行。市委要求，广大机关干部职工要以提高市民素质、提高城市文明程度为目标，自觉遵守“市民行为十不准”和“市民行为道德规范”要求；切实做到带头讲文明用语，不说脏话、粗话，努力在机关形成讲文明用语、讲礼貌氛围；带头遵守交通规则，做到不爬栏杆，更不闯红灯，自觉维护好交通秩序；带头维护环境卫生，不乱丢乱吐乱扔，按照市容管理条例来规范自己行为，推崇“做文明人，走清洁路”的社会风尚。陈绍翔、周鑫群、陈守朴、余志坚、田新芳及部分市委机关干部参加。

同日 香港中华商会1996年江西京九线商务考察团一行对京九沿线南昌、九江、吉安等地投资环境、投资政策、投资项目进行为期一周实地考察。考察团由香港中华总商会副会长、香港特别行政区筹委会委员王敏刚等50名香港工商界知名人士组成。

同日 向塘、王家特大高架桥正式开通。该项目地处京九、浙赣铁路枢纽，全长1898米，总投资1000万元，是京九铁路一项重要工程。

8日 以康普兰得为组长的欧洲联盟委员

会江西沙地开发项目中期治理评估组到南昌县富山乡考察评估沙洲治理情况。富山乡沙山沙洲治理从1994年9月开始，由欧洲联盟委员会提供技术资金，英国农业系统海外有限公司提供技术服务，已建成亚热带风沙化土地综合开发试验站，并完成7个塑料大棚和近70%灌溉工程安装任务。

9日 市委、市政府发出《关于加快乡镇企业发展若干问题的决定》，要求明确“九五”目标，实现“两个转移”（把发展乡镇企业重点转移到既重数量和速度、更重质量和效益上来，转移到依靠科技进步和提高劳动者素质的轨道上来）；多渠道增加投入，加快工业小区建设，培养引进人才，多方扶助支持，切实加强领导等。

同日 市委办公厅、市政府办公厅发出《关于对县区信访工作实行目标管理的意见》。决定从1996年起，对县区信访工作实行目标管理，定期进行考核，同时在全市开展“全年无越级赴京、到省上访先进县区”“全年无来市集体上访县区”和“三无县区”（全年无越级赴京到省访、无来市集体访、无在省市滞留老户）活动。

同日 《中国少年报》《江西少年》驻南昌小记者站暨南昌市小记者团在市少年宫正式成立。

10日 市中级人民法院、市人民检察院、市公安局、市司法局联合发出《关于敦促犯罪分子投案自首的联合公告》。公告强调，凡有犯罪行为的人，包括负案在逃或批捕后潜逃的犯罪分子，以及在押未决犯、劳改逃跑犯和外逃的劳教人员，自该通告发布之日起至1996年6月15日前，必须到当地公安、司法机关投案自首，坦白交代犯罪事实，争取从宽处理。公告指出，在上述规定的期限内主动投案自首，坦白交代罪行的或有检举立功表现的，依照《中华人民共和国刑法》第63条、第59条之规定，可以从宽处理；凡揭发检举其他犯罪分子的罪行得到证实的，或提供重要线索、证据经查证属实的，或主动协助司法机关缉捕其他罪犯的，将分别根据其立功表现从轻、减轻、免除处罚或给予适当奖励；凡在本通知规定期限内，继续隐瞒罪行、抗拒交代的，或继续隐匿潜逃、拒不归案的，或公然违抗、顶风作案的，或明知同伙或他人有罪而不检举揭发的，以及继续窝藏、包庇各种犯罪分子的，都将分别情况，从严惩处；凡对违法人员和检举揭发者进行阻挠、威胁和行凶报复的，或乘机捏造事实诬告陷害他人的，或徇私包庇犯罪分子的，或为犯罪分子隐匿、销毁罪证或出具伪证的，都将依法从严惩处。

11日 全国规模最大的中日友好会馆——南昌高松中日友好会馆在青山湖畔落成。该会馆由日本国高松市和南昌市共同投资兴建，其中日方投资1.2亿日元，中方投资500万元，是一项具有国际影响的跨国工程。整个工程建筑面积3900平方米，占地面积0.51公顷，由市二建公司承建。

南昌中日友好会馆落成暨开馆典礼举行

12日 南昌陆军预备役步兵师炮兵团预任军官授衔仪式举行。

13日 全市乡镇企业工作会议在市委小

礼堂召开。会议传达贯彻全省乡镇企业工作会议精神，总结经验，表彰先进，部署任务。会议强调，乡镇企业发展关键问题是人才问题，发展乡镇企业根本出路在于发挥自身机制优势，必须立足市场、面向市场，从经营方式上实现由生产经营向资本经营转变。刘伟平出席并讲话，陈绍翔、史骏飞、程金鹏、周鑫群、余志坚、田新芳、李安全等出席。

14—15 日　中共中央政治局常委、中央军委副主席刘华清先后考察南昌飞机制造公司、江铃汽车集团公司，参观南昌八一起义纪念馆。

17 日　全国人大常委会副委员长布赫在南昌等地考察贯彻实施《中华人民共和国教育法》情况。

18 日　南昌市、县（区）领导“国防日”活动举行。在南昌陆军学院，市、县（区）领导聆听新时期邓小平国防建设思想讲座，观看高科技武器装备录像，参观军事专业教室，体验士兵生活，与军校学员共进午餐，并进行轻武器实弹射击。刘伟平、陈绍翔、蒋如铭、程金鹏、周鑫群、陈守朴、余志坚等参加。

市、县（区）领导参加全民国防教育日活动

19 日　铁道部副部长傅志寰在南昌检查铁路运输生产等情况。

20 日　市烟草专卖局在东湖区捣毁一特大假烟窝点，收缴假冒阿诗玛牌、玉溪牌、红梅牌香烟等 9200 条。

22 日　市委宣传部、市文联、市文化局在市委小礼堂召开纪念毛泽东《在延安文艺座谈会上的讲话》发表 54 周年座谈会。陈绍翔出席并讲话，要求认真落实创作和生产规划，重点抓好艺术精品创作和生产；加强文艺队伍建设，特别是要加强中青年文艺工作者培养，造就跨世纪文艺人才。陈守朴、龚汝枢、万贤浩出席。

23 日　市十届人大常委会第三十次会议决定：任命李安全为市政府副市长。

同日　市委转发市委组织部《南昌市党的机关、人大、政协机关，社会团体、民主党派机关参照〈国家公务员暂行条例〉管理的实施办法》，对参照公务员管理的实施范围、实施步骤、实施办法、组织领导等做出规定。

同日　市工商局双生市场管理处更名为市工商局车辆交易运输市场管理处；市工商局昌北开放开发区分局更名为市工商局昌北分局。

24 日　全市清查整顿预算外资金动员大会召开。会议要求，各县区、各部门要切实重视和做好清查整顿工作，把清查整顿工作提高到深入推进反腐败斗争、全面实现国家经济发展战略目标决定的高度来认识；要集中力量组织重点检查有群众举报、预算外资金管理和使用中问题比较突出的部门、单位和项目。刘伟平出席并讲话，刘高俫、王修华及财政、监察、审计、物价、人民银行等部门负责人出席。

25 日　省青少年发展基金会在南昌百货大楼设立全省第一个希望工程募捐箱。陈绍翔及省市有关部门负责人带头为希望工程捐款。

27 日　华东省会城市文化局长联谊会在南昌市召开。出席联谊会的有南京、南昌、杭州、济南、合肥、福州六省会城市的文化局长，应邀出席的还有西安市和深圳市文化局长。陈绍翔、陈守朴、龚汝枢、刘运来、万贤浩出席。

28 日　全市划定基本农田保护区工作会

议在南昌县举行。会议传达贯彻党中央、国务院关于加强耕地保护的重要决策，研究部署全市基本农田保护工作。会议强调，要保护好耕地，必须实行行政首长责任制，把耕地保护工作列入各级政府任期目标，作为政绩考核重要内容，并接受群众和社会监督；要强化规划控制管理和建设用地审批管理，城镇建设规划必须与土地利用总体规划相协调。刘伟平、史骏飞出席并讲话。会议期间，与会人员参观南昌县向塘镇南店、高田、河头3个村的基本农田保护区现场。

同日　国家烟草专卖局致电江西省烟草专卖局和南昌卷烟厂，祝贺金圣牌保健卷烟获第24届日内瓦国际发明和新技术博览会金奖。

30日　全市农村社会养老保险试点工作动员会在南昌县塘南镇召开。

31日　高招利事迹报告会在市委礼堂举行。湾里区委常委、宣传部长兰玉华，湾里区梅岭镇风景村党支部书记钟金水、高招利的爱人罗小兰作报告。蒋如铭出席并讲话，他指出，学习先进事迹要同思想实际、工作实际紧密联系起来，实实地做好本职工作；要以高招利为榜样，按照市委、市政府要求，认真履行职责，增强事业心和责任感，强化服务意识。史骏飞、程金鹏、陈守朴、余志坚、田新芳、马存才等和市直机关干部700余人出席。

是月　新建县象山乡撤乡建镇。

是月　民政部授予南昌市西湖街道康王庙居民委员会“全国模范居委会”称号。

1996

6月

June

公元1996年6月							农历丙子年【鼠】						
日	一	二	三	四	五	六	日	一	二	三	四	五	六
						1 儿童节	2 十七	3 十八	4 十九	5 芒种	6 廿一	7 廿二	8 廿三
9 廿四	10 廿五	11 廿六	12 廿七	13 廿八	14 廿九	15 三十	16 初一	17 初二	18 初三	19 初四	20 端午节	21 夏至	22 初七
23 初八	24 初九	25 初十	26 十一	27 十二	28 十三	29 十四	30 十五						

1日 南昌火车站引进3台ND3型中功率内燃机车，结束60年来使用蒸汽机车历史。

3日 全国劳模徐虎事迹报告团在省军区礼堂作首场报告。徐虎作《辛苦我一人，方便千万家》的报告。省领导钟起煌出席并讲话，要求认真学习徐虎全心全意为人民服务的崇高精神，和在本职岗位上为群众办好事、无私奉献的思想作风。蒋如铭、李豆罗及来自东湖区的1200名干部职工聆听报告。

4日 省市领导会商南昌“一江两岸”和昌北机场建设大计。吴官正要求南昌市创全国一流沿江景观，在京九线树立南昌现代都市新形象。

同日 日本岐阜县卫生环境部长小田清一率卫生环境友好访问团一行考察南昌等地中医中药和疗养保健工作。

5日 南昌市纪念“6·5”世界环境日大型环境宣传咨询活动在人民广场举行。围绕“我们的地球、居住地、家园”这一主题，市环保局组织南昌柴油机厂、江西清华泰豪电器有限公司、南昌航空工业学院、江西化纤厂等单位开展宣传咨询活动。史骏飞、程光茹、瞿祖一和有关部门负责人参加。

6日 农业部副部长张延喜考察南昌铁路二村农贸市场。

同日 市委发出《关于坚持和完善中国共产党领导的多党合作和政治协商制度的实施办法》。内容包括党委与民主党派的政治协商制度，党委和政府领导与民主党派的交友联谊制度，政府与民主党派、工商联的联系制度，政府有关部门与民主党派、工商联对口联系制度，民主监督制度以及民主党派、无党派人士的政治安排，民主党派成员、无党派人士的实职安排等。

10日 全省各级法院开展统一行动，集中宣判1000余名严重危害社会治安的刑事犯罪分子。南昌市有21名罪大恶极的犯罪分子被执行死刑。

11日 南昌铁路分局开出首列南昌至北京的全列空调、全程对号入座优质优价特快列车。

12日 省市领导孙用和、田新芳、李安全在青云谱区考察农业生产、乡镇企业发展和计划生育工作情况。

13日 全市企业党建工作会议在市委小礼堂召开。会议讨论市委《关于发挥企业党组织政治核心作用工作条例》和市委、市政府《关于进一步加强国有企业领导班子建设的意见》。会议要求，增强抓好企业党建工作的责任感和紧迫感，在增强企业党建工作实效性上下功夫，创造企业党建工作的良好环境。蒋如铭出席并讲话，陈绍翔、周鑫群、陈守朴、田新芳、周启球、李豆罗、马存才、姜任保出席。

全市企业党建工作会议举行

14日 全市政法系统为“兴工强市”服务动员会在市委礼堂召开。会议发布《全市政法系统为“兴工强市”服务的措施》。刘伟平、李豆罗，全市政法系统各部门中层以上干部和各县（区）分管政法工作领导出席。

16日 市公安局特警、巡警防暴训练汇报表演在市公安局特警支队训练基地举行。省市领导彭崑生、彭宏松、全文甫、李修源、刘伟平、陈绍翔、蒋如铭、史骏飞等和省有关单位负责人出席。近1000名特警、巡警参加汇报表演。

17日 刘伟平在中日友好会馆会见著名美籍华人、美国国际合作委员会主席陈香梅和美中航运公司董事长郝福满。

18日 中外合资昌梅建筑设备有限公司在南昌飞机制造公司挂牌成立。该公司由美国国际科技公司、南昌飞机制造公司、市一建公司共同出资100万美元组建，并在全国首家引进美国建筑行业采用的天马平台建筑技术。

同日 省司法厅、市司法局和省市律师协会在人民广场联合举办《中华人民共和国律师法》宣传和咨询活动。省市33家律师事务所、300多名律师参加宣传和咨询活动。省市领导黄名鑫、黄立圻、刘汝舟和政法部门负责人参加。

同日 市政府发出《南昌市体育市场管理规定》。内容包括体育市场管理机构及其职责、申办条件和程序、监督管理、奖励与处罚等。

19日 省领导舒圣佑、朱英培考察南昌齐洛瓦电冰箱有限公司、南昌灯泡厂、南昌柴油机厂、南昌三波电机厂、南昌第五机床厂和中外合资安特电缆公司。

21日 市四套班子成员集体讨论城区“四湖”整治方案。

22日 经国务院学位委员会第十四次会议批准，江西省高校新增南昌大学中德联合研究院的食品工程为博士学位授权学科。

24日 新加坡吉保发展有限公司总裁高克成为南昌市“塑造文明省会城市形象奖励基金”捐资40万元。

25日 全市农业普查工作会议在市政府礼堂召开。会议要求，要充分认识农业普查重大意义，认真执行国务院、省政府关于开展农业普查的政令，高质量完成农业普查任务。刘伟平与各县区负责人签订农业普查责任书，李安全传达全国和全省农业普查工作会议精神，市统计局负责人宣读南昌市首次农业普查总体方案及实施意见。市直有关部门、各有关县区领导及全市各乡镇场负责人出席。

同日 南昌市捐助活动领导小组成立。李豆罗任组长。

同日 南昌市在人民广场举行土地管理成果展活动，纪念《中华人民共和国土地管理法》颁布10周年及第六个全国土地日。第六个全国土地日主题是“土地与发展——保护我们的生命线”。

26日 市政府发出《关于贯彻实施〈中华人民共和国行政处罚法〉的通知》，要求认真学习、宣传行政处罚法，充分认识实施行政处罚法的重要意义；抓紧做好规章和规范性文件清理、修订工作；清理行政执法机构，加强行政执法队伍建设；加强对行政处罚的监督工作；以贯彻实施行政处罚法为契机，进一步加强政府法制建设。《中华人民共和国行政处罚法》于10月1日起施行。

同日 市委组织部、市委宣传部在市委礼堂举行电影《孔繁森》首映式。彭崑生、陈绍翔、蒋如铭、程金鹏、周鑫群、陈守朴等，各县区委书记、县区长、县区委组织部长、宣传部长，市委各部门、市直各单位领导，中央、省、市属企事业单位党委书记和部分机关干部出席首映式。

同日 全市禁毒大会在市工人文化宫体育馆召开。大会宣布依法逮捕和判决一批毒品犯罪分子，对一批毒品违法人员实行劳动教养。李豆罗、刘汝舟、王栎等出席。

27日 中国平安保险公司南昌办事处总经理一行来到铁路二村居民陈某家中，将6万元现金交给受益人，这是江西首例巨额个人寿险理赔兑付。

同日 南京军区在南昌陆军学院召开部队、院校共育人才会议。会议指出，人才是建军之本，要扎扎实实做好共育人才工作。南京军区司令员陈炳德中将出席并讲话。

28日 国家教委表彰全国百名幼儿教育先进县（市）、区，南昌县被授予“全国幼儿教育先进县（市）”称号。

29日 全市优秀村党支部书记暨培养选拔村党支部书记工作先进乡镇党委书记表彰大会在市委礼堂召开。来自全市农村的120名村党支部书记和10名培养选拔村党支部书记工作先进乡镇党委书记受到表彰。蒋如铭出席并讲话，要求各级党委充分认识加强培养和选拔村党支部书记工作的极端重要性，进一步增强工作责任感、紧迫感和使命感，加强领导、改进工作，努力造就适应新形势需要的村党支部书记队伍。

1996

7 月

July

公元 1996 年 7 月							农历丙子年【鼠】						
日	一	二	三	四	五	六	日	一	二	三	四	五	六
	1 建党节	2 十七	3 十八	4 十九	5 二十	6 廿一	7 小暑	8 廿三	9 廿四	10 廿五	11 廿六	12 廿七	13 廿八
14 廿九	15 三十	16 初一	17 初二	18 初三	19 初四	20 初五	21 初六	22 大暑	23 初八	24 初九	25 初十	26 十一	27 十二
28 十三	29 十四	30 十五	31 十六										

1 日 市委召开纪念中国共产党成立 75 周年座谈会。彭崑生出席并讲话，要求领导干部按照江泽民关于《努力建设高素质的干部队伍》讲话精神，带头把讲政治要求落实到自身建设上来。他指出，要刻苦学习理论，切实解决思想上入党的问题；始终牢记党的宗旨，不断增强党性；进一步强化政治意识、机遇意识、责任意识和创新意识。陈绍翔、蒋如铭、史骏飞、程金鹏、周鑫群、余志坚、田新芳等，老干部张夫生、王显文、林本英、陈正根及部分老红军，市委、市政府各部门主要负责人，在改革开放和现代化建设中做出突出贡献的党员代表等共 100 余人出席。

同日 南昌市取消粮食销售平价，停止使用南昌城镇居民粮油供应证。

同日 市委选调 30 名年轻县级干部到中共中央党校接受为期 1 个月培训。此次赴京参训学员，有县区和市直机关、部分市属企事业单位干部，还有 2 名党外干部。他们都有大专以上文化程度，绝大多数年龄在 40 岁以下，年龄最小的 30 岁。

2 日 南昌市“做文明市民，建文明城市”专题文艺晚会在江西艺术剧院举行。彭崑生、陈绍翔、蒋如铭、史骏飞等观看演出。

3 日 市政府发出《南昌市公共安全技术防范管理规定》，对安装技防设施场所、申请办理技防产品生产许可证应当具备条件、违反本规定行为处罚等做出规定。

同日 全市国有资产管理工作会议召开。会议总结 1995 年和 1996 年上半年国资工作情况，表彰清产核资工作先进单位和先进个人，并对下半年国资工作进行部署。

同日 中央、省属及市属企业领导干部 750 余人在市委礼堂听取南昌市亨得利钟表眼镜公司党总支副书记、经理熊林根，江西柴油机厂党委书记、厂长张炳耀，江铃车轮厂党委书记、厂长甘章源，江西麻纺织厂党委副书记、厂长陈坚 4 位企业领导干部先进事迹报告。蒋如铭出席并讲话，史骏飞、余志坚、李豆罗、马存才等出席。

5日 江西省第三届名优产品推介新闻发布会举行。发布会推介金圣卷烟、乔家栅系列食品等10种名优产品。

6日 省政府召开动员大会。会议动员省直机关和中央驻昌单位迅速行动起来，支持和配合南昌市塑造“文明省会城市”形象行动，积极投入综合整治市容环境，达到“垃圾袋装、楼道整洁、占道清理、摊点入店、集贸进市（棚）、净菜进城、施工文明、各行其道、停放规范、绿地增加”等10项具体目标。

8日 市政府发出《南昌市实施义务教育若干规定》，要求各级政府加强对实施义务教育工作的领导，逐级签订义务教育工作目标管理责任书，制定实施义务教育具体方案，依法筹措义务教育经费，采取各种措施保障适龄儿童、少年就学；各级教育主管部门在同级人民政府领导和上级教育主管部门指导下，具体负责组织、管理实施义务教育日常工作；各级计划、财政、劳动、人事、工商行政、公安等部门按照各自职责，配合教育主管部门做好义务教育工作。

同日 市委办公厅发出《关于认真学习贯彻江泽民在纪念中国共产党成立75周年座谈会上的重要讲话的通知》。

9日 南昌市部分“三资”企业代表座谈会在市委小礼堂召开。会议围绕南昌如何更加积极合理有效地利用外资，扩大对外开放等进行座谈。彭崑生出席并讲话，他指出，面对新世纪、新机遇、新挑战，特别是京九线贯通，必须加快南昌新一轮对外开放，更多更快更好地利用外资是当前经济工作十分重要的任务；他强调，必须处理好战略与战术的关系、利用外资与发展地方工业的关系、分散与集中的关系、合作生产与合作开发的关系、短期效益与长期效益的关系，利用外资要抓好调整产业结构、调整产品结构、调整技术结构、调整外资结构等。中外合资草珊瑚牙膏有限公司、昌特巾被有限公司、金源房地产有限公司、中瑞安新油脂有限公司，以及正大实业有限公司等单位负责人发言。

11日 农业部组织专家组到南昌县畜牧良种场对“南昌白猪”进行正式鉴定验收，并将该场定为国家级原种场。

同日 南昌飞机制造公司高级技校挂牌。该校是江西省企业创办的第一所高级技校。

13日 全市公安干警作风纪律教育整顿千人动员大会在江西艺术剧院召开。会议强调，要以江泽民关于领导干部一定要讲政治的要求和“严格执法，热情服务”题词为指针，以深入开展向济南交警学习和“领导干部形象工程”建设活动为动力，以建设高素质公安队伍为目标，建立一支政治可靠、训练有素、精通业务、纪律严明、作风过硬、秉公执法的公安民警队伍。

14日 彭崑生、周鑫群、田新芳考察郊区青云谱乡的南昌万溪热镀锌厂，罗家镇的中外合资江西福德隆制衣厂、江西澳江渔具有限公司，湖坊乡的南昌雕刻工艺厂、南昌木昌家具厂、江西东方制药厂、中外合资南昌正大畜禽饲料有限公司、中外合资江西意特利装饰建材有限公司，桃花乡的中外合资江西现货彩印有限公司等9家乡镇企业。彭崑生在考察中强调，发展乡镇企业必须努力开拓国内国际两个市场，狠抓产品质量提高效益，转变企业投资增长方式，全面提高乡镇企业整体素质；郊区乡镇企业要创出自己的名牌，在加快发展速度和提高经济效益上挑起大梁。

同日 蔡冠深教育奖励基金首次颁奖仪式在南昌县三江镇举行。中共中央统战部副部长万绍芬，香港新华集团总裁蔡冠深，省市领导周埶平、黄定元、刘运来、张锦裳等出席。

15日 市政府发布《南昌市拥军优属若

干规定》。内容包括建立健全拥军优属领导组织和服务组织，加强网络建设，使拥军优属工作经常化、社会化；开展以爱国主义为核心的国防教育和拥军优属教育，并将此纳入全民教育计划，以提高全民国防观念和拥军意识，增强支持部队建设的责任感和使命感；认真做好部队转业、退伍军人安置工作，做好随军家属安排工作等。

全市精神文明建设工作会议举行

同日 全市精神文明建设工作会议在市委小礼堂召开。会议传达贯彻全省精神文明建设工作会议精神，总结交流前一阶段全市精神文明建设情况和经验，研究部署当前和今后一个时期工作。会议号召，全市干部群众要以强烈责任感和使命感，认清形势，振奋精神，抓住重点，加大力度，狠抓落实，努力把南昌建成全省精神文明建设的“首善之区”。彭崑生、刘伟平、陈绍翔、蒋如铭、陈守朴、余志坚、周启球、崔钦汶、刘运来、张锦裳、万贤浩等，各县区委书记、分管副书记或副县区长、宣传部长、文明办主任，市委各部门、市直各单位主要负责人，各民主党派、市工商联负责人和市属32户大中型企业党委书记共200余人出席。

同日 全市深入持久开展“严打”暨加强社会治安综合治理基层基础工作会议在市委礼堂召开。会议传达学习全国深入持久开展“严打”暨加强社会治安综合治理基层基础工作会议精神，总结交流前一段“严打”斗争情况和加强基层基础建设经验，研究解决存在问题，部署下一步“严打”斗争和加强社会治安综合治理基层基础工作。市委政法委领导与9个县区委政法委书记签订“严打”追逃责任状。会议强调，要把开展“严打”斗争提高到维护大局稳定、保障改革开放和现代化建设顺利进行的高度来认识，把“严打”斗争和综治基层基础工作切实抓紧抓好、抓出成效。刘伟平出席并讲话，彭崑生、李豆罗等出席。

17日 市委召开紧急会议，传达国家防总防汛紧急通知和省委、省政府有关抗洪抢险重要指示精神，听取市防总关于水情、雨情、汛情和防汛工作情况汇报。会议强调，各地要紧急行动起来，全力以赴投入到抗洪抢险战斗中去；切实做到人员上岗、物资到位，严格落实防洪责任制，确保全市安全度汛，各大圩堤万无一失。彭崑生出席并讲话，刘伟平、蒋如铭、周鑫群、余志坚、田新芳、周启球、李豆罗等出席。

南昌县万名干部群众和预备役官兵奋力防汛

同日 市委办公厅、市政府办公厅发出《关于全力投入抗洪抢险的紧急通知》，要求各县区、各单位、各部门提高思想认识，坚决克服麻痹大意思想，确保抗洪抢险思想到位；要把抗洪抢险作为当前中心工作来抓，确保领导力量到位；要严格防汛责任制，严肃纪律，确保抗洪抢险工作责任到位；要转变作风，扎实工作，确保防汛各项措施落实到位。

18日 市纪委、监察局发出紧急通知，进一步部署在全市开展防汛执法监察工作，要求强化督导，严格执行防汛工作纪律。通知指出，对不负责任，违犯纪律、玩忽职守，造成损失和严重后果的，要从严查处；构成犯罪的，要移送司法机关追究刑事责任；对在抗洪抢险工作中表现突出的单位和个人要予以宣传和表彰。

同日 全市首次县区商业经济工作会议在东湖区政府礼堂召开。会议强调，各商业部门要充分利用政策，求得国有商业生存和发展空间；加强对承包经营企业的风险意识，规范承包行为；县区商业要在规模上作文章，以形成全市国有商业一体化格局。雷武江出席并讲话。

19日 省市领导黄智权、彭宏松、刘伟平、田新芳到新建县廿四联圩猴子脑堤段检查指导防汛抗洪工作。

同日 省领导彭崑生、马存才、沈思义到南昌县滨湖圩堤各险工险段检查指导防汛抗洪工作。

20日 省领导舒圣佑察看南昌防洪工程，强调要坚定信心、全力以赴，迎战大洪、夺取全胜。

21日 省领导吴官正察看南昌富大有堤、蒋巷大堤和红旗联圩，强调要克服麻痹思想，确保安全度汛。

22日 全市领导干部会议在市委小礼堂举行。会议传达吴官正、舒圣佑、黄智权在南昌市考察防汛工作时重要讲话精神和省委、省政府关于切实抓好当前几项工作的紧急通知精神，对抗洪抢险和当前各项工作进行部署。会议强调，全市上下要坚决贯彻执行省委、省政府主要领导重要讲话精神，进一步紧急行动起来，全力抗洪抢险，团结一致，夺取抗洪斗争最后胜利，确保农业增产、农民增收；要千方百计抓好经济工作，坚持不懈地抓好社会治安和社会稳定工作，积极推进经济和社会、物质文明和精神文明共同发展。彭崑生出席会议并讲话，刘伟平、陈绍翔、蒋如铭等出席。市委常委，市人大、市政府、市政协、南昌军分区领导，市委各部门、市直各单位、各县区各主要领导，银行和新闻单位负责人共150余人参加。

同日 彭崑生、刘伟平签署《抗洪抢险命令》。命令指出，自即日起，如出现溃堤，撤销主要责任人职务；凡在抗洪抢险过程中，不坚守岗位、指挥不力、防汛队伍不到位、防汛物资配备不足的，对有关责任人视情按党纪、政纪严肃处理。

同日 市属部分困难企业厂长（经理）研讨班在梅岭开班。彭崑生出席并讲话，要求参加研讨班的60家困难企业厂长、经理通过这次研讨，出一批人才、出一批产品、出一批优势企业，成为南昌市工业经济新的增长点。

23—25日 省领导黄智权考察南昌新八一大桥、昌樟高速公路和南昌火车站等省重点工程建设。他指出，要咬住原定竣工目标不放松，确保南昌新八一桥和昌樟高速公路1997年底建成通车。在南昌站施工现场，黄智权实地察看施工情况并主持召开省、市地方和铁路施工、设计、监理等单位负责人会议，进一步协调南昌站建设有关问题。

25日 彭崑生、田新芳、马存才、李家润深入新建县赣西联圩、廿四联圩、小五星圩各险工险段检查、指导防洪抢险工作。彭崑生强调，各级领导和干部群众必须牢固树立抗大洪、抢大险、打持久战的思想不动摇，领导力量要集中到抢险和彻底排除险情上来，切实做到领导到位、思想到位、队伍到位、责任到位、措施到位，要尽早发现险情，严要求、高质量、科学处理好险情，决不留后患，切实做到发现一个，处理一个，达标一个，排除一个，确保一方平安。

26日 省领导吴官正到南昌市防总指导工作。他强调，要迎战台风、确保大堤安全，不能有任何麻痹思想和侥幸心理。

同日 铁道部京九线“百日冲刺夺杯竞赛”检查组在南昌铁路分局检查工作，实地察看南昌新客站施工质量和进度。

27日 江西省农机局在南昌县八一乡大昌村进行农业机械现场演示。全国人大常委会委员许勤，省领导钟家明、孙用和及全省各地市主要领导现场观看。

29日 公安部慰问团慰问千名干警大会在江西艺术剧院举行。省市领导黄智权、黄名鑫、刘伟平和省公安厅等有关部门负责人出席。

30日 省委、省政府、省军区联合在南昌召开江西省双拥模范城（县）暨双拥先进单位个人命名表彰大会。大会表彰66个双拥先进单位和55名先进个人；授予南昌市等31个城（县）为“双拥模范城（县）”和“拥军优属模范县”；凌智等2人为“爱国拥军模范”。

南昌预备役师预备役军官授衔仪式举行

同日 省市八一军民联欢晚会在江西艺术剧院举行。省市党政军领导舒圣佑、黄智权、朱治宏、彭崑生、冯金茂、陈守朴、余志坚、李豆罗、马存才等出席。

31日 全市“双拥”命名表彰暨争创全国双拥模范城“三连冠”动员大会在市委礼堂召开。会议宣读《南昌市拥军优属若干规定》和《驻南昌部队拥政爱民公约》。李豆罗宣布双拥模范县、区命名和双拥模范单位表彰决定。马存才宣布双拥先进单位、模范和先进个人表彰决定。刘伟平就南昌市争创双拥模范城“三连冠”和创建高标准全国双拥模范城提出要求。彭崑生、陈绍翔、史骏飞、程金鹏、陈守朴、余志坚、周启球、石细云、谭万来、李宜武，省军区、南昌陆军学院、空军某部政治部、省武警总队、省武警消防总队领导，省、市有关方面负责人，解放军、武警驻昌部队部分官兵出席。

同日 南昌陆军预备役师预备役军官授衔仪式举行。预备役军官在八一南昌起义纪念塔下向革命先烈敬献花篮，并向八一军旗敬礼。

是月 团中央、人民银行总行联合开展创建“青年文明号”活动，评出首批199家先进单位。南昌县工行莲塘储蓄所、南昌市建设银行永叔路口储蓄所获“全国青年文明号”称号。

是月 全市水利经济工作会议在进贤县召开。会议指出，要把水利工作由抓防洪、抗旱、冬修“三部曲”变为抓防洪抗旱冬修、水政水资源管理和水利经济“三大块”，以加强水利工作建设管理和提高经济效益。

1996

8月 August

公元1996年8月 农历丙子年【鼠】													
日	一	二	三	四	五	六	日	一	二	三	四	五	六
				1 建军节	2 十八	3 十九	4 二十	5 廿一	6 廿二	7 立秋	8 廿四	9 廿五	10 廿六
11 廿七	12 廿八	13 廿九	14 初一	15 初二	16 初三	17 初四	18 初五	19 初六	20 初七	21 初八	22 初九	23 处暑	24 十一
25 十二	26 十三	27 十四	28 十五	29 十六	30 十七	31 十八							

1—2日 南昌地区遭8号台风袭击。彭崑生、刘伟平、陈绍翔、田新芳、周启球、马存才、李安全等深入南昌县长乐联圩、进贤县六〇堤、新建县赣西联圩等险段检查指导抵御台风、抗洪抢险工作。

5日 南昌市获省委、省政府通令嘉奖。南昌市10万军民同心协力抗御8号强台风袭击，保住了千里圩堤，取得防台抗洪抢险初步胜利。市委、市政府要求各县区场把省委、省政府嘉奖作为动力，坚持“抗洪第一、任何情况下都不能倒堤”思想不动摇，继续发扬不怕牺牲和连续作战工作作风，除险固堤，确保圩堤安全，努力夺取抗洪抢险最后胜利。

同日 市委、市政府召开电话会议，总结前段抗洪抢险工作，重点部署当前农村工作及其他方面工作。会议强调，做好当前工作需要有奋发向上的精神状态，要学习先进、顽强拼搏，抓住时机、环环扣紧，突出重点、扎实工作，讲求实效、乘势而上，坚决夺取抗洪抢险全面胜利，努力实现全年各项奋斗目标。彭崑生出席并讲话，刘伟平、陈绍翔、蒋如铭、史骏飞、程金鹏、周鑫群、陈守朴、余志坚、田新芳、周启球、李豆罗、马存才、石细云、李安全、姜任保、雷武江、吴延林等出席。

8日 经国务院批准，铁道部成立南昌铁路局。管辖范围除原分局管界外，新增京九铁路由河南淮滨经江西定南进入广东的1100公里营业里程。总营业里程增至2400多公里，车站200余个，职工8万余人。

同日 市委、市政府转发市普法工作领导小组《关于在全市公民中开展法制宣传教育第三个五年规划的实施方案》。方案指出，在全市公民中继续深入开展第三个五年法制宣传教育，是南昌市社会主义民主与法制建设的一项基础性工作，是一项重大的社会教育工程。方案要求，各级党委、人大和政府要切实加强领导和监督，采取有力措施，确保法制宣传教育第三个五年规划任务的落实；要突出重点，认真抓好邓小平关于社会主义民主与法制建设的理论和社会主义市场经济法制常识的学习，坚持法制宣传教育与法制实践相结合、与经济建设和社会发展实际相结合，扎实工作，务求实效；各级干部尤其是县级以上领导干部要带头学习法律知识，提高依法管理、依法决策水平；司法人员和行政执法人员要不断提高自身法律素质，以实际行动维护宪法和法律尊严，维护社会主义法制的统一。

同日　江西首次“专家共享”远程医疗会诊在解放军九四医院成功举行。一位“肺部肿块原因不明”患者，通过计算机网络接受南京军区总医院专家们“现场”确诊。

9 日　市公安局在江西艺术剧院召开动员大会，在全省公安系统率先推出向社会“十项承诺”。全局副科以上干警及100余名廉政监督员参加。

12 日　全市国有大中型企业、“三资”企业周边治安整治动员大会召开。会议强调，要充分认清搞好国有大中型企业和“三资”企业周边治安秩序整治工作是实现“兴工强市”战略目标的需要，是维护社会稳定的需要，是深化“严打”的需要。姜任保出席，各县、区“严打”工作领导小组和市公安、工商、城建等部门负责人，国有大中型企业、“三资”企业分管治安保卫工作领导和保卫处（科）长共200余人参加。

13 日　市委、市政府发出《关于坚决制止对企业“三乱”行为，切实减轻企业负担的通知》，要求各级党政机关要坚决执行中央、省、市关于制止“三乱”（乱收费、乱摊派、乱罚款）的一系列指示，要将制止对企业“三乱”行为、减轻企业负担作为一项重要政治任务来抓。通知要求，全面清理以收费为主要经费来源的单位，对与企业有关的各种收费进行一次清理，明确向企业收费的项目和标准；清理各种与企业有关的学会、协会、研究会等社会团体和群众组织，由市民政局予以重新审核；凡各部门以发文形式通知企业参加需收费的会议、各类学习班、培训班，均需报市委、市政府批准；各种报纸杂志、音像制品、书籍、画册的征订，可通过有关媒体宣传，由企业自愿选择订购；禁止各种形式的人、财、物摊派；物价、财政部门要从严核定各类收费项目和收费标准；各有关部门要大力加强执法队伍的建设，广泛深入开展法制教育、廉政教育和职业道德教育，努力提高执法人员的素质。对执法严明的，要加以表彰；对不适合做执法工作的，要坚决调离；对少数贪赃枉法的，要依法严惩。

同日　南昌市成立治理对企业“三乱”领导小组。陈绍翔任组长，姜任保任副组长。市委、市政府、市纪检（监察）、市信访办分别设置治理对企业“三乱”举报箱。

同日　南昌边防检查站武警官兵在执行对南昌至香港包机边防检查任务中，破获一起全国内陆空港口岸罕见、江西境内口岸对外开放以来人数最多的团伙偷渡案。经审查，28名浙江、福建籍偷渡者，以出境旅游为名，持假护照企图从南昌机场空港口岸偷渡出境。

14 日　全市贯彻实施《中华人民共和国行政处罚法》工作会议在市政府第二会议室召开。会议传达全省贯彻实施《中华人民共和国行政处罚法》工作会议精神，对下一步如何贯彻实施《中华人民共和国行政处罚法》作出部署。会议要求，充分认识实施《中华人民共和国行政处罚法》的重要意义，认真做好《中华人民共和国行政处罚法》实施前的各项准备工作，认真学习、宣传《中华人民共和国行政处罚法》，抓紧做好规章和规范性文件的清理、修订，清理行政执法机构，加强行政执法队伍建设，加强对行政处罚的监督。李豆罗出席并讲话。

15 日　1996年全市军队转业干部安置工作会议在市委小礼堂举行。会议传达省政府办公厅、省军区政治部《关于认真做好1996年军队转业干部安置工作的通知》，传达省领导吴官正、黄智权在全省军转干部安置工作会议上讲话精神。会议指出，军转干部是全党和全社会的宝贵财富，各级主要领导要切实做好军转安置工作，把抓好军转安置工作作为一项重要职责，紧紧围绕“热情欢迎、妥善安置、认真培训、合理使用”的工作原则，突出抓好安置工作的各个环节，使广大军转干部各得其所、各尽其能。蒋如铭出席并讲话，姜任保、谭万来等出席。

同日 南昌市“四湖”整治工程全面启动。

16日 南昌十七中学生吴敏发明的“无人驾驶农林多用飞行平台”获全国第八届青少年科技创作发明大赛一等奖。

18日 青岛澳柯玛集团销售公司江西分公司在江西宾馆举行捐赠仪式，向南昌市社会福利院和南昌SOS儿童村赠送一批冰柜。

19日 全市党员学理论学党章经验交流会在市委礼堂召开。会议传达全省党员学理论学党章现场会精神，并就全市纪检、监察机关开展“双学”（学理论、学党章）活动情况进行回顾和总结，对今后活动提出要求。江西棉纺织印染厂、市教委等单位介绍各自开展“双学”活动经验体会。蒋如铭出席并讲话。市直、各县区有关部门领导，中央、省、市属企事业单位党委分管领导参加。

20日 全国政协副主席、香港特别行政区筹备委员会副主任、香港南联实业有限公司董事长安子介，香港广播电视有限公司董事长、香港邵氏影视公司董事长邵逸夫，香港邵氏影业公司执行董事方逸华一行参观八大山人纪念馆和滕王阁。

同日 全市党史工作座谈会在省农行培训中心召开。会议传达贯彻全国党史系统表彰大会暨全国党史研究室主任会议和全省党史工作座谈会精神，交流上半年工作，部署当前和今后一个时期工作。会议强调，全市党史部门和党史工作者要认清形势，明确使命，抓住机遇，迎接挑战，更加自觉地做好新形势下的党史工作；要围绕大局，服务现实，全面规划，抓住重点，保证全市党史工作取得明显的实质性进步；要加强对党史工作的领导，切实把它“作为党要管党的重要内容”抓好抓实，要建立一支政治强、业务精、作风正的高素质的党史干部队伍，协调好各方面力量，为党史工作提供便利，保证党史工作顺利开展。蒋如铭出席并讲话，各县区委党史办主任参加。

同日 国家教委主任朱开轩考察南昌大学。他指出，南昌大学作为全国第一所通过国家教委“211工程”部门预审的地方院校，正在迈进全国重点建设大学行列。

21日 市纪委、市委组织部、市委宣传部、市直机关工委在市委礼堂联合举办全省“讲学习、讲政治、讲正气”活动先进典型报告会。彭崑生、陈绍翔、蒋如铭、余志坚、王玉香、雷武江、万贤浩、董浩明等，各县（区）有关部门领导、市直机关副县以上领导干部及市直机关干部650余人听取报告。

同日 进贤县李渡出口花炮厂自行研制生产的音乐烟花在加拿大赫尔国际音乐焰火艺术燃放大赛中获冠军。

23日 全市“冬修、冬种、冬造”生产动员大会在市政府礼堂召开。会议强调，农业战线广大干部群众在夺取防洪抢险胜利之后，要继续发扬奥运健儿和抗洪抢险的顽强拼搏精神，一鼓作气，乘势而上，全力以赴打好“三冬”生产这一仗，夺取农业生产更大更全面的丰收，努力实现全市1996年农业生产“一稳两超三突破”的奋斗目标。彭崑生出席并讲话，刘伟平、史骏飞、程金鹏、周鑫群、田新芳、周启球、马存才、李安全及部分涉农县（区）有关领导出席。

26日 全市“做文明市民，建文明城市”

工作会议在市委小礼堂召开。会议指出，全市各级干部和人民群众要广泛开展《南昌市民文明守则》和《南昌市民行为道德规范》大讨论，进一步整治市容环境，提高市民整体素质，努力把南昌建成全省精神文明建设“首善之区”。陈绍翔出席并讲话，陈守朴、李豆罗、龚汝枢、刘运来、万贤浩、谭万来等出席。

同日　市水泥压力管厂和江西建筑材料厂压力管分厂进行国资重组，成立南昌水泥压力管总厂。

27 日　全市法制宣传教育工作会议在市委小礼堂召开。会议传达贯彻全省第九次法制宣传教育工作会议精神，总结全市“二五”普法工作，部署“三五”普法任务，表彰全市“二五”普法工作先进单位和先进个人。陈守朴、李豆罗、刘汝舟、瞿祖一等出席。

28 日　市中西医结合医院被确定为三级甲等医院，成为全国第 12 所三级甲等中西医结合医院。

28—29 日　市委七届二次全体会议召开。会议传达贯彻省委十届三次全委会议和省委常委扩大会议精神，总结前 8 个月的工作，部署后 4 个月的任务；着重研究加强干部队伍作风建设、加快工业特别是国有企业改革和发展问题。彭崑生、刘伟平出席并讲话。

市委七届二次全体会议召开

1996

9月

September

公元1996年9月 农历丙子年【鼠】													
日	一	二	三	四	五	六	日	一	二	三	四	五	六
1 十九	2 二十	3 廿一	4 廿二	5 廿三	6 廿四	7 白露	8 廿六	9 廿七	10 教师节	11 廿九	12 三十	13 初一	14 初二
15 初三	16 初四	17 初五	18 初六	19 初七	20 初八	21 初九	22 初十	23 秋分	24 十二	25 十三	26 十四	27 中秋节	28 十六
29 十七	30 十八												

1日　京九铁路全线开通营运。南昌火车站成为京九铁路唯一省会城市火车站。

2日　全市首期行政执法人员岗前法律培训班开学典礼在省外办招待所举行。陈绍翔出席并讲话，要求各地、各部门把建立高效、廉洁的执法队伍，作为提高依法行政水平的关键来抓；以廉政建设、整顿纪律、严肃执法为重点，建立对执法违法的追究制度和赔偿制度；认真执行听证制度、调查取证与处罚决定分开制度、罚款决定与罚款收缴分离制度；要按照《江西省行政执法证件和行政执法监督证件管理办法》的规定，加强对执法人员的资格、证件的管理，禁止合同工、临时工从事行政处罚工作。李豆罗、刘汝舟出席，来自四县五区的176名学员参加。

5日　市财政局、市水电局联合下发《关于实施〈江西省征集防洪保安资金暂行规定〉有关问题的通知》，明确南昌市征集防洪保安资金范围、对象、减免条件，代征和征收部门职责权限以及汇缴、业务费提成等有关问题。

8日　省领导吴官正、舒圣佑、舒惠国、黄智权、朱治宏、冯金茂察看南昌市“四湖”整治工程，充分肯定“四湖治理”是“民心工程”，要求南昌市力争三年内物质文明建设和精神文明建设有个大变化，以现代化的文明省会城市新形象迈入新世纪。

9日　市委发出《贯彻落实省委〈关于加强干部队伍作风建设的若干意见〉的措施》，要求加强理论学习，努力改造世界观；突出重点，务求近期取得比较明显的阶段性成果；深入开展领导干部“形象工程”建设活动，扎扎实实抓出成效来；完善干部的考核任用制度，强化正确的用人导向；建立领导责任制，推动一把手带头到一线抓作风建设；健全监督机制，使监督和治理有机结合；加大宣传力度，抓正反典型；坚持把作风建设作为系统工程来抓，使思想、组织、作风建设相互促进。

10日　南昌飞机制造公司片梭织机 CIMS

详细设计通过评审进入实施阶段。南昌飞机制造公司于1993年独家引进瑞士苏尔寿·鲁蒂公司PT100片梭织机先进技术，是全国唯一生产片梭织机定点厂家。

11日 南昌市组成专项检查组和重点抽查组，分赴各县区就贯彻落实中央和省、市关于减轻农民负担政策情况进行逐村逐户清理、核查，并纠正不符合政策规定收费。

12日 南昌昌北机场飞行区土石方工程投标预备会（标前会）在南昌召开。

同日 全市稳定工作会议召开。会议传达贯彻落实省委、省政府关于进一步化解矛盾、做好工作、保持社会稳定的紧急通知和省领导关于做好稳定工作的重要指示精神，进一步部署做好全市社会稳定工作。会议强调，要思想认识到位，领导力量到位，切实把保持社会稳定作为当前一项紧迫的政治任务抓紧抓好；突出重点，标本兼治，力求从根本上防止和消除影响社会稳定的因素；强化责任，严明纪律，确保社会稳定工作的各项措施落到实处。刘伟平、陈绍翔出席并讲话。

13日 湾里区湾里镇更名为招贤镇。

同日 全市行业作风建设汇报会在市委小礼堂举行。会议贯彻落实吴官正关于行业作风建设等工作重要指示精神，研究部署今后全市行业作风建设工作。会议要求，进一步加大精神文明建设和纠正行业不正之风力度，努力塑造省会城市“窗口”行业和执法部门良好形象。

14日 省工经营绿色坡地农业技术在南昌市示范推广。该技术以生态效益为主导、以经济效益为基础。

15日 江西省第一个乡镇级移动电话基站在进贤县文港镇正式开通。

16日 全市抗洪抢险总结表彰大会召开。会议对1996年全市抗洪抢险工作进行总结，并就冬修水利工作进行部署。会议宣读市委、市政府《关于表彰1996年抗洪抢险先进集体、先进个人的决定》，表彰抗洪抢险先进集体30个，先进个人240名。刘伟平出席并讲话，彭崑生、陈绍翔、史骏飞等，市直各部门、各单位负责人，各县区主要领导，各重点乡镇场负责人及受表彰的先进集体和先进个人代表出席。

全市1996年度抗洪抢险总结表彰大会召开

同日 欧共体投资伙伴计划推广介绍会在南昌举行。来自南昌、九江等地市60余家企业代表和省有关厅局负责人参加。

17日 江西绿色制药有限公司研制的茶色素降血脂及其防治心脑血管病的研究项目被列入国家科委“九五”科技攻关计划——“1035工程”，成为国家级10个创新药物之一。

18日 南昌市在全市范围内开展残疾人基本情况普查工作。普查对象为1996年7月1日零时前出生且户口在南昌地区的残疾人，包括视力残疾、听力语言残疾、肢体残疾、智力残疾、精神残疾，综合残疾以及残疾人家庭等。李豆罗任普查工作领导小组组长。

19日 南昌长堎乡镇企业城项目动工。该项目被农业部列为“全国乡镇企业东西合作示范区”。

同日 全市纪检监察机关办案工作经验交流会在市委小礼堂召开。会议传达全国、全省纪检监察机关办案工作经验交流会精神，总结交流办案工作经验，分析研究当前办案工作形势和任务。会议强调，要采取切实有力的措施，抓住有限时间，认真查办违法违纪案件，务必在年内再突破一批有影响的大案要案，以查办案件的成果，推动反腐败斗争和党风廉政建设的进一步深入，为促进全市的改革开放和经济建设，做出新的、更大的努力。彭崑生出席并讲话。市纪委、监察局，各县区纪委、监察局，市直各单位纪检组（纪委）、监察室，市属大中型企事业单位纪委有关负责人出席。

21日 市政府各部门主要负责人和大中型企业法人代表集中学习《中华人民共和国城市规划法》和《南昌市城市规划管理规定》。刘伟平参加学习并讲话。

23日 全省第一家街道老人公寓在南昌市公园街道社区服务中心挂牌成立。

26日 南昌市第一艘浅水高速豪华客轮——滕王阁1号开始营运。该客轮时速达每小时45公里，内配VCD、空调、高靠背航空座椅，被人们誉为“水上巴士”。新客轮开通后，南昌至鄱湖旅程由8小时缩短到3小时。

同日 全市优秀教师先进事迹首场报告会在市委礼堂举行。南昌三中聂水兰、进贤县民和一小朱景仪、安义县城北小学周月英、南昌师范学校肖铿4位优秀教师分别作报告。陈绍翔出席并讲话，要求全市教育系统广大干部、教师以优秀教师为楷模，为南昌市教育事业发展，为培养跨世纪高素质人才做出更大贡献。来自全市教育战线近700名干部、教师参加。

28日 南昌市第三届陈香梅奖颁奖大会在南昌文化会堂召开。刘运来宣布颁奖决定和获奖人员名单。南昌市教育、文化、体育、新闻战线共53人获奖。著名美籍华人陈香梅，郝福满，刘伟平、陈绍翔、史骏飞、陈守朴、余志坚、龚汝枢、雷武江、万贤浩等，全市教育、文化、体育、新闻界代表1000余人出席。

是月 第二届世界和平书画展国际青少年儿童书画展揭晓，南昌市少年宫12位学生获金奖。

是月 市工商局制定《南昌市工商行政管理局合同争议行政调解程序暂行规定》，明确受理合同争议的范围是企业法人、个人合伙、个体工商户、农村承包经营户以及其他经济组织之间发生的以实现一定经济目的为内容的合同争议等。

1996

10月

October

公元1996年10月							农历丙子年【鼠】						
日	一	二	三	四	五	六	日	一	二	三	四	五	六
		1 国庆节	2 二十	3 廿一	4 廿二	5 廿三	6 廿四	7 廿五	8 寒露	9 廿七	10 廿八	11 廿九	12 初一
13 初二	14 初三	15 初四	16 初五	17 初六	18 初七	19 初八	20 重阳节	21 初十	22 十一	23 霜降	24 十三	25 十四	26 十五
27 十六	28 十七	29 十八	30 十九	31 二十									

1日　省领导吴官正考察南昌新八一大桥建设情况。他强调，工程建设要坚持公正招标，把最好的队伍投入到工程建设中去，防止以权谋私等不正之风。刘伟平、李豆罗、罗为民等陪同。

同日　南昌新八一大桥主桥A、B标主塔顺利封顶。大桥建设第二阶段工期目标完成。

同日　南昌市在人民广场举行升国旗仪式。省市有关领导，部分老红军、老干部，全市各行各业劳动模范、"五一劳动奖章"获得者代表，工、农、商、学、兵及机关干部代表参加。

2日　南昌市贯彻实施《中华人民共和国劳动法》、依法推行平等协商签订集体合同动员大会召开。会议宣读市总工会、市劳动局和市经委《关于逐步实行集体协商和集体合同制度的通知》。江联集团公司和南昌柴油机责任有限公司负责人介绍签订集体合同的做法和体会。会议指出，各级领导要从全局的高度认识推行平等协商签订集体合同制度的意义，在实现两个根本转变过程中，正确处理好企业与职工的关系，从经济上、政治上保障职工的主人翁地位，稳定职工队伍，保证企业改革和发展的顺利进行。陈绍翔、姜任保和省总工会领导出席并讲话，各有关主管局、集团公司领导和有关部门负责人参加。

3日　全市乡镇企业工作交流会在郊区热心村召开。会议围绕推动乡镇企业持续快速健康发展主题，分析形势，交流经验，研究对策。安义县、南昌县小蓝乡、郊区热心村介绍发展乡镇企业的经验。周鑫群、田新芳、李安全出席。

同日　南昌市调整城区土地管理体制，成立东湖、西湖、郊区、湾里、青云谱五个土地管理分局。

4日　市政府发出《南昌市无公害蔬菜生产销售管理办法》，要求各级政府加强对蔬菜生产、销售的管理，鼓励开发、生产无公害蔬菜，采取有效措施，防止被污染蔬菜流入市场。

同日 市纺织国有资产经营有限责任公司组建成立。

同日 南昌市森林防火指挥部全体成员会议在市政府第三会议室召开。会议部署全市森林防火工作，宣读和讨论市政府森林防火指挥部《关于处理森林火灾事故的预案》。周鑫群、田新芳、李安全、沈思义出席并讲话，市有关单位和部门负责人参加。

6日 市政府发出《关于废止〈南昌市关于外商投资开发企业从事房地产开发的若干规定〉的通知》。

7日 南昌市推行国家公务员制度领导小组成立。刘伟平任组长，蒋如铭、李豆罗任副组长。

同日 南昌三健电气公司新开发的高效电子节能灯通过省新产品技术鉴定，取得江西省首批节能灯产品认可证。

8日 市委、市政府在市委礼堂召开庆功大会，对侦破"9·25"特大杀人抢劫案中做出突出贡献的有关人员给予表彰和奖励。会议向市公安局刑侦支队、南昌县黄马派出所、广外派出所等获奖集体和个人颁发奖状和奖金。市公安局刑侦支队支队长张安平等11人获嘉奖，市公安局刑侦支队痕检室主任顾太银等13人获表扬。刘伟平出席并讲话，要求把"严打"斗争深入持久地开展下去，进一步加强社会治安防范工作，加强基层基础工作，进一步加强整治力度，进一步加强法制教育。余志坚宣读表彰决定。陈绍翔、蒋如铭、史骏飞、周鑫群、周启球、马存才、万贤浩及省公安厅领导出席。

9日 市政府发出《南昌市肉品市场监督管理办法》，规定从事肉品经营者，必须取得所在地卫生行政部门发给的卫生许可证和农牧行政部门发给的兽医卫生合格证，并向工商行政管理部门申请办理营业执照后方可经营，禁止无证无照经营；肉品经营者必须在固定的门点内或在市场内指定的摊位从事肉品经营活动，不得在非固定门点或场外经营；肉品经营者必须从市政府批准的生猪（牛、羊）定点屠宰场（点）购进肉品，不得从其他渠道购进肉品；肉品经营者应当公平交易，严禁短斤少两，掺杂使假、以次充好、欺行霸市等。

10日 全市首次企业党委书记工作研究例会召开。会议专题讨论、研究落实企业党建工作"四个一"（一个好的领导班子、一支好的党员队伍、一个好的运行机制、一套好的工作制度）目标的实施意见。蒋如铭出席并讲话，要求各级企业党政组织深化对企业党建工作重要性的认识，在实践中勇于探索，虚功实做，善于把软任务转化成硬指标，进一步加大企业党建工作的力度；紧密结合企业的实际，按照考核细则的要求，明确责任，狠抓落实，务必抓紧抓实抓出成效。来自全市部分国有大中型企业党委负责人出席。

11—12日 全市县区委组织部长会议在市委小礼堂召开。会议传达贯彻全国、全省组织部长会议精神，研究部署全市进一步加强和改进干部队伍建设的工作。会议强调，建设高素质干部队伍是一项长期的任务，也是一项系统工程，需要采取多方面措施，狠抓落实；当前应突出抓好《党政领导干部选拔任用工作暂行条例》贯彻落实，坚持理论培训与实践锻炼、德才兼备标准与注重工作实绩、严格教育与严格监督相统一，切实把好培养关、选拔关、管理关。彭崑生、蒋如铭出席并讲话。市委各部门、市直各单位，各县区委组织部门负责人，市属部分企业有关领导共260余人出席。

13日 市委召开常委会议，传达贯彻中共十四届六中全会精神，研究社会主义精神文明建设工作。

同日 程坊农民文化活动中心在南昌县麻丘乡杨桥村落成。该活动中心由台胞李齐、杨恂两兄弟捐资17万元兴建。

同日 南昌市第十一届运动会开幕式在市

体育中心举行。来自 9 个县区、35 个系统、大专院校和社会集团公司共 44 个代表队的运动员参加游泳、田径、举重、射击、羽毛球等 18 个大项、510 枚金牌的角逐。

南昌市第十一届运动会开幕式举行

14 日 南昌市开展宣传贯彻《中华人民共和国老年人权益保障法》活动周活动。李豆罗在发表关于宣传贯彻《中华人民共和国老年人权益保障法》的电视讲话，要求各地区、各部门、各单位根据实际情况，认真组织学习，抓好贯彻落实；各级老龄委要切实做好有关单位协调工作，把宣传贯彻老年人权益保障法，作为老龄工作头等大事抓紧、抓实。

15 日 全市党员负责干部大会在市委小礼堂召开。会议传达学习贯彻中共十四届六中全会精神，就当前全市精神文明建设必须抓紧抓好的工作进行部署。会议要求，各县区、各部门、各单位要增强抓好精神文明建设的责任感和紧迫感，狠抓落实，务求尽快取得阶段性成效。彭昆生出席并讲话，刘伟平、陈绍翔、蒋如铭，各县区委书记、县区长、人武部和预备役团政委，市委各部门、市直各单位主要负责人，中央、省属企事业单位党委书记，新闻单位主要负责人出席。

全市党员负责干部大会召开

同日 中午 12 时 40 分，由北京开往南昌的 70 次特快列车上，新建县公安局义渡派出所副所长宋立江在押解“6·16”特大抢劫杀人案重点嫌疑人李某返县途中，当火车行至樟树市双金柑橘分场五队地段时，犯罪嫌疑人跳车逃跑，宋立江跳下追捕，因车速过快，不幸以身殉职。

15—19 日 省八届人大常委会第二十四次会议召开。会议通过《关于批准〈南昌市城市房地产抵押管理条例〉的决定》《关于批准〈南昌市城市管道燃气管理条例〉的决定》《关于批准〈南昌市液化石油气管理条例〉的决定》《关于批准南昌市第十届人民代表大会换届的决定》等。

16 日 市政府发布《南昌市行政事业性收费管理办法》。

同日 南昌市与马其顿共和国斯科普里市友好交流备忘录签字仪式在中日友好会馆举行。刘伟平与斯科普里市政府代表团长、副市长佐朗·佩特内斯基分别在友好交流备忘录上签字。

17 日 南昌市创建文明卫生城市动员大会在市政府第二会议室召开。会议号召全市人民紧急行动起来，认真学习贯彻落实中共十四届六中全会精神，深入广泛地开展创建文明卫生城市工作。会议部署全市近期重点工作：大搞环境卫生，彻底清除垃圾死角；加强城市绿化、美化，大力整治市容市貌；取缔违章占道摊点；整治市区交通秩序；加强食品卫生管理，规范日市和夜市摊点；加强“十不准”的执法力度，规范市民文明行为；普及完善垃圾袋装，强化落实“门前三包”（包卫生、包秩序、包绿化）；强化农贸市场卫生管理，彻底扭转市场脏乱局面；认真搞好全市秋季灭鼠活动；整治窗口单位卫生，创建文明优质服务。刘伟平、刘运来出席并讲话，罗为民、谭万来及各区区长、有关部门负责人等出席。

同日 市第三次社会科学工作者代表大会在市委小礼堂召开。陈绍翔作《坚持正确的政治方向，繁荣发展社会科学事业》讲话。大会审议通过程桃增所作《繁荣社会科学，促进两个文明建设》工作报告，修改市社联章程；选举产生新一届理事会理事58人；选举程桃增为市社联主席，吴远清、白冰为市社联副主席。

18日 省市军民纪念中国工农红军长征胜利60周年文艺晚会在江西艺术剧院举行。省市领导吴官正、舒圣佑、舒惠国、黄智权、彭崑生、刘伟平、陈绍翔等，老干部刘仲侯及在南昌老红军、老战士，驻赣部队指战员、社会各界群众代表共1600余人观看演出。

同日 南昌“一江两岸”南岸道路工程开工典礼举行。该项目是新八一大桥配套道路工程，从沿江外环路塘子河立交桥到江边站段，全长3.06公里，由塘子河立交桥、滨江高架桥、临江护岸工程、环境美化工程组成。

南昌“一江两岸”南岸道路工程开工典礼举行

19日 南昌市开展“万人大搞环境卫生”行动。彭崑生、刘伟平、陈绍翔等和全市各界群众1.2万余人参加。

20日 国家重点工程——江西南昌昌北机场开工典礼举行。昌北机场是经国务院、中央军委批准的重点项目，被列为1996年国家43项重点新开工项目之一。机场地址与市区直线距离20公里，公路距离26公里。机场建设分两期进行，该期工程建设占地面积413.33公顷。飞行区等级指标为4D。跑道长2800米，宽45米，两侧道肩宽各7.5米。航区站按满足年旅客量200万人设计。候机室面积2.5万平方米。站坪面积9万平方米，机位10个。该期总投资8.96亿元，建设工期两年。二期工程按飞行等级指标4E设计，增修一条3600米的跑道，候机楼面积15万平方米，满足波音747—400全重起飞，开辟国际航线。省领导吴官正、舒圣佑、舒惠国、黄智权、朱治宏等出席。

21—23日 纳米比亚总统努乔马偕夫人一行考察南昌市农业相关项目和企业。

22日 市委、市政府、南昌军分区在市委小礼堂举行纪念中国工农红军长征胜利60周年座谈会，回顾长征英雄历程，缅怀先烈丰功伟绩，弘扬讴歌伟大长征精神。彭崑生、刘伟平、陈绍翔、蒋如铭、程金鹏、马存才，省老干局负责人和老红军、老干部罗友林、杨国群、黄明生等出席。

23日 全国“青年文明号”事迹报告团巡回报告会在江西省军区礼堂举行。省市各行各业1000余名听众出席报告会。

同日 代表江西出征的南昌市二体校海模队在1996年全国航海模型锦标赛获2金3银，名列榜首。

同日 市政府发布《南昌市河道堤防管理若干规定》，对河道堤防工程的管理范围和保护范围做出标准划定，对水闸、泵站工程的管理范围和保护范围做出标准划定。规定划定河道堤防工程的管理范围，应当依照土地管理的法律、法规办理有关手续；在河道堤防工程管理范围内进行活动，必须报经水行政主管部门批准；涉及其他部门的，由水行政主管部门会同有关部门批准。禁止非管理人员操作水闸闸门启闭设备及泵站设施，船只过闸应当服从水闸管理单位的指挥，并按照规定缴纳过闸费等。

24日 全市扶村工作经验交流会在市委小礼堂召开。会议强调，要增强扶村单位的领导精力和扶贫干部的力量，把物资、财力投入和发扬艰苦奋斗精神结合起来，把帮助整顿村级班子和开发扶贫项目结合起来，把部门扶持与县区加强领导结合起来，把提高扶村干部自身素质与提高农民素质和文明程度结合起来，从根本上改变贫困村面貌。彭崑生出席并讲话。蒋如铭、周鑫群、田新芳、李安全出席，来自各农业县区和市直各扶村单位主要负责人参加。

25日 《郊区国民经济和社会发展“九五”计划和2010年远景目标纲要》获全市规划评审县区一等奖。

26日 江西省首届环卫工人节庆祝活动举行。大会表彰12名“江西省城市美容师”，50名“江西省先进环卫工作者”等。省市领导舒圣佑、钱梓弘、朱英培、刘伟平、史骏飞、瞿祖一、罗为民出席，来自全省环卫战线1200名代表参加。

同日 全市万余名机关干部，驻市部队、武警官兵，公安干警、中学学生在市六套班子领导率领下，深入全市300多条街巷大搞环境卫生，以实际行动庆贺全省第一个环卫工人节。

27日 东航江西分公司开辟南昌至成都、温州经南昌至香港新航线。

28日 市政府发布《南昌市机动车辆清洗管理办法》。

同日 南昌市获评“全国平原绿化先进地区”。

同日 南昌市获评“全国先进节水城市”。

同日 全市深化住房制度改革动员大会召开。会议号召，全市各机关、团体、企事业单位广大干部职工行动起来，按照省政府批准的《南昌市人民政府贯彻国务院关于深化城镇住房制度改革决定的实施方案》要求，积极参加住房制度改革。会议要求，全面推行住房公积金制度，积极推进租金改革，稳步出售公有住房，大力发展房地产交易市场和社会化的房屋维修、管理市场，加快经济适用住房建设，到20世纪末初步建立起新的城镇住房制度，使城镇居民住房达到小康水平。李豆罗出席并讲话。

31日 市委办公厅发出《关于转发市直机关工委〈关于加强机关党组织对党员干部监督的若干意见〉的通知》，就监督对象、监督的主要内容、市直机关工委及所属党组织的监督职责及保护监督者和被监督者正当权益、切实加强对监督工作领导等作出规定。

是月 第三次全国口岸系统共建精神文明表彰大会召开。南昌航空口岸被授予“文明口岸”称号。

1996

11月 November

公元1996年11月 农历丙子年【鼠】													
日	一	二	三	四	五	六	日	一	二	三	四	五	六
					1 廿一	2 廿二	3 廿三	4 廿四	5 廿五	6 廿六	7 立冬	8 廿八	9 廿九
10 三十	11 初一	12 初二	13 初三	14 初四	15 初五	16 初六	17 初七	18 初八	19 初九	20 初十	21 十一	22 小雪	23 十三
24 十四	25 十五	26 十六	27 十七	28 十八	29 十九	30 二十							

1日 南昌八一起义纪念馆被国家教委、民政部、文化部、国家文物局、共青团中央、解放军总政治部联合命名为“百个全国中小学爱国主义教育基地”之一。

同日 市教委授予黄江涛“舍己救人好少年”称号。

2日 全市党政群机关工作人员参加国家公务员过渡和参照管理工作知识培训首次考试。参加首次考试的人员达1.2万余人，市六套班子领导参加考试。

3日 全国审计专业技术资格考试（江西考区）在南昌举行。江西省1000余人参加助理审计师和审计师专业技术考试。

4日 全省共建精神文明口岸表彰会在南昌举行。会议向获得全国“文明口岸”称号的南昌航空口岸和获得全国“先进口岸”称号的九江港口岸，以及结对共建文明先进单位授牌。省市领导舒圣佑、舒惠国、周埶平、华桐、黄立圻、刘伟平出席。

5日 在全国建设工程质量表彰会上，南昌市第一建筑工程公司获“全国先进建筑施工企业”“全国工程质量管理先进单位”双项大奖。

6—10日 中共中央政治局委员、国务院副总理姜春云到南昌等地考察。

8日 市委发出《关于印发〈南昌市1996—2000年干部教育培训规划〉的通知》，对干部培训的指导思想和基本原则、主要内容和任务、培训对象、基本要求及主要途径等做出规定。

同日 市政府发出《关于加强城市规划管理工作的决定》，强调加强城市规划的统一管理，严格控制老城区改造，强化临街建筑外观规划管理，坚决取缔违章建筑，严格临时建筑审批管理，严格执行城市规划法等。

同日 江西省京九沿线农业科技开发十大示范工程之一——扬子洲蔬菜科技园在郊区扬子洲乡正式挂牌。

同日 市纺织国有资产经营有限公司经市

政府批准正式挂牌运作。

9日 上海十强超市之一——星地超市有限公司与南昌市蔬菜副食品总公司联手组建江西星地超级市场项目签字仪式在南昌中日友好会馆举行。刘伟平、李安全，上海市杨浦区政府副区长朱铮宸等出席。

同日 南昌市“庆祝江西省首届法定消防日”文艺晚会在江西艺术剧院举行。省市领导彭崑生、黄名鑫、凌成兴、陈守朴、李豆罗、马存才、刘汝舟、瞿祖一和省公安厅、省公安消防总队负责人观看演出。

10日 进贤县文港镇被列入“全国小城镇建设试点镇”。

11日 中国城区发展促进会第一届一次会议在江西宾馆召开。会议主题是“文明与进步，促进与发展”。与会代表以中共十四届六中全会精神为指导，研讨城区精神文明建设和新形势下的城区管理体制，通过学习上海市“两级政府、三级管理”新体制的重大举措，交流各地发挥城区职能、建设文明城区的经验，进一步明确新时期城区在城市管理、精神文明建设、经济和社会发展中的职能与任务，并就充分发挥市区两级政府作用，搞好城市的两个文明建设达成共识。来自全国50个城区的代表参加会议。刘伟平、余志坚等到会祝贺。

12日 全市首批“无吸烟单位”挂牌仪式分别在江西华联商厦、江西制药厂、南昌印钞厂、南昌绳金塔小学4家单位举行。首批“无吸烟单位”是根据市政府关于《南昌市公共场所禁止吸烟暂行规定》，经过基层推荐、考核、评定产生。

13日 省委决定：钟家明任南昌市委委员、常委、书记，免去彭崑生南昌市委书记、常委、委员职务。

同日 国家环保局公布1995年37个重点城市环境综合整治定量考核结果。按城市环境质量、工业污染控制和城市基础设施建设三方面的综合得分，南昌排在后10名。

14日 以宁夏回族自治区政府主席白立忱为团长、副主席周生贤为副团长的宁夏回族自治区政府代表团在南昌市考察江铃汽车集团、洪城大市场、南昌大学、江中制药厂，参观南昌八一起义纪念馆和滕王阁。省市领导周懋平、刘伟平等陪同。

15日 市政府发布《南昌市进一步扩大开放的若干优惠办法》，同时废止《南昌市实行沿海开放城市政策，进一步扩大开放的若干规定》。

同日 全市宗教工作暨制止非法宗教活动专项斗争工作会议在市委小礼堂召开。会议传达贯彻全省宗教工作会议和制止非法宗教活动专项斗争工作会议精神，分析全市宗教工作形势，研究和部署当前和今后一段时期宗教工作任务。会议强调，要加大党和国家的宗教政策法规的宣传教育力度，进一步提高对宗教工作重要性的认识；抓紧做好宗教活动场所登记扫尾工作，务必在年底前全面完成登记工作任务；认真做好宗教活动场所年检工作，巩固登记工作成果；加强宗教法制建设，推进宗教工作法制化进程；积极配合有关部门，主动做好“制非”斗争中各项工作；重视和抓好宗教工作干部队伍和爱国宗教团体的教职人员队伍建设，为做好宗教工作提供组织保证。陈绍翔、李豆罗出席并讲话，崔钦汶出席。

同日 南昌商场被中国消费者协会评为“全国商业企业维护消费者合法权益先进单位”，并被选定进京参加经验交流会。

16日 省公安厅日前发出通知，号召全省各级公安机关向全国先进基层党支部——南昌市南站派出所党支部学习。

同日 市邮政路小学师生到南昌县塔城中心小学，在全市首次开展“结对子、手拉手”活动。

17日 全市“学管理、促发展”首场报告会在市委礼堂举行。省委党校、省财经学院专家和学者为与会企业党政领导干部讲授第一课。蒋如铭出席并讲话。

18日 江铃ISO 9002质量体系正式通过国家认证，获中国进出口商品质量认证中心颁发的“ISO 9002:1994国际质量体系注册证书”。

同日 市工商局青云谱分局洪都工商所被国家工商局授予“全国工商系统先进工商所”称号。

18—19日 市委七届三次全体会议召开。会议传达贯彻中共十四届六中全会和省委十届四次全会精神，学习《中共中央关于加强社会主义精神文明建设若干重要问题的决议》，部署有关工作，审议通过《中共南昌市委关于加强社会主义精神文明建设的主要措施》。会议确定将“解放思想、坚定信心、攻克难点、振兴南昌”作为全市工作总体方针，在全市广泛深入开展“思想再解放、大解放”的大讨论，真正把思想搅动起来，创造性地开展工作。钟家明、刘伟平、陈绍翔出席并讲话。出席会议的市委委员36人，候补委员7人。市委巡视员，市纪委委员，以及不是市委委员、候补委员和市纪委委员的市人大常委会，市政府、市政协党组成员，南昌军分区政委，各县区委书记、县区长和市委各部门、市直各单位、大专院校党员主要负责人列席会议。

市委七届三次全体会议召开

19日 市委发出《关于加强社会主义精神文明建设的主要措施》，要求统一认识，明确目标，增强建设社会主义精神文明的紧迫感和责任感；突出重点，注重实践，深入持久地推进社会主义精神文明建设；加强领导，常抓不懈，把精神文明建设各项任务落到实处。

同日 以朝鲜社会安全部政治局副局长金宝景中将为团长的朝鲜社会安全部友好参观团考察南昌市公安局110报警服务台、东湖公安分局百花洲派出所、新建县公安局交警大队，并观看市特警支队业务汇报表演。

20日 市纪委三次全体会议在市纪委八楼会议室召开。会议传达贯彻中共十四届六中全会、中纪委第七次全会、省委十届四次全会、省纪委第三次全会和市委七届三次全会精神，审议通过周启球作的工作报告。按照中纪委和省纪委的部署，研究进一步加强党风廉政建设，深入、持久、更有成效地开展反腐败斗争，认真履行党的纪律检查职能，监督、保证和促进中共十四届六中全会《关于加强社会主义精神文明建设若干重要问题的决议》和省委、市委提出的各项任务的落实。钟家明出席会议并讲话，要求纪检监察干部以无私奉献精神来肩负纪检监察工作神圣职责，进一步加大纪检监察工作力度，进一步发挥工作主动性，形成强大的纪检监察工作威力。

21日 市文学艺术界联合会第六次代表大会在市委礼堂召开。大会审议通过市文联第五届委员会工作报告，选举产生市文联新一届委员会；选举蔡超为市文联主席，冯兆平、赵定群为市文联副主席。

22日 全市纠风工作会议在市委小礼堂召开。会议传达全国、全省纠风工作会议精神，对全市近几年来开展的纠风工作进行回顾总结，并对下一步纠风工作进行部署。市公安局、市教委、市自来水公司等单位就各自开展纠风专项治理工作交流经验和体会。李豆罗出席并讲话。

24 日 市委、市政府发出《关于贯彻落实中办发〔1996〕29 号和赣发〔1996〕24 号文件精神的通知》，要求从讲政治的高度，充分认识解决好当前部分企业职工生活困难问题的重要性和紧迫感；设立帮困资金，对特困职工实施生活救助；进一步落实现有解困政策措施，切实保障困难企业职工基本生活费；充分发挥养老保险功能，切实解决困难企业离退休人员生活问题；全面实施再就业工程，积极开展生产自救和分流安置；帮助企业的特困职工解决好子女上学问题；加强企业领导班子建设，深化企业改革，依靠职工群众解决企业困难；建立和健全专门协调工作机构，切实加强对帮困工作的领导；统一安排，精心操作，用好解困资金；层层建立和落实解困工作责任制，切实保障职工基本生活。

25—26 日 钟家明先后深入市经贸委和南昌阀门总厂、江西棉纺织印染厂调研。钟家明在调研中指出，工业综合管理部门和工业企业要抓紧落实市委七届三次全会精神，善于寻找作战机会、主动出击，用更高的标准和水平来要求自己，进一步拓展“九五”期间主攻的骨干项目。

26 日 全市大环境绿化动员大会在市委小礼堂召开。会议传达贯彻省委、省政府关于加快“山上再造”建设步伐和加速“两线三道”绿化带建设的指示精神，研究部署全市大环境绿化任务。会议要求，各地要认真制定方案，精心组织实施，确保 12 月底完成整地打穴，1997 年 3 月上旬全面完成植树任务。钟家明、刘伟平、周鑫群、田新芳出席，各县区委书记或县区长、主管绿化工作县区委副书记或副县区长，市、县区有关部门负责人和各乡（镇、场）党委书记近 200 余人参加。

同日 全市乡镇领导干部先进事迹报告会在市委礼堂召开。郊区扬子洲党委书记万发妹、安义县万埠镇党委书记杨斯、新建县联圩乡党委书记蔡顺庭、南昌县黄马乡党委书记杨任水、进贤县长山晏乡党委书记张茂华作事迹报告。蒋如铭出席并讲话，周鑫群、陈守朴、田新芳，各县区党群副书记、组织部长、村建办主任，各乡镇场负责人 600 余人出席。

同日 南昌市开展全市物价大检查。至 1997 年春节前，重点检查居民生活必需品价格监审规定，中小学收费、农民建房收费、医疗收费、交通稽征收费、邮电收费等执行情况。

同日 南昌齐洛瓦电器集团通过 ISO 9001 质量体系认证，成为全省第一家通过 ISO 9001 国际质量体系认证的单位，也是全省电器首家通过 ISO 9001 的企业。

27 日 全市“贯彻实施《中华人民共和国劳动法》，推行平等协商签订集体合同制度”经验交流会召开。会议指出，各级部门要充分认识建立平等协商集体合同制度的重要性、紧迫性，切实加强对推行平等协商、签订集体合同制度的领导，从组织领导、力量配备、工作部署、措施制度上做到层层落实。余志坚出席并讲话，崔钦汶出席。

29 日 全市社会治安综合治理基层基础工作会议在市委礼堂召开。会议传达全国、全省社会治安综合治理基层基础工作会议精神，并对全市社会治安综合治理基层基础工作做出部署。会议指出，加强综合治理基层基础建设必须坚持“打防并举、标本兼治、重在治本”的方针，注重基层组织建设和群防群治组织建设，落实综治领导责任制、综合目标管理责任制和一票否决权制；狠抓严打和重点整治，狠抓重点行业、重点部位治安管理和防范、狠抓刑满释放和解除劳教人员的安置帮教，狠抓安全楼院和安全小区的创建，狠抓人民调解和法律服务工作，狠抓法制宣传教育和依法治理工作。陈绍翔、李豆罗、沈思义出席并讲话。

同日 国家教委督学李星万教授率“两基”评选考察团检查验收南昌县“基本普及九年义务教育”“基本扫除青壮年文盲”工作。考察团深入广福一中、广福中心小学、北头村小学，详细了解教育经费落实和教师工资发放等情况。

30日 安义县委、县政府日前做出决定，撤销非常设机构118个。

1996

12月

December

公元1996年12月							农历丙子年【鼠】						
日	一	二	三	四	五	六	日	一	二	三	四	五	六
1 廿一	2 廿二	3 廿三	4 廿四	5 廿五	6 廿六	7 大雪	8 廿八	9 廿九	10 三十	11 初一	12 初二	13 初三	14 初四
15 初五	16 初六	17 初七	18 初八	19 初九	20 初十	21 冬至	22 十二	23 十三	24 十四	25 十五	26 十六	27 十七	28 十八
29 十九	30 二十	31 廿一											

1日　南昌市正式启用新门牌。新门牌启用之后，全市申报户口，申领工商、税务、物价、土地、房产、卫生证照，申办财产保险、接水接电、安装电话，以及入托、就学等均以新编门号为准。

2日　市公安局交警支队与解放军九四医院共同建立全省首家道路交通事故创伤急救系统。

3日　由省市摄影家协会和日本佳能公司联合主办的《美丽的江西》摄影比赛获奖作品展在省摄影家协会展厅开幕。

4日　全市实施“曙光行动”动员大会召开。市委、市政府决定对江西第四机床厂、南昌轴承厂等26户困难和主要亏损企业实施“曙光行动”，并派出26个工作组和有关企业一道，寻找走出困境的办法和对策。会议指出，实施好曙光行动，要振奋精神、负重前进，要牢固树立“全靠自己救自己”的思想，要刷新思路、转变观念，大胆地闯，大胆地试，走出一条新路。钟家明出席并讲话，刘伟平作动员报告，陈绍翔、余志坚、姜任保出席。

同日　南昌市部分党史工作者围绕“弘扬党的传统，建设高素质干部队伍”这一主题，进行专门研讨。蒋如铭出席研讨会并讲话，强调加强新时期干部队伍建设，必须弘扬党的优良传统，总结和借鉴历史经验，同时要按照高素质的要求，切实把干部队伍建设好。

5日　南昌市少儿“手拉手”交流团一行启程赴港，参加为期5天的香港与祖国各地青少年交流活动。

同日　南昌县举办首届农民电影节。

6日　铁道部部长韩杼滨考察南昌站。

同日　市消防特勤大队成立。

7日　全市农村工作座谈会在市委小礼堂召开。会议指出，要围绕农民增收奔小康，理清思路，转变作风，层层抓工作，层层办实事，确保防洪抢险和基层稳定这两座大堤不倒，促进全市开发农业、特色农业和乡镇企业有一个大发展，使农村工作为维护全市改革、发展、稳定大局奠定坚实基础。田新芳、李安全作具体部署。钟家明、刘伟平、蒋如铭、周鑫群，各农业县区党政主要负责人、分管农业工作的副书记、副县区长及市县各涉农部门、农口单位负责人出席。

8—9日 中宣部、公安部邱娥国事迹考察组听取市公安局关于邱娥国事迹汇报。

9日 全省第一个县级管道燃气站在进贤县落成开通。

10日 全国首家劳动医疗康复中心在南昌市奠基。

同日 由公安部消防局局长孙伦少将为组长的公安部、监察部、建设部消防执法情况检查组检查江西省及南昌市消防安全责任制、城市公共消防设施、建筑消防设施、消防装备建设整改落实情况。

11日 京九线第二大铁路枢纽——向塘铁路枢纽工程全面竣工，京九铁路配套工程向塘货物下行系统开始启用。该枢纽日编组由原来的4000辆增加到6700辆。设计日改编车辆能力可达到7800辆。

12日 全市“思想再解放、大解放”座谈会在市委小礼堂召开。会议指出，思想再解放、大解放是推动南昌市改革开放和经济建设的突破口和启动点，是事关全局的一个重大问题；在全市开展思想大解放讨论活动，是从南昌的改革、发展、稳定的大局出发而提出来的，目的就是要从解放思想入手，解决南昌市维护大局的几个问题，求解搞好南昌工作，振兴南昌经济的方程式。钟家明、陈绍翔出席并讲话。各县区有关方面负责人，市直有关部门负责人，国有大中型企业厂长、书记及部分理论工作者参加。

同日 全市吉湖农业开发项目实施总结表彰大会在市政府第二会议室召开。会议总结、交流南昌市实施吉湖项目利用外资开发农业的工作经验，进一步推动农业利用外资工作向高层次发展。周鑫群、田新芳、李安全等出席。

15日 南昌铁路公安局成立大会在南昌举行。

16日 “中国大学生跨世纪发展基金建昊奖学金”评选在北京揭晓。南昌大学新闻系余颍、江西农业大学林学系陈伏生、井冈山医专中医系曾英坚等学生获该奖学金。该奖学金是由共青团中央、全国学联设立的对在校大学生最高级别奖励。

同日 省八届人大常委会第二十五次会议通过《关于批准〈南昌市机关团体企业单位治安保卫工作条例（修正案）〉的决定》《关于批准〈南昌市道路交通管理若干规定（修正案）〉的决定》。

同日 市委发出《关于在全市开展向邱娥国同志学习的决定》，要求全市广大党员、干部和群众学习邱娥国情系百姓、一心为民的奉献精神，牢记党的宗旨，心中始终装着群众，把自己有限的生命投入到无限的为人民服务中去，并且从点点滴滴、实实在在的事情做起，努力造福于人民群众；学习邱娥国爱岗敬业、争创一流的进取精神，大力加强职业道德建设，立足于敬业、爱业、勤业、创业，树立强烈的革命事业心和责任感，脚踏实地，埋头苦干，扑下身子抓工作，尽心尽力办实事；学习邱娥国淡泊名利、清正廉明的精神，自重、自省、自警、自励，廉洁奉公，言行一致，切记自己手中的权力是人民给予的，必须用来为人民谋利益，自觉抵制拜金主义、享乐主义和个人主义。

17日 市委召开表彰大会，授予邱娥国“优秀共产党员”称号。会议号召，全市广大党员、干部和群众以邱娥国为榜样，扎实工作，负重前进，努力推进南昌两个文明建设。

18日 全市农村精神文明建设工作会议召开。会议传达全省农村“双教”（搞好农村基层干部和农民的双向教育）活动现场会精神，通报南昌市赴湖北省竹山县考察“十星级农户”创建活动情况，部署全市农村精神文明工作。会议指出，要紧紧围绕提高农民素质奔小康、建设社会主义新农村的目标，加大领导力度，加大精神文明建设投入，把全市农村精神文明建设推上新台阶。陈绍翔、周鑫群、陈守朴、田新芳、李安全等出席并讲话。各县区党群副书记、宣传部长和农委主任参加。

同日 市委、市政府发出《关于进一步扩大对外开放，开创招商引资工作新局面的若干意见》，强调进一步解放思想，更新观念，增强全市上下开放意识；加强对开放工作的领导，建立招商引资工作目标责任制；大力加强南昌的对外宣传，营造浓厚的对外开放气氛；拓展招商形式，建立全方位招商格局；加快“两区”（南昌高新区、昌北开发区）建设步伐，加强对利用外资的产业导向；不断改善环境，为外商提供优质服务。

同日 市政府发出补充通知，规定凡1996年10月6日前，经审批同意外商来南昌市投资从事房地产的项目，可继续执行《南昌市关于外商投资开发企业从事房地产开发的若干规定》至1997年6月30日止；1996年10月6日之后，经审批同意从事房地产开发的项目，按《关于废止〈南昌市关于外商投资开发企业从事房地产开发的若干规定〉的通知》精神执行。

同日 南昌市工商行政管理学会成立。

19日 全市信访工作会议在市委小礼堂召开。李豆罗通报全市1996年以来信访工作情况，余志坚就进一步做好信访工作提出要求。

同日 南昌县塘南镇渡口小学恩美教学楼竣工。该教学楼由香港同胞沈炳麟捐资26万元兴建。

21日 应市政府邀请，外交部新闻发言人、新闻司司长沈国放在南昌作《国际形势与我国外交政策》专题报告。省市有关领导，省直、市直各单位，各县区主要负责人和市属33家重点企业负责人共1000余人听取报告。

22日 进贤县前途乡撤乡建镇。

23日 市委、市政府发出《关于在全市范围开展治理乱收费、乱罚款的决定》，要求统一思想，提高认识，增强治理乱收费、乱罚款的紧迫感；加强收费、罚款的管理，严格执行规定的审批权限和审批程序；实行收费公开，增加透明度，接受社会监督；强化行政事业性收费许可证制度和年审制度；加强行政事业性收费和罚没票据的管理；行政事业性收费和罚没收入必须实行“收支两条线”管理；实行收费员证制度，进一步提高收费工作人员的素质；简化收费手续，方便企业，方便群众；精简机构、压缩人员、减少各种收费，加强监督检查等。

24日 全市治理乱收费、乱罚款动员大会在市委礼堂召开。会议部署治理乱收费、乱罚款工作。蒋如铭宣读《关于在全市范围开展治理乱收费、乱罚款的决定》。会议强调，全市各级党委和政府要切实担负起领导责任，以应有的魄力和勇气，积极主动地攻下乱收费、乱罚款这个难点，通过全市各级组织共同努力，务必取得预期成效，为维护改革、发展、稳定，塑造文明省会城市新形象做出贡献。市教委、市环保局、市公安局、市法院等9个单位的负责人作表态发言。各县区和收费部门分别签订收费、罚款管理责任状。钟家明、刘伟平出席并讲话。史骏飞、程金鹏、周鑫群、陈守朴、余志坚、田新芳、周启球、李豆罗、马存才等出席。

26日 进贤县前坊乡撤乡建镇。

27日 民政部副部长杨衍银向南昌市殡仪馆颁发国家一级殡仪馆匾牌。该馆占地80公顷，建筑面积1.6万平方米，整个建筑群采用仿古园林式建筑。

28日 南昌市私营企业协会成立。

同日 交通部正式批准建设的江西省第一条全标准高速公路——温家圳至厚田高速公路正式开工。该公路全长35.5公里，是国道主干线上海至瑞丽公路和北京至福州公路在江西境内的重合路段。整个工程计划投资12.57亿元，主线采用沥青混凝土路面，双向四车道，设计时速120公里。计划1999年建成通车。

28日 市科协第六次代表大会召开。大会审议通过市科协第五届委员会工作报告，修改市科协章程；选举张卓群为市科协主席，李美和、李承先、龚绍华为市科协副主席。

29日 由省委宣传部、省委组织部、省直机关工委、省文化厅、省教委、省总工会、团省委、省妇联及市委宣传部联合举办的《红岩魂——白公馆、渣滓洞革命先烈斗争史实展览》在江西省博物馆展出，展期30天。展览由重庆歌乐山革命纪念馆制作，包括“禁锢的世界、两口活棺材”“失败膏黄土、成功济苍生”“烈火中永生”等8部分内容，展出图片600余幅，实物157件。

同日 全市经济工作会议召开。会议传达贯彻全国、全省经济工作会议精神，总结1996年工作，部署1997年任务。会议强调，要坚定不移地贯彻落实中共十四届五中、六中全会和中央、全省经济工作会议精神，解放思想，坚定信心，攻克难点，稳中求进，以提高经济运行质量和效益为中心，主攻工业，优化农业，繁荣商贸，强化城市建设和管理，加大招商引资力度，保持社会稳定，实现国民经济持续、快速、健康发展和社会全面进步。会议指出，要加大国有企业改革力度，集中力量主攻结构和效益；加快农业产业化进程，实现农民增收，财政增长；进一步繁荣商贸，活跃流通，发展城区经济；加大招商引资力度，提高招商引资水平；强化税收征管，严格控制支出，确保收支平衡；加强城市建设和管理，进一步增强城市综合服务功能；促进经济与社会协调发展，实现两个文明共同进步。江西造纸厂、江铃、南柴、江联公司、南昌电化厂、南昌链条厂等企业负责人发言。钟家明、刘伟平出席并讲话。陈绍翔、蒋如铭、史骏飞、程金鹏、陈守朴、余志坚、田新芳、周启球、李豆罗等，各县区、市直各部门、市属部分企业负责人出席。

30日 省委、省政府发出《关于在全省开展向邱娥国同志学习活动的决定》，授予邱娥国“人民的好警察”称号。

同日 省市庆祝元旦电影晚会在八一礼堂举行。省市领导吴官正、舒圣佑、舒惠国、黄智权、钟家明、刘伟平、陈绍翔等与各界群众2000余人观看影片。

31日 市政府发出《关于〈做好新年春节期间拥军优属工作〉的通知》，要求深入进行拥军优属宣传和国防教育，广泛开展拥军优属活动；深入持久开展创建双拥模范城（县）活动，以优异成绩，迎接全国双拥模范城（县）命名表彰大会的召开；认真落实各项优抚安置政策，保障优抚对象的合法权益；本着俭朴节约，注重实效的原则，各县（区）要认真组织好节日期间走访慰问活动，开展各种形式走访慰问和拥军优属座谈会、文艺晚会或军民联谊、联欢活动。

同日 省市领导吴官正、舒圣佑、钟起煌、钟家明、张克迅、刘伟平等看望邱娥国及家人。

同日 邱娥国先进事迹首场报告会在江西艺术剧院举行。报告团成员由筷子巷派出所户籍民警邱娥国、邱娥国之子邱军钢、市公安局民警黄明、广外街办居民李有娣、景德镇印刷机械厂职工何海泉等组成。钟家明、刘伟平、陈绍翔、蒋如铭、史骏飞及市直机关1600余名副科级以上干部聆听报告。

同日 省公安厅发布命令，授予市公安局西湖分局筷子巷派出所户籍民警邱娥国一等功。

同日 市人大常委会颁布《南昌市机关团体企业事业单位治安保卫工作条例（修正案）》《南昌市道路交通管理若干规定（修正案）》。

是月 团中央、全国青少年宫协会授予南昌市青少年宫为“全国先进青少年宫”。

是月 “生—厚—义”水泥公路竣工通车。公路由生米镇经厚田乡、流湖乡至义渡乡，全长30.6公里，宽6米，总投资1550万元。

1997

全市十万人参加以“讲究卫生、净化环境”为主题的统一行动

概 要

1997年，市委、市政府认真贯彻落实中共十四届五中、六中全会和中央、省经济工作会议精神，坚持两个文明一起抓，切实推进两个根本性转变，加快改革开放步伐，加大结构调整和招商引资力度，以提高经济运行质量和效益为中心，主攻工业，优化农业，繁荣商贸，强化城市建设和管理，保持物价稳定和社会安定，全市国民经济实现持续、快速、健康发展。

深化企业改革 1月3日，市委、市政府发出《关于搞好搞活国有企业的若干措施》。2月12日和4月10日，市委、市政府分别召开全市深化企业改革动员大会和再动员大会，强调要加大企业改革力度，推进改革向纵深发展，把主攻工业、兴工强市工作推向新的高潮。6月26日，市委发出《关于进一步改革市属工交企业领导干部管理体制的通知》，将市经贸委、市机械局、市轻工局、市交通局、市二轻局等所属企业领导干部管理权限下放给各委、局管理。7月18日，全市民营企业参与国企改革动员大会召开，要求有经济实力的民营企业通过控股、收购、兼并、联合等形式参与国有企业改革，扩大经营规模，增强经济实力。10月10日，市政府发出《关于印发〈南昌市市属工业主管部门组建国有资产经营公司，实行国有资产授权经营实施方案〉的通知》。10月21日，市委发出《关于改革市商贸委直属企业领导管理体制的通知》，对市商贸委直属企业领导干部管理体制进行改革。11月7日，市政府办公厅发出《批转市经贸委〈关于搞好南昌市大中型工业企业改制工作的意见〉的通知》。按照“抓大放小”“啃骨头”的改革思路，一批市直大中型企业改制为有限责任公司、股份有限公司，改制、改组面达70%，并在工交口组建7个企业集团，在商贸口组建6个企业集团。通过大面积推行以股份合作制为主的多种形式“放小”，市属小企业改制面达92%。

减轻农民负担 1月17日，市委办公厅、市政府办公厅发出《关于认真贯彻落实中发〔1996〕13号文件精神，切实做好减轻农民负担工作的通知》。为切实减轻农民负担，规定以乡镇为单位农民人均负担的村提留、乡统筹费不得超过1996年人均纯收入5%；人均承担的村提留、乡统筹，加上其他社会负担（不含税收）总额比1996年的增长幅度，不得超过1996年人均纯收入增长幅度；灾区、贫困地区农民承担的提留统筹费和其他社会负担的绝对额不得超过1996年实际负担额；建立防治多方向农民伸手“一个漏斗向下”的管理制度、“农民负担监督卡”制度和“农民负担专项审计”制度。

大力招商引资 市委、市政府把招商引资作为牵动经济发展全局的突破口来抓，一方面分三路走出去寻找“真老板”。东进与上海长宁、徐汇、静安等区加强经贸合作，南下到广州、深圳、厦门找大客商、大财团，北上赴北京各部委跑项目、跑资金，全年实际引进外资1.25亿美元，出口创汇1.69亿美元；另一方面继续优化投资软环境提供“真服务”。认真落实对外商做出的三点承诺，设立外商投诉举报协调中心，制定外资项目联合审批办法，建立定期走访、领导挂点制度。

完善城市功能 5月6日，市政府发出《关于加强城区城市建设与管理工作若干问题的决定》。按照“一江两岸”城市总体发展格局，稳步推进重点工程建设。9月29日，南昌新八一大桥暨南岸道路建成通车，中共中央总书记、国家主席、中央军委主席江泽民为新八一大桥题写桥名。11月1日，占地面积120公顷，设计库容量为1792万立方米的南昌市麦园垃圾填埋场一期工程竣工并正式投入使用。按照“权随事转、人随事转”原则，赋予城区相应管理权限，加强街道居委会建设，组建城市综合监察管理队伍，落实管理责任，实现城市专业管理向综合管理转变。

改进干部作风 1月14日，市委、市政府发出《关于进一步改进领导作风的几项具体规定》，要求进一步精简会议和文件，坚决防止和克服讲排场、摆阔气、比气派、图虚名等现象。4月22日，召开全市深入开展领导干部“形象工程”建设活动动员大会。5月7日，市委发出《关于认真学习贯彻〈中国共产党党员领导干部廉洁从政若干准则（试行）〉的通知》。

推进科教兴昌战略 市委、市政府全面贯彻科教兴国和可持续发展战略，高度重视加强科技人才队伍建设，并推出加速科技进步的若干政策。7月25日，市委、市政府发出《关于进一步加强我市科技人才队伍建设的意见》，就建设管理好科技人才“三支队伍”，即优秀专家队伍、中青年后备专家队伍、优秀技术人才及乡村人才队伍提出具体要求。10月24日，召开全市科学技术大会，成立市科技领导小组并表彰南昌市“八五”期间科技进步先进单位、科技明星和优秀科技工作者。12月30日，市委、市政府发出《关于加速科技进步的若干政策措施》，确保科教兴昌战略落到实处。通过组织实施科技计划，申报国家级科技项目5项、省级科技项目31项；申报专利130项，其中发明专利25项，重点科技成果推广运用10项。

悼念邓小平 2月19日，邓小平在北京逝世。20日，市各套班子成员集中收听、收看、学习中央《告全党全军全国各族人民书》。28日，市委办公厅发出通知，组织广大党员、干部和群众学习中央《告全党全军全国各族人民书》《在邓小平同志追悼大会上江泽民同志致悼词》和《邓小平伟大光辉的一生》三篇重要文献。全市广大干部群众以各种形式举行悼念活动，深切怀念邓小平。

纪念中国人民解放军建军70周年 为纪念中国人民解放军建军70周年，顺利完成对八一南昌起义旧址维修和纪念馆陈列更新，并举办中国人民解放军建军暨南昌起义70周年纪念活动。中共中央总书记、国家主席、中央军委主席江泽民为南昌八一起义纪念馆题词：“军旗升起的地方”。8月1日，中央军委副主席、国务委员兼国防部长迟浩田代表党中央、国务院、中央军委，向八一南昌起义纪念塔敬献花篮并出席中国人民解放军建军暨八一南昌起义70周年纪念大会。

1997

1 月

January

公元1997年1月							农历丁丑年【牛】						
日	一	二	三	四	五	六	日	一	二	三	四	五	六
			1 元旦	2 廿三	3 廿四	4 廿五	5 小寒	6 廿七	7 廿八	8 廿九	9 初一	10 初二	11 初三
12 初四	13 初五	14 初六	15 初七	16 初八	17 初九	18 初十	19 十一	20 大寒	21 十三	22 十四	23 十五	24 十六	25 十七
26 十八	27 十九	28 二十	29 廿一	30 廿二	31 廿三								

1日　省领导吴官正考察江西纸业有限责任公司和新八一大桥、“一江两岸”等工程，强调要加强管理，提高效益，确保质量。

同日　省领导舒圣佑等看望南昌钢铁有限责任公司干部工人，强调要振奋精神，抓好开局，解放思想，深化改革，严格管理，开拓市场，争取主动。

同日　《南昌晚报》扩版，每周星期二、星期四扩至8版。

同日　全省最大的人防商城——南昌欣欣商城竣工开业。该商城位于南昌火车站西广场西南角地下，面积近7000平方米，是与京九铁路南昌火车站建设配套的大型平战结合工程。省市领导舒惠国、冯金茂、钟家明、周懋平、刘伟平、陈绍翔、蒋如铭、史骏飞、程金鹏和南京军区副参谋长苏京等出席。

同日　省市重点建设工程——市青云水厂二期工程试车通水仪式举行。该工程总投资16967万元，日供水能力达到103万立方米。省市领导舒惠国、冯金茂、钟家明、周懋平、陈绍翔、蒋如铭、史骏飞、程金鹏、李豆罗等出席。

3日　市委、市政府发出《关于搞好搞活国有企业的若干措施》。内容包括开展招商引资，引进资金、技术、品牌、人才，以大开放促大发展；对小型困难企业，按“一厂一策”的办法，由各主管部门负责；将部分市属小型企业下放给县区管理；以骨干企业为龙头组建企业集团等。

同日　刘伟平考察申江纺织服装实业有限公司洪城制衣厂、江南工艺美术社和金龙购物中心等私营企业，强调发展私营企业重在扶持、贵在自强。

同日　公安部授予在“严打”斗争中为追捕逃犯而英勇献身的新建县公安局义渡派出所副所长宋立江“二级英雄模范”称号。

同日　进贤县罗溪乡撤乡建镇。

4日　市委、市政府发出《关于1997年全市农业和农村工作的部署》，要求理清思路，明确目标，全面完成各项任务；全面贯彻党的农村政策，加强农村精神文明建设和基层组织建设，确保农村社会稳定；坚持依靠科技进步，改善农业生产条件，保证主要农产品稳定增长；积极推进农业产业化，大力发展开发农业、特色农业和乡镇企业，加快奔小康步伐；加大招商引资力度，多方筹措资金，努力增加农业投入；切实加强领导，真抓实干，夺取农业和农村工作新的胜利。

同日　市政府发布《南昌市工程建设施工招标投标管理办法》。

5—6 日　全国总工会副主席、书记处书记倪豪梅率全总检查团到南昌检查“送温暖工程”实施情况。检查团先后深入江西造船厂、南昌玻璃厂等一批困难企业，察看市总工会职业介绍所、工人业余大学、工人文化宫，实地走访困难职工家庭，广泛听取各方面的意见，并为困难职工送去慰问金。省市领导舒惠国、朱英培、陈绍翔、姜任保及省市总工会领导陪同。

6 日　南昌产权交易中心开业。

同日　建设部、中国集体建筑企业协会授予南昌县第二建筑公司“1996 年度全面质量管理优秀企业”称号。

7 日　国家教委授予南昌大学科研处和江西农业大学科研处“全国高等学校科技管理先进单位”称号。

8 日　市政府发布《关于使用国有土地若干问题的规定》，对建设用地、土地出让、老城区旧城改造用地、土地出让金的收取等做出规定。

同日　全市领导干部思想再解放、大解放报告会在市委小礼堂举行。省委常委、宣传部长张克迅应邀作解放思想专题报告。钟家明、刘伟平、史骏飞、程金鹏、周鑫群、陈守朴、余志坚、田新芳、周启球等出席，市委各部门、市直各单位主要负责人，各县区负责人以及部分大中型企业领导共 200 余人参加。

同日　市委组织部、市人事局、市科委、市卫生局、市财政局联合制定《关于加强对国家有突出贡献的中青年专家和享受政府特殊津贴人员管理工作的意见》。内容包括对专家承担的学术课题、科研项目所需的经费、资料和设备予以保证；对因公、因病用车不能保证的专家，由同级财政每月核拨 30 元交通补贴；三年内逐步将专家的住房面积调整到 70 平方米以上，有条件的可给专家安装一部住宅电话和增加一间工作用房并配备相应的设备；可将在外省、地区工作的专家配偶（身边无子女的可将一名子女）调入该市工作；专家直系亲属的“农转非”可适当放宽年龄限制；专家有待业子女的，可安排一名符合招工条件的子女就业；由市卫生局发给专家门诊优先证，建立健康档案，专家住院享受县（处）级医疗待遇，每年统一组织专家进行一次健康体检，实施在岗专家短期疗养制度等。

9 日　省政府批准高招利为革命烈士。

10 日　南昌预备役师表彰大会在市委礼堂召开。大会表彰聂海亮、邬战胜、马二生、李雪根、程细安、熊典恩、魏瑞华、张龙迁、邓卫南、万仁伟“十佳优秀预任连长”，章国文、黄选民、戴义保、顾荣根、胡金华、李根萍、陶和国、万建华、宗鹤林、王迪相“十佳优秀预任指导员”。陈绍翔宣读《关于表彰“双十佳”先进个人的通报》。刘伟平出席并讲话，钟家明、蒋如铭、李豆罗、马存才、雷武江、沈思义、董浩明、李宜武等出席。

13 日　全省检察机关表彰大会在滨江宾馆会议中心举行。南昌市获得表彰的有：南昌县人民检察院立集体一等功，市人民检察院反贪局立集体二等功，市郊区人民检察院控申科汤海清立个人一等功，青云谱区人民检察院江华、市人民检察院反贪局王建国立个人二等功，湾里区人民检察院梅岭地区检察室涂鹤松被评为“文明执法标兵”、立二等功，东湖区房管局蒋勤被评为“江西十佳检察官家属”，西湖区人民检察院龚立新被评为“江西十佳检察官提名奖人员”，市郊区人民检察院等单位被评为先进集体。

13—15日 市总工会第十一次代表大会召开。大会审议通过吴福新作的工作报告，选举产生市总工会新一届委员会。在十一届一次全委员会上，选举吴福新为市总工会主席，胡自华、李美珍、喻细根、金宏为市总工会副主席。

14日 国家经贸委主任王忠禹一行考察江西纸业有限责任公司、江铃汽车集团公司。

同日 市委、市政府发出《关于进一步改进领导作风的几项具体规定》，要求进一步精简会议和文件，大力压缩领导上层活动，坚决防止和克服讲排场、摆阔气、比气派、图虚名现象，高度重视关心群众生活，切实加强落实和督促检查工作。

15日 南昌市第三次获全国“双拥”模范城称号。

同日 南昌钢铁有限责任公司主导产品20Mnsi热轧带肋钢筋获全国冶金产品实物质量“金杯奖”。

16日 南昌市与上海市长宁区缔结友好市区签约仪式在滨江宾馆举行。

同日 市政府发出《关于环境保护若干问题的决定》，要求明确目标，落实环境质量行政领导负责制；突出重点，认真解决区域环境问题；严格把关，坚决控制新污染；限期达标，加快治理老污染；拓宽渠道，加大环保资金投入；立足长远，加强资源与生态保护；严格执法，加强环境监督管理力度；发展科技，增强污染防治能力；加强宣传，提高全民环境意识。

同日 新建县流湖乡北岗希望小学校舍落成。该校舍由市粮食局出资14万元兴建。

17日 市委办公厅、市政府办公厅发出《关于认真贯彻落实中发〔1996〕13号文件精神，切实做好减轻农民负担工作的通知》。

同日 美国赛贝斯公司向南昌大学赠送一套价值100万元的最新赛贝斯软件，用于大型数据库及信息处理的教学与科研。

同日 全市第四次环境保护会议在市委小礼堂召开。刘伟平作《坚持环境保护基本国策，实施可持续发展战略，为实现“九五”环境保护目标而奋斗》的报告。会议强调，加强环境保护要继续深化国策思想，牢固确立可持续发展观念，正确处理好近期利益和长远利益、局部利益和整体利益的关系。钟家明出席并讲话，史骏飞、程金鹏、李豆罗等出席。

18日 1997年工业经济目标管理责任状签字仪式举行。刘伟平代表市政府与市直各工业局（办）、集团公司和19个单位领导在目标管理责任书上签字，内容包括各单位必须完成的产值、产销率、实现利税、减亏数、国有资产保值增值率及资产负债率等主要经济指标。

同日 全市“曙光行动”工作交流会召开。会议总结前一阶段工作，部署下一阶段工作。驻南昌电池厂、江西袜厂、江西橡胶厂、第四机床厂工作组分别发言，对下到被帮扶企业的工作情况进行汇报；南昌电池厂、南昌肉联厂、南昌塑料八厂、江西建材厂负责人汇报各自企业在工作组的指导帮助下尽快走出困境的安排和措施。会议指出，困难企业要彻底抛弃等靠要的依赖思想，奋力拼搏，绝不能寄希望于出现市场膨胀、借贷宽松的形势；要抓好班子建设，在机制转换上有较大的突破；要开拓市场，用新观念、新思路寻求增长方式的根本转变。钟家明、陈绍翔出席会议并讲话。

同日 南昌至九江“庐山号”旅游列车恢复运行。

同日 南昌长途汽车站改造竣工，昌九高速客运正式营运。

20日 由国家立项并批准建设的江铃4J

系列发动机工程正式通过国家验收。

同日 安义县开展为期两个多月的“双教”活动。该县从县直机关和乡镇分别抽调108名和380名干部，组成12个工作队、116个工作组，深入乡村，对全县农村干部进行廉洁奉公、勤政为民教育，对广大农民进行爱国守法、勤劳致富教育。

20—26日 应外交部新闻司和省外办邀请，日本、德国、美国、韩国、马来西亚等国家新闻单位组成的驻京外国记者采访团在江西采访。采访团沿京九线在九江、南昌、吉安、赣州等地了解当地经济和社会发展情况及京九铁路给江西带来的优势和发展前景。

20—29日 邱娥国事迹报告团一行在东湖区、西湖区、郊区、南昌县、新建县、湾里区、市直机关作巡回报告。7800余名干部听取报告。

21日 全市个体私营经济工作暨表彰会在市委小礼堂召开。会议表彰10名先进私营企业代表和30个先进个体工商户。会议指出，希望全市个体工商户和私营企业在发展社会主义市场经济中起先导作用，在发展全市经济中起重要作用，在勤劳致富中起示范作用，在稳定社会中起积极作用。金龙购物中心有限公司、煌上煌烤禽总社代表发言。钟家明、刘伟平出席并讲话，史骏飞、程金鹏、周启球、李豆罗、张锦裳、钟乐初出席。

22日 南昌市举行《中华人民共和国残疾人证》首发式，宣读《南昌市人民政府关于保障残疾人合法权益的若干规定》，要求各级残联组织以发证为契机，向邱娥国学习，倾注一腔真情，做好《保障残疾人合法权益若干规定》的落实，更好地为残疾人办实事办好事。蒋如铭、史骏飞、王玉香、经自麟及省市残联负责人出席首发式并为残疾人代表发证。

22—26日 政协南昌市十届一次会议在市委礼堂召开。会议听取并讨论蒋如铭代表市委作的讲话，审议通过程金鹏作的工作情况报告和经自麟作的提案工作情况报告。与会人员列席市十一届人大一次会议，听取并讨论市政府工作报告。会议选举程金鹏为市政协主席，张锦裳、经自麟、陈礼元、邓启明、瞿祖一、吴才仁、赵国梁、肖宣祥、张富为市政协副主席，张友茂为市政协秘书长，选出市政协常委44人。

24日 国家“八五”重点科技攻关项目——200吨／年窑法磷酸扩试在南昌通过国家鉴定。

25日 南昌市被评为1996年度全省社会治安综合治理目标管理先进单位。

同日 南昌市“四湖”整治工程竣工。

25—29日 市十一届人大一次会议在省军区礼堂召开。出席会议的代表共422人。会议听取审议刘伟平作的市政府工作报告，市1996年国民经济、社会发展计划执行情况和1997年计划（草案）的报告，市1996年市本级财政总预算执行情况和1997年财政总预算（草案）的报告，市人大常委会工作报告，市中级人民法院工作报告，市人民检察院工作报告，通过相应决议。会议选举史骏飞为市人大常委会主任，刘汝舟、程光茹、王玉香、孔炯、邹剑桥、罗时杰为市人大常委会副主任，王迪东为市人大常委会秘书长；选出市人大常务委员24人。会议选举刘伟平为市人民政府市长，李豆罗、姜任保、雷武江、钟乐初、罗为民为市人民政府副市长；王栋为市中级人民法院院长，吴延林为市人民检察院检察长人选。

26日 进贤县架桥乡撤乡建镇。

28日 市委发出《关于进一步掀起向邱娥国学习高潮的通知》。

29日 全市进一步掀起向邱娥国学习高潮动员大会在市委小礼堂举行。会议要求，全市各级党组织迅速行动起来，认真组织广大党员、干部和群众学习中央新闻单位有关邱娥国事迹的报道和评论员文章，进一步掀起向邱娥国学习的高潮，以推动全市社会主义精神文明建设再上新台阶。钟家明作动员报告，刘伟平、陈绍翔、蒋如铭等市委、市人大、市政府、市政协、南昌军分区、市纪委领导，各县区委书记、县区长和市委各部门、市直各单位主要负责人出席。

同日 市驻外机构负责人座谈会在市委常委会议室召开。会议指出，驻外机构应更好地发挥窗口作用，把工作重点转移到招商引资上来。钟家明、余志坚、周启球、雷武江等出席。

30日 南昌市与芬兰瓦·托地区经济合作意向签约仪式在中日友好会馆举行。

是月 中央各大新闻单位和全国各省市区主要报刊均在头版显著位置或黄金时间刊登、播放邱娥国的模范事迹及全国各地邱娥国事迹报告会。

是月 经省政府批准，新建县南矶乡被列为省级湿地自然保护区。

1997
2月
February

公元1997年2月 农历丁丑年【牛】													
日	一	二	三	四	五	六	日	一	二	三	四	五	六
						1 廿四	**2** 廿五	**3** 廿六	**4** 立春	**5** 廿八	**6** 除夕	**7** 春节	**8** 初二
9 初三	**10** 初四	**11** 初五	**12** 初六	**13** 初七	**14** 初八	**15** 初九	**16** 初十	**17** 十一	**18** 雨水	**19** 十三	**20** 十四	**21** 元宵节	**22** 十六
23 十七	**24** 十八	**25** 十九	**26** 二十	**27** 廿一	**28** 廿二								

1日 320国道和昌抚公路改（扩）建工程通车典礼在进贤县温家圳举行。320国道横贯江西，穿越6个地市，全长610公里，改建后的320国道全部达到二级公路标准；昌抚公路全长60.1公里，为超二级公路，双幅四车道，双层沥青路面。

2日 全市各界人士迎春茶话会在市委小礼堂举行。蒋如铭发表讲话指出，在新的一年里，特别要注重保持稳定的政治、经济和社会环境，继续推进改革开放、促进经济和社会全面进步，切实加强党的建设、精神文明建设和民主法制建设，进一步掀起学习邱娥国活动高潮。钟家明、刘伟平、史骏飞等和市有关方面负责人及市各界人士代表共200余人出席茶话会，并观看市歌舞团等单位表演的文艺节目。

4日 省市军民春节文艺晚会在江西艺术剧院举行。省领导舒圣佑发表讲话指出，要以邓小平建设有中国特色社会主义理论为指导，坚持党的基本路线和基本方针，认真落实中共十四大和十四大以来的一系列战略部署，正确处理改革、发展和稳定的关系，稳中求进，继续推进改革开放，促进经济发展和社会全面进步，坚决维护社会、政治稳定。省市领导吴官正、舒惠国、黄智权、钟家明、刘伟平、陈绍翔、蒋如铭等和省市军民1600余人出席晚会，并观看省歌舞团、省京剧团、省杂技团、省话剧团、市歌舞团和抚州地区文艺学校等文艺团体演出的文艺节目。

1997年省市军民春节文艺晚会举行

同日 《江西日报》报道，南昌市人民检察院两年来共查处偷、骗税和虚开、代开、倒卖增值税发票等案件18起，金额达3.2亿元。

5日 省领导黄智权到南昌市大院派出所向全所干警拜年。黄智权询问干警们的工作和生活情况，对派出所一年来为保卫省政府机关安全、协助有关部门所做的工作表示感谢，号召派出所干警向邱娥国学习,做群众的贴心人。

6日 钟家明、陈绍翔、陈守朴走访慰问南昌市老教师李再、老导演张刚、老作家周毅如、老画家蔡超、老编辑赵和班等社会知名人士和市公安局指挥中心、刑侦大队值班公安干警。

7日 市委、市政府举行春节团拜会。刘伟平发表讲话指出，要认真贯彻落实市委七届三次全会精神，进一步解放思想，坚定信心，攻克难点，稳中求进，发扬艰苦奋斗、开拓进取的创业精神，发扬英雄城敢为人先、不畏艰难的拼搏精神，更大胆地对外开放、对内搞活，以新思路、新观念、新作风、新方法，创造性做好南昌各项工作，努力完成和超额完成1997年各项任务。钟家明、刘伟平、陈绍翔、蒋如铭、史骏飞等和各有关部门负责人300余人出席。

8日 省市领导钟起煌、黄懋衡、刘伟平、陈绍翔、陈守朴等与市十七中藏族师生共庆藏历火牛新年。

10日 省市领导黄智权、凌成兴、刘伟平、罗为民察看昌北机场、新八一大桥等重点工程，要求昌北机场两年内完成、新八一大桥10月1日正式通车。

12日 全市深化企业改革动员大会在市委礼堂召开。姜任保通报1996年全市工业经济运行情况，并就1997年工业经济工作做出具体部署。南昌市赴山东学习考察团介绍山东诸城市企业股份合作制改造情况。“曙光行动”B计划中的24个企业和市直有关部门签订结对帮厂协议书。会议强调，要加大企业改革力度，推进改革向纵深发展，把主攻工业、兴工强市工作推向新高潮。钟家明、刘伟平出席并讲话，陈绍翔、蒋如铭、史骏飞等和省体改委主任吴明辉出席。市直各有关部门负责人，各县区分管工业领导，市属工业企业负责人参加。

同日 全市农村工作会议在市委小礼堂召开。会议传达贯彻中央、全省农村工作会议精神，部署1997年全市农业和农村工作。会议强调，各农业县区和涉农部门要切实把农业放在经济工作首位抓紧抓实，把握大局，稳中求进；各级党政机关要明确思路，转变工作作风，提高办事效率，急农业之所急，想农业之所想，深入农村，深入群众，排忧解难，多办实事。田新芳就农业和农村工作作具体部署。钟家明、刘伟平出席并讲话，陈绍翔、蒋如铭、周鑫群、陈守朴、李豆罗等，各县区委书记、县区长，分管农业的县区委副书记、副县区长，各乡镇党委书记及各涉农单位和部门负责人240余人出席。

13日 市直机关干部大会在市委礼堂召开。会议部署机关作风整顿工作。市治理“三乱”工作领导小组负责人通报全市治理“乱收费乱罚款”工作进展情况。会议指出，提高机关干部素质，要在提高政治素质、理论素质上下功夫，要在改进工作作风上下功夫，在提高思想素质上下功夫；机关干部要强化自立自省自警自励意识，努力提高业务素质。蒋如铭出席并讲话，刘伟平主持，钟家明、陈绍翔、史骏飞、程金鹏、周鑫群、陈守朴、余志坚、田新芳、李豆罗等出席。

14日 麦园垃圾卫生填埋场一期工程开工。

同日 南昌柴油机有限责任公司成立公司企业发展策划领导小组，负责策划招商引资、资产重组和股票上市以及研究开发新产品等工作。

16日 省八届人大常委会第二十六次会议

批准任命吴延林为南昌市人民检察院检察长。

17日 全市审计工作会议在审计大楼召开。会议传达贯彻全国、全省审计工作会议精神，总结1996年审计工作，部署1997年审计工作任务，表彰全市“十佳”审计官和20名审计标兵。

同日 南昌无线电六厂、南昌长江电器厂、南昌纽扣厂、南昌刊刻厂4家市属小型工业企业下放东湖区管理；南昌玛钢厂和集体企业南昌蚊香厂、市印刷一厂下放西湖区管理。

19日 市委办公厅、市政府办公厅发出《关于开展村级集体财务清理整顿工作的通知》。

同日 南昌京东旅游经济开发区管理委员会成立。

同日 江西橡胶厂与台资江西泰丰轮胎有限公司合作签字仪式在市政府会议室举行。

20日 市各套班子成员集中收听、收看、学习中央《告全党全军全国各族人民书》，深切悼念邓小平，缅怀邓小平光辉业绩。

22日 市政府各部门领导干部学法讲座在市委小礼堂举办。中国社会科学院刘瀚教授应邀讲授《邓小平民主法制思想的核心和基本内容》。

23日 市委、市政府发出《关于表彰全市社会治安综合治理和“严打”工作先进集体的决定》。对1994年以来在社会治安综合治理工作中做出优异成绩的50个先进集体和在1996年“严打”斗争中涌现的35个先进集体予以表彰。

同日 郊区区委、区政府发出《关于实行村务“八公开”制度的规定》。内容包括财务收支、承包租赁、项目招标投标、农民合理负担、宅基地分配、计生发证罚款、农转非指标分配、干部任期目标公开等。

24日 市委、市政府决定成立市企业改革领导小组，全面负责企业改革组织领导、确定工作具体部署、讨论决定重大政策问题、审批改革项目。刘伟平任组长，陈绍翔、姜任保、邹剑桥任副组长。

同日 南昌赣中金属波纹管厂与中国科技大学联合开发的新型汽车尾气排放净化器在南昌研制成功。经环保部门检测，该产品达到国家标准并填补了国内空白。

25日 市各套班子成员在市委六楼会议室集中收看邓小平追悼大会实况。

同日 全市蔬菜工作会议召开。会议宣布南昌市200公顷蔬菜大棚工程全面启动。

26日 钟家明、刘伟平、蒋如铭、程金鹏、周鑫群等到新丰垦殖场参加植树活动，市直机关干部、军分区、市武警支队官兵共200余人参加。

省市领导和干部群众在新丰垦殖场植树

27日 全市组织工作会议在市委小礼堂召开。会议传达贯彻全省地市委组织部长会议精神，总结1996年工作，部署1997年任务。会议强调，要继续组织好邓小平建设有中国特色社会主义理论学习，进一步解放思想、实事求是，增强贯彻党的基本路线的自觉性和坚定性；狠抓作风整顿，塑造省会城市各级领导干部的良好形象；坚持党的干部路线，严格把好选人用人关；建立健全领导班子思想政治建设的责任制。钟家明、蒋如铭出席并讲话。

同日 全市企业股份合作制改革骨干培训班举办，全市国有（集体）企业股份合作制改革正式启动。

同日 全市乡镇企业推行股份合作制现场会在南昌县尤口乡召开。田新芳就全市乡镇企业全面推行股份合作制、抓好深化改革、招商引资、小区建设、科技进步及“双文明企业”等工作进行具体部署。南昌县尤口乡、进贤县南昌赣江医疗器械厂介绍推行股份合作制经验，南昌县冈上乡、小蓝乡介绍招商引资等方面的经验。会议强调，要抓准乡镇企业转机建制的突破口，打好推行股份合作制的攻坚战，以此再造乡镇企业的新优势，推动全市乡镇企业向更新更高的目标迈进。钟家明、刘伟平出席并讲话，周鑫群及各县区主要领导、各乡镇场党委书记、市直有关部门负责人约200人出席。与会人员实地参观南昌县尤口乡钱岗精制方便米粉厂、旭升服饰有限公司、华峰新型建材厂、南昌研磨工具厂、柳昌食品厂及山湖轧钢等股份合作制乡村企业。

28日 市纪委四次全会在市委礼堂召开。会议传达贯彻中纪委八次全会和江泽民在全会上的重要讲话及省纪委四次全会精神，并传达吴官正、舒圣佑明传电报精神。会议总结1996年工作，部署1997年任务，审议通过周启球作的工作报告。会议强调，要深入扎实有效地开展反腐败斗争，为促进全市两个文明建设做出新的更大的贡献。钟家明出席并讲话，刘伟平、陈绍翔、蒋如铭等出席。

同日 市委办公厅发出通知，要求全市各级党组织认真贯彻落实中央决定，组织广大党员、干部和群众学习中央《告全党全军全国各族人民书》《在邓小平同志追悼大会上江泽民同志致悼词》和《邓小平伟大光辉的一生》3篇重要文献。

同日 南昌市外商投资企业缴费服务中心正式揭牌。

同日 南昌市首次拍卖一块国有住宅基地——八一大道93号。

同日 市科委组织专家教授对冈上镇南方风沙化土地治理开发利用研究技术进行鉴定。

是月 市政府发出《关于1997年组织副县级以上领导干部利用休息日学习法律知识的通知》。

1997

3月

March

公元1997年3月							农历丁丑年【牛】						
日	一	二	三	四	五	六	日	一	二	三	四	五	六
						1 廿三	2 廿四	3 廿五	4 廿六	5 惊蛰	6 廿八	7 廿九	8 妇女节
9 初一	10 初二	11 初三	12 植树节	13 初五	14 初六	15 初七	16 初八	17 初九	18 初十	19 十一	20 春分	21 十三	22 十四
23 十五	24 十六	25 十七	26 十八	27 十九	28 二十	29 廿一	30 廿二	31 廿三					

1日 江西第一条全标准高速公路——温厚（温家圳至厚田）高速公路新村互通立交正式开钻。

同日 以市委副书记、市长张昌尔为团长的湖北孝感市赴江西考察团一行考察新建县长堎开发区外资企业、洪城大市场、江铃集团公司及南昌县蒋巷镇。

2日 全市反腐败工作会议在市政府第二会议室召开。会议传达贯彻中央、省、市纪委全会及国务院、省政府反腐败工作会议精神，总结1996年反腐败工作，部署1997年反腐败任务。刘伟平、周启球出席并讲话。田新芳、李豆罗、姜任保、雷武江、钟乐初、罗为民等出席。

同日 省军区和南昌军分区在人民广场联合举办“学雷锋奉献日活动”。驻市部队官兵和民兵预备役人员学雷锋为民服务队在八一南昌起义纪念塔下设立60多个服务点，开展专家义诊、家电维修、理发、自行车修理等服务活动。省市领导王峰、石细云、沈思义、谭万来、董浩明、李宜武等参加活动。

3日 全市政法工作会议在市委小礼堂召开。会议传达贯彻全国、全省政法工作会议精神，总结1996年工作，部署1997年任务，表彰全市严打、综治工作先进集体和个人。陈绍翔作《加强政法工作，维护社会稳定，更好地为我市两个文明建设服务》工作报告。会议强调，要把握工作大局，从整体上正确处理好改革、发展、稳定的关系；要强化法律服务，为经济发展创造良好的法制环境；要深入开展严打斗争，全面落实社会治安综合治理各项措施；要坚持从严治警，建设一支高素质的政法队伍。钟家明、刘伟平出席并讲话，蒋如铭、史骏飞、程金鹏、余志坚、周启球、李豆罗、马存才、沈思义、王栎、吴延林等出席。刘伟平、李豆罗同各县区、部门代表签订1997年度社会治安综合治理目标管理责任状。

4日 省人民检察院向南昌铁路局通报最

高人民检察院关于同意改变南铁检察院原业务隶属关系，设立省人民检察院南昌铁路运输检察分院的决定。

同日 全市统战工作会议在市委小礼堂召开。会议传达贯彻全省统战部长会议精神，总结1996年工作，部署1997年任务，表彰先进集体。张锦裳作《再接再厉，开拓进取，把我市统战工作提高到一个新水平》工作报告。会议强调，各级党委要高度重视统一战线工作，发挥统一战线优势，促进南昌经济腾飞。钟家明、蒋如铭出席并讲话，钟乐初、瞿祖一、赵国梁、肖宣祥和省委统战部负责人出席，各县区委分管领导和统战部长，市委有关部门、市直有关单位和中央、省、市属部分企事业单位负责人参加。

同日 《江西日报》报道，南昌市推出七项改善投资软环境新举措，包括成立市招商中心及市政府外商投资举报中心，制定《南昌市外商投资申办企业联审办法》《南昌市外商投资建设项目联审办法》《对外商投资企业税外费征收管理办法》，规定对外商投资企业的各种检查必须事前到市开放办备案或审批，建立定期走访外资企业征求外商意见制度，实行重大项目领导挂点协调服务制度等。

5日 全市国有企业党建工作会议召开。会议传达贯彻全国、全省国有企业党建工作会议精神，部署全市企业党建工作。市委组织部、市经贸委、市总工会负责人分别就搞好企业党建工作发言。江纸、南柴、江变、江印、八一麻纺厂、华安针织总厂等企业介绍加强企业党建工作经验。会议指出，国有企业党建工作要围绕生产经营、服务“两个转变”，切实搞好企业党建工作与企业改革发展有机结合。钟家明、蒋如铭出席并讲话，陈绍翔主持。

6日 市委、市政府发出《关于进一步加强城区居委会建设的若干意见》，要求加强居委会干部队伍建设、增加居委会工作经费、解决居委会的办公用房、认真监督检查落实等。

同日 江西长运集团有限公司暨江西长运集团成立。

同日 《人民的好警察邱娥国》一书由二十一世纪出版社出版发行。

同日 西湖区金盘路4号居民家发生一氧化碳中毒事件，4人死亡，2人经抢救脱险。

8日 南昌劳动力市场获“全国示范职业介绍服务中心”称号。

8—15日 以钟家明为团长的南昌党政代表团一行访问上海市长宁区，同时考察静安、黄浦、虹口、浦东新区等10个城区。

9日 南昌八一公园因电动玩具阿拉伯飞毯游艺机失控，造成1名7岁女童死亡。

9—10日 省市领导舒圣佑、刘伟平考察江西纸业有限责任公司、南昌色织总厂、江西华安针织总厂、南昌八一开关厂等企业生产经营和市场开拓情况，与企业领导人探讨加快企业改革和发展问题。

10日 中华全国总工会授予南钢女职工委“全国先进女职工集体”称号。

同日 公安部授予新建县公安局政工科副科长揭光保“宣传思想工作先进个人”称号。

11日 全市特约研究员座谈会暨1996年度优秀研究成果颁奖会在西湖区政府七楼会议室召开。会议总结1996年政研工作，部署1997年政研工作思路和重点。蒋如铭出席并讲话，特约研究员等与会人员作交流发言。

12日 1997年南昌万名下岗职工招聘暨京九、浙赣两铁路线城市劳动协作会召开。主办方组织300多家用工单位及近2万个待聘岗位供下岗职工选择。

13日 劳动部副部长林用三考察南昌市钟鼓楼保姆市场、师大南路再就业街、洪城大市场劳信社和南昌工人技术培训中心。

同日 全市城市绿化工作总结表彰会在市

委小礼堂召开。会议表彰1996年度绿化工作中做出显著成绩的江铃汽车集团公司等10个园林化单位、33个绿化先进单位和180名绿化先进个人。会议强调，要在全社会强化“种绿养绿，人人有责”的意识，把环境形象治理作为塑造文明省会城市形象的突破口来抓，要加快步伐、加大力度，大搞城市绿化，共建绿色家园。刘伟平出席并讲话，周鑫群、孔炯、罗为民、瞿祖一，各有关部门主要负责人、受表彰先进单位和个人代表出席。

14日 江西省第一家运用股份制形式建设的国家级大型综合商品批发市场——洪城大市场与16家市二轻企业签订合作协议。

同日 安义县政府发出《关于第一批取消19个收费项目的通知》，决定取消教育、工商、城建、公安、卫生、邮电、土地等部门共19个收费项目。

15日 江西省“3·15”国际消费者权益日宣传展示服务活动在南昌市举行。活动围绕“讲诚信、反欺诈”主题，通过展板和模型等直观载体的展示方法，突出宣传有关保护消费者权益的法律法规，提高消费者自我保护意识和能力。省市工商、技术监督、商检、卫生、商标等有关部门权威人士在活动现场负责接待咨询。省市消费者协会和政府有关部门打假办公室受理现场投诉计400余件。省市领导钱梓弘、周鑫群、李豆罗、瞿祖一参加。

江西省“3.15”国际消费者权益日宣传展示服务活动举行

17日 全省首家乡镇数字大哥大基站在安义县万埠镇建成开通。万埠邮电支局数字大哥大机站由60米升空铁塔和机房联网装置构成，总投资120余万元，容量150门，覆盖万埠地区周围10公里。

17—28日 市委组织部、市农委在市农村基层干部培训中心举办两期培训班。119名重点村党支书、村委会主任参加培训。

18日 邱娥国事迹报告会在北京人民大会堂举行。报告会由中宣部常务副部长刘云山主持，公安部部长陶驷驹，中共江西省委副书记钟起煌，公安部党组成员、政治部主任祝林春出席。全国公安战线英模代表、先进集体代表和近千名首都各界群众聆听报告。

同日 公安部授予邱娥国“一级英模”称号，并决定在全国公安机关和广大民警中开展向邱娥国学习活动。

同日 全省首家股份合作制企业——南昌服装一厂成立。

19日 市政府发出《关于加强审计工作的通知》，要求进一步提高思想认识、加强对企业的审计监督、加强对固定资产投资审计，加强对有收费项目、有经济罚没权、有预算外收入单位的审计监督；加强对政府部门管理和社会团体、其他机构受政府委托管理的社会保障基金、社会捐赠资金等各种基金、专项资金的审计监督；完善对行政、事业单位和企业主要负责人离任交接审计，增强审计处理力度；努力做好内部审计工作，乡镇审计工作要力争上一个台阶，进一步规范社会审计执业行为以及加强审计队伍建设等。

同日 南昌市召开负责干部会议，通报市党政代表团赴上海学习考察情况。

20日　《人民日报》报道，南昌市公安机关在整顿机关作风中着重解决索拿卡要、挥霍公款大吃大喝、违反禁酒令等突出问题。

同日　全市春季严打整治工作会议在市公安局会议室召开。会议通报1997年一季度治安形势，部署全市春季严打整体方案。会议指出，此次行动打击重点是杀人、抢劫、涉枪、爆炸、贩毒、入室抢劫、带黑社会性质的犯罪团伙和流氓恶势力等重大恶性犯罪，整治重点是整治交通秩序、打击车匪路霸等。陈绍翔出席并讲话。

21日　市政府发出《南昌市城市房屋装修管理办法》，规定房屋装修必须保证房屋原有整体性、抗震性和结构安全，做到安全实用，并符合抗震、消防、供电、市容环境等有关规定，不得因装修影响毗邻房屋的使用安全；房屋装修竣工后，房屋所有人或使用人应当向房产管理部门申请验收，房产管理部门应当在接到申请之日起5个工作日内，会同市容环境管理部门进行验收；房屋验收合格后，方可投入使用；不符合要求的房屋不得装修等。

同日　全市党史工作座谈会在市委三楼会议室召开。会议传达贯彻全省党史工作座谈会精神，总结1996年工作，部署1997年任务，成立市中共党史学会。会议要求，弘扬传统、整顿作风，进一步加强党史部门和党史队伍建设；加强领导，多方支持，为党史工作的开展创造良好条件。蒋如铭出席并讲话，省委党史委、市委党史办以及县区党史办负责人参加。

22日　清华高科技工业园落户南昌国家高新技术产业开发区签字仪式举行。江西清华科技集团公司是清华大学企业集团成员企业，是清华同方股份有限公司（上市）发起人之一。清华科技集团在南昌高新区具体实施清华高科技工业园计划，充分利用自身优势，加强南昌市与清华大学的联系与合作，推动江西科技产业发展。

同日　《江西日报》报道，南昌市通过加快市场建设和加大流通体制改革力度，已形成大市场、大流通、高效益、强辐射的市场格局。

24日　市建材集团成立。该集团以南昌硅酸盐制品厂为核心企业，江西建材厂、江西建材机械厂、市建材物资总公司、南昌洪湾防水材料厂为集团成员。集团成立后仍隶属市建材行业办公室。

25日　中国农业发展银行进贤支行成立。

26日　全市宣传部长会议在市委小礼堂召开。会议传达贯彻全省宣传部长会议精神，总结1996年工作，部署1997年任务。会议强调，宣传思想工作要高举旗帜，把握大局，服务中心。会议要求，加强思想道德建设，在提高人的素质上下功夫；大力加强文化宣传，把优秀的精神食粮献给群众；以提高城乡文明程度为目标，深入开展精神文明建设创建活动。钟家明、陈绍翔出席并讲话，刘伟平、陈守朴、马存才等出席。

同日　全市加强居委会建设动员大会在市委小礼堂召开。会议宣读市委、市政府《关于进一步加强城区居委会建设的若干意见》和市民政局有关贯彻实施意见。会议强调，要加强居委会建设，制订居委会工作条例，明确规章制度，做到分工到人、责任明确。钟家明出席并讲话，余志坚、李豆罗，省、市民政部门负责人，各区区长、民政局长及街办书记、主任参加。

27日　《江西日报》报道，南昌市委、市政府主攻招商引资和企业改革两大难点，采取“东进”“南下”“北上”策略，吸引更多内外商来昌投资；按照“抓大放小、一厂一策”方针，组建建材、输变电集团等不同档次企业联合体，对中小企业实行改制。

28日　南昌高新区昌新微机控制塑料大

棚投产。该项目是南昌昌新农业发展有限公司引进以色列 U.D.I 公司技术的高科技农业项目。

29 日 扬子洲变电站正式通电。该项目投资 385.9 万元，为南昌市最大蔬菜生产基地供应电力。

29—31 日 长江流域规划委员会赴江西水利工程项目执法监察组检查进贤县军山湖联圩、新建县赣西联圩、廿四联圩、南昌县蒋巷联圩等重点外洪圩堤在建工程项目。

是月 由市农委牵头，市蔬菜局、市林业局、市水利局、市水产局等单位联合在郊区扬子洲农场动工兴建特色农业示范园。该示范园占地面积 16.9 公顷，集特色农业、生态农业、“三高”农业、旅游农业于一体，总投资 475.8 万元。

1997

4月

April

公元1997年4月							农历丁丑年【牛】						
日	一	二	三	四	五	六	日	一	二	三	四	五	六
		1 廿四	2 廿五	3 廿六	4 廿七	5 清明	6 廿九	7 初一	8 初二	9 初三	10 初四	11 初五	12 初六
13 初七	14 初八	15 初九	16 初十	17 十一	18 十二	19 十三	20 谷雨	21 十五	22 十六	23 十七	24 十八	25 十九	26 二十
27 廿一	28 廿二	29 廿三	30 廿四										

1日　市委发出《南昌市县（区）委党校关于贯彻〈江西省党校系统关于贯彻“中国共产党党校工作暂行条例”的实施细则〉的意见》。

同日　全市计划生育工作会议召开。会议传达贯彻中央计划生育座谈会精神，通报全市1996年人口计划执行情况，部署1997年工作。会议指出，要确保1997年全市人口出生率控制在16‰以内。周鑫群、田新芳、赵国梁出席。

同日　全市首家破产后改制重组的股份合作制企业——南昌金瓯防水材料实业公司成立。

同日　经南昌高新区管委会、市财政局、市国税局、市地税局等部门联合审定，133家高新技术企业首批纳入高新财税管理，将原工商、税务管理关系划转到南昌高新区工商、税务机构。

同日　南昌百货总公司兼并南昌八一商场。

同日　南昌铁路局全路实行1997年新的列车运行图和货物列车编组计划。在“4•1”新图中，南昌铁路局共编客车59对，货车442对。

2日　全市防汛工作会议召开。会议传达全省防汛工作会议精神，部署全市防汛工作，表彰水利目标管理先进单位。会议强调，要进一步强化水患意识，明确防汛任务，落实防汛责任，做好防汛准备，确保安全度汛。钟家明、刘伟平出席并讲话，周鑫群、李豆罗、沈思义出席。市防总成员，市城区防洪排涝指挥部成员，象湖地区排涝指挥部成员及各县区防汛抗旱指挥长、主管防汛工作的副书记（副县长）、水电局长、防汛办主任等参加。

2—3日　以区委副书记、区长童永歙为团长的上海市静安区党政代表团考察南昌市新八一大桥工程、昌北开放开发区沙井小区、洪城大市场、江铃集团公司等。

3日　市委发出《关于认真贯彻政协南昌市委员会贯彻〈政协全国委员会关于政治协商、民主监督、参政议政的规定〉的实施办法的通知》。

同日　全市整治市容环境工作动员大会召开。会议传达全省综合整治市容环境工作会议精神，对全市整治市容环境工作提出要求：巩固主要干道，强化“门前三包”（包卫生、包秩序、包绿化），规范垃圾袋装，整治小街小巷；清理庭院楼道，创建文明小区；启动一江两岸，开辟抚河公园，整顿灯饰广告，美化南昌市貌。罗为民出席并讲话。

同日 《江西日报》报道，南昌高新技术产业开发区已拥有高新技术企业140家，开发高新技术项目170余项，成为南昌市一个新的经济增长点。

4日 瑞士安德利集团有限公司董事会主席安德林夫妇及其集团高管一行在南昌考察。

5日 全市首期乡镇人大主席培训班在鑫城宾馆开班。蒋如铭、史骏飞、王玉香等出席开班式并讲话，要求乡镇人大干部增强责任感，认真履行职责，围绕本地经济发展的实际，抓住重点，搞好调查研究，加强对政府部门的监督；要注重学习，转变作风，廉洁自律，不断提高自身素质和队伍素质。

7日 省市领导周懋平、刘伟平会见以色列U．D．I公司和美国维希公司代表团一行。

8日 全国人大常委会副委员长王丙乾率全国人大《中华人民共和国森林法》检查团考察南昌县冈上镇邹家村湿地松防沙林带。省市领导卢秀珍、孙用和、田新芳陪同。

同日 郊区湖坊乡被中宣部列为“全国创建文明村镇示范点”。

9日 南昌市与上海市静安区经贸合作签约仪式在滨江宾馆举行。

南昌市、上海市静安区经贸合作签约仪式举行

10日 全市深化企业改革再动员大会在市委礼堂召开。会议总结前阶段全市深化企业改革进展情况，部署下一阶段任务。会议强调，要进一步解放思想、加大力度、加强领导、明确目标、乘势而上。钟家明、刘伟平出席并讲话，陈绍翔、蒋如铭、陈守朴、余志坚、田新芳、周启球等出席。南昌县、东湖区、市二轻局、市工商银行、市劳动局、洪城大市场等11个单位负责人发言。

11日 全市创建安全文明小区现场会在江西纸业有限责任公司礼堂召开。会议强调，要加强领导、搞好规划、因地制宜，把建设安全文明小区的工作在全市推开。陈绍翔出席并讲话，东湖区董家窑派出所等单位介绍创建安全文明小区经验。

同日 全市卫生系统学习李燕玲先进事迹动员大会在市政府礼堂召开。会议宣读《关于在全市卫生系统开展向李燕玲学习的决定》。李燕玲所在单位大塘中心卫生院负责人介绍李燕玲先进事迹。会议要求，全市卫生系统各级领导干部要带头学习、廉洁自律、勤政务实，扑下身子抓落实；医护人员要学习李燕玲敬业精神，努力提高服务质量和服务水平。蒋如铭、钟乐初出席并讲话，陈守朴、罗时杰、赵国梁和省市有关方面负责人出席，全市卫生系统700余位医务工作者参加。

同日 市委办公厅、市政府办公厅发出《关于进一步宣传贯彻中发〔1996〕13号和赣发〔1997〕3号文件的紧急通知》，要求就传达、学习、贯彻中共中央、国务院《关于切实做好减轻农民负担工作的决定》情况开展全面检查，把各项政策措施不折不扣落到实处。

同日 美国福特汽车公司副董事长温·布克一行对江铃汽车股份有限公司进行工作访问。省市领导舒圣佑、朱英培、刘伟平等在南昌会见温·布克一行。

12日 市公安局交警支队深化学济南交

警活动誓师大会在市政府礼堂举行。1000余名交警庄严宣誓：以济南交警和邱娥国为榜样，忠于职守、爱岗敬业、规范执勤、保持形象、严格执法、热情服务，争做邱娥国式的人民交警，争当公安机关精神文明建设的排头兵，为英雄城添光彩。

同日 洪城家电市场建成。该市场建筑总面积达1.5万平方米，汇集国内外3000多种名优家电品牌。

13日 全国政协常委、中国围棋队总教练聂卫平参观考察南昌县向塘汇仁集团有限公司生产经营情况。

14日 全市乡镇党委书记培训班开学典礼在市委党校四楼会议室举行。蒋如铭、田新芳出席并讲话，要求乡镇党委书记珍惜学习机会，注意把学习理论与解决问题结合起来，把学习理论与改造世界观结合起来；重视以俭养德，真正把全心全意为人民服务转变到自觉的行动中来。全市乡镇党委书记近100人参加。

同日 省爱卫会组织专家对郊区农村改水工作进行考核验收。经现场测试和重点抽查，评定郊区为全省唯一达到全国农村改水先进标准县区。

同日 南昌华侨友谊股份有限公司兼并南昌百货大楼股份有限公司。

15日 省八届人大常委会第二十七次会议通过《关于批准〈南昌市蔬菜基地保护条例〉（修正案）的决定》《关于批准〈南昌市城乡集市贸易市场管理条例〉（修正案）的决定》。

同日 市委外事工作领导小组成立。刘伟平任组长，李豆罗、雷武江任副组长。

同日 江西客车厂划拨给赣江农用车集团。

16日 经市政府研究并报省政府批准，人民广场更名为八一广场。广场名称与广场内"八一南昌起义纪念塔"名称一致，突出弘扬八一南昌起义革命精神。

17日 《人民日报》报道，南昌市着力改善招商引资环境，强化管理、优质服务，并向各界朋友做出承诺：健全法规，稳定政策，信守合同；减少办事环节，提高办事效率；抓好廉政建设，严肃招商纪律，统一各种规费。

18日 省市领导舒圣佑、刘伟平调研南昌高新区微机控制塑料大棚温室农业生产项目。舒圣佑强调，要依靠科技进步发展常规农业，注重农产品精深加工，促进农村经济繁荣。

同日 市委发出《关于贯彻省委〈关于开展向吴成生学习活动的决定〉的意见》。

19日 市委、市政府发出《关于进一步做好维护我市社会稳定工作的紧急通知》。

同日 湾里扶轮五湖小学竣工揭幕仪式在湾里区举行。香港沙田扶轮社社长陈耀宗，五湖实业有限公司董事长、扶轮社前社长朱子仁，香港立法局议员蔡根培及扶轮社社友一行出席并捐赠6万元用于购买教学仪器。

20日 全市春耕生产现场会在南昌县蒋巷镇召开。会议强调，要依靠科技进步，推动全市常规农业不断向前发展；要大力推广早稻抛秧技术，主攻粮食单产，夺取粮食生产再丰收。钟家明出席并讲话，刘伟平、周鑫群、田新芳等出席。各农业县、区主要领导、各涉农部门负责人及各乡镇场主要负责人共150余人参加。

21—24日 在1997年江西深圳新闻发布会暨深圳国际投资洽谈会期间，南昌市代表团共签订内外资合同项目53个，合同资金12293.405万美元。

22日 全市深入开展领导干部"形象工程"建设活动动员大会在市委小礼堂召开。会议指出，1997年领导干部"形象工程"建设活动要继续突出"学先进、树形象、做人民的好公仆"这一主题并赋予新内容，要在学先进过程中着重树立开拓进取的形象、勤政务实的形象、廉洁自律的形象。蒋如铭出席并讲话，陈守朴、周启球出席。安义县、市计委、市纺织行业办公室、市公用事业管理局、江西第五机床厂代表分别介绍经验。

同日 南昌柴油机有限责任公司收到中国船级社质量认证公司和中国船级社实业公司分别颁发的质量体系认证证书，成为江西省机械行业首家按ISO 9001:1994模式通过认证的国有大型二类企业。

23日 由江西电影制片厂与南昌影视创作研究所合拍电影《夫唱妻和》在市委礼堂首演。陈守朴、钟乐初、张锦裳、赵国梁及市直机关近千名干部群众现场观看。该片分别被中宣部和广电部列为优秀影片和重点影片。

24日 省领导舒惠国、黄懋衡考察南昌高新区。舒惠国强调，必须重视科技进步，进一步办好南昌高新区，使之真正成为南昌市乃至全省一个重要的经济增长点，成为区域经济腾飞的“领头军”。钟家明、刘伟平、钟乐初陪同。

25日 国家基本药物临床应用学术研讨会在南昌市举行。来自首都协和医院、北京中日友好医院及省市300余名医药专家参会。

同日 南昌塑料集团成立。该集团以南昌塑料八厂为核心企业，南昌塑料厂，南昌塑料二厂、四厂、五厂、六厂、七厂，南昌塑料包装厂，南昌大华塑料厂为集团成员。集团成立后仍隶属于市二轻局。

26日 全市工口各局（办）和市直各有关部门负责人会议召开。会议研究解决企业股份合作制度改造过程中的具体困难，并就加大力度推动企业改制工作做出部署。钟家明、刘伟平、陈绍翔、邹剑桥、姜任保出席。

27日 中国杰出科学家、教育家吴有训百年诞辰纪念报告会在南昌举行。省政协副主席廖延雄作主题报告。吴有训家乡高安市的代表、原省立二中校友和南昌一中师生300余人参加纪念报告会。

同日 香港97（集团）有限公司、广州帝豪表业有限公司等捐赠20万元在安义县鼎湖镇戴坊村建立全国第一所“纪念香港回归希望小学”。

28日 南昌客运段昌京青年一、二组被共青团中央、铁道部联合命名为“全国青年文明号”，成为南昌铁路局第三个国家级“青年文明号”。

29日 南昌市庆祝“五一”国际劳动节暨表彰大会在市工人体育馆召开。147名先进个人获“五一劳动奖章”、54个先进集体获“五一劳动奖状”。蒋如铭出席并讲话，要求全市广大干部、职工和全体劳动者向先进学习，兢兢业业、鞠躬尽瘁，严于律己、淡泊名利，奋力拼搏，努力创新。陈绍翔、史骏飞、程金鹏、余志坚、周启球和省市总工会负责人出席。各行各业各个岗位的职工代表，工会干部代表近1000人参加。

30日 市人大常委会颁布《南昌市城乡集市贸易市场管理条例（修正案）》《南昌市蔬菜基地保护条例（修正案）》。

同日 南昌市筷子巷派出所民警邱娥国、市市政工程管理处疏浚工龚腊根、江西变压器厂厂长成生祥、南昌画院院长蔡超获全国“五一劳动奖章”；南昌亨得利钟表眼镜公司获全国“五一劳动奖状”。

是月 南昌县被列为世界银行货款第三期中国农村供水与环境卫生项目县。银行贷款从7月1日正式启动，属软贷款。全县共接受贷款经费250万美元，用于全县农村自来水建设、环境卫生设施建设和开展健康教育。

1997

5 月

May

公元1997年5月							农历丁丑年【牛】						
日	一	二	三	四	五	六	日	一	二	三	四	五	六
				1 劳动节	2 廿六	3 廿七	4 青年节	5 立夏	6 三十	7 初一	8 初二	9 初三	10 初四
11 初五	12 初六	13 初七	14 初八	15 初九	16 初十	17 十一	18 十二	19 十三	20 十四	21 小满	22 十六	23 十七	24 十八
25 十九	26 二十	27 廿一	28 廿二	29 廿三	30 廿四	31 廿五							

1日　市政府发出《关于进一步鼓励发展个体私营经济的实施办法的通知》，强调提高思想认识，加大发展力度；拓宽从业对象，引导产业调整；简化开办手续，放宽登记条件；放宽经营政策，改善经营环境；规范收费管理，保障合法权益；加强领导和管理，确保健康发展。

同日　南昌市发布《劳动预备制度实施办法》，规定对新生劳动力追加一年至三年的职业培训，使其掌握一定职业技能后再进入就业岗位。

同日　市公安局特巡警支队首批11辆110报警服务车正式上街巡逻，处置各类紧急治安事件。

2日　市政府发出《关于在全市开展事业单位法人登记工作的通知》，规定凡该市内具备法人条件的各级各类事业单位（除法律、法规、规章另有规定外），都应进行事业单位法人登记；从事经营活动或有偿服务活动的事业单位还应依法向当地工商行政管理部门申请办理有关登记注册事宜。

同日　世界银行专家考察团到进贤县考察红壤二期项目实施情况。

3日　省市青年纪念五四运动78周年暨中国共产主义青年团建团75周年大会在八一广场举行。省市领导钟起煌、蒋如铭出席并讲话，希望广大团员青年以实际行动向邱娥国等先进模范人物学习，在社会主义精神文明建设中发挥模范带头作用，在工作岗位上做精益求精的标兵，不辜负党和人民的殷切希望，争做“四有”（有理想、有道德、有文化、有纪律）新人。省领导陈癸尊、黄立圻、王峰等和团省委、团市委负责人出席。省市各行业和大中学校1500名团员青年参加。

4日　市委七届五次全体会议召开。会议推选南昌市出席省党代会代表。

5日　省市联合在八一广场开展以“食用合格碘盐、严禁销售非碘盐”为主题的宣传活动。省市领导黄懋衡、钟乐初等参加。

同日 市政府发出《关于加强城区城市建设与管理工作若干问题的决定》，对城区城市规划管理、市政建设与管理、城建监察队伍等做出规定。

同日 市政府发出《关于进一步规范行政执法行为，切实加强依法行政的通知》，强调各行政执法部门领导和干部要认真学法，牢固树立依法行政的观念；要认真清理行政执法机构，规范行政执法主体；要认真规范行政执法程序，严格按程序执法；要加强对行政执法人员的管理，提高行政执法人员的素质；要加强对行政执法的监督，提高行政执法水平。

同日 江西服装厂、南昌服装三厂、南昌绣品童装厂合并，组建江西领王服装集团公司。

6日 全国优秀教师、全国残疾人三项康复工作先进个人吴荣兰先进事迹报告会在南昌市举行。吴荣兰是宜黄县人，22年来在山区坚持从事普通教育和聋哑儿童特殊教育，1996年获“曾宪梓教学基金会”一等奖。

同日 邱娥国先进事迹报告会在市委礼堂举行。陈绍翔和全市政法系统650余名干警聆听报告。

同日 南昌白鸽线厂兼并南昌灯芯绒厂，成立南昌大众印染总厂。

7日 市委发出《关于认真学习贯彻〈中国共产党党员领导干部廉洁从政若干准则（试行）〉的通知》，强调各级党组织要对学习贯彻廉政准则予以高度重视，切实负起责任；各级党员领导干部要自觉按照廉政准则的要求，严格规范和约束自己的行为；各级宣传部门要同有关部门一道大张旗鼓地抓好廉政准则的宣传和教育，把舆论氛围造起来；各级纪检机关和组织人事部门要协助同级党委（党组）抓好监督检查，确保廉政准则落到实处。

同日 李燕玲先进事迹报告会在市委礼堂举行。会议宣读《关于在全市开展向李燕玲学习的通知》。陈绍翔出席并讲话，要求各行各业学习李燕玲甘愿吃苦、敬业爱岗、无私奉献的精神，树立正确的人生观、价值观、道德观。陈守朴、赵国梁出席。市直机关各部门、各单位副县以上干部、市直机关代表、窗口行业代表共800余人参加。

李燕玲先进事迹报告会举行

8日 市委发出《关于当前加强国有企业领导班子建设的若干意见》，要求充分认识加强国有企业领导班子建设的重要性和紧迫性；抓住重点，分类指导，在改革和发展中调整、充实企业领导班子；采取切实有效措施，努力提高国有企业领导班子整体素质；建立健全企业领导干部考察考核制度和激励约束机制，实行严格管理和有效监督；加大企业后备干部培养力度，努力造就一支能够跨世纪担当重任的企业领导干部队伍；着力抓好企业党的建设和精神文明建设，切实加强领导，保证国有企业领导班子建设再上一个新台阶。

同日 市红十字会第六次会员代表大会召开。会议审议通过《南昌市红十字会章程》《南昌市红十字会1997—2001年五年工作规划提要》。选举产生市红十字会第六届理事会，聘请刘伟平和省政协委员、香港江西同乡会会长周起鸿为名誉会长；选举钟乐初为会长。

同日 南昌县尤口乡光明村发现一座南朝

双室墓，出土一批距今1400多年的洪洲瓷器等随葬品，其中有莲花瓣纹托杯、双系盘口壶、漱口钵等11件套瓷器，并发现南朝墓中少见的渗水井。这一发现对研究南朝时期墓葬形制及古青瓷器发展具有重要价值。

同日 南昌县小蓝乡禽蛋批发市场奠基仪式举行。该市场占地2公顷,设有摊位1070个。

同日 南昌县麻丘乡撤乡建镇。

9日 全市减轻农民负担工作会议召开。会议传达贯彻省委、省政府有关明传电报，通报全市“减负”工作情况。会议强调，各地要高度重视、认真对待，逐类逐项清理农民负担，决不允许各行其是。周鑫群、田新芳出席并讲话。

同日 凌晨4时，江西首座斜拉桥——南昌新八一大桥主体工程顺利合龙，比原计划提前52天，创全国斜拉桥建设最快速度。

同日 《人民日报》报道，南昌市从1400多名符合条件下岗职工中择优选聘670人进入居委会工作。

10日 刘伟平在南昌中日友好会馆会见以瓦尔济考斯基市市长卡塔亚为团长的芬兰瓦·托地区政府代表团和商务代表团。

11日 卫生部、林业部、农业部组成“兴林抑螺”工程验收团深入进贤县军山湖乡四圩村和三里乡“兴林抑螺”基地检查验收国家血防试点工程。

13日 以科菲·阿托尔为团长的加纳全国民主大会代表团抵南昌访问。

同日 以芬兰瓦尔济考斯基市市长卡塔亚为团长、托亚拉市市长列娜为副团长的瓦·托地区政府友好代表团一行到郊区热心村参观考察。热心村授予卡塔亚和列娜“热心村荣誉村民”证书。

同日 市委、市政府发出《关于表彰1996年度发展乡镇企业先进单位和先进个人的决定》。授予郊区等7个县区“综合目标奖”，南昌县尤口乡等8个乡镇“单项奖”，进贤县李渡出口花炮厂等12个单位“最佳经济效益奖”，陈年代等60人“发展乡镇企业优秀管理者奖”，李星元等20人发展乡镇企业优秀科技人员奖。

14日 全市国有资产管理工作会议召开。会议要求，各级国资管理部门切实做好国有资产管理工作，防止国有资产流失，促进经济结构调整，为企业改革服务。李豆罗出席并讲话。

同日 全市整顿后进村检查验收工作现场会在进贤县前途镇召开。市委组织部通报全市后进村整顿建设情况，各县区汇报工作进展情况。会议强调，要做好检查验收前的查漏补缺工作，精心组织好检查验收，抓好面上的村级组织建设，推动村建工作不断向纵深发展。蒋如铭出席并讲话，各农业县区委组织部长、基层办主任，市直整顿后进村扶村单位领导出席。

同日 市委、市政府和南昌军分区联合发出《关于加强企业改制中民兵预备役建设的通知》。

同日 刘伟平在南昌中日友好会馆会见以日本高松市技研创新株式会社董事长中山武信为团长的日本高松市建筑装修代表团一行，并接受中山武信赠送的《1976—1996年布展装饰年鉴》和用于兴建南昌县蒋巷镇柏岗山村南溪小学的450万日元捐款。

14—15日 水利部总工程师朱尔明率团考察新建县、南昌县、进贤县沿鄱阳湖地区重点外洪圩堤。

15日 邮政路小学五年级学生黎侃获全国第六届“华罗庚金杯”少年数学邀请赛金牌。

16日 市政府发布《关于防治机动车交通噪声污染的通告》，规定在该市城区范围内行驶的机动车辆（含军、警车及过境车辆），严禁安装和使用不符合国家音调标准和音量超过105分贝的喇叭；消防车、工程抢险车、救护车、警车等特种机动车辆安装、使用警报器，必须符合国务院公安部门的规定；在执行非紧急任务时，禁止使用警报器；在该市城区范围内，未经公安交通管理机关批准，任何单位不得使用广播宣传车等。规定自1997年6月1

日起施行。

同日　南昌市专家联谊会成立。该联谊会是由全市有突出贡献的中青年专家、享受国务院和省政府特殊津贴人员、市人事局管理的后备专家及市专业技术“拔尖人才”等自愿组成。

同日　德国驻华大使赛康德一行在南昌考察。

17日　全市负责干部会议在市委小礼堂召开。会议学习江泽民在中纪委全会上的讲话，传达贯彻全国、全省纪检监察系统电视电话会议精神，部署有关工作。会议要求，全市广大党员干部要从事关党和国家兴衰存亡的政治高度，深刻认识保持党的艰苦奋斗优良传统的重大意义，进一步增强艰苦朴素、廉洁自律、反对奢侈浪费的意识，推动反腐败和党风廉政建设各项工作全面落实。钟家明出席并讲话，刘伟平、陈绍翔、蒋如铭出席。

同日　市委、市政府发出《关于贯彻落实全国、全省纪检监察系统电视电话会议精神的措施》。

同日　全市乡镇企业工作会议在市委小礼堂召开。会议表彰1996年度全市发展乡镇企业的先进单位和先进个人。郊区湖坊乡、江西汇仁集团、李渡出口花炮厂等单位作典型发言。会议要求，全市乡镇企业要全面转机建制，广泛招商引资，再创发展优势。钟家明、刘伟平出席并讲话，周鑫群、余志坚、田新芳、罗时杰、瞿祖一等出席。涉农县区党政主要领导，分管领导、各级镇企业局、各乡镇场以及市直有关部门的主要负责人170余人参加。

18日　南昌铁路局增开南昌至景德镇的687/688次旅客列车。

同日　市城市建设管理监察支队聘用上岗考试举行。近1000名城管、市容、土地、环保行政执法人员参加考试。

19日　《江西日报》报道，南昌市撤销市城市管理监察大队、市市容督查大队，组建市城市建设管理监察支队，建立起“统一领导、分级负责、综合执法、群众督查、社会监督、依法治市”城管监察新体制。

同日　南昌大学“211工程”建设通过国家专家组立项审核,正式进入国家“211工程”。

同日　《江西日报》报道，经国家计委、农业部、水利部批准,安义县被列入国家“九五”第一批商品粮基地建设计划。

同日　以山田徹郎为团长的日本高松市议会代表团一行考察南昌高新区和江铃汽车股份有限公司。

20日　市工商联（总商会）召开第八届四次全体执行委员（扩大）会议，增补雷元江、胡运东、胡久根、赵小麟、朱爱国等10人为市工商联（总商会）八届执行委员；补选雷元江为常委、会长，胡运东为常委、副会长。

21日　南昌市纪念毛泽东《在延安文艺座谈会上的讲话》发表55周年座谈会召开。会议要求，全市文艺工作者要坚持“二为”（为人民服务、为社会主义服务）方向和“双百”（百花齐放、百家争鸣）方针，弘扬主旋律，反映火热时代广大人民群众的精神风貌，以优秀的作品鼓舞人。陈绍翔出席并讲话，陈守朴、罗时杰、钟乐初、赵国梁等出席。

22日　全市安全生产工作紧急会议召开。会议传达中央、省领导有关当前安全生产工作讲话精神。市交警、消防、劳动部门通报1—5月全市生产经营事故、火灾和道路交通事故情况，分析当前安全生产工作方面存在的问题，部署全市安全生产大检查工作。会议明确全市安全生产大检查主要内容：查思想认识，查制度建设，查措施落实，查隐患整改，查事故处理，查实际效果；检查重点是民航、铁路、水运、公路等各类交通运输单位，以及矿山、建筑、电力、石化、化工、林业等行业和企业，特别是易燃易爆危险场所和事故隐患较多的外商投资企业、私营企业和乡镇企业。市政府各有关部门、企业负责安全生产工作负责人参加。

23 日　由江西电影制片厂与南昌影视创作研究所摄制，江西省著名喜剧导演张刚编导的《夫唱妻和》获 1996 年中国电影华表奖优秀故事片奖。《夫唱妻和》是江西省“五个一工程”（一部电影、一个电视剧、一台戏剧、一本书、一篇文章）重点剧目，根据宜春采茶戏《木乡长》改编而成。

同日　全市农村水电解困工作会议召开。周鑫群、田新芳出席。

24 日　以歌颂邱娥国为主题的音乐电视片《小巷深情》开机仪式在南昌举行。

26 日　市政府办公厅发出《关于认真贯彻执行〈江西省民族工作办法〉的通知》。

27 日　全市经济工作会议在市委小礼堂召开。会议传达贯彻全省经济工作会议精神，部署后 7 个月经济工作。会议强调，要认清形势，真抓实干，加快改革，冲过难关。钟家明、刘伟平出席并讲话，陈绍翔、蒋如铭、史骏飞、程金鹏、周鑫群、陈守朴、余志坚、田新芳、周启球、李豆罗等出席。各县区，市委各部门，市直各单位，市属大中型企业的领导和主要负责人参加。

同日　全市禁毒工作会议在市委政法委会议室召开。会议传达贯彻全国、全省禁毒工作会议精神，听取全市毒品犯罪活动现状汇报，分析禁毒工作中存在的问题，部署全市禁毒专项任务。会议强调，要动员全社会力量、消除毒品祸害、净化社会环境。陈绍翔、李豆罗、吴才仁等出席并讲话。

28 日　市十一届人大常委会第二次会议举行。会议审议通过《南昌市城市供水用水管理条例》《南昌市城市出租汽车管理条例》《南昌市城市规划管理规定（修正案）》《南昌市绿化管理规定（修正案）》《南昌滕王阁名胜区保护条例（修正案）》《南昌市赣江饮用水水源程序保护条例（修正案）》《南昌市城镇国有土地使用权出让和转让办法（修正案）》《南昌市市政工程设施管理条例（修正案）》；确定授予日本高松市山田徹郎、诹访博文、川濑幸利、水野高司等“南昌市荣誉市民”称号。

29 日　南昌市与上海徐汇区经贸合作签约仪式在滨江宾馆举行。

南昌市、上海市徐汇区经贸合作签约仪式举行

30 日　全市房改工作会议召开。会议传达贯彻全国、全省房改工作会议精神，总结前阶段工作，部署下一步任务。会议要求，各部门要加快出售公有住房，确保租金改革到位。罗为民出席并讲话，全市各有关部门负责人参加。

同日　全省首家乡镇企业集团有限公司——江西鑫城企业集团有限公司在郊区成立。该集团以商贸经营为龙头，带动工业、交通运输业、建筑业和房地产业共同发展。

同日　南昌橡胶制品总厂与上海胶带股份有限公司组建上海胶带江西中南橡胶有限公司。

31 日　省市少儿“六一”庆祝大会在江西艺术剧院召开。省领导黄懋衡出席并讲话。省市领导钟起煌、陈癸尊、黄立圻、蒋如铭、刘汝舟、钟乐初、经自麟及省市部分学校、幼儿园 1000 余名少年儿童参加。

是月　市精神文明建设指导委员会办公室成立，归口市委宣传部。

1997

6 月 June

公元1997年6月 农历丁丑年【牛】													
日	一	二	三	四	五	六	日	一	二	三	四	五	六
1 儿童节	2 廿七	3 廿八	4 廿九	5 芒种	6 初二	7 初三	8 初四	9 端午节	10 初六	11 初七	12 初八	13 初九	14 初十
15 十一	16 十二	17 十三	18 十四	19 十五	20 十六	21 夏至	22 十八	23 十九	24 二十	25 廿一	26 廿二	27 廿三	28 廿四
29 廿五	30 廿六												

1日 省市少儿手拉手庆“六一”暨市少年宫建宫40周年庆典在市少年宫举行。团中央书记处书记孙金龙等致贺信，省领导卢秀珍授“人才摇篮”匾牌。蒋如铭出席并讲话，省市领导黄立圻、陈守朴、田新芳、石细云、孔炯、张锦裳、经自麟等及老红军罗友林、狄生、刘仲侯、王修华出席。

同日 市公安局公路巡警支队成立。102名公路巡警开始上路执勤。

同日 市城市建设管理监察支队成立。700名城管人员着全国统一城管制服,佩带“中华人民共和国城管”臂章，持江西省行政执法证上岗执法。

同日 市公交总公司在市内5路公交线路上首次开行学生专车，为中小学生上下课提供方便。

2日 东湖公安分局公园派出所抓获湖南省有史以来最大挪用公款炒股案犯罪嫌疑人贺某。

2—5日 全国人大常委会副委员长、民进中央主席雷洁琼出席省民进第四次代表大会开幕式，并考察南昌市等地。

3日 省市联合纪念虎门销烟禁毒法制宣传日活动在八一广场举行。省精神病院戒毒中心、市公安局戒毒中心、市司法局等单位设立宣传展板和咨询台向群众宣传禁毒知识。李豆罗、瞿祖一和省市禁毒委员会负责人参加。

同日 南昌市第一医院与上海中山医院多媒体远程会诊系统开通。

4日 市委、市政府发出《关于确保我市今年社会稳定的通知》。

同日 全国第六届少年数学华罗庚金杯赛在广东省中山市揭晓，东湖区邮政路小学五年级学生黎侃夺得金牌。

4—28日 邱娥国事迹报告团先后赴湖北、辽宁、黑龙江、吉林、山东等地作巡回报告，历时25天，行程数千公里，作报告10场，直接听众近万人。

5 日　上海市嘉定区区长王荣华率代表团考察南昌洪城大市场、南昌大桥和滕王阁。

6 日　南昌市与上海市嘉定区经贸合作签约仪式在中日友好会馆举行。

南昌市、上海市嘉定区经贸合作签约仪式举行

同日　市委宣传部、南京金线金箔总厂和市广告装潢总公司在南昌八一起义纪念馆联合发行八一南昌起义暨中国人民解放军建军 70 周年纪念金卡。此次发行的金卡共 7000 套，由 2 枚 5×8 厘米 24K 金卡组成。一枚为八一南昌起义纪念金卡，A 面图案为南昌起义油画，B 面为起义总指挥部旧址——江西大旅社；另一枚 A 面为中国人民解放军陆海空三军战士队列，B 面图案为万里长城和八一军旗。

同日　南昌建材大市场开工建设。一期工程占地 9.33 公顷，总建筑面积 8 万平方米，设有建筑陶瓷、装饰材料、水暖五金、建筑涂料、木材地板等 5 个交易区。

7 日　龙卷风袭击市郊桃花乡观州村第六村民小组和京东乡高兴村，20 多家农户受灾。

9 日　国务委员兼国家科委主任宋健考察南昌高新区高科技农业项目。省市领导舒惠国、张逢雨、刘伟平陪同。

10 日　刘水英先进事迹报告会在市委小礼堂举行。刘水英是市印染化工厂党支部书记、厂长，1996 年被评为“全国优秀党务工作者”。市、区民政部门负责人和各区分管工业负责人、各区委组织部及各街道、街属企业负责人参加。

11 日　中宣部公布 100 个爱国主义教育示范基地。南昌八一起义纪念馆名列其中。

同日　市政府印发《南昌市城市建设管理监察规定》，对城市建设管理监察机构、城市建设管理监察工作、城市建设管理监察执法人员等做出规定。

同日　江铃汽车集团公司与美国李尔公司合资经营的江铃李尔内饰系统有限公司正式营运。

同日　南昌县召开推进乡镇企业改革现场办公会。会议要求，全县乡镇企业改制工作务必在 6 月 25 日前结束。该县 276 家乡镇集体企业中，实行股份合作制 24 家，租赁 177 家，拍卖 45 家，兼并 3 家，目标管理 19 家，关停 8 家。

12 日　市委办公厅发出《关于认真学习贯彻江总书记在中央党校的重要讲话的通知》。

同日　市委办公厅发出《关于认真落实领导干部廉洁自律四项制度有关事项的通知》，要求各县区、各部门、各单位领导要把四项制度（收受礼品登记制度、领导干部收入申报制度、国有企业业务招待费使用情况向职代会报告制度、领导干部报告个人重大事项制度）的落实当作一件大事来抓，要从讲政治的高度充分认识抓好四项制度落实，对于促进党风廉政建设和领导干部廉洁自律的重要性和必要性；四项制度的落实要形成党政主要领导负总责，分管领导直接抓，责任部门具体抓，受理部门具体承办，纪检监察机关督促检查的格局；各县区、各部门、各单位对执行四项制度工作要进行专题研究，作好布置，抓好落实。

同日　市政府召开大会，公布 51 个市直部门和其他法律、法规授权的组织共 218 个单位具备实施行政处罚资格，市属行政执法机关 1200 余名行政执法人员取得持证资格。会议强调，全市各行政处罚实施机关必须依法行使行政处罚权，行政执法人员要以强烈的革命事业心，高度的政治责任感，严格的组织纪律性，依法履行职责。李豆罗、刘汝舟、瞿祖一出席，并向行政处罚实施机关和执法人员颁发南昌市行政处罚实施机关资格证和江西省行政执法证。

同日 全市社区服务工作座谈会在市委小礼堂召开。会议指出，各街道、居委会要以市民需求为依托，以为民便民利民为宗旨，办好社区服务和帮助下岗职工再就业。钟家明、刘伟平、李豆罗出席并讲话，余志坚主持。东湖区、西湖区、青云谱区、湾里区、郊区、昌北开发区主要领导和分管民政工作领导，市直各有关部门主要领导，各区民政局局长，各街道主要负责人和部分居委会负责人参加。

13日 江西裕丰金属工艺品厂铸造的“回归宝鼎”由南昌启运香港。该宝鼎由“香港各界庆祝香港回归祖国活动筹备委员会”创意发起。该宝鼎总高4.1米，总重5.3吨，价值53万元。宝鼎内铸有长达1100多字的《中华人民共和国香港特别行政区基本法》铭文，底座铸刻着香港特别行政区第一任行政长官董建华手书“香岛春暖”四个大字。钟家明出席揭幕启运仪式。

15日 省总工会、省广电厅、省文联和市总工会在八一南昌起义纪念塔下联合举行“小猕猴”千名少儿迎香港回归书画表演活动。

16日 省八届人大常委会第二十八次会议举行。会议批准《南昌市城市规划管理规定》《南昌市政工程设施管理条例》《南昌市赣江饮用水水源保护条例》《南昌市滕王阁名胜区保护条例》《南昌市城镇国有土地使用出让和转让办法》等地方性法规修正案；接受洪大诚辞去省人大常委会委员职务。

17日 纪念“6·17”世界防治荒漠化和干旱日大型签名活动举行。省直机关和全市各界人士近1000人参加。

同日 全市军转安置工作会议在市政府第二会议室召开。会议传达贯彻省政府、省军区联合下发的有关文件和省军转安置工作电话会议精神，总结1996年军转安置工作，部署1997年军转安置工作任务。会议要求，各县区和市直各部门要增强政治责任感，加强协调、密切配合，做好军转安置工作。李豆罗出席并讲话。

18日 江西省第二届社会治安综合治理好新闻评选揭晓，共有35件新闻作品获奖。其中《南昌市：再查政法系统违章违纪用车》和图片《人民的好警察——邱娥国》获一等奖。

同日 市创建国家卫生城市指挥部全体成员会议召开。会议要求，各级党政一把手要亲自抓、负总责，抓好落实，争夺全省、全国卫生城市。刘伟平出席并讲话，李豆罗、钟乐初、罗为民出席。

同日 市直机关“庆七一，迎回归”歌咏比赛在市工人体育馆举办。省市直机关72个单位共3000余人参加比赛。蒋如铭、陈守朴、余志坚、史骏飞等观摩首场比赛。

同日 南昌昌北机场专用公路破土动工。该公路主线全长4.43公里，为四车道全标准一级公路，路宽24.5米；远期建成标准六车道，全宽30.5米。工程投资约1.2亿元。

同日 《人民日报》报道，南昌市开展“南方风沙化土地治理开发与利用研究项目”研究取得良好效果，试验区森林面积由当年10.2公顷增加到259公顷，林木覆盖率由0.96%上升到21.22%。

20日 南昌飞机制造公司成为全国第一批17家保税工厂之一。

同日 中组部授予邱娥国“全国优秀共产党员”称号。

22日 南昌铁路经济技术开发总公司成立。

24日 江西医学院、江西农业大学与南昌大学签订联合办学协议书，决定联合成立生命科学研究院和农业科学与工程研究院。生命科学研究院下设“微生物与病毒”“生物化学与分子生物学”“基因工程”“基因诊断与治疗”“分子医学”“生物医学新药”6个研究所；农业科学与工程研究院下设“作物科学”“动物生物技术”“食品科学与工程”3个研究所。两所研究院采取专家委员会及所长负责制管理体制。

同日 市直机关“庆七一、迎回归”歌咏比赛闭幕式在市工人体育馆举行。由老红军、离退休老干部参演的市委老干局获特别奖；市土地局、市国税局获团体一等奖。钟家明、刘伟平、陈绍翔、史骏飞、程金鹏、周鑫群等和省直工委负责人出席。

25日 以“土地与国家——爱护我们的家园”为主题的南昌市第七个全国土地日宣传活动举行。刘伟平出席并讲话，要求认清基本国情，加强土地管理，切实保护耕地。

同日 “迎回归·爱家园”环城晨跑活动在八一广场举行。省市领导钱梓弘、史骏飞、李豆罗、程光茹、孔炯、钟乐初、经自麟、瞿祖一及各界群众1500余人参加。

同日 南昌市集邮交易市场设立。该市场位于船山路与中山路交会处，经营集邮品、古钱币、磁卡等业务。

同日 南昌县食品厂被上海三九经济技术合作发展（集团）公司兼并，更名为南昌三九食品酒业公司。

26日 省市领导舒圣佑、黄懋衡、刘伟平考察江西科环高技术实业有限公司、南昌瑞伦电气设备制造公司、南昌五彩灯饰实业有限公司等民营科技企业。舒圣佑强调，要为民营科技企业提供优良的环境，依法保护民营科技企业正常经营和合法权益，促进民营科技企业发展。

同日 市委发出《关于表彰先进基层党组织、优秀共产党员和优秀党务工作者的决定》，表彰南昌县蒋巷镇党委等96个先进基层党组织、邱娥国等149名优秀共产党员和应光华等30名优秀党务工作者。

同日 全市科技人才队伍建设工作会议在市委小礼堂召开。会议总结科技人才队伍建设工作，部署下一步任务，并为1996年获国务院特殊津贴和市级专业技术拔尖人才颁发荣誉证书。会议强调，要立足现实、着眼长远，完善措施、健全组织，明确目标、抓住重点，形成合力，进一步把科技人才队伍建设好。蒋如铭出席并讲话，陈守朴、钟乐初和省委组织部有关负责人出席。

同日 市委发出《关于进一步改革市属工交企业领导干部管理体制的通知》，决定将市经贸委、市机械局、市轻工局、市交通局、市二轻局等所属企业领导干部管理权限下放给各委、局。

同日 昌邑赣江大桥竣工通车。

同日 市政公用系统“文明服务示范窗口”授牌仪式在江西艺术剧院举行。史骏飞、程光茹为市公交总公司、市自来水公司等首批8个“文明服务示范窗口”单位授牌。

同日 全市禁毒公捕公判大会在南昌文化会堂举行。大会依法公开宣判处理27名毒品犯罪人员。刘伟平出席并讲话，要求各级领导充分认识毒品问题的严重性和危害性，充分认识开展打击贩毒犯罪斗争的重大意义，切实负起各级禁毒工作第一责任人责任，全力抓好禁毒工作。周启球、李豆罗、吴才仁及市禁毒领导小组成员出席。

27日 省市“庆七一，迎回归”文艺晚会在江西艺术剧院举行。省市领导舒惠国、舒圣佑、黄智权、钟起煌、毛致用、朱治宏、刘伟平、陈绍翔、史骏飞等出席。

同日 南昌市监察学会成立暨纪检监察理论研讨会召开。会议审议通过《南昌市监察学会章程》；选举产生市监察学会第一届理事会。

周启球任名誉会长，熊全柏任会长。

同日 南昌沙石总公司完成股份合作制改造并正式投入运营。

同日 全市大中专毕业生就业工作会议召开。会议传达有关文件精神及市政府关于1997年毕业研究生和大中专毕业生就业工作意见，通报1997年毕业研究生和大中专生就业供需情况。会议要求，各县区、各部门要互相配合，继续贯彻“统筹安排、合理使用、加强重点、兼顾一般和面向基层，充实生产、科研、教学第一线”方针，以及“学以致用、人尽其才”原则，重点保证农业、水利、能源、交通、科技、教育等部门对毕业生的需要，积极鼓励毕业生到边远、贫困地区和三资企业、大集体、个体私营企业工作。钟乐初出席并讲话。

28日 进贤县35个无电村正式通电。

30日 南昌市在八一广场举行升国旗仪式。全市各界4000余名代表参加。

1997

7月

July

公元1997年7月							农历丁丑年【牛】						
日	一	二	三	四	五	六	日	一	二	三	四	五	六
		1 建党节	2 廿八	3 廿九	4 三十	5 初一	6 初二	7 小暑	8 初四	9 初五	10 初六	11 初七	12 初八
13 初九	14 初十	15 十一	16 十二	17 十三	18 十四	19 十五	20 十六	21 十七	22 十八	23 大暑	24 二十	25 廿一	26 廿二
27 廿三	28 廿四	29 廿五	30 廿六	31 廿七									

1日　省领导舒惠国、朱英培考察江铃汽车集团公司、江西绿色工业（集团）公司。舒惠国强调，要深化改革，加快发展，加强和改进企业党建工作。

同日　市人大常委会颁布《南昌市城镇国有土地使用权出让和转让办法（修正案）》《南昌市城市绿化管理规定（修正案）》《南昌市市政工程设施管理条例（修正案）》《南昌市城市规划管理规定（修正案）》《南昌市赣江饮用水水源保护条例（修正案）》《南昌市滕王阁名胜区保护条例（修正案）》《南昌市城市出租汽车管理条例》《南昌市城市供水用水管理条例》。

3日　《人民日报》报道，南昌市中心地区110千伏东湖变电站竣工投入运行。该变电站在全省首次采用六氟化硫全封闭组合电器，首次使用110千伏进口电缆，实现全电脑微机控制综合自动化。

同日　西湖区首家企业集团——南昌赣江印刷包装集团成立。该集团以市印刷十二厂为核心，市印刷一厂、市文化用品印刷厂、洪都包装材料厂、市印刷十六厂、西湖文化印刷厂等6个单位组成。

4日　全市主要窗口服务行业职业道德建设竞赛动员大会在市委礼堂召开。会议要求，各行各业要大力倡导爱岗敬业、诚实守信、办事公道、服务群众、奉献社会的职业道德，形成关心他人、关心社会的良好风气和友好信任、团结互助的社会氛围。蒋如铭出席并讲话，陈守朴、孔炯、钟乐初出席。

5日　由石细云、周根保主编的纪实长卷《走近南昌起义》由解放军文艺出版社出版发行。

7日　首届全国CAD应用工程博览会在北京展览馆开展。南昌大学、华东交大、南方冶院、南昌航院、景德镇陶院、南昌有色冶金设计院、省机械工业设计院、江铃集团、昌河公司、南飞公司、科环集团的30余项成果参加该届博览会。

同日 南昌市农业产业化领导小组成立，刘伟平任组长，田新芳、桂绍根任副组长。

9日 市委、市政府发出《关于加快农业产业化步伐的决定》。

同日 全市加强居委会建设工作会议在市委小礼堂召开。会议总结前一阶段工作，部署下一阶段任务。会议强调，街道、居委会要抓好社区服务、社会治安综合治理、环境卫生等工作，以为民便民利民为宗旨，走出一条具有南昌特色的城市基层工作新路子。余志坚出席并讲话。东湖区、西湖区、青云谱区、湾里区、郊区及昌北开发区分管民政工作领导，市公安局、市民政局、市劳动局等有关方面负责人，城区街道主要负责人近100人参加。

同日 市防汛抗旱总指挥部召开紧急会议，传达省委书记舒惠国对防汛工作指示，通报全市水情、雨情和防汛工作情况。会议强调，各圩堤水库防汛负责人要到位到岗，坚持24小时值班，确保大小圩堤、水库万无一失。田新芳、李豆罗出席并讲话，周鑫群及各县区主管农业的副县长及防汛指挥部成员出席。

同日 省军区赠款10万元资助南昌八一起义纪念馆维修赠款仪式在市委小礼堂举行。

9—12日 应国防部邀请，由29国驻华武官组成的外国驻华武官参观团在南昌、井冈山、宁冈、永新等地参观访问。

10日 市社会主义学院成立大会在市委小礼堂举行。会议指出，市社会主义学院要把邓小平建设有中国特色的社会主义理论作为重要内容来学习，注重提高党外人士政治协商、民主监督、参政议政能力和水平；加强党外后备干部队伍培养，同时认真抓好统战干部队伍素质建设，进一步提高办学水平。蒋如铭揭牌并讲话，张锦裳主持。程光茹、钟乐初、经自麟、邓启明、瞿祖一、赵国梁、肖宣祥、张富和省委统战部、省社会主义学院负责人出席。

同日 南京军区赠款50万元资助南昌八一起义纪念馆维修赠款仪式在南昌中日友好会馆举行。

南京军区资助南昌八一起义纪念馆维修赠款仪式举行

13日 中共中央政治局委员、全国人大常委会副委员长田纪云考察江西绿色工业（集团）公司，并参观南昌八一起义纪念馆。省领导舒惠国、舒圣佑、毛致用、钟家明等陪同。

同日 日本岐阜县中国学术交流中心访赣团一行到湾里区为新落成的梅岭中日友谊林场观景台揭幕，并栽下100棵象征中日人民世代友好的红梅树。

14日 全国优秀教师、模范班主任魏书生事迹报告会在市委礼堂举行。市属学校650余名教师代表听取报告。

同日 工商银行江西省分行与南昌飞机制造公司、江铃汽车集团公司、江中制药厂、江西纸业有限责任公司签订银企合作协议，为4户企业增加流动资金贷款2.7亿元。

同日 公安部授予南昌市东湖公安分局局长宋永尚1996年度“全国特级优秀人民警察”称号；授予新建县公安局局长徐怀保1996年度“全国优秀人民警察”称号。

16日 全市经济工作会议在市委小礼堂召开。会议传达贯彻全省经济工作座谈会精神，总结上半年工作，部署下半年任务。会议强调，要认清形势、解放思想，明确任务、突出重点，抓住关键、排难而进。钟家明、刘伟平出席并讲话，田新芳、李豆罗、姜任保、雷武江分别就全市下一步推进农业产业化、再就业工程实施、小企业全面推进改制、工业抓大和商贸流通改革等工作进行具体部署。陈绍翔、蒋如铭、史骏飞、程金鹏、周鑫群、陈守朴、余志坚、周启球等出席。各县区、市直各部门主要负责人，市直工商企业改革“抓大”“放小”“啃骨头”各指挥部和小组负责人，“曙光行动计划”各帮厂组负责人和市属有关企业书记、厂长参加。

17日 中共中央政治局委员、全国人大常委会副委员长田纪云考察南昌高新区及南昌县蒋巷镇粮食储备保管情况。

同日 凌晨5时50分，江西民星企业集团公司兽药厂一车间因电线老化短路发生火灾，过火面积1160平方米，直接经济损失27万余元。

18日 全市民营企业参与国企改革动员大会在市工商联召开。会议号召，有经济实力的民营企业要认清形势、把握机会、发挥优势，通过控股、收购、兼并、联合等形式参与国有企业改革，扩大经营规模、增强经济实力。雷武江出席。

22日 全市流通企业改革动员大会在市委小礼堂召开。会议传达贯彻全市经济工作会议精神，总结上半年流通口工作，部署下半年改革任务。会议强调，流通企业改革要解放思想、更新观念，放开胆量、放开手脚，大胆探索、大胆革新。钟家明出席并讲话，罗时杰、雷武江出席。

22—23日 市第十一届人大常委会第三次会议举行。会议审议通过《南昌市文化市场管理条例（修正案）》《南昌市实施〈中华人民共和国集会游行示威法〉若干规定（修正案）》《南昌市职工社会保险条例（修正案）》。

23日 全市粮食购销工作会议召开。会议传达贯彻全省粮食购销工作会议精神，部署夏粮收购工作。会议要求，各县区要筹措好夏粮收购资金，切实按保护价敞开收购议购粮，做到不拒收、不限收、不停收。雷武江出席并讲话。

同日 全市企业职工解困和再就业工作现场会在青云谱区召开。会议传达贯彻全国企业职工解困暨再就业工作经验交流会议精神。会议要求，加大解困和再就业资金征收力度，完善解困政策和措施，采取多种形式分流安置下岗职工。李豆罗出席并讲话。

同日 南昌飞机制造公司工艺研究所采用高新技术研制生产的两台造纸压力筛，启运发往埃及。南昌飞机制造公司研制的ZSL内流式压力筛先后获轻工业部优秀新产品奖、国家科技进步三等奖，被轻工业部指定为替代进口产品。

同日 民政部、解放军总政治部授予凌智“全国爱国拥军模范个人”称号。

25日 市委、市政府发出《关于进一步加强我市科技人才队伍建设的意见》，要求深刻认识加强科技人才队伍建设的重要性和紧迫性；理清思路，明确科技人才队伍建设的工作任务；把握重点，建设管理好科技人才“三支队伍”（优秀专家队伍、中青年后备专家队伍、优秀技术人才及乡村人才队伍）；健全制度，努力提高对科技人才队伍的管理水平；加大培养力度，切实提高高科技人才队伍的整体素质；强化组织手段，进一步发挥科技人才的重要作用；营造良好的环境，进一步调动科技人才的积极性；加强领导，把加强科技人才队伍建设的各项任务落到实处。

26日 省委宣传部、省文化厅、省文联以及市委宣传部、市文化局、市文联在南昌美术馆共同举办庆祝中国人民解放军建军暨八一南昌起义70周年美术书法摄影展览。全国22个省市选送千余件作品。此次展览展出美术作品126件、书法作品45幅、摄影作品120幅。

27—29日 省领导舒圣佑在进贤县文港

镇、南昌县莲塘镇考察国有、集体、合资、独资、个体、私营企业情况，强调要进一步加快县域经济发展步伐，大力调整产业结构和完善所有制结构。

28日 市公安局警务督察支队成立。

市公安局警务督察支队成立

同日 市民政局在全市民政系统推出“政务公开、服务社会”12项服务，内容包括城市居民最低生活保障服务、农村五保供养服务、优持抚恤服务、退伍军人安置和军队离退休干部安置服务、婚姻服务、殡葬服务、收养服务、农村社会养老保险服务、社团管理服务、社区服务、“三无对象”（无家可归、无依无靠、无生活来源）收养和“三无精神病人”（无劳动能力、无生活经济来源、无赡养抚养人）收养治疗服务、福利企业管理服务等。

同日 全国第一所手拉手环保小学受赠仪式在安义县万埠镇桃花村举行。

29日 南昌市“一江两岸”南岸道路主体工程竣工。

30日 纪念八一南昌起义、秋收起义、井冈山革命根据地创建70周年专题摄影展在南昌首展。参展的100幅作品再现革命故地风采，反映改革开放后江西发生的变化。

同日 南昌市召开“团聚在军旗升起的地方”座谈会，邀请部队英模代表和曾在部队工作、战斗过的部分优秀企业家参加。钟家明、刘伟平、陈绍翔、蒋如铭、余志坚、周根保、石细云、姜任保、雷武江、李宜武出席。

同日 江西省首家商品检测机构——南昌市消协指定商品检测中心成立。

31日 中央军委副主席、国务委员兼国防部长迟浩田上将，中央办公厅副主任王刚，中宣部常务副部长刘云山，国务院副秘书长李树文，民政部副部长杨衍银，总政治部副主任唐天标中将，南京军区政委方祖岐中将、副政委董万瑞中将，军委办公厅副主任杨福坤少将，南京军区政治部副主任张宝康少将等来赣参加中国人民解放军建军暨八一南昌起义70周年纪念活动。

1997

8 月

August

公元1997年8月　农历丁丑年【牛】													
日	一	二	三	四	五	六	日	一	二	三	四	五	六
					1 建军节	2 廿九	3 初一	4 初二	5 初三	6 初四	7 立秋	8 初六	9 初七
10 初八	11 初九	12 初十	13 十一	14 十二	15 十三	16 十四	17 十五	18 十六	19 十七	20 十八	21 十九	22 二十	23 处暑
24 廿二	25 廿三	26 廿四	27 廿五	28 廿六	29 廿七	30 廿八	31 廿九						

1日　中共中央总书记、国家主席、中央军委主席江泽民为南昌八一起义纪念馆题词："军旗升起的地方"。

同日　上午8时30分，中央军委副主席、国务委员兼国防部长迟浩田等代表党中央、国务院、中央军委，向八一南昌起义纪念塔敬献花篮。上午10时，迟浩田等与中央和国家机关有关部门、解放军总政治部、中央军委办公厅、南京军区领导及省市领导在江西艺术剧院出席中国人民解放军建军暨八一南昌起义70周年纪念大会。下午，迟浩田等参观南昌八一起义纪念馆和新八一大桥。晚上，迟浩田等出席在江西艺术剧院举行的纪念文艺晚会。

同日　应邀出席"团聚在军旗升起的地方"座谈会的20多位外地退伍转业军人企业家与全市23家企业签订34个合作协议，投资总额3.6亿元。刘伟平、余志坚、周根保、石细云、雷武江、李宜武出席签约仪式。

3日　全市负责干部会议在市委小礼堂召开。会议学习7月28日《人民日报》介绍南昌市国有企业改革情况的长篇报道《敢问路在何方》及评论员文章《一分落实，一分收获》，研究部署进一步深化改革和狠抓落实的工作。会议强调，要思想再发动、部署再加强、环境再整治、责任再落实，把企业改革和其他各项工作继续推向前进。钟家明、刘伟平出席并讲话，陈绍翔、蒋如铭、史骏飞等出席。各县区委书记、县区长，市委各部门、市直各单位主要负责人，市工交口各委办局、市农口、商口和民政局领导干部以及所属企业主要负责人，市直工商企业改革各指挥部和小组负责人，"曙光行动计划"各帮厂组负责人参加。

5日　省领导舒惠国考察东湖区、西湖区、青云谱区街道和居委会工作，要求各级党委和政府进一步加强街道和居委会工作，为两个文明建设服务，为改革开放服务。钟家明、刘伟平、余志坚等陪同。

同日　市政府发出《南昌市土地登记办

法》，对初始土地登记、变更土地登记等做出规定。

同日 全市“学习邱娥国一心为人民”演讲暨读书教育活动表彰会在市委小礼堂召开。会议表彰15个学习邱娥国先进单位、100名先进个人及29名读书教育活动演讲和征文比赛获奖者。陈绍翔出席并讲话，陈守朴、钟乐初等出席。

7日 省委、省政府召开江西省“为人民服务标兵”命名表彰大会，授予邱娥国、吴成生、吴荣兰、刘炎玲、曹罗生、梅美华、钟八莲、乐永红、徐有春、陈长明等10人“为人民服务标兵”称号。

同日 建设部授予南昌市城市客运管理处1996年度“全国城市公用系统行风建设先进单位”称号。

8日 市委、市政府决定成立市流通企业改革指挥部。雷武江、罗时杰任总指挥，黄春平任副总指挥。

同日 南昌城市合作银行创立暨首届股东大会召开。该银行资产总额45.9亿元，拥有近40个支行和120多个营业网点。

同日 市第一医院投资80万元率先在省内引进瑞典金宝(gambro) AK-100型智能式全功能血液净化机，用于肾内科对患者进行血液透析治疗。

同日 南昌食品总厂与上海美天集团合作组建南昌吉利食品分厂正式投产。该项目成为南昌市与上海一批合作协议中率先实施的项目。

同日 亚洲国际紧急救援中心主任医师、澳大利亚新南威尔大学急救医学讲师Paui Preisg一行到南昌市第三医院考察急诊规模、专业技术人员配备、重症监护等情况。

10日 国务院批准南昌、九江、景德镇、新余4城市列入全国“优化资本结构”试点。

11日 市委、市政府决定：市工业领导小组更名为市企业领导小组。刘伟平任组长，陈绍翔、田新芳、姜任保、罗为民、雷武江、邹剑桥、罗时杰任副组长。

同日 市委办公厅转发《市纪委、市监察局〈关于共产党员和干部在建筑市场中违法违纪行为的处理办法（试行）〉的通知》，对各级党政领导和机关干部、建设行政管理部门、建设单位，建设工程的勘察、设计、施工、监理单位等违法违纪行为做出处理规定。

同日 市公安局推出“十六讲十六不”行为准则。内容包括讲文明、讲礼貌、讲道德、讲卫生，不打人骂人、不说文明忌语、不违反各种禁令、不乱丢乱扔废物；讲学习、讲政治、讲正气、讲大局，不犯自由主义、不营私舞弊、不弄虚作假、不腐化堕落；讲传统、讲勤政、讲廉政、讲服务，办事不推诿、不拖拉、不刁难群众、不索拿卡要；讲政策、讲法制、讲公道、讲原则，不刑讯逼供、不越权办案、不搞权钱交易、不徇私枉法。

同日 市红十字会周子实纪念医院院牌增挂暨周子实纪念大楼奠基仪式在洪都中医院举行。

同日 农行南昌县支行尤口营业所太子殿储蓄代办所发生一起特大持枪抢劫案。储蓄所负责人刘庭亮、储蓄员张华与歹徒殊死搏斗。刘庭亮因伤势过重，经抢救无效，光荣牺牲。公安干警在群众协助下，当场将犯罪嫌疑人万某擒获。

12日 省委决定：南昌军分区司令员周根保任中共南昌市委常委。

同日 全市流通企业股份合作制改革首期骨干培训班在市政府第二会议室举办。全市各流通企业改革分指挥部办公室负责人、改制企业工作组成员，参改企业经理（厂长），财务、劳资、企管等方面负责人参加学习。

13日 全市“三冬”生产动员大会在市委小礼堂召开。会议传达贯彻全省农村经济工作座谈会和全省“山上再造”工程第三次会议精神，部署有关工作。会议强调，要加大冬修力度、增大冬种面积、扩大冬造规模，提高农业生产综合能力。钟家明、刘伟平出席并讲话，周鑫群、田新芳、李豆罗、孔炯、瞿祖一出席。各县区的县区委书记，主管农业的县区委副书记、副县区长，各乡镇场党委书记及市县区涉农部门主要负责人参加。

15日 团市委开展资助省内100名1997年考入师范、医科院校特困新生活动，每位被资助者一次性获得由红桃K集团提供的500元助学金。

同日 市解困办首次为10家主管部门下属128家企业1800名困难职工发放特困证。根据市委、市政府文件规定，凡持有特困证的困难职工可享受政府给予的减免优惠政策，从事个体经营的可全免一切规费，困难职工子女可酌情减免学杂费等。

16日 南昌市首批8名贫困孤儿被送往山西大同希望学校免费就读。

17日 全市领导干部现代科技知识系列报告会在市委大礼堂举行。中国科学院院士、华中理工大学原校长杨叔子作《现代科技的现状与发展趋势》首场报告。刘伟平、陈绍翔、蒋如铭、史骏飞、程金鹏、周鑫群、周启球等，各县区党政主要领导干部、分管科技的副书记、副县长，市直机关副县级以上在职领导干部，市属33家大中型企业党政主要领导，部分市优秀专家与拔尖人才等共700余人听取报告。

18日 “邵逸夫小学”奠基典礼在进贤县罗溪镇北边村举行。

19日 市劳动局57名国家行政机关人员成为南昌市首批国家公务员。该局率先成为南昌市首家推行公务员制度工作验收单位。

20日 中共中央政治局委员、国务院副总理吴邦国考察南昌飞机制造公司、江西棉纺织印染厂等国有大中型企业，强调要调整产品结构、抓好技术改造、提高竞争实力、促进企业发展。省市领导舒圣佑、钟家明、朱英培、刘伟平等陪同。

同日 经最高人民法院、最高人民检察院批准，南昌铁路运输中级人民法院、检察分院挂牌成立。

同日 21时左右，位于东湖区苏圃路143、147号的鑫日美食娱乐城、洪客隆商场发生特大火灾。有关部门出动32台消防车、300多名消防人员现场扑救，600余名警力维护现场治安。次日凌晨3时，大火被扑灭。大火烧毁建筑面积5513平方米，造成直接经济损失1748.34万元，无人员伤亡。

21日 全市还建房建设工作会议在市政府第二会议室召开。会议通报工作进展情况及存在的问题，对下一步工作提出要求。会议强调，各有关单位要变压力为动力，取信于民，保质保量按时完成还建房任务。李豆罗出席并讲话，市政府有关部门及有还建房任务的各单位负责人参加。

同日 市委、市政府发出《关于搞好企业资本营运，促进工业结构调整的若干意见》，要求认清形势、解放思想；理顺思路、明确目标；突出重点、扶优扶强；加强领导、落实措施。

22日 南昌市减轻企业负担工作领导小组成立，刘伟平任组长，李豆罗、姜任保任副组长。

同日 全市减轻企业负担工作领导小组会议召开。会议传达贯彻《中共中央、国务院关于治理向企业乱收费、乱罚款和各种摊派等问题的决定》及省委、省政府治乱减负工作电话会议精神，部署有关工作。会议强调，要从讲政治的高度对待企业减负问题，逐个行业、逐个单位、逐个项目进行清理审查，该取消的坚决取消，决不开新的口子。刘伟平出席并讲话。

22—27日 雷武江率南昌市代表团参加

省政府在香港举行的1997年江西（香港）对外贸易暨招商引资洽谈会。洽谈会期间，南昌市共签订外资合同项目20个，投资总额1.42亿美元。

23日 市委、市政府发出《关于批转市科协党组〈关于进一步发挥科协组织重要作用的意见〉的通知》。

同日 全市有19人因食用农药污染蔬菜中毒。事故发生后，市卫生局与市、区卫生监督部门进行紧急处理，全部食物中毒病人送往江西医院治疗，无人死亡。中毒原因是食用含有残留有机磷农药的蔬菜超标所致。

23—31日 全市开展“讲究卫生、净化环境”10万人大行动。行动任务是清扫小街巷和企业、机关内部的卫生；清扫垃圾死角，主要是城乡插花地带的垃圾死角；深入清扫楼栋庭院等居民楼房里的楼顶和过道；擦洗市政公用设施；清洗非法张贴广告；擦洗、粉刷临街店面；扫积水、清阴沟、通下水道；宣传《市民行为“十不准”》等。

全市开展“讲究卫生、净化环境”10万人大行动

24日 市委、市政府发出《关于贯彻〈中共中央国务院关于党政机关厉行节约制止奢侈浪费行为的若干规定〉的实施意见》，就贯彻落实文件精神，从严格控制新建和装修办公楼，严格控制各种会议，严格控制举办各种庆典活动，严禁用公款大吃大喝、挥霍浪费，严格控制公款安装住宅电话和购置使用移动电话，规范各种检查、评比和达标活动，严格按规定配备和更换小汽车，严禁用公款出国（境）旅游等方面提出实施意见。

同日 南昌市8个单位与美国CPC国际金融投资公司和optima控投集团签订经贸合作协议，协议融资金额达3.6亿美元。项目包括：CPC公司和optima集团与江拖、南柴等企业的融资合作，与江联公司的融资合作，与江西纸业有限公司的联合收购，与江纺引进先进设备、生产线和拓展海外营销的合作，与江西合成纤维厂的融资合作，与江西第二造纸厂的薄页纸生产线合作；optima集团与东方制药厂合作生产和产品出口；CPC公司与省广播电视厅的光缆传输网合作等。

25日 全市重点单位、要害部位安全防范工作会议在市委小礼堂召开。会议通报全市重点单位、要害部位安全防范情况，部署安全防范工作。会议强调，对触犯刑律的、要坚决依法追究刑事责任；对涉及重点单位、要害部位的违法犯罪活动，要严厉打击；对发生的爆炸、危险物品丢失案件，要全力侦破。市公安局消防支队分别与有关单位签订安全防范责任状。陈绍翔、李豆罗出席并讲话。

26日 全市夏粮收购工作紧急会议在市政府第一会议室召开。会议强调，在把好质量关的同时，不准出现压级压价现象；坚持现金结算，杜绝打白条。刘伟平出席并讲话。

27日 全市加快发展个体私营经济工作会议在市政府召开。会议强调，要在政策上放开、条件上放宽、发展上放手、形式上放活，为个体私营经济发展营造宽松的外部环境。刘伟平出席并讲话，李豆罗、罗时杰出席，市直各有关部门负责人参加。

28日 省政府发出《关于公布调整后的

江西省最低工资标准及其适用区域的通知》，规定一类区域月最低工资为220元（南昌市5个区、九江市2个区和庐山管理局、赣州市）；二类区域为200元（瑞昌、高安等39个市、县、区）；三类区域为180元（南昌县、新建县等40个县）；四类区域为160元（都昌、余江等12个县）。

同日 南昌高新区民营高科技企业生产基地——江西科环电子工厂投产。

29日 市政府发出《南昌市企业招用人员管理暂行办法》，规定企业用工必须与劳动者签订劳动合同，经劳动争议仲裁机构签证后，确立劳动关系；劳动合同可以约定试用期，试用期最长不得超过六个月；企业用工不分劳动者所有制身份和用工形式界限，统称为劳动合同制职工；企业招用人员应按照“先城镇后农村、先市内后市外、先省内后省外”的原则，优先从该市的失业和下岗职工中招用等。

同日 市精神文明建设指导委员会第一次全体会议在市委小礼堂召开。会议选举钟家明任委员会主任，刘伟平任第一副主任，陈绍翔、陈守朴、罗时杰、钟乐初、瞿祖一、石细云任副主任，市直有关部门主要领导共49人任委员。陈守朴部署市精神文明建设指导委员会下半年工作任务。会议指出，要紧紧抓住当前精神文明建设的大好形势和极好时机，抓根本、抓实事、抓保障，加大精神文明建设力度，开创南昌市精神文明建设新局面。钟家明、刘伟平出席并讲话。

30日 建设部授予南昌市煤气公司“全国燃气安全管理先进单位”称号。

31日 南昌市举行报告会。江西农业大学教授戚昌瀚作《现代农业与农业技术产业化》报告。全市副县级以上在职干部700余人听取报告。

是月 南昌县被评为“全国农村社会养老保险先进县”。

1997

9月

September

公元1997年9月 农历丁丑年【牛】													
日	一	二	三	四	五	六	日	一	二	三	四	五	六
	1 三十	2 初一	3 初二	4 初三	5 初四	6 初五	7 白露	8 初七	9 初八	10 教师节	11 初十	12 十一	13 十二
14 十三	15 十四	16 中秋节	17 十六	18 十七	19 十八	20 十九	21 二十	22 廿一	23 秋分	24 廿三	25 廿四	26 廿五	27 廿六
28 廿七	29 廿八	30 廿九											

1日 市政府发出《南昌市劳动模范管理暂行办法》，对劳动模范应享受荣誉津贴、合法权益、取消劳动模范称号等做出规定。

同日 南昌县麻丘镇库前村小学落成暨开学典礼举行。该小学由市纪委、市监察局捐资兴建。

同日 郊区湖坊乡进明村村办企业——江西绿色工业（集团）公司在北京人民大会堂举行高科技新药“茶色素”推介会。“茶色素”被正式列为中华医学会重点推广药物。

同日 全市酒家酒店分等定级工作会议召开。会议依据酒家、酒店服务质量、餐饮质量、管理水平、清洁卫生等项目进行评审，按国家标准分等定级，把全市酒家、酒店划定为国家特级、一级、二级、三级和江西省一级、二级、三级共7个级别。经分等定级后的酒家、酒店获得国家统一制作的标志和证书，有效期为4年；没有预定等级的酒家、酒店一律按低于江西省三级标准定价。

2—7日 省专项检查组检查南昌市贯彻江泽民在中纪委全会讲话精神和全国、全省纪检监察系统电视电话会议精神落实情况，国务院治理向企业乱收费、乱罚款和各种摊派电视电话会议精神贯彻执行情况，以及领导干部廉洁自律、治理“三乱”和查办大案要案工作进展情况。

4日 全市机关党的建设工作会议在市委小礼堂召开。会议传达贯彻全国、全省机关党的建设工作座谈会精神，部署进一步加强和改进机关党的建设工作。会议强调，搞好机关党的建设，要突出“三讲”，注重实效，扎实推进。钟家明、蒋如铭出席并讲话。

同日 吴成生事迹首场报告会在江西艺术剧院举行。省市领导舒惠国、舒圣佑、黄智权、刘伟平、陈守朴等和省市机关干部代表、省委党校学员1600余人出席。

同日 全省晚稻抛秧检查组到蒋巷镇三洞村进行实地检查。南昌县将水稻抛秧技术定为农业一大工程项目，早稻抛秧面积2.53万公顷，居全省第一；晚稻抛秧面积1866.67公顷，其中蒋巷镇1000公顷。

5日　全市第四次水土保持工作会议在市政府召开。会议宣读中央领导在《关于陕北地区治理水土流失建设生态农业的调查报告》的批示，传达贯彻全国、全省水土保持会议精神，总结10年来全市水土保持工作，部署全市“九五”期间任务。会议强调，要加大科学治理力度，加快小流域治理步伐，推进水土流失综合防治，坚持治理与扶贫开发相结合。田新芳出席并讲话，各县区分管水土保持工作领导等100余人参加。

同日　南昌火车站地下停车场在施工中发现西晋、东晋时期古墓6座，清理出漆器、青瓷器、铜、铁、金、银、木器等各类文物及标本90余件。

同日　全市“四进家门”创建文明户活动现场会在郊区湖坊乡召开，现场推广湖坊乡开展思想教育、法制改革、科技文化、文明行为“四进家门”的经验。

6日　南昌市开展“告别不文明交通行为”交通秩序整治活动。有关部门执法人员、大中学生及青年志愿者万余人走上街头，协助维护交通秩序，宣传交通安全法规，纠正不文明交通行为。刘伟平、陈绍翔、陈守朴等参加。

8日　全市解困工作会议在市劳动局三楼会议室召开。会议通报1—8月解困工作和社保工作情况，部署有关工作。会议强调，要把解困金用到最困难的职工身上，落实到人到户。李豆罗出席并讲话，全市10个主管局及其下属115家困难企业主管劳资工作负责人参加。

同日　全省第一所全日制、寄宿制现代化学校——南昌华联外语艺术实验学校开学典礼举行。

同日　江西电机厂兼并江西水力发电设备制造厂。

9日　全市村级财务清理整顿现场会在进贤县召开。会议强调，要抓好村级财务整顿，切实减轻农民负担，维护农村社会稳定。田新芳出席并讲话。

同日　最高人民法院表彰大会在南昌召开。南昌市中级人民法院司法警察大队获集体一等功。

同日　市监察局聘请35名兼职人民监察员，加强对国家行政机关、国家公务员及国家行政机关任命的其他人员监督。

同日　全市庆祝第十三个教师节暨表彰大会在市委礼堂召开。会议宣读《关于表彰“南昌市十佳园丁”的决定》《关于表彰南昌市优秀教育工作者的决定》。聂水兰等10人被评为“市十佳园丁”，吴淑芳等225人被授予“优秀教师”称号，刘耀华等75人被授予“优秀教育工作者”称号。会议指出，要抓好素质教育，树立正确的教育观、质量观和人才观，努力建立和形成素质教育的学校环境和氛围；全社会都要关心教育事业，形成尊师重教的良好社会风气。钟乐初出席并讲话，陈绍翔、陈守朴、余志坚、王玉香、张富等出席。

同日　南昌市首届“明珠教育奖”颁奖仪式在南昌教育学院举行。南昌豫章中学张振中等40人获首届明珠奖。明珠教育奖是江西省明珠广告公司为奖励南昌市在教师培训、校长培训方面做出突出成绩的优秀教师和教育工作者而设立。市委宣传部、市教委有关领导参加。

10日　市人大常委会颁布《南昌市文化市场管理条例（修正案）》《南昌市实施〈中华人民共和国游行示威法〉若干规定（修正案）》《南昌市职工社会保险条例（修正案）》。

11日　聂水兰先进事迹座谈会在豫章中学二楼会议室举办。陈守朴、钟乐初出席。

12日　《江西日报》报道，南昌市实施“曙光行动”，260余名县区、局级领导干部联系260余家企业，140余名县级以上领导干部挂村197个，844名乡镇主要负责干部联系1139个村实行定点扶贫。

13日 全市创建迎检工作再动员大会在市政府第二会议室召开。会议通报南昌市在创建迎检工作中所做工作和取得成绩，部署下一步工作。会议要求，各城区及市直各部门要提高认识，加强领导，分级负责，各方配合，人人动手，全民参与，全面达标。李豆罗出席并讲话。

15日 市委统战部、市对外经济贸易局、市外事（侨务）办公室、市归国华侨联合会在市委小礼堂举行1997年南昌市中秋茶话会。蒋如铭出席并讲话，程光茹、瞿祖一、赵国梁、肖宣祥、张富等与台胞台属、归侨、侨眷、三资企业代表200余人出席。

16日 全市城区基层组织建设工作会议在市委小礼堂召开。会议传达贯彻全省城区基层组织建设工作现场会精神，总结全市城区基层组织建设工作，部署下一阶段任务。市委组织部负责人作工作报告，西湖区委介绍抓城区基层组织建设经验，部分街道、居委会负责人作典型发言。会议强调，推进城区基层组织建设要形成制度，常抓不懈；要突出重点，加强指导；要抓好典型，整体推进。蒋如铭、余志坚出席并讲话，各区、街道负责人近200人参加。

同日 市工商局与市党风廉政建设办公室联合聘请106名义务监督员，监督全市工商行政管理人员依法行政。

18日 由中国福利会儿童艺术剧院排演的大型儿童话剧——《少年邓小平的故事》在南昌剧场进行首场演出。

同日 江铃汽车集团和美国福特汽车工业公司联合开发的全顺1035JX、1035BS等轻型商用车通过国家产品质量标准鉴定。

同日 南昌会计师事务所与江西昌北会计师事务所合并成立南昌会计师事务所。该所为市财政局所属的正科级自收自支事业单位，核定人员编制18名。

19日 南昌铁路局和华东交通大学签订合作意向协议，开展多层次科技合作，开展多层次的人力资源开发工作，加强局校间党的建设和精神文明建设合作等。

同日 全市企业文化建设经验交流会召开。会议指出，企业文化建设要从企业实际出发，开展技术培训和观念引导，提高职工文化素质、技能素质和精神境界，创造良好文化环境，营造文明人际氛围。

20日 市妇联组织千余户“五好文明家庭”代表到西湖区上海路街办、郊区湖坊乡敬老院等地开展社会公益服务活动。

21日 省市领导舒惠国、钟家明、朱英培、刘伟平考察江铃全顺汽车厂。

22日 市委发出《关于认真学习、宣传、贯彻党的十五大精神的通知》。

23日 市委召开常委扩大会议，传达学习中共十五大精神。会议指出，当前全市第一位工作就是要抓好十五大文件学习宣传和贯彻落实，把全市干部群众思想统一到十五大精神上来。钟家明出席并讲话。

27—28日 市委七届六次全体扩大会议在市委礼堂召开。会议传达贯彻中共十五大和省委十届七次全委扩大会议精神，研究部署全市工作。会议强调，要动员全市广大党员和干部群众认真学习、贯彻好十五大精神，更加紧密地团结在以江泽民为核心的党中央周围，高举邓小平理论伟大旗帜，立足当前，着眼未来，真抓实干，开拓进取，把全市改革开放和社会主义现代化建设事业全面推向前进。会议确定全市工作“两商先行，两业提升，三城并重，项目推进，责任到人”20字方略。“两商先行”，即招商、商贸先行；“两业提升”，即推动工业

市委七届六次全体扩大会议召开

向高级化，农业向产业化方向发展；“三城并重”，即老城区、新城区和小城镇重新调整布局，改善设施，优化环境，进一步美化和优化中心老城区，拓展外围新城区，发展农村小城镇；“项目推进”，即以项目带产业，配套推进；“责任到人”，即严格领导责任，严格考核制度，严格奖惩。钟家明、刘伟平出席并讲话，陈绍翔、蒋如铭、史骏飞、程金鹏、陈守朴、余志坚、周启球、周根保等出席。

28 日　第八届全国运动会“奔向新世纪”火炬传递活动江西省起跑仪式在八一广场举行。省领导舒惠国点燃江西省火炬传递活动主火炬，黄懋衡致辞。刘伟平主持。1 万余人参与火炬传递活动。省市领导钟家明、陈癸尊、史骏飞出席。

第八届全国运动会“奔向新世纪”火炬传递活动江西省起跑仪式举行

同日　省、市军民《迈向新世纪》国庆电视文艺晚会在滕王阁举行。省市领导舒惠国、舒圣佑、黄智权、钟起煌、刘伟平、陈绍翔、蒋如铭等，南昌市出席中共十五大代表、全省各条战线英模代表及社会各界人士 1200 余人出席。

同日　市委办公厅、市政府办公厅发出《关于进一步强化机构编制管理的通知》，要求严格执行机构改革方案，保持机构编制相对稳定；坚决制止机构增设、升格和编制增加；强化机构编制统一管理，严格审批程序；增强约束机制，实行机构编制管理证（册）制度；加强检查监督，严格机构编制纪律。

29 日　全省首座斜拉桥——南昌新八一大桥暨南岸道路建成通车仪式举行。中共中央总书记、国家主席、中央军委主席江泽民为新八一大桥题写桥名。省市领导舒惠国、舒圣佑、黄智权、钟起煌、钟家明、刘伟平、陈绍翔等和省市有关部门负责人、大桥建设者共 2000 余人出席。大桥主桥长 1040 米，主跨 4×160 米，南北两岸引桥总长 3113 米；主塔为 H 型，塔高 103 米，主塔桥面宽 28 米，有效宽度为 26 米；设计日车流量为 2.36 万车次。一江两岸南岸道路工程从沿江外环路塘子河立交桥至江边站段，全长 3.06 公里。

同日　浙赣复线改造工程全部竣工。向塘站至株洲老关站顺利实行自动闭塞法行车。

同日　省教委授予百花洲小学首批“江西省德育示范学校”称号。

同日　凌晨，市公安局刑侦支队与东湖公安分局刑侦大队、江纺公安分局联手出击，在江纺宿舍区摧毁以胡某为首的带黑社会性质的持枪犯罪团伙。4名主要犯罪嫌疑人落入法网，缴获来复枪3支、子弹9发。

30日 “清华高科技工业园”建设正式启动。江西水电工程局、江西省清华科技集团签订联合投资高新区建设道路工程施工合同。

同日 南昌公交全面完成旧车更新改造，公交10路21辆新车进线营运。1997年，南昌公交自筹资金2100万元，新增车辆190余辆。

1997

10月

October

公元1997年10月 农历丁丑年【牛】													
日	一	二	三	四	五	六	日	一	二	三	四	五	六
			1 国庆节	2 初一	3 初二	4 初三	5 初四	6 初五	7 初六	8 寒露	9 初八	10 重阳节	11 初十
12 十一	13 十二	14 十三	15 十四	16 十五	17 十六	18 十七	19 十八	20 十九	21 二十	22 廿一	23 霜降	24 廿三	25 廿四
26 廿五	27 廿六	28 廿七	29 廿八	30 廿九	31 初一								

1日 《南昌市国家机关事业单位工作人员养老保险制度实施意见》正式施行。

2—3日 刘伟平来到郊区扬子洲乡、塘山乡、京东乡、青云谱农场，市朝阳农场、昌北开发区蛟桥镇以及新建县长堎镇等地蔬菜基地，考察蔬菜基地水利设施建设和蔬菜生产情况，强调要强化基地建设，发挥规模效益，保障城市供应。

5日 国务委员李贵鲜、民政部部长多吉才让一行考察东湖区百花洲路居委会、南昌SOS儿童村等单位民政工作，并看望5户复员、伤残军人和特困家庭。省市领导舒圣佑、刘伟平陪同。

同日 江西企业发展托管经营有限公司按资产、债务、人员“三带走”原则对南昌酒厂实施兼并。

6日 《江西日报》报道，南昌市已落实冬修所需资金1100余万元，开工水库除险加固等工程73座，日上劳动力7.5万人、机动车1640余辆。

8日 全国人大常委会《中华人民共和国农业法》检查组检查南昌县蒋巷镇晚稻抛秧高产示范基地。

同日 南昌王余家洁纪念学校竣工典礼在郊区京东乡举行。香港王氏国际集团有限公司董事长王华湘为该校捐资70万元。

9日 中国新四军革命纪念馆专业委员会第五次年会暨纪念新四军建军60周年学术研讨会在南昌召开。南京军区原参谋长、新四军历史研究会常务副会长金冶，中国新四军革命纪念馆专业委员会会长曹晋杰，来自河北、江苏、天津、上海、江西等12省市有关部门领导和代表参加。新四军老战士张震、叶飞、孙毅、张铚秀、叶正大、谭友林等为纪念新四军成立60周年题词。

10日 市政府发出《关于印发〈南昌市市属工业主管部门组建国有资产经营公司，实行国有资产授权经营实施方案〉的通知》。

同日 南昌市举办1997年老人节百佳金婚庆典活动，50余对金婚老人参加。

同日 西湖区将遗落于十字街453号、455号的2块明、清年代的徐孺子墓碑移至孺子亭公园徐孺子新墓处，兴建徐孺子纪念墓碑。

11—12日 由中国人民解放军国防大学政委王茂润中将率领的高级指挥员、高级参谋学员、部分专家教授和机关人员一行400余人，赴赣进行现地教学和专程参加井冈山革命根据地创建70周年纪念活动。在南昌期间，全体师生在八一南昌起义纪念塔前进行集体宣誓，向八一南昌起义纪念塔和江西省革命烈士纪念堂敬献花篮，并参观南昌八一起义纪念馆、滕王阁，考察南昌飞机制造公司、江铃汽车集团公司。

11—12日 由国务院新闻办公室、新华社香港分社有关人员及香港新闻界13家单位组成的访问团考察江铃汽车集团公司、江西纸业股份有限公司、南昌高新区，并参观滕王阁、南昌八一起义纪念馆。

14日 纪念新四军建军60周年大会在南昌举行。全国人大常委会原副委员长彭冲、叶飞，南京军区副政委雷鸣球，省领导舒惠国、舒圣佑、钟起煌、冯金茂、郑仕超等，江西省150余名新四军老战士及驻昌部队、武警官兵、机关干部、学生代表共600余人出席纪念大会。中国新四军历史研究会第一副会长傅奎清主持大会，舒惠国、叶飞、雷鸣球、彭冲先后讲话。

15日 全国人大常委会原副委员长彭冲、新四军历史研究会第一副会长傅奎清等参观南昌八一起义纪念馆、南昌新四军军部旧址陈列馆。

同日 市通讯产品质量监督检验站成立。

16日 市委发出《关于设立县区委、县区政府调研督导组的通知》。

同日 江西纸业集团有限公司挂牌成立。该公司为国有独资公司，总资产12亿元，由江西纸业股份有限公司、江西第二造纸厂、江纸实业发展公司、江西纸业进出口有限公司等企业组建而成。

同日 江西方大新型铝业有限公司竣工投产。该公司由深圳方大在南昌高新区投资兴建，具备从熔炼、挤压、氧化、表面喷涂处理等全套工艺手段和生产设备，生产高档建筑用铝合金型材和工业铝型材。

同日 南昌信息港工程全面启动。

17日 缅甸空军司令丁威中将一行参观南昌飞机制造公司并游览滕王阁。

18日 江西联合重工业集团成立。该集团为南昌市重点发展的企业集团，享受有关优惠政策。

20日 市委办公厅、市政府办公厅发出《关于落实反腐败三项工作任务分工的通知》。内容包括领导干部廉洁自律、查办案件、纠正部门和行业不正之风、执法监察、落实领导干部执行政治纪律规定、制止奢侈浪费行为、开展党性党风党纪宣传教育、加强党内监督等。

同日 雷武江率南昌市代表团参加在美国举行的1997年江西省首届招商引资推介会。会议期间，南昌市引进合资项目资金4000万美元。

同日 江西三鑫医疗器械有限责任公司在南昌县三江镇开业。该公司是由彭义兴等7位股东发起创办的私营企业，总投资1000余万元。

同日 安义县长均乡与江西派拉蒙实业有限公司开发生态旅游观光农庄签约仪式举行。

21日 市委发出《关于改革市商贸委直属企业领导管理体制的通知》，对市商贸委直属企业领导干部管理体制进行改革。内容包括正、副县级和比照正、副县级规格由市委或市委委托市委组织部管理其领导干部的市商贸委直属企业，其领导干部管理权限全部下放给市商贸委党委，其党委换届两委委员候选人一并下放给市商贸委党委审批；原由市委任命和聘任的企业正、副县级干部，如需改任调研员、改变行政级别待遇或调离本市，须按原干部管理权限报市委审批；企业新任用的行政领导干部一律实行聘任制。

同日 市委办公厅、市政府办公厅发出《关于转发市纪委、市监察局〈关于加强国有企业纪检监察工作的若干意见〉的通知》。

同日 由文化部、广播电影电视部、民政部、国家教委、中国残联共同举办的“江洋杯”第四届全国残疾人艺术会演在北京揭晓。南昌选手徐琳的独唱《香港一九九七》获二等奖，南昌选送的盲人钢琴独奏《夕阳箫鼓》获三等奖。

同日 在江西省高新技术开发试点工程表彰会上，省科委分别给予江西东风药业股份有限公司、江西庆江化工厂和南昌华声通信有限公司50万元、40万元和30万元的奖励，以表彰这3家企业在实施试点工程时所做出的突出贡献。

22日 全市纪检监察系统电话会议召开。会议介绍湖南省清理和规范公费配置通讯工具的经验。会议强调，要深入学习十五大精神，贯彻中央纪委10月15日召开的全国纪检监察系统电话会议精神，继续抓好全市落实厉行节约制止奢侈浪费的各项规定。蒋如铭出席并讲话，周启球出席。市纪委常委，市直纪工委书记，各县区委书记、区长，市直各部门、市直各单位主要领导和纪检组长（纪委书记）、监察室主任，市纪委各室（中心）主任，各县区纪委常委、监察局副局长及所属街办和乡镇场党政主要领导参加。

同日 市朝阳南隔堤工程开工。

同日 《南昌晚报》报道，市第九医院通过引进先进设备、发展专科特色，已成为肝病特殊治疗中心。

23日 由监察部、建设部和国家土地管理局联合组成的国务院非农建设用地检查小组检查南昌市非农建设用地情况。

同日 市委办公厅、市政府办公厅发出《关于今冬明春落实廉政建设“八项规定”有关工作的通知》，强调分析形势，提高认识，增强落实八项规定的自觉性；结合实际，突出重点，全面落实八项规定；加强领导，强化监督，严格执行纪律。

同日 共青团中央、中央综治委、公安部等12家中央单位联合授予南昌铁路局南昌站派出所民警王征“首届中国优秀青年卫士”称号。

24日 南昌市科学技术大会在市委礼堂召开。刘伟平作《加快实施科教兴昌战略，促进我市经济快速发展和社会全面进步》报告，李豆罗宣读成立市科技领导小组决定和市委、市政府表彰“八五”期间科技进步先进单位、科技明星和优秀科技工作者的决定。市科委作南昌市科技发展“九五”计划及2010年远景规划纲要说明。会议强调，要深化企业改革，增强企业技术进步的内在动力；加快科技体制改革，促进科技与经济的紧密结合；加大开放力度，把引进外资与引进技术、人才、智力紧密结合起来。钟家明、蒋如铭出席并讲话，陈绍翔、史骏飞、程金鹏、陈守朴等和省科委、省科协领导出席。各县区委书记（区长）、县区政府分管领导、各县区科委主任、科协主席和部分乡镇代表；市委

南昌市科学技术大会召开

各部门、市直各单位主要负责人；各民主党派、工商联主要负责人；部分市属科研院所、大专院校、民营科技机构代表；大中型企业代表、优秀专家、有突出贡献的科技工作者代表；中央和省属高等院校、科研院所代表，中央、省属企业代表参加。

同日 市委、市政府授予江铃汽车集团公司等10个单位为“科技进步先进单位”，王锡高等9人为“科技明星”，张大祥等51人为“优秀科技工作者”。

25日 团省委、团市委、红桃K集团联合在江西师大举行1997年特困大学新生捐助仪式，来自全省20余所院校百余名特困大学新生每人一次性获得助学金500元。

28日 全市精神文明建设工作会议召开。会议传达贯彻全省地市文明办主任会议精神，部署全市下一步工作。会议强调，精神文明工作要虚事实做，指标量化、任务细化、要求硬化，逐级逐个责任到部门到人，常抓不懈，抓出成效。陈绍翔、陈守朴出席并讲话，各县区文明办主任，县区宣传部及市直有关单位负责人参加。

同日 全国第一部中外联合开发的汽车——江铃全顺系列轻型商用车首次亮相。第一批试产下线的6辆全顺汽车赠送给江西省科教医疗单位。

同日 南昌柴油机有限责任公司对江西采矿机械厂实施兼并。

31日 全市宣传工作会议在市委六楼会议室召开。会议总结全市前三季度宣传思想工作，部署第四季度工作。会议要求，全市各级宣传新闻部门要按照市委、省委宣传部的部署和要求，牢牢地把握正确的舆论导向，以满腔的热情和高度的政治责任感，积极、全面、准确、深入地学习宣传贯彻中共十五大精神。陈绍翔、陈守朴出席并讲话，各县区主管宣传的副书记、宣传部长，市直宣教系统各单位主要负责人参加。

是月 由南昌飞机制造公司研制生产的K−8飞机在埃及开罗进行飞机表演之后，又先后在津巴布韦、赞比亚、肯尼亚、埃塞俄比亚、厄立特里亚等国家进行表演。

1997

11月

November

公元1997年11月							农历丁丑年【牛】						
日	一	二	三	四	五	六	日	一	二	三	四	五	六
						1 初二	2 初三	3 初四	4 初五	5 初六	6 初七	7 立冬	8 初九
9 初十	10 十一	11 十二	12 十三	13 十四	14 十五	15 十六	16 十七	17 十八	18 十九	19 二十	20 廿一	21 廿二	22 小雪
23 廿四	24 廿五	25 廿六	26 廿七	27 廿八	28 廿九	29 三十	30 初一						

1日　南昌麦园垃圾填埋场一期工程竣工并投入使用。该场占地面积120公顷，设计库容量为1792万立方米。

同日　南昌市首批24座48部无人值守IC卡公用电话亭在市区孺子路、福州路、南昌汽车站广场等地设置。

2日　省政府批准长堎外商投资工业区为省级开发区。该区规划面积15平方公里，起步区占地3.5平方公里，是1991年8月创办的市级开发区。

3日　全市1997年税收财务物价大检查动员大会召开。会议强调，各县区政府、各有关部门要按照依法行政、依法监督、执法必严、违法必究的原则，查处各种违法违纪问题。邹剑桥、肖宣祥出席。

同日　以日本国际贸易促进协会理事长中田庆雄为团长的日本京九铁路沿线促进投资环境调查考察团一行考察江铃汽车集团公司、南昌高新区并参观滕王阁。

5日　全国人大常委会副委员长费孝通率全国人大《中华人民共和国科技进步法》执法检查组在滨江宾馆听取省市有关工作汇报。省市领导舒圣佑、卢秀珍、张逢雨、陈癸尊、郑良玉、刘伟平、史骏飞、王玉香参加。6日，检查组考察江铃全顺汽车厂、南昌高新区现代化农业滴灌大棚、江西绿色工业（集团）公司。

同日　中宣部、公安部、中华见义勇为基金会授予张华“全国见义勇为先进分子”称号；中国农业银行总行授予刘庭亮、张华“农金卫士”称号。

同日　市政府发布《南昌市基本农田保护区管理办法》，对基本农田保护、监督管理、罚则等做出规定。

6日　市消防指挥中心正式开通。

同日　南昌旅游服务股份合作公司挂牌。该公司由鹤纪摄影大厦、江南饭店等组建而成。

7日　市政府办公厅发出《批转市经贸委〈关于搞好南昌市大中型工业企业改制工作的

意见〉的通知》。

同日 全市冬修水利现场会在南昌县南新乡召开。会议强调，要做到思想认识到位、领导力量到位、资金和人员到位，以决战决胜的姿态，打好水利冬修主攻战。钟家明、刘伟平出席并讲话，田新芳主持。

同日 进贤县七里乡“光启”希望小学竣工。该小学由上海市天主教区和省天主教区联合捐资兴建。

8日 市政府举行法制报告会。北京市交通管理局副局长段里红作《城市交通改善的根本出路在于转变观念》报告。市政府各部门副县级以上领导干部聆听报告。

同日 市百货友谊（集团）公司正式挂牌成立。该公司是全省首家以零售商业为主，集批发、连锁、超市、仓储、运输、餐旅业为一体的商业集团。

同日 江西良友集团有限公司挂牌。该公司由市粮油食品公司、市穗园商行等企业组建而成。

同日 南昌有色冶金设计研究院设计的“金隆工程”正式投产。该院在消化吸收贵冶引进技术基础上，自行设计第一个大型铜冶炼厂，炼铜技术设计达到同行业先进水平。

同日 由省、市科协举办的“共同走可持续发展之路——百万公众学科学”大型科普活动在八一广场举行。省市领导卢秀珍、梅亦龙、蒋如铭、王玉香、瞿祖一等参加。

9日 1997年中国消防产品博览会在省展览中心开幕。来自北京、上海、天津、江西、辽宁、广东、浙江等20个省市112家企业及美国、日本厂商参展。南昌市消防支队在八一广场进行移动模拟化工装置扑救和综合救援表演。

10—13日 美国南加州华人经贸考察团一行在南昌、景德镇等地进行经贸考察和访问。

11日 机械工业部部长包叙定考察江铃汽车集团公司，要求江铃以产品质量稳定市场，逐步由联合开发过渡到自主开发，及早研究10年、20年后江铃在中国汽车工业的地位。

同日 市十一届人大常委会第五次会议举行。会议审议通过南昌市与芬兰瓦尔济考斯基市和托亚拉市缔结友好城市的决议；审议市人大常委会《关于县、区人大换届选举工作的意见》（书面），通过《关于县、区人大换届选举时间的决定》；审议通过《关于召开市第十一届人民代表大会第二次会议的决定》等。

12日 阿尔及利亚政府妇女代表团一行参观江西洪城制药厂、顺外食品厂。

13日 全国人大常委会副委员长费孝通率全国人大《中华人民共和国科技进步法》执法检查组考察郊区湖坊乡热心村、江西洪城制药厂。

同日 南昌高新区清华大学高科技工业园产业基地奠基，这是清华大学企业集团和江西清华科技集团联合在江西建立的第一家高科技产业基地。

14日 全市查禁赌博专项整治会议召开。会议强调，各级各部门要精心组织，严厉打击豪赌团伙和窝主、赌头、赌棍，坚决取缔赌博活动场所，坚决查处赌博“保护伞”。

同日 市第一医院与山东淄博万杰集团合作签约仪式在中日友好会馆举行。万杰集团是国家120家试点集团和参与国家产业政策制定的八大高科技集团之一。万杰集团和市第一人民医院达成协议，在市第一医院内成立“南昌万杰医院”，将山东万杰医院高科技技术和先进设备引进南昌，形成肿瘤治疗、神经外科特色医院。刘伟平、钟乐初出席签约仪式。

14—15日 全市农村工作“三件事”流动现场会分别在进贤县、南昌县、新建县召开。会议强调，要认真做好乡镇机关干部分流创办示范服务基地、村级财务整顿和村务公开、创评“十星级农户”和文明村组这“三件事”，夯实农村基础，促进全面发展。钟家明出席并讲话，蒋如铭、陈守朴、田新芳出席。各农业县区主要领导，县区委组织部长、宣传部长、农委主任及市直各有关部门负责人参加。

15日 刘伟平率市政府和企业代表团一行前往芬兰瓦尔济考斯基市、托亚拉市及马其顿共和国斯科普里市进行为期10天的友好访问。

16日 省委决定：熊焕高、李小南任中共南昌市委常委。

同日 市煤制品公司挂牌成立。该公司是由市第一煤球厂等6家单位联合组成的股份合作制企业。

17日 南昌市首期专家及科技人才培训班、企业领导干部进修班开学典礼在市委党校举行。31名中青年专家及科技人才、42名市属企业领导干部参加进修。

同日 市纪委、市监察局组成10个检查小组，在全市开展清理、整治公费配置通讯工具专项检查。

18日 团省委、省社会治安综合治理委员会授予南昌市青云谱工商分局安玉爱等10人为首批“江西杰出青年卫士”，授予武警南昌市支队陈建军等100人为“江西优秀青年卫士”。

同日 市政府发出《关于实施“两商先行、两业提升、三城并重、项目推进、责任到人”二十字方略的指导性意见的通知》。“两商”即招商、商贸，“两业”即农业、工业，“三城”即老城区、新城区、小城镇。

同日 市政府办公厅发出《关于印发〈开展治理向个体工商户乱收费、乱罚款的工作方案〉的通知》。

同日 全市治理向个体工商户乱收费、乱罚款动员大会召开。专项整治工作从11月17日至12月底，主要分自查清理、检查以及总结表彰三个阶段进行。会议指出，各部门、各单位对凡涉及个体工商户的行政事业性收费项目须向市物价局重新申报审批，并向社会公布；对不符合规定的收费要坚决取消，合理的收费可以保留，但标准过高的要降下来，有交叉重复的要予以合并；行政事业主管部门和执法部门要严格规范各项制度，进一步完善收费罚款项目领导负责制度、收费许可证制度、收费公开制度、收费员证制度、监督举报制度、集中“窗口”收费制度等有关各项制度；向个体户收费、罚款必须出之有据，并使用财政统一收费、罚款票据。李豆罗出席并讲话。

同日 全市首家企业再就业服务中心——南昌市再就业服务中心长运分中心挂牌成立。该中心是依托企业主管部门组建的对企业结构调整中下岗职工进行托管的中介机构。

同日 昌抚公路改造工程竣工。昌抚公路全长60.154公里，属超二级公路，是316国道在江西省境内的一段，有分离式立交桥3座，总投资1.86亿元。

18—19日 纪念中华人杰徐孺子诞辰1900周年报告会暨学术研讨会在市委小礼堂召开。《人民日报》文艺部主任缪俊杰作题为《徐孺子的永恒价值和借鉴意义》报告，徐孺子研究会常务副会长黄岭作《中华人杰，民众之星》专题报告。徐高祉、甘济湘、徐毅和徐迟等专家分别宣读《从汉代高士徐稚的评价引起的一些思考》《南州高士徐孺子》《试论徐孺子的品格风范及社会价值》等论文。蒋如铭出席并讲话，希望进一步搞好对徐孺子艺术思想的挖掘、研究和整理，加大对徐孺子品德和风范的宣传力度，使之成为广大群众的生动教材。省市领导陈癸尊、史骏飞、程金鹏等出席。

19日 全市困难企业改革动员大会召开。会议通报前一阶段的工作进展情况，研究落实有关措施和办法。会议决定，市直有关部门、市属部分大中型骨干企业共30多个单位实行与困难企业一帮一结对，重点帮扶这些困难企业尽快走出困境。钟家明、陈绍翔、邹剑桥、姜任保出席并讲话。市直有关部门、市属部分大中型企业、80多家中小困难企业负责人参加。

同日 在第三届国际食品博览会上，南昌大学与江西食品专用油脂厂共同研制开发的微胶囊粉末油脂被联合国粮农组织授予“科技之星”金奖。

20日 市政府发布《关于进一步完善预算外资金管理办法》，规定按照“收支两条线”的原则，对预算外资金实行“一家开票、一家收款、专户管理、合理使用”的管理办法；将预算外资金分为两类进行管理，第一类是政府专项预算外资金即收取的各种专项基金（资金）及附加等收入，第二类是其他预算外资金，即除第一类以外的行政事业性收费和其他收入，对第二类预算外资金实行政府部分集中调剂使用的办法；从1998年起，政府集中调剂的资金按下列方法确定：以单位当年组织的预算外收入总额，减去经市财政核定的组织预算外的收入所需的经常性支出的余额，按照40%的比例由政府筹集，其余60%留给单位用于事业发展。

同日 全省首家职工消费合作社——南昌职工消费合作社开业。该社是以城市低收入职工为主要服务对象，由职工群众自我服务、民主管理、互助合作、自救解困为目的的群众性合作经济组织。

24日 市政府发布《关于严禁赌博活动的通告》，严禁赌博、变相赌博、开设赌场或为赌博提供条件等违法犯罪活动；要求各级政府、街道办事处、居（村）民委员会和机关、团体、企业、事业单位必须按照“谁主管，谁负责”的原则，对该地区、该单位的人员进行禁赌教育，制定禁赌措施，落实禁赌责任；任何单位和个人发现赌博活动，都有权制止，并向公安机关举报；对举报人将给予保护，并对有功人员给予奖励。

同日 市政府决定：东湖区沙井街道办事处，豫章街道办事处昌北街的第一、第二、第三、第四居委会和庐山南大道5个居委会（面积2.07平方公里，人口5997人），划归昌北开放开发区管辖。

26日 南昌市在市委礼堂举行学习报告会。中央党校教育长王瑞璞应邀作《全面正确把握邓小平理论，把中国的社会主义改革引向深入》报告。市各套班子领导及全市副县级以上在职干部聆听报告。

27日 全国总工会、建设部、公安部联合组成检查团检查南昌市保障环卫职工权益情况，慰问被殴打致伤的全国“三八红旗手”、郊区京东环卫所工人王林英。

同日 湾里区在全市率先推行“社会统筹与职工个人医疗账户相结合”的公费医疗制度改革。

29日 全市首次开展乡村卫生人员职称评定试点工作。参加职称评定人员是在乡村医疗机构从事卫生医疗、药剂、保健、防疫、计划生育等专业技术工作，具备一定的学历、资历，并持有乡村卫生人员上岗证书的在岗乡村人员。乡村卫生人员职称设乡村（中）医师、乡村助理（中）药师、乡村（中）医士、乡村卫生员四等级。

1997

12月

December

公元1997年12月							农历丁丑年【牛】						
日	一	二	三	四	五	六	日	一	二	三	四	五	六
	1 初二	2 初三	3 初四	4 初五	5 初六	6 初七	7 大雪	8 初九	9 初十	10 十一	11 十二	12 十三	13 十四
14 十五	15 十六	16 十七	17 十八	18 十九	19 二十	20 廿一	21 廿二	22 冬至	23 廿四	24 廿五	25 廿六	26 廿七	27 廿八
28 廿九	29 三十	30 初一	31 初二										

1日 市委发出《关于加强股份合作制企业党的工作的几点意见（试行）》，要求明确党组织的基本任务和职责；充分发挥党员骨干的作用，强化党组织的政治核心地位；适应企业改革和生产经营需要，不断改进党组织的工作方法和活动方式；加强和改进党员教育管理工作，大力推进企业的思想政治工作和精神文明建设；切实加强对股份合作制企业党建工作的领导和指导。

同日 市委宣传部、市总工会联合发出《关于在全市开展向龚腊根学习的通知》。

2日 市委办公厅、市政府办公厅发出《关于清理和规范管理全市公费配置通讯工具的补充规定》，规定对现有公费配置的住宅电话、移动电话实行一次性折价处理；严格控制住宅电话、移动电话话费的报销范围和标准；从严控制移动电话话费限额报销的特批范围；加强领导、严格纪律，确保清理规范工作顺利进行。

同日 由美国福特汽车公司与江铃汽车股份有限公司联合开发的全顺汽车正式批量生产并投放市场。

3日 全市党政机关厉行节约制止奢侈浪费动员大会在市委小礼堂召开。会议强调，要把清理和规范公费配置通讯工具作为当前一项重要而又紧迫的任务来抓，绝不允许行动迟缓、虚以应付、走过场、搞形式。钟家明、刘伟平、蒋如铭、周启球、雷武江出席，四县五区、市直各单位主要负责人共200余人参加。

同日 全市招商引资工作会议在市委小礼堂召开。会议总结1997年工作，部署1998年任务。会议强调，招商引资工作要在投资环境上不断优化，在投资方式上灵活多样，在投资保障上依法办事。各县区、高新区、昌北开发区、市经贸委、市农委、市建委、市商贸委负责人与市政府分管领导签订1998年招商引资责任状。钟家明、刘伟平出席并讲话，蒋如铭、周启球、雷武江出席。市对外开放领导小组成员、各县区、市委各部门、市直各单位主要负责人参加。

4日 昌北开放开发区在国际互联网上注册一个国际通用二级域名并建立独立站点。

7日 上海服装集团与江西领王服装集团签订销售合作协议。

同日 东湖区卫生防疫站获“全国计划免疫工作先进集体”称号。

8日 中共中央政治局原常委宋平在南昌高新区考察昌新农业发展有限公司生产经营情况。省市领导钟起煌、毛致用、钟家明、刘伟平陪同。

同日 湾里区在同源港景区的云岩寺后山发现一处清朝佛教墓群，包括18座墓塔，占地约10公顷。

同日 江西绿叶（集团）有限公司挂牌。该公司由南昌第二面粉厂及相关企业组建而成,拥有总资产1.2亿元,年销售收入近2亿元。

8—12日 全市150余万名选民分别参加1193个选区投票选举，选出新一届县、区人大代表1852名。

9日 全市供销系统第一家股份合作制企业——南昌果品总公司成立。

10日 西湖变电站动工兴建。该站为江西省第二座使用110千伏电缆进线、全电脑微机控制的综合自动化无人值守的变电站。

同日 南昌市庐山南大道拓宽工程、枫林大道扩建工程及临江大道绿化工程开工。

同日 南昌市“3·15”消费者投诉中心成立。

11日 江西昌宸食品有限公司获“全国食品工业科技进步优秀企业奖”称号，成为全省唯一获此荣誉的民营科技企业。

12日 全省首家旅游企业集团——市郊区鄱阳湖旅游企业集团挂牌成立。

15日 市委办公厅、市政府办公厅转发市保密局、市国家安全局《关于对使用涉密通信、办公自动化和计算机信息系统实行申报审批制度的意见》。

同日 南昌市少年宫获全国“双有”（心中有祖国、心中有他人）活动10周年先进集体称号；刘益珍获“双有”活动先进个人称号。

同日 进贤县蟹苗培育有限公司成立。

16日 刘伟平考察江西泰丰轮胎有限公司和正在组建中的先科（南昌）电子有限公司。他强调，要把“招大、靠大、联大、做大”作为当前国有大中型企业改革重头戏来抓，进一步解放思想、搞好招商引资和产品结构调整。

同日 《南昌晚报》报道，截至11月底，南昌县农村社会养老保险金累计达到1200万元，成为全省唯一的规范化管理窗口县，被民政部授予“全国农村社会养老保险先进县”。

同日 全市第四次职业教育工作会议召开。会议传达全国、全省职业教育工作会议精神，总结前一阶段工作，部署下一阶段工作。会议发出《关于公开招聘职业高中校长的意见》，并成立南昌市职业教育工作领导小组。会议指出，职业教育要深化改革、大胆探索、服务经济、增强活力，职业教育改革要与劳动力结构变化相适应，要与社会主义市场经济体制相适应，努力从管理体制、办学形式、专业设置、人才使用等多方面进行改革。市教委、市劳动局、市经贸委、郊区政府等单位代表就职业教育问题交流经验。陈绍翔、钟乐初出席并讲话，王玉香、赵国梁出席。

18日 市政府发出《关于做好1998年新年春节期间拥军优属工作的通知》，要求深入进行拥军优属宣传和国防教育，广泛开展拥军优属活动；认真落实各项优抚安置政策，保障优抚对象的合法权益；积极妥善地为部队和优抚对象做好事、办实事；认真搞好节日期间走访慰问活动。

同日 黄公略铜像在南昌铜工艺品厂塑造成功。铜像高3.3米，重1.2吨，为青铜工艺。

同日 南昌洪城大厦（集团）公司挂牌。

集团核心企业由南昌洪城大厦股份有限公司、南昌商场（含江西丽华实业有限公司）所有国有资产，包括经营性资产和非经营性资产进行资产重组形成有限责任公司。在管理上，集团公司与南昌洪城大厦股份有限公司实行两块牌子，一套人员。

同日　市肉联食品集团挂牌成立。该集团由南昌肉类联合加工厂（含市食品公司）、南昌制冰厂、南昌牛羊肉类加工厂和南昌肉联畜产厂联合组建。

20 日　先科（南昌）电子有限公司正式成立。该公司由深圳先科企业集团、深圳先科电子有限公司和南昌三健电气有限责任公司合作组建。

先科（南昌）电子有限公司成立仪式举行

22 日　交通部部长黄镇东考察南昌客运站、昌九高速公路等地。

23 日　全市学法用法、依法治市经验交流会在市委小礼堂召开。会议传达贯彻全国、全省有关会议精神，总结全市近年来开展依法治理的经验，部署 1998 年工作。李豆罗作《努力实践，大力推进，全面提高我市依法治市工作水平》工作报告，陈守朴作《认真贯彻十五大精神，努力做好依法治市工作，积极推进依法治国进程》讲话。南昌县、东湖区等单位介绍开展普法依法治理工作的经验和体会。刘汝舟、吴才仁和市法制宣传教育工作领导小组全体成员出席。

同日　日本铃木公司中国部部长松原邦久一行到南昌考察。

25 日　市直负责干部会议在市委小礼堂召开。会议传达全省经济工作会议精神。会议强调，要以学习贯彻全省经济工作会议精神为动力，按照市委、市政府既定部署，抓紧抓好春节前各项工作，切实做到目标要求不动，力量部署不变，工作力度不减。钟家明、刘伟平出席并讲话，蒋如铭、程金鹏、陈守朴、余志坚、田新芳、周启球等出席。市委各部门、市直各单位主要负责人、市属大专院校党委书记参加。

同日　人事部、审计署授予南昌市审计局“全国审计工作先进单位”称号。

26 日　中华人杰徐孺子墓重修竣工典礼在南昌市孺子亭公园举行。

同日　市政府发出《南昌市对 70 岁以上老年人实行优待的办法》。

28 日　陈廷骅基金会捐资 100 万元在新建、进贤、安义县及湾里区援建 5 所希望小学。

同日　市洪燕服装厂厂长王敏被评为“中国百优服装设计师”。

29 日　市政府发布《关于实施〈南昌市城市房屋租赁管理条例〉若干规定》，对房屋租赁实行登记备案制度，房屋租赁出租人和承租人应当签订由市房管部门、市工商行政管理部门统一印制的房屋租赁合同等。

同日　“情系洪城，爱心永存”——南昌市迎新年大型文艺晚会在省体育馆举行。刘伟平、陈绍翔、蒋如铭、史骏飞、陈守朴、田新芳、周启球等出席。

同日　江西天宝化纤纺织集团挂牌成立。该集团是由江西江纺有限责任公司和江西化纤有限责任公司及相关企业自愿组成的经济实体。

30 日　市委、市政府发出《关于加强科学技术普及工作的实施意见》，强调统一思想，充分认识新形势下科普工作的重要意义；进一步加强、改善党和政府对科普工作的领导；进一步明确当前全市科普工作的重点；贯彻“稳住一头，放开一片”（稳住一头，即建设一支精干、稳定的专业科普队伍；放开一片，即搞好基层科普组织和机构）的方针，加强专业科普队伍和科普网络建设；增加科普投入，优先重视科普设施建设；齐抓共管，共创科普工作新局面。

同日　市委、市政府发布《关于加速科技进步的若干政策措施》，强调全面贯彻科教兴国和可持续发展战略，实现全市经济和社会持续、快速、健康发展；进一步推动企业科技进步，提高工业经济的质量和效益；加快科技兴农步伐，推进农业和农村经济发展；加快发展高新技术产业，使高新技术产业成为全市重要的新经济增长点；大力推动科技与经济结合，促进科技成果向生产力转化；深化科技体制改革，加强科技队伍建设，建立适应社会主义市场经济体制的科技运行机制；加强对科技工作的领导，确保科教兴昌战略落到实处。

同日　市政府同意：由江西电机有限责任公司、江西变压器有限责任公司组建江南动能集团公司；组建江南动能集团，该集团以江南动能集团公司为核心企业，由江西电机有限责任公司、江西变压器有限责任公司、江西省电站设备制造公司等组成。

同日　刘伟平到湾里区考察洪崖丹井旅游景点、洪崖书画院、磨盘山野生动物园、招贤镇瘦肉型猪养殖基地。他强调，要进一步解放思想，打好土地牌、旅游牌和特区牌，把湾里区建成京九线上区域性的度假新区、旅游热区和财政富区。

31 日　赣粤高速公路南昌至樟树段建成并正式通车。该公路是江西省第一条自己组织设计建设，一次性建成的全标准、全封闭、全立交高速公路。

是年

是年　进贤县被定为“全国淡水渔业重点县”。

是年　新建县被列为国家“九五”期间商品粮基地县。

是年　南昌市工商局获“全国广告监督管理先进单位”称号。

抚河沿线万余军民迎战超历史特大洪峰

概要

1998年，市委、市政府坚持“深化改革，加快调整，稳中求进，提高素质”，积极推进两个根本性转变，继续主攻工业、优化农业、繁荣第三产业和加强基础设施建设，战胜特大洪水，保持社会稳定和全面进步，全面完成国民经济和社会发展的各项任务。

推进国有企业改革 2月9日，市政府发出《关于印发〈南昌市企业改制后国有资产管理的有关规定〉的通知》。4月22日，市委发出《关于下放部分市属企业化管理事业单位领导干部管理权限的通知》。由优势企业兼并或托管19户国有小企业，实施运作“靠大、招大”项目17项，4户国有小企业被个体私营经济收购或参股控股，为市属国有企业核销呆坏账资金1.59亿元，重点对24户企业进行公司制改造，新组建4个企业集团。同时完善国有资产营运、管理和监督体系，在成立市国资委的基础上，组建市纺织、机械、电子、轻工、化工、建材等6个国有资产经营公司，并对江铃、江联、江纸、长运等大型企业实行国有资产授权经营。

完善农村土地承包关系 1月20日，市委办公厅、市政府办公厅发出《关于认真贯彻落实中办发〔1997〕16号、赣办发〔1997〕10号文件精神，进一步稳定和完善农村土地承包关系的通知》，针对农村土地承包经营的实际情况，进一步明确了中央、省的有关政策，并作出具体规定。10月23日，全市农村土地延长承包期工作会议召开，要求各涉农县区坚定不移地贯彻土地承包期再延长30年的政策，让农民吃上“定心丸”。

创建全国卫生城市 4月5日，市政府发出《关于进一步深入开展创建全省文明城市和全国卫生城市活动的决定》。7月15日，市委召开常委会议，研究部署创建全国卫生城市工作。全市上下紧紧围绕争创全国卫生城市，一方面狠抓“硬件”设施完善。麦园垃圾处理场二期工程投入使用，正式启动朝阳污水处理厂工程，市区新建垃圾中转站8座、公厕14座，增设路边果壳箱1000只，购置环卫专用车26辆；改造道路290多条，下水道清淤2万多立方米，新铺彩色人行道板7万平方米，胜利路、中山路等全部更新不锈钢人行道护栏；完成抚河公园、福山街心花园、沿江北路绿化带、八一桥头绿地和高新区火炬广场等绿化美化改造工程，植树12万株，种植草皮12万平方米。另一方面，注重“软件”管理水平提高。提请市人大常委会通过《南昌市城市市容和环境卫生管理条例》，出台《实施江西省爱国卫生工作条例办法》，城市卫生工作纳入法制化管理轨道。

保障下岗职工权益 2月26日，市政府发出《关于做好1998年全市就业和再就业工作的通知》。5月24日，市委召开常委扩大会议，研究部署做好国有企业下岗职工基本生活保障和再就业工作。9月3日，市委、市政府发出《关于进一步做好国有企业下岗职工基本生活保障和再就业工作的通知》。全市有下岗职工的市属国有企业全部建立再就业服务中心。安排资金3432万元，保证进入再就业服务中心的下岗职工都能领到基本生活费；为困难企业垫付养老金3719.6万元，保证离退休人员的养老金按时足额发放。再就业工作发挥企业及其主管部门、“一帮一”、劳动、工商、城区居（家）委会“五大主力”作用，分流安置下岗职工6.55万人，占年确保安置5.3万人的123.5%，再就业率达到64.5%。

启动住房制度改革 3月份起，全市停止福利建房。制定出台《南昌市房改房上市交易管理暂行办法》《南昌市住房公积金管理办法》《南昌市职工住房抵押委托贷款暂行办法》等政策。逐步提高公房租金标准，加快公房出售步伐，加强住房公积金和售房款统一管理，在全市2310个单位建立公积金制度，参加人数占全市职工数的90%，累计归集公积金2亿元，已批准出售公房18万套，划入专户售房收入5.8亿元。9月25日，市委、市政府召开全市清房工作动员大会，部署清房工作。

开展依法治市 4月23日，市委发出《关于进一步开展依法治市的决定》，提出依法治市的指导思想和工作目标，并明确具体措施。5月，市人大常委会第九次会议通过《关于进一步开展依法治市的决议》。12月3日，市委发出《关于批转市法制宣传教育工作领导小组〈关于南昌市“九五”期间依法治市的规划〉的通知》，提出全市“九五”期间依法治市的指导思想、基本原则和目标任务，建立和完善由市委统一领导，市人大监督，市政府、市中级人民法院、市人民检察院分工负责，分别实施，各县区、各部门独立运行的依法治市工作领导体制和工作机制，制定依法治理规划，实行依法治市工作“一把手”负责制，并设立“南昌市执法标兵奖”。

取得抗洪斗争胜利 面对百年未遇的特大洪灾，全市上下坚决落实“四上二查二处理”（上领导、上队伍、上物资、上技术人员，查岗、查险情，处理险情、处理违纪者）的措施和“杀鸡用牛刀”的方法，全力以赴，连续作战，严防死守。7月25日，市委、市政府、南昌军分区联合发出《关于迎战“双超”、确保重点圩堤安全的紧急通知》。同日，市防总先后下达《关于立足“两超”，迎战大洪水的紧急通知》《关于防止山洪暴发和山体滑坡，杜绝水库垮坝，确保安全度汛的通知》《关于采取应急措施、紧急转移群众的通知》。26日，全市进入抗洪抢险紧急状态，市党政军领导和20万军民日夜坚守在抗洪前线。8月4—20日，市防总多次召开会议部署抗洪抢险工作，要求各滨湖圩堤以巡堤查险为纲，认真落实查险、排险、除险措施，做好一切准备应对突发性险情，确保重点圩堤安全。18—27日，市政府多次召开紧急会议，部署救灾防病工作。成功地排除大小险情1400多处，其中特大险情30多处，万亩以上圩堤无溃决，大小水库无一垮坝。9月20日，市防总宣布结束紧急防汛期，

开展灾后重建 9月12日，全市负责干部会议召开，传达贯彻江泽民在江西考察抗洪救灾工作时的重要讲话及全省领导干部会议精神，部署灾后农村工作。23日，市政府召开全市灾后爱国卫生和防病防疫工作会议，要求确保大灾之后无大疫。10月4日，市委、市政府召开市直机关下派干部帮助灾区工作动员大会，从市、县（区）机关选派1620名干部，组成若干工作组，分别下到南昌、新建、进贤、安义四县和郊区的受灾乡（镇）、村，指导帮助重建家园和发展经济工作。

1998

1 月

January

公元 1998 年 1 月							农历戊寅年【虎】						
日	一	二	三	四	五	六	日	一	二	三	四	五	六
				1 元旦	2 初四	3 初五	4 初六	5 小寒	6 初八	7 初九	8 初十	9 十一	10 十二
11 十三	12 十四	13 十五	14 十六	15 十七	16 十八	17 十九	18 二十	19 廿一	20 大寒	21 廿三	22 廿四	23 廿五	24 廿六
25 廿七	26 廿八	27 除夕	28 春节	29 初二	30 初三	31 初四							

1 日 全市机关事业单位离退休人员养老金由社保机构委托各单位在银行统一发放。

同日 南昌市将预算外资金和罚没收入管理工作纳入统一规划和管理。对预算外资金实行“各家开票、一家收款、专户管理、合理使用”的管理办法，并实行罚款决定与罚款收缴分离办法。

同日 南昌市工商局首次使用全国企业注册登记统一代码。

3 日 全省最大的水运骨干企业、全省第一家改制并实现职工持股的大型水运企业集团——江西港航运输有限责任公司挂牌成立。该公司是由原江西轮船公司、南昌港埠总公司、南昌市第二航运公司以生产性有效资产实行改制重组、按有限责任公司模式组建的大型港航运输企业集团。公司下设南昌港客运站、滕王阁港务公司、江边港务公司、昌北港务公司、货运公司、油运公司 6 家主要生产单位，拥有各类货船 180 余艘，约 2 万载重吨；客轮 16 艘，其中高速豪华客轮 5 艘；港口装卸机械 40 余台，年装卸能力 130 万吨。

4 日 市委、市政府决定：湾里公安分局、湾里土地管理分局、湾里工商分局、湾里地方税务局划归湾里区管辖。

4—8 日 政协南昌市十届二次会议在市委礼堂召开。出席会议的委员 394 人。会议听取并讨论蒋如铭代表市委作的讲话，审议通过经自麟作的常委会工作报告和吴才仁作的提案

政协南昌市十届二次会议召开

工作情况的报告。与会人员列席市十一届人大二次会议，听取并讨论市政府工作报告。会议补选市政协常委 9 人。

5—8 日　市十一届人大二次会议在南昌文化会堂召开。出席会议的代表 421 人。会议审议通过刘伟平作的市政府工作报告，市 1997 年国民经济、社会发展计划执行情况和 1998 年计划（草案）的报告，市 1997 年市本级财政总预算执行情况和 1998 年市本级财政总预算（草案）的报告，市人大常委会工作报告，市中级人民法院工作报告，市人民检察院工作报告；通过相应决议。会议选举南昌市出席江西省第九届人民代表大会的代表 78 名；补选市人大常委会委员 3 人。

市十一届人大二次会议召开

6 日　“江西省卫生城市雕塑”揭幕仪式在司马庙立交桥南侧举行。省市领导黄懋衡、刘伟平为雕塑揭幕。李豆罗、王玉香、钟乐初、罗为民、瞿祖一，省政府办公厅、省卫生厅、省爱卫会、市有关部门负责人及各界群众 300 余人参加。

7 日　在全国五好文明家庭创建评比活动中，邱娥国家庭获全国首届“五好文明家庭”称号。

同日　南昌大学举办首届科技成果转化展示会，展出信息工程、生物食品、化工医药、建筑、环保五大类包括获国家、省部级科技进步奖的 200 多个项目。

9 日　市直机关党的工作会议在市委小礼堂召开。会议总结 1997 年工作，部署 1998 年任务。会议强调，机关党建工作要坚持紧贴全市工作大局和部门主要工作，紧贴机关思想政治工作和作风建设，紧贴提高机关党员、干部的政治业务素质，紧贴对党员干部特别是领导干部实施有效监督，努力克服“两张皮”现象。市工商局、市纺织行业办等单位作经验介绍。蒋如铭出席并讲话，市直各单位分管机关党务工作的领导和专职副书记以及各县区机关工委的负责人共 200 余人参加。

10 日　司法部副部长肖建章到新建县司法局慰问因灭火受伤的干部徐杰。

11 日　周起鸿敬老别墅奠基仪式在西湖区社会福利院举行。该院由香港同胞周起鸿捐助 140 万元兴建。

12—13 日　全市检察长工作会议召开。会议强调，要重点查办发生在党政领导机关、行政执法机关、司法机关和经济管理部门的犯罪案件，特别是县处级领导干部犯罪要案。陈绍翔出席并讲话。

13 日　全市反腐倡廉报告会在文化会堂举行。省委常委、省纪委书记马世昌作《前车之覆，后车之鉴——我省十件大案要案的初步剖析》的报告。市各套班子成员，各县区、市直各单位和市属企事业单位在职副县级以上党员领导干部共 1200 余人参加。

同日　已故山水画大师傅抱石、黄秋园入选由人民美术出版社与台湾锦绣文化出版社联袂编写的大型美术系列丛书《中国一百位巨匠》。

同日　第三届江西省著名商标认定揭晓，金圣卷烟、草珊瑚牙膏、民星兽药等 56 件商标被认定为江西省著名商标。

14 日　南昌市发布《南昌市非国有企业工资协商试行办法》，规定试点企业应对该企业的工资水平及其调整包括基本工资制度、工资标准、工资形式、奖金、津贴分配办法、内部分配等问题进行协商确定；在协商中应遵守国家法律、法规，贯彻执行国家的宏观调控政策，并根据工资集体协商的结果，签订有关工资合同，维护企业和职工双方的合法权益。首批 10 家非国有企业参加试点。

同日　全市春节前后“扫黄打非”集中行动部署会召开。会议部署集中行动主要任务包括查缴非法音像和电子出版物、取缔非法印刷、加强运输管理、清理规范市场、查禁色情陪侍及表演、取缔电子游戏及电脑游戏无证经营、查处大案要案。陈绍翔、陈守朴及市有关部门负责人出席。

15 日　最高人民检察院授予南昌县人民检察院“集体一等功”。

16 日　全市一级重点单位春节消防保卫工作动员大会在市公安消防支队会议室召开。会议强调，消防工作要警钟长鸣、立字为据、加强防范、共保安宁。李豆罗代表市防火安全委员会与 59 个防火重点单位签订《消防责任书》并讲话。

同日　市科委、市科协邀请果业、水稻专家到新建县望城镇和进贤县架桥乡传授果树管理和薄露灌溉技术。

19 日　市委、市政府发出《关于 1998 年全市农业和农村工作的部署》，强调稳定农村政策，加强基层基础建设，增加农业投入，坚持科教兴农，推进特色农业和农业产业化，发展乡镇企业，切实加强领导。

20 日　市委办公厅、市政府办公厅发出《关于认真贯彻落实中办发〔1997〕16 号、赣办发〔1997〕10 号文件精神，进一步稳定和完善农村土地承包关系的通知》。通知指出，针对目前农村土地承包经营的实际情况，中央、省进一步明确了有关政策，并作了具体规定，各级党委、政府要认真领会，坚决贯彻执行，切实做好延长土地承包期工作。通知要求，认真学习，统一认识；强化领导，明确责任；坚持原则，规范操作；严肃纪律，限期完成。

同日　南昌市首批清理上缴的移动电话向社会公开拍卖，拍卖所得资金 27.3 万元全部用于企业解困。

同日　南昌市英模与作家、艺术家春节联欢会在市委小礼堂举行。市公安局筷子巷派出所民警邱娥国、新建大塘卫生院护士长李燕玲、江纸公司工人涂永辉、南昌三中教师聂水兰、市政工程管理处工人龚腊根、青云谱区工会主席徐金根、湾里区招贤镇农民高建文，郊区湖坊乡、南昌亨得利钟表眼镜公司、青云谱区洪都工商所代表和市文艺界艺术家们参加。陈绍翔、陈守朴、孔炯、赵国梁等出席。

南昌市英模与作家、艺术家春节联欢会举行

同日　全市房管工作会议在市政府第二会议室召开。罗为民出席并讲话，要求各房管部门加快发展住宅建设，继续深化住房改革。

同日　全省首家流浪儿童救助中心在市收容遣送站落成并正式交付使用。该中心集教学、生活、娱乐为一体，配备有大专学历教师 3 名，能一次性接收流浪少年儿童 32 名。

21 日　《江西日报》头版以《南昌“水电解困”工程进展顺利》为题报道，南昌市通过多种渠道筹集资金，解决部分农村人畜饮水困难和“无电村”通电问题。全市已完成411处山塘、水库等水源工程，解决农村10.5万人、8.83万头牲畜的饮水困难，改善灌溉面积2346.6公顷，解决179个“无电村”的用电问题。

同日 郊区青云谱乡（不含辛家庵、楞上两个村民委员会）和青云谱农场成建制划归青云谱区管辖；郊区青云谱乡所辖辛家庵、楞上两个村民委员会成建制划归郊区湖坊乡管辖；青云谱区岱山街道办事处现辖前万、石马两个村民委员会并入青云谱乡。

同日 省市领导彭宏松、张克迅、卢匡衡、陈绍翔、陈守朴等先后到省军区教导大队、省武警总队医院、省武警消防总队、解放军九四医院、空军某部、省武警边防局南昌边检站走访慰问驻昌部队、住院伤病员和基层连队。

22日 省市文化、出版、广电、工商、公安等部门在京东乡集中销毁包括录音带、录像带、CD和VCD光盘等非法音像和电子出版物。

23日 国家体改委将南昌市列为“全国综合配套改革试点市”。

24日 省市军民春节文艺晚会在江西艺术剧院举行。晚会表演灯彩《龙腾狮跃迎新春》、表演唱《打起“三响”唱标兵》、歌舞《向春天诉说》、杂技组合、京剧荟萃等节目。省市领导舒惠国、黄智权、钟起煌、朱治宏、马世昌、彭崑生、钟家明、刘伟平、蒋如铭、史骏飞等出席。

26日 市委办公厅、市政府办公厅发出《关于在全市机关开展“基层评议机关、民主评议行风”活动的实施意见》。

28日 南昌市春节团拜会在市委小礼堂举行。刘伟平致辞指出，要继续高举邓小平理论伟大旗帜，以十五大精神为指导，认真贯彻落实全国、全省经济工作会和省九届人大一次会议精神，积极推进两个根本性转变，进一步解放思想，抢抓机遇，开拓进取，创造性地开展工作，积极实施“两商先行，两业提升，三城并重，项目推进，责任到人”20字方略，努力完成和超额完成市十一届人大二次会议提出的经济和社会发展各项任务，夺取改革开放和现代化建设的新胜利。钟家明、陈绍翔、蒋如铭、史骏飞、程金鹏、陈守朴、余志坚、田新芳、周启球、李豆罗等和各有关部门负责人300余人出席。

1998
2月
February

公元1998年2月							农历戊寅年【虎】						
日	一	二	三	四	五	六	日	一	二	三	四	五	六
1 初五	2 初六	3 初七	4 立春	5 初九	6 初十	7 十一	8 十二	9 十三	10 十四	11 元宵节	12 十六	13 十七	14 十八
15 十九	16 二十	17 廿一	18 廿二	19 雨水	20 廿四	21 廿五	22 廿六	23 廿七	24 廿八	25 廿九	26 三十	27 初一	28 初二

1日 市政府发布《南昌市摩托车交通管理规定》，规定摩托车必须经车辆管理机关检验合格，领取号牌、行驶证后，方准上路行驶；号牌必须按指定位置安装，保护清晰；禁止无证驾驶摩托车，禁止驾驶无牌无证摩托车；禁止擅自拼装、改型摩托车上路行驶等。

同日 市政府发布《南昌市非机动车交通管理办法》，对非机动车车主、非机动车停放、非机动车处罚等做出规定。

4日 全市经济工作会议在市委小礼堂召开。会议贯彻中共十五大和中央、全省经济工作会议精神，总结1997年工作，部署1998年任务。会议强调，要扎扎实实推进两个根本性转变，力求在调整经济结构上取得新突破，在优化环境上迈出新步伐，在妥善安排群众生活上推出新举措，努力实现经济持续快速健康发展和社会全面进步。钟家明、刘伟平出席并讲话，陈绍翔、蒋如铭、史骏飞、程金鹏、陈守朴、余志坚、田新芳等出席。各县区、市委各部门、市直各单位主要负责人，实施“曙光行动”各计划工作组负责人参加。

同日 全市进一步加强机关作风建设动员大会在市委礼堂召开。会议强调，市直机关和各县区直机关要按照“立意更高、力度更大、措施更实、效果更好”的要求，把机关作风建设继续引向深入。陈绍翔宣读《关于在全市机关开展“基层评议机关、民主评议行风”活动的实施意见》。钟家明、蒋如铭出席并讲话，刘伟平主持。史骏飞、程金鹏、陈守朴、余志坚、周启球、李豆罗、周根保等出席。市委各部门、市直各单位副县级以上领导干部和部分科级干部、各县区委分管机关工委工作的副书记、机关工委（党委）书记参加。

5日 全市农村工作暨乡镇企业工作会议在市委礼堂召开。会议强调，要以农业增产、农民增收、农村稳定为总目标，突出抓好“米袋子”“菜篮子”、农业产业化和乡镇企业四个重点，全面推进农业和农村经济稳步发展。钟家明、刘伟平出席并讲话，李豆罗主持。田新芳就全市农业和农村工作及乡镇企业发展做出部署。陈绍翔、蒋如铭、李小南、孔炯、瞿祖一出席。各县区委书记、县区长，各涉农单位部门负责人及各乡镇（场）党委书记250余人参加。

同日 台北市教育参访团一行首次来南昌市考察交流，并参观滕王阁、八大山人纪念馆。

6日 市政府发出《关于加快职业教育改革和发展若干问题的决定》，要求提高认识，确立职业教育的重要战略地位；制定发展规划，明确发展目标；切实加强政府对职业教育工作的领导和管理；强化政策措施，建立职业教育发展的保障机制；深化改革，提高教育质量和办学效益。

7日 公安部授予在执行警卫任务中为抢救遇险战友而壮烈牺牲的新建县公安局驻南昌昌北机场保卫科副科长聂平“全国公安系统二级英模”称号。

8日 南昌市水政督察大队成立。

9日 市政府发出《南昌市企业改制后国有资产管理的有关规定的通知》，对企业改制后的股权管理，非经营性资产及土地的管理，产权登记、债权管理等做出规定。

10日 省政府召开1997年工业优强企业及优强市（县）表彰大会。授予江铃汽车集团公司、江中制药厂、江西纸业有限责任公司、江西民星企业集团总公司等“1997年江西工业十强企业”称号；南昌卷烟厂、南昌飞机制造公司等“1997年中央驻赣优强工业企业”称号；进贤县等8个市（县）“1997年江西工业优强市（县）”称号。

同日 市政府发出《南昌市政府部门科级职务竞争上岗的实施意见》，对竞争上岗的原则要求、范围、资格条件、方法步骤及竞争上岗工作中有关问题处理等做出规定。

同日 市政府办公厅转发市国资局《南昌市国有资产产权交易管理暂行规定》，对产权交易的转让、受让和审批，产权交易机构，产权交易的内容和形式，产权交易程序，法律责任等做出规定。

11日 市政府发布《南昌市特种设备安全管理办法》。办法适用于该市行政区域内从事特种设备设计、制造、销售、安装、修理、改造、拆除、使用、保养、安全检测的单位；所称特种设备是指锅炉、压力容器、有毒有害容器、压力管道、起重机械、电梯、自动扶梯、自动人行道、厂内机动车辆、架空索道、防雷装置、电动游艺机械、漏电保护器、木工机械、压力机械、橡塑加工机械、磨削机、手持式电动工具、防爆电器、劳动安全防护装置和测试仪器等危险性较大的设备和设施。办法对特种设备的安全管理、安装、修理、改造、拆除以及人员培训等做出规定。

同日 全市创建国家卫生城市指挥部扩大会议在市政府第二会议室召开。会议研究部署加强创建国家卫生城工作。会议强调，要进一步加强基础设施建设，下大力气整治市容环境卫生，重视抓好创卫中的薄弱环节。刘伟平、李豆罗出席并讲话，程光茹、钟乐初、罗为民、赵国梁出席。市“创卫”指挥部成员单位和各县区爱卫办的负责人参加。

11—20日 江西压力锅厂、江西精密铸造厂、江南汽车配件厂、南昌工具五厂等39家市属企业分别下放给青云谱区、西湖区、湾里区、东湖区管理。

12日 全市政法队伍集中教育整顿动员大会在南昌文化会堂召开。会议传达贯彻全国、全省政法工作会议精神，宣读《全市政法队伍集中教育整顿意见》。会议强调，要切实做好维护社会治安和稳定工作，努力为改革和发展提供优质服务，从严治警、从严治“长”，切实抓好政法队伍建设。钟家明出席并讲话，李豆罗主持。陈绍翔作题为《严格执法、热情服务，为建设一支高素质的政法队伍而努力》动员报告。刘汝舟、吴才仁、李宜武、王栎、吴延林等出席。

同日 市政府发出《关于调整我市城市居民最低生活保障标准的通知》。南昌市城市居民最低生活保障标准从3月1日起由每月80元调整为每月100元。

16日 钟家明、刘伟平、李豆罗考察新建县境内各主要圩堤、水库的冬修和防汛准备工作，要求各有关部门树立防大汛、抗大洪思想意识，准备充足防汛物资，建立严格防汛责任制。

18日 市公安局1997年度表彰大会在省军区礼堂召开。大会表彰139个先进集体、941名先进个人和模范警属。会议指出，要切实加强队伍政治思想建设、作风建设和业务建设；进一步提高公安机关整体素质，继续开展向邱娥国学习活动；加强政治思想教育、警风警纪教育和廉政教育。省市领导钟家明、彭宏松、陈绍翔、蒋如铭、史骏飞、余志坚、周根保、刘汝舟、吴才仁、王栎等出席并向获得表彰的先进集体、先进个人和模范警属颁发奖状。

同日 江南动能集团成立。

18—19日 全市县区司法局长会议在市委小礼堂召开。会议传达贯彻全国司法厅（局）长会议和全省地市司法局长会议精神，总结1997年工作，部署1998年任务，表彰1997年度目标管理先进单位和先进个人。陈绍翔出席并讲话，要求全市司法行政干警进一步高举旗帜，解放思想，抓住机遇，开拓进取。刘汝舟、吴才仁等出席。

19日 经国家批准，中国航空工业向国内外游客开放全国五大飞机制造企业，南昌列入其中。

同日 纪念周恩来100周年诞辰座谈会暨《周恩来在江西》一书首发式在南昌举行。

同日 省市领导舒惠国、舒圣佑、黄智权、钟家明、程金鹏、陈守朴等和省市直机关干部等2500余人到新建县流湖乡南岗村参加义务植树活动。

20日 全市政法工作会议在市委小礼堂召开。会议传达贯彻全国、全省政法工作会议精神，总结1997年工作，部署1998年任务，表彰1997年度全市社会治安综合治理目标管理先进单位，签订1998年度社会治安综合治理目标管理责任状。会议强调，各级政法部门要增强维护社会稳定的政治责任感，牢牢掌握维护社会稳定的工作主动权。钟家明出席并讲话，蒋如铭主持，陈绍翔作工作报告。李豆罗、刘汝舟、吴才仁、沈思义及王栎、吴延林等出席。

21日 电影《周恩来外交风云》首映式在南昌市百花洲电影院举行。省市各界人士300余人观看。

23日 南昌市国有资产管理委员会第一次工作会议在市政府第一会议室召开。会议研究全市国有资产管理体制改革工作；通过《南昌市国有资产管理委员会工作会议制度》和《南昌市授权经营国有资产保值增值考核试行办法》。会议指出，要通过建立权责明确的国有资产管理、监督、运营体系，加快全市现代企业制度建设；通过盘活存量资产，优化增量资产，促进产权流动、合理配置资源，进一步推动全市企业的改制、改组、改造工作。

24日 全市招商引资改善投资环境现场会在安义县召开。会议强调，招商引资工作要责任明确到人，任务层层分解，抓好项目推进。钟家明、刘伟平出席并讲话，周启球、邹剑桥、雷武江、瞿祖一等出席。各县区，高新、昌北、长墚、京东开发区和市直有关单位的领导出席。与会人员参观安义县正大集团孵化场、种鸡场、铝型材料厂、南方集团公司、安达电子有限公司、华侨保育院、反季节大棚蔬菜基地等外资企业。

25日 全市审计工作会议在市审计局会

议室召开。会议传达贯彻全国、全省审计工作会议精神，总结1997年工作，部署1998年任务。会议指出，要紧贴市委、市政府确定的20字工作方略，突出重点地做好各项工作，继续加强对财政资金管理和使用情况的审计监督；做好新形势下企业审计工作，为国有企业走出困境和深化改革创造条件；进一步搞好农业资金审计、行政事业单位审计、固定资产投资审计及各种专项审计工作。邹剑桥和省审计厅负责人出席。

25—26日 市纪委六次全会在市委小礼堂召开。会议传达贯彻中纪委全会及省纪委全会精神，总结1997年工作，部署1998年任务。会议审议通过周启球作的《明确任务，狠抓落实，大力推进党风廉政建设和反腐败斗争》工作报告和《中共南昌市纪律检查委员会第六次全体会议公报》。会议强调，要加大工作力度，狠抓任务落实，以更大的决心，更有力的措施，把党风廉政建设和反腐败斗争引向深入。钟家明、蒋如铭出席并讲话，刘伟平、陈绍翔、史骏飞、程金鹏、陈守朴、余志坚、田新芳、李豆罗等出席。各县区纪委书记、市直各单位纪检组长、纪委书记、监察室主任，市委各部门和未设纪检组（纪委）的市直各单位分管纪检监察工作的负责人，市纪委机关各部门负责人、市属部分企业纪委书记、监察室主任等180人参加。

26日 市政府发出《关于做好1998年全市就业和再就业工作的通知》。

同日 市委办公厅、市政府办公厅发出《关于认真贯彻落实赣办发〔1998〕2号文件精神，切实做好减轻农民负担工作的通知》，要求深化认识、统一部署；加大力度、执行政策；强化措施、依法监管。

同日 市政府发出《关于进一步加强城市规划管理工作的决定》。

27日 全市反腐倡廉工作会议在市政府第二会议室召开。会议贯彻中纪委、省纪委全会和国务院、省政府反腐败工作会议及市纪委全会精神，总结1997年工作，部署1998年任务。刘伟平出席并讲话，李豆罗主持。周启球、雷武江、钟乐初、罗为民等和市政府各部门、市直有关单位主要负责人及市人大、市政协、市有关群众团体、各民主党派、工商联有关负责人出席。

同日 市委发出《关于贯彻省委〈关于开展向毛野德学习活动的决定〉的通知》。

同日 南昌市地震局成立。

28日 全市推进再就业工程工作会议在市委小礼堂召开。会议贯彻落实中央、省市经济工作会议精神，进一步统一思想，明确任务，强化措施，落实责任。会议强调，要以更高的热情，更实的作风，齐心协力做好再就业工作，确保全市“抓改革、促发展、保稳定”工作目标的实现。钟家明、刘伟平、李豆罗出席并讲话，陈绍翔主持。蒋如铭、陈守朴、余志坚、姜任保等出席。市就业和再就业工作领导小组成员，市委、市政府各有关部门负责人，各县区分管领导及街办主任参加。

同日 全市计划生育工作会议在市委小礼堂召开。会议总结1997年工作，部署1998年任务。表彰1997年度计划生育先进县区和农村计划生育工作先进单位。钟家明、刘伟平出席并讲话，李豆罗主持。蒋如铭、史骏飞、程金鹏、田新芳、周启球、赵国梁等出席。各县区委书记、县区长及市直有关单位和部门负责人参加。

1998
3 月
March

公元1998年3月 农历戊寅年【虎】													
日	一	二	三	四	五	六	日	一	二	三	四	五	六
1 初三	2 初四	3 初五	4 初六	5 初七	6 惊蛰	7 初九	8 妇女节	9 十一	10 十二	11 十三	12 植树节	13 十五	14 十六
15 十七	16 十八	17 十九	18 二十	19 廿一	20 廿二	21 春分	22 廿四	23 廿五	24 廿六	25 廿七	26 廿八	27 廿九	28 初一
29 初二	30 初三	31 初四											

1日 全市行政罚没款正式实行收缴分离。

同日 “学习邱娥国示范青年文明号”命名大会在八一广场举行。南昌市筷子巷派出所等10个单位被命名为“学习邱娥国示范青年文明号”，特聘邱娥国为“市青年文明号特邀监察员”。

同日 市政府发出通知：从即日起全市70岁以上老年人免费乘坐市内公共汽（电）车，并为乘车老人办理乘车保险。

同日 南昌科瑞集团进入全国超亿元高新技术企业排行榜。

2日 全市组织工作会议在市委小礼堂召开。会议传达贯彻全省组织工作会议精神，总结1997年工作，部署1998年任务。会议强调，要突出根本、抓住关键，夯实基础，全面推进全市组织工作。钟家明、蒋如铭出席并讲话。陈绍翔主持，熊焕高作工作报告。陈守朴、余志坚、周启球等出席。

同日 市港务管理处与航运管理处合并成立南昌市港航管理处。

同日 江西长运集团有限公司兼并南昌汽车修理总厂。

同日 市委办公厅发出《关于组织市直机关单位开展“包乡扶村”工作的通知》，要求充分认识加强农村基层组织建设重要性，增强搞好“包乡扶村”工作使命感和责任感；实行“四定包干”（定包干对象和时间、定工作任务和目标、定单位职责和工作级管理制度、定检查验收和考核办法）责任制，把“包乡扶村”的目标任务落到实处；加强领导，精心组织实施“包乡扶村”工作。

3日 全市农村基层组织建设工作会议在市委小礼堂召开。会议传达贯彻全国、全省农村基层组织建设会议精神，总结前一阶段工作、部署下一阶段任务，表彰扶村工作先进单位和个人。会议强调，要更换新观念，探索新路子，开创新局面。钟家明、蒋如铭出席并讲话，田新芳主持。熊焕高作工作报告，李豆罗宣读《关于组织市直机关单位开展“包乡扶村”工作的通知》，吴延林作为扶村单位负责人出席。涉农县区党群副书记、组织部长及市直各扶村单位负责人和市直单位扶村工作先进个人、重点乡镇党委书记180余人参加。

同日 南昌市地方税务局郊区分局获“1997年全国税务系统先进集体”称号。

4日 周恩来100年诞辰纪念会在市委小礼堂召开。蒋如铭、钟乐初、张锦裳、邓启明、肖宣祥、张富出席。市统战系统、各民主党派、工商联、各界党外人士、艺术家代表等160余人参加。

同日 全市法院工作会议召开。会议传达贯彻全国、全省法院工作会议精神。王栎作工作报告。陈绍翔出席并讲话，强调要在抓好队伍教育整顿的同时，全面推进审判方式改革。

5日 《人民的好总理》图片展在南昌八一起义纪念馆开展。展览展出218幅图片，分为“为中华之崛起而读书”“为中国人民解放事业献身”“人民的好总理”“杰出的外交家”“为党为人民鞠躬尽瘁死而后已”“永远活在亿万人民心中”六大部分。

同日 省领导朱英培、凌成兴考察江西领王服装集团、江西泰丰轮胎有限公司等企业生产经营情况。

同日 全市宣传部长会议在市委小礼堂召开。会议总结1997年工作，部署1998年任务。会议强调，要高举邓小平理论旗帜，围绕经济建设中心，把握正确舆论导向，加大精神文明建设力度，把宣传思想工作提高到新水平。陈绍翔、陈守朴出席并讲话。市教委、市广电局、市文化局、市文明办等部门等单位负责人发言。各县区宣传部长、文明办主任，市直各有关单位宣传部（科）长、党办主任，市直宣传系统各单位主要负责人参加。

6日 全市困难企业解困工作现场会在南昌灯泡厂召开。会议强调，企业要坚定不移抓改革，千方百计谋发展。陈绍翔出席并讲话。市属27户困难企业负责人参观南昌灯泡厂生产现场，并听取南昌灯泡厂等5户困难企业抓扭亏解困工作经验介绍。

同日 南昌县获“全国节能先进县”称号。

同日 澳大利亚南澳州州长经济顾问科凌·本杰明考察安义县农牧业投资环境。

8日 全市城区绿化工作现场会在郊区政府办公大楼召开。李豆罗出席并讲话，要求多栽树、栽大树、栽好树。赵国梁及各区、各有关部门负责人参加。

同日 由南昌女子职业学校创办的南昌市女子职业介绍所开业。

9日 公安部授予市公安局特巡警支队“全国公安系统讲文明、树新风优秀单位”称号。

同日 安义县政府与澳大利亚亚太管理与资源开发网络公司签约，投资兴建国内最大肉牛养殖场。

同日 江西清华泰豪电器有限公司对江西三波电机总厂实施整体兼并。

同日 南昌市第14期纪检监察干部培训班开班式举行。各县区、市直机关新任纪检负责干部80余人参加培训。周启球出席并讲话。

10日 全市统战工作会议在市委小礼堂召开。会议传达全省统战部长会议精神，总结1997年工作，表彰1997年度先进集体，部署1998年任务。会议强调，全市各级统战部门要围绕党和政府中心工作，抓住重点，全面开展统战领域各项工作。蒋如铭出席并讲话，钟乐初、张锦裳和省委统战部负责人出席。各县区委分管领导和统战部长、市委有关部门、市直有关单位和中央、省、市属部分企事业单位有关负责人参加。

11日 市委办公厅、市政府办公厅发出《关于在全市农村推行村务公开、民主管理的通知》。内容包括充分认识推行村务公开、民主管理的意义；推行村务公开、民主管理的基本内容和方法步骤；推行村务公开、民主管理，应采取切实有效的措施。

同日 省、市首场龚腊根先进事迹报告会在市委礼堂召开。省建设厅领导和市市政公用局领导为“龚腊根班”授旗。省、市建设系统700余人参加。

12日 全市城市绿化工作总结表彰会在市委综合楼召开。会议总结1997年工作，部署1998年任务。授予武警江西总队、省邮电学校、市自来水公司等16家单位“南昌市园林化单位”；市煤气公司、青山湖风景区管理处园林队等30家单位“南昌市绿化先进单位”。107人获“南昌市绿化先进个人”称号。余志坚、周启球、程光茹、雷武江、经自麟和各县区、城区分管负责人，以及全市绿化工作先进集体和个人代表出席。

同日 南昌瑞伦公司研制的户内双层移开式交流金属铠装开关设备、真空断路器、高压开关柜和悬挂式真空断路器等4项新产品通过省级鉴定，填补国内空白并达到国际先进水平。

13日 全市水产工作会议召开。会议总结1997年工作，部署1998年任务，表彰先进单位。会议强调，要大力推进河蟹、珍珠、银鱼、鳜鱼养殖产业化，达到省级乃至全国水平。田新芳出席并讲话。

15日 省市有关部门举行“3·15”国际消费者权益日纪念活动。活动分别在八一广场主会场和南昌县、新建县分会场举行。活动主题是“打假护权”和“为了农村消费者”。活动期间，省市工商部门集中销毁一批假冒伪劣商品及制假作案工具。省市领导华桐、孔炯、经自麟出席。

16日 全市居委会工作会议在南昌文化会堂召开。会议总结1997年工作，部署1998年任务。会议要求，振奋精神、艰苦奋斗、努力工作，通过开展社区服务，解决下岗职工生活困难；通过搞小街小巷的卫生，提高居民生活质量，美化居民生活环境。钟家明、蒋如铭出席并讲话，李豆罗主持并宣读《关于开展安置下岗待业职工再就业和“创卫”工作、“满堂红”居委会竞赛活动的通知》，余志坚作工作报告。陈绍翔、陈守朴、周启球、熊焕高、孔炯、经自麟等出席。东湖区、西湖区、青云谱区主要领导和分管领导，区民政局、市容局局长，各街道党政主要领导和分管领导，各街道民政科长和环卫所长，各居委会主任，市民政局、市劳动局、市工商局、市地税局、市国税局、市公安局、市城管监督支队负责人等近1000人参加。

同日 洪城大厦股份有限公司对南昌商场实施兼并。

18日 市纪委、市监察局制定“重点服务企业”服务举措，规定凡未经市委、市政府审批，擅自向企业征收款物的，一律要退回所征收的款物；情节严重的，给予其征收单位和直接责任人相应的党纪、政纪处分；帮助企业排除外部干扰，凡有向企业索拿卡要以及到企业报销应由个人支付的费用的，一经查实，对责任单位和有关人员予以严肃处理；帮助企业强化内部监督机制，协助企业领导落实廉洁自律各项规定等。

同日 南昌市家政服务中心挂牌。该中心以分流安置下岗职工、解决居民生活困难为宗旨，开辟家政培训、水电维修等服务项目。

同日 全市交通工作会议召开。会议总结1997年工作，表彰1997年度先进集体和个人，部署1998年任务。交通系统各单位签订综合治理、计划生育、安全生产工作责任状。

同日 洪城大市场被国内贸易部批准为国家级中心批发市场，成为全省第一家国家级中心批发市场。

19日 市纪委全面开展防汛监察，要求各县区确保思想到位、组织到位、物资到位、责任到人。

同日 全市安全防范工作会议召开。会议传达公安部《关于开展查岗工作落实企事业单位安全防范措施的通知》精神，通报全市内保单位安全防范情况，部署在全市企事业单位开展查岗落实安全防范措施工作。陈绍翔出席并讲话。

20日 江西首家不育不孕症专科医院在安义县落成。

21—23日 国务院血防综合试点考核验收组一行到新建县昌邑乡、南矶乡和南昌县蒋巷镇、南新乡等地察看水利灭螺、改水改厕及健康教育等情况。南昌市血防综合防治试点通过国务院血防综合试点考核验收组验收。

22日 国家计委同意南昌大学作为“211工程”项目院校，在“九五”期间进行建设。

同日 省市有关部门在八一广场举行“世界水日”“中国水周”宣传纪念活动。活动目的在于增强人民水忧患意识，进一步唤起人们对水与人类生存与发展重要性认识。

23日 南昌国内卫星通信地球站开通并投入试运行。该站是邮电部“九五”全国卫星通信网工程新建站之一，是江西省1997年重点建设项目，也是江西省第一个国内卫星通信地球站。

同日 市工商局推出为下岗职工再就业服务18条新举措。内容包括各级工商行政管理机关要提高认识，加强领导，积极与有关部门配合，采取多种形式，扶持下岗职工再就业和社区服务工作；要支持企业将非生产性服务机构分离出去，兴办第三产业，多渠道安置下岗职工；鼓励企业利用闲置车间，库房场地，兴办适合当地经济发展，满足人民群众需要的各类市场，自我消化和安置下岗职工；动员组织个体私营企业参与国有企业改制改革，兼并、购买国有中小型企业接收下岗职工；放宽个体私营企业经营范围，在速度，规模，比例和领域做到四个不限，推动个体私营经济发展，吸纳下岗职工；指导下岗职工从事个体私营经济，开办家庭作坊，自谋职业；支持街办、居委会兴办家政家教，物业管理，家庭服务业等社区服务，扩大下岗职工就业渠道；对持下岗证的职工办理营业执照，优先优惠办理，减免有关规费，对持特困证的下岗职工从事个体经营活动，免收管理费，垫付工本费。同时，组织个体劳动者，私营企业协会，免费为下岗职工开展职业培训和用工牵线，并发挥职能作用，会同有关部门对各种类型的职业介绍，劳务输出机构进行整顿，保障下岗职工合法权益，建立正常通畅的就业渠道等。

24日 全市负责干部会议在市委小礼堂召开。会议传达全国人大九届一次会议精神。会议强调，要以学习贯彻全国人大九届一次会议精神为动力，以摆开“三个战场”（继续搞好企业改革、花大力推进再就业工程、抓一批新的经济增长点）、打好“两场硬仗”（防洪抢险、创建国家卫生城）、达到“一个目标”（经济增长确保10%，力争13%）为重点，扎实稳妥地开展各项工作。钟家明主持并讲话，刘伟平、陈绍翔、蒋如铭、程金鹏、陈守朴等出席。

同日 全市国有资产管理工作会议在市政府第二会议室召开。会议总结1997年工作，部署1998年任务。会议强调，要立足基础，完善监管，服务改革。市国资管理部门及有关单位负责人参加。

同日 芬兰哈克曼TTT公司名誉董事长诺曼一行在南昌进行为期3天的考察，并与江西纸业有限责任公司洽谈合资办厂事宜。

25日 全省压锭第一锤在南昌色织总厂敲响，首批1万锭落后棉纺纱锭被砸碎。

26日 长堎外商投资工业区升格为省级招商区。

同日 湾里区组织48对新婚青年到中国青年新婚林湾里基地栽植结婚纪念树。

27日 全市150余名工口和非工口企业厂长到江西长征机器厂学习该厂下岗分流、减员增效工作经验。

同日 日本高松市中学生友好访华团一行22名师生到南昌一中参加该校首届外国语艺术节。

28日 南昌市诗歌学会成立。

同日 洪都航空工业集团成立。该集团前身为南昌飞机制造公司。

同日 11时左右，徐坊街办副主任兼环卫所所长杜建国因清理徐坊新村3-9栋居民住宅楼道时，被住户熊某杀成重伤，抢救无效因公殉职。

29日 中共中央政治局委员、书记处书记、中宣部部长丁关根参观南昌八一起义纪念馆。

同日 市委办公厅、市政府办公厅发出《关于转发市纪委、市监察局〈关于违规配置使用移动电话和住宅电话行为的处理办法（试行）〉的通知》，规定对违反规定用公款为自己配置移动电话或安装住宅电话等行为以受贿论处。

30日 全省首家省级民营科技园——南昌民营科技园在郊区挂牌。科技园规划面积1.26平方公里。当天有5家企业进入科技园落户。

31日 全市国有企业纪检监察工作会议召开。会议总结五年来工作，部署1998年任务。周启球出席并讲话，雷武江出席。

同日 全市部分企业下岗职工再就业工作会议在市委小礼堂召开。会议强调，推进再就业工程要全面发动，重点突破，创造条件，规范运作。钟家明、刘伟平出席并讲话，李豆罗主持，姜任保出席。市直有关部门、市有关群众团体，东湖区、西湖区、青云谱区及郊区部分困难企业负责人参加。

同日 南昌市对外贸易总公司成立，归口市对外经济贸易合作委员会管理。

1998

4 月

April

公元1998年4月 农历戊寅年【虎】													
日	一	二	三	四	五	六	日	一	二	三	四	五	六
			1 初五	2 初六	3 初七	4 初八	5 清明	6 初十	7 十一	8 十二	9 十三	10 十四	11 十五
12 十六	13 十七	14 十八	15 十九	16 二十	17 廿一	18 廿二	19 廿三	20 谷雨	21 廿五	22 廿六	23 廿七	24 廿八	25 廿九
26 初一	27 初二	28 初三	29 初四	30 初五									

1日 江西省表彰南昌新八一大桥暨南岸道路工程建设先进单位和先进个人。来自交通部、铁道部和黑龙江、湖南、上海、江苏、福建、江西等省市设计、管理、施工、监理等方面的12个先进单位、17个先进集体、7名优秀项目经理、26名模范生产（工作）者、103名先进生产（工作）者受到表彰。

同日 南昌市再就业服务中心揭牌，首批百名下岗职工签约上岗。

同日 南昌静房建筑装饰有限公司挂牌。该公司由市房管局和上海市静安区房管局联合创办。

同日 南昌铁路局长轨段成立，京九线、浙赣线无缝线路开始施工。

同日 南昌市契税征收管理所成立，隶属市财政局，负责市本级契税征收工作。

同日 南昌市收费管理中心成立，隶属市财政局，负责对收费账户和票据实行统一管理。

2日 洪都航空工业集团与加拿大宇航公司在上海正式签订两架“农五A”飞机生产销售合同，实现“农五A”飞机对外销售出口“零”的突破。

3日 市委外事工作领导小组第一次全体会议召开。会议讨论通过《南昌市事业单位因公出国（境）审批程序》《市委领导出访送迎礼宾改革意见》。刘伟平、雷武江出席。

同日 由陈香梅题名，民间人士投资4000万元的全日制民办大学——江西大宇专修学院在湾里举行新校舍奠基典礼。该学院是湾里区引进的第一所民办大学。

4日 全市领导干部法制讲座在市委小礼堂召开。中国人民银行金融研究所王素珍博士主讲《东南亚金融危机及其对我国经济发展的启示》。钟乐初，市政府各部门、各单位副县级以上干部共250余人参加。

5日 市政府发出《关于进一步深入开展创建全省文明城市和全国卫生城市活动的决定》，要求明确“双创建”（创建全省文明城市、创建全国卫生城市）工作的总体要求；大力开展宣传教育；实行严格的目标责任制；认真组织开展环境综合整治工作；切实抓好防病灭病工作；强化监督检查，实行奖惩兑现。

同日 全市防汛工作会议在市政府第二会议室召开。会议传达贯彻全省防汛工作会议精神，总结1997年工作，部署1998年任务。会议强调，1998年防汛工作必须立足防大汛、抗大洪，确保不倒堤、不倒库。刘伟平出席并讲话，田新芳、李豆罗、李小南、沈思义等出席。市防总成员，东湖区、西湖区、青云谱区城建局长，昌北开发区主任、办公室主任，市五星、朝阳、将军洲农场场长、办公室主任及各县区防汛抗旱指挥长、分管防汛工作的副书记或副县（区）长、水电局长、防汛办主任等参加。

同日 南昌县瑶湖水产场一条渡船因严重超载沉没。3人溺水死亡，3人失踪。

同日 19时40分，新建县西山镇草山、红桥、龙桥等7个自然村遭受特大龙卷风袭击，30余幢房屋倒塌，20余人受伤，直接经济损失100余万元。

7日 市委办公厅、市政府办公厅发出《关于进一步做好社会稳定工作的通知》，要求高度重视社会稳定工作，千方百计帮助群众解决实际困难，认真排查和化解各种不稳定因素，及时果断地处理好突发性事件，切实提高基层化解矛盾的能力。

同日 市政府发出《关于将第二批49户市属小型企业移交给县区和部门管理的通知》。

同日 工商银行江西省分行与江铃汽车集团公司、江西纸业集团有限公司、洪城大厦等7家国有大中型企业签订1998年银企合作协议，对签约企业年内增加流动资金贷款4.5亿元、银行承兑汇票1.8亿元。

8日 省领导舒惠国考察南昌色织总厂生产经营情况，勉励企业在市场开拓上下功夫，在努力扩大国内市场的同时，继续做好出口创汇工作，把产品更多地打入国际市场。省市领导钟家明、钱梓弘、刘伟平、姜任保陪同。

9日 全市“双评”工作通报暨“文明机关”“优秀公仆”表彰大会在市委大礼堂召开。熊焕高宣读表彰决定。市计委等10个“文明机关”、史纪国等20名“优秀公仆”受到表彰。会议指出，各部门要牢固树立“作风就是保证，作风就是形象”的思想观念，紧贴大局，加大力度，使机关作风建设向深层次推进。蒋如铭出席并讲话，陈守朴主持。余志坚、周启球、李豆罗、孔炯、经自麟出席。市直各单位分管机关党务工作的领导，机关党组织书记、专职副书记和部分机关干部代表共600余人参加。

11日 省市科协在八一广场举行大型科普咨询服务活动，700多名专家和科技人员为群众提供咨询服务。

12日 经信息产业部批准，南昌软件园区被列入国家软件产业发展规划。该园区由省电子集团公司、科环集团、南昌大学、江西师大等单位在南昌高新区联合组建，以一区多园的方式，统一规划，分片建设，并以资本为纽带，形成“企业与高校、资本与技术、科研与生产、应用与服务”强强联合。

14日 江西纸业集团有限公司对江西抚州造纸厂实施整体兼并。

同日 南昌市农副产品流通协会成立。该协会注册资金3万元，成员单位有市供销社、农业局、林业局、粮食局、蔬菜局、水产局和食品总公司、果品总公司、土产杂品总公司、食杂总公司、禽蛋公司、南昌茶厂等。

16—17日 由中国社会报社主办的南昌市社区服务安排下岗职工再就业座谈会在北京召开。来自中央政策研究室、国务院发展研究中心、财政部、国家工商总局、北京大学等单位专家学者围绕开展社区服务、安排下岗职工进行座谈。民政部副部长徐瑞新，刘伟平、余志坚出席。

17日　南昌市1997年度科技进步奖表彰会在市政府第二会议室召开。会议表彰全市获国家发明奖、市科技进步奖的单位和个人，水稻薄露灌溉技术推广工作先进单位和个人以及科技成果管理先进单位等。蒋如铭、孔炯、钟乐初、瞿祖一出席。

同日　南昌市早稻抛秧现场会在南昌县向塘镇召开。会议指出，农业生产必须围绕市场发展，加快项目推进步伐，寻找农村经济新的增长点，保证农业增产，农民增收，农村稳定；当前要大力推广以早稻抛秧技术为主要内容的良种良法，确保全市1998年农业目标的实现。钟家明、田新芳出席并讲话，李小南出席。各农业县、区主要领导、各涉农部门负责人及各乡、镇、场主要负责人200余人参加。会议期间，与会代表参观三江镇农贸市场和向塘镇大面积使用农机耕作和抛秧万亩示范田抛秧现场。

18日　南昌市开展创建国家卫生城春季爱国卫生运动万人大行动。

同日　“外国专家在中国万里采访行”活动在南昌启程。此次活动由中国引进日报社、江铃汽车股份有限公司联合主办。中国记协等单位10多位记者组成采访团。活动以江铃为第一站，之后乘由中美联合开发的全顺车，经江西、安徽、江苏、山东、河北、北京等省市16个城市，报道外国专家在中国重点工程建设中发挥的作用。

同日　1998年梅岭旅游文化节暨招商引资洽谈会举行。此次活动由湾里区政府主办，为期1个月。省市领导钟起煌、卢秀珍、周埝平、陈癸尊、华桐、刘伟平、程金鹏、陈守朴、田新芳、周启球等，前来投资或观光客商和游客共5万余人出席开幕仪式。活动期间，全区共接待游客15万人次，签订正式合同项目24个，合同利用区外资金3.8亿元，签订意向性项目5个，区外投资总额1.4亿元，正式开工项目9个。

梅岭旅游文化节暨招商引资洽谈会举行

19日　南昌市“地球之子”少儿合唱团成立。该团由市环保局与市少年宫合作组建。

20日　中央统战部邀请在南昌的各民主党派和工商联负责人及部分党外知识分子进行座谈。座谈会围绕多党合作制度化、规范化和进一步搞好政治交接两大主题，就新形势下知识分子队伍现状、特点和发展趋势等问题进行探讨。全国政协常委、中央统战部副部长刘延东出席。

同日　南昌市纪检监察系统报告会举行。省社会科学院汪玉奇教授、南昌航空学院匡壁民副教授分别作《中国经济形势》《社会主义市场经济与机构改革》报告。市纪检监察干部200余人参加。

21日　全国政协常委、中央统战部副部长刘延东率全国部分党外省部级领导干部赴江西考察团一行50余人考察江铃汽车集团公司，参观南昌陆军学院邓小平故居、南昌八一起义纪念馆、滕王阁。

同日　江西国际经贸广场动工仪式在南昌高新区举行。该项目由香港巨成投资有限公司董事长黄祖仕投资5000万美元兴建。

22日　市委发出《关于下放部分市属企业化管理事业单位领导干部管理权限的通知》。原由市委或市委委托市委组织部管理的企业化管理的事业单位，包括中房南昌公司、南昌宾馆、象山宾馆、市煤气公司、市市政公司、市液化气公司、市工人文化宫、市房屋改造开发公司、市将军洲良种场9个单位的党政领导干部管理权限和党组织换届候选人审批权限全部下放给各主管部门党委。

同日 南昌市少工委获“跨世纪中国少年雏鹰行动先进单位”和“全国雏鹰假日小队手拉手文明行动优秀组织奖”。

同日 南昌市国防教育委员会成立。蒋如铭任主任，石细云任常务副主任，孔炯、李宜武、曾帆晓任副主任。

同日 市老干部工作委员会成立。蒋如铭任主任，李豆罗、熊焕高、罗苏明任副主任。

23日 市委七届七次全体会议在市委小礼堂召开。会议传达贯彻省委十届八次全体会议精神，通报第一季度全市经济形势，部署经济工作。会议强调，要结合南昌实际，加快项目推进，抓好新的经济增长点，确保1998年经济发展目标的实现。钟家明、刘伟平出席并讲话。

市委七届七次全体会议召开

同日 市委印发《关于进一步开展依法治市的决定》，提出南昌市依法治市的指导思想和工作目标，强调加强地方立法，建立与深入开展依法治市相适应的法规、规章体系；继续深入开展普法教育，不断提高全市公民的法律素质；严格依法行政，保证公正司法；加强执法监督，确保法律、法规的正确实施；加强基层基础工作，不断提高依法治市的整体水平。

同日 江西锅炉化工石油机械联合有限责任公司对南昌电表厂实施兼并。

24日 市政府发出《南昌市房改房上市交易管理暂行办法》，对房改房上市交易程序、上市出租的租金标准、上市出售等做出规定。

同日 全市信访工作会议在郊区召开。会议总结一季度的工作，传达贯彻省、市有关稳定工作的精神，部署下一步任务。余志坚出席并讲话。市委、市政府分管信访工作副秘书长，市委信访办、市政府信访办主任，各县区信访办主任以及市直部分单位负责人参加。

25日 全市首家街道社区示范服务实体——广外街道社区服务中心正式启动。

同日 全市副县级以上领导干部法制讲座在市委大礼堂举行。北京大学罗玉中教授主讲《科技进步与法制建设》。市六套班子成员，市直各部门、群众团体、企事业单位副县级以上干部共600余人参加。

26日 市政府发布《南昌市住房公积金管理办法》，对管理机构、公积金的缴存、公积金的提取和使用、公积金的监督管理及法律责任等做出规定。

同日 南昌铁路局增加南昌—西安等3条铁路线路。

同日 9时37分，位于东湖区环湖路99号的环湖宾馆圆形顶楼发生大火。市消防支队迅速调集15辆消防车、130余名官兵前往扑救。10时20分，大火基本扑灭。火灾过火面积283平方米，直接财产损失16.17万元，起火原因为电气线路短路。

27日 市政府发出《关于印发〈南昌市政府部门科级公务员职位轮换实施意见〉的通知》。

同日 南昌市庆祝“五一”国际劳动节暨表彰大会在工人体育馆召开。会议表彰1998年获得市“五一劳动奖状”的江铃汽车集团公司等49个单位，获得市“五一劳动奖章”的张树生等157名个人。获奖单位和个人代表市化工原料厂厂长朱成临、江西洪都钢厂工人马永江发言。蒋如铭出席并讲话，史骏飞、周启球、姜任保、经自麟出席。全市各条战线的先进人物代表和职工代表500余人参加。

28日　公安部授予张军、胡景辉、史纪国“全国优秀人民警察”称号。

同日　全市职业道德建设竞赛表彰暨动员大会在市委礼堂召开。南昌亨得利钟表眼镜公司等10个全市职业道德“十佳”单位和市公交总公司四分公司驾驶员刘明明等10名全市职业道德“十佳”标兵受到表彰。蒋如铭出席并讲话，刘汝舟、赵国梁和市职业道德建设指导协调小组成员及各有关方面负责人出席。

29日　全市“收枪治爆”专项整治和“三小”（小餐饮、小食杂店、小作坊）企业民爆器材管理整顿动员大会召开。会议强调，要加强枪支弹药、民爆器材管理，严厉打击涉枪、涉爆违法犯罪活动，维护社会治安，保障人民生命财产安全。

同日　市政府办公厅发出《关于转发市人事局〈南昌市国家公务员培训实施意见〉的通知》，对公务员培训的指导思想与目标、培训对象、培训分类、培训科目、培训管理与措施等做出规定。

30日　南昌市“一江两岸”道路、防洪系列工程建设总指挥部成立。刘伟平任总指挥，李豆罗、罗为民任副总指挥。

同日　市委、市政府发出《关于批准一江两岸道路、防洪系列工程建设方案的通知》，要求各参建单位要按照统一部署认真负责组织实施工程建设，全市各部门要顾全大局、协调一致、热情关心和大力支持工程建设，确保全部工程在1999年10月前竣工。

同日　全市市属单位家委会工作会议在市委小礼堂召开。会议总结前一阶段工作，部署下一阶段任务。东湖区、西湖区、青云谱区通报前一阶段加强家委会建设工作情况。江西化纤有限责任公司、江西长运集团公司、江西建筑材料厂家委会负责人介绍经验。会议强调，家委会要做好艰苦细致的思想工作，舆论部门要大造舆论，引导下岗职工转变思想观念。钟家明、陈守朴、李豆罗出席并讲话，余志坚主持。东湖区、西湖区、青云谱区分管民政工作的党政领导和民政局局长、家委会主任以及市经贸委、民政局、劳动局、工商局、妇联、地税局、市容局、交通局等单位负责人参加。

同日　纪念五四运动79周年暨南昌第二届“十大杰出青年”、团委系统1997年先进集体、优秀个人表彰大会在市委礼堂召开。安玉爱、闵华根、陈年代、罗方承、罗燕华、周荣华、徐宇、黄秋兰、熊强、熊绍群获南昌“十大杰出青年”称号。会议指出，希望全市广大青年树立坚定正确的政治信念，努力掌握科学理论，面向现代化、面向世界、面向未来，刻苦学习现代化科学文化知识，学习社会主义市场经济，提高科技素质和劳动技能，掌握过硬的创业本领。蒋如铭出席并讲话，刘汝舟、经自麟及有关方面负责人出席。

同日　江西新华印刷厂八色机车间八色胶轮小组获全国“五一劳动奖状”；新建县大塘乡中心卫生院护士长李燕玲、江西洪都钢厂动力分厂电器技师马永江，南昌飞机制造公司起落架制造厂一车间工人舒建明、南昌百货大楼股份有限公司电讯部国产彩电组柜组长万建春获全国“五一劳动奖章”。

是月　市工商局确定百友集团、洪城大厦等9家单位为“百城万店无假货”活动示范店，中山路东段为示范街。

1998

5月 May

公元1998年5月							农历戊寅年【虎】						
日	一	二	三	四	五	六	日	一	二	三	四	五	六
					1 劳动节	2 初七	3 初八	4 青年节	5 初十	6 立夏	7 十二	8 十三	9 十四
10 十五	11 十六	12 十七	13 十八	14 十九	15 二十	16 廿一	17 廿二	18 廿三	19 廿四	20 廿五	21 小满	22 廿七	23 廿八
24 廿九	25 三十	26 初一	27 初二	28 初三	29 初四	30 端午节	31 初六						

1日 省市领导舒惠国、舒圣佑、黄智权、钟家明、刘伟平、陈绍翔、蒋如铭等和机关干部200余人到南昌市沿江路参加整治环境卫生义务劳动。

同日 南昌市区各主要交通路口开始使用自动监摄仪，对机动车闯红灯、乱停乱放等交通违章行为进行摄像监控。

同日 市劳动局重新核发的南昌市企业职工下岗证正式启用，此前颁发的富余职工登记卡同时作废。南昌防爆电机厂、市针织内衣二厂等31个被帮扶企业为首批领证单位，40多名下岗职工代表领取下岗证。

同日 南昌洪城大市场股份有限公司全资子公司——南昌市洪大实业发展有限公司正式挂牌。

同日 河北旭日集团向南昌市居委会赠送500台冰柜。

2日 应省政府办公厅、省委宣传部、省外办邀请，外交部新闻司副司长、外交部新闻发言人朱邦造在南昌作国际形势报告，全面阐述中国外交政策和对外关系以及近几年来所取得的外交成就。省委、省人大、省政府、省军区、省纪委在南昌的领导，省直副厅级以上干部以及南昌各大专院校和南昌市有关人员1600余人听取报告。

3日 《江西日报》报道，南昌市率先在全省推出个人住房公积金贷款办法，规定凡本市职工在单位按月正常缴纳公积金者，均可向工行市分行申请个人住房公积金贷款。每户贷款金额限3.5万元以内，享受优惠利率。贷款为按月分期还本付息，20年内全部付清。

4日 市委办公厅、市政府办公厅发出《关于继续在全市冻结非农业建设项目占用耕地的通知》，要求严格非农业建设项目用地审批权限和审批程序，明确责任、实行耕地保护行政首长负责制，进一步加大土地执法监察工作力度。

同日 市委办公厅、市政府办公厅发出《关于认真贯彻赣办字〔1998〕35号文件，坚决反对和制止在统计上弄虚作假的通知》，要求提高认识、增强反对和制止在统计上弄虚作假的自觉性；认真进行检查和整改；进一步加大统计执法力度；强化统计基础工作，抓好统计数据源头管理；切实加强领导，进一步强化领导责任。

同日 市政府发出《关于认真贯彻执行〈江西省契税实施办法〉的通知》。

同日 江西清华科技集团研制开发的TH多媒体显微诊断仪获科技部等5家单位联合颁发的“国家重点新产品”证书。

同日 南昌大学建校40周年庆典大会举行。江西大学和江西工业大学创办于1958年，1993年两校合并组建成南昌大学。

同日 南昌市“十大杰出青年”事迹报告会在市委大礼堂召开。市直机关各单位分管党群工作的领导、机关团组织负责人、团员青年和部分机关干部、职工600余人参加。

5日 市政府办公厅发出《转发市工商局〈关于进一步加强集贸市场管理的若干意见〉的通知》，要求进一步提高对加强集贸市场管理的认识，理顺集贸市场规划建设管理，加强集贸市场监督管理。

同日 毛野德事迹报告会在江西艺术剧院召开。省市领导钟起煌、朱治宏、马世昌、彭崑生、蒋如铭、史骏飞、程金鹏、熊焕高等和1600余名干部群众出席。

同日 南昌市侦破“3·27”“3·28”特大持枪杀人案件庆功表彰大会在市委礼堂召开。市公安局刑侦支队、东湖公安分局刑侦大队荣记集体二等功；东湖公安分局刑侦大队民警吴德智、刑侦支队副支队长孙景红荣记个人一等功；市公安局副局长涂远征、刑侦支队长张安平等8人荣记个人二等功；特巡警支队二大队民警王勇等14人荣记个人三等功；东湖公安分局刑侦大队潘堃等50人获嘉奖。会议指出，全市公安机关、全体公安民警要牢固树立稳定压倒一切的思想，全力维护好全市社会稳定；加大防范和打击的力度，依法严厉打击各种犯罪活动；认真组织好“收枪治爆”专项斗争和其他专项整治活动；坚持从严治警，建设高素质公安队伍。陈绍翔出席并讲话，史骏飞、余志坚、周启球、吴才仁、王栎等出席。

同日 安义县石鼻镇向坊村发现一座古墓。9日，县文管所对石鼻镇向坊村古墓进行发掘，共清理出土文物13件，经专家初步认定为南朝梁时期墓葬。

6日 江西首届“妇女环保十佳”评选揭晓，南昌市青新小学校长毛小梅、安义县乔乐乡党委书记沈冬英入选。

同日 全市统计工作会议召开。会议总结1997年工作，部署1998年任务。会议强调，要加大执法力度，反对弄虚作假，提高统计质量。

7日 全市重大火险隐患专项整治动员大会召开。市防火安全委员会专门成立火险隐患整改小组，李豆罗任组长。李豆罗代表市政府与百货大楼等30个火险隐患单位签订《火险隐患整改责任状》。

7—8日 市十一届人大常委会第九次会议在市人大常委会六楼会议室召开。会议传达学习全国人大九届一次会议精神，学习《中华人民共和国建筑法》；审议通过市人大常委会《关于进一步开展依法治市的决议》；审议《南昌市荣誉市民称号授予办法（草案）》《南昌市市容和环境卫生管理条例（草案）》；审议人事任免事项。

8日 南昌市1553个事业单位首次领取事业单位法人登记证。

同日 丁剑敏、刘燕、熊年秀、李雪、何金花、胡林兰、陈红、吴红媛、熊芸、万小青获全市“十佳护士”称号。

同日 南昌铁路局与市工商银行联合开发

的计算机无人售票系统在南昌站启用。

同日 市红十字会组织红十字会会员、红十字青少年及市各大医院专家教授在前往市福利院开展“献爱心”活动。此次“世界红十字日”主题是集善款、做善事、博爱助人。市红十字会会长钟乐初等参加。

9日 省、市检察机关联合在八一广场举行“举报工作10周年法制宣传日”活动。省市领导阙贵善、刘汝舟、吴延林等参加。

同日 全市万余名机关干部参加城区清理楼道庭院义务劳动。

9日 美国基督教布道团林明胆牧师一行考察南昌市志道堂、清钟堂及南昌县、新建县教堂。

10日 全市“万人评行风”活动在八一广场举行。活动征求群众对市中级人民法院及市地税局等18个市直单位行业作风的意见。蒋如铭、陈守朴、余志坚、李豆罗、熊焕高、孔炯、吴才仁等参加。

11日 江铃汽车股份有限公司与香港渣打银行在南昌签订融资协议。渣打银行把授信额度从5000万美元扩至8000万美元，为公司提供信用证、流动资金贷款、远期外汇合同等全套金融服务。

12日 南昌县蒋巷镇柏岗山村南溪小学落成典礼举行。日本高松市创造技研株式会社社长中山武信出席。

13日 公安部十三局副局长郭振久等率全国36个大城市监管处看守所所长考察南昌县看守“创建”工作。

14日 法国布瓦提埃大学副校长雅克·博德和管理学院院长赛克一行应邀访问南昌大学。双方就进一步办好南昌大学中法工商管理教育培训中心进行友好交流。

15日 首届南昌国际建材展在省展览中心举行。国内外100多家知名厂商参加展览会，展品包括六大类国家推广和扶持的新型材料、品种200多个。

16日 南昌市1997年度节约用水表彰大会在八一广场召开。江铃汽车集团公司等8个单位获“节水先进单位”称号，南昌供电局总务科等12个集体获“节水先进集体”称号，160人获“节水先进个人”称号。

同日 省市“全国助残日”活动在八一广场举行。蒋如铭、石细云、孔炯、吴才仁及南昌陆军学院、江西医学院、市第一医院、江西师大等28个单位近1000人参加。

17日 江西国宝国际体育运动俱乐部（学校）在南昌成立。江西籍羽坛名将熊国宝亲自执教。

同日 南昌市首届老年人运动会开幕式在市工人体育馆举行。刘伟平、蒋如铭、史骏飞、程金鹏、陈守朴、余志坚、周启球、周根保、钟乐初、赵国梁和来自各县区、各系统1300余名老年运动员参加。

南昌市首届老年人运动会开幕

同日 南昌职业中学（职业中专）计算机技能大赛落幕。11个地市105名职业中学（职业中专）在校学生汇集南昌参加大赛。

17—22日 芬兰瓦尔济考斯基市议长列娜·哈里图和托亚拉市议长雷奥·弗塔伦率两市议会代表团考察江铃汽车集团公司、南昌高新区，并参观滕王阁、南昌八一起义纪念馆。

18日 市妇女服务中心家政服务队成立。

19日 江西省第一条全标准高速公路——

温厚公路张家跨线桥主跨顺利合龙，比计划工期提前10天。温厚公路张家跨线桥全长1365米，是江南最长的跨铁路公路高架桥。

20日 团市委和省新华书店在南昌县塔城乡、进贤县赵埠乡建立农村青年科技图书站，并赠送价值2万余元书籍。

同日 市委组织部对部分单位党组织学习邓小平理论基本知识情况进行抽查、抽考。期间共抽查57个单位，抽考700余名党员。

21日 市政府发出《关于印发〈南昌市利用国外贷款项目管理办法〉的通知》，对项目申报、审批程序，国外贷款项目的对外工作，外债管理与偿还，政府担保项目的管理等做出规定。

22日 市委、市政府召开贯彻落实江泽民对消防工作重要指示和省委、省政府紧急电话会议精神动员大会。会议传达公安部《关于贯彻江总书记重要指示，全力遏制重大恶性火灾事故的紧急通知》，通报1月份以来全市火灾情况，部署全市消防安全检查和专项治理工作。陈绍翔出席并讲话，李豆罗及市防火安全委员会全体成员等出席。

同日 市政府办公厅发出《关于鼓励集资建房新政策出台的通知》，要求集资建房必须符合城市规划要求；集资建房使用的土地必须是原规划的生活用地，其他用地不得改变其用途用作集资建房，尤其是生产用地；集资建房资金来源必须是个人集资（含公积金）和单位出售公房的售房款，并按房改政策一步到位；如单位以举债、贷款等方式建设集资建房都视作违纪；集资建房必须按有关规定交缴相应的规费等。

同日 全市城市计划生育工作会议召开。会议强调，要加强领导、加大力度、落实责任，努力实现计生工作重心由控制人口数量向提高人口素质、由管理型向服务型转变。田新芳出席并讲话。

同日 南昌纺织职业服装集团有限责任公司挂牌。

同日 宁波雅戈尔集团捐资30万元在湾里区兴建一所希望小学。

23日 全市整治占道经营摊点动员大会召开。会议强调，要按照“管好一类道，放活二类道”原则，管理好早市、规划好日市、组织好夜市，做到坐商入店、行商归市、摊点归位。李豆罗出席并讲话。

同日 《江西日报》报道，南昌市全面清理整顿保安服务行业，保安人员一律持市公安局颁发的“培训合格证”和“保安员执勤证”上岗。

24日 市委召开常委扩大会议。会议传达贯彻全省领导干部会议精神，研究部署做好国有企业下岗职工基本生活保障和再就业工作。会议强调，要结合南昌实际，进一步完善、配套各项措施，按照全党动手、全社会动员的要求，切实把国有企业下岗职工基本生活保障和再就业工作作为头等大事抓紧抓好。钟家明出席并讲话，刘伟平、陈绍翔、蒋如铭分别传达全国、全省有关会议和省委领导讲话精神。市政府党组成员及城区、市直有关单位党员负责人列席。

同日 南昌市纪念毛泽东《在延安文艺座谈会上的讲话》发表56周年座谈会在市委小礼堂召开。会议指出，文艺工作者要坚持“二为”方向和“双百”方针，弘扬主旋律，讴歌新时代，创做出文艺精品。陈守朴出席并讲话，陈绍翔、钟乐初、赵国梁和各县、区委宣传部长、文化广播局长、文联主席，市直文艺单位、市文联各协会的负责人，以及部分知名作家、艺术家、评论家等出席。

25日 南昌市首期国家公务员任职培训班开学。市级行政机关1997年以来晋升科级领导职务的公务员150余人参加培训。蒋如铭出席开学典礼并讲授第一课。

同日 江苏牡丹汽车集团有限公司向东湖区扁担巷居委会社区服务网点“红领巾”托送中心赠送1辆中巴客车。

26日 北京农大动物科技有限责任公司与南昌县政府签约兴办国家一级原种猪场。

27日 南昌市购买国家定购口粮动员大会在市政府礼堂召开。会议强调，各级粮食部门要有强烈服务意识和责任感，为群众提供方便，搞好优质服务；要加强对购粮提货单的严格管理。刘伟平、雷武江出席并讲话，各部门、各单位负责人400余人参加。

同日 市政府决定，对城市规划区内的各工程建设实施《建设工程规划准建通知书》制度。规定各建设单位在进行工程建设前，必须按发放“一书二证”（建设项目选址意见书、建设用地规划许可证、建设工程规划许可证）的程序和要求向城市规划行政主管部门申领《建设工程规划准建通知书》，并按规定的规划条件进行建设；全市各级建设工程施工招标投标管理部门，必须凭建设单位提供的由城市规划行政主管部门核发的《建设工程规划准建通知书》，方可办理该工程的招标投标手续；建设单位领取《建设工程规划准建通知书》后，必须按规定向城市规划行政主管部门申请放线、验线；建设单位需办理商品房预售许可证的，必须持有经规划行政主管部门放验线签字合格的《建设工程规划准建通知书》，同时其建筑物须按规划要求已建至二层以上（不含地下隐蔽工程部分）；《建设工程规划准建通知书》不作为办理房屋产权证的法律有效证件，市、县房产行政主管部门必须凭城市规划行政主管部门换发的建设工程规划许可证办理房屋产权证等。

同日 江西省工艺美术大师命名大会在南昌举行。南昌工艺美术厂等单位的10名工艺美术工作者被授予省级“工艺美术大师”称号。

同日 铁道部政治部主任盛光祖率有关司局长到南昌铁路局专题调研实施资产经营责任制工作。

28日 全国第一所“手拉手”环保小学在安义县万埠镇桃花村竣工。全国政协副主席宋健为该校题写校名。

同日 金庐软件园区成立暨1998年计算机软件试点工程启动大会在南昌高新区举行。金庐软件园是被列入国家软件产品发展规划的大型软件产业基地，占地面积56.67公顷，总建筑面积10万平方米，总投资2.8亿元。省领导舒圣佑为园区揭牌。刘伟平致辞，钟乐初主持。省市领导钟家明、陈癸尊、黄懋衡、朱英培、江国镇、黄定元、刘运来等出席。

29日 国家民航总局局长陈光毅考察南昌昌北机场建设情况，要求1999年国庆节前按期优质建成，并表示民航总局将全力支持解决建设资金问题。

同日 市政府办公厅转发市水利电力局《关于加快发展水利经济意见的通知》，强调发展水利经济必须适应社会主义市场经济发展的要求，以国内外市场为导向，以提高经济效益为中心，以资源开发为基础；大力推进水利的产业化、商品化和现代化，实行多形式、多层次、多元化优化组合和开发利用；发展各具特色的产业实体，形成区域化布局、专业化生产、一体化经营、企业化管理；按照国务院1997年10月颁布施行的《水利产业政策》，发展水利经济；加大水利事业单位内部改革的力度；积极推行产权制度改革；各级各有关部门要积极扶持发展水利经济，研究制定促进水利产业化的优惠政策；市、县（区）水行政主管部门要依照水利法律法规征收各种规费；加强对小水电和农电的统一管理；加强对水利资产的管理；加强水利法制教育和水事活动的监督管理；各级党委和政府要进一步加强对水利经济工作的领导等。

同日 日本海外投融资情报财团一行考察

南昌高新区。

同日 市少工委、市少年宫在市流浪儿童救助中心建立“手拉手”书屋，并捐赠2800余册中小学生课外读物。

30日 南昌市举办领导干部学法讲座。国家体改委政策法规司副司长于吉应邀主讲《深化企业改革与法制建设》。罗为民及市政府各部门、各单位副县级以上领导干部参加。

31日 南昌市第四届陈香梅奖颁奖大会在省军区礼堂召开。南昌市教育、文化、体育、新闻战线上共57人获得第四届陈香梅奖。著名社会活动家、美籍华人陈香梅出席并发表演讲，她深情地表达对中华民族的拳拳爱心，勉励广大教育、文化、体育、新闻工作者为建设南昌奋发努力。刘伟平出席并讲话，他指出，陈香梅奖的设立，充分体现了陈香梅女士爱国的高尚情操和支教兴昌的远见卓识，对于推动南昌市尊师重教良好风尚的形成，激发全社会关心支持教育、文化和体育事业的热情产生了重大影响，希望获奖同志在全市两个文明建设中再立新功。陈绍翔主持。钟乐初宣读《关于颁发南昌市第四届陈香梅奖的决定》和获奖人员名单。郝福满，陈守朴、程光茹、雷武江、赵国梁和省政府有关负责人出席。市教育、文化、体育、新闻界代表1000余人参加。

同日 市爱卫会在八一广场举行“为了你和家庭的健康”为主题的控烟万人签名宣传咨询活动。

是月 南昌市筷子巷派出所民警邱娥国获民政部、劳动部、全国总工会、共青团中央、全国妇联、中国老龄协会联合颁发的“全国敬老好儿女金榜奖”。

1998
6月
June

公元1998年6月 农历戊寅年【虎】													
日	一	二	三	四	五	六	日	一	二	三	四	五	六
	1 儿童节	2 初八	3 初九	4 初十	5 十一	6 芒种	7 十三	8 十四	9 十五	10 十六	11 十七	12 十八	13 十九
14 二十	15 廿一	16 廿二	17 廿三	18 廿四	19 廿五	20 廿六	21 夏至	22 廿八	23 廿九	24 闰五月	25 初二	26 初三	27 初四
28 端午节	29 初六	30 初七											

1日 “六一”国际儿童节庆祝大会在江西艺术剧院举行。省市领导卢秀珍、黄懋衡、厉志成、刘运来、钟乐初与1000余名少年儿童参加。

同日 南昌市首期下岗职工免费培训班开学典礼在下岗职工培训基地举行。市总工会、市工人文化宫招收的491名下岗职工参加家电维修、服装裁剪、美容美发、烹调、按摩、摄影等6个专业的培训。

同日 全省首家契税征收管理机构——南昌市契税征收管理所挂牌。

同日 中国银行南昌市分行与南昌市部分企业签订银企合作协议。

2日 全市计划生育图片展在南昌县莲塘镇举行。

同日 上海市卢湾区经贸考察团一行考察南昌高新区。

同日 全市刑侦工作会议在省科技活动中心召开。会议传达全省刑侦工作会议精神，总结1997年以来工作，部署今后任务。陈绍翔出席并讲话，要求坚持严打方针不动摇，大力推进刑侦工作改革。

3日 中国自行设计制造的首列双层内燃动力车组在南昌试车成功。该车冠名“庐山号”，采用动力分散牵引方式，最高时速为130公里，一次可载客540余人。

同日 省检察机关侦察终结省国税局原局长滕某涉嫌受贿案、省粮食局原副局长顾某涉嫌受贿案以及安义县原县委书记陈某涉嫌杀人案，并向法院提起公诉。

4日 全省首家细胞分化治疗中心在南昌市第三医院成立。

5日 “6·5”世界环境日宣传活动在八一广场举行。此次世界环境日的主题是为了地球上的生命——拯救我们的海洋。

6日 青云谱区青云谱乡万溪小学教学大楼竣工。该楼由江西旅港同乡会永远名誉会董王华霖捐资兴建。

同日 南昌市建筑工程（集团）有限公司挂牌成立。该公司由市一建公司、市三建公司和南昌对外工程总公司组建而成。

8日 中共中央顾问委员会原委员、秘书长，当代中国研究所所长李力安考察江铃汽车集团公司和江西绿色工业（集团）公司。

同日 南昌建材大市场竣工开业。该市场坐落于何坊西路，首期工程占地面积10.6公顷，建设面积9万平方米。

9日 南昌市第一个公办全日制初中寄宿班在市二十四中成立。

同日 南昌市首次开展交通流量调查。市交警支队在全市23个交叉路口、5个道路路段进行机动车、非机动车流量流向调查。通过掌握交通流量数据，输入微机处理，为优化道路交通组织提供最佳方案。

10日 国务院血防检查小组检查新建县血防工作。

同日 省委宣传部会同人民日报社、新华社、中央人民广播电台、经济日报社、光明日报社、中国青年报社、中国妇女报社等新闻单位的20名记者来到新建县大塘坪乡，联合采访李燕玲先进事迹。

同日 刘伟平考察郊区粮食加工厂和交易市场，要求各产粮县区尽快建立粮食批发市场，并按照国家规定规范运作；所有粮食收储企业必须自觉执行国家顺价销售的政策，坚决杜绝逆向销售、亏本抛售。

同日 市财政增收节支工作动员大会在市财政局召开。会议通报全市1998年以来财政收支情况，并就全市如何贯彻落实增收节支工作做出具体部署。李豆罗出席并讲话，要求各级财政部门抓好税收征管，严格支出管理。

11日 全国“振兴国有企业报告团”在文化会堂举行报告会。青岛港务局党委副书记孙清泉、深圳市赛格集团有限公司总经理助理张丽英等作报告。陈绍翔出席并讲话，陈守朴、邹剑桥、姜任保，省市有关部门领导出席。市属企业、驻市中央和省属企业，以及市直有关部门党政负责人和宣传干部参加。

同日 南昌市成立落实“收支两条线”规定专项整治工作领导小组。刘伟平任组长，李豆罗任副组长。

同日 南昌有线电视台广告部创作的“下岗再就业”公益广告获全国城市广播电视学会协作会广告专项评奖会一等奖。

同日 1998年民星杯全国首届青年女子举重锦标赛在南昌县举行。该赛事由国家体育总局主办，南昌县政府承办。来自全国各地的21个代表队参加比赛，江西选派出5名轻、重量级青年选手参赛。

14日 南昌市举办学习邓小平理论基本知识竞赛。全市663名干部参赛。

15日 市委召开常委扩大会议。会议传达省委领导对南昌市防汛工作的指示，通报水情、雨情和汛情，研究部署防汛工作。会议强调，全市各级党政组织要紧急行动起来，进入战时状态，克服侥幸心理，采取“杀鸡用牛刀”的工作方式，果断排除险情，坚决打赢抗洪这场硬仗。钟家明出席并讲话，刘伟平、陈绍翔、蒋如铭、史骏飞、陈守朴、余志坚、田新芳、周启球、李豆罗、周根保、熊焕高、李小南、石细云、姜任保、雷武江、钟乐初等出席。

同日 全市贯彻落实“收支两条线”规定动员大会在市政府第二会议室召开。会议传达贯彻中纪委和省委、省政府分别召开的电视电话会议精神，部署专项整治工作。会议强调，全市各部门、各单位要把“收支两条线”的各项规定落到实处，从源头上防止和治理腐败，开创党风廉政建设的新局面。刘伟平出席并讲话，李豆罗主持。市（中级人民）法院院长王栎、市人民检察院检察长吴延林出席，各县区政府、市委各部门、市直各单位主要负责人参加。

16日 南昌市第一所老年大学——江西

老干部大学西湖分校成立。

同日 南昌对外工程总公司承建的马里共和国体育场工程破土动工。马里共和国体育场建在首都巴马科近郊，总投资3000万美元。

同日 台湾《工商时报》刊登南昌专版——《南昌——京九线上唯一的省会城市》。

17日 南昌市李航、胡发根、程志勇3名学生获“全国希望之星奖学金”。

18日 市政府发布《南昌市沙石管理规定》，对开采、经营、销售沙石等做出规定。

同日 市委、市政府在市防总召开会议，就全市前一阶段防汛工作和当前水情、雨情形势进行分析，并就下一步防汛工作进行再部署。会议强调，要认真贯彻落实省委、省政府电话会议精神，把防汛作为当前全市压倒一切的中心工作来抓，确保不倒堤、不倒库，坚决夺取抗洪抢险的全胜。钟家明、刘伟平出席并讲话，省市领导钱梓弘、陈绍翔、蒋如铭、田新芳、周启球、李豆罗、李小南、石细云等出席。

同日 国产首列双层内燃动力车组在南昌至九江间首次上线运营。

同日 凌晨4时，安义县峤岭乡遭受特大暴雨袭击，造成山洪暴发，部分村庄、农田被淹，桥梁、涵闸、道路被毁，倒塌房屋43栋，受灾农户1051户，受灾人数3910人，受淹农作物409.8公顷。

19日 省市领导舒惠国、钟家明、刘伟平察看进贤县抚东大堤温圳至文港段防汛情况。舒惠国强调，要有“破釜沉舟”“掉几斤肉”的思想准备，周密组织、迅速行动，夺取抗洪抢险全胜。

舒惠国等深入进贤防洪一线考察

同日 南昌市公共交通有限责任公司挂牌暨优质服务（空调）车投入运营仪式举行。

20日 全国首家社区健康服务中心——南昌社区健康服务中心成立。该中心投资300万元，购置具有国际先进水平的脑多普勒检查仪器等先进医疗设备，并开通健康服务专用车和健康咨询电话，为市民提供健康服务。

21日 《人民日报》第四版以《南昌交通秩序改观》为题报道，南昌市自5月1日起在市区各主要交通路口使用自动监摄仪后，交通拥堵现象明显缓解，交通事故明显下降。

同日 钟家明在安义县考察灾情，强调要围绕安排群众生活、迅速恢复生产，搞好救灾工作。

22—23日 抚河洪峰来势迅猛，万余军民奋起迎战历史特大洪峰。钟家明、刘伟平等深入一线，通宵达旦巡察险堤险段。

抚河沿线万余军民迎战超历史特大洪峰

24日 应省政府邀请，法国驻华大使毛磊一行对江西进行为期3天的工作访问。毛磊一行考察江西自然环境、经济环境和南昌有关高校法语教学情况及中法合资企业现状，并参加南昌大学中法工商管理教育培训中心教学楼落成典礼。

25日 市人大常委会颁布《南昌市城市

市容和环境卫生管理条例》《南昌市荣誉市民称号授予办法》。

同日 全市企业党员干部迎七一建党节座谈会在市委办公楼六楼会议室召开。会议围绕在工作中如何发挥党组织的政治核心作用和党员的先锋模范作用开展座谈。江西纸业集团公司、江西造船厂、江西洪都钢厂等单位代表发言。熊焕高出席并讲话，要求深化思想认识，进一步增强在新形势下加强国有企业党建工作的责任感和紧迫感；要围绕中心任务，切实加强和改进国有企业党建工作；加大领导力度，认真落实加强国有企业党建工作的各项任务。全市企业基层党组织、党务工作者、共产党员代表近 60 人参加。

26 日 南昌市服装行业商会成立。

29 日 国家防总副总指挥、水利部部长钮茂生到昌北地区察看防汛抗洪现场，了解灾情，慰问抗洪武警官兵和公安干警，强调要继续顽强拼搏、夺取抗洪全胜。

同日 新建县七里岗镇杨家湖段圩堤决口，决口逾 100 米，1000 余名抢险队员投入营救工作。

同日 南昌市开展统一行动，取缔露天卡拉 OK 经营活动。

30 日 以全国政协副主席万国权为组长的全国政协“安老养老”调查组一行到青云谱区青云谱乡敬老院看望慰问老人。

同日 南昌市专利管理局挂牌。

同日 京九线 K1434—K1435 路段自 28 日凌晨受洪水冲击中断行车后再次塌方。经抢修，上行线于 22 时 40 分开通，下行线于 7 月 2 日 23 时开通。

同日 以福田辉美为团长的日本高松市农业交流代表团一行考察南昌市农业生产设施、蔬菜科研机构，参观南昌县蒋巷镇养猪基地。

同日 南昌市表彰一批先进党组织和先进个人。授予市委办公厅机关党委等 11 个机关党委“先进机关党委”称号，市计委机关党总支等 8 个机关党总支“先进机关党总支”称号，市委组织部党支部等 14 个党支部“先进党支部”称号；谢忠治等 158 人“优秀党员”称号，陶银秀等 40 人“优秀党务工作者”称号。

是月 湾里区向阳街办在全市率先建立街办一级财政试点。

1998

7月

July

公元1998年7月							农历戊寅年【虎】						
日	一	二	三	四	五	六	日	一	二	三	四	五	六
			1 建党节	2 初九	3 初十	4 十一	5 十二	6 十三	7 小暑	8 十五	9 十六	10 十七	11 十八
12 十九	13 二十	14 廿一	15 廿二	16 廿三	17 廿四	18 廿五	19 廿六	20 廿七	21 廿八	22 廿九	23 大暑	24 初二	25 初三
26 初四	27 初五	28 初六	29 初七	30 初八	31 初九								

1日　南昌市向社会发布全市降水概率预报。成为继北京、上海、天津、西安之后，全国第五个发布降水概率预报的城市。

2日　南昌塑料制花厂与香港新昌丝花制品有限公司签订合资协议，联合成立中外合资南昌人造花制品有限公司。

3日　《投资中国》杂志社董事长兼社长黄道清一行考察南昌高新区、江铃汽车集团公司和泓泰建材有限公司。

6日　市委办公厅发出《批转市委党史办〈关于赣办字〔1998〕50号文件贯彻意见的请示〉的通知》，要求全市各级党组织要从全党工作大局和战略的高度，充分认识新形势下党史宣传教育工作的重要性；各级党史部门要认真履行职责，加大党史宣传教育工作的力度；各部门、各单位要努力真抓实干，把党史宣传教育工作落到实处；各级党委要切实加强领导，为党史宣传工作创造必要的条件。

同日　南昌各级防疫部门下派医疗队118支，派出医务人员1095人次，免费提供药品36.6万元，大面积开展环境消毒和饮用水消毒，防止各类传染病发生和流行。

7日　《人民日报》第十四版以《南昌发生暴力抗法事件》为题报道，南昌市执法部门在郊区汤家村对私宰猪肉销售点进行整顿时，遭到暴力阻挠，20余名执法人员被打伤，5辆警车和3辆工商执法车及2台摄像机被砸坏。

同日　全省规模最大养殖场——莱恩养猪场首期工程在南昌县蒋巷镇滁北村建成投产。

8日　全市国有企业下岗职工党员再就业培训中心揭牌仪式暨第一期再就业培训班开学典礼在市工人业余大学举行。培训班开设电脑操作、市场营销、汽车修理等课程，培训时间为3个月。学员的档案输入市劳动局人才档案系统，学习期满后由劳动部门优先安排就业。来自轻工、纺织、化工等7个系统的70余名学员参加首期培训。

同日 市政府、南昌军分区发出《关于在“八一”建军节期间扎实开展拥军优属、拥政爱民活动的通知》，要求广泛进行宣传教育，进一步增强广大军民做好双拥工作的自觉性；围绕促进国家和军队的改革与建设多办实事；适应改革发展的新形势，认真解决军地关系遇到的新情况、新问题；从实际出发，开展形式多样的走访慰问活动等。

9 日 南昌有色冶金设计院通过长城质量认证中心认证,取得 ISO 9001 质量体系认证书。

同日 经国务院学位委员会第十六次会议批准，1998 年江西增列南昌大学“材料物理与化学”、江西财经大学“产业经济学”为博士学位授权学科；增列 35 个硕士学位授权学科。

同日 市委发出《关于认真组织全市党员干部深入学习邓小平理论的通知》，要求认真学习贯彻中央和省委通知精神，深入学习邓小平理论的自觉性要有新提高；坚持理论联系实际，学习和运用邓小平理论要有新成效；突出狠抓落实，对理论学习的组织领导要有新加强。

10 日 全市宗教界在佑民寺举行救灾捐款活动，向灾区捐款 7.7 万元、衣物 2 万余件。

11 日 经市政府研究同意，南昌市城市建成区面积以《江西社会统计资料》统计的 68 平方公里为准。

同日 全市社会各界救灾款物捐送仪式在八一广场举行，社会各界向灾区捐款 23 万余元、衣物 8 万余件。

13 日 南昌市与深圳市在北京签订劳务输出合作备忘录，由深圳市委统战部协调安排南昌市国有企业下岗职工在深圳再就业。

同日 香江集团与郊区塘山乡长巷村签订共同建设“南昌光彩大市场”协议。该市场由全国政协委员、全国工商联常委、香江集团董事长刘志强投资 2 亿元兴建。

14 日 市政府第 31 次常务会议召开。会议研究确定全市下半年着重抓好十方面工作：切实做好下岗职工生活保障和再就业工作；继续抓好粮食流通领域体制改革，加强粮食市场建设和管理；深化国有企业改革，着重在机制、管理、优化资产和企业班子建设等方面下功夫；培育新的经济增长点；加强农业的增产增收，尤其是农民的增收；增收节支，完成财政任务；誓夺全国卫生城，打好这场硬仗；提高人民生活水平和质量；加强科技教育工作，提高社会整体素质；加强思想政治工作，认真组织学习邓小平理论。刘伟平主持。

同日 中华全国总工会和全国职业道德建设指导协调小组授予南昌市市政下水道清淘工龚腊根“全国职工职业道德先进个人”称号。

15 日 市委召开常委会议，研究部署创建国家卫生城工作。会议强调，全市各城区、市直各部门、各单位要增强紧迫感、责任感和自觉性，以更大的决心、更大的劲头，投入到创卫活动中去，确保南昌市进入全国卫生城市行列。钟家明、刘伟平、蒋如铭出席并讲话，李豆罗通报前一阶段工作情况和下一步工作重点。

同日 全市律师注册和律师事务所年检工作结束。南昌市注册专职律师 142 人、兼职律师 85 人、特邀律师 54 人。

同日 交通部授予南昌港客运站为 1997 年“全国文明客运站”，滕王阁二号高速客运船为“全国文明客运船”。

16 日 全市 1998 年毕业研究生、大中专毕业生就业工作会议在市人事局六楼会议室召开。会议要求，坚持“公开、平等、竞争、择优”原则，有计划地吸收品学兼优的高校毕业生充实到基层重要岗位。钟乐初出席并讲话。

17 日 南昌市化工再就业服务中心成立。该中心为化工企业下岗职工提供再就业政策咨询、培训、信息、安置、基本生活保障等方面服务。

18日 江西城建集团暨江西城建（集团）有限公司挂牌成立。该公司由南昌市市政开发总公司、市政工程管理处、市政工程设计研究院等12家企业组建而成。

同日 全市党员学习邓小平理论基本知识竞赛决赛举行。市教委、新建县代表队获一等奖，市纪委等4个代表队荣获二等奖，进贤县等12个代表队荣获三等奖，郊区等20个代表队荣获组织奖。

19日 全市农村工作座谈会召开。会议总结前段抗洪抢险经验，研究部署农村工作。会议强调，要发扬抗洪抢险精神，确保灾后社会稳定，实现农民增收、财政增长目标，大力推进水利建设、发展项目和农村基层基础工作。钟家明、刘伟平出席并讲话，陈绍翔、蒋如铭分别主持。陈守朴、余志坚、田新芳、李豆罗、李小南等出席。

同日 南昌市党政军慰问团赴华南某地慰问海军南昌舰官兵。

同日 进贤县李渡出口花炮厂生产的礼花弹系列产品获1998年西班牙塔拉戈纳烟花节冠军。

22日 全市整治摊点工作再动员大会在市政府第二会议室召开。市城管支队以及东湖区、西湖区、青云谱区、郊区城管大队负责人分别就全市和各区的摊点整治情况作汇报。会议强调，要加大领导力度，加大宣传力度，加大整治力度．加大管理力度，整好占道摊点。李豆罗出席并讲话，钟乐初和各城区分管领导，市创卫办、市城管、市工商、市交警等有关方面负责人和全市城管系统100余名分队长以上城管人员参加。

同日 日本岐阜县知事木尾原拓率日本友好代表团一行到湾里区参观中日友谊林，并栽下200棵象征中日友谊世代友好的红枫树。

23日 19时至次日上午10时，南昌市遭受1949年以来最大暴雨袭击，城区民德路、福州路等主干道部分地段和一些小街积水严重，部分路段交通中断。

24日 以莫哈迪为团长的津巴布韦非洲民族联盟青年团代表团一行考察南昌卷烟厂、共青垦殖场、庐山等地。

同日 市政府发出《转发省政府〈关于切实做好企业改制过程中加强金融债权管理工作〉的通知》。

25日 市委、市政府、南昌军分区联合发出《关于迎战“双超”、确保重点圩堤安全的紧急通知》，要求最大限度地把一切力量调动组织起来，以“人在堤在”的决心和大无畏的精神，众志成城，全力以赴，夺取抗洪抢险全胜。

同日 市防总先后下达《关于立足“两超”，迎战大洪水的紧急通知》《关于防止山洪暴发和山体滑坡，杜绝水库垮坝，确保安全度汛的通知》《关于采取应急措施、紧急转移群众的通知》。

26日 全市宣布进入抗洪抢险紧急状态，市党政军领导和20万军民日夜坚守在抗洪前线。

同日 早晨7时，安义县峤岭乡第三次山洪暴发，186.67公顷农作物受淹，40公顷农田被冲毁，道路、供电、通讯中断。

27日 市物价局动用价格调节基金从山东、安徽等省急调大路蔬菜供应市场，确保汛期市场蔬菜供应量和菜价稳定。

同日 省领导舒圣佑到昌北地区和青云谱、郊区重点圩堤检查指导抗洪抢险，看望慰问抗洪一线人员。刘伟平、李豆罗、罗为民陪同。

30日 国家工商局局长王众孚考察全国先进工商所——青云谱洪都工商所。

同日 市政府发出《批转南昌高新技术产业开发区管委会〈关于扶持金庐软件园区建设

若干优惠政策的规定〉的通知》。

31日 市防总发出《关于实行水上交通管制的通知》，对南昌大桥以下的赣江河段及靠赣西、廿四、南新、蒋巷、红旗、长乐联圩，军山湖堤的滨湖、鄱阳湖水域、青岚湖水域实行水上交通管制。除参加防洪抢险活动以及客船外其他船只一律禁止通行，以确保紧急防汛期江河岸线圩堤和水上交通安全。

1998

8月

August

公元1998年8月							农历戊寅年【虎】						
日	一	二	三	四	五	六	日	一	二	三	四	五	六
						1 建军节	2 十一	3 十二	4 十三	5 十四	6 十五	7 十六	8 立秋
9 十八	10 十九	11 二十	12 廿一	13 廿二	14 廿三	15 廿四	16 廿五	17 廿六	18 廿七	19 廿八	20 廿九	21 三十	22 初一
23 处暑	24 初三	25 初四	26 初五	27 初六	28 初七	29 初八	30 初九	31 初十					

1日 中共中央总书记、国家主席、中央军委主席江泽民题写校名的南昌“八一希望学校”在八一学校举行挂匾仪式。省市领导王峰、钟乐初及“八一希望学校”师生200余人出席。

同日 《南昌市城市市容和环境卫生管理条例》全面实施，这是南昌市第一部较完整的市容专业法规。

1—5日 水利部抗洪抢险工作组一行听取南昌市抗洪抢险及受灾情况介绍，并先后到新建县廿四联圩、赣西联圩和南昌县蒋巷联圩指导抗洪抢险。

3日 全国少年男子举重锦标赛在南昌县举行。来自13个省市代表队的84名运动员参加比赛。

4日 东湖区再就业服务中心成立。

5日 市国税局、市地税局、市工商局联合对漏征漏管户进行清查。

6日 省市畜牧科技人员历经十多年努力，选育成功瘦肉型猪新品种南昌白猪，通过1998年国家科技进步三等奖评审。

同日 南昌物资出租汽车公司成立。

7日 江西长运股份有限公司所属南昌长途汽车站通过公路汽车客运服务ISO 9002质量体系认证，成为继青岛汽车站、深圳罗湖汽车站之后全国第三家正式通过该项认证的公路客运站。

同日 南昌高新区管委会获科技部“火炬计划十周年先进管理表彰”，南昌高新区管委会主任杨洪基获“火炬先进个人奖”，南昌瑞伦电气设备制造公司开发的“户内双层移开式交流金属铠装开关设备”获“火炬计划项目表彰”。

8日 广州白云山制药股份有限公司投资1000万元开发中药材基地项目在湾里区梅岭镇签约。

同日 湖北天发石油化工有限公司签订昌北土地使用权租赁合同仪式在湖北省荆州市举

行，租赁期为25年。

10日 市防总在防汛指挥中心召开会议研究除险对策。水利工程技术人员介绍关于渗漏险情的险相、险因、抢护原则和除险基本办法。钟家明、刘伟平、陈绍翔、蒋如铭、李豆罗、周根保、罗为民、夏太华等出席。

11日 洪城大市场股份有限公司、南昌印钞厂、南昌卷烟厂、江西印刷集团公司、江西长运集团、省农发行、南昌对外工程总公司等7家中央和省、市企业捐款130余万元赈灾。

12日 南昌市分别在市委大院和市政府大礼堂举行赈灾捐赠活动。

同日 台湾泰丰轮胎股份有限公司董事长马绍进被授予“南昌市荣誉市民”称号。

13日 江西师范大学11名教职工和学生在校北院门口一小餐厅吃饭时发生食物中毒现象，无人员死亡。

同日 市红十字会在南昌县渡头乡举行救灾物资发放仪式。市红十字会会长钟乐初等将2万元救灾药品、食品、衣服等送到灾民手中。

14日 香港新华集团总裁蔡冠深捐赠50万元成立的教育基金颁奖大会在南昌县三江镇举行，73名师生获奖。

同日 市国资局日前代表市政府与江西长运集团在国有资产授权经营责任书上签字。江西长运集团成为南昌市继江铃汽车集团和江西纸业集团后第三家获国有资产授权经营资格的大型企业集团。

同日 全市养老保险和再就业服务中心建设工作会议召开。会议强调，全市上下要狠抓落实，千方百计做好确保下岗职工基本生活费和离退休人员养老金按时足额发放工作。

15日 省军区参谋长汤朝荣少将到新建县铁河乡慰问坚守在抗洪抢险第一线的预备役三团官兵。南昌军分区副司令员沈思义陪同。

同日 市公安局交警支队在全市范围内开展为期3个半月的查禁无牌无证和假牌假证车辆整治活动。主要查禁：无牌无证的机动车；假牌假证的机动车；挪用号牌、一牌多车或套牌机动车；长期使用临时号牌过期的机动车；本省、本地区车辆长期使用外省、外地区号牌或有可疑现象的机动车；已经报废的机动车，超过使用年限的汽车、三年以上未检的机动车；安装了动力装置的自行车、三轮车和各种无牌无证的助力车；非警车、特种车未经批准安装警灯、警报器或标志灯具的车辆；挂靠在公安机关的机动车辆。

17日 省领导朱英培检查指导南昌市工业生产，先后考察江西变压器有限责任公司、南昌水泥厂、江西化纤有限责任公司等企业。

同日 市工商局组织在昌外商投资企业、个体私营企业、外地驻昌企业和机构及局机关干部职工向灾区捐款140万元，捐物折合人民币35.7万元。

18日 全省首座500千伏变电站工程开工。该变电站位于太子殿，变电站总占地7.878公顷，总投资约3亿元。

22日 钟家明、蒋如铭、周启球、周根保到南昌县长乐联圩、新联乡东阳粮站慰问参加抗洪抢险的武警南昌市支队官兵。

武警官兵们加固圩堤险段

同日 全市防汛紧急会议在市防汛指挥中心召开，就贯彻落实省、市“关于切实安排好灾民生活”通知精神作出部署。李豆罗出席并讲话，要求各县、区政府和市政府各部门要把安排好灾民生活作为当前救灾工作中的头等大事抓紧抓好；进一步做好查灾核灾工作；要切实采取有效措施，解决好灾民吃饭、住房和穿衣的问题；认真做好灾区的治病防病工作和秋季开学的各项准备工作；切实做好减轻农民负担工作；切实加强对灾民生活安排工作的领导。钟乐初等出席。各县（区）常务副县（区）长及各县区民政、卫生、监察等局负责人参加。

24日 西安达尔曼实业股份有限公司、深圳太太药业海滨制药公司和浙江东阳市第三建筑工程公司向南昌灾区人民捐赠钱物130万元。

25日 市创建国家卫生城市指挥部、市防治传染病指挥部联合发布《关于整顿食品卫生和饮食摊点的通告》，要求各区政府和街道办事处要加强辖区内食品卫生和饮食摊点的管理，并分工一名领导负责抓；饮食摊点必须在市政府已规划的场地经营，对规划地段外的饮食摊点一律予以取缔；各种饮食店、饭馆和规划地段内的饮食摊点必须依法办理卫生许可证、健康证、培训证和工商营业执照，亮证营业，严禁无证加工、经营食品；食品加工场所、饮食摊点必须具备防尘、防鼠、防蝇设施和相应的食品制作工具，具备售货亭、台、橱及防雨防晒棚（伞）和密闭垃圾桶，做到标志、用具、棚（伞）统一，严禁露天加工、销售食品；饮食摊点所提供的公用餐具，使用前必须洗净、消毒，严禁现场洗涮或使用不清洁的、未消毒的餐具；饮食摊点使用的工具、容器、设备、用水及包装物料等必须符合卫生要求，食品原料必须符合卫生标准，严禁出售腐败变质、污秽不洁、掺杂使假等可能对人体造成危害的食品；食品加工场所和饮食摊点必须保持内外经营环境的整洁和个人卫生，经营食品时必须穿戴清洁的白色工作衣、帽，销售直接入口食品必须使用售货工具。

27日 凌晨，南昌长途汽车站附近一饮食店发生一起食物中毒事件，9人食用空心菜中毒，经治疗已基本痊愈，无人员死亡。

28日 省、市禁毒委员会办公室举办《珍爱生命、拒绝毒品》为主题的全国禁毒挂图展览，当场焚毁毒品120公斤。

同日 深圳红十字会向南昌市捐赠价值79万余元的药品、大米、食品、衣服等救灾物资。

29日 意大利友人戴米洛到南昌县滁槎镇看望慰问灾民，捐赠4万元和50余箱食品；日本友人中山武信委托市政府外事办将10万日元捐赠给南昌县滁槎镇灾民。

30日 省领导舒圣佑、钟家明到新建县赣西联圩铁河乡堤段看望受灾群众，并到新建县廿四联圩排舍夹堤段慰问抗洪抢险军民。

31日 市政府召开全体会议，通报1998年以来市政府工作情况，部署后4个月全市必须突出抓好的工作。刘伟平出席并讲话，要求各部门务必根据市委、市政府年初提出的国内生产总值确保增长10%的目标和市政府工作“网络计划”要求，结合实际，切实把各项目标任务分解落实、逐月安排好。

同日 全市宣传贯彻《中华人民共和国消防法》实施动员大会召开。会议强调，各级政府要树立法制观念、增强消防意识。

是月 市防总多次召开会议部署抗洪抢险工作，要求各滨湖圩堤以巡堤查险为纲，认真落实查险、排险、除险措施，做好一切准备应对突发性险情，确保重点圩堤安全。

是月 市政府多次召开紧急会议，部署救灾防病工作。会议强调，各级政府和卫生部门要加大饮食、食品卫生监管力度，严防秋季肠道传染病流行，确保大灾之年无大疫。

是月 入汛以来，南昌市遭受特大洪水灾害。截至 19 日，全市受灾乡（镇）101 个，自然村 1641 个；受灾人口 128 万余人，被水围困群众 12.54 万人，转移安置灾民 8.5 万人；损坏房屋 8.6 万间，倒房 6.23 万间；全市农作物受灾面积 26.84 万公顷，绝收 9.74 万公顷；因灾造成直接经济损失达 49.436 亿元。

1998

9 月

September

公元1998年9月							农历戊寅年【虎】						
日	一	二	三	四	五	六	日	一	二	三	四	五	六
		1 十一	2 十二	3 十三	4 十四	5 十五	6 十六	7 十七	8 白露	9 十九	10 教师节	11 廿一	12 廿二
13 廿三	14 廿四	15 廿五	16 廿六	17 廿七	18 廿八	19 廿九	20 三十	21 初一	22 初二	23 秋分	24 初四	25 初五	26 初六
27 初七	28 初八	29 初九	30 初十										

1日　市人大常委会颁布《南昌市粉煤灰综合利用管理条例》，规定市城乡建设行政管理部门是粉煤灰利用的主管部门，对粉煤灰综合利用管理工作负有主要职责；粉煤灰排放单位应当按照粉煤灰综合利用规划和计划建立粉煤灰综合利用目标责任制，开展粉煤灰综合利用;新建、改建、扩建有粉煤灰排放的工程项目，其项目建议书、可行性研究报告以及初步设计应当有相应的粉煤灰综合利用的内容等。

同日　江西旅港同乡会会长周起鸿向进贤县二塘乡抗洪英雄文景星家属捐赠1.35万元资助其子女上学。

同日　由香港陈延骅基金会捐资20万元援建，建筑面积为1080平方米的太平乡南源福和希望小学竣工开学。

同日　市政府发布《南昌市机动车交通噪声污染防治办法》，禁止机动车安装、使用音量超过105分贝的喇叭；机动车安装警笛、警报器，应当报经公安交通管理机关批准；本市东湖区、西湖区、青云谱区和郊区桃花乡、湖坊乡、塘山乡范围内，禁止机动车使用喇叭；禁止客运车辆使用喇叭招揽乘客；消防车、工程抢险车、救护车、警车等特种车辆执行任务时，除消防车可以使用警报器外，其他车辆只准使用标志灯具等。

同日　全市农业生产自救、打好冬季农业翻身仗座谈会在市农委会议室召开。田新芳出席并讲话，要求各地冬季农业要以生产救灾为中心，增粮增收为重点，迅速全面开展农业生产自救，切实打好冬季农业生产翻身仗。市农业局、市水电局、市蔬菜局的有关领导分别就冬种生产、水利冬修、蔬菜生产等提出具体意见，各县、区就如何具体落实各项工作发言。市农口各局局长、各县（区）分管农业副县（区）长参加。

3日　市委、市政府发出《关于进一步做好国有企业下岗职工基本生活保障和再就业工作的通知》，要求提高认识，明确目标任务；

加强宏观调控，科学规范下岗行为；建立再就业服务中心，保障下岗职工基本生活；加大政策扶持力度，不断拓宽再就业渠道；加强劳动力市场建设，强化转业转岗培训；完善社会保障体系，解除下岗职工后顾之忧；加强组织领导，明确责任，强化思想政治工作。

同日 市博物馆考古工作者在市东郊齐城岗发掘一座元代墓葬，出土两面南宋铜镜、一台漆砚、四个南宋瓷瓶，经鉴定属国家三级文物。

4日 中国农业发展银行总行行长谢旭人一行到南昌县农业发展银行考察夏粮收购资金调度工作。

同日 市委办公厅发出《关于努力增收节支制止浪费做好抗洪救灾工作的通知》，要求充分认识努力增收节支、坚决制止浪费对进一步做好抗洪救灾工作乃至全局工作的重大意义；始终保持良好的精神状态和旺盛的斗志，誓夺抗洪救灾工作的最后胜利；千方百计增产增收，努力实现全市国民经济增长目标；严格控制财政支出，大力压缩一切不必要的行政事业开支；切实加强对救灾款物的监督管理，救灾款物一定要如数、尽快发放到灾区灾民手里。

同日 市商业银行捐款10万元资助全市50名当年考上大学的特困新生，每人2000元；同时捐资200万元，设立“南昌市商业银行特困生助学”专项基金。出巨资设立专项助学基金，在全省金融系统中尚属首次。此项基金的使用和管理由市商业银行和市教委共同负责，受助对象为市区下岗职工特困家庭中小学在读生和当年考取大学的新生。

同日 由民营企业江西汇仁集团捐资兴建的南昌市现代化程度最高的希望小学——双环希望小学在南昌县向塘镇黄堂村建成开学。

同日 中国航空工业总公司授予洪都集团公司“航空工业纪检监察先进集体”称号，授予周淑琴“航空工业纪检监察先进工作者”称号；共青团中央、国家经贸委授予洪都集团公司88车间李一民“1997年度全国青年岗位能手”称号。

5日、6日、8日 钟家明、陈绍翔、蒋如铭、李豆罗、周根保、李小南等先后深入南昌县渡头乡、新建县南矶乡和进贤县二塘乡等重灾区，了解灾情、慰问灾民，与灾区干部群众共商救灾措施。市委宣传部，市民政局、水利局、粮食局等有关部门负责人参加。

钟家明等在灾区看望灾民

7日 团省委追授进贤县二塘乡青年农民文景星“全省抗洪抢险青年勇士”称号。

同日 市教委、市教育工会表彰南昌市“十大师德标兵”。南昌职业技术师范学院张肖敏、南昌师范学校胡德强、南昌二中虞华来、南昌十四中徐爱兰、南昌第二职业中学戴瑛、南昌盲校谈玉珍、站前路小学俞建、莲塘一中张荣惠、新建二中雷荣华、安义县逸夫小学魏美娟10位教师获表彰。

8日 市政府发出《关于认真贯彻执行〈江西省按比例安排残疾人就业办法〉的通知》。

同日 市教委、市商业银行联合举行“特困生助学金”颁发仪式，向100名当年考上大学的灾区和下岗职工特困户子女颁发总数为20万元的助学金。

同日 市育新、邮政路、南湖、滕王阁等10所小学的10名优秀青年教师到南昌县八一乡胡华村小学开展送教下乡活动，并送去体育用品、课本及教学参考书。

同日 市十九中教师王运遂获“全国十杰中青年中小学教师”称号。

同日 南昌首家“校园电话网”在江西财经大学开通。

同日 市防总发布《关于解除水上交通管制的通告》，决定从18时起解除水上交通管制，全面恢复正常运行。

10日 教育部授予洪都工学院中专部副主任、高级讲师韩玮“全国优秀教师”称号。

同日 《南昌晚报》报道，江西师大附中从时代的新要求和社会的高期望出发，提高教师的师德和教学水平，涌现出一批国家级、省级优秀教师：章国富获“全国模范教师”称号，张国新获“全国‘三育人’先进个人”“全省十大教师标兵”称号和“果喜教育奖二等奖”，李新林获“全国优秀教师”称号，王国兴获“全省优秀教师”称号。

同日 南昌会计师事务所与市财政局脱钩。

11日 市委、市政府发出《关于认真学习贯彻江总书记在我省考察抗洪救灾工作时重要讲话的通知》。

12日 全国人大常委会委员、内务司法委副主任、中华慈善总会副会长万绍芬率中华慈善总会慰问组一行到南昌县渡头乡和新建县铁河乡看望慰问灾区群众，并送去慰问金和救灾物品。

同日 全市负责干部会议在市委小礼堂召开。会议传达贯彻江泽民在江西考察抗洪救灾工作时的重要讲话及全省领导干部会议精神，部署灾后农村工作。会议强调，要认真学习江泽民的重要讲话，发扬伟大抗洪精神，以“两保”（确保灾区群众基本生活和灾区乡村工作正常运转）、“六大”（水利冬修要大灾大治、冬季农业要大灾大上、爱国卫生要大灾大搞、项目推进要大灾大干、稳定工作要大灾大抓、干部作风要大灾大变）为重点，重建家园，发展经济，全面推动各项工作发展，确保灾后社会稳定和经济目标任务的完成。钟家明、蒋如铭、李豆罗出席并讲话，陈绍翔主持。市委、市人大、市政府、市政协、市纪委、南昌军分区领导及各县区、市委各部门、市直各单位主要负责人出席。

全市负责干部会议召开

同日 香港陈延骅基建会出资20万元、进贤县前坊镇出资10万元新建的希望小学——前坊镇“福和希望小学”落成。

同日 全省最大的家俬广场——光彩家俬广场落户郊区塘山乡长巷村。

14日 国家税务总局局长金人庆一行考察南昌市税收工作。

15日 省市领导钟家明、汤朝荣、陈绍翔、蒋如铭、史骏飞、程金鹏等和1000余名群众在八一广场隆重集会，欢送参加南昌抗洪抢险的人民子弟兵凯旋，并赠送写有“安澜壮举，抗天功勋”的锦旗。

群众欢送参加南昌抗洪抢险的人民子弟兵回营

16日 全市党史工作座谈会召开。会议传达贯彻全省党史工作座谈会精神，总结1997年以来工作，部署一个时期主要任务。蒋如铭作《贯彻落实党的十五大精神，高举邓小平理论伟大旗帜，开创世纪之交我市党史工作新局面》的讲话。

同日 市土地利用总体规划修编成果通过省级评审。

同日 市总工会召开“赈灾增效，重建家园”劳动竞赛经验交流暨动员大会。江西纸业集团公司、江西变压器厂、南昌市奶业公司、市自来水公司4家企业分别介绍赈灾增效、重建家园劳动竞赛经验。会议动员全市广大职工群众发扬抗洪抢险精神，增强政治责任感和紧迫感，克服一切困难，尽快恢复和发展生产，发展经济，以实际行动赈灾，支援灾区人民重建家园，再创美好明天。姜任保，省总工会副主席童水仙出席并讲话。孔炯、赵国梁出席。各县、区分管工业负责人和全市大中型企业党、政、工领导约200人参加。

18日 全市深化企业改革和下岗职工再就业工作会议召开。会议分析全市企业改革及下岗职工基本生活保障和再就业工作形势，部署下一步任务。会议强调，要发扬伟大抗洪精神，用极端负责的态度和决战决胜的顽强意志，去战胜一切困难，努力开创全市企业改革和再就业工作新局面。钟家明、陈绍翔、李豆罗、姜任保出席并讲话，余志坚、邹剑桥、罗时杰、雷武江、罗为民等出席。

同日 截至当日，南昌市（含县区民政部门和市慈善总会筹委会）共接受社会捐赠救灾款物3741.15万元；接受省民政厅下拨捐赠物资价值894.05万元（不含未估价物资）。

同日 南昌市第五建筑工程公司获“1998年度全国集体建筑企业全面质量管理优秀企业金屋奖”称号。

同日 南铁公安局执勤民警带领保安员在南昌火车站候车厅查危口使用查危仪检查行李时，突遭3名不明身份的犯罪嫌疑人持五四式手枪枪击，民警俞秋弟中弹牺牲，保安员李文喜、任国云受重伤，4名旅客受轻伤。

19日 铁道部第十五工程局向市慈善总会筹委会捐款30万元，资助新建县大塘坪乡兴建新富小学。

20日 滕王阁北园碑廊《滕王阁序印谱》竣工。该碑高1米，长40米，号称“江南第一碑”。

同日 市防汛抗旱总指挥部宣布解除紧急防汛期。

同日 全市工商行政管理系统负责干部会议召开。李豆罗出席并讲话，强调要抓好灾后市场监管，开展打击制售假冒伪劣商品和欺诈行为为重点的市场专项整治行动，为市场经济健康发展和社会稳定服务。

21日 市委办公厅、市政府办公厅发出《关于切实做好当前信访工作的紧急通知》，要求各级党委、政府要发扬伟大的抗洪精神，把当前信访工作列入专项管理；各级信访部门要以“巡堤查险”的过硬作风，尽职尽责地做好当前信访工作；信访稳定工作要大灾大抓，要立足于防患于未然；认真做好国庆节、中秋节期间信访工作，为群众办实事、办好事。

22日 市残疾人联合会第二次代表大会召开。大会审议通过市残联第一届执行理事会工作报告，选举和推举新一届市残联主席团、执行理事、理事长。李豆罗当选市残联主席团主席，蓝新被推举为市残联执行理事会理事长。

23日 市政府召开全市灾后爱国卫生和防病防疫工作会议，研究部署救灾防病工作。会议强调，各级、各部门要以对人民群众的健康和生命安全极端负责的态度，共同做好卫生防疫工作，确保大灾之后无大疫。

同日 全市实施“送温暖、再就业工程”暨领导干部联系困难职工工作会议召开。会议对1997年度实施“送温暖工程”及领导干部“送温暖、心连心”活动情况进行总结，通过《关于表彰全市实施“送温暖工程”先进集体、先进个人的决定》《关于进一步实施“送温暖工程”突出抓好下岗职工基本生活保障和再就业工作的意见》和《深入开展领导干部联系职工困难户“送温暖、心连心”活动的意见》，并对取得突出成绩的先进集体和先进个人进行表彰。

同日　全市工业改制企业经验交流会召开。会议总结企业改制经验，部署下一步工作。会议强调，要解放思想，更新观念，因企制宜，抓紧转换经营机制，努力把企业改革工作做好。钟家明、邹剑桥、姜任保出席并讲话。

24日　省、市跨世纪保卫绿色行动图片展在省文联展示厅举行。图片展反映省、市近年来严格执行森林法，保护林业资源，打击乱砍滥伐、乱捕滥猎，制止乱占林业用地等成果。省市领导孙用和、田新芳、孔炯等出席。

25日　全市抗洪抢险先进集体和先进个人表彰大会在市委礼堂召开。会议总结全市抗洪抢险工作，部署后三个月农业和农村工作。蒋如铭宣读市委、市政府关于表彰1998年度抗洪抢险先进集体和先进个人的决定，表彰81个先进集体和352名先进个人。钟家明出席并讲话，要求各部门、各单位做到不讲困难、只想办法，扑下身子、埋头苦干，争分夺秒、雷厉风行，艰苦奋斗、无私奉献，体察民情、改进作风。陈绍翔、史骏飞、程金鹏、余志坚、

全市抗洪抢险先进集体和先进个人表彰大会召开

田新芳、周启球、李豆罗、周根保等出席。

同日　全市清房工作动员大会在市委大礼堂召开。周启球宣读清房工作实施意见，部署清房工作。会议强调，各级党政组织要认真贯彻中央和省关于领导干部廉洁自律的各项规定，贯彻省、市有关清理纠正领导干部在住房、建房、购房、装修住房等方面违规问题的文件精神，把清房工作摆上重要议事日程，加强领导，精心组织，周密部署，做到一级抓一级，确保清房工作顺利开展。钟家明、蒋如铭出席并讲话。李豆罗主持，陈绍翔、史骏飞、程金鹏、余志坚、田新芳、周根保、李小南、石细云等出席。各县区党政主要领导、分管领导、纪委主要领导，市委各部门、市直各单位副县级以上领导干部，中央驻昌事业单位领导近1000人参加。

同日　最高人民法院召开全国法院电视电话会议，表彰在抗洪抢险救灾中涌现出来的先进集体和先进个人。省法院系统有4个先进集体和7名先进个人。九江市中级人民法院、永修县人民法院、波阳县（现鄱阳县，下同）人民法院、新建县人民法院分别记一等功；九江市中级人民法院副院长杨平忠、永修县人民法院院长龚民德、余干县人民法院院长万昭保、瑞昌市人民法院院长董才银、进贤县梅庄人民法庭庭长赵道华、波阳县人民法院行政审判庭副庭长姜发来、南昌县人民法院院长李有才7人记个人一等功。

同日　由江西农业大学承担的省农业开发项目“稻田农牧沼复合生态模式的开发与示范”在进贤县梁桥乡通过验收。

同日　西湖区妇幼保健所通过省级妇幼机构等级评审委员会评审，成为全市第一所一级甲等妇幼保健院。

26日　钟家明、史骏飞、程金鹏、陈守朴、余志坚、田新芳、周启球、周根保、熊焕高等参观以“珍爱生命、拒绝毒品”为主题的全国

禁毒图片展和1998年江西抗洪抢险先锋赞摄影展。

同日 省政府批准文景星等13人为革命烈士。

同日 台湾统一企业集团武汉分公司总经理吴福章一行到南昌高新区考察投资环境。

28日 南昌三中老师刘付媛获中国物理学会主办的第三届全国中学物理青年教师教学大赛高中组一等奖。

29日 省市军民1998年国庆电影晚会在省委礼堂举行。全国政协副主席毛致用，省市领导黄智权、钟起煌、朱治宏、马世昌、彭崑生、刘伟平、蒋如铭等和500余名军民出席并观看国产电影故事片《旭日惊雷》。

同日 全市粮食工作会议在市政府第五会议室召开。会议传达省粮改工作座谈会精神，通报夏粮入库情况，研究粮食调拨计划、扩建仓库、深化粮食企业改革、清查粮食库存等问题。

30日 温厚高速公路三大制约工程之一的温家圳特大桥顺利贯通，比预定工期提前4个月。

同日 台胞周仲超向新建县灾区捐赠30万元。

1998

10月

October

公元1998年10月 农历戊寅年【虎】													
日	一	二	三	四	五	六	日	一	二	三	四	五	六
				1 国庆节	2 十二	3 十三	4 十四	5 中秋节	6 十六	7 十七	8 寒露	9 十九	10 二十
11 廿一	12 廿二	13 廿三	14 廿四	15 廿五	16 廿六	17 廿七	18 廿八	19 廿九	20 初一	21 初二	22 初三	23 霜降	24 初五
25 初六	26 初七	27 初八	28 重阳节	29 初十	30 十一	31 十二							

1日　南昌市代表团在省十运会上获金牌194枚，居金牌榜首。

同日　南昌市在八一广场举行升国旗仪式，庆祝中华人民共和国成立49周年。

同日　钟家明、刘伟平、蒋如铭、史骏飞、程金鹏、余志坚、田新芳、周启球、李豆罗、周根保等考察正在兴建的昌北机场、朝阳洲南隔堤、火车站地下停车场，建成投入使用的麦园生活垃圾场和改造加宽后的孺子路等工程。

同日　红谷滩抽沙造地工程开工。该工程是“一江两岸”道路、防洪系列工程中的枢纽性工程，不仅可疏浚城区赣江河道，提高行洪防洪能力，更重要的是工程建成后转让新造土地收入，直接关系到归还“一江两岸”全部工程银行贷款。该工程长3700米、宽1000米、高7米，抽沙造地面积240公顷，工程总概算为6050万元。工程由南昌水利疏浚工程有限公司组织施工。2001年4月竣工。

2日　市委办公厅、市政府办公厅发出《关于认真学习贯彻江总书记在全国抗洪抢险总结表彰大会上的重要讲话的通知》，要求认真组织学习江总书记的重要讲话，坚持用江总书记的讲话精神武装思想，统一认识；深刻领会抗洪抢险的成功经验，更加紧密地团结在以江泽民为核心的党中央周围；以抗洪英模为榜样，大力弘扬抗洪精神；以学习江总书记重要讲话为动力，以“两保”“六大”为重点，努力做好当前各项工作。

同日　“视觉第一中国行动”在南昌启动，《“视觉第一中国行动”南昌实施方案》发布。南昌市计划在5年间完成白内障复明手术6430例,并基本控制新生白内障致盲。李豆罗就“视觉第一中国行动”在南昌市整体推进、顺利开展提出具体要求。市残工委等有关部门领导、各县区政府分管领导及市残联等有关部门负责人参加。

3日　市委召开常委扩大会议。陈绍翔传达全国抗洪抢险总结表彰大会精神。钟家明主持并讲话，强调要发扬伟大抗洪精神，不被灾后面临的困难所压倒，做到不等、不靠、拼命干，以对党和人民的事业极端负责的态度和决战决胜的坚强意志，誓夺灾后各项工作全胜。市人大常委会主任、市政协主席和市政府副市长、党组成员列席。

4日 市直机关下派干部帮助灾区工作动员大会在市委大礼堂召开。市委、市政府决定，从市、县（区）机关选派1620名干部，组成若干工作组，分别下到南昌、新建、进贤、安义县和郊区所属受灾乡（镇）、村，指导帮助做好重建家园和发展经济工作，下派时间为3个月。钟家明、蒋如铭出席并讲话，强调下派干部要在当地党委、政府领导下，尽心尽力帮助灾区做好恢复生产、重建家园、发展经济工作。陈绍翔主持，陈守朴、余志坚、田新芳、李豆罗、熊焕高等出席。有下派干部到灾区帮助工作单位主要负责人，下派干部，包乡扶村工作组成员，市直机关下基层锻炼干部，科技副乡（镇）长，市委、市政府赴灾区工作组成员，部分机关干部近1000人参加。

同日 共青团中央追授进贤县二塘乡青年农民文景星“全国抗洪青年突击队员英模”称号；授予安义县峤岭乡、南昌县蒋巷镇河边村青年突击队“全国抗洪英雄青年突击队”称号。

7日 全市检察长、反贪局长座谈会召开。会议集中观看中央电视台《焦点访谈》栏目披露抚州市人民检察院反贪局、萍乡市上栗区人民检察院反贪局在办案过程中违纪录像，传达省政法委会议纪要精神。钟家明、陈绍翔、吴延林出席并讲话，强调执法者要正确对待舆论监督，忠于党和人民，讲政治、讲正气，热爱检察工作；要严格遵守法律法规，履行职责一定要以事实为依据，以法律为准绳，清正廉明，忠于职责，遵守纪律，要业务精，作风硬。全市各县区主管反贪工作的检察长、反贪局长出席。

8日 全市整治占道摊点再动员大会召开。会议强调，整治摊点工作要发扬抗洪精神，密切配合，协同作战，认真扎实，使整治工作达到预期效果，真正做到“坐商归店，行商归市，摊点归位”。

同日 全国妇联授予进贤县梅庄镇新塘村妇代会“抗洪抢险先进集体”称号；授予安义县委宣传部部长张芸、新建县石岗镇党委书记夏乐香“抗洪抢险先进个人”“全国三八红旗手”称号。

同日 南昌铁路局就开通全国首家铁路客票电话购票系统召开新闻发布会。

9日 全市政法机关不再从事经商活动动员大会在市委小礼堂召开。会议传达贯彻中央和省委关于军队、武警部队、政法机关不再从事经商活动指示精神，研究部署有关工作。周启球主持。钟家明、陈绍翔出席会议并讲话，强调要提高认识，统一思想，周密部署，精心组织，加强领导，严肃纪律，确保中央和省委精神的贯彻落实。史骏飞、程金鹏、王栎、吴延林等出席。

10日 全市两级法院院长座谈会在市委常委会议室召开。会议传达省政法委有关会议纪要和钟家明有关批示。陈绍翔出席并讲话，要求全市审判机关服务大局、公正廉明、打击犯罪。王栎主持。

同日 市工商银行实行全员劳动合同制，在金融系统率先打破银行干部、工人编制终身制度。

11日 全市公安机关3996名民警参加公安部组织的公安机关人民警察基本素质考试。

同日 马来西亚霹雳济德阁慈善访问团通过南昌道德慈善促进会向江西灾区捐赠10.8万元。

12日 13时25分，位于昌九高速公路的省高等级公路管理局雷公坳加油站，一辆加油车在给油站输油时突然起火。市消防支队调集15辆消防车和120余名官兵前往灭火。大火于14时30分被彻底扑灭，直接财产损失2.99万元。

13日 市委、市政府发出《关于表彰1997年度发展乡镇企业先进单位的决定》。决定授予郊区等4个县区“综合目标奖”，授予新建县等4个县区“单项奖”，授予进贤县李渡出口花炮厂等16个年纳税100万元以上企业“最佳经济效益奖”。

同日 全市农村多路微波（MMDS）有线电视发展工作会议召开。钟乐初出席并讲话，强调要大力发展农村多路微波有线电视，把扩大广播电视覆盖工作重点放在农村。

14日 全市打击走私工作会议在市政府第二会议室召开。会议传达贯彻江泽民关于打击走私和反腐败问题重要讲话及全省打击走私工作会议精神，南昌海关负责人通报全市前一阶段反走私工作情况，部署下一阶段任务。会议强调，各级党委、政府和有关部门要提高认识，统一思想，加强领导，相互协调，形成合力，集中力量查处大案要案，夺取反走私斗争全面胜利。

14—17日 市工商部门与郊区公安分局联合对贤士湖蔬菜水果批发市场进行集中整治，清除一伙欺行霸市、非法牟利的菜霸。

15日 全市146人通过1997年度全国律师资格考试，获得司法部颁发的律师资格证书。

同日 全国部分省市重点、实验中学联合体第12届年会在南昌召开。全国18所重点、实验学校校长就如何进一步推进素质教育，加强教师队伍建设等问题进行研讨。陈守朴出席并讲话。

同日 青云谱区青云谱饭店14名员工因食用喷洒有机磷农药的白菜而中毒，经抢救全部脱险。

16日 省经贸委、省企业管理协会、省企业家协会联合授予江铃汽车股份有限公司等87家企业为1997年度江西省优秀企业，授予119位企业领导人为1997年度省优秀厂长（经理）。

同日 广东省红十字会副秘书长杨恩荣率珠海、梅州、揭阳等地红十字会负责人来南昌市考察灾后重建工作，捐款50万元在南昌县新联乡重建一所卫生院。

同日 南昌县组织1060名县乡机关干部，组成23支救灾工作队，分成301个工作组，集中3个月时间，帮助灾区抓好救灾、冬季农业生产、减轻农民负担、社会稳定、计划生育、基层组织建设等工作。

17日 全市党员负责干部会议召开。会议传达贯彻中共十五届三中全会精神。会议强调，全市上下要深刻领会全会精神，发扬伟大抗洪精神，艰苦奋斗，鼓足干劲，切实做好各项工作。钟家明出席并讲话，陈绍翔主持。蒋如铭宣读《中共中央关于农业和农村工作若干重大问题的决定》。市委常委，市人大、市政府、市政协党组成员，市纪委副书记，各县区委书记、县区长，市委各部门、市直各单位的党员负责人出席。

19—21日 全市第一期依法治市培训班在省老干部局招待所开学。全市党政机关、事业单位100余名在职科级干部参加培训。

20日 全市700余名非公有制经济代表人士现场聆听三株集团总裁吴炳新作《民营企业的经营方略和市场营销》报告。

20—27日 深圳市红十字会灾后重建考察团一行到新建、进贤、安义县和郊区察看灾情，决定向灾区捐款229万元帮助重建家园。

21日 全市学习邓小平理论工作会议在市委小礼堂召开。会议传达贯彻全国、全省学习邓小平理论工作会议精神。会议强调，广大党员干部特别是各级领导干部要增强学习的自觉性，坚决克服和纠正一切忽视理论学习的现象，真正把深入学习邓小平理论这一重大而紧迫的任务落到实处。钟家明、陈绍翔、蒋如铭、陈守朴、熊焕高出席并讲话。各县区分管书记、组织部长和宣传部长、市直各有关单位负责人150余人参加。

同日 市房管局从社会各界聘请12人担任行风监督员。

22日 全市滨湖地区水利冬修现场会在南昌县蒋巷镇召开。会议强调，要发扬抗洪精神，抓住时机，突出重点，精心运作，确保质量，全面完成滨湖地区年度水利冬修任务。李豆罗主持。钟家明、田新芳出席并讲话。李小南，省水利厅厅长刘政民、省农科院党委书记肖春云等出席。南昌县、新建县、进贤县主要领导和分管领导及有关部门和重点乡镇负责人参加。

同日 全市农村土地延长承包期工作会议召开。会议强调，各涉农县区要统一思想，规范程序，抓紧时间，加强检查，坚定不移地贯彻土地承包期再延长30年的政策，让农民吃上"定心丸"。田新芳出席并讲话。南昌县、新建县、进贤县、安义县、郊区、青云谱区、湾里区、昌北开发区等涉农县（区）有关领导及市农业局负责人参加。

23日 全市有形建筑市场工作会议召开。会议传达全国及全省有形建筑市场工作会议精神。会议强调，要规范建筑市场行为，加强管理，遏制建筑领域的腐败现象，推动建筑业健康发展。罗为民出席并讲话。

同日 香港陈延骅基金会捐资兴建的新建县大塘坪乡福和希望小学竣工。

同日 香江家具光彩大市场向新建县厚田乡灾区捐赠大米1万公斤。

24日 全市城市防洪水利冬修现场会在郊区召开。会议强调，城市防洪水利冬修要按照市委、市政府提出的大灾大治、大灾大干的目标，抓紧时间，争分夺秒，力争在年内突破主要任务，春节后全部扫尾过关。钟家明出席并讲话，李豆罗主持，田新芳、罗为民出席。市直有关单位、部门负责人参加。

25日 庆祝环卫工人节暨城市美容师表彰大会在工人文化宫召开。会议宣读钟家明、刘伟平代表市委、市政府和全市人民《致全市环卫工人的一封信》；授予万玉娥等10人"城市美容师"称号。蒋如铭出席并讲话，余志坚、程光茹、罗为民、赵国梁等出席。

26日 全市安置下岗职工再就业"满堂红"居委会和"一帮一"达标单位表彰大会在市委礼堂召开。李豆罗宣读市委办公厅、市政府办公厅关于对社区服务安置下岗职工再就业"满堂红"居委会的表彰决定和关于对"一帮一"整体分流安置下岗职工达标单位的表彰决定。281个"满堂红"居委会（家居会）和28个单位获得表彰。钟家明、余志坚出席并讲话，希望全市上下按照党中央、国务院和省委、省政府提出的要求，真正把下岗职工再就业当作头等大事来抓，一手抓当前，一手抓1999年工作准备，努力作好下岗职工再就业工作，为全市改革、发展、稳定做出新的更大贡献。陈绍翔主持，蒋如铭、史骏飞、程金鹏、陈守朴、田新芳、周启球、周根保、熊焕高出席。

27日 全市养老保险工作会议在市劳动局会议室召开。会议强调，要加强调查研究，制订科学对策，加大工作力度，多渠道筹措资金，使全市养老保险工作迈上新台阶。陈绍翔出席并讲话。

28日 以人民的好警察、群众的贴心人邱娥国为生活原型的电影故事片《阳光小巷》首映式在滨江宾馆举行。

同日 全市政法机关不再从事经商活动工作会议在市委会议室召开。会议总结前一阶段工作，研究部署下一步政法机关企业撤销和交接工作。周启球传达全省政法机关不再从事经商活动工作会议精神。陈绍翔出席并讲话，要求各级党委、政府和政法机关掌握政策、严明纪律，确保企业按时顺利交接。

29日 由南昌安全防范设备厂开发研制的“F54B-26-SB Ⅱ型复合防弹玻璃”通过公安部质量检测。

30日 南昌市举行报告会，红桃开集团执行总裁黄立平作《先进经验和经营策略》报告。蒋如铭、张锦裳、邓启明、赵国梁、肖宣祥、张富，市乡镇企业局和个体私营、民营、“三资”、乡镇企业有关人员共260余人听取报告。

31日 市委、市政府在市委礼堂为省十运会功臣授奖。陈绍翔宣布市委、市政府嘉奖决定。钟家明、陈绍翔、蒋如铭、史骏飞、程金鹏、陈守朴、余志坚、周启球、李豆罗、钟乐初等出席会议并授奖。在省十运会上，南昌市体育代表团共获金牌256.5枚、银牌169.5枚、铜牌125枚、团体总分5892.5分，1人2次打破3项世界纪录，57人次打破32项省纪录。

1998

11月 November

公元1998年11月							农历戊寅年【虎】						
日	一	二	三	四	五	六	日	一	二	三	四	五	六
1 十三	2 十四	3 十五	4 十六	5 十七	6 十八	7 立冬	8 二十	9 廿一	10 廿二	11 廿三	12 廿四	13 廿五	14 廿六
15 廿七	16 廿八	17 廿九	18 三十	19 初一	20 初二	21 初三	22 小雪	23 初五	24 初六	25 初七	26 初八	27 初九	28 初十
29 十一	30 十二												

1日 郊区全面完成企业改制任务，426家企业完成改制。

2日 市委办公厅、市政府办公厅发出《关于认真贯彻赣办字〔1998〕107号文件精神，进一步加强我市森林防火工作的紧急通知》，要求增强防火意识，层层落实责任；严格火源管理，切实消除隐患；保证防火必需资金投入，做好扑灭火灾准备；加强森林防火基本队伍建设和指挥体系建设。

3日 全国传染病专科医院中第一个肝病介入诊疗中心日前在市第九医院创办。介入医学是近来在国际上迅速发展起来的一门融医学影像和临床治疗学为一体的新兴边缘学科，可应用于各个系统组织、器官疾病的诊断和治疗。

同日 全市农业产业化工作会议召开。会议通报农业产业化进展情况，总结实施农业产业化工作经验，部署1999年任务。

4日 市人大常委会颁布《南昌市城市中小学校用地保护规定》。

同日 市贤士湖农副产品批发市场被农业部评定为“菜篮子工程”定点市场。

5日 以泰国钢铁有限公司董事长沈忠明为团长的泰马德德社慈善寻源团抵达南昌进行友好访问。9日，该团泰国、马来西亚等地华人会员向南昌市灾区捐赠40.2万元和价值5000元药品的。

同日 在国土资源部举办的全国小城镇发展与土地集约利用研讨会上，进贤县文港镇报送的《集约用地、以地聚资、加快小城镇建设》《华夏笔都——文港》分别获“优秀论文奖”和“优秀图展奖”。

同日 省直机关工委组织南昌地区14所高等院校教职员工捐赠2.2万余件棉衣、棉裤和3700余床棉被送到进贤县各灾区。

6日 昌北粮库正式开工建设，江西省中央直属储备粮库建设全面进入施工阶段。

同日 全市公安机关创建人民满意派出所现场会在西湖公安分局召开。会议宣读市公安局《关于开展向筷子巷派出所学习的决定》。筷子巷派出所负责人介绍创建人民满意派出所活动做法和经验。陈绍翔出席并讲话，强调人民警察要心里装着人民，时刻想着群众，严格执法，文明执勤，热情服务。

7日 全市积极发挥舆论监督作用座谈会在市委六楼会议室召开。南昌晚报社、南昌电台、南昌电视台、南昌有线电视台、江西日报社昌抚分社、江西广播电视厅南昌记者站主要负责人，就如何开展和进一步搞好舆论监督工作发言。钟家明、陈绍翔出席并讲话，强调新闻宣传工作要坚持以正面宣传为主方针，积极发挥舆论监督作用，把握正确舆论导向，为改革、发展、稳定大局服务。陈守朴主持，余志坚出席。

8日 湾里区城市管理监察大队成立。

9日 省市领导黄智权、凌成兴、李豆罗和省市消防部门负责人深入洪城大厦、福山地下商城、九州商厦等市消防重点整改单位实地察看消防设施情况，召开消防安全整改现场会。黄智权强调，各级都要大力宣传《中华人民共和国消防法》，增强人们消防意识；要加大消防执法监督力度，层层落实消防责任制；继续加大整改力度，进一步加强消防基础设施建设，做到防患于未然。

9—10日 钟家明、余志坚在东湖区、西湖区考察城区工作。

10日 全市国有企业改革与发展研讨会召开。会议就国有企业遇到的困难和问题进行研讨。南昌亨得利钟表眼镜公司、南昌百货总公司、江西变压器有限责任公司等15家企业和单位交流改革经验及体会。蒋如铭出席并讲话，强调国有企业要深化改革加快发展，必须进一步解放思想、振奋精神、抓住重点、奋力攻坚、配套推进、协调进行。市直有关部门、市属国有大中型企业和部分金融单位负责人参加。

同日 全市精神文明建设成果图片展在市工人文化宫展出。展览突出反映南昌市改革开放20年来，各行各业在精神文明建设方面所取得的成果。重点展示在塑造省会文明城市，在思想道德和文化建设，创优美环境、优良秩序、优质服务、优化管理等方面的成绩；展示广泛开展“讲文明、树新风”活动，市民“三德”（社会公德、职业道德、家庭美德）、“四有”教育和群众性三大创建活动取得的成绩；展示强化法制教育，推行依法治市，纠正行业不正之风，扫黄打非净化文化市场等方面取得的成绩；展示军民共建、警民共建系列活动取得的成绩，展示农村在提高农民素质、创建“十星级”农户和开展“四进家门”活动等方面取得的成绩。陈绍翔、陈守朴、瞿祖一、赵国梁前往观摩。

12日 全国十家示范园之一——江西省农业科技推广示范园区第一期工程在南昌县蒋巷乡开工。该园区由3个示范区组成，包括水稻及油料高科技推广示范区、水产精养高产立体养殖示范区、良种商品猪养殖示范区，以实现园区农业园林化、种植区域化、灌溉节水化、耕作机械化、栽培模式化、产出高效化为标准。

同日 全市粮食市场整顿工作会议在市政府第三会议室召开。会议总结前一阶段工作，研究部署下一步任务。会议强调，要提高思想认识，增强责任感，加大对粮食收购市场监管力度，确保粮食流通体制改革顺利进行。李豆罗、雷武江出席并讲话。

13日 全市开展整顿金融“三乱”（乱集资、乱批设金融机构、乱办金融业务）工作。此次整顿金融“三乱”范围：整顿未经依法批准，以任何名义向社会不特定对象进行的集资活动，主要打击以非法占有为目的，使用诈骗方法从事的非法集资活动；整顿未经批准，擅自从事还本付息或者以支付股息、红利等形式向出资人进行的有偿集资活动；整顿以发起设立股份公司为名，变相募集股份集资活动；整顿乱批设金融机构，乱办金融业务等。

同日　共青团广东省委捐资20万元兴建的东方村希望小学奠基仪式在南昌县新联乡举行。

14日　南昌铁路局运输收入完成14.93亿元，提前47天完成铁道部下达的14.9亿元的运输收入计划。

15日　南昌市举办“首届学生电影放映周”活动。期间推出《背起爸爸上学》《花季•雨季》2部电影精品。活动旨在进一步加强全市中小学生的思想道德建设，推动学校素质教育。

16日　钟家明考察青云谱区工作，要求抓住机遇、加快城区两个文明建设全面发展。

17日　省委、省政府召开永修、都昌、星子、新建、波阳五县重灾区重建工作组组长座谈会。省领导舒圣佑到会讲话，强调重灾区要迅速把工作重点转到重建家园、发展经济上来。

19日　市农产品中心批发市场建成开业。该市场座落于井冈山大道，市场内共有经营店面530间，经营面积达4万余平方米。其中蔬菜店面220间，果品店面148间，粮食店面132间，禽蛋店面18间，简易店12间。市场内有3个停车场，面积总计6700平方米。这是江西省乃至江南规模最大、起点较高的龙头型农产品批发交易市场。

20日　全市水利冬修现场会在进贤县召开。会议强调，要加强水利基础设施建设，注重施工质量，争取在年底之前保质保量完成护坡任务，确保水利冬修任务全面完成。钟家明、陈绍翔、蒋如铭、田新芳、李豆罗、李小南等出席。南昌县、新建县、进贤县、安义县、郊区等县区主要领导和分管领导及市直有关部门领导参加。

21日　由江西绿色工业集团、上海药房股份有限公司、上海统一文化贸易有限公司合作成立的上海绿色健康服务有限公司在上海新锦江饭店挂牌。

同日　凌晨零时45分，江西纸业有限责任公司贮木场发生火灾。1时18分，市消防支队调集全市31辆消防车和300余名消防官兵赶赴火场扑救。省消防总队调集宜春、抚州、九江、吉安4个消防支队共10辆消防车和70余名官兵增援。经过消防官兵和群众奋力扑救，火势于10时得到控制，22日上午10时被彻底扑灭。这次火灾共烧毁造纸原料松木段近1万立方米，经济损失500万元，未造成人员伤亡。

23日　全国公安系统抗洪抢险先进事迹报告会在江西艺术剧院举行。省市领导厉志成、罗为民及省市有关部门负责人，省市公安机关、公安消防部队、大专院校师生、省直机关干部共1600余人出席。

同日　全省规模最大、品种最齐全的家具专业市场——香江家具光彩大市场竣工开业。

24日　中共中央政治局常委、国务院副总理李岚清到新建县铁河乡考察灾后重建工作。

同日　以三浦利通为团长的日本若美町农业考察团一行参观考察南昌县大膜蔬菜基地、对虾基地和南昌高新区有关企业。

同日　省统计局组织的1998年江西市场品牌调查揭晓，南昌卷烟厂生产的“金圣”和“南方”牌卷烟双双被评为“1998年江西市场占有率最高品牌”“1998年江西用户认定质量最佳品牌”和“1998年江西用户购物首选品牌”。

同日　全市“双评”活动经验交流会在市委小礼堂召开。市市政公用局、市计委、市工商局、市技术监督局、市民政局和市卫生局介绍本单位开展“双评”活动的基本情况、主要做法、经验体会、取得成绩和今后打算。蒋如铭出席并讲话，强调“双评”工作要继续引向深入，常抓不懈，加强领导，狠抓落实，健全制度，加强监督，为全市改革开放和经济建设提供良好环境。陈守朴主持，周启球、熊焕高、孔炯、肖宣祥出席。市“双评”工作领导小组成员，市“双评”办聘请的评议员，各县区、各单位主要领导，分管“双评”工作的领导和“双评”办负责人参加。

25日 南昌市举行特约“四员”（监察员、检察员、审计员、教育督导员）颁证仪式，聘请24名民主党派成员和无党派人士担任特约“四员”。蒋如铭、张锦裳出席。

同日 全市防火安全生产会议召开。会议通报1—10月火灾情况及江西纸业有限公司特大火灾经过。姜任保出席并讲话，要求各单位、各部门健全安全设施，加强自查、自纠、自监工作力度，确保不发生重大火灾事故。各县区、各单位主要负责人参加。

26日 全国妇联副主席、书记处书记华福周一行先后考察江铃汽车制造公司、湖坊乡热心村、肖坊村现代庄园和西湖区上海路第七居委会，调研南昌市五好文明家庭、文明楼院创建和社区服务工作。

同日 全市离退休干部党支部建设暨关心下一代工作经验交流会在市委小礼堂召开。会议总结交流全市退休干部党支部建设和关心下一代工作经验，研究探讨新形势下进一步做好离退休干部党支部建设和关心下一代工作有效途径。市教委关工委、市人防办、安义县委老干部局、市老干部爱国主义报告团、市郊区关工委等5个单位分别介绍离退休干部党支部建设和关心下一代工作经验。蒋如铭出席并讲话，强调进一步加强离退休干部党支部建设和推进关心下一代工作，要抓关键、下功夫。熊焕高和省委老干部局负责人出席。

27日 南昌、新建两县分别通过基本消灭麻风病省级考核验收。至此，全市基本消灭麻风病。

28日 市政府同意：南昌扬子集团有限公司采取划拨式整体兼并江西汽车运输轮胎厂；江西长运集团有限公司整体兼并南昌宏伟塑胶制品厂、南昌玛钢厂；江西长运集团有限公司采取划拨式整体兼并进贤县汽车运输公司。

同日 南昌艺术职业学校挂牌成立。

同日 湾里区翠岩寺佛像开光暨第一届水陆法会举行。

30日 市属企业家委会社区服务安置下岗职工再就业工作会议在市委小礼堂召开。会议强调，要加大家委会建设力度，抓住各种机遇，多渠道、多形式拓宽再就业渠道，巩固已兴办的社区服务网点，充分利用市属企业的现有条件，增设新的社区服务网点，增加就业岗位，基本完成家委会辖区内下岗职工安置任务。钟家明、余志坚出席并讲话，李豆罗主持。江西第四机床厂等3个家委会代表介绍安置下岗职工经验。三城区分管民政工作党政领导、各街道主要负责人、市属企业家委会主任和市直有关部门、市属有关企业主要负责人共150余人参加。

同日 南昌市乡镇级土地利用总体规划率先在全省全部通过评审。

1998

12月

December

公元1998年12月							农历戊寅年【虎】						
日	一	二	三	四	五	六	日	一	二	三	四	五	六
		1 十三	2 十四	3 十五	4 十六	5 十七	6 十八	7 大雪	8 二十	9 廿一	10 廿二	11 廿三	12 廿四
13 廿五	14 廿六	15 廿七	16 廿八	17 廿九	18 三十	19 初一	20 初二	21 初三	22 冬至	23 初五	24 初六	25 初七	26 初八
27 初九	28 初十	29 十一	30 十二	31 十三									

1日 全市气象工作会议召开。会议强调，要在全市建立自动化程度较高的气象灾害综合探测系统、卫星通信系统及分布式计算机网络系统，建立气象防灾减灾指挥中心，发展农村和城市天气警报系统，让气象科技为全市经济建设做出新的贡献。钟家明、田新芳、李豆罗及省气象局负责人出席并讲话。各县区分管气象工作负责人及有关单位领导60余人参加。

同日 全市各县（区）土地管理局（分局）在乡镇设立的派出机构——土地管理所正式挂牌运作。

2日 市委、市政府在市委小礼堂设立分会场，收听省委、省政府召开的全省学习贯彻中共中央、国务院《关于实行党风廉政建设责任制的规定》电话会议实况。钟家明、陈绍翔、蒋如铭、周启球出席并讲话，就全市学习贯彻执行工作作进一步动员和部署。市县区各套班子成员，市委各部门、市直各单位主要负责人参加。

同日 在全省精神文明建设表彰大会上，鹰潭站、上饶站、萍乡机务段、上饶医院、南昌机械学校、南昌卫校、南昌建筑、电务工程公司等8个单位，以及67/8次、游7/8次、庐山号旅客列车分别被评为“省级文明单位”。

同日 中美合资ATT（中国）国际微电子有限公司合同签字仪式在江西宾馆举行。美国亨特公司与江西绿色照明集团公司代表在合同上签字。省市领导舒圣佑、李豆罗、雷武江等出席。

3日 市委发出《关于批转市法制宣传教育工作领导小组〈关于南昌市“九五”期间依法治市的规划〉的通知》，提出全市“九五”期间依法治市的指导思想、基本原则和目标任务。要求建立和完善由市委统一领导，市人大监督，市人民政府、市中级人民法院、市人民检察院分工负责，分别实施，各县区、各部门独立运行的依法治市工作领导体制和工作机制；认真制定依法治理规划；实行依法治市工作“一把手”负责制；严格考核，确保质量；认真查处和辞退明显不适应在执法岗位工作的人员；设立“南昌市执法标兵奖”；加强依法治市舆论宣传工作；加大投入，保障经费。

同日 南昌十七中西藏班被国家民族事务委员会评为“全国民族团结进步模范单位”。

4日 南昌化工集团正式组建。该集团由南昌电化有限责任公司、南昌农药有限责任公司、江西映山红农化有限责任公司、南昌橡胶厂、南昌丰华橡胶厂、南昌第二化工原料厂、江西化学工业搪瓷有限责任公司、南昌化工原料厂、南昌造漆厂、江西昌丰精细化工厂、南昌化工供销公司等组成。

同日 市政府发出《印发〈南昌市县区粮食系统改革实施方案〉（试行）的通知》，对县区粮食系统改革总体框架等作出规定。

同日 全市纪念中共十一届三中全会20周年研讨会在省团校召开。陈绍翔出席并讲话指出，要深刻认识三中全会的历史地位和重大贡献，进一步认清邓小平理论的历史地位和指导意义，进一步用邓小平理论武装全党，解放思想，开拓进取，艰苦奋斗。市各行各业从事社会科学理论研究的学者、教授、理论工作者及有关方面的负责人共100余人参加。

同日 全市农村职业教育工作会议在新建县召开。会议总结全市农村职业教育工作，研究部署下一阶段任务。会议强调，各县、区政府要对职业教育重新认识、重新定位，切实加强对职业教育工作的领导和管理，为职业教育的发展提供组织保证和政策措施。同时要在“农”字上狠下功夫，加快农村职业教育办学体制、管理体制和运用体制的改革，建设示范性职业学校，使职业教育面向农村、面向农业、面向农户，促进当地经济的繁荣与发展。钟乐初出席并讲话，市教委、市科委、市农委和各县区负责人参加。

同日 马来西亚南源永芳集团董事长姚美良一行参观考察江西绿色工业集团、江铃汽车集团公司和滕王阁。

同日 卫生部授予市卫生局“抗洪抢险救灾防病先进集体”称号，授予市卫生防疫站左一文、进贤县卫生局何大波“先进个人”称号。

7日 市直机关国家公务员（机关工作人员）任职培训班开学。蒋如铭出席并授课，要求学员们努力学习、勤奋工作，做合格的人民公仆。

同日 全市文化市场工作会议召开。会议传达贯彻落实省领导舒惠国就文化市场工作所作的重要批示精神，总结1998年工作，研究今后管理措施。会议要求，坚决取缔电脑游戏室，取缔无证歌舞娱乐场所、电子游戏机室；对现有证照齐全经营的歌舞娱乐场所、电子游戏机室进行清理整顿，整顿不合格者，取消其经营资格；严厉查处无证演出及不健康表演、严厉打击卖淫嫖娼活动；歌舞娱乐场所一律挂牌服务，向社会公开承诺，做到守法经营，文明经营。陈绍翔出席并讲话，陈守朴主持。钟乐初，市宣传、文化、广播电视、公安、工商、物价、税务等部门负责人参加。

同日 市妇联十届六次执委会在市妇联会议室召开。会议审议通过李芸代表市妇联十届常委会作的工作报告；选举李芸为市妇联主席。

8日 市委七届八次全体会议在市委小礼堂召开。会议传达贯彻中共十五届三中全会和省委十届九次全会精神，研究部署农业和农村工作，原则通过《中共南昌市委关于认真贯彻党的十五届三中全会和省委十届九次全会精神的工作要点》。钟家明出席并讲话，强调农村和城市工作都要按照“两商先行、两业提升、三城并重、项目推进、责任到人”20字方略的要求，进一步聚焦“一稳”（认真贯彻中国共产党在农村的基本政策，确保农村社会稳定）、“两转”（围绕大幅度增加县乡财政收入，加快农业人口非农化和农村城镇化的转变进程）、“三加强”（加强水利建设、加强科技推广、加强基层基础工作）上来。市委委员、候补委员出席。不是市委委员、候补委员的市人大、市政府、市政协党组成员，市纪委常委，各县区委书记、县区长，市委各部门、市直各单位、市政府驻外办事处党员主要负责人，市直机关帮助灾区恢复生产、重建家园、发展经济工作组牵头单位负责人列席。

市委七届八次全体会议召开

同日 昌北机场高速公路建成通车。公路主线4.2公里、立交匝道5.4公里，为4车道全封闭、全立交高速公路，设计时速100公里／小时。

9日 全市乡镇企业改革与发展经验交流暨1997年度总结表彰会议在郊区召开。会议强调，要继续贯彻“坚持大发展、突出大提高、着力抓效益”方针，不断深化改革，积极创新，科技兴企，增强实力，搞活营销，开拓市场，推动乡镇企业上规模、上档次、上水平。会议表彰1997年度发展乡镇企业的先进单位。郊区、南昌县、进贤县、安义县获综合目标奖；新建县、青云谱区、湾里区、昌北开放开发区获单项奖；李渡出口花炮厂、江西汇仁集团等16个乡镇企业获最佳经济效益奖。会议期间，与会代表先后考察江西宏湖钢管有限公司、南昌民营科技园、香江家具光彩大市场、现代庄园和艾溪湖度假村等单位。钟家明、田新芳出席并讲话，李豆罗主持。孔炯、瞿祖一出席。市直有关单位和南昌县、新建县、进贤县、安义县及青云谱区、湾里区、郊区、昌北开发区有关负责人共200余人参加。

10日 市委、市政府发出《关于进一步加快发展个体私营经济的决定》，强调发展个体私营经济是加快全市经济发展的重大战略举措；进一步放宽政策，为个体私营经济发展提供优质公平服务；切实保护个体工商户、私营企业的合法权益；加强领导，确保实现发展个体私营经济的目标。

同日 全市发展个体私营经济工作会议在市委礼堂召开。雷武江宣读市委、市政府《关于进一步加快发展个体私营经济的决定》。会议强调，发展个体私营经济要坚持层次推进，多形式发展，多方位开拓。钟家明、蒋如铭出席并讲话，史骏飞、程金鹏、陈守朴等出席。各县区委书记、县区长，市直有关部门的主要负责人，市直有关部门中层干部，部分个体工商户、私营业主共700余人参加。

同日 东湖公安分局治安大队在依法查处“海上乐园”夜总会淫秽及赌博等违法活动时，遭到该夜总会经理赵某等20余名不法分子围攻殴打，张智勇等3名民警受伤。

11日 市法学会第三次代表大会在市委小礼堂召开。陈绍翔出席并讲话，要求市法学会充分发挥优势和特点，服从服务于党和国家的中心工作，为保障改革、促进发展、维护稳定发挥更大的作用。大会推举陈绍翔、刘汝舟为名誉会长，选举产生新一届常务理事、会长、副会长，崔可夫当选为会长。刘汝舟、吴才仁出席。

13日 南昌县蒋巷镇柏岗村获全国平原造林绿化“千佳村”称号。

14日 全市培养选拔女干部、发展女党员工作座谈会召开。会议传达全国、全省培养选拔女干部、发展女党员工作座谈会精神，总结1995年以来全市选拔女干部、发展女党员工作所取得的成绩。会议认为，要从跨世纪战略高度出发，明确目标，加快步伐；要坚持标准，突出重点，不断壮大女党员队伍；要加强领导，协调配合，形成做好培养选拔女干部、发展女党员工作合力。各县区委组织部、县区妇联、市直有关单位共负责人40余人参加。

同日 扁担巷居民住宅小区、坝口巷邮电住宅小区、江铃梨园职工住宅小区和现代庄园获首批全市“文明安全小区”称号。

14—20日 马文率欧盟驻华代表团项目官员和专家一行到南昌，对欧盟援助江西省沙荒地开发项目进行评估。终期评估结论指出，该项目的独特性在于利用高科技解决江西沙荒地开发利用问题。该项目由欧盟无偿提供2680万元，于1993年9月开始在南昌、新建两县实施。

15日 市委办公厅、市政府办公厅发出《关于切实做好当前社会稳定工作的紧急通知》，要求各级党委、政府要从讲政治的高度，继续把稳定问题看得很重很重；要解决当前影响社会稳定的一些突出问题；完善处理影响社会稳定的各种突发事件的预案，提高快速反应能力；严格落实维护社会稳定的层级负责制和领导责任制，用铁的纪律来确保稳定；进一步增强群众观念，改进工作作风。

同日 首部《南昌年鉴（1998年）》正式出版发行。

16日 市政府发出《关于建立我市国有资产管理、监督和营运体系的通知》。

同日 香港镇泰集团名誉董事长李治元一行到进贤县二塘中学考察，并捐资25万元兴建该校教学大楼。

同日 南昌自来水水质获全国优秀。

16—17日 市总工会女职工委员会在滨江宾馆举办家庭美德、家庭科学讲习研讨暨百对恩爱夫妻庆典活动，邀请联合国国际教育基金会总裁石竣昊博士，副总裁杰克·考立、托尼·多维诺等10名专家到南昌讲学。

17日 全市县区信访工作会议在市委六楼会议室召开。会议强调，全市各级领导要高度重视信访工作，增强责任感，改进工作作风，提高服务水平。

18日 江西省第一批省级企业技术中心挂牌。省领导朱英培等为江铃汽车集团公司、江西制药有限责任公司、江南动能集团公司、江西东亚药业有限责任公司4家首批省级企业技术中心授牌。

同日 全市学习傅万才、做振兴国有企业带头人座谈会在市委小礼堂召开。傅万才是吉林化纤集团有限责任公司董事长兼总经理，是新时期国有企业经营管理者的优秀代表。蒋如铭、熊焕高出席并讲话，要求全市国有企业高度重视学习傅万才活动，认识到学习的目的是为推进振兴国企；国有企业领导干部要把傅万才作为一面镜子，鼓励自己，鞭策自己，做好企业带头人；要保持良好的精神状态，克服消极情绪，坚定办好国有企业的信心，抓住机遇，振兴国企；要学习傅万才的经营策略，提高驾驭市场经济决策能力，调动干部职工积极性，开创全市国企解困工作新局面。全市30多家国有大中型企业负责人参加。

19日 全市社会稳定工作会议在市委小礼堂召开。会议研究部署当前和两节、两会期间的社会稳定工作。会议强调，各级党委、政府要以对党和人民高度负责的精神，增强做好稳定工作的紧迫感和责任感，时刻保持高度的政治敏锐性，正确处理改革、发展和稳定的关系。钟家明、陈绍翔、蒋如铭出席并讲话，陈守朴、余志坚、姜任保、钟乐初、罗为民出席。

同日 全市领导干部现代科技知识报告会在市委礼堂举行。南昌大学教授陶海南应邀讲授现代生物工程内容。周启球、熊焕高、刘汝舟、孔炯、邹剑桥、罗时杰、张锦裳及全市600余名副县级以上领导干部参加。

同日　全市加强公务员队伍建设、促进政府机构改革法制讲座在市委小礼堂召开。人事部政策法规司法制处处长孔昌生应邀主讲。钟乐初主持，市政府各部门、各单位副县级以上干部共 170 人参加。

同日　南昌—宁波经济建设促进会成立。

20 日　在十一届中国图书奖评比活动中，江西省二十一世纪出版社出版的《莎士比亚戏剧故事全集》和百花洲文艺出版社出版的《祖国永远在我心中》获中国图书奖。

同日　市政府发布《南昌市科学技术进步奖励办法》，对申请市级科学技术进步奖的条件、市级科学技术进步奖的等级、市级科学技术进步奖的申报等做出规定。

同日　迎澳门回归倒计时 1 周年揭幕仪式在省展览中心举行。

迎澳门回归倒计时牌揭幕庆典仪式举行

22 日　市委、市政府发出《关于卫生改革与发展若干问题的决定》，强调深化卫生机构运行机制改革，增强卫生事业生机与活力；大力发展农村卫生事业，使农民享有初级卫生保健；改革城市卫生服务体系，发展城市社区卫生服务；加强政策扶持，加大卫生投入；加强党和政府对卫生工作的领导，保证各项卫生政策措施落到实处。

同日　洪都航空集团公司获“全国 CAD 应用工程示范企业”称号。

同日　南昌晚报社召开一社两报动员大会。陈守朴出席并讲话，要求《南昌日报》《南昌晚报》要有各自定位和风格，积极弘扬主旋律，呈现多样化，多借鉴别人长处，扬长避短，办出自己的特色，办出精品栏目。

23 日　全市全心全意依靠职工办企业经验交流暨表彰会在市总工会召开。会议对江铃汽车集团公司等十佳民主管理先进集体、江铃汽车集团公司董事长孙敏等十佳优秀党政领导干部和南昌柴油机有限责任公司舒玉平等十佳民主管理优秀积极分子进行表彰。蒋如铭出席并讲话，强调企业要坚持“依靠”方针，狠抓制度落实，充分发挥职工群众积极性，依靠职工推进改革，办好企业。江铃汽车集团公司、省农资集团公司、市公共交通总公司等单位介绍关于加强民主管理、全心全意依靠职工群众办好企业的经验。孔炯、吴才仁出席。

同日　安义县少儿活动中心大楼工地出土古铜币 2600 多枚，重量达 75 公斤。

24 日　市人大常委会颁布《南昌市殡葬管理条例》《南昌市村提留乡统筹管理条例》《南昌市城市房屋拆迁管理办法》。

同日　以中国驻巴基斯坦大使陆树林为团长的部分驻外使节访赣团一行，参观滕王阁、南昌八一起义纪念馆、洪城大市场和江铃汽车集团公司。

25 日　全市森林防火工作会议召开。会议传达全省有关森林防火会议精神。会议强调，全市森林防火工作要以防为主，落实防火责任制，确保核心防火区不出现火警火情。田新芳出席并讲话。市防火指挥部、市林业局等有关部门领导及各县区分管领导、防火办主任参加。

同日　中国红十字总会授予市红十字会“抗洪救灾先进集体”称号。

同日　全市学习邓小平理论培训班在省团校举行。

同日　市工商局、市物价局联合发出《关于开展企业动产抵押物价评估工作的通知》。

26日 国家一级企业——南昌二建公司经北京中国质量协会质量保证中心现场审核组审核，一次性通过ISO 9002质量体系认证。

同日 全市首家下岗职工再就业基地——南昌华群服装商场成立。

同日 中国人民银行南昌中心支行成立。

27日 市政府发布《南昌市人事争议处理暂行办法》，对人事争议处理机构与管辖、当事人、处理程序、执行与监督等做出规定。

同日 日本国青森县东北町町长老泽喜代治一行到新建县进行友好访问。该代表团与新建县政府签署《友好交流备忘录》，并捐资32万元在象山镇兴建一所希望小学——“新源小学”。新源小学于1999年9月1日竣工。

29日 全市卫生工作会议在市委小礼堂召开。会议传达贯彻全国、全省卫生工作会议精神，总结中华人民共和国成立以来全市卫生事业的成就和经验，研究部署卫生事业改革与发展工作。会议强调，全市各级党委、政府要把卫生工作纳入国民经济和社会发展总体规划，摆上重要议事日程，协调解决好卫生事业改革和发展过程中的重点、难点问题，加快卫生事业改革步伐和发展进程。市委、市政府授予李燕玲“南昌市模范护士”称号。会议表彰南昌县卫生局等3个农村乡（镇）卫生院危房改造和设备装配工作先进单位、李佑平等10名先进卫生工作者、市计委等12个国家血防试点工作先进集体和刘荣辉等28名先进个人。市政府与各农业县区负责人签订乡（镇）卫生院危房改造及设备装配责任状。钟家明、钟乐初出席并讲话，李豆罗主持。陈绍翔、史骏飞、程金鹏、陈守朴、余志坚、周启球、熊焕高出席。各县（区）长、分管副县（区）长、卫生局长；市直医疗卫生单位党政主要负责人；驻市企、事业单位职工医院院长、市卫生协会常务理事参加。

同日 省市纪念改革开放二十周年暨1999年元旦文艺晚会在江西艺术剧院举行。省市领导舒惠国、舒圣佑、黄智权、冯金茂、钟家明、陈绍翔、蒋如铭、周根保等出席。

同日 老八一大桥最后4个桥墩全部拆除，老八一大桥拆除爆破工程圆满结束。

30日 郊区热心集团洪城制药厂厂长刘琪获“全国乡镇企业优秀厂长”称号。

31日 市委、市政府发出《关于命名表彰1996—1997年度市级文明单位标兵、市级文明单位的决定》，授予武警南昌市支队等10个单位为“南昌市1996—1997年度文明单位标兵”；授予南昌高新区等597个单位为“南昌市1996—1997年度文明单位”。

是月 南昌县开始农村电网改造。

是月 南昌市在全国率先改革工伤保险制度，基本形成以事故预防、伤亡补偿和劳动康复的三位一体工伤保险体系。

是年

是年 洪都航空工业集团江西洪都助力车公司先后收到瑞典、法国、荷兰、西班牙4国的订单。

是年 新建县出现历史上罕见的特大洪水。全县26座万亩以下堤坝在外洪内涝的夹击下，相继漫顶，灾情十分严重。全县受灾8.6万户、43.3万人。早稻绝收面积1.44万公顷，一季晚稻绝收8666.7公顷，双季晚稻荒芜1.43万公顷；经济作物（花生、蔬菜、棉花等）受淹1.15万公顷，绝收1.1万公顷；鱼塘受淹773.3公顷；房屋损坏2900栋、13795间，倒塌2589栋、12765间；倒塌村办小学18所。倒塌猪牛栏4345间；损坏机电泵站80余座、11500千瓦；损坏广播线路620公里。全县经济总损失13.2亿元。

1999

市级领导班子和领导干部“三讲”教育动员大会召开

概要

1999年，市委、市政府深入贯彻中共十五大、十五届三中全会和中央、全省经济工作会议精神，全面落实中央扩大内需的战略方针，按照“解放思想、全面推进、真抓实干、振兴南昌”的总体要求，和“两商先行、两业提升、三城并重、项目推进、责任到人”20字方略及“一稳、两转、三加强”工作部署，精心运作，狠抓落实，全面完成国民经济和社会发展各项任务。

深化国企改革 市委、市政府出台一系列扶持国企改革和发展的政策。9月2日，市委办公厅、市政府办公厅发出《关于加快扶持我市工业大企业发展的意见》《关于进一步放开搞活我市国有（集体）中小企业若干措施》。10月9日，市委七届九次全会召开，研究部署全市国有企业改革和发展工作。11月29日，市委、市政府发出《关于国有企业改革和发展的实施意见》，提出国有企业改革和发展的指导思想与目标、思路与工作重点，并明确具体措施。按照“抓大放小”的方针，积极推进企业转机建制，出台并实施关于国有企业兼并、出售、股份合作制、破产、租赁、风险责任承包、托管7个试行办法，组建赣江农用车、长运汽车、明天电光源等5个企业集团，联合、兼并企业20家，对资不抵债、扭亏无望的18户企业依法实施破产。

开展“三讲”教育 2月10日，市委发出《关于在县级以上党政领导班子、领导干部中深入开展以“讲学习、讲政治、讲正气”为主要内容的党性党风教育的通知》。10月28日，市委发出《关于市委、市政府、市人大、市政协领导班子和领导干部“三讲”教育实施方案》，并召开市级领导班子和领导干部“三讲”教育动员大会，学习贯彻中共中央办公厅、国务院办公厅《关于党政机关领导干部不兼任社会团体领导职务的通知》及全国、全省有关会议精神，部署“三讲”教育工作。11月，市级领导班子和领导干部“三讲”教育转入第二阶段（民主评议和民主测评）。12月，市级领导班子和领导干部“三讲”教育转入第三阶段（交流思想，开展批评）和第四阶段（认真整改，巩固成果）。12月26日，市委召开市级领导班子和领导干部“三讲”教育总结大会，总结集中教育工作，通报整改措施。29日，市委发出《中共南昌市委“三讲”教育整改方案》。

基础设施建设 城市基础设施进一步改善，滕王阁110千伏变电站建成投入使用，青云水厂二期工程竣工投产；二七北路和洛阳路连通工程、四湖治理和抚河故道整治工程已近尾声。“一江两岸”沿江道路工程、新南昌火车站、安居工程按计划要求组织施工，新八一大桥建设进展顺利，麦园垃圾填埋场、青山湖污水处理厂一期工程、第二气源厂、西湖110千伏变电站等项目前期工作抓紧进行。9月15日，南昌昌北机场通航，中共中央政治局常委、全国人大常委会委员长李鹏为机场题写场名。

加强党风廉政建设 3月5日，市委、市政府发出《关于贯彻落实党风廉政建设责任制的通知》。要求认真学习宣传，切实领会中共中央、国务院《关于实行党风廉政建设责任制的规定》和省委、省政府《关于贯彻落实中共中央、国务院〈关于实行党风廉政建设责任制的规定〉的实施办法》精神，层层建立党风廉政建设责任制。12月29日，市委发出《关于加强和改进干部工作的意见》，要求严格按照《党政领导干部选拔任用工作暂行条例》的规定选拔任用干部，切实把好选人用人关。

预备役部队建设 1月7日，市委、市政府、南昌军分区发出《关于认真做好预备役部队调整改革工作的通知》，从统一思想认识、组建任务和领导关系、预任官兵的选配、当前要抓好的几项主要工作四个方面提出要求。5月17日，市委、市政府、南昌军分区发出《关于加强预备役部队建设的暂行规定》，从组织建设、领导关系、人员选配、行政管理、有关保障、奖励处罚六个方面提出要求。

农村基层组织建设 1月14日，全市村务公开、民主管理工作现场会在郊区扬子洲乡联民村召开。28日，全市农村基层组织建设工作会议和全市村务公开、民主管理工作会议召开，传达贯彻全省农村基层组织建设工作会议精神，要求积极稳妥地把村务公开、民主管理工作引向深入。3月27日，全市村务公开、民主管理及创办示范服务基地工作现场会在安义县召开，强调推进村务公开、民主管理工作要让农民真正当家。

“创卫”工作 以塑造文明省会城市形象为目标，把争创全国卫生城市工作当作民心工程来抓。一手抓硬件建设投入，新建改造一批市容环卫设施，狠抓道路、公园、庭院的植树绿化工作；一手抓市容市貌综合整治，先后开展环卫“四大清理”（小街小巷、庭院楼道、垃圾死角、农贸市场）和市容“五大整治”（市容观瞻、车辆清洗、灯饰广告、垃圾广告、夜市摊点）。在第四次全国城市卫生检查评比中，得到国检团和广大市民的好评。国检结束后，“创卫”工作队伍不撤，力度不减，坚持长效管理，防止回潮反弹。

取缔邪教“法轮功” 7月22日，市直各部门、各单位组织收听收看中共中央《关于共产党员不准修炼“法轮大法”的通知》、民政部《关于取缔法轮大法研究会的决定》、公安部发布的通告及《李洪志其人其事》。23日，市委召开全市负责干部大会，通报中共中央关于处理邪教“法轮功”问题的文件精神。此后，全市广大党员、干部、群众通过学习座谈，表示坚决拥护党中央的正确决策，在政治上、思想上、行动上与党中央保持一致，自觉维护社会政治稳定，保证改革开放和社会主义现代化事业健康发展。8月2日，市委召开全市负责干部会议，传达贯彻中央、省委关于处理邪教“法轮功”问题的指示精神，部署有关工作。

1999

1 月

January

公元1999年1月							农历己卯年【兔】						
日	一	二	三	四	五	六	日	一	二	三	四	五	六
					1 元旦	2 十五	3 十六	4 十七	5 十八	6 小寒	7 二十	8 廿一	9 廿二
10 廿三	11 廿四	12 廿五	13 廿六	14 廿七	15 廿八	16 廿九	17 初一	18 初二	19 初三	20 大寒	21 初五	22 初六	23 初七
24 初八	25 初九	26 初十	27 十一	28 十二	29 十三	30 十四	31 十五						

1日 南昌火车站广场举行21世纪倒计时“世纪钟”揭幕典礼。“世纪钟”高9.6米，宽4米，长3米，由5个主要部分组成。最顶端为英文“21世纪”立体造型，接下来是一座直径1.5米双面石英钟，在四根不锈钢柱之间是一个由不锈钢环构成的原子模型，模型正面镶嵌着用发光管制成的“千年祝福”四个大字。底座上方为21世纪倒计时牌，底座上用中英文镌刻着联合国秘书长安南题写的新世纪祝福赠言。

同日 市委办公厅、市政府办公厅转发市委组织部、市民政局《关于在我市农村全面实行村务公开、民主管理制度的意见》，要求坚持先审核、后公开，全面规范地做好村务公开工作；坚持先民主决策、后组织实施，高起点地推进村级民主管理；坚持先公开跟村级有关的乡镇政务、后公开有关村务，逐步推进乡镇政务公开；建立健全村务公开、民主管理工作责任制和有关的责任追究制度，把村务公开、民主管理工作纳入制度化、法制化轨道；切实加强领导，积极稳妥地推进村务公开、民主管理工作。

5日 全市部分中青年专家和科技人才日前就如何提高素质，争做科技兴市带头人进行座谈。熊焕高出席座谈会并讲话，要求中青年专家和科技人才认清形势，坚定信心，以良好的精神状态和必胜的信心去抓住前所未有的发展机遇，迎接新世纪的挑战；努力学习，提高素质，跟上时代发展步伐，提高运用综合学科知识解决实际问题的能力；深入实际，发挥作用，走出“象牙塔”，深入社会实践第一线，注重在“科技兴市”中发挥带头作用，促进全民科技意识的提高。

6日 市委办公厅、市政府办公厅发出《关于认真贯彻中央和省〈关于进一步加强信访工作的通知〉的通知》，强调从讲政治、维护社会稳定的高度，充分认识做好信访工作的重要意义，增强工作的紧迫感和责任感；切实加强领导，坚决落实信访工作领导责任制；增强基层就地化解矛盾的能力，努力减少群众越级访和集体访；增强群众观念，满腔热情地为群众排忧解难；加强信访工作机构和队伍建设，提高信访工作水平。

同日 青云谱区重点保护企业揭牌仪式举行。南昌轻工机械厂、南昌洪鹰机械厂、江西大成车灯开关厂、江西南爵风士达摩托车有限公司定为重点保护企业。

同日 市再生资源总公司兴办市旧自行车交易市场。

7日 市委、市政府、南昌军分区发出《关于认真做好预备役部队调整改革工作的通知》，要求统一思想认识、组建任务和领导关系，抓好当前几项主要工作。

同日 市政府、南昌军分区发出《关于认真做好新年春节期间双拥工作的通知》，要求以弘扬伟大的抗洪精神为主题，广泛进行双拥优良传统教育；围绕促进国家和军队的改革建设，深入扎实地搞好双拥共建工作；认真研究新情况新问题，抓好各项优抚政策法规的落实；以基层为重点，开展形式多样的走访慰问活动。

8日 市第五建筑工程公司获“1998年度全面质量管理金屋奖”。

同日 在1998香港青少年航空模型邀请赛上，南昌十七中高二学生邓伟获“强5仿真模型飞机平掷直线距离”项目第一名。

9日 全市经济工作会议在市委小礼堂召开。会议传达贯彻全省经济工作会议精神，总结1998年工作，部署1999年任务。会议强调，要在“解放思想、全面推进、真抓实干、振兴南昌”总体要求下，继续按照“两商先行、两业提升、三城并重、项目推进、责任到人”20字方略和“一稳、两转、三加强”工作部署，精心运作，狠抓落实，努力完成全年经济和社会发展各项任务。钟家明出席并讲话，陈绍翔主持。田新芳、姜任保、雷武江出席并分别就全年农业、工业、商贸工作讲话。蒋如铭、史骏飞、程金鹏、陈守朴、余志坚、李豆罗、周启球、周根保、熊焕高、李小南、孔炯等出席。市委各部门、市直各单位，各县区主要负责人，市属副地级企业党委书记、厂长出席。

10日 全市社会力量办学表彰会召开。南昌女子职业学校等3所学校获办学全面先进奖；求实业余学校等5所学校获学校管理奖；私立南昌创世纪综合学校等6所学校获教学工作奖；南昌厨师专业培训中心等4所学校获办学效益奖。

11日 科技部公布1998年度国家科技成果奖，“南昌白猪选育”获国家科技进步三等奖。

同日 进贤县李渡出口花炮厂承担的省级星火计划项目——礼花弹新型原料开发及电机槽楔研究通过省市有关专家鉴定验收。

12日 市政府举行聘任参事仪式。李豆罗向新聘任的赵文彬、高九荣、刘铭烈、万鹏飞、梅反金5位政府参事颁发聘任书。

同日 市个体私营经济领导小组会议召开。会议部署贯彻全市经济工作会议精神，进一步落实市委市政府《关于进一步加快发展个体私营经济的决定》。蒋如铭出席并讲话，要求市监察局进一步加强对行政执法部门的监督，强化行政执法部门监督与被监督的意识；新闻单位加大对严重侵犯个体私营企业合法权益行为的舆论监督力度；对索、拿、卡、要，为非作歹行为加以曝光，重视形成加大监督力度的综合运行机制。雷武江出席。

同日 市首届公证员代表大会暨公证员协会成立大会召开。大会审议通过公证员代表大会和协会成立工作报告、公证员协会章程，选举公证员协会会长、副会长。

同日 全市法官等级评定工作会议在市中级人民法院召开。按照《评定法官等级实施办法》从首席大法官到五级法官的四等十二级的法官等级制度确定不同于国家公务员的独立的等级序列。

13 日 南昌高新区金庐软件园区通过科技部评审，成为全国第十个国家火炬计划软件产业基地。

同日 以上海市政协副主席谢丽娟为团长的上海市政协赴赣考察团一行考察南昌高新区并参观南昌八一起义纪念馆。

14 日 全市村务公开、民主管理工作现场会在郊区扬子洲乡联民村召开。与会者旁听联民村村民代表会议，参观扬子洲乡政务公开栏和联民村村务公开栏。钟家明、蒋如铭出席并讲话，要求各县区提高认识，强化部署，把村务公开、民主管理工作纳入农村工作的重点；进一步完善规范村务公开、民主管理工作，在提高质量下功夫。涉农县区党群副书记、组织部长、民政局长及重点乡镇负责人参加。

钟家明等调研市村务公开民主管理工作

15 日 全市文明单位表彰暨精神文明建设工作会议在市委小礼堂召开。会议传达贯彻省第六届文明单位表彰暨精神文明建设工作会议精神，总结 1998 年工作，部署 1999 年任务。陈守朴主持，钟乐初宣布表彰决定。武警市支队、安义县龙津小学等 10 个单位被授予“市文明单位标兵”称号，南昌县邮电局、新建县大塘坪乡中心卫生院等 597 个单位被授予市“文明单位”称号。钟家明、陈绍翔出席并讲话，要求各级党委、政府把精神文明建设纳入目标责任制，实行项目推进，责任到人。罗时杰、瞿祖一、夏太华出席。

同日 全国总工会授予洪都集团公司工会“全国模范职工之家”称号，公司五车间工会“全国模范职工小家”称号，公司工会主席张良金“全国优秀工会工作者”称号。

同日 由市第一医院骨科主任许永武主持研究的“周围神经损伤急诊修复与二期修复时机的选择”科研成果通过省级鉴定。

同日 市自来水公司与中法水务投资有限公司合作成立南昌双港供水有限公司。

同日 南昌大学举行首届博士学位授予仪式，授予黄菊花、江雄心、吴洪飞、程军博士学位。

17 日 中国航空工业总公司授予洪都集团公司“1998 年航空重点型号攻坚战取得突出成绩单位”，授予公司董事长兼党委书记姜亮“航空工业优秀领导干部”称号。

17—20 日 政协南昌市十届三次会议在市委大礼堂召开。出席会议的委员 396 人。会议审议通过张锦裳作的常委会工作报告以及提案工作情况报告。与会人员列席市十一届人大三次会议，听取并讨论市政府工作报告。会议补选市政协常委 1 人。

政协南昌市十届三次会议召开

18 日 省政府召集宜春、赣州、上饶、吉安、抚州、南昌、九江 7 个烟酒主产地市及省直有关部门负责人，就加快江西烟酒工业的发展，增加地方财政收入，促进全省经济和社会发展进行专题座谈研讨。

同日 市委、市政府发出《关于表彰1998年下派机关干部帮助灾区恢复生产、重建家园、发展经济工作先进单位的决定》，对帮助灾区恢复生产、重建家园、发展经济工作取得突出成绩的江西省人大常委会驻南昌县富山乡工作组等30个集体予以表彰。

同日 全市计划生育和环境保护工作座谈会在市委小礼堂召开。钟家明出席并讲话，要求各级计生和环保部门加大工作力度，加强监督检查，强化管理措施，确保计生和环保工作各项任务落到实处。蒋如铭主持，田新芳、罗为民分别就计生和环保工作进行部署。陈守朴、余志坚、周启球、熊焕高、李小南、罗为民、王栋出席。

同日 省市文管委和宣传部门在省广播电视厅院内集中销毁非法出版物。对非法书报刊采用化浆处理，非法音像制品采用粉碎处理，共销毁非法书报刊66132册，非法音像制品和电子出版物100502盘（张），黄色淫秽图片30007张，带赌博性电脑板152块。

省市集中销毁非法出版物

18—21日 市十一届人大三次会议先后在江西艺术剧院、市委礼堂召开。出席会议的代表412人。会议听取审议刘伟平作的市政府工作报告，市1998年国民经济、社会发展计划执行情况和1999年计划（草案）报告，市1998年市本级财政总预算执行情况和1999年市本级财政总预算（草案）报告，市人大常委会工作报告，市中级人民法院工作报告，市人民检察院工作报告等；通过相应决议。会议补选市人大常委会委员3人。

市十一届人大三次会议召开

同日 财政部驻赣专员办事处检查南昌市1998年度特大防汛经费及水利建设基金使用管理情况。

19日 南昌高新区国家税务局挂牌成立。

20日 全市下派机关干部帮助灾区重建工作总结暨表彰会在市委礼堂召开。会议对省人大常委会驻富山乡工作组等30个先进集体和120名先进个人颁发荣誉证书。钟家明、蒋如铭出席并讲话，希望各下派工作组人员一如既往地关心、支持灾区乃至南昌经济发展，同时继续在各自工作岗位上辛勤工作，多做贡献。熊焕高主持。史骏飞、程金鹏、陈守朴、余志坚、田新芳、周启球、李豆罗出席。省、市、县三级工作组有关负责人参加。

同日 南昌星明辉娱乐有限公司外商俱乐部开业。该俱乐部由澳门星明投资有限公司独资兴建，是集住宿、饮食、休闲为一体的综合性娱乐中心。

21日 省政府召开全省综合整治市容环境表彰大会。南昌市获1998年优胜奖。

22—23日 中组部全国基层组织建设联系办公室常务副主任李天资一行，到郊区扬子洲乡、南昌县渡头乡考察农村政务公开、村务公开、创办示范服务基地、乡镇精简机构干部分流及基层党组织建设、党员发挥作用、移民建镇等情况。

23日 市直机关党的工作会议日前在市委小礼堂召开。会议总结1998年的工作，部署1999年任务。会议要求，市直各单位要把贯彻落实好《中国共产党和国家机关基层组织工作条例》作为机关党建工作来抓，明确机关党建工作指导思想，摆正机关党建工作位置；机关党建要围绕“四个紧贴”展开，即紧贴全市工作大局和部门主要工作，紧贴机关思想政治工作和作风建设，紧贴提高机关党员、干部的政治、业务素质，紧贴对党员干部特别是领导干部实施有效的监督，进一步摆正党建工作在机关整体工作及在全市工作中的位置，用保证本单位任务完成实际效果来检验机关党建工作成效。蒋如铭出席并讲话。

25日 全市政法工作会议在市委小礼堂召开。会议传达贯彻全国、全省政治工作会议精神，总结1998年工作，部署1999年任务。会议表彰1998年度社会治安综合治理目标管理先进县区、先进单位。会议强调，要把维护社会政治稳定放在首位，加大打击刑事犯罪和经济犯罪力度，加强社会治安综合治理基层基础工作，确保城乡社会政治和治安秩序稳定。钟家明、陈绍翔出席并讲话，李豆罗主持。刘汝舟、吴才仁、王栎、吴延林等出席。

同日 省委决定：蒋如铭调任省政协党组成员，免去其中共南昌市委副书记、常委、委员职务。

同日 省政府批转《江西省工商局工商行政管理体制改革方案的通知》，决定省以下工商行政管理机关垂直管理。2月，全市工商行政管理系统编制于上划；4月，省工商局考察市工商局班子并办理任命手续。

26日 市委、市政府、南昌军分区发出《关于进一步加强我市全民国防教育的意见》，要求提高思想认识、增强全民国防教育的责任感；明确教育目标、在解决新问题新矛盾中见成效；区分不同层次、在增强教育的针对性上下功夫；建立教育阵地、保证国防教育形式多样扎实有效；健全组织机构、切实加强全民国防教育的领导。

同日 市政府发布《南昌市水库管理若干规定》，对水库安全管理、水费计收及管理、发展水库经济、罚则等做出规定。

同日 全市火灾隐患整改暨春节消防工作动员大会在市消防支队会议室召开。会议传达全省重大火灾隐患单位整改汇报会精神，通报1998年全市火灾情况及火灾隐患整治情况；会议宣读市政府《关于认真贯彻朱镕基总理的重要指示、切实做好当前消防工作的紧急通知》。会议强调，对1998年确定的203家重大火灾隐患单位而尚未整改完毕的，以及消防大检查中发现的火灾隐患，要督促限期整改；对只顾营利、不顾安全、严重违法违章的单位，要依法给予处罚；对未经消防验收合格擅自开业、存在重大火灾隐患拒不整改的，要抓住典型，公开处罚和曝光；对养患成灾，造成人员伤亡和重大损失的，要严肃处理肇事者，并依法追究有关领导的责任。陈绍翔出席并讲话。李豆罗代表市政府与华鑫大酒店等9家一级消防重点单位签订《火灾隐患整改责任状》。

27日 市委、市政府发出《关于切实加强1999年全市农业和农村工作的通知》，强调稳定落实农村政策，调动农民积极性；加快科技兴农步伐，提高生产力水平；积极发展订单农业，调整优化农业结构；加大水利建设力度，改善农业生态环境；加强农村基层建设，确保农村社会稳定；大力发展乡镇企业和小城镇，加速农业人口非农化进程；切实加强领导，确保工作落到实处。

同日 全市招商引资暨出口创汇工作会议在市委小礼堂召开。会议总结1998年工作，部署1999年任务，奖励、表彰1998年完成目标的优胜单位和为改善投资环境、提供优质服务的县区及市直有关部门。各县区、市直有关部门与市政府签订1999年招商引资工作目标责任状。会议强调，要改善投资环境，加大扶持力度，注重招商质量，提高招商实效，确保全年招商任务的完成。钟家明、刘伟平出席并讲话，周启球、李小南、孔炯、雷武江、瞿祖一出席。各县区、市直有关部门主要负责人，市政府驻外联络处负责人参加。

同日 全市党管武装工作会议在南昌军分区召开。周根保作工作报告，传达贯彻上级指示精神，总结1998年工作，部署1999年任务。会议强调，进一步加强党管武装，要在完成两大战略任务上有新的建树，在研究新情况和解决新问题上有新的举措，在加强军事指挥机关建设上迈出新的步伐，在狠抓落实上取得新成果。钟家明、刘伟平出席并讲话。陈绍翔、史骏飞、程金鹏、陈守朴、周启球、李豆罗、熊焕高、李小南、石细云、夏太华等出席。

同日 德国联邦经济合作与发展部官员谢尔福一行考察正在执行的由德国政府技术援助的“山区可持续发展项目”和“南昌食品加工中试车间项目”进展情况。德方援助两个项目各600万马克。

同日 全市锅炉、压力容器安全工作会议召开。姜任保出席并讲话，强调要明确责任、消除隐患、杜绝事故。

28日 全市农村基层组织建设工作会议在市委小礼堂召开。会议传达贯彻全省农村基层组织建设工作会议精神，总结近年来工作，部署下一步任务。会议强调，要适应农村经济和社会发展新形势要求，努力建设一支高素质农村基层干部队伍，特别是要把乡、村两级领导班子建设摆上突出位置来抓；要走科学决策、民主管理的路子，把加强农村基层组织建设工作纳入制度化、规范化的轨道。郊区扬子洲乡、安义县新民乡、进贤县温圳镇、新建县望城镇、南昌县委组织部和省劳动厅“包乡扶村”工作组代表先后发言，畅谈加强农村基层组织建设的经验和心得。钟家明、熊焕高出席并讲话，田新芳出席。涉农县区党群副书记、组织部长及重点乡镇负责人参加。

同日 全市村务公开、民主管理工作会议在市委礼堂召开。田新芳主持。钟家明、熊焕高出席并讲话，强调要加强领导，精心部署，统筹安排，狠抓落实，积极稳妥地把村务公开、民主管理工作引向深入。周启球出席，涉农县区党群副书记、组织部长、民政局长及有关部门负责人、各乡镇党委书记等200余人参加。

29日 全市医疗安全工作会议召开。会议查找近5年来全市发生的医疗纠纷原因，对今后提高医疗服务质量提出要求。市各卫生医疗部门负责人及业务骨干550人参加。

同日 全市城市绿化工作总结表彰会召开。会议总结1998年工作，部署1999年任务，表彰中国工商银行省分行等10个园林化单位和省劳动卫生职业病防治研究所等35个绿化先进单位及123名绿化先进个人。李豆罗出席并讲话，罗为民主持。田新芳、周启球、瞿祖一出席。

30日 江西省首家台资企业协会——南昌市台湾同胞投资企业协会成立。

1999 2月 February

公元1999年2月							农历己卯年【兔】						
日	一	二	三	四	五	六	日	一	二	三	四	五	六
	1 十六	2 十七	3 十八	4 立春	5 二十	6 廿一	7 廿二	8 廿三	9 廿四	10 廿五	11 廿六	12 廿七	13 廿八
14 廿九	15 除夕	16 春节	17 初二	18 初三	19 雨水	20 初五	21 初六	22 初七	23 初八	24 初九	25 初十	26 十一	27 十二
28 十三													

1日 劳动和社会保障部常务副部长李其炎到江铃汽车集团公司和南昌柴油机有限责任公司再就业服务中心考察国有企业下岗职工基本生活保障和再就业工作，并听取市政府有关工作情况汇报。刘伟平、李豆罗等出席汇报会。

同日 全市农村民间流通协会成立暨第一届会员代表大会召开，审议通过《南昌市农村民间流通协会章程》，选举产生协会第一届理事会。

2日 市政府举行金融形势与证券市场专题报告会，中国人民大学经济管理学院常务副院长、博士生导师吴晓求应邀作专题报告。市经贸委、市商贸委、市外经贸委、各工业局（行办）负责人及市属各大中型企业厂长（经理）听取报告。

2—3日 全市物价工作会议召开。会议总结1998年工作，部署1999年任务，表彰先进集体和个人。会议强调，要以“一学二提三保持、四转五强促发展”为中心，做好价格基础工作，提高整体质量，保持物价总水平基本稳定。李豆罗、孔炯、经自麟和省物价局领导出席。

2—4日 全市检察长工作会议召开。会议传达贯彻全国、全省检察长工作会议精神，总结1998年工作，部署1999年任务。会议强调，要依法公正办案，强化诉讼监督，坚持从严治检，努力服务大局，为维护社会稳定、打击犯罪做出新贡献。陈绍翔、李豆罗、刘汝舟、吴才仁、吴延林出席。

4日 公安部部长贾春旺日前签署命令，追授南昌铁路公安局南昌车站派出所民警俞秋弟“全国公安战线二级英雄模范”称号；铁道部追授俞秋弟“人民铁道卫士”称号。

同日 南昌市率先在全省开通“148”法律服务专用电话“6810148”。该电话专线集传播法律知识、调处纠纷、化解矛盾、提供律师公证、法律援助等为一体，采取当场解答法律问题、接待来访咨询和向有关部门分流情况等方式，把法律服务送到千家万户。四县五区于同日开通“148”法律服务专线电话。

同日 美国哥伦比亚运动服装公司驻香港办事处向安义县峤岭乡灾区捐赠价值20万元运动棉衣。

同日 美国联信公司技术副总裁MOHSENSHOH、联信（亚洲）公司总经理MICHAEL CARMEN一行参观考察江铃汽车集团公司，并就联合开发增压中冷发动机有关事宜进行协商。

5日 全市城区各居（家）委会社区服务安置下岗职工再就业工作会议召开。李豆罗宣读市委办公厅、市政府办公厅《关于对社区服务安置下岗职工再就业“满堂红”家委会的表彰决定》。东湖区董家窑街道殷家巷居委会、西湖区绳金塔街道邮电居委会、青云谱区徐坊街道第六居委会分别介绍安置下岗职工的做法和经验。余志坚出席并讲话，强调要把社区服务安置下岗待业人员再就业工作作为一件大事来办，作为稳定工程和民心工程来抓，做到领导力度、政策措施、思想认识到位，确保工作顺利推进。

5—6日 中共中央政治局委员、国务委员兼中国社科院院长李铁映先后到南昌县蒋巷镇、江西纸业有限责任公司、江铃汽车集团公司考察水利建设、灾后重建、农村经济发展和国有企业生产经营、深化企业改革等工作，并参观考察南昌八一起义纪念馆、八大山人纪念馆和洪城大市场。

6日 市公安局设立经济犯罪举报中心。

8日 省重点工程、第一条全标准高速公路——温厚公路正式通车。总投资12.7亿元，全长35.5公里。

9日 江西首座储气5万立方米的干式气柜竣工投入使用。该气柜由南昌钢铁有限责任公司与市煤气公司共同筹资兴建，总投资1350万元。

同日 已故中国画坛艺术大师黄秋园诞辰85周年暨逝世20周年纪念画展在南昌美术馆举行，展出黄秋园美术作品51幅。

同日 南昌市对使用城市供水、自备水的单位和个人按用水量征收每立方米0.10元污水处理费。

10日 全国政协副主席毛致用到南昌县蒋巷镇和郊区慰问灾民，察看水利冬修和灾后重建情况，并考察香江光彩大市场。

同日 市委发出《关于在县级以上党政领导班子、领导干部中深入开展以“讲学习、讲政治、讲正气”为主要内容的党性党风教育的通知》，要求统一思想，充分认识深入开展“三讲”教育的必要性和重要性；明确要求，切实解决领导班子和领导干部中存在的突出问题；精心组织，把“三讲”教育的各项要求落到实处；加强领导，确保“三讲”教育取得实效。

同日 由市委宣传部监制、中国印钞造币总公司南昌印钞厂承制的一套纯金、银纪念章共五枚在商业银行各网点发售。此套纪念章为纪念南昌建城2200年制作，共发行2200套。其中纯金纪念章1枚，含纯金1/10盎司，成色99.9%，直径为18毫米，正面图案为大将军灌婴雕像，背面为江南三大名楼之首的滕王阁；纯银纪念章4枚，正面分别为南昌八一起义纪念馆、八一南昌起义纪念塔、八大山人纪念馆、老福山立交桥，背面均为灌婴雕像，每枚含纯银1/2盎司，成色99.9%，直径33毫米。

同日 《江西日报》报道，南昌县1998年引进外资项目59个，到位外资4292万元，创税1671万元，创外汇1946万美元；引进内资79家，到位资金2.8亿元，其中投资1000万元以上项目9家。

11日 省市军民新春音乐会在江西艺术剧院举行。省市领导舒惠国、舒圣佑、黄智权、钟起煌、朱治宏、钟家明、刘伟平、陈绍翔等出席。

同日 省卫生厅药政管理局及有关部门在新建县北郊垃圾场，销毁假劣药品17个品种150余件、标值50余万元。

同日 全市各界人士迎春茶话会在市委小礼堂召开。江西变压器有限责任公司总经理成生祥、“全国十佳教师”王运遂、省市抗洪抢险先进个人万荣海、市台胞台属联谊会副会长许进来、市天主教爱国会秘书长舒南武、江西远东大酒店总经理鄢建华等发言。钟家明、刘伟平、陈绍翔、程金鹏、陈守朴、余志坚、田新芳、周启球、李豆罗、周根保、熊焕高、程光茹、钟乐初、张锦裳、经自麟、邓启明、瞿祖一、吴才仁、赵国梁、肖宣祥、张富等出席。全市各条战线和社会各界代表200余人参加。

14日 南昌高新区金庐软件园区被科技部批准为国家级火炬计划软件产业基地。

15日 省领导冯金茂到进贤县民和镇，慰问在1998年抗洪抢险中光荣牺牲的民兵文景星遗属，并送上慰问金1万元。

16日 省市领导舒圣佑、胡振鹏、黄定元、刘伟平、钟乐初与南昌十七中西藏班师生欢庆藏历土兔新年。

17日 省市领导舒惠国、钟家明、彭宏松、刘伟平、余志坚、李小南、姜任保等到南昌县蒋巷镇慰问灾民，并看望节日坚守工作岗位的南昌色织总厂职工，向他们致以节日问候。

舒惠国等看望喜迁新居的南昌县蒋巷乡灾民

20日 应日本高松市市长增田昌三邀请，以李豆罗为团长的南昌市经济考察团赴高松市考察访问。在日本期间，考察团拜会高松市政府官员、工商界人士，考察EM温室栽培技术，参观多田野吊车制造株式会社等企业，看望在该市留学工作研修人员。

21日 团中央书记处第一书记周强考察南昌至北京的68次列车第二包乘组。

23日 全市深化企业改革和再就业工作会议在市委大礼堂召开。会议传达贯彻全国、全省再就业工作会议精神，对1998年度全市完成再就业工作目标任务的单位进行表彰，向各县区、各部门下达再就业工作目标任务书，部署有关工作。会议强调，要进一步解放思想，开动脑筋，结合实际，创造性地做好企业改革和再就业工作。钟家明、刘伟平出席并讲话，陈绍翔主持。程金鹏、陈守朴、余志坚、田新芳、周根保、熊焕高、李小南等出席。各县区、市委市政府有关部门、城区街道办事处、市属部门企业负责人参加。

同日 市纪委第七次全体会议在市委小礼堂召开。会议传达贯彻中纪委第三次全会、省纪委第七次全会精神，总结1998年工作，部署1999年任务，审议通过周启球作的《突出重点，加大力度，标本兼治，推进党风廉政建设和反腐败斗争》工作报告。会议强调，要从全市工作大局出发，进一步统一思想，切实加强和坚决维护党的纪律，努力推进党风廉政建设和反腐败斗争，促进两个文明建设，为维护改革、发展与稳定做出新贡献。钟家明出席并讲话，刘伟平、陈绍翔、程金鹏等和市纪委委员出席。未担任市纪委委员的县(区)纪委书记、县（区）监察局局长；市直各单位、市属部分企业单位纪检组长（纪委书记）及监察室主任；市委各部门和未设纪检组（纪委）的市直各单位分管纪检监察工作负责人；市纪委各室（中心）主任和党总支专职副书记列席。

25日 省市领导舒惠国、舒圣佑、朱治宏、马世昌、彭昆生、钟家明、陈绍翔、程金鹏、陈守朴等和省市有关部门干部、部队官兵500余人到抚河公园象湖景区湖心岛参加义务植树活动，共种下湿地松、柳树、樟树等1800棵。

28日 安义潦河大桥竣工通车。大桥全长376米，宽16米，引道长4.6千米，预应力钢筋混凝土简支箱梁，总投资1650万元。

1999

3月

March

公元1999年3月　农历己卯年【兔】													
日	一	二	三	四	五	六	日	一	二	三	四	五	六
	1 十四	**2** 元宵节	**3** 十六	**4** 十七	**5** 十八	**6** 惊蛰	**7** 二十	**8** 妇女节	**9** 廿二	**10** 廿三	**11** 廿四	**12** 植树节	**13** 廿六
14 廿七	**15** 廿八	**16** 廿九	**17** 三十	**18** 初一	**19** 初二	**20** 初三	**21** 春分	**22** 初五	**23** 初六	**24** 初七	**25** 初八	**26** 初九	**27** 初十
28 十一	**29** 十二	**30** 十三	**31** 十四										

1日　《江西日报》报道，南昌市严格学校收费标准，对擅自立项收费、提高收费标准、扩大收费范围、多收滥要等乱收费行为，依法追究学校主要领导和直接责任人责任。

同日　全市财政工作会议召开。会议通报1998年全市财政预算执行情况，总结1998年工作，部署1999年任务。钟家明出席并讲话，强调要认清困难，坚定信心，努力拼搏，切实做好1999年各项财政工作，确保地方财政收入增长9%，力争11%。雷武江主持，罗时杰、经自麟出席。

同日　全市财政、地税工作会议在市委小礼堂召开。会议传达李岚清副总理在全国财政工作会议讲话精神，表彰全市地税系统先进集体、先进单位和先进工作者。钟家明出席并讲话，强调财税工作要坚持依法征税、依法理财，严肃经济工作纪律，造就一支业务和作风过硬的财税干部队伍；要严厉打击偷税漏税者，奖励依法纳税贡献大户。雷武江主持，罗时杰、经自麟出席。

同日　南昌市调整电信资费：市区固定电话初装费700元，四县500元，手机入网费500元。

同日　国际SOS儿童村东南亚地区负责人索比考察南昌SOS儿童村。中国SOS儿童村协会理事长成燕陪同。

2日　全市公安处局长会议召开。会议总结省市“两会”和元旦、春节期间安全保卫工作，决定在全市开展“三打二查一加强”(打击涉枪、带黑社会性质团伙犯罪和经济犯罪、盗窃犯罪，查禁赌博违法犯罪、毒品犯罪和加强流动人口管理）战役。陈绍翔出席并讲话，要求公安机关积极预防、妥善处置因人民内部矛盾引发的群体事件；加大打击力度、加大专项整治力度、加大队伍建设力度，铸造一支政治坚定、业务过硬、纪律严明的高素质公安队伍，为维护社会政治稳定做出新贡献。

3日　全市德育示范学校命名暨经验交流

会在新三中举行。各中小学就如何开展学校德育工作广泛交流经验。会议确定南昌一中等26所中小学为全市德育示范学校并予以表彰授牌。陈守朴出席并讲话，强调学校德育工作要始终如一地把邓小平理论作为指导，把学习“三讲”作为学习邓小平理论的重要内容；始终如一地把德育工作摆在首位，贯穿到学校工作整个过程中；做好保持世纪之交年的学校稳定工作；积极探索新的形势下学校德育工作的方法途径。

4日 经省民政厅批准，撤销昌良乡，成建制并入新建县昌邑乡。

5日 市委、市政府发出《关于贯彻落实党风廉政建设责任制的通知》，要求认真学习宣传，切实领会中共中央、国务院《关于实行党风廉政建设责任制的规定》和省委、省政府《关于贯彻落实中共中央、国务院〈关于实行党风廉政建设责任制的规定〉的实施办法》精神，努力提高思想认识；加强领导，做好贯彻落实和实施的组织工作；把握原则，结合实际，层层建立党风建设责任制；完善配套制度，加强监督检查。

同日 全市组织部长会议在市委小礼堂召开。会议传达贯彻全国、全省组织部长会议精神，总结1998年工作，部署1999年任务。熊焕高作《突出重点、狠抓落实，推动全市组织工作上新台阶》报告。钟家明出席并讲话，要求全市各级党委和组织部门站在改革、发展和稳定的战略高度，适应新形势、面向新世纪，充分认识组织工作在党的整个工作中的极端重要性；切实增强做好组织工作的政治意识、大局意识和责任意识，进一步开创全市组织工作新局面。

同日 全市党史办主任会议在市委党史办召开。会议学习江泽民对党史工作重要指示，传达贯彻全国党史研究室主任、全省党史办主任会议精神，总结1998年工作，部署1999年任务，表彰党史工作先进单位，交流党史工作经验。陈绍翔出席并讲话，要求认真学习、深刻领会、全面贯彻中央和省委领导重要指示精神，把学习理论和学习党史结合起来，用好党史这部“活生生的教科书”，把全市党史工作提高到一个新水平。

6日 钟家明、田新芳、李豆罗、罗为民考察全市“一江两岸”及城市防洪排涝工程施工和进展情况。在朝阳农场会议室召开现场办公会，听取有关部门和单位负责人的汇报，并就有关问题做指示。钟家明强调，各部门要强化决战意识，明确目标责任。市建委、市政公用事业局、水电局、建管局、市容局，昌北开发区、郊区、新建县及朝阳农场等有关单位负责人参加。

7日 省市妇联在八一广场举行庆“三八”国际妇女节大型宣传表演活动。市、区妇幼保健所、市女法联、市环保局、市科协等单位女同志就妇女保健、法律、科教、美容等问题进行现场咨询。市妇联号召广大妇女积极投入到“双创”活动中，着重解决文明言行、环境卫生、美化庭院、提高文明素质等方面问题，摒弃不良行为习惯，树立新的道德风尚，争做文明南昌人。陈绍翔、余志坚、刘汝舟、经自麟出席。

8日 全市乡镇机关人员分流动员大会在市委礼堂召开。李豆罗宣读《关于全市乡镇机关人员分流工作的意见》，熊焕高就乡镇机关人员分流工作具体问题作说明。会议要求，各县区、乡镇要认真贯彻中共十五届三中全会精神，多形式、多渠道地分流乡镇机关人员，建立起一支素质优良、精干高效、管理有序的乡镇干部队伍，推动乡镇机构改革，减轻乡镇财政和农民负担。钟家明出席并讲话，陈绍翔、程金鹏、陈守朴、余志坚、田新芳、周启球、李小南等出席。

同日 全市春耕备耕工作会议召开。会议贯彻落实全省春耕备耕电视电话会议精神，部署有关工作。会议强调，要加大科技兴农力度，大力推广良种良法，迅速掀起春耕备耕高潮。田新芳出席并讲话。

同日 省工商银行确定1999年增加人民币各项贷款40亿元。飞虹电子、洪都、江铃、南烟、江纸、江氨等大中型企业与工商银行就关于加强银企合作具体事宜达成共识。

9日 共青团南昌市第十四届五次全委扩大会召开。会议总结1998年工作，部署1999年任务。团市委书记高鹰群作题为《抓住机遇，奋发有为，团结带领全市团员青年为南昌跨世纪全面发展做出新的贡献》报告。会议讨论通过《共青团南昌市委关于团组织服务南昌经济建设工作纲要》。会议指出，共青团作为党的助手，必须始终自觉地服从和服务于全市工作大局、服务于社会、服务于青年，在实现跨世纪宏伟目标中再立新功；各级团组织要以科学态度和创新精神，大胆探索新时期青年工作新思路、新招数，不断增强团组织吸引力、凝聚力和战斗力；各级党委要加强对共青团工作的领导，主动帮助团组织解决困难，关心、支持团的工作，切实把青年的积极性引导好、保护好。陈绍翔出席并讲话。

同日 南昌科瑞物业与保定银团大厦举行签字仪式，合作建设“南昌银团商品交易大厦再就业工程”。

10日 钟家明在南昌高新区考察江西方大新型铝业有限公司、捷德智能卡系统有限公司、南昌鸿怡动力实业有限公司、江西昌宸食品有限公司、江西清华同方公司等企业，强调高新区的建设发展要理清工作思路，突破重点难点。

10—11日 美国旧金山国术健身学院院长黄耀桢一行到湾里区浑园山庄进行学术交流。

11日 南昌市日前确定181名后备专家，其中文教类76人、农业类33人、工业类72人。

同日 南昌高新区日前分别在省市老干部活动中心举办人才招聘会。江西清华同方集团、江西省科环高技术产业集团有限公司、江西金牛企业集团等100余家高新技术企业、民营企业参会招聘，涉及电子信息、生物工程、食品工业等11大类1500多个工作岗位。

同日 省领导马世昌考察江纺、南昌电缆厂、青云水厂等国有企业，强调要认真学习朱镕基总理在政府工作报告中关于深化国有企业改革的论述，切实按照党中央、国务院部署，振奋精神，抢抓机遇，扎实工作，努力打好国有企业改革攻坚战，全面提高工业经济运行质量和效益。

同日 全市宣传部长会议召开。会议传达贯彻全国、全省宣传部长会议精神，总结1998年工作，部署1999年任务。会议强调，宣传工作要唱响主旋律，打好主动仗，在积极主动、深入扎实、创新提高上下功夫，努力为全市改革开放和现代化建设提供良好的舆论环境和有力的思想保证。钟家明、陈绍翔、陈守朴出席。

12日 由雅戈尔集团公司捐赠兴建的雅戈尔希望小学落成典礼在湾里区招贤镇霞麦村举行。

同日 青云谱区委、区政府召开全区经济工作会议，决定经济工作重点围绕“突出三大项、推进五大业、抓住四关键、重墨二文章”。即突出开发建设、非公有制经济、招商引资三大项，推进工业、农业、乡镇企业、商贸业和建筑业五大业，抓住理论学习、班子建设、科教兴区、优化环境四个关键，重墨财政收入、社会稳定两篇文章思路开展工作。

同日 全市中小学校开展“消防安全教育日”活动，市属289所中学和1356所小学近70万中小学生接受消防安全教育。

13日 江西郁金香国际花卉展开幕式在人民公园举行。省市领导周愁平、韩京承、程光茹、钟乐初、罗为民，老干部周鑫群，省委宣传部、省建设厅、省旅游局等单位负责人出席。来自美国、英国、法国、加拿大等国专家和留学生参加。花卉展展出红、黄、白、黑等53个品种郁金香28万头。

13—14日 钟家明深入东湖区、西湖区、青云谱检查城区再就业及社区服务工作，要求城区各级党委、政府坚定不移把再就业作为头等大事来抓，千方百计安置下岗职工再就业。

14日 《江西日报》报道，南昌市将在各党政群机关、企事业单位中公开选拔一批副县级后备干部，选拔对象除必须具备的政治、业务素质之外，还必须符合具有国家承认的大学本科以上学历、有5年以上工龄等条件。选拔实行组织推荐、群众举荐和自我推荐相结合的公开举荐方式。

同日 团省委、省青少年发展基金会、团市委和科龙集团联合在八一广场举行“保护母亲河”万人签名活动。

15日 市公安局刑侦支队侦破中华人民共和国成立以来南昌最大一起盗窃国家储备粮食系列案件，抓获8名犯罪嫌疑人。

同日 加拿大永惠集团公司与昌北开放开发区签订协议兴建中联公司，项目总投资3000万元。

15—16日 钟家明在安义县农村调研，强调要坚定不移推进乡镇机关人员分流，努力减轻乡镇财政负担和农民负担。

16日 省市领导蔡新贵、李豆罗、周根保、夏太华和省军区、南昌陆军学院、省武警总队、南昌军分区等驻昌部队1300余名官兵到抚河公园象湖景区参加义务植树活动。

同日 全市禁赌专项整治动员大会在市委小礼堂召开。陈绍翔、余志坚出席并讲话，要求各有关部门站在讲政治的高度，认识禁赌工作的重要性和必要性，动员和组织群众，依法查禁各种赌博违法活动。

同日 市公安局经保支队侦破一起挪用资金案，市商业银行高新支行原行长崔某涉嫌挪用资金1700万元。

18日 团中央、最高人民法院授予西湖区人民法院“优秀青少年维权岗”称号。

同日 市委保密委员会召开全体委员会议，传达全省保密工作会议精神，总结1998年工作，讨论通过《南昌市1999年保密工作要点》和《中共南昌市委保密委员会工作规则》。余志坚、夏太华等出席。

同日 江铃汽车集团公司聘请江西财经大学教授史忠良、王乔、陈荣为该公司高级财税顾问。

同日 日本大分县教育访问团讲学暨捐赠仪式在南昌职业技术师范学院举行。该团向学院捐赠500万日元作为助学基金，计划五年内每年以100万日元资助1998年家庭遭灾贫困学生和成绩优秀学生。

同日 市通讯器材市场开业。该市场经营面积1200平方米、店面100余间。

19日 省防汛抗旱总指挥部召开1999年第一次成员会议。会议确定1999年防汛总目标：在发生保证水位以下洪水情况下，确保5万亩以上圩堤和南昌、九江等重要城市安全；在发生设计标准以内洪水情况下，确保大中型水库和浙赣、京九铁路等重点交通干线和重要设施安全。

同日 全市个体私营经济表彰会在市委礼堂召开。会议表彰19户私营企业和30个个体工商户。会议强调，个体私营经济发展要坚持鼓励发展不动摇，坚持狠抓落实不放松，坚持积极引导不失职。陈绍翔、李豆罗出席并讲话，雷武江主持。钟家明、余志坚、周启球、孔炯、瞿祖一、肖宣祥出席。

同日 全市万名机关干部上街清扫垃圾。

20日 市委、市政府日前出台《关于全市乡镇机关人员分流工作的意见》，决定从3

月份开始，以县区为单位，采取先试点、后铺开的办法，分期分批进行乡镇机关人员分流。主要采取的分流办法有清理临时人员，对历年来乡镇机关不是按市场用工的办法使用的各种临时人员，一律解除原有的用工关系，由乡镇政府一次性发给其相当于3个月基本工资的安置费；解聘自聘人员，对历年来乡镇党委、政府自行研究决定聘用，未经市以上人事部门批准的各种不在编人员全部进行解聘，按照解聘对象在乡镇机关工作的年限每年一个月基本工资的标准，由乡镇政府给予一次性补贴；退回借用人员，将历年来乡镇机关借用的非机关在编人员全部退回原所在单位，今后不得再使用非行政编制人员；分流部分在编人员，选派部分在编人员领办、创办示范服务基地，对其实行“三保”，即保基本工资、保编制、保职级待遇。同时也可根据个人自愿的原则，采取离岗待休的办法或者离职兴办个体私营企业等多种形式进行分流。

同日　全市法律知识讲座在市委礼堂举行。中国人民大学法学院教授、博士生导师龙翼飞应邀主讲《社会保障与法制建设》。钟家明、陈绍翔、程金鹏、陈守朴、余志坚、周启球、李豆罗、熊焕高等和市直各单位350余名副县级以上领导干部听取讲座。

同日　全市第一个县区教育系统计算机互联网络——东湖区教育系统计算机互联网络开通试用。该网络投资11万元，连接东湖区各主要教学单位，并与国际互联网及国内、国际其他网络连接。

22日　全市春耕备耕工作情况汇报会在市政府第一会议室召开。田新芳出席并讲话，强调下一阶段全市春耕备耕工作关键是抓资金、物资到位，抓全年农业订单落实，抓调整结构到田，抓良种良法到户，抓农民增收到项目，抓领导认识到位。市派驻各县区春耕备耕工作督导组组长、市各涉农部门和各县区主要领导参加。

同日　全市城区创办社区服务网点现场会在东湖区豫章街道社区服务中心召开。余志坚出席并讲话，强调创办社区服务网点要做到巩固老点，发展新点，培植亮点，激活网点。

同日　全省消防工作会议在江西艺术剧院召开。会议表彰一批全省消防工作先进县（市、区）、消防工作先进单位和个人。南昌县、市公安消防支队、市石油公司仓储分公司等获表彰。

24日　《人民日报》报道，南昌市实施“满意早餐工程”，整个生产销售采取“工业化生产、统一配送”的模式，彻底改变传统家庭作坊式生产方法。全市早餐销售网点经营者均持健康证上岗。

同日　市计量测试研究所对南昌铁路医院所用CT进行依法检测。该项检测填补全省技术监督系统空白。

25日　中央军委原副主席张震参观滕王阁。

同日　全市安全生产工作会议召开。会议强调，要以加强安全生产法制建设为中心，以遏制重特大事故为重点，以狠抓安全生产责任制的落实为基础，保障人民群众生命财产安全。

同日　南昌市党风廉政建设出台新措施，开设拒礼拒贿资金账户，规定全市各级领导干部应及时主动地将无法退回和不便退回的礼金或贿赂资金存入市拒礼拒贿资金专户；对拒礼拒贿资金，个人可以不向组织报告并直接到省工行营业部各办事处、分理处或储蓄所填写现金交款单入账，填写时可不署本人单位和姓名；凡持有该账户交款单的，可视为主动拒礼拒贿；拒礼拒贿资金由市党风廉政办公室管理，在年底清算后将其全部转入市财政。

26日　中国航空工业总公司授予洪都集团公司魏泰明、施焕德“1998年航空产品生产先进个人”称号。

27日 全市村务公开、民主管理及创办示范服务基地工作现场会在安义县召开。会议强调，推进村务公开、民主管理工作要让农民真正当家，创办乡镇干部示范服务基地要引导农民尽快致富。钟家明、田新芳、熊焕高出席并讲话。各涉农县（区）党群副书记、组织部部长、民政局局长和部分乡镇场党委书记及有关部门负责人参加。

28日 南昌市废旧钢材交易大市场开业。该市场由郊区商贸局和湖坊乡楞上村联合开发。

同日 南昌市举行城管人员招聘考试。259名退伍军人参加考试。

29日 由市委组织部和市委党校联合组织“三讲”教育讲座日前在市委党校大礼堂举行。省委讲师团团长何庆怀主讲。市委党校1999年第一期县干班、青干班、党校全体教职员工，以及“三讲”试点单位负责人共300余人听取讲座。

同日 市经营管理人才评价推荐中心挂牌运行。该中心主要承担搜寻、评价、培训、推荐、管理、咨询6项基本职能。

30日 全市计划生育工作会议在市委小礼堂召开。会议总结1998年工作，部署1999年任务，表彰先进单位。会议强调，要突破农村和流动人口计划生育工作两个难点，抓好基层干部和计生专业干部两支队伍，确保全市计划生育工作目标任务的实现。钟家明出席并讲话，田新芳主持。史骏飞、程金鹏、周启球、李豆罗、周根保、李小南等出席。各县（区）委书记、县（区）长及市直有关单位和部门负责人参加。

同日 全市防汛工作会议在市委小礼堂召开。会议传达贯彻全省防汛工作会议精神，分析雨情、水情、汛情等趋势，部署防汛工作，向各县区（场）下发《防汛目标任务书》。钟家明出席并讲话，要求各县区（场）认清形势，提高警惕，认真检查，备足物资，落实责任，确保安全度汛。田新芳、李豆罗、周根保、李小南、罗为民、夏太华等出席。市防总成员，市城区防洪排涝指挥部成员，各县（区）委书记、县（区）长，主管防汛工作副书记或副县长、水电局长、城建局长、防汛办主任，以及市五星、朝阳、将军洲农场、昌北开放开发区有关负责人100余人参加。

同日 全市召开“百城万店无假货”活动示范街动员大会。全省唯一“无假货”示范街——南昌市中山路东段正式亮相。

同日 全市下岗职工培训和再就业工作会议召开。会议传达市委、市政府及省总工会深化企业改革和再就业工作会议精神，研究部署下岗职工培训和再就业工作。全市各县区工会主席，国有大中型企业工会主席及市总工会产业工会、各工委、各部门负责人共200余人参加。

同日 安义县与江西电视台联合摄制的电视剧《小溪弯弯流》开机仪式举行。

31日 钟家明、陈绍翔、姜任保考察江西手扶拖拉机厂、江西化纤有限责任公司生产经营情况，要求企业以萍钢为榜样，认真学习邯钢经验，深化企业改革，强化内部管理，努力冲出困境。

同日 全市县区文化局长会议召开。会议强调，要以繁荣文化为中心，重点抓好专业文艺、群众文化、文化市场工作，营造欢乐喜庆的文化氛围。陈绍翔、陈守朴出席并讲话。

是月 莲塘二中办公室主任蔡厚志，经考试、考核，被南昌县教委公开招聘为莲塘二中校长，成为全市第一个竞争上岗任职的普通完全中学校长。

1999

4月

April

公元1999年4月							农历己卯年【兔】						
日	一	二	三	四	五	六	日	一	二	三	四	五	六
				1 十五	2 十六	3 十七	4 十八	5 清明	6 二十	7 廿一	8 廿二	9 廿三	10 廿四
11 廿五	12 廿六	13 廿七	14 廿八	15 廿九	16 初一	17 初二	18 初三	19 初四	20 谷雨	21 初六	22 初七	23 初八	24 初九
25 初十	26 十一	27 十二	28 十三	29 十四	30 十五								

1日 全市新一轮机关作风整顿动员暨“文明机关”“人民好公仆”表彰大会在市委礼堂召开。会议宣读《关于表彰1998年度“文明机关”“人民好公仆”的决定》和《市委办公厅、市政府办公厅关于在市直机关开展以“双满意”为目标的新一轮机关作风整顿的意见》。陈绍翔出席并讲话，强调机关作风整顿要紧紧抓住切实解决突出问题和严肃处理“害群之马”两个重点，抓好落实，务求实效，确保整顿达到预期目标。会议表彰市委政法委等12个“文明机关”和冷辑荣等30名“人民好公仆”。史骏飞、程金鹏、陈守朴、周启球、李豆罗、周根保、熊焕高等出席。

同日 市住房资金管理中心、市房产交易所、市房屋产权监理处派专人设专窗，专门办理个人住房抵押登记手续。在对政策性住房抵押贷款优惠的基础上，大幅度降低商业性个人住房贷款抵押登记费用。

同日 市技术监督局和市植保植检站联合对抚生路农资市场进行执法监督检查，查封假冒伪劣农药近10个品种、20余吨和一批国家禁止使用的剧毒农药，价值40余万元。

同日 西湖公安分局刑侦大队破获一起特大盗车团伙案，抓获龚某等犯罪嫌疑人。该团伙近两年来在市区盗窃轿车16辆，并在上饶、九江及河南商丘等地销赃。

2日 南昌市在部分国企开展派驻稽查特派员工作试点。行使的职权包括对企业的重要报表和报告提出审核意见，对制定企业的财务管理规定提出意见，对企业各级财务运作和资金收支情况提出意见，对企业年度预、决算方案提出意见，对拟定企业的利润分配、弥补亏损方案提出意见，对企业新项目投资的可行性提出意见，及时向国有资产产权部门报告企业的经济效益变化情况等。第一批试点企业有江西电机有限责任公司、江联有限责任公司、江西长运股份有限公司。

同日 全市水产工作会议召开。会议传达全省水产工作会议精神，总结1998年工作，部署1999年任务，表彰先进单位。田新芳出席。

同日 全市企业推行厂务公开制度经验交流暨动员大会召开。江铃汽车集团公司、江西棉纺织印染厂、市自来水有限责任公司、南昌亨得利钟表眼镜公司先后介绍推行厂务公开、加强民主监督、民主管理经验。

同日 市政府法制研究会成立暨第一届会员大会在市政府第二会议室召开。会议选举产生市政府法制研究会第一届理事会，推选李豆罗为研究会会长，讨论通过1999年政府法制理论研究课题。李豆罗、刘汝舟、吴才仁等出席。

3日 中共中央台办副主任、海峡两岸关系协会常务副会长唐树备一行到进贤县钟陵乡林场考察。

同日 全市消防工作会议在市委礼堂召开。李豆罗代表市政府与县、区政府以及一级消防重点单位代表签订1999年消防工作责任状。会议强调，全市消防工作要进一步完善社会消防管理机制，全力遏制重特大火灾特别是群死群伤恶性火灾事故的发生，为全市人民创造一个良好的消防安全环境。陈绍翔、刘汝舟及省消防总队负责人出席，并向中国银行市分行等24个“消防工作先进单位”、江西化纤厂专职消防队等3个“先进企业专职消防队”、省农业银行义务消防队等12个“先进义务消防队”和倪向东等69名“消防工作先进个人”颁奖。

4日 南昌市中山路东段被中宣部等四部门列为全国第二批“百城万店无假货”示范街。

5日 应省台办邀请，中共中央台办副主任、海峡两岸关系协会常务副会长唐树备在南昌作台湾局势和两岸关系形势报告。陈绍翔、史骏飞、余志坚、李豆罗、熊焕高、孔炯、雷武江、罗为民、张锦裳等听取报告。

同日 全市创卫迎检动员大会召开。钟乐初宣读全国爱卫会《关于继续进行第四次全国卫生检查评比活动的通知》，罗为民宣读市委办公厅、市政府办公厅《关于进一步落实创卫责任制的通知》。钟家明出席并讲话，号召全市人民立即行动起来，积极投身到创卫迎检工作中来，要求各级政府及有关部门加强领导、落实责任、统筹兼顾。陈绍翔、史骏飞、程金鹏、陈守朴、余志坚、周启球、李豆罗、周根保等出席。市人大、政府、政协秘书长，市委各部门、市直各单位，各民主党派、工商联负责人，各城区主要领导及各区创卫办负责人参加。

8日 全市公安纪检监察工作会议在市公安局会议室召开。会议传达市纪委第七次全会和全省公安纪检监察工作会议精神，宣读《1999年全市公安机关党风廉政建设和反腐败工作意见》和《关于贯彻落实党风警风廉政建设责任制的实施办法》。陈绍翔出席并讲话，要求全市公安纪检监察机关推进党风廉政建设，确保严格公正执法，努力维护社会稳定。

同日 由铁道部四方机车车辆厂生产的中国首列液力传动内燃动车组首发仪式在南昌火车站举行。该动车组结构简单、起动平稳、加速快、运营成本低、安全可靠、运用灵活、方便快捷，具有80万公里免维修特点；列车两端为完全相同动力车，运用双机重联技术，装车功率各为1000千瓦，最大启动牵引力为190千牛，时速最高可达140公里。列车总定员人

中国首列液力传动内燃动车组在南昌投入运营

数为546人，内部设施高雅齐全，旅客乘坐舒适安全。

9日 全市拥军优抚安置、民间组织管理、勘界、退伍安置工作会议在市委小礼堂召开。会议强调,全市优抚安置工作必须坚持“思想教育、扶持生产、社会优待、国家抚恤、依法保障”工作方针，形成抚恤、优待、褒扬相结合的多层次优抚制度，保障优抚对象生活水平略高于当地群众，享受必要优惠政策；必须坚持按系统分配任务、包干安置原则，实行政府指令性计划，强化宏观调控力度，积极探索安置新路，保障退役士兵得到妥善安置；必须坚持分散和集中相结合原则，深化住房、医疗制度改革，逐步建立以国家保障为主体，社会服务和家庭服务相结合的军休干部养老保障制度。会议指出，加强民间组织管理必须坚持依法管理原则、统一登记管理原则，双重管理、分级负责原则，稳步发展原则。会议强调，勘界工作涉及各种资源和群众切身利益，各级民政部门要充分认识到勘界不是行政区划，而是明确行政区域界线走向的位置；各地、各有关部门务必坚持以党和国家根本利益为重，从维护社会稳定高度，从讲政治高度正确处理勘界中遇到的各种矛盾和分歧。会议强调，全市1999年退伍安置工作的总的要求是认识到位、措施得力、加快进度、确保质量，做到“双满意”。各县区、市直各接收单位与市政府签订1999年度退伍安置工作目标责任状。李豆罗、刘汝舟、吴才仁、夏太华等出席。

同日 全市流动人口管理工作现场会在郊区召开。陈绍翔出席并讲话，要求各级公安机关把加强流动人口管理工作提高到讲政治、讲大局、讲稳定高度来认识，切实加强领导、精心组织，把流动人口管理各项规定落到实处。

同日 洪都航空工业集团有限责任公司承担的“八五”国家纺机项目——片梭织机专项工程通过国家验收。该项目填补国内不能生产片梭织机的空白。

同日 全市6000名机关干部义务清扫垃圾。

同日 湾里区科技信息网正式建成并与国际互联网接通。

10日 17时20分，南昌至青岛首次开行往返454/1、453/2列车。该列车穿越赣鄂豫鲁四省，全程运行1555公里。

11日 省市在八一广场举行社会保险政策咨询活动。活动设置150多块展板，向群众宣传如何缴纳社会保险费、如何办理社会保险登记,如何享受社会保险待遇等问题。李豆罗、刘汝舟、姜任保、吴才仁等参加。

12日 南昌高新区与韩国赛富特国际集团合作建立南昌赛富特国际工业园区。

15日 1998全市社会治安综合治理好新闻奖评选日前揭晓。11件作品获好新闻奖，其中南昌日报社5篇，市公安局3篇，市电视台、有线台、广播电台各1篇，并有9篇被推荐到省参评。南昌日报选送的《风雪110》《开启心灵钥匙的人》分获报刊和新闻照片类一等奖，市有线台选送的《辗转擒恶魔、刑警显神威》、市广播电台选送的《章俊理被依法逮捕》分获电视新闻和广播新闻一等奖。

同日 省市创建国家卫生城市动员大会在滨江宾馆召开。省领导钟起煌、胡振鹏出席并讲话，要求省市军民迅速行动起来，以主人翁姿态积极投身到创建国家卫生城市工作中去。省市领导周埶平、刘运来、李豆罗、罗为民出席。省委、省人大、省政协办公厅、省军区后勤部负责人和省直各部门、中央驻昌各单位、在昌的大中型企业、大专院校主要领导、分管“创卫”工作领导参加。

同日 全省学校治安综合治理工作电话会议在南昌举行。南昌市在市公安局会议室设立会场。会议结束后，陈绍翔就如何贯彻全省电话会议精神，开展学校综合治理工作进行动员部署。他指出，整治要突出重点，落实好整治措施；要严厉打击刑事犯罪活动，惩处地方流氓恶势力和害群之马；要整治好学校周边文化市场，整治学校门前乱搭乱建、乱停乱放现象。

同日 全市境外卫星电视管理工作会议召开。会议决定，市、县（区）两级广播电视局和有关部门，从4月中旬开始集中力量、集中时间对本辖区内擅自接收、转播境外卫星电视的单位和个人进行一次清理整顿。清理整顿重点是：违反规定接收、转播境外卫星电视的各类电视播出机构，未经批准擅自接收境外卫星电视的单位和个人，虽经批准但擅自扩大境外卫星电视收视范围的单位，未经批准非法推销、买卖卫星地面接收设施的单位和个人等。

16日 以黄玉章为组长的全国人大常委会内务司法委员会调查组一行考察南昌市救灾救济款物发放使用情况。

同日 全市国有企业人事制度改革试点工作会议召开。会议研究部署全市国有企业人事制度改革试点工作。陈绍翔、熊焕高、姜任保出席会议并就搞好试点工作讲话。会议指出，根据全省国有企业人事制度改革试点工作部署和要求，结合全市国有企业实际，主要进行理顺国有企业领导人员管理体制，取消企业行政级别，按照公开、平等、竞争、择优原则选用企业领导人员，建立企业经营管理人才市场，向市属重点企业选派财务总监五个方面的改革试点。

同日 全市占道摊点整治现场会召开。会议强调，各有关部门要针对“摊点乱摆、车辆乱停、垃圾乱倒、随手乱扔”和“出店经营多、违章搭建多、占道洗车多、乱吊乱挂多”等“四乱四多”现象，加大整治力度，美化市容市貌，迎接第四次全国卫生城市检查。

同日 市人民检察院对贪污救灾物资的新建县望城镇民政所原所长徐某、新建县民政局原副局长郭某等人依法提起公诉。

同日 市妇联家政服务中心挂牌运作。

18日 全市领导干部现代科技知识系列报告会在市委礼堂举行。中国科普研究所所长袁正光应邀作《知识经济与21世纪科技发展》报告。周启球、程金鹏、田新芳、李小南、经自麟、瞿祖一、吴才仁等和各县区、各部门、各单位副县级以上在职领导干部、市属33家大中型企业领导干部及市委党校第14期青干班全体学员听取报告。

同日 南昌室内装修装饰市场正式挂牌运行。

19日 全市公开举荐副厅级领导干部动员大会在市委小礼堂召开。会议传达贯彻全省公开选拔副厅级领导干部大会精神，部署有关工作。会议强调，要从讲政治的高度，加强领导，精心组织，按照省委和省公开选拔工作领导小组的要求，做好各项工作。周启球出席并讲话，熊焕高作动员报告。

同日 《南昌日报》报道，全市已有2219名乡村卫生人员获得初、中级技术职称证书。

20日 省委决定：周启球任中共南昌市委副书记。

同日 省政府批准建立向塘开发区。向塘开发区为省级开发区，规划面积为23.6平方公里。

同日 全市统计工作会议召开。会议传达全省统计工作会议精神，总结1998年工作，部署1999年任务，表彰先进集体和先进工作者。

同日 东湖公安分局经济保卫大队侦破南昌市第一大税案，5名主要犯罪嫌疑人落入法网，涉案总价值8000余万元。

同日 南昌市实行新的生猪定点屠宰运行机制，批发商与零售商在批发市场上实行“双向选择、按质论价”。

同日 南昌至郑州航线开通。

21日 市委、市政府发出《关于认真开展以萍钢为榜样深入学邯钢活动的通知》，强调提高对开展以萍钢为榜样深入学邯钢活动的认识，切实加强企业领导班子建设，进一步深化企业改革，不断加强企业内部管理，认真落实科技兴企方针，以人为本、全心全意依靠工人阶级和加强组织领导。

同日 全市赈灾增效社会主义劳动竞赛总结表彰大会召开。江西锅炉化工石油机械联合有限责任公司等16个先进集体，尚文礼等16位先进个人和吴涌等30位优秀组织者受到表彰。孔炯出席并讲话，吴才仁出席。

22日 史骏飞、孔炯、罗时杰及部分人大常委会委员、人大代表先后深入到朝阳酿造厂、洪城大市场副食品区、墩子塘农贸市场、百货大楼食品超市、部分路段的饭店、酒家，察看食品生产、经营单位执行《中华人民共和国食品卫生法》情况，指出在贯彻《中华人民共和国食品卫生法》中存在的问题和薄弱环节，并提出解决办法。

23日 省档案馆在整理馆藏民国档案时，发现两张日军侵华“军事秘密”地图。这两张地图一张编号为“南昌二十号”，主要绘制的是南昌、新建两县交汇处及两县与周边高安、丰城等县交合部的地形；另一张编号为“南昌二十五号”的是高安县地图。两张同一规格，长107厘米，宽77厘米。地图右上角均用日文印有“军事秘密”字样，右下角印有“昭和十三年七月调制，参谋本部”“昭和十三年七月制版，陆地测量部”字样。

同日 全市职业道德建设“双十佳”竞赛总结表彰大会在市委小礼堂召开。西湖交警大队展览馆岗等10个单位被授予市职业道德“十佳单位”称号，熊金梅等10名个人被授予市职业道德“十佳标兵”称号。周启球、钟乐初出席并颁奖。

24日 全国政协副主席陈锦华、毛致用到进贤县军山湖考察水面综合开发工程。

同日 全市法制讲座在市委礼堂举行。中国人民大学博士生导师林增杰应邀作《加强土地管理，实现土地管理法制化》讲座。周启球、史骏飞、程金鹏、陈守朴、李豆罗、罗时杰、罗为民等和全市380余名副县级以上领导干部听取讲座。

同日 南昌百特实业有限公司研制开发的“血细胞计数分析仪试剂”，通过国家级“星火计划项目”验收。

同日 江铃汽车集团向昆明世界园艺博览会组委会无偿提供60辆“全顺”牌汽车。

26日 全市庆祝“五一”国际劳动节暨表彰大会在南昌工人体育馆召开。大会授予江西变压器有限责任公司等49个单位市“五一劳动奖状”，授予南昌三中教师聂水兰等160人市“五一劳动奖章”。周启球出席并讲话，他希望广大职工充分认识自己所肩负的重大历史责任，积极支持、参与和推动改革，坚定不移地支持和贯彻执行党和政府采取的一系列重大改革措施，顾全大局，正确处理国家、集体和个人的利益关系，自觉做到个人利益服从整体利益，眼前利益服从长远利益，以实际行动维护社会政治稳定，推动改革与发展。程金鹏、余志坚、周根保、姜任保出席并颁奖。各界群众1000余人参加。

27日 省委宣传部、省委组织部、省经贸委、省总工会授予江铃汽车集团公司等29家企业（单位）和34位员工为1997年至1998年度“江西省职工思想政治工作先进单位”和“江西省职工思想政治工作先进个人”称号。

同日 全市以萍钢为榜样深入学邯钢活动动员大会在市委小礼堂召开。钟家明出席并讲话，强调要通过开展以萍钢为榜样、深入学邯钢的活动，突出抓好班子建设、制度改革、内部管理、招商引资，全面推进国有企业的改革和发展。姜任保、雷武江、罗为民、瞿祖一出席。市直有关部门负责人、市属大中型国有企业、驻市金融单位代表参加。

同日 市化工原料厂、江铃齿轮股份有限公司获1999年江西省“五一劳动奖状”暨1998年度全省“九五双争立功竞赛”先进集体；尚文礼、李凤员、杨轼琴等14人获1999年江西省“五一劳动奖章”暨1998年度全省“九五双争立功竞赛”先进个人。

同日 254家省、市、区文明单位负责人在西湖区签署双创建承诺书。

同日 中国农村科教信息工程南昌推广总站在市科协挂牌成立。该站以交互式科教光盘为载体，利用现代声像技术，迅速快捷向广大农民传播科技文化知识和市场信息，提高农民科技文化素质，为农村科技扶贫、科技致富开辟新途径。

28日 全市党委系统办公室工作会议在市委小礼堂召开。会议传达贯彻全国党委秘书长、办公厅主任座谈会和全省地市委秘书长、办公室（厅）主任座谈会精神，传达全省信息、机要、保密工作会议精神，研究部署新形势下进一步加强和改进办公室工作的措施。会议表彰1998年度全市党委系统督察工作先进单位和先进个人，1998年全市党委系统信息工作先进单位、先进信息工作者和好信息，1998年全市保密工作目标管理先进单位。会议指出，面对新形势、新任务，党委办公部门要发挥好参谋助手作用、督促检查作用和协调综合作用。会议要求，各级党委办公部门人员要努力做到忠诚坚定，经得起政治考验；甘于奉献，耐得住艰苦磨炼；廉洁自律，抗得住各种诱惑；业务精湛，担得起服务重任。钟家明、余志坚出席并讲话。各县区分管办公室负责人，市委各部门、市直各单位分管领导和办公室主任200余人参加。

同日 郊区首次公开选拔科级领导干部在区人民法院推开。经过资格审查和理论考试挑选出来的8名候选人，在区人大会议室进行面试答辩，竞争区人民法院副院长职位。

29日 纪念市委《关于进一步开展依法治市的决定》颁布一周年法制宣传日活动在八一广场举办。活动将法制宣传、法律咨询、法律服务、法律援助融为一体，向群众散发宣传单1万份，解答咨询2000余人次。李豆罗、刘汝舟参加。

30日 全市加强与改进民主法制和人大制度新闻宣传工作会议召开。史骏飞出席并讲话，强调要通过各种形式，加强对立法、普法、执法等各环节宣传报道，促进全市民主法制建设和依法治市工作不断向前推进；要加强人民代表大会制度宣传，特别是加强对人大工作的宣传报道。刘汝舟、程光茹、孔炯、王迪东等出席。

同日 江西锅炉化工石油机械联合有限责任公司、江西长运股份有限公司获1999年全国“五一劳动奖状”；聂水兰、涂永辉、张安平、蒋文兰获1999年全国“五一劳动奖章”。

同日 南昌钢铁有限责任公司将原主要生产单位开坯厂、电炉厂分离，改制为子公司，实行自主经营、自负盈亏。

4—5月 市水电局水政水资源科和水政监察大队编制完成1998年度《南昌市水资源公报》，主要内容包括降水量、地表水资源量、地下水资源量、水资源总量、蓄水动态及用水调查、水污染排放量等，为市政府宏观调控水资源提供决策依据。

1999

5月

May

公元1999年5月							农历己卯年【兔】						
日	一	二	三	四	五	六	日	一	二	三	四	五	六
						1 劳动节	2 十七	3 十八	4 青年节	5 二十	6 立夏	7 廿二	8 廿三
9 廿四	10 廿五	11 廿六	12 廿七	13 廿八	14 廿九	15 初一	16 初二	17 初三	18 初四	19 初五	20 初六	21 小满	22 初八
23 初九	24 初十	25 十一	26 十二	27 十三	28 十四	29 十五	30 十六	31 十七					

1日 南昌市统一使用新商品标价签。

同日 郊区采取试点探索和整体推进相结合方式，完成乡镇机关人员分流工作，已分流乡镇机关编外人员265人，减少机关工作人员38.7%，每年节减人头费财政支出175万元。

同日 南昌市城东最大的室内综合集贸市场——顺外综合集贸市场开业。该市场主要经营肉类、家禽、干货、水产、蔬菜等农副产品。市场总建筑面积7000平方米，总投资300万元。

同日 市总工会婚姻家庭服务中心正式挂牌运作。该中心开展以婚姻家庭研讨、婚姻介绍服务、婚姻家庭法律咨询服务以及妇女儿童服务为主要内容的服务工作；对省市劳模、现役军人长期实行免费服务，下岗职工凭下岗证长期享受50%优惠服务；由服务中心牵线搭桥喜结良缘的伉俪将免费享受婚仪、婚联、新房装饰咨询、新人形象设计指导等多种优惠服务。

同日 西湖区图书馆登录因特网，为全省首家接入国际互联网络的县级图书馆。

2日 南昌市创卫指挥部成员扩大会议在市政府第一会议室召开。会议通报当前创卫情况，研究存在的问题，提出整改措施。刘伟平、李豆罗、程光茹、钟乐初、赵国梁，四城区主要领导及市直有关部门负责人出席。

3日 10时50分，全国铁路首趟以“雷锋号”命名的453/454次旅客列车从南昌站首发，沿京九铁路北上进京。南昌铁路局举行命名挂牌仪式。

同日 在全军第九次青年工作会议上，武警南昌指挥学校一队学员刘荣昭获“全军优秀士兵”称号。

5日 市政府日前发出《关于加强机关事业单位进人审批管理的通知》，要求实行总量控制、重点倾斜，坚持分类管理、严格把关，加强部门协作、严肃纪律；除市委、市政府任命的领导干部和国家指令性安置的转业干部外，所有进入党政群机关和参照国家公务员管理的事业单位人员，必须参加省级人事部门组织的统一考试，并取得合格证后方可进入；对逆向调动和异地调入人员，实行“一支笔”审批，严格控制；师范、医学院校毕业生原则上对口分配，不得改派；凡违反通知规定进入机关事业单位的人员，一律予以退回等。

同日 全国人大常委会委员、民建中央副主席朱相远率调研组一行就《中华人民共和国传染病防治法》执行情况在南昌市调研。

6日 由市委党史工作办公室编纂、钟家明作序、新华出版社出版的《南昌人民革命史》一书首发式举行，周启球出席并讲话。该书以翔实的史料，记述从鸦片战争以后到新中国成立的百年间，南昌人民在各个历史时期为争取生存、民主、和平、统一、解放而进行的不屈不挠的斗争。编纂出版该书列为市委批准的全市党史工作“一五”规划重要项目，是献给纪念南昌解放50周年的厚礼。

7日 1998年度市科技进步奖表彰大会在市政府第二会议室举行。大会表彰获1998年度省、市级科技进步奖的单位和个人。1998年，全市有40项科技成果获奖，其中一等奖6项，二等奖17项，三等奖17项。并有10项科技成果获得省级奖，其中一等奖1项，二等奖4项，三等奖5项。由日月明实业有限公司与南昌大学联合研制的EBG自行式架桥机获省级一等奖，由江铃汽车股份有限公司研制的JX493ZQ型增压柴油机等6项获市级一等奖。钟乐初出席并讲话，要求广大科技工作者努力贯彻实施科教兴昌战略方针，努力提高产业技术水平，增强市场竞争力，推动产业结构优化升级，加快科技体制改革，促进科技与经济相结合。周启球、程光茹、钟乐初、瞿祖一出席。

8—9日 国务院研究室原副主任、中国农经学会会长杨雍哲带领的由中国农经学会、国务院研究室农村司和国务院发展中心农村部联合组成的专家组对南昌市农产品中心批发市场、洪城大市场以及扬子洲乡等地进行实地考察。

8—10日 市党政军机关分别召开座谈会，强烈谴责以美国为首的北约袭击中国驻南斯拉夫大使馆的暴行，坚决拥护中国政府的严正声明和胡锦涛的电视讲话。与此同时，全市各界群众通过座谈、集会、接受采访等方式，抗议以美国为首的北约的暴行。

9日 省市文明委、省市妇联等8家单位联合在西湖区上海路街办举行“集中整治、清理白色垃圾”活动，同时向全省妇女发出“告别塑料袋，提起菜篮子、布袋子”的倡议。

10日 12时30分，全市出现不同程度的冰雹天气，冰雹直径为5—13毫米，同时出现八级以上雷雨大风。

11日 全市双拥工作领导小组扩大会议在市委小礼堂召开。会议传达贯彻落实全国、全省拥军优抚安置工作会议精神，总结全市前一段时期双拥工作情况，分析当前双拥创建工作形势，研究部署下一步双拥工作任务。李豆罗主持，钟家明、省军区副政委周日扬出席并讲话。会议要求，各级党委要加强领导，搞好协调，齐抓共管，形成合力。周根保，省市双拥办有关负责人、部队代表、各县区分管书记和区长等出席。

11—12日 全市公安政治工作会议召开。会议强调，公安政治工作要坚持政治建警、从严治警、从优待警，保证人民警察忠于党、忠于人民、忠于祖国的政治本色。陈绍翔出席并讲话，李豆罗及省公安厅有关负责人出席。

14日 全市企业解困与再就业“一帮一”工作汇报会在市委小礼堂召开。会议总结全市企业解困与再就业工作情况，部署下一步工作。市劳动局负责人通报1999年以来企业解困和再就业“一帮一”工作情况，市委统战部、市交警支队、江西袜厂、江西油脂化工厂、南昌弘源皮鞋厂等7个帮扶部门和困难企业代表发言，介绍交流工作经验。李豆罗主持。钟家明、陈绍翔出席并讲话，要求各部门、各企业要坚定不移地完成目标任务。

同日　市委党校十五期中青班学员先后到邓小平旧居、方志敏烈士墓、革命烈士纪念堂和南昌八一起义纪念馆，接受革命传统教育。学员们表示，强烈抗议以美国为首的北约悍然对中国驻南使馆进行袭击的野蛮暴行，要牢记革命传统，加强党性锻炼，加倍努力工作，报效伟大祖国。

同日　省市有关方面负责人及食品卫生等部门专业人员，检查省直单位和中央驻南昌单位创卫工作。

15 日　南昌洪城大厦、南昌百友集团公司、南昌百货总公司等一批大中型商业骨干企业投资建立的微机管理系统全面开通。

16 日　南昌市在八一广场开展以“无障碍与视觉第一”为主题的全国助残日活动。周启球、周根保、吴才仁等，各界群众 2000 余人冒雨参加活动。

17 日　市委、市政府、南昌军分区发布《关于加强预备役部队建设的暂行规定》，从组织建设、领导关系、人员选配、行政管理、有关保障、奖励处罚等六个方面作出规定。

同日　应南昌高新区和韩国赛福特集团共同邀请，韩国大宇集团上海办事处首席代表朴根太一行来南昌考察投资环境。

同日　国家审计署长沙特派员办事处到南昌市审计 1998 年度水利国债项目工程资金使用管理等情况。经检查审计，未发现违纪问题。

18 日　市中级人民法院公开审理一起特大贪污救灾物资案。经法院审理做出一审判决，以贪污罪判处新建县望城镇民政所原所长徐某无期徒刑、剥夺政治权利终身；以贪污罪判处新建县民政局原副局长郭某有期徒刑八年；以贪污罪判处被告人金某、胡某（均为新建县民政局工作人员）有期徒刑一年；以销赃罪判处被告人熊某有期徒刑二年零六个月并处罚金 2000 元。

19 日　全市经济形势分析会议在市委小礼堂召开。李豆罗传达全省专员市长会议精神，田新芳、姜任保、雷武江、钟乐初、罗为民分别对 1999 年 1—4 月全市农业、工业、利用外资和外经贸工作、文教卫生和城市建设等工作完成情况作通报和分析，并对下半年工作安排提出意见。钟家明出席并讲话，强调做好经济工作必须解放思想、实事求是，创造性地开展工作。李小南出席，各县区、市直各部门主要负责人参加。

同日　全市县区人武部暨预备役部队建设座谈会在南昌军分区会议室召开。会议传达贯彻落实全省县（市、区）人武部建设座谈会和预备役师组织建设工作会精神，结合全市实际部署工作任务、提出具体要求。会议强调，要进一步提高认识，增强抓好后备力量建设的紧迫感和责任感；要进一步强化领导责任，注重研究和解决关键性问题；要进一步加大工作力度，努力把民兵预备役各项任务落到实处。钟家明出席并讲话，李豆罗主持。陈绍翔、周启球、陈守朴、余志坚、田新芳、周根保、熊焕高、李小南、夏太华等，市武委会全体成员、各县区负责人和县区人武部、预备役团主官出席。

同日　全市新闻报道组组长会议在南昌日报社会议室召开。会议总结前一阶段对外新闻报道工作，就进一步抓好新闻报道作出部署。中央驻赣、省驻昌新闻单位负责人应邀到会。市、县、区系统新闻报道组介绍各自工作经验，提出今后工作思路。陈守朴出席并讲话，强调新闻报道组要打好主动仗，宣传新南昌。

同日　市委、市政府发出《关于表彰 1998 年度发展乡镇企业先进单位的决定》，授予郊区、南昌县、进贤县、湾里区综合目标管理奖，新建县、青云谱区、安义县、昌北开放开发区单项目标管理奖，江西汇仁集团有限公司等 13 个年纳税 100 万元以上企业最佳经济效益奖。

同日 全市乡镇企业工作会议在市委小礼堂召开。会议传达全省乡镇企业会议精神，总结1998年工作，部署1999年任务。会议强调，要把提高认识、增强信心作为发展乡镇企业的关键点；把深化改革、创新机制作为发展乡镇企业的切入点；把发展个体、私营企业作为增长点；把调整结构、培植优势产业作为着力点；把优化环境，加强管理作为发展乡镇企业的结合点。市委、市政府对郊区、新建县、进贤县李渡出口花炮厂等获综合目标管理奖、单项目标管理奖、最佳经济效益奖的县区、企业进行表彰。钟家明出席并讲话，陈绍翔、周启球、田新芳、李豆罗、李小南、孔炯、瞿祖一等出席。各县区、各有关单位以及各乡镇的主要负责人参加。

同日 市卫生防疫站顺利通过省卫生厅组织的严格评审，成为江西省唯一一家达到地级一等站标准的防疫站。

19—28日 南昌市对清房对象单位在职县（处）级领导干部住房情况进行全面核查，核查内容主要是住房套数、面积、建私房及装修情况。

20日 纪念南昌解放50周年座谈会在市委小礼堂召开。会议号召，全市上下要统一思想、坚定信心，抓住机遇、知难而进，团结一致、艰苦奋斗。各界代表先后发言，回顾战斗历程，颂扬伟大成就，抒发豪情壮志。钟家明出席并讲话，陈绍翔主持。周启球、史骏飞、程金鹏、陈守朴、余志坚、田新芳、李豆罗、周根保、熊焕高等和各界代表160余人出席。

同日 全市国有资产管理暨行政事业单位财产清查登记工作会议召开。会议传达贯彻全省国有资产管理工作会议精神，总结1998年工作，部署1999年任务。会议强调，要着重做好对国有重点企业国有资产监管工作，做好对重点企业派稽查特派员工作，完善企业外派监事会工作，完善国有资产授权经营工作，以此落实授权经营国有资产公司的权责利，促使其成为适应社会主义市场经济的、具有现代企业制度的国有资产营运主体；要认真做好国有企业改制改造工作，保证国企改革顺利进行，在产权界定、清产核资基础上，认真做好企业集团的国有资产监管工作，促使企业集团形成以资本为纽带的母子公司体制；要切实加强企业在资产重组中的国有资产评估、确认等工作，加强企业的破产清算工作，确保国有资产的安全、完整；认真规范改制企业的操作程序，做好兼并、破产、下岗分流、减员增效和再就业工程，为企业改革服务；要切实做好授权经营企业集团的国有资产保值增值考核工作，做好企业经营者年薪制考核工作，促使奖惩真正到位；加强对国有产权交易市场的监管，在努力推动国有存量资产流动的同时，加大对国有产权违规交易和非法交易的打击力度，尽可能避免国有资产流失；要以加强国有产权管理为主线，继续做好国有资产基础管理工作，继续做好行政事业单位国有资产管理工作，并加大国有资产流失查处的力度。李豆罗出席并讲话。

21日 全市纪念毛泽东《在延安文艺座谈会上的讲话》发表57周年座谈会在百花洲电影院召开。会议强调，文艺工作者要弘扬主旋律，唱响祖国颂。陈绍翔出席并讲话，陈守朴、孔炯、钟乐初出席。

同日 全市信访工作会议在市委六楼会议室举行。会议通报全市信访情况，交流信访工作经验，部署当前和今后一个时期信访工作。会议强调，要深化认识，明确信访工作是一项长期的重要任务；实行高层决策，落实领导责任制；发挥信访综合协调功能，形成齐抓共管的机制。余志坚出席并讲话。

同日 南昌卷烟厂生产的“金圣”牌卷烟获1999年度全国名优卷烟品牌。

22日 全市1500余名青少年在工人体育馆集会，举行成人宣誓仪式和迎“六一”少先队鼓号队表演赛，庆祝南昌解放50周年。1000名中学生在成人仪式上宣誓：做合格接班人、建美好英雄城。

25日　第四届市直机关职工运动会在市工人体育馆开幕。省直工委、省体委、省总工会负责人，陈绍翔、周启球、程金鹏、陈守朴、余志坚、田新芳、李豆罗、周根保、孔炯、经自麟、陈礼元、邓启明、瞿祖一、张富等出席开幕式。该届运动会设有篮球、乒乓球、拔河、象棋、射击、田径等25个比赛项目，共有76个代表队2000余名干部职工参加。

同日　南昌市对拒缴养老金的单位敲响拍卖第一槌。市中级人民法院对前期依法查扣的绿色集团、典比雅服装有限公司的小汽车等财物实行强行拍卖，所得7.4万元全部用于缴纳养老金。

26日　全市第一个女子应急排成立。

27日　市十一届人大常委会第十六次会议决定任命：陈国兴为南昌市人民政府副市长。

同日　全市“巾帼建功”表彰会在市委小礼堂召开。市“巾帼建功”活动协调领导小组决定授予万玉娥等30人“巾帼建功标兵”，杨国清等40人“巾帼建功先进个人”，刘菲丽等25人“巾帼创业带头人”，董玲等15人“巾帼助困先进个人”，郭玉英等10人“巾帼建功先进工作者”称号；授予进贤县和西湖区“巾帼建功”协调小组“巾帼建功先进协调小组”，市第一医院等10个“巾帼建功”协调单位“巾帼集体先进协调单位”，市市容局等7个单位“巾帼助困先进集体”，市地税局西湖地税分局等6个单位“巾帼文明示范岗”称号。周启球、雷武江出席并为受表彰单位和个人颁奖。

28日　在全国第四次人民调解表彰会上，南昌县麻丘镇调解委员会和西湖区丁公路街办半边街调解委员会调解员胡招莲分别被授予“模范调解委员会”和“模范调解员”称号。

31日　在昆明世博园“人与自然馆”举办的世界名花月季专题展览竞赛上，南昌市参赛的“金奖章”“花房”“绿云”“白云”4盆月季获世博会银奖；“激光”“贝拉米”“马希娜81”3盆月季获铜奖。

同日　国家社科规划基金资助课题《我国现阶段工人阶级基本状况研究》，经学科规划评审小组评审，全国哲学社会科学规划领导小组审批获准立项。课题组由市委党校校长罗木水牵头，罗贤让、蔡水珍等参加。

同日　省市领导胡振鹏、钟乐初走访南昌SOS儿童村，并向小朋友赠送少儿书籍。

1999

6 月 June

公元 1999 年 6 月							农历己卯年【兔】						
日	一	二	三	四	五	六	日	一	二	三	四	五	六
		1 儿童节	2 十九	3 二十	4 廿一	5 廿二	6 芒种	7 廿四	8 廿五	9 廿六	10 廿七	11 廿八	12 廿九
13 三十	14 初一	15 初二	16 初三	17 初四	18 端午节	19 初六	20 初七	21 初八	22 夏至	23 初十	24 十一	25 十二	26 十三
27 十四	28 十五	29 十六	30 十七										

1 日　法国驻武汉总领事馆总领事尚多礼考察南昌中法教育、经贸等合作项目。尚多礼表示，法国愿意同江西在科技和教育等方面进行合作交流。

同日　16 家市直机关单位代表带着一批价值 5000 元的少儿读物、科技书刊和学习用品，来到南昌县广福镇荷山人防希望小学，与孩子们共度“六一”国际儿童节。

2—6 日　中央党校中青班部分学员一行在南昌市考察工业企业改革情况。调研组深入江铃集团公司、南昌亚啤有限公司、江纺有限责任公司、江纸集团公司、齐洛瓦电器集团总公司、江西裕丰金属工艺品厂等企业开展调研，并参观南昌八一起义纪念馆等革命历史遗址。

3 日　以全国政协民族和宗教事务委员会副主任、中国佛教协会副会长兼秘书长刀述仁为组长的调查组一行赴鹰潭、九江、南昌，调查江西省宗教团体自助建设和宗教活动场所管理情况。

同日　美国胭脂鱼在进贤县城郊渔场繁殖成功，并在全县推广养殖。

5 日　全市举行领导干部学法讲座，中国社会科学院法学博士韩世远应邀主讲《合同法与法制建设》。孔炯、邹剑桥、赵国梁、肖宣祥、张富、王栎及全市 400 余名副县级以上领导干部听取讲座。

7 日　应省委、省政府领导邀请，全国政协委员、著名高级记者、经济学家、《经济日报》总编辑艾丰到江西调研、讲学，先后在萍乡、井冈山和南昌作五场经济形势报告和“小城镇大战略”研讨报告。

同日　全国 1999 年下半年药品交易会在南昌召开。全国 3000 多个医药厂家、商家约 3 万名代表参会。

7—9 日　省市教委联合举行首次南昌地区社会力量办学研讨会。百余名民办学校负责人参加。

8 日　全市宣传信息调研工作会议在市委

六楼常委会议室召开。会议总结1998年工作，部署1999年任务，表彰湾里区委宣传部等13家先进集体和东湖区委宣传部雷丽红等4名先进个人。陈守朴出席并讲话，强调宣传信息员要树立政治意识、大局意识，信息直报单位要增强责任意识、狠抓落实，促进宣传信息工作再上新台阶。

同日 全市预防调处群众性纠纷械斗工作会议在市委小礼堂召开。会议传达全省预防调处群众性纠纷械斗工作经验交流会精神，总结全市近两年预防调处群众性纠纷械斗工作，明确1999年工作目标和要求。会议强调，预防调处群众性纠纷械斗工作要积极预防、主动排查、认真调处、重在治本。陈绍翔、田新芳出席并讲话。

同日 工商银行江西省分行与洪都航空、江铃汽车制造厂、江中草珊瑚制药厂、江西造纸厂、南昌卷烟厂、江西锅炉厂、洪城大厦、南昌百货大楼8家企业签订银企合作协议。省工行承诺年内向上述企业发放4.85亿元贷款。

同日 南昌县麻丘镇安泰人防希望小学竣工。该小学由市人防办筹资兴建。

同日 郊区政府决定对市郊楞上造纸厂、南昌典比雅时装有限公司等24家污染严重单位实行整改，限期9月底治理完毕。

9日 全市乡镇机关人员分流工作现场办公会在南昌县向塘镇召开。会议强调，各县区要加强领导，做好乡镇站所人员分流，做好村组干部精减和民办老师清理，切实减轻财政压力，减轻农民负担。熊焕高出席并讲话，各县区党群副书记、组织部长、重点乡镇领导参加。

10日 市中级人民法院在全省率先设立专门书记官处，将原配备在各业务庭的书记员从业务庭室分离出来，由新设立的书记官处对书记员进行集中管理、统一调配和业务指导。

11日 全市人防工程维护管理工作会议召开。会议传达贯彻南京军区国防动员委员会第三次会议和省人防办《关于当前形势下进一步做好人民防空工作的通知》精神，要求各单位树立强烈忧患意识，充分认识人防工作的战略地位与重要作用，增强做好人防工作的责任感和紧迫感。

同日 西湖区人民法院向辖区内16所中学的校长、教师颁发少年刑事审判特邀陪审员聘书。

12日 市煤气公司城北营业处日前被共青团中央、建设部命名为1998年度全国青年文明号，成为全省燃气行业首次获此荣誉的青年集体。

同日 南昌煌上煌公司“皇禽”酱鸭被中国食品协会授予“全国食品行业名牌”称号。

同日 洪都航空工业集团有限责任公司的K8教练机被列为巴黎第43届国际航空与航天博览会参展新机之一。这是中国飞机首次在欧洲参展。

14日 中国科学院水生物研究所淡水生态学研究室李针杰副研究员一行到进贤县军山湖考察大水面拦网养鱼情况。

14—23日 市保育院、东湖区幼儿园通过省级示范园评估，成为首批省级示范幼儿园。

15日 《南昌市重点传染病防治规划》日前经市政府第43次常务会议审议通过并颁布实施。规划分析南昌市传染病防治形势，提出重点传染病仍是威胁市民健康的主要因素；规划指出，传染病防治工作是社会保障体系的重要组成部分，必须与社会经济同步发展。规划确定的总目标是认真履行中国政府向国际社会做出的承诺，如期消灭脊髓灰质炎，消除新生儿破伤风等疾病，有效预防和控制一些严重危害人民健康的重点传染病，包括霍乱、病毒性肝炎、结核病，有效抑制性病、艾滋病等疾病上升趋势，全面提高对突发疫情、新发现的传染病和原因不明的疾病的应急、快速反应和处理等综合能力，逐步建立完善的卫生防疫防病体系。规划还下达15项具体防疫防病指标。

15—16日 全省乡镇分流人员减轻农民负担现场会在南昌召开。与会人员参观郊区扬子洲乡、湾里区罗亭乡、新建县北郊乡示范服务基地。省市领导舒惠国、钟家明、傅克诚、周启球、熊焕高出席。

16日 省文联向湾里区红星乡希望小学捐赠书籍1000余册，价值6000余元。

同日 香港中华厂商会会长梁钦荣率代表团一行考察南昌高新区及区鸿怡动力公司、五湖实业公司等企业。

同日 全市高校中专邓小平理论“三进”（进课堂、进教材、进头脑）工作经验交流会在市委六楼会议室召开。会议总结前阶段全市“三进”工作经验，部署今后工作任务。南昌职业技术师范学院、南昌高专、南昌教育学院、南师等高校、中专交流“三进”工作经验。会议强调，要站在培养合格建设者和接班人的战略高度，认识加强邓小平理论“三进”工作重大意义；要加强领导，为邓小平理论学习和“两课”（马克思主义理论课和思想品德课）改革与建设提供根本保证；要扎实工作，提高邓小平理论“三进”工作成效。陈绍翔、陈守朴出席并讲话。

同日 《人民日报》报道，南昌县从暑假开始至8月底对乡镇、村聘请的1700余名民办教师进行清理整顿，坚决辞退不符合条件者。

17日 市科学技术协会成立40周年纪念大会召开。全国人大常委会副委员长、中国科协主席周光召为市科协成立40周年题词：“发挥科技优势，服务地方经济”。周启球出席会议并讲话。

同日 国家工商局粮食市场管理交叉检查组，在宜春、南昌、抚州、鹰潭等地市进行为期4天的粮食市场管理检查。

18日 市人民检察院决定在全省率先开展主诉检察官办案责任制试点工作。

同日 市交警支队湾里大队挂牌成立。

20日 日本友人川西久一郎到南昌县南新乡黄渡村，为正在兴建的南川小学捐赠300万日元。

21日 市科协会同市农业局、市农学会举行报告会，加拿大磷钾肥研究所中国项目部负责人王家骧博士应邀主讲《精准农业在江西农业中的发展》。全市涉农专家及农业技术人员听取报告。

21—25日 市物价局对中山路、胜利路商品和服务实行明码标价进行整治。共出动人员74人次，检查单位472家，查出违规单位78家；纠正51家，处理27家，罚款1450元。

22日 市直机关工委、市总工会召开市直机关开展“干群心连心走访日”活动动员大会，倡导市直机关党员干部在党的生日到困难企业过党的组织生活，到下岗职工和困难职工中去了解群众疾苦、接受教育，从人民群众身上汲取营养和动力。会议要求，以这次开展“干群心连心走访日”活动为契机，推动领导干部“送温暖、心连心”活动深入，通过领导干部率先垂范和表率作用，影响和推动机关广大党员干部，使党政机关“送温暖”活动持之以恒，使领导干部与普通职工“心连心”的形式和内容更充实，让广大职工特别是下岗职工和困难职工感受到党和政府关怀，感受到全社会温暖。周启球出席并讲话。

23日 南昌县富山乡希望小学竣工。该小学由香港沈炳麟捐资兴建。

同日 应文化部邀请，土耳其摄影家富拉特及助手茹娜吾抵赣，进行摄影艺术创作。富拉特走访滕王阁、八大山人纪念馆等风景名胜，并深入工厂、农村基层进行采访。

24日 市委办公厅、市政府办公厅发出《关于进一步加快发展个体私营经济的意见》，要求进一步解放思想，坚持不懈地实施加快个体私营经济发展战略；加大规范执法力度，优化个体私营经济发展环境；采取有效措施，大力扶持个体私营企业发展；加大宣传力度，形成共同关心、支持个体私营经济发展的良好舆论环境。

25日 全省松毛虫春防工作全面结束。1999年入春以来，越冬代松毛虫呈明显上升势头。据5月统计，全省越冬代松毛虫发生面积4.67万公顷。在鄱阳湖地区和赣抚平原的贵溪、余江、弋阳、铅山、鄱阳、乐平、余干、万年、进贤、新建以及修水等县（市）呈大暴发趋势，并造成严重的灾害。省林业厅和各地市县政府、森防部门及时做出部署，采取有效措施，全力以赴抓春防工作，控制松毛虫的危害与蔓延。全省共组织药剂134.1吨，其中化学农药22.88吨、生物农药111.22吨，防治越冬代松毛虫面积共2.58万公顷。

同日 钟家明、田新芳考察江西煌上煌实业有限公司和江西阳光乳业有限公司，要求企业抓住机遇，加快食品工业发展。

同日 安义县举行电视剧《小溪弯弯流》首映式。陈绍翔、周启球、史骏飞、陈守朴、经自麟及老干部李春发等出席。

26日 以梁洁华教授为名誉团长的香港中华青少年历史文化教育交流团到南昌参观访问。

同日 省市禁毒委员会办公室联合在八一广场举办“珍爱生命、拒绝毒品”万人签名活动。

“珍爱生命、拒绝毒品”万人签名活动举行

散发各种禁毒宣传材料3万余份。

27日 省九届人大常委会第九次会议通过《省人大常委会关于批准〈南昌市国有企业法定代表人任期经济责任审计条例〉的决定》。

28日 全市第一所农村精神文明活动中心在新建县樵舍镇动工兴建。该中心由中央文明办捐资援建。

同日 市委发出《关于表彰先进基层党组织、优秀共产党员、优秀党务工作者的决定》。决定对南昌县向塘镇党委等60个先进基层党组织、邱娥国等100名优秀共产党员和董效民等50名优秀党务工作者予以表彰。

同日 全市先进基层党组织、优秀共产党员、优秀党务工作者表彰大会在市委礼堂召开。陈绍翔主持，周启球宣读表彰决定。会议对全市各条战线近两年涌现的60个先进基层党组织、100名优秀共产党员、50名优秀党务工作者进行表彰。钟家明出席并讲话，要求全市党组织和广大共产党员、党务工作者发挥战斗堡垒和先锋模范作用。史骏飞、程金鹏、陈守朴、余志坚、田新芳、周根保、熊焕高、李小南出席。

29日 南昌欧赛姆光电有限公司开业。该公司由赣籍留学生王幸国博士创办。

同日 全市公安局长会议召开。会议传达全省地市公安局长会议精神和中办、国办、公安部关于制止在统计上弄虚作假问题的文件精神，总结“三二一”战役（打击涉枪、带黑社会性质团伙犯罪，打击经济犯罪、打击盗窃犯罪、查禁赌博违法犯罪、查禁毒品犯罪和加强流动人口管理）和维护稳定工作情况，部署夏季治安整治任务。会议强调，全市各级公安机关要高举旗帜，维护稳定，为改革发展和中华人民共和国成立50周年、澳门回归庆典创造治安环境。郊区公安分局获全市公安机关“三二一”战役查禁赌博违法犯罪、加强流动人口管理评比第一名，南昌县公安局获全市公安机关“三二一”战役打击涉枪、打击盗窃、查禁毒品犯罪评比第一名，东湖公安分局获全市公安机关“三二一”战役打击经济犯罪评比第一名。陈绍翔、李豆罗出席并讲话。

新党员在八一南昌起义纪念塔前举行入党宣誓仪式

同日　南昌海关走私犯罪侦查分局成立。

30日　市直机关工委组织市直机关57个单位315名新党员在八一南昌起义纪念塔前举行入党宣誓仪式。

同日　巴西“农村无地者”运动代表团到南昌参观考察郊区现代庄园、南昌盛兴制衣有限公司、东方制药厂等单位。

1999 7月 July

公元1999年7月							农历己卯年【兔】						
日	一	二	三	四	五	六	日	一	二	三	四	五	六
				1 建党节	2 十九	3 二十	4 廿一	5 廿二	6 廿三	7 小暑	8 廿五	9 廿六	10 廿七
11 廿八	12 廿九	13 初一	14 初二	15 初三	16 初四	17 初五	18 初六	19 初七	20 初八	21 初九	22 初十	23 大暑	24 十二
25 十三	26 十四	27 十五	28 十六	29 十七	30 十八	31 十九							

1日 市委召开座谈会，学习贯彻江泽民关于国企改革与发展一系列重要讲话精神，研究探讨进一步搞好全市国企改革与发展的办法和措施。会议强调，国有企业要站在改革最前列，解放思想，大胆试，大胆闯；要认真总结南昌市在国有企业改革与发展过程中已经探索出的一些成功经验，特别是近几年形成的一些成功做法；要坚持具体问题具体分析，制定和采取有力具体措施，推动全市国有企业改革与发展；要加大招商引资和发展个体私营经济力度。钟家明、姜任保出席并讲话，陈绍翔主持。

同日 美国远景技术公司（FTC）总裁兼首席执行官、洛杉矶OUR OFFICE GENIE公司信息系统管理部主任刘瑄一行访问南昌大学，就与南昌大学信息网络中心合作事宜进行磋商。

同日 全市再次提高最低生活保障标准。城市居民由每人每月100元调整为110元，四县和湾里区城镇居民规定为每人每月80元。

2日 全市1999年度军队转业干部安置工作会在市政府第二会议室召开。会议总结1998年工作，分析1999年全市军转安置形势，并就如何高标准做好军转安置工作提出具体要求。会议指出，各部门各单位要实行军转安置领导责任制，从“讲政治”的高度认识搞好军转安置工作的重要意义，要把落实军转安置工作效果作为考核各级领导班子的一项重要内容；任何单位都有接收安置军转干部的义务，不得以没有编制或没有领导职数为由拒收安置转业干部；各级党政机关要带头接收安置转业干部；实行劳动合同制、聘任制的企事业单位，接收军队转业干部应当参照其原军队职务，聘任到领导和管理人员岗位上，并给予2—3年的适应期；对拒不接收转业干部的部门和未完成安置任务的单位，要给予通报批评、暂停办理招干调干、职称评聘、工资审批等手续，并限期妥善安置。李豆罗出席并讲话。市军转安置领导小组成员、各县、区、市直有关单位负责人120余人参加。

同日 中午12时左右，郊区何万村一个体无证冶炼厂炼钢炉发生爆炸，造成4名民工死亡、2人重伤。2名事故责任人于15日被抓获。

同日 全市滨湖地区266公里长的重点圩堤接近或超警戒线，滨湖地区全面进入防汛实战阶段。直至8月12日，滨湖地区外洪水位降至警戒线以下，全市抗洪抢险战斗结束。

4日 李豆罗巡察全市防汛工程，要求各滨湖地区保持高度警惕，密切注视汛情变化，抓紧时间做好圩堤“三通”（指挥畅通、公路畅通、溢洪道畅通）工作，抓紧时间调集防汛物资、器材并抢运到位，秣马厉兵以战洪流，确保安全度汛。

南昌县人民抢修堤段公路

5日 城镇义务兵优待金开始统筹。

6日 市政府日前决定：进一步发挥龙头企业作用，通过企业加基地、基地连农户方式，带动全市种植业、养殖业发展。

同日 南昌移动通信公司挂牌。

8日 董家窑街道社区服务中心日前挂牌开业。该中心集多功能、全方位于一体，开办社区志愿者、酒业配送、家电维修、市容卫生、信息、家政、医疗卫生、计划生育、治安调解9项服务。

同日 全市粮改执法监察工作座谈会召开。会议传达贯彻全省粮改执法监察工作座谈会精神，部署有关工作。雷武江出席并讲话，要求加大监管力度，严厉打击不法行为，保障粮食市场有序发展。

同日 经全国高等学校设置评议委员会评审通过，教育部批准成立民办蓝天职业学院并授予1999年普通高校招生资格。

同日 《江西日报》报道，南昌市采取党政部门与困难企业结对方式，帮助企业“找出路、再就业、保稳定”。1999年以来，38个市直部门同39户困难企业携手，帮助6826名下岗职工实现再就业，占分流安置计划的61.5%。

9日 日处理垃圾达1000余吨的麦园垃圾处理场二期工程竣工。

同日 全市铁路治安重点整治工作会议在向塘举行。会议传达贯彻落实全国、全省铁路治安重点整治工作会议精神，总结近两年全市铁路治安工作，交流经验，研究部署全市今后铁路治安重点整治工作。此次整治重点是“一打三整”，即严厉打击破坏铁路特别是爆炸铁路的严重刑事犯罪，整治铁路治安重点区段，整治危及行车安全的突出治安问题，整治道口治安秩序。陈绍翔出席并讲话，强调维护铁路沿线治安，确保安全畅通，创造良好环境，地方政府要担当起责任。李豆罗、李小南出席。

同日 全市乡镇分流人员工作会议在市委综合楼会议室召开。会议传达全省乡镇分流人员、减轻农民负担现场会精神，部署下一步工作。会议强调，要在无情分流上下功夫，在有情操作上想实招，在转变职能上有突破，在减轻负担上见成效，善始善终做好乡镇分流人员各项工作。钟家明、周启球、熊焕高出席并讲话。涉农县区的县区委副书记、组织部部长及重点乡镇党委书记参加。

10日 19时45分，进贤县粮食中转仓库发生火灾，过火面积530平方米，烧毁稻谷2.5万公斤，直接经济损失6万余元。

10—20日 中国航空工业第二集团公司与埃及签订合作生产80架K8飞机合同。洪都航空工业集团有限责任公司具体承担此项任务。

11日 钟家明、李豆罗、周根保深入新建县赣西联圩、廿四联圩了解汛情，巡察防洪工程，指导防汛工作。

12日 市侨办获“1999年全国侨务工作先进集体”称号。

14日 市人大常委会颁布《南昌市国有企业法定代表人任期经济责任审计条例》。

同日 市交警支队民警钟田力获“全国职业道德先进个人”称号。

15日 全市乡镇站所人员分流工作现场办公会在安义县万埠镇召开。会议强调，要明确乡镇站所人员分流工作基本思路和要求，按照“既要坚决、又要稳妥，突出重点、整体推进，无情分流、有情操作”工作思路，坚决“把不在编的人员精减下来”；要着眼于高标准、规范化，适时搞好乡镇机关与站所的职能分开、编制分册、经费分账的“三分”工作，按实际需要，对乡镇站所实行“定机构、定编制、定人员和职责”，实现财政减压、农民减负。周启球、熊焕高出席并讲话。

16日 全市防汛紧急会议在市政府第二会议室召开。会议通报全市雨情、水情、汛情。会议号召全市军民紧急行动起来，迅速投入防洪抢险战斗，发扬1998抗洪精神，决战决胜，夺取1999年抗洪抢险战斗全胜。周启球传达省纪委、省委组织部、省监察厅关于严肃防汛纪律的紧急通知，并宣布市领导在防汛期间工作分工：钟家明、刘伟平、周根保负责一线指挥；李豆罗负责市防总调度；陈绍翔负责市委日常工作兼指导进贤县的防汛工作；周启球、田新芳分别负责指导南昌县、新建县的防汛工作；史骏飞、程金鹏、熊焕高、罗时杰、赵国梁分别驻守赣西联圩、南新联圩、长乐联圩、蒋巷联圩、廿四联圩、红旗联圩等6条保护农田10万亩以上的大堤；孔炯、邹剑桥驻守进贤县，指导防汛；雷武江、罗为民分别负责指导昌北地区和城区的防汛工作。钟家明、陈绍翔出席并讲话，李豆罗主持。市六大家领导成员及秘书长、各县区（昌北）主要领导、市防汛指挥部成员及气象、水文等有关单位负责人120余人参加。

同日 以色列驻华大使南月明一行到南昌高新区考察昌新农业公司引进以色列现代农业生产技术项目——微机控制滴灌无土栽培情况。

17日 全市宣传《江西省实施〈人民防空法〉办法》活动月开幕式在江西艺术剧院举行。罗为民出席并讲话，要求各级政府和部门通过学习人防法律、法规，进一步了解人防工作性质和任务，站在战略和全局的高度，把人防工作当作关系国泰民安的大事来抓，关心支持人防建设，做好防备战争空袭的必要准备；要认真做好宣传教育工作，通过多种形式，使人民防空各项法规家喻户晓，全民皆知，努力创造一个有利于人防建设的良好社会环境。史骏飞、李豆罗和省人防办负责人出席并参观市人防建设成果展览。

19日 昌邑水位进入高危状态，全市万余民兵整装待发。

19—21日 郊区湖坊乡辛家庵北罗自然村发生“02”病暴发流行，共确诊病人7例。疫情发生后，郊区立即成立以区长卢晓健任总指挥的疫情防治指挥部，进驻辛家庵村委会，开展疫情消杀、流调、采样、预防等各项工作。

20日 钟家明、刘伟平、周根保等防汛一线指挥部成员，乘船沿赣江北支而下，先后察看新建县赣西联圩的上池湖电排站、江边粮站泡泉群和河口电排站等防洪排涝工程，强调开机排涝必须确保大堤安全。

21 日 南昌黄庆仁栈药店被国家药品监督局授予“医药商品质量管理全国示范药店”称号。

22 日 市物价局日前就加强市场价格监管、稳定汛期市场物价，紧急出台以下 7 条措施：全市各级物价部门要围绕防汛抗洪这个中心做好工作，确保当地市场价格稳定；保证防汛抗洪物资价格的稳定；稳定城乡居民基本生活必需品价格；加强对各种收费的管理，特别是涉及防汛抗洪的各种收费要严格执行规定的标准，严禁趁防汛抗洪之机巧立名目乱收费，超标准收费；强化防汛期间农村交通运价以及涉及农民生活的教育、医疗、婚姻登记、计划生育、农民建房等收费的管理，确保农村居民生活稳定，一心一意投入防汛抗洪和农业生产；加强对汛期生产价格的监督检查；做好市场价格监测。

同日 市台办、市台联、市工商联、各民主党派、台胞台属及专家学者在市委六楼会议室联合举行座谈会，强烈谴责李登辉分裂祖国的言论。与会者指出，李登辉公然宣称将两岸关系定位在“国与国的关系”上，这是他在分裂祖国的道路上迈出了非常危险的一步，也是对国际社会公认的一个中国原则的彻底否定和肆意破坏，彻底暴露了李登辉蓄意分裂中国，企图把台湾从中国分割出去的政治本质和真实面目，大家对此表示强烈愤慨和坚决反对。大家一致表示，坚决拥护江泽民提出的发展两岸关系，推进祖国和平统一进程的八项主张，坚决维护祖国领土和主权的完整，实现祖国的统一。邓启明出席座谈会。

同日 市直各部门、各单位组织收听收看中共中央《关于共产党员不准修炼“法轮大法”的通知》、民政部《关于取缔法轮大法研究会的决定》、公安部发布的通告及《李洪志其人其事》。

22—26 日 全市各级公安机关依法收缴邪教“法轮功”各类宣传品。其中东湖公安分局收缴所谓的法轮大法研究会非法出版发行的书籍、录像带，非法出版物 1000 多件，并登记造册，上交封存。

23 日 全市负责干部大会召开。会议通报中共中央关于处理邪教“法轮功”问题的文件精神。全市广大党员、干部、群众通过学习座谈，表示坚决拥护党中央的正确决策，在政治上、思想上、行动上与党中央保持高度一致，自觉维护社会政治稳定，保证改革开放和社会主义现代化事业健康发展。

同日 全市粮食流通体制改革工作会议在市政府召开。会议传达全国和全省粮食流通体制改革工作会议精神。雷武江就贯彻落实中央和全省会议精神，做好当前粮改和夏粮收购工作进行部署。刘伟平出席并讲话，要求各级粮食部门切实加强粮食企业内部管理，提高企业效益，同时做好粮食扩销和陈旧粮的转化工作，完成消化粮食财务挂账，努力做好粮食系统的减员分流和再就业工作，为粮食系统自身改革创造良好外部环境。

同日 昌北机场顺利通过 8 个专业验收小组的初检。验收小组认为整个工程建设周期短、速度快、质量好、投资省。

同日 南昌地区歌舞厅经理会议召开。会议学习国务院《娱乐场所管理条例》，部署娱乐场所重新审核登记工作。

24 日 省领导傅克诚深入廿四联圩、赣西联圩巡察防洪工程，察看新建县廿四联圩昌邑段、猴子脑、排舍夹和赣西联圩猫儿垅段等险工险段，听取该县抗洪工作负责人田新芳汇报，详细了解当地防洪工程、防汛措施和查险除险等具体情况。刘伟平、李豆罗就南昌市当前防汛抗洪全面情况作详细汇报。傅克诚要求，各地要严格落实防汛责任，确保大堤万无一失。

26 日 市工商局查处南昌鑫汇经贸有限公司非法传销活动。该公司法人代表被拘留，

700余名外来传销人员被遣散。

26—30日 南方城市第六次宗教工作座谈会在南昌中日友好会馆举行。这是南昌市第一次承办区域性宗教工作会议。来自上海等14个城市27名代表参加。会议期间，各城市宗教工作部门代表一起研讨宗教事务依法管理工作，交流城市宗教工作经验。李豆罗、吴才仁出席开幕式。

27日 全市防治急性肠道传染病会议在市卫生防疫站召开。钟家明出席并讲话，要求采取得力措施，杜绝肠道传染病发生，切实保障人民群众身体健康。钟乐初出席。

同日 市直机关所属16个单位的党务干部在市科协二楼会议室举行“崇尚科学、破除迷信、揭批‘法轮大法’歪理邪说”科普讲座。讲座从不同方面，用大量事实揭批李洪志之流所鼓吹的“真、善、忍”。大家认为，要加大科学普及力度，利用全市科普站点网络，开展科普讲座，举办科学图片展，播放一批反映科学、破除迷信的录像带、光碟、电影，使广大市民提高觉悟、明辨是非，进一步认清邪教“法轮功”真实面目和荒谬本质，从而用科学知识武装头脑。

28日 市防总日前设立巡堤查险奖励基金，鼓励各地巡堤人员及时发现险情，确保圩堤安全度汛。

同日 消费者举报投诉电话“12315”在南昌正式开通，并进入全国维权网络。

同日 农业部乡镇企业局副局长宗锦耀率国家乡镇企业改革与发展联合调查组到进贤县李渡出口花炮厂、赣江医疗器械厂和文港工业开发区考察。29日，调查组一行参观郊区现代庄园、东方制药厂、香江家具城、民营科技园等乡镇经济发展的典型企业。

29日 朱德军官教育团（国民革命军第三军军官教育团）旧址经维修整治，重新对外开放。

是月 中德联合研究院进贤精细化学品实验厂生产的紫苏葶，获第十一届中国新技术博览会金奖。紫苏葶1999年初被命名为1998年江西新产品，5月份通过国家烟草专卖局复验，被定点为烟用香精香料专供厂家。

1999
8月
August

公元1999年8月							农历己卯年【兔】						
日	一	二	三	四	五	六	日	一	二	三	四	五	六
1 建军节	2 廿一	3 廿二	4 廿三	5 廿四	6 廿五	7 廿六	8 立秋	9 廿八	10 廿九	11 初一	12 初二	13 初三	14 初四
15 初五	16 初六	17 初七	18 初八	19 初九	20 初十	21 十一	22 十二	23 处暑	24 十四	25 十五	26 十六	27 十七	28 十八
29 十九	30 二十	31 廿一											

1日 市政府举登录因特网仪式。

同日 黄庆仁栈药店跻身全国28家“医药商品质量管理全国示范药店”行列。刘运来、程光茹、钟乐初、经自麟、赵国梁出席授牌仪式。

同日 15时19分，江西宾馆西侧裙楼发生火灾。市消防支队调集19辆消防车、160余名消防官兵前往扑救，16名困在火场的民工被营救。17时30分左右大火被扑灭。过火面积约182平方米，直接财产损失56620元。起火原因为空调安装人员违章操作造成。

同日 湾里区开通南昌至湾里梅岭旅游夜班车。

2日 全国人大常委会副委员长何鲁丽参观滕王阁。

同日 全市负责干部会议召开。会议传达贯彻中央、省委关于处理邪教“法轮功”问题的指示精神，部署有关工作。钟家明、陈绍翔出席并讲话，陈守朴、熊焕高出席。

同日 12时15分，郊区湖坊乡长春村邓某家发生火灾，并引起爆炸。市消防支队调集10辆消防车、百余名消防官兵前往扑救。13时左右大火被扑灭。炸塌两层楼房1幢，死亡2人、伤9人，直接财产损失145068元。火灾是由化工原料经营者违反消防安全管理规定和操作规程造成。

3日 湾里区消灭无标生产试点工作通过国家质量技术监督局考核验收。

同日 全国通缉、公安部督捕的在册重大逃犯饶某在海南三亚市被东湖公安分局缉拿归案。饶某是南昌县黄马乡农民。1998年5月以来，饶某伙同徐某、熊某等4人，多次持枪、持刀蒙面入室、捆绑当事人，作案20余起，抢劫财物价值10万余元。

5日 《江西日报》报道，南昌市委围绕认清邪教“法轮大法”的政治本质和严重危害这个主题，把全市广泛开展学习教育活动不断引向深入，使全体党员接受马克思主义唯物论和无神论教育。

同日 东湖区、西湖区技术监督局联合在二七北路市中转粮库查缴、封存涉嫌有质量问题玉米120吨。

同日 西湖区抽调消防、公安、工商、文化、卫生等单位百余人，在全区范围内开展为期15天的公共娱乐场所消防安全专项整治活动。该区此次整治活动分5个检查组，分别对辖区2001歌舞厅、嘉年华歌舞厅等60多家重点公共娱乐场所进行消防检查、复查，对检查中发现的火灾隐患及时下发《责令限期改正通知书》，并负责跟踪整改。对过期不改正的，依法予以处罚，责令行业整改直至查封。专项整治主要内容包括消防安全责任人、防火安全责任制及消防安全制度的确定和落实情况；消防安全管理人员的消防安全培训上岗及员工消防安全教育情况；消防安全自查、灭火方案的制定演练情况；火源、电源和气源的管理；建筑物耐火等级、防火分区、安全出口、疏散通道和消防通道的设置；建筑物内部装修、电器线路敷设及应急疏散指示的使用情况等。

6日 市政府办公厅发出《关于转发市工商局〈全市工商行政管理系统市场办管脱钩和移交工作安排〉的通知》。

同日 安义县原县委书记陈锦云策划指使他人谋害该县原县委书记胡次乾、副书记万先勇案，经市中级人民法院审理做出一审判决：陈锦云犯故意伤害罪、受贿罪，数罪并罚被判处死刑，缓期两年执行，剥夺政治权利终身。

同日 《江西日报》报道，市委、市政府把移民建镇工作作为民心工程、造福工程、德政工程来抓，对资金实行封闭运行，确保移民建镇资金安全、稳妥、及时、足额发放到建房户手中。

8日 南昌航空工业学院与澳大利亚LATROBE大学、北墨尔本高等技术学院签订合作办学协议，共同创办中澳教育培训中心，合作培养国际市场营销等专业高级技术人才。

9日 南昌市贯彻《中华人民共和国消防法》和《江西省消防条例》宣传周活动拉开帷幕。市公安消防支队在省展览馆举办宣传《江西省消防条例》咨询活动，散发各种宣传材料逾5000份。

10日 全市公开选拔副县级领导干部动员大会在市委小礼堂召开。周启球、熊焕高出席并讲话，李豆罗主持。会议强调，要加强领导，精心筹划，按照德才兼备和公开、平等、竞争、择优原则，确保工作顺利进行。

同日 市委发出《关于公开选拔部分副县级领导干部的通知》。

同日 全市依法治市工作会议在市委小礼堂召开。会议传达贯彻全省依法治县工作经验交流会精神，总结有关工作，部署下一步任务。南昌县、市劳动局、广外街办、郊区、东湖区5个单位作典型发言，介绍依法治县（区）工作先进经验。会议强调，要加强地方立法，建立与深入开展依法治市相适应的法规、规章体系；要继续深入开展普法教育，不断提高全市公民的法律素质；要大力推行执法责任制，严格执法，公正司法；要加大专项治理力度，为经济建设和社会稳定保驾护航；要强化监督，确保法律、法规的正确实施；要切实加强依法治县（区）工作，全面推进农村民主法制建设；要抓好依法治理示范点建设，促进依法治市向纵深发展；要切实加强领导，确保依法治市工作顺利进行。陈绍翔、李豆罗出席并讲话，陈守朴主持。刘汝舟、吴才仁等出席。

同日 全市夏季防火工作紧急会议在江信国际大厦会议中心召开。会议传达省领导舒惠国关于对江西宾馆裙楼火灾的指示，通报全市1—7月火灾情况和近期火灾形势，宣布市防火安全委员会成员挂点责任制单位分配情况，布置近期防火工作。会议强调，当前正值盛夏炎热季节，属于火灾多发期，也是防火工作重点时期，各县区防委会要认真贯彻落实舒惠国书记重要指示，动员和组织各系统、各单位积极开展火灾隐患排查，开展重点行业、重要场所的专项治理，突出抓好各种公共场所和化学危险品场所的消防安全监督管理；加强城市街道、居委会和农村乡镇、场的群众性消防工作开展，努力消除各种隐患根源，杜绝重特大火灾事故发生。陈绍翔、李豆罗以及省消防总队负责人出席会议并讲话。

同日　全市首届妇女国防知识竞赛揭晓。参加此次国防知识竞赛活动的有市委办公厅、市安全局、市公安局等25个单位近1000名女同志。进贤县妇联李志华、朝阳农场罗婷、市安全局彭桂花、南昌县妇联骆国珍、西湖区妇联樊青5人获一等奖。

同日　西湖区收缴邪教“法轮功”书籍、录像（音）带、光盘，以及挂像、横幅等共5898件。

11日　中共中央原邓小平办公室主任、邓小平生前侍卫长张全忠中将和胡耀邦生前秘书李汉平到进贤县考察原中共中央办公厅五七干校。

同日　全市信访工作会议在市委小礼堂召开。会议总结前阶段工作，部署下阶段任务。余志坚出席并讲话，强调各级要切实解决群众关心的问题。

同日　南昌旋耕机厂生产的“春翔”牌系列旋耕机产品通过中国农机产品质量认证中心（CAM）认证，成为全国首批取得此项产品质量认证的三家农机生产企业之一。

11—25日　市交通局受理第一宗行政执法复议案，经调查、取证、审理，做出行政复议决定：撤销进贤县交通局运管处处罚决定，退回浙江省江山市酒业有限责任公司申请人罚款金200元，同时责成该县交通局加强对执法人员教育、规范执法行为。

12日　公安部日前发布命令：授予西湖公安分局筷子巷派出所全国“人民满意派出所”称号。

同日　全市首届杰出（优秀）青年卫士表彰会在市委小礼堂召开。张华等10人获首届“南昌杰出青年卫士”称号，吴德智等10人获首届“南昌杰出青年卫士提名奖”，胡志高等26人获首届“南昌优秀青年卫士”称号。周启球出席并讲话，希望全市青年要弘扬社会正气、维护社会稳定，培养优良品德、树立文明新风，矢志艰苦奋斗、倡导无私奉献。

同日　海尔集团公司向南昌市下岗职工捐赠10台冰柜。

13日　全市农业县区委书记、县区长座谈会在南昌县召开。南昌县、新建县、进贤县、安义县、湾里区围绕财政状况、粮食收购、早稻结构调整、冬修水利、农村基层基础工作、招商引资、发展个体私营经济等问题交流经验，并立足于各自实际提出一系列推动农业生产、农村经济发展举措。钟家明、刘伟平、雷武江出席并讲话，强调各农业县区要坚定信心，迎难而上，开创农村工作新局面。李小南等出席。涉农县区主要领导和市直有关部门负责人参加。

同日　南昌市举行机关公务员健康知识考试。李豆罗和400余名公务员参加。

15日　中央电视台海外中心专题部《中国报道》摄制组来南昌采访“春蕾计划”实施情况及救助78名女童重返校园的事迹。

同日　市委转发《中共江西省委关于贯彻〈中共中央关于进一步加强政法干部队伍建设的决定〉的意见》，要求全市各级党委、政府和政法部门要认真学习和深刻领会精神，切实加强领导，负起责任，把各项工作落到实处；要加大政法干部教育培训工作和政法部门领导干部交流力度，坚持从严治警、从优待警。

16日　省九届人大常委会第十次会议在南昌举行。会议批准《南昌市城市防洪条例》。

17日、19日、25日　周启球对全市城区个体私营经济发展情况进行的实地考察。他强调，企业要在做大做强上下功夫，政府职能部门要在改善环境上做文章。

18日　《南昌日报》报道，西湖区高度重视基层党组织建设，积极强化基层党组织的核心领导与战斗堡垒功能，使之在完善城市管理、发展社区服务、维护社会稳定工作中发挥作用，促进全区工作全面发展。

同日　经东湖区政府批准，区防委会责令江西大酒店、新煌宫大酒店客房部、象山宾馆圆形歌舞厅、荣辉楼、东方红歌舞厅5个单位停业整改；经区消防大队研究报呈市消防支队批准，给予鑫海宫歌舞厅、华龙卡拉OK厅、星光娱乐城等28个单位罚款处理，责令帝豪的士高、温馨港湾、鑫帝歌舞剧院等25个单位限期改正。

19日　民航总局副局长沈元康考察昌北机场，听取昌北机场建设指挥部关于机场建设和转场通航准备工作汇报。

同日　方志敏烈士陵园经修整正式对外开放。

20日　省领导黄智权主持召开南昌片座谈会，贯彻落实中央和省关于经济工作的文件精神。刘伟平汇报南昌市1—7月经济运行情况及贯彻中央和省文件精神所做的六个方面工作。钟家明、田新芳、姜任保、罗为民出席。省市有关部门负责人参加。

同日　全市环保创卫工作会议在市政府第二会议室召开。市环保局负责人就全市城市环境综合整治定量考核和环保创卫情况作通报。会议对环保创卫中一些热点、难点整治做具体部署，对部分排污单位采取限期整顿、停产（业）整顿等具体措施。李豆罗出席并讲话，强调环保创卫工作要提高执法水平，狠抓重点、难点。程光茹、经自麟、赵国梁出席。

同日　进贤县前坊镇精神文明中心奠基仪式举行。该中心集广播电视、图书阅览、开会娱乐于一体。

21日　全市1000余名部队官兵和1万余名机关干部职工走上街头，打扫卫生，清理垃圾。全市共清理垃圾死角260余处，清除垃圾杂物1000余车次。李豆罗、周根保、熊焕高、程光茹、孔炯、邹剑桥、钟乐初、赵国梁、肖宣祥、张富等参加。

同日　全市城区区委书记、区长座谈会在郊区召开。郊区、西湖区、东湖区、青云谱区负责人先后发言，就上半年经济运行情况、加快发展第三产业、旅游产业、寻求新的经济增长点、困难企业解困、确保三条保障线、加强城市管理、加快招商引资和发展个体私营经济步伐、优化区域经济发展环境等问题相互交流经验，并根据各自特点和长处提出加快发展的思路和举措。市财政、民政、劳动部门负责人就做好财政、城镇居民最低生活保障和下岗职工、离退休职工生活保障发言。钟家明、刘伟平、余志坚、罗为民出席并讲话，强调各城区要理清思路，排难而进，加快发展。各区主要领导和市直有关部门负责人参加。

23日　埃塞俄比亚总理府扶贫问题专家塞瑞汉·阿莱玛雅胡率扶贫考察团一行到南昌县考察扶贫工作。

24日　《江西日报》报道，南昌县率先在全省成立市场物业管理中心，对已有市场进行调整、改造，使其向市场化、规范化、专业化迈进。

25日　市委宣传部与市文明办在八一广场举行“市民行为十不准”千人签名承诺活动。全市各企事业单位干部、职工、驻昌部队和中小学生代表共5000余人，参加“市民行为十不准”集中宣传教育活动并在承诺书上签名。罗时杰、赵国梁出席。

“市民行为十不准”千人签名承诺活动举行

26 日　市政府办公厅发出《关于转发市民政局〈南昌市城镇居民最低生活保障制度实施方案〉的通知》。

同日　市政府办公厅发出《转发市劳动局〈关于国有企业下岗职工基本生活保障和再就业工作规范运作办法〉的通知》。

同日　南昌市有关部门在昌北沙子岭销毁158台赌博机。

28 日　经中共中央批准，九届全国政协副主席毛致用（江西省委原书记）离开南昌赴湖南长沙定居。

同日　昌北机场顺利通过国家验收。

同日　洪都航空集团公司摩托车发动机关键技术改造项目（列为国家双加工程）通过国家验收。

同日　团市委章美良获“全国青运史工作先进工作者”称号。

同日　南昌振安俱乐部首开模拟仿真射击训练场。

同日　西湖区丁公路街办半边街调委会主任胡招莲获“全国模范人民调解员”称号。

29 日　市防火安全委员会和市公安消防支队举办全市首次消防安全管理操作人员岗位考试。4000余名来自全市一、二、三级消防安全重点单位的法人代表、易燃易爆危险物品场所操作人员、公共场所管理人员参加考试。考试合格者方能持证上岗。

30 日　市委发出《关于解决人民法院“执行难”问题的通知》，强调站在推进社会主义民主和法制建设进程的战略高度，充分认识解决“执行难”问题的重要意义；坚决反对地方和部门保护主义，从源头上解决“执行难”的问题；加强协同配合，为人民法院依法执行创造良好的大环境；坚持严肃、公正执法，文明执行，充分体现国家审判机关的司法权威；改革管理体制，实行统一协调，改善执行工作的物资装备。

同日　全市贯彻落实“收支两条线”规定工作会议召开。会议传达全省“收支两条线”规定会议精神，对全市贯彻落实工作进行部署。会议要求，各县区、各部门要按照党中央、国务院和省委、省政府关于实行“收支两条线”管理的部署和要求，重点抓好交通、城建、教育、卫生、环保、农业、民政、劳动、土管、质量技术监督、计划生育、出入境检验检疫等13个部门的落实工作。会议强调，要抓好六条标准的落实，即所有收费项目和收费标准，必须经国务院或省级政府批准，不得擅自设立收费项目，扩大收费范围，提高收费标准；收费、罚款统一使用由中央或省级财政部门印制的票据，做到亮证收费或罚款；严格依法收费和罚款，实行罚款与收缴相分离；开设银行账号必须经财政部门批准和人民银行许可，不得擅自开设银行账户和私设“小金库”；各项行政事业性收费和罚没收入要及时足额缴入国库或财政预算外资金专户，不准截留、坐支、私分；财政部门要按照预算内外资金结合使用的原则，对公检法、工商部门履行职能所必需的经费给予保障。会议强调，各县区、各部门要加强领导，搞好相互间协调配合，明确各自分工和责任，实行严格的责任制，以形成“收支两条线”管理的合力。李豆罗出席并讲话。各县区领导小组办公室主任、财政分管领导，以及交通、城建、教育等16个部门负责人参加。

31日 市人大常委会颁布《南昌市城市防洪条例》。

同日 市政府发出《关于印发〈南昌市引进人才暂行办法〉的通知》。

同日 由南昌市选送、南昌电信局艺术团演出的群口快板《生男生女都一样》，代表江西省进京参加庆祝中华人民共和国成立50周年全国计划生育文艺调演并获金奖。

同日 台湾知名作家团一行访问南昌大学。

是月 市政府办公厅转发市财政局《关于南昌市本级世界银行贷款偿还及债务重组的实施方案》。内容包括成立南昌市世行贷款清欠领导小组；从2000年开始，财政部门从每年财政预算中按一定比例安排“世界银行贷款还贷准备金”；对欠款项目单位，因各种原因无力还贷的，由南昌市向世界银行还款；针对世界银行贷款到期较为集中、还款压力大的情况，市财政局向市政府报请审定1999年度收贷计划及实施意见。10月，清欠领导小组召开第一次会议并形成会议纪要：对不能借内债还外债的欠款项目单位，由南昌市世行贷款清欠领导小组实行临时监管，对其银行存款有权划转到市财政局的“世界银行还贷专户”，对其主管部门的专项经费可进行抵扣还债。

是月 南站街道政务公开试点正式运作。政务公开内容包括机关工作人员简介、办事指南、工作制度、目标任务及完成情况、计划生育工作、集体资金租赁、承包情况、救灾、救济及优抚款物收发、下岗职工安置、人武工作等情况以及群众意见解答共12项。

1999

9月 September

公元1999年9月 农历己卯年【兔】													
日	一	二	三	四	五	六	日	一	二	三	四	五	六
			1 廿二	2 廿三	3 廿四	4 廿五	5 廿六	6 廿七	7 廿八	8 白露	9 三十	10 教师节	11 初二
12 初三	13 初四	14 初五	15 初六	16 初七	17 初八	18 初九	19 初十	20 十一	21 十二	22 十三	23 秋分	24 中秋节	25 十六
26 十七	27 十八	28 十九	29 二十	30 廿一									

1日 南昌铁路局正式结束货物列车守车作业历史。

2日 省领导舒惠国考察即将通航的昌北机场及其高速公路，听取省民航管理局关于昌北机场建设和通航准备工作情况汇报。他强调，要充分利用已改善的能源、交通、通讯等基础设施条件，把江西经济拉上去。

同日 市委办公厅、市政府办公厅发出《关于认真贯彻落实赣发〔1999〕15号文件，切实抓好当前农业和农村工作的意见》，从狠抓“订单”农业、大力调整农业结构、加强基础设施建设、加强农业服务体系建设四个方面提出要求。

同日 市委办公厅、市政府办公厅发出《关于转发市纪委、市监察局〈关于进一步治理乱收费乱罚没乱检查，严肃查处干部队伍中“害群之马”的具体措施〉的通知》。

同日 市委办公厅、市政府办公厅发出《关于加快扶持我市工业大企业发展的意见》。内容包括充分认识加快扶持工业大企业的重大战略意义、加快扶持工业大企业发展的指导思想、被扶持工业大企业的基本条件、扶持工业大企业的措施及政策、切实做好扶持工业大企业的组织协调工作等5部分。

同日 市委办公厅、市政府办公厅发出《关于进一步放开搞活我市国有（集体）中小企业若干措施》，要求对已实行股份合作制改革且有好的领导班子和好产品的中小企业，除通过加大企业经营者、中层干部、技术人员、营销人员持股比例外，还要尽可能吸收外来股份，进一步推进企业股权的多元化，使企业逐步改制为有限责任公司；对产品有市场但因债务沉重影响生产的中小企业，鼓励企业通过协商，将企业间的债权转为股权；在对中小企业实行转让、出售等改革的过程中，切实加大中小企业资产折股、变现的可操作性，充分发挥市产权交易中心的作用，采取依法评估、公开拍卖的办法进行；加快建立中小企业信用担保体系，为中小企业发展提供贷款担保服务；鼓励小企业的专业化分工；积极鼓励用外来技术、产品开发等项目到中小企业入股；健全、完善企业经营者的激励机制等。

3日 全市经济工作会议在市委小礼堂召开。会议分析全市经济发展面临的形势，部署下一步工作。南昌县、安义县、郊区负责人介绍抓好经济工作经验和体会。会议强调，要认真贯彻中央和省关于经济工作的指示精神，解放思想，更新观念，迅速启动和培育新的经济增长点，努力走出适应南昌经济发展的新路子。钟家明、刘伟平出席并讲话。陈绍翔、周启球、史骏飞、程金鹏、陈守朴、余志坚、田新芳、李豆罗等出席。市人大、市政府、市政协秘书长，各县区委书记、县区长、县区有关部门主要负责人，市委各部门、市直各单位领导，驻厂帮扶成员，市属工业企业书记和厂长、经理参加。

同日 国家发展计划委员会副主任刘江考察南昌城区防洪工程建设情况。刘伟平、李豆罗陪同。

同日 中央电视台社会新闻部摄制组一行到新建县南矶乡实地采访，报道该县自中华人民共和国成立以来血吸虫病防治工作情况。

同日 江西陆军预备役步兵师高炮团预备役军官授衔仪式举行。

5日 省领导舒惠国考察南昌县基础设施建设、市场建设、个体经济发展和向塘开发区等方面情况，要求南昌县保持良好精神面貌，抓住机遇发展经济。钟家明、刘伟平、李小南陪同。

同日 南昌市在全国第四届城市体育运动会上夺得5枚金牌、5枚银牌、5枚铜牌，排位在全国第十三名。

6日 全市依法行政工作会议在市委小礼堂召开。会议传达贯彻全省会议精神，总结近年来工作，部署下一步任务。南昌县、新建县、东湖区、市市政公用局、市公安局负责人作典型发言。李豆罗主持。刘伟平出席并讲话，强调要全面推进依法行政、从严治政，建设廉洁、勤政、务实、高效政府。刘汝舟、钟乐初、吴才仁出席。

同日 市法律援助中心挂牌。

同日 经国家经济贸易委员会、国家发展计划委员会批准，江西纸业股份有限公司新闻纸生产系列技术改造项目获得国家首批技改贴息优惠政策，列入1999年财政预算内专项资金国家重点技术改造计划项目。此前该项目被列为国家“九五”技改“双加”项目。

7日 全市解决人民法院“执行难”工作会议在市委小礼堂召开。会议贯彻落实中央和省委有关文件精神，就解决人民法院“执行难”问题进行部署。王栋作题为《深入贯彻中央有关文件、开创我市执行工作新局面》报告。陈绍翔出席并讲话，强调要站在讲政治讲大局的高度解决“执行难”问题。李豆罗主持，刘汝舟等出席。

9日 市政府发布《南昌市城市道路交通设施管理办法》。

同日 全市水利计生工作会议在市委小礼堂召开。钟家明、刘伟平出席并讲话，强调水利、计生工作要主攻难点，狠抓落实，确保目标任务完成。田新芳、李豆罗、李小南、罗为民、夏太华等出席。各县区党政主要领导和分管领导及市、县（区）水利、计生部门负责人参加。

同日 市教育工会授予南昌职业技术师范学院周燕、南昌一中徐明珠、豫章中学兰徐玲、十五中万国荣、二十七中熊韬、三十中陈桂芬、育新学校施虹冰、南昌县三江中学郭中胜、新建县卫东中学罗仁华、安义县石鼻二中杜建港“十佳青年教师”称号。

同日 南昌高新区举办百家企业人才招聘会，586位求职者被招聘单位当场聘用，1353人与招聘单位达成用工意向。

10日 市政府办公厅发出《关于提高国

有企业下岗职工基本生活保障水平的通知》。

同日 南昌昌北机场正式启用。机场于1996年10月20日开工建设，1999年5月竣工，8月28日通过国家验收。跑道长2800米，宽45米，技术等级4D级，总投资10.87亿元。

同日 向塘机场结束民航运输历史。

同日 由中国民主促进会筹资兴建的新建县七里岗镇黄堂希望小学竣工。

11日 由中组部、中宣部、国家经贸委、人事部、全国总工会组织的全国国有企业领导班子先进事迹报告会在南昌举行。邯郸钢铁集团有限公司党委副书记张建平，吉林化纤集团有限责任公司党委常委、纪委书记苗福江，山东兖州矿集团有限公司副总经理孔青，湖北宜化集团有限责任公司党委副书记、副总经理卢进福，无锡小天鹅股份有限公司党委副书记、副总经理毛素洁，浙江东方集团公司党委委员、副总经理诸葛志分别介绍加强企业领导班子建设，搞好国有企业的做法和经验。省领导华桐、朱英培、江国镇、韩京承，南昌、九江、上饶、抚州、鹰潭、景德镇等地市有关部门负责人、企业领导共600余人聆听报告。

同日 南昌市公开选拔副县级领导干部的笔试在十九中举行。考试内容分公共课和专业课，430人应考。

12日 南昌市邮票市场开业。

同日 进贤县文港镇被评为"全国创建文明村镇建设先进单位"。

13日 在第四届城运会50米蝶泳比赛中，17岁的南昌小将欧阳鲲鹏以34秒80的成绩夺得金牌。

14日 国家水利部部长汪恕诚、副部长张春园察看南昌城市防洪系列工程，强调要增强城市防洪整体功能。

14—28日 以钟家明为团长的南昌市经济技术代表团一行赴美国考察访问。此次出访应伊莱克斯电器集团美国制冷公司和美国爱罗帕尔斯公司邀请，主要目的是为加大招商引资力度，引进国外先进技术和管理经验，结合工业结构调整，促进全市国有大中型企业与国外大公司的合资合作。访美期间，代表团考察美国的有关公司，并就有关合资、合作项目进行洽谈。

15日 南昌昌北机场通航典礼举行。中共中央政治局常委、全国人大常委会委员长李鹏为机场题写场名。中共中央政治局委员、山东省委书记吴官正，全国政协副主席毛致用，全国人大常委会委员、财经委主任陈光毅分别致电、致信祝贺。国家民航总局局长刘剑锋、副局长鲍培德，省市党政军领导出席。机场飞行区按照4D级标准建设，跑道长2800米，宽45米，可满足A320、B767等大中型客机起降。航站区工程按满足年旅客吞吐量200万人次，货邮吞吐量2万吨、高峰每小时1100人次要求建设。

同日 全市冬种工作会议召开。会议强调，冬种生产要以市场为导向，以经济效益为中心，以良种良法为手段，以农民增收为目的，开拓新的经济增长点，培植新的支柱产业，推动全市冬种生产再上新台阶。田新芳出席并讲话，各涉农县区分管领导和农业局长参加。

16日 中共中央原副主席汪东兴参观滕王阁。

同日 东湖区获"全国创建文明城市工作先进城区"称号；郊区湖坊乡进顺村、进贤县文港镇获"全国创建文明村镇工作先进村镇"称号；市公安局筷子巷派出所、市工商局洪都工商所获"全国创建文明行业工作先进单位"称号；江西江铃齿轮股份有限公司、市育新学校获"全国创建文明单位工作先进单位"称号。

17日 南昌花鸟大市场开业。

18日 南昌新四军军部旧址陈列馆举行《铁的新四军》陈列展。中共中央总书记、国家主席、中央军委主席江泽民为南昌新四军军部旧址题词："铁的新四军"。

同日 洪都航空工业集团有限责任公司强五飞机总设计师陆孝彭、原650所退休高级工程师杨祺华应邀赴北京出席为研制"两弹一星"做出突出贡献的科技专家表彰大会。

19日 以乃依木·牙生为团长、张金英为秘书长的全国城市卫生综合检查团第九团一行抵达南昌，进行为期4天的明查暗访、随机抽查。检查内容有爱国卫生、健康教育、市容环境卫生、城市环境综合整治、环境保护、食品卫生、传染病防治、公共场所饮用水卫生、除五害、窗口单位卫生等11个项目。

南昌市向全国城市卫生综合检查团汇报会召开

同日 私立南昌市创世纪综合学校新校址在湾里区落成。

20日 全市公开选拔副县级领导干部的面试在十九中举行。面试主要考察考生口头表达、逻辑思维、分析问题能力、组织领导才能、工作经验和心理素质。

23日 全国城市卫生综合检查团对南昌市检查结果通报会在市政府第二会议室举行。检查团秘书长张金英通报检查团对南昌市城市卫生综合检查评价意见。检查团团长乃依木·牙生建议南昌市要巩固创卫成果，实施长效管理。省市领导胡振鹏、刘伟平、陈绍翔、李豆罗、程光茹、钟乐初、罗为民、赵国梁等听取通报意见。南昌铁路局、省民航局领导，市直有关部门负责人，各城区区长参加。

24日 东航江西分公司新引进的空客A320飞机由法国图卢兹经上海飞抵南昌，落户昌北机场。空中客车A320飞机是当时世界上单通道宽体客机中最先进最受欢迎的机型，巡航速度达954公里／小时。此次引进的A320飞机能够满足南昌通往全国各大中城市及部分周边国家等航空运输的需要，26日正式投入航班营运。

25日 市委、市政协在市委小礼堂召开庆祝中国人民政治协商会议成立50周年大会。会议强调，做好新时期人民政协工作，需要党委、政府和政协协同配合，共同努力。邓启明向大会致辞。刘伟平出席并讲话，程金鹏主持。陈绍翔、周启球、陈守朴、余志坚、田新芳、李豆罗、周根保、雷武江、钟乐初、罗为民、经自麟、陈礼元、吴才仁、赵国梁、肖宣祥、张富、王栎等和150余名各界人士出席。

26日 省市庆祝中华人民共和国成立50周年文艺晚会——"我们的共和国"在江西艺术剧院举行。省市领导舒惠国、舒圣佑、黄智权、钟起煌、马世昌、彭崑生、冯金茂、刘伟平、陈绍翔、周启球、史骏飞、程金鹏等与英雄城近1000名观众一起观看由省歌舞团、省京剧团、省杂技团、省武警总队文工团、省军区演出队、市歌舞团、市育新小学等单位精彩演出。

同日 全国公安系统一级英模邱娥国、余邦金赴北京参加中华人民共和国成立50周年招待会和国庆观礼活动。

27日 南昌县麻丘镇敬老院竣工。

同日 市文化、公安、工商等部门对全市出版物市场进行集中检查。收缴各类非法书刊600余册、盗版VCD影碟5100余张、盗版录音带1000余盒。

同日 八大山人纪念馆举办《建馆四十年干部职工书画展》《八大山人作品真迹展》《八大山人纪念馆成果展》。

同日 全市森林防火工作会议在市政府第一会议室召开。会议总结全市森林防火工作情况，表彰湾里区、新建县等1996—1998年全市森林防火先进单位，部署全市秋（冬）春森林防火工作，确定市政府森林防火指挥部领导成员分片负责制度。田新芳出席并讲话。

28日 全市水产工作会议召开。会议强调，要主攻特色、扩大规模、勇闯名牌、占领市场，把水产业作为农业生产支柱产业来抓。田新芳出席并讲话。

29日 市十一届人大常委会第十八次会议决定：接受陈国兴辞去南昌市人民政府副市长职务。

同日 马里共和国国防部长穆罕默德·索科纳一行参观洪都航空工业集团公司、南昌八一起义纪念馆、八大山人纪念馆和滕王阁。

同日 全国铁路首家客运总公司——南昌铁路局客运总公司在南昌成立。

30日 省市庆祝中华人民共和国成立50周年大会在江西艺术剧院召开。省市领导舒惠国、舒圣佑、黄智权、钟起煌、朱治宏、马世昌、彭昆生、钟家明、刘伟平、陈绍翔、周启球、史骏飞、程金鹏等和1500余名各界人士出席，并观看在滕王阁举行的焰火晚会。

1999

10月

October

公元1999年10月							农历己卯年【兔】						
日	一	二	三	四	五	六	日	一	二	三	四	五	六
					1 国庆节	2 廿三	3 廿四	4 廿五	5 廿六	6 廿七	7 廿八	8 廿九	9 寒露
10 初二	11 初三	12 初四	13 初五	14 初六	15 初七	16 初八	17 重阳节	18 初十	19 十一	20 十二	21 十三	22 十四	23 十五
24 霜降	25 十七	26 十八	27 十九	28 二十	29 廿一	30 廿二	31 廿三						

1日　钟家明、刘伟平、陈绍翔、周启球、程金鹏、陈守朴、余志坚、田新芳、李豆罗、周根保、熊焕高等和近10万名群众出席在八一广场举行的升国旗仪式和万人颂祖国大合唱。

2日　省领导王君先后考察南昌亚洲啤酒有限公司、江西印刷集团公司、南昌化工原料厂等企业。他强调，搞好国有企业改革和发展，要深刻领会中共十五届四中全会精神，制订好企业发展规划；要实行综合治理、政策配套，把责任落实到人；要抓好下岗职工基本生活保障和再就业工作，维护社会稳定。

3日　以廖若为团长的纽约江西协进会代表团一行，在南昌先后考察昌北开发区和主要商业区。

5日　全市农村流通大户座谈会日前召开。刘伟平出席并讲话，要求各级政府尤其是县乡政府认真贯彻全省农村流通工作会议精神，把农村流通工作作为做好当前农村经济工作重要环节来抓，深入实际调查研究，及时发现和解决农产品流通工作中存在的问题，使全市民间流通组织在政府的支持、引导和服务下健康发展。田新芳出席，市农委、市卫生局、市技术监督局、市工商局等有关部门负责人及10余位来自农村的民间流通大户参加。

6—10日　在深圳召开的首届中国国际高新技术成果交易会上，南昌高新区展出80余项科技成果，成交额达7600万元。

8日　市委发出《关于认真学习贯彻党的十五届四中全会和省委十届十次全会精神的通知》，要求认真领会精神、统一思想认识，进一步解放思想、更新观念，坚持因企制宜、分类指导，振奋精神、把工作抓紧抓实。

同日　菲律宾著名华人企业家、社团领袖，南昌亚洲啤酒有限公司董事长陈永栽向南昌市灾区捐赠100万元。

9日　市委七届九次全体会议在市委小礼堂召开。会议传达贯彻党的十五届四中全会和省委十届十次全会精神，研究部署全市国有企业改革和发展工作。钟家明出席并讲话，要求全市各级党组织和广大党员、干部群众进一步解放思想、坚定信心、迎难而上、奋力拼搏，努力开创全市国有企业改革和发展新局面。刘伟平、陈绍翔、周启球等和市委委员、候补委员出席。不是市委委员、候补委员的市人大、市政府、市政协党组成员，市纪委常委，各县区、市委各部门、市直各单位、市政府驻外机构、部分市属企业的党员负责人列席。

市委七届九次全体会议召开

同日 市技术监督局、市特巡警支队会同摩托罗拉（中国）顾问公司联合对八一大道、孺子路BP机“一条街”进行执法检查，查获假冒摩托罗拉传呼机195台、电板121块。

10日 市盐务局会同新建县食盐管理站在西山镇乌桥李家村查处一制造、贩卖假盐窝点，查获假盐4.5吨。

11日 全国大中城市传染病院第14届协作网络会议在南昌召开。来自北京、上海、天津等70多个城市的传染病院院长及专家代表共200余人参加。

同日 江西艺术节——第五届玉茗花戏剧节在江西艺术剧院开幕。省市领导舒惠国、钟起煌、步正发、钟家明、彭宏松、张克迅、周启球、史骏飞、程金鹏、陈守朴、李豆罗、周根保、熊焕高等出席观摩首场演出《古井巷》。该届戏剧节历时21天，展演20台戏共30个剧目。

12日 南昌市首批由中国人民银行南昌中心支行聘任的金融特约监管员持证上岗。

同日 市政法干部教育培训基地挂牌。

同日 全市首批安装在城区主要街道和流动人口密集地区的60台避孕安全套自动发放机开始启用。

13日 南昌市纪念“国际老年人年”和“九九重阳老人节”座谈会召开。全市企事业单位200余名退休职工参加。周启球出席并讲话。邹剑桥、吴才仁等出席。

同日 国务院日前批准《南昌市土地利用总体规划（1997—2010年）》，这是江西省第一个正式通过审批的地市级土地利用总体规划。

同日 南昌市冬修水利现场会在进贤县召开。与会者参观南昌县向塘镇中洲联圩冬修现场，并沿抚东大堤参观进贤县泉岭、文港、前途乡等地冬修现场。进贤县、进贤县文港镇和南昌县向塘镇分别介绍冬修水利工作经验。会议强调，冬修水利要突出重点，加大力度。钟家明、田新芳出席并讲话。涉农县区分管领导及市、县区水利部门负责人参加。

钟家明在进贤县抚东大堤检查冬修水利情况

同日 市广播电视局对全市音像市场进行为期8天的专项检查。检查期间，取缔无证经营摊点12个，收缴盗版VCD光盘6500余盒。

14日 国庆献礼片《中国1949》在市人

民电影院首映。

同日 市第八次归侨侨眷代表大会召开。会议传达贯彻第六次全国归侨侨眷代表大会精神，表彰市侨界先进集体和个人，审议通过市侨联第七届委员会工作报告和执行《中华全国归国华侨联合会章程》决议。选举产生市侨联新一届委员会，选举曹先德为市侨联主席，赖善民、廖明为市侨联副主席。

15日 全市县区经济流动现场会召开。与会人员考察四县五区近40家企业并察看“一江两岸”工程。郊区作典型发言。会议要求，各县区要振奋精神、不畏艰难，寻求县区经济发展新突破，促进财政增长、农民增收。钟家明、刘伟平出席并讲话，田新芳主持。史骏飞、程金鹏、余志坚、李小南、邹剑桥、姜任保、钟乐初、罗为民、陈礼元等出席。各县区县区委书记、县区长和有关部门负责人参加。

钟家明、刘伟平等考察新建县长堎外商投资区

16日 全市领导干部法制讲座在市委礼堂举行。西南政法大学经济法学教授、博士研究生导师李昌麒应邀主讲《依法保障和促进农村的改革、发展与稳定》。孔炯、罗时杰、邓启明、瞿祖一、吴才仁、肖宣祥、张富及200余名副县级以上领导干部听取讲座。

17日 省市“九九重阳节”文体表演在八一广场举行，近1000名老人表演舞蹈、韵律操和武术，与全市人民一道庆祝“国际老人年”和“中国老人节”。

18日 全市减轻农民负担工作会议召开。田新芳出席并讲话，强调要坚持边查边纠工作方针，着力解决实际问题，把不合理的农民负担坚决减下来。

同日 全市深化国有企业改革经验报告会在市政府第二会议室召开。江西棉纺织印染厂、江铃汽车集团公司分别介绍搞好国企改革的经验。刘伟平出席并讲话，强调企业要坚定信心，创新管理机制，严格管理，搞好技术创新。姜任保、罗为民等出席。各县区分管工业负责人，市、县区经贸委主任，市各工业部门主要负责人，市属各大中型企业主要负责人参加。

同日 “汇仁”杯全国青年女子举重锦标赛在南昌县举行。来自北京、天津等19支代表队共120余名运动员参加比赛，20日结束。

19日 首届“中国烟草十大金叶卫士”事迹报告团在南昌作首场报告，拉开该团在全国各省市巡回演讲序幕。10位来自全国最基层烟草专卖及工商、公安、检察等执法部门干部，讲述维护国家和广大消费者利益、捍卫烟草专卖制度经历。

同日 南昌市10个单位受到中央文明委表彰。东湖区获“创建文明城市工作先进城市（区）”称号，进贤县文港镇，郊区进顺村获“创建文明村镇工作先进县（市）、镇、村”称号，筷子巷派出所、江西医学院第一附属医院妇产科、南昌电信局114查号台、南昌客运段67/68次列车、洪都工商所获“创建文明行业工作先进单位”称号，江中制药厂、育新学校获“创建文明单位工作先进单位”称号。

同日 全市全心全意依靠职工办企业经验交流暨表彰大会召开。大会授予孙敏等10位厂长（经理）、书记为“市职工信赖的好厂长（经理）、书记”称号，授予舒玉平等30人为“市民主管理工作优秀积极分子”。南昌钢铁有限责任公司、市公交公司、市化工原料厂、江西电机厂介绍经验。

20日 全国政协副主席任建新考察江中制药厂、江铃汽车集团公司，强调国有企业要发展，必须尽快建立和完善现代企业制度，全面推进企业改革。

同日 市肉品市场管理稽查大队在金盘路80号查处一违法经营猪婆肉的批发点，当众收缴猪婆肉550公斤。

21日 全市计划生育工作会议在市政府第一会议室召开。会议总结前一阶段工作，部署下一阶段任务。会议要求各县区认真做好年终目标考核迎检工作，把冬季计生工作抓实；认真开展冬季计划生育服务活动，加强流动人口计划生育清理和管理。田新芳出席并讲话，各县区分管计划生育工作有关负责人参加。

22日 市采茶剧团在江西玉茗花戏剧节上首次演出大型现代采茶戏《一家人》。该剧由江西省著名编剧胡桔根撰写。

同日 全市基层党校创先争优活动表彰会在市委小礼堂召开。一批成绩突出的先进集体和个人受到表彰。江西棉纺织印染厂党校负责人、优秀党课教员杨家清等发言。会议强调，要进一步深刻认识基层党校在党员教育中的重要作用和地位，用邓小平理论和十五大精神武装广大党员的头脑，使党员牢固树立正确的世界观、价值观和人生观；要不断地提高党教工作的质量，把全市党教工作推向一个新水平，不断加强党教工作的系统性、针对性和实效性，进一步提高党员教育的质量；要进一步加强基层党校的建设，提高基层党校的教育水平，确保有一支政治素质好、业务水平高的专兼职教师队伍。陈守朴出席并讲话。

同日 国家火炬计划软件产业基地——南昌“金庐软件园”基础设施建设全面启动。

23日 市第十七中学获“全国民族团结进步模范集体”称号。

24日 南昌市首次公安机关领导职务资格考试举行。考试内容为政治理论、法学法律、公安业务基础知识、公安队伍建设及管理知识、中共十五大精神。考试试卷、阅卷评分全部由公安部考试中心负责。全市公安机关189名中层以上领导干部参加考试。

同日 南昌市庆祝环卫工人节座谈会在市政府第二会议室举行。市领导为环卫工作中涌现出来的先进单位和个人颁奖。余志坚宣读钟家明、刘伟平《致全市环卫工人的一封信》。李豆罗出席并讲话，强调环卫工人岗位平凡、事业崇高，应受到全社会的尊重。程光茹、罗为民、赵国梁出席。

24—25日 全省全民健身运动会举行。南昌代表团共夺得9金2银2铜，金牌数居榜首。

25日 全市巩固创卫成果抓好长效管理大会召开。会议要求，对各种车辆的摆放，应整齐划一，不影响交通；对占道摊点，日市、夜市及集贸市场等处摊点要规范管理；对“六小”出现的卫生问题应做到餐具消毒、饮食卫生、地面干净、不损绿化；对小街小巷随手乱扔的现象，各经营户应自觉做好店内外的卫生保洁工作。李豆罗、钟乐初、罗为民等出席。

26日 市委办公厅、市政府办公厅发出《关于分离市属企业自办中小学校的意见》。

27日 中央军委副主席张万年参观滕王阁。

同日 市委、市政府召开部分市属企业自办中小学校工作会议，宣布28所市属企业自办中小学校从企业中分离。陈绍翔出席并讲话，陈守朴、姜任保、钟乐初出席。

28日 市级领导班子和领导干部“三讲”教育动员大会在市委大礼堂召开。会议学习贯彻中共中央办公厅、国务院办公厅《关于党政机关领导干部不兼任社会团体领导职务的通知》及全国、全省有关会议精神，部署“三讲”教育工作。钟家明作动员报告，省委巡视组组长吴吉祥讲话，陈绍翔主持。会议要求，市级领导班子和领导干部要以饱满的政治热情，良好的精神状态，积极投身“三讲”教育。市委、市人大、市政府、市政协班子成员，各县区、市委各部门、市直各单位、市政府驻外机构、各民主党派及江铃、江拖、江纺、江纸、南柴、南昌高专主要负责人和担任过市四套班子领导职务的离退休老干部共350余人出席。

市级领导班子和领导干部“三讲”教育动员大会召开

同日 市委发出《关于市委、市政府、市人大、市政协领导班子和领导干部“三讲”教育实施方案》。

30日 市政府在市体委会议室举行表彰大会，奖励在全省全民健身运动会上做出突出贡献的运动员、教练员和单位。西湖区、进贤县、南昌县体委获最佳组织奖，东湖区体委等7个单位获优秀组织奖，曾思文等6人获优秀运动员奖，吴军等6人获优秀教练员奖。

31日 江西艺术节颁奖仪式在江西艺术剧院举行。南昌市代表队获江西艺术节——第六届少儿艺术节演出一等奖，南昌市歌舞团获江西艺术节——第四届音乐舞蹈艺术节演出一等奖。

1999

11月 November

公元1999年11月 农历己卯年【兔】													
日	一	二	三	四	五	六	日	一	二	三	四	五	六
	1 廿四	2 廿五	3 廿六	4 廿七	5 廿八	6 廿九	7 三十	8 立冬	9 初二	10 初三	11 初四	12 初五	13 初六
14 初七	15 初八	16 初九	17 初十	18 十一	19 十二	20 十三	21 十四	22 十五	23 小雪	24 十七	25 十八	26 十九	27 二十
28 廿一	29 廿二	30 廿三											

1日 省人大“工会两法”检查组到江西棉纺织印染厂、江西纸业有限责任公司、汇仁集团和进贤县、青云谱区等地检查贯彻《中华人民共和国工会法》和《江西省实施〈工会法〉办法》执行情况。

同日 南昌钢铁有限责任公司通过ISO 9002国际质量体系认证。

同日 安义县新民乡司法所王意礼获“全国见义勇为先进分子”称号。

同日 进贤县首家私营企业工会——南昌威敌化学制剂公司工会成立。

1—3日 南昌市道教第一次代表会议召开。会议听取并审议《南昌市道教协会筹备小组工作报告》和《南昌市道教协会章程（草)》，选举产生市道教协会第一届理事会。

2日 省市人民检察院日前召开电话会议，深入学习贯彻中共十五届四中全会精神，部署全面发挥检察职能作用，为国有企业改革和发展服务。会议明确检察机关为国有企业改革和发展服务的主要职责，强调各级检察机关要通过公正执法，正确履行法律赋予的职责，为国有企业改革和发展创造良好的法制环境和稳定的社会环境。

同日 全市公开选拔高校毕业生到农村基层工作人员培训班举行结业典礼。34名应届高校毕业生表示，要把青春和智慧献给农村。熊焕高出席并讲话，希望到农村基层工作的高校毕业生更加刻苦学习，不断提高自身思想政治素质和驾驭农村工作能力；满腔热情和高度负责地对待工作，埋头苦干，积极进取，努力完成党和人民交给的任务；着眼于马克思主义理论和所学知识运用，增强创造性解决具体问题的能力，不断推动农业和农村工作取得新突破；增强在艰苦环境中经受考验和战胜困难的决心和勇气，立足本职岗位，发扬奉献精神。

同日 由香港警务处首长级乙一级政务官郭家强率领的香港特别行政区政府“熟悉内地

事务探访团”一行，抵达南昌考察访问。

同日 洪都航空工业集团有限责任公司南飞纺机公司“债转股”签字仪式在北京举行。该公司成为全国首批“债转股”企业。

3日 省市领导黄智权、陈礼久、王峰、李豆罗、周根保等前往青云谱区、东湖区征兵体检站考察工作。黄智权指出，各级党委、政府要把搞好征兵工作、向部队输送优秀兵员作为重要的政治任务来抓，要确保征集新兵质量；要采取坚决措施，严格政审、严格把关，确保新兵政治合格、纯洁可靠，努力向部队输送优秀兵员，高标准高质量完成好冬季征兵任务。

同日 新建、进贤县消灭血吸虫达标工作分别通过省级考核验收。

4日 市直机关工委、市妇联召开“巾帼创新业”先进事迹报告会。南昌康复中心董事长王乐秋等8名来自全市各条战线的优秀职业女性介绍先进事迹。周启球和市直各单位、妇联系统干部共500余人听取报告。

5日 《人民日报》报道，南昌市工商局对百余家无证经营药店进行查处，立案调查6起，取缔无证经营药店3家、无证行医41家，限期整改110家，并收缴一批过期、劣质保健药品。

同日 市党风廉政建设领导小组办公室与市工商行政管理局聘请的101名廉政监督员正式上岗。

6日 全省最大的房地产交易市场——南昌房地产交易市场开业。

同日 全市领导干部法制讲座在市委礼堂举行。民革中央委员、中国政法大学比较法研究所所长朱维究应邀主讲《依法治国与依法行政》。300余名副县级以上领导干部听取讲座。

同日 由郊区区委、区政府和人民日报驻江西记者站共同主办的江西民营经济21世纪发展战略论坛在江西民营科技园举行。省领导蒋仲平介绍浙江私营经济发展经验、分析全省民营企业发展状况。他指出，加快全省私营经济发展，要更新思想观念，采取得力措施，创造宽松环境；要加强领导，依法管理，优化服务。与会者参观江西民营科技园。田新芳及来自全省创税收200万以上的38位民营企业家和南昌大学、无锡轻工大学专家教授参加。

同日 《江西日报》报道，进贤籍战士马宁被解放军总政治部树为“优秀士兵标兵”并荣立二等功。

7日 刘伟平、周启球、雷武江在滕王阁会见厅会见厦门永同昌集团投资考察团，并签署红谷滩开发项目备忘录。

同日 东湖区社区服务中心成立。该中心开设市民求助热线、法律咨询服务等9大系列共100多个服务项目。

8日 市人民检察院和市公安局从柬埔寨将携带公款165万元潜逃至国外的市机械局财审科出纳员李某抓获归案。

9日 南昌市公开选拔副县级领导干部任职仪式在市委小礼堂举行。刘闯、黄之猛、申少平、李伟、吴久铭、应皓、陈和茂、刘荣根等9名公开选拔的副县级领导干部正式产生。他们平均年龄35岁，最大39岁，最小29岁，其中具有大学本科学历7人，硕士1人；具有高级专业技术职称1人；由副科级越级提拔1人。钟家明出席并讲话，希望9名新任职同志刻苦学习、进一步提高思想政治素质，勤奋工作、大胆实践，搞好团结、自觉维护集体领导，密切联系群众、强化公仆意识，廉洁自律、树立良好形象。刘伟平宣读任职决定，周启球主持，熊焕高等出席。

11日 省领导舒惠国、黄智权等实地察看南昌市最大的市政基础设施建设——“一江两岸”城市道路防洪系列工程。

舒惠国等考察“一江两岸”工程

同日 全市药品管理和药品市场整治情况汇报会在市政府第一会议室举行。钟乐初及有关部门负责人向国家药品监督管理局顾问刘永纲一行汇报南昌市前期药品管理和药品市场整顿工作。刘永纲要求南昌市要继续加大管理力度，坚决治标治本，防止反弹。

同日 团省委决定，追授铁路乘警徐晓强“江西杰出青年卫士”称号。

11—12日 南昌市召开村（居）委会换届选举工作座谈会，听取各县区村（居）委会换届选举工作汇报，研究部署下一阶段选举工作。周启球出席并讲话，要求各级党委、政府高度重视、加强领导，周密部署、精心组织，切实保障村（居）民直接行使民主权利。

15日 南昌钢铁公司中型厂研制开发的6号角钢一次试车成功，并批量生产。

同日 国内首家数码相机生产企业——南昌凤凰数码科技有限公司在南昌高新区挂牌。该公司由江西凤凰光学股份有限公司与英属联科国际有限公司共同投资兴建。

16日 市纪委、市监察局召开会议，传达贯彻全国全省纪检监察机关办案工作会议精神。周启球出席并讲话，要求各级党委、政府和纪检监察机关增强责任感和紧迫感，加大办案工作力度，努力突破一批大案要案，有效打击腐败分子，把党风廉政建设引向深入。

同日 南昌市肉品交易批发市场正式运营。

同日 南昌铁路局姚家洲车站起重机司机胡新民研究成功的“防磨损节绳抓斗”技术获国家专利并被美国EI数据库收录采用。

16—17日 台湾统一民主党主席、东道集团董事长车轰一行参观江西大宇工商学院和滕王阁。

18日 上午9时35分，进贤县李渡出口花炮总厂礼花分厂装引车间发生一起烟花爆炸事故，炸塌车间2栋、面积200平方米，受损车间3栋、面积300平方米，死亡4人，受伤5人，直接经济损失10万余元。

同日 西湖区工商业联合会第二届会员代表大会在西湖会堂召开。私营企业江西煌上煌烤禽有限公司董事长徐桂芬当选为会长。由私营企业主担任区工商联会长在全市属首次。

19日 由深圳农产品股份公司与南昌农产品中心批发市场合作组建的南昌深圳农产品中心批发市场有限公司成立。市场内共有经营店面530间，经营面积达4万余平方来，市场从事经营的经营户达1000余户，日均交易量蔬菜110万公斤，果品10万公斤，粮食50万公斤，交易额200万元，日交易量占全市供应总量的85%。

同日 以“人民的好警察”邱娥国为生活原型的电影故事片《阳光小巷》在市委礼堂首次展映。钟家明、刘伟平、陈绍翔、周启球、史骏飞、陈守朴，邱娥国及全市600余名公安民警观看影片。

20日 《江西日报》报道，南昌市从健全组织、强化责任、疏通渠道入手，采取有力措施，切实做好下岗职工再就业工作。1999年1至10月全市已分流安置下岗职工5万余人次。

20—21日 《中华人民共和国执业医师法》颁布实施后的全国首次执业医师资格统一考试举行，南昌市731人在市卫校参加考试。报名应试者均是1998年6月26日以前没有取得医师职称的医生、护士。考试由卫生部国家医学考试中心命题，分执业医师和执业助理医师两个级别，有临床、口腔、公共卫生和中医医师四个大类，内容涉及医学基本常识、专业知识、卫生法规等多方面。

23日 全市民族工作会议召开。会议传达贯彻全省民族工作会议精神，部署下一阶段工作。钟家明、陈绍翔出席并讲话，周启球主持，李豆罗出席。

24日 全市劳模评选表彰动员大会在市委小礼堂召开。大会对1995年来在改革开放和现代化建设各项事业中做出突出贡献的工人、农民、知识分子、专业技术人员、管理人员、机关工作人员，以及其他劳动者进行表彰，并推选出席全国、全省劳模大会代表。周启球出席并讲话指出，各县区、各部门要严格按照市劳模大会筹委会规定的程序进行劳模评选工作，任何地方、部门和单位都不得违反规定的程序，不得凭印象任意指定候选人，不得越级越权搞包办代替。余志坚、刘汝舟、姜任保出席。

同日 由财政部纪检组长金莲淑率领的“收支两条线”规定专项检查组检查指导南昌市“收支两条线”规定工作情况。市监察局、市公安局、市交通局、市财政局、市物价局、市卫生局和市市政公用事业局负责人分别汇报落实“收支两条线”工作情况。

25日 洪都航空工业集团有限责任公司被国务院、中央军委阅兵装备工作领导小组授予“在建国五十周年国庆首都阅兵装备工作中做出突出贡献”奖牌，被国防科工委授予“参阅装备银奖”奖牌。

26日 由市委宣传部、市教委和省市电影发行放映公司共同举办的南昌市第二届“学生电影周”开幕。此次活动旨在运用主旋律影片独特教育功能，对广大青少年学生进行爱国主义、集体主义、社会主义和艰苦创业精神教育。

同日 市人大信访工作先进表彰会在市人大六楼会议室举行。会议传达全省人大信访工作会议精神，表彰近两年来在人大信访工作中取得显著成绩的单位和个人。授予南昌县人大常委会等3个单位“全市人大信访工作先进单位”称号，授予进贤县人大常委会等6个单位“全市人大信访工作无重访户先进集体”称号，授予黄旭辉等15人“人大信访先进工作者”称号。会议强调，要充分认识人大信访工作重要性，健全工作制度，规范工作程序，加强人大信访队伍自身建设。史骏飞出席并讲话，王迪东主持，刘汝舟、程光茹、邹剑桥、罗时杰出席。

28日 市级领导班子和领导干部“三讲”教育第二阶段民主评议和民主测评大会召开。会议通报市级领导班子和领导干部“三讲”教育开展以来的情况，部署民主评议、民主测评工作。会议强调，要以严肃认真、高度负责的态度，切实做好民主评议和民主测评工作。钟家明、吴吉祥出席并讲话。刘伟平主持。参加评议的有市委、市政府、市人大、市政协班子成员；曾担任过市级四套班子领导职务的离退休老干部；各县区，市委各部门，市直各单位，市政府驻外办事处，各民主党派，江铃、江拖、江纸、南柴、南昌高专主要负责人等共230余人。

29日 省委宣传部、省文明办、省军区政治部联合表彰全省50对军民共建社会主义精神文明先进单位。其中，南昌陆军学院一大队五队与市盲童学校；武警省总队第三支队与南昌铁路局南昌车站；武警省总队第二支队一中队与东湖区大院街道办事处；省军区独立营与西湖区禾草街道办事处；解放军某部队某分队与江西电机有限责任公司水轮机厂；武警省消防总队农场与省共青开放开发区；南昌军分区公勤队与南昌师范附属实验小学等南昌市7对共建单位获表彰。

同日 市委、市政府发出《关于国有企业改革和发展的实施意见》，要求全市上下立即行动起来，统一思想，正视困难，把握难得的历史机遇，坚定信心，团结奋斗，夺取全市国有企业改革和发展的新胜利。意见提出国有企业改革和发展指导思想与目标、思路与工作重点，并从以下五个方面明确具体措施：把握正确导向，加大对解放思想、转变观念的宣传力度；切实落实好市委、市政府已出台的一系列扶持国企改革和发展的政策；整治企业发展外部环境；加快完善社会保障体系；落实责任，搞好项目推进。

1999
12月
December

公元1999年12月							农历己卯年【兔】						
日	一	二	三	四	五	六	日	一	二	三	四	五	六
			1 廿四	2 廿五	3 廿六	4 廿七	5 廿八	6 廿九	7 大雪	8 初一	9 初二	10 初三	11 初四
12 初五	13 初六	14 初七	15 初八	16 初九	17 初十	18 十一	19 十二	20 十三	21 十四	22 冬至	23 十六	24 十七	25 十八
26 十九	27 二十	28 廿一	29 廿二	30 廿三	31 廿四								

1日 全市安全生产工作紧急电视电话会召开。会议贯彻落实全国、全省会议精神，部署全市安全生产工作。会议分析全市1999年以来的安全生产形势，通报近期全市安全事故有关情况。会议要求，各级领导要高度重视安全生产工作，安全生产要常抓不懈；要按全国、全省会议精神和要求，迅速在全市深入开展安全生产大检查。姜任保出席并讲话，各县区、市直各部门负责安全生产的领导分别在南昌主会场和郊县分会场参加会议。

同日 经中编办和国家出入境检验检疫局批准，江西出入境检验检疫局南昌机构办事处正式成立，负责南昌航空口岸出入境卫生检疫、动植物检疫和进出口商品检验的行政执法。

同日 南昌移动通信公司全面启用信用度管理制度，使客户有效控制话费支出，特别是在客户手机丢失或模拟机被盗打情况下减少损失，为客户使用移动电话提供良好保障。

2日 东湖公安分局墩子塘派出所所长万斌当选第二届“中国保护未成年人杰出公民”。

3日 市政府召开会议，就整个南昌地区的事业单位（包括中央部属、省属事业单位）纳入失业保险范围进行全面部署。会议要求各级领导高度重视，各有关部门密切配合，参保单位积极主动，经办机构热情周到、细致负责，全面完成失业保险扩覆任务。李豆罗出席并讲话。

同日 胜利路示范街揭牌。

6日 市级领导班子和领导干部“三讲”教育转入第三阶段（“交流思想，开展批评”阶段）动员会在市委六楼会议室召开。会议小结第二阶段基本情况，并对第三阶段工作进行动员和部署。会议强调，要端正态度，消除顾虑，勇于开展批评和自我批评；要把握原则，讲究方法，开展积极健康的思想斗争；要边整边改、立说立行，把第三阶段工作落到实处。钟家明、吴吉祥出席并讲话。刘伟平主持，市四套班子成员和省委巡视组人员出席。

同日 国务院体改办中国小城镇改革发展中心将进贤县温圳镇列为第二批“全国小城镇综合改革试点镇”。

7日 由全国人大常委会胡敏率领的《中华人民共和国测绘法》检查组在南昌市进行执法检查。省市领导王君、李豆罗汇报贯彻执行情况。检查组到市测绘勘察研究院，实地考察该院GIS中心及微机设备，要求按照《中华人民共和国测绘法》的各项规定，依法加强对测绘事业的保护。

同日 南昌县建筑工程公司日前通过ISO 9002国际质量体系认证，成为全省县级建筑施工企业中首家通过认证单位。

8日 公安部部长贾春旺日前签署命令，追授与歹徒英勇搏斗、身中16刀壮烈牺牲的南昌铁路公安局南昌乘警大队乘警徐晓强全国公安系统一级英模称号。

同日 国家统计局局长刘洪等一行到南昌考察经济发展和统计工作。

同日 新建县云塘——湾里区公路工程项目正式启动。

8—13日 以左连璧为组长的国家六部委局纠正医药购销中不正之风联合检查组一行先后深入九江、景德镇、南昌、吉安等地进行专项检查。

9日 市科委、市科协联合举行座谈会，邀请在南昌的中国科学院院士潘际銮、中国工程院院士陆孝彭等知名科学家与来自全市各中小学获全国、全省各科竞赛一等奖的50余名学生畅谈21世纪。钟乐初、瞿祖一出席。

9—10日 闽浙赣皖福州经济协作区1999年南昌联席会议在五湖大酒店召开。会议期间，与会代表出席1999年江西食品展销洽谈会开幕式并参观展销产品；区域成员地市通过《闽浙赣皖福州经济协作区成员科技协作网络建网方案》，区域成员地市科委主任共同签订《闽浙赣皖福州经济协作区科技协作建网协议书》；与会市长、专员、秘书长还就加强区域协作、促进企业改制重组等进行专题讨论。来自协作区内14个地市的专员、市长及有关部门负责人共80余人出席。

1999年江西食品展销洽谈会开幕式举行

10日 全省第十次高校党建工作会在南昌召开。会议强调，要全面推进高校党建和思想政治工作。南昌大学、江西师大、江西中医学院、南昌航院、江西财大、南昌水专、吉安师专7所高校获全省文明校园称号。

12日 江西省举行颁奖大会，奖励第十六届全国中学生物理竞赛江西赛区的优胜单位和个人，为获得江西赛区团体总分前四名的南昌二中、高安中学、临川一中、临川二中，获个人一、二、三等奖的学生颁发证书。

14日 省市在八一广场举办《中华人民共和国行政复议法》宣传咨询活动。

15日 江西省庆祝澳门回归电视文艺晚会“荷花情·世纪风”在南昌举行。省领导和社会各界2000多名群众观看演出。

同日 中国晚报工作者协会第十四届年会

新闻奖评选日前揭晓。南昌晚报选送的新闻报道《五年收枪禁猎，梅岭野猪成灾》（作者：喻华龙）、《岂能如此救灾？》（作者：肖树山）分别获新闻奖一等奖；刘海水、吴歌今均获编辑一等奖；论文《报业无序竞争导致内耗》（作者：殷定生、黄洪涛）获优秀新闻论文一等奖。

16日 市级领导班子和领导干部“三讲”教育转入第四阶段（“认真整改，巩固成果”阶段）动员大会在市委六楼会议室召开。会议总结第三阶段的“三讲”教育工作，对第四阶段工作进行动员和部署。会议强调，要端正思想，明确职责，充分认识搞好整改工作重要性。钟家明、吴吉祥出席并讲话，刘伟平主持。市四套班子成员和省委巡视组人员出席。

同日 江西省第一家通过科技部、中国科学院专家评审“作为高新技术企业上市公司”——洪都航空工业股份有限公司正式成立。

同日 南昌市第九届工商联会员代表大会召开。大会审议通过市工商联第八届执委会工作报告，选举产生新一届市工商联执委会；选举雷元江为市工商联会长，李国华、尹智才、王乃营、姚向红、吴柏坚、史大瀚、魏云龙、于果为市工商联副会长。

17日 全市贯彻落实《关于国有企业改革和发展的实施意见》动员大会召开。会议部署国有企业改革和发展工作。刘伟平出席并讲话，强调要解放思想，转变观念，认真研究推进国有企业改革和发展问题，全面开创全市国有企业改革和发展新局面。姜任保、雷武江、钟乐初、罗为民出席。各县区、南昌高新区、昌北开发区、市直各有关部门和市国有企业主管部门的负责人参加。

贯彻落实国企改革实施意见动员会召开

同日 中国人民抗日战争纪念群雕铸铜仪式在南昌举行。南昌裕丰金属工艺品厂、南昌铜工艺品厂与北京市中国人民抗日战争纪念雕塑园工程业主委员会正式签约。36尊铸铜群雕定于2000年5月30日以前全部完成。

同日 经中国科协批准，南昌市少年宫、庐山植物园、德安县园艺场和省气象科普教育基地成为首批全国科普教育基地。

18日 全市领导干部学法讲座在市委大礼堂举行。华东政法学院国际经济法博士贺小勇应邀主讲《加入世贸组织与法制建设》。刘伟平、陈绍翔、周启球、史骏飞、程金鹏、陈守朴、余志坚、田新芳、熊焕高及全市副县级以上领导干部350人听取讲座。

同日 江西省庆祝澳门回归美术书法作品展览在南昌举行，展出作品213件。省领导和社会各界人士300余人出席开幕式。

21日 市委办公厅、市政府办公厅发出《关于认真做好清房检查验收工作的通知》，对清房检查验收的目的意义，检查验收的时间安排，检查验收的主要内容，检查验收的步骤方法等提出要求。

同日 市委、市政府发出《关于在全市乡镇开展“三清两改”工作的通知》，要求集中一段时间，在全市乡镇开展以“清财务、清房产、清地产，改变发展思路、改进工作作风”为内容的工作。

22日 市政府和广东旭飞集团有限公司在五湖大酒店举行红谷滩项目合作备忘录签字仪式。广东旭飞集团投资10亿元参与红谷滩新区66.67公顷土地开发建设。刘伟平、雷武江、罗为民等和广东旭飞集团董事长黄少辉出席。

同日 12时50分，昌北开放开发区、江西农业大学、湾里区交界处发生山火。省市领导舒惠国、舒圣佑、彭崑生、冯金茂、钟家明、孙用和、刘伟平、陈绍翔、田新芳、李豆罗、周根保等亲临指挥灭火。经解放军、武警、公安、预备役民兵和当地干部群众3000余人奋力扑救，大火于23日凌晨1时许扑灭，未造成人员伤亡。过火面积52公顷，直接经济损失近30万元。起火原因为市民冬至上坟烧纸引发。

23日 南昌市女企业家、女经营者协会成立。

25日 全市经济工作会议在市委礼堂召开。会议传达贯彻全省经济工作会议精神，总结1999年工作，部署2000年任务。会议强调，要以中央和全省经济工作会议精神为指导，认清形势、明确任务，抓住机遇、开拓进取，坚定信心、团结奋斗，以加快发展的优异成绩迎接新世纪。钟家明、刘伟平出席并讲话。陈绍翔、周启球、程金鹏、陈守朴、余志坚、田新芳、李豆罗、周根保、熊焕高等，各县区主要领导、分管领导和有关部门负责人，市委各部门、市直各单位、市政府驻外办事处主要负责人，市属大中型企业负责人，市部分个体私营企业代表出席。

全市经济工作会议召开

同日 市总工会举行南昌千禧年职工集体婚典、婚庆活动。43对新婚夫妻在八一南昌起义纪念塔前举行婚典仪式。周启球主婚并致贺词。陈守朴、孔炯、钟乐初、经自麟和省市总工会领导为证婚人。全市29对金婚和100对银婚夫妻参加活动。

26日 市级领导班子和领导干部“三讲”教育总结会在市委礼堂召开。会议总结南昌市市级领导班子和领导干部“三讲”教育的基本情况、主要收获和体会，通报市级班子整改措施，部署下一步工作。会议强调，要继续坚持理论学习，努力提高理论素质；要切实抓好整改方案和整改措施的落实，巩固和扩大“三讲”教育成果；要按照中央和省委的要求，抓好市委直属部门和市直各单位县级干部的“三讲”教育，确保高质量，不能走过场。钟家明、吴吉祥出席并讲话，周启球主持。市委、市政府、市人大、市政协班子成员，担任过市四套班子领导职务的离退休老干部，各县区、市委各部门，市直各单位，市政府驻外办事处，各民主党派，江铃、江拖、江纺、江纸、南柴、南昌高专主要负责人230余人参加。

同日 首届江西农民艺术节开幕式暨省市“百龙迎新年”龙腾灯会在八一广场举行。省市领导钟起煌、彭崑生、胡振鹏、刘运来、陈绍翔、陈守朴、田新芳、赵国梁出席。

27日 南昌市首次陈化粮竞价拍卖交易会在南昌县体育馆举行。来自上海、广东、福建等地140余家客商竞相亮价，踊跃交易。

28日 省委、省政府、省军区在南昌召开全省双拥模范城（县）暨双拥先进单位和个人命名表彰大会。授予南昌市等36个市(县)“双拥模范城”（县）和叶晓茵等3人“爱国拥军模范”称号；授予南昌市双拥办等52个单位“拥军优属先进单位”称号；授予南昌市东湖区人武部等34个单位“拥政爱民先进单位”称号；授予匡壁民等36人“拥军优属先进个人”称号；授予唐雄华等24人“拥政爱民先进个人”称号。

同日 南昌慈善总会成立大会在市社会福利院举行。中华慈善总会会长阎明复，全国政协委员、香港繁荣集团董事长陈玉书，江西旅港同乡会会长周起鸿任名誉会长。陈绍翔任会长。

同日 市人大常委会颁布《南昌市青山湖保护条例》《南昌市社会医疗机构管理条例》《南昌市殡葬管理条例（修正案）》。

同日 南昌县塔城大桥建成通车。大桥主体长 786 米、宽 8 米，总造价 1450 万元。

同日 市二建公司研制成功的屋面生态防水、种植技术通过国家专利局初审认证。

29 日 市委发出《中共南昌市委“三讲”教育整改方案》，要求进一步解放思想，加快经济发展；进一步加强城市管理，加快城镇建设步伐；认真贯彻《党政领导干部选拔任用工作暂行条例》，加强和改进干部工作；进一步加大党风廉政建设和反腐败工作的力度；进一步加强思想政治工作；进一步加强基层基础工作。

同日 市委发出《关于加强和改进干部工作的意见》，强调按照能够跨世纪担当重任的要求，进一步加强各级领导班子建设；进一步加大干部制度改革的力度，不断完善选人用人机制；严格按照《党政领导干部选拔任用工作暂行条例》的规定选拔任用干部，切实把好选人用人关；加强和改进干部教育，强化监督管理。

同日 全市第五次人口普查工作动员大会召开。李豆罗出席并讲话，强调要提高认识，统一思想，抓紧做好第五次人口普查工作，高质量地完成普查任务。

同日 南昌市首批 10 所分离市属企业自办中小学交接签字仪式举行。陈绍翔、陈守朴及市教委主任、各县（区）长、县（区）教委主任、企业法人代表、分离交接学校的校长、各主管部门负责人出席。

31 日 南昌钢铁有限责任公司宣布 1999 年扭亏为盈，并实现利润 507 万元。

同日 经省民政厅批准，同意撤销新建县观嘴乡，成建制并入新建县大塘坪乡。

是月 湾里区罗亭乡撤乡建镇。

是 年

是年 新建县被列为全国水土保持生态环境建设重点县。

是年 市工商局清理全市军队、武警、政法机关所办企业，注销 70 户，吊销营业执照 91 户，移交 9 户。

2000

红谷滩中心区建设开工奠基典礼举行

概要

2000年是实施“九五”计划的最后一年。市委、市政府把握国际经济环境较有利和国内经济出现重要转机的新机遇，围绕全市工作总的要求，齐心协力，排难而进，全面完成国民经济和社会发展各项任务。

市场经济体制不断完善 现代企业制度建设有所进展，全市共有股份制有限公司12户，企业集团19户，市直企业组建有限责任公司58户；重点做大做强一批骨干企业，江铃、江纸、江纺、长运、百友集团和洪城大厦6家重点企业年销售总额比1999年增长41.9%，利税增长72.5%；国有大中型企业改革和脱困3年目标基本实现，国有资产营运、管理和监督体系基本建立，全市列入国家经贸委脱困监控的29户国有及国有控股大中型亏损企业，已有22户走出困境，脱困率79.5%。

对外开放呈现新格局 1月18日，市政府发出《关于简化外商投资申办企业审批程序的决定》。全年利用外资新签合同43个，协议合同外资金额0.29亿美元，实际利用外资0.33亿美元。出口市场扩展到日本、美国等60多个国家和地区。南昌高新技术产业开发区基础设施建设取得新的突破，利用外资水平进一步提高；南昌经济技术开发区跻身国家经济技术开发区行列，工业园起步区初具规模。国内经济协作与交流进一步加强，与南京、武汉、福州经济协作区建立密切联系，加强与日本高松市、芬兰瓦·托两市等国外友城的关系。经济发展环境继续改善，建立外商投资企业税外收费登记簿和检查申请制度，成立南昌市投资与建设统一审批办证中心。

个体私营经济加速发展 1月7日，全市发展个体私营经济宣传工作会议召开，要求为发展个私经济营造良好声势和氛围。2月25日，全市个体私营经济工作会议召开，对20个个体工商户、20家私营企业进行表彰，会议强调要解放思想、转变观念，大胆放手、强力推进，扩大规模、扩张总量，提升质量、提高效益，促进全市个私经济快速、健康发展。3月13日，市政府发出《印发〈南昌市关于扶持重点私营企业的实施办法〉的通知》。全年个体私营经济得到较快发展，非公有制经济增加值占全市经济的比重上升到35%，其中个私经济增加值上升到21.5%。

开展“三讲”教育 1月8日，市委召开市直单位“三讲”教育工作会议，对市直单位及其下属副县级以上行政事业单位领导班子和领导干部“三讲”教育进行动员，具体部署第一批“三讲”单位工作。3月26日，市委召开市级领导班子“三讲”教育“回头看”动员大会，宣布实施方案。4月6日，市委召开第二批市直单位“三讲”教育工作会议，强调要高标准，严要求，扎实搞好“三讲”教育。4月12日，市级领导班子“三讲”教育“回头看”情况通报会召开，通报市委、市政府、市人大、市政协领导班子“三讲”教育“回头看”情况。

加强改进思想政治工作 4月14日，市委思想政治工作联系会议第一次全体会议召开，审议通过《市委思想政治工作联系会议工作制度》和《市委思想政治工作联系会议办公室工作制度》。5月19日，市委发出《关于加强和改进思想政治工作的主要措施》，要求充分认识加强和改进思想政治工作的重要性和紧迫性，切实加强党对思想政治工作的领导，切实抓好思想政治教育，积极探索新形势下思想政治工作的规律和方法，把思想政治工作各项任务落到实处。

规划建设红谷滩新区 1月21日，市委、市人大、市政府、市政协、市纪委领导班子成员召开会议，集体审议红谷滩新区规划和全面开发建设的初步实施方案。1月25—29日，市十一届人大四次会议召开，通过《关于加快推进南昌“一江两岸”城市发展格局的决议》和其他相应决议。2月20日，市委、市政府召开全面开发建设红谷滩新区动员大会，讨论市委、市政府《关于全面开发建设红谷滩新区的初步实施方案》并形成共识，力争用两到三年时间使红谷滩新区的开发建设取得突破性进展，成为南昌21世纪新的投资热点。这一年，红谷滩中心区三大中心六栋建筑全部封顶并完成外装修，“一江两岸”道路及配套等工程全面完成，红谷滩新区规划和全面开发建设拉开序幕。

加强科技教育领导 4月11日，南昌市科技教育领导小组召开第一次会议，会议听取市科委关于贯彻全省技术创新大会精神的意见汇报，议定南昌高新区关于贯彻落实省科技教育领导小组第二次会议精神的有关事项和制定有关优惠政策促进南昌高新区发展的问题、市教委关于贯彻江泽民关于教育问题的谈话精神的有关问题和加强城市薄弱学校建设问题及教师队伍建设问题，审议市科技教育领导小组工作规则及办公室工作制度。

全市2000年主要经济指标完成情况 全市国内生产总值完成435.1亿元，比1999年增长9.2%，其中一、二、三产业分别增长3%、9.2%和10.9%；财政总收入完成44.6亿元，增长25.9%，其中地方财政收入完成19.1亿元，增长14.1%；人均国内生产总值突破1万元，人均财政总收入1041元，在全国27个省会城市中分别由“八五”期末的第21位上升到第19位和由第19位上升到第16位；全社会固定资产投资80.1亿元，增长12.5%；社会消费品零售总额144.41亿元，增长10.4%；全市实际利用外资3288万美元，下降75.5%；引进市外资金27.6亿元，增长84%；出口创汇1.31亿美元，增长29.9%；农民人均年纯收入2390元，比1999年增加83元，增长3.6%；城镇居民人均可支配收入5734元，比1999年增加446元，增长8.4%；城镇登记失业率为2.99%。人口出生率为15.4‰。

2000
1月
January

公元2000年1月　　农历庚辰年【龙】													
日	一	二	三	四	五	六	日	一	二	三	四	五	六
						1 元旦	2 廿六	3 廿七	4 廿八	5 廿九	6 小寒	7 初一	8 初二
9 初三	10 初四	11 初五	12 初六	13 初七	14 初八	15 初九	16 初十	17 十一	18 十二	19 十三	20 十四	21 大寒	22 十六
23 十七	24 十八	25 十九	26 二十	27 廿一	28 廿二	29 廿三	30 廿四	31 廿五					

1日　省市领导胡振鹏、刘伟平在五湖大酒店会见由来自澳大利亚、美国、日本、加拿大等国中国博士留学生组成的海外留学生赴赣考察团一行。考察团在南昌期间，参观考察南昌高新技术开发区，与部分企业进行有针对性的项目合作洽谈。

同日　南昌市应急救援指挥中心挂牌成立。南京军区副参谋长、国防动员委员会秘书长苏京和省长助理凌成兴揭牌。李豆罗、苏京分别讲话。省市领导季崇武、刘道清、史骏飞等出席。

同日　郊区正式接收江西合成纤维厂子弟学校，更名为南昌市郊区星火小学。

3日　市政府发出《关于维护昌北机场安全的通告》《关于印发〈2000—2001年南昌市殡葬工作发展规划〉的通知》。

同日　市政府、南昌军分区联合发出《关于做好新年春节期间双拥工作的通知》，要求做好2000年新年春节期间拥军优属、拥政爱民工作。

3—5日　全市物价工作会议召开。会议强调，物价工作要早计划、早布置、早落实，做到目标到位、责任到人，确保全年工作顺利开展。史骏飞、程金鹏、李豆罗和省物价局负责人出席。

4日　南昌铁路局67/68次旅客列车获“全国精神文明建设先进单位”称号。

5日　南昌市十一届人大常委会第二十次会议决定任命：龚建华为南昌市人民政府副市长。

同日　市委办公厅、市政府办公厅发出《关于进一步推广“三硬制度”，规范公务接待的通知》。

同日　南昌市集中整治自发集贸市场暨占道摊点动员大会召开。会议宣布市政府办公厅《关于成立南昌市创卫创优活动指挥部的通知》和市创卫指挥部《关于集中整治自发集贸市场及占道摊点的实施方案》。市工商、公安、城管和四城区负责人作表态发言。李豆罗、罗为民出席，市直有关部门负责人等参加会议。

同日 郊区工商、公安、卫生等部门联合整治扬子洲乡医药市场，查封非法医疗机构、医疗点5个。

6日 市政府日前研究决定，将“创建国家卫生城市活动指挥部”与“创建中国优秀旅游城市工作委员会”合并，成立“南昌市创卫、创优活动指挥部”。李豆罗任总指挥，雷武江、钟乐初、罗为民、冯章豪任副总指挥。指挥部下设办公室，市直有关部门负责人任办公室副主任。

同日 南昌市人事争议仲裁委员会挂牌成立。仲裁委是市政府依法独立处理人事争议案件的专门机构，由市人事、组织、纪委、卫生、教育、科委、司法、法制、监察、工会等部门相关负责人组成。仲裁委处理人事争议案件实行仲裁员制、仲裁庭和一案一庭制。该仲裁委的成立，在江西省属首次。

7日 市政府第54次常务会议在市政府第一会议室召开。会议审议并原则通过市外经贸委拟订的《南昌市简化外商投资申办企业审批程序的决定》，市物价局拟订的《南昌市涉案物品估价管理办法》，市审计局拟订的《关于对党政领导干部和企业领导人员任期经济责任审计的实施办法》等；审议市法制局拟订的《南昌市户外广告管理办法》；听取市财政局关于1999年南昌市财政收支、下岗职工基本生活保障资金收支、市本级城镇居民最低基本生活保障资金专户收支情况和南昌市2000年财政预算安排汇报。刘伟平主持。

同日 全市发展个体私营经济宣传工作会议召开。会议听取各县区个体私营经济宣传工作汇报，部署有关工作。会议强调，各县区要加强舆论宣传攻势，做到耳朵听得到、眼睛看得见、电视有画面、网上有招商，为发展个私经济营造良好声势和氛围。周启球出席并讲话，市委宣传部就宣传工作进行部署。

8日 市政府全体会议召开。会议审议通过《政府工作报告（送审稿）》。刘伟平出席并讲话，李豆罗主持，姜任保、雷武江、钟乐初、龚建华、罗为民，南昌军分区政委张国华等出席。

同日 市直单位“三讲”教育工作会议在市委礼堂召开。会议对市直单位及其下属副县级以上行政事业单位领导班子和领导干部“三讲”教育进行动员，具体部署第一批“三讲”单位工作。省委常委、市委书记、市委“三讲”教育领导小组组长钟家明出席并讲话。熊焕高就市直单位“三讲”教育工作进行具体部署。周启球、余志坚出席。市委各部门、市直各单位负责人和“三讲”教育工作人员，市直部门单位下属副县级以上行政事业单位负责人，各县区区委组织部长，市委“三讲”教育巡视成员共500余人参加会议。

同日 市直单位“三讲”教育巡视组培训班在市委小礼堂开班。周启球出席并讲话，余志坚主持，熊焕高出席。

10日 全市政法工作会议在市委小礼堂召开。会议传达贯彻全国、全省政法工作会议精神，总结1999年工作，部署2000年任务，表彰全市社会治安先进单位和见义勇为先进个人代表。陈绍翔与县区和市综治成员单位代表签订《2000年社会治安目标管理责任状》。钟家明、陈绍翔出席并讲话，李豆罗主持，刘汝舟、吴才仁及市中级人民法院院长王栎出席。

同日 市公安局特巡警支队爱民月活动和市交警支队爱民月“警务公开咨询日”活动在八一广场举行。活动主题是“学习邱娥国，满意到万家”，旨在通过加大普法宣传力度，增强广大市民法律意识，遏制恶意拨打“110”报警服务电话现象，使“110”真正成为全市广大居民的“保护神”。

11日 市政府和天健（厦门）发展股份

有限公司在五湖大酒店举行红谷滩项目合作备忘录签字仪式。该公司在红谷滩新区综合开发66.67公顷左右土地。周启球、雷武江出席。

市政府和天健（厦门）发展股份有限公司举行红谷滩项目合作备忘录签字仪式

12日　南昌市获"全国双拥模范城"称号，这是南昌市连续第四次被命名为"全国双拥模范城"。

13日　市政府召开国有企业改革和发展座谈会，听取江铃汽车集团公司等11家市属骨干企业负责人对南昌市国有企业改革和发展的意见和建议。刘伟平主持并讲话。

14日　市委常委会议在市委书记办公楼会议室召开。会议研究1999年全市财政预算执行情况、2000年财政工作思路，对党政领导干部和企业领导人员任期经济责任审计实施办法，增补市政协十届委员会常务委员会委员建议人选，成立市经营管理人才评价推荐中心等事宜；审议南昌市2000年国有企业下岗职工基本生活保障和再就业实施意见。钟家明主持。

同日　市委办公厅、市政府办公厅发出《关于全市2000年国有企业下岗职工基本生活保障和再就业实施意见》。

同日　市政府办公厅发出《转发市卫生局〈关于开展医疗机构综合治理的实施方案〉的通知》。

同日　全省重点乡村"1225"工程现场会在郊区洪城宾馆召开。与会人员参观郊区项目推进工程，郊区区长卢晓健及湖坊乡、顺外村、进顺村等典型单位代表介绍经验。

15日　市政府第55次常务会议在市政府第一会议室召开。会议审议并原则同意《政府工作报告（讨论稿）》，市规划局拟订的《关于城市规划区内城市居民私房改建规划管理暂行规定》和《关于城市规划区内农民私有住房建设的规划管理暂行规定》，市科委拟订的《市政府关于进一步深化市属科研机构体制改革的决定》，市经贸委拟订的《南昌市能源利用监测管理暂行规定修正案》。李豆罗主持。

17日　市委办公厅、市政府办公厅发出《关于印发〈南昌市党政领导干部和企业领导人员任期经济责任审计的实施办法〉的通知》。

18日　共青团中央、中国青年志愿者协会授予洪都航空工业集团有限责任公司杨建辉"中国青年志愿者服务奖"奖章。

同日　武警北京市总队天安门国旗护卫队官兵一行应邀到南昌市东湖区、西湖区和学校作"国情、国旗、国策"专题报告。

同日　市政府发出《关于简化外商投资申办企业审批程序的决定》。

同日　华联迎宾综合超市在南昌县正式动工兴建。该超市由北京华联集团投资1.2亿元兴建，是一座集批发、零售为一体的全新超市。

同日　凌晨零时12分，郊区彭桥村一木材加工厂发生火灾，过火面积约300平方米。市消防支队调集8辆消防车前往灭火，特勤二中队副班长许培林在灭火战斗中牺牲，战士宋学利负重伤。

19日　全市检察长工作会议召开。会议传达贯彻全国、全省检察长工作会议精神，总结1999年工作，部署2000年任务。陈绍翔、刘汝舟及市人民检察院检察长吴延林出席。

同日　南昌市车辆停放秩序专项整治活动动员大会召开。此次整治由市公安局牵头组织，市工商局、市城管支队和城区各街办共同参与，统一行动。整治重点是市区32条主要道路、

59个公益性自行车停放点和“五车”（摩托车、残疾人专用车、黄包车、板车、三轮车）聚集路口，取缔非法营运等。李豆罗出席动员大会并讲话。

同日 南昌市青少年地震科普教育基地揭牌仪式在南昌县富山乡举行。钟乐初出席并揭牌。

20日 市委办公厅、市政府办公厅发出《关于对全市企业解困与再就业“一帮一”工作先进单位、达标单位的表彰通报》。

同日 全市个体工商户私营企业“光彩之星”表彰暨“争创职业道德双十佳”动员大会召开，授予30户个体工商户、20户私营企业“光彩之星”称号。周启球出席并讲话。

同日 全市严厉打击制售假冒卷烟工作会议召开。市政府分别与各县区签订打假责任书。姜任保出席并讲话。

同日 全市工商行政管理工作会议召开。会议强调，要深化改革，扎实工作，充分发挥职能作用，大力支持地方经济发展。李豆罗出席并讲话。

同日 全市司法行政系统基层组织建设现场会在南昌县召开。会议强调，司法行政工作要抓基层、打基础、保稳定、促发展，充分发挥职能作用，推动司法行政工作不断向前发展。陈绍翔出席并讲话，李豆罗、李小南及省司法厅负责人出席。

21日 市政府发布《南昌市能源利用监测管理暂行规定（修正案）》。

同日 全市解困与再就业“一帮一”总结表彰大会召开。会议总结1999年工作，部署2000年任务，表彰先进单位。市人事局、市交警支队、南昌电缆厂、南昌搪瓷厂等单位介绍帮扶工作经验。刘伟平、陈绍翔、李豆罗等出席。

同日 市委、市人大、市政府、市政协、市纪委领导班子成员在市委办公楼六楼会议室召开会议，集体审议红谷滩新区规划和全面开发建设初步实施方案。钟家明、刘伟平、陈绍翔、周启球、史骏飞、程金鹏、陈守朴、余志坚、田新芳、李豆罗、周根保、熊焕高、刘汝舟、程光茹、孔炯、邹剑桥、罗时杰、姜任保、雷武江、钟乐初、罗为民、邓启明、瞿祖一、吴才仁、赵国梁、肖宣祥、张富等出席。

同日 南昌市爱心基金会捐助仪式在市委宣传部会议室举行。百余名特困学生接受资助。陈守朴出席并讲话。

22日 市政府第56次常务会议在市政府第一会议室召开。会议审议并原则同意市政府《关于提请审议加快推进南昌“一江两岸”城市格局的议案》和《关于全面开发建设红谷滩新区的初步实施方案》，市规划局拟订的《关于加强城市道路管线工程规划管理的决定》。刘伟平主持。

同日 市政府第74次市长办公会议在市政府第一会议室召开。会议审议并原则同意市机械局拟订的《关于呈报南昌柴油机有限责任公司×110 －×115系列柴油机技术改造方案请示及市场调研报告的汇报》，第33次市规费联审小组会议初审意见；审议湾里区政府拟订的《关于江西强威集团有限公司拟兼并江西汽车运输轮胎厂有关问题的请示》。刘伟平主持。

同日 全市“警民‘心连心’共创优良环境”活动总结表彰大会召开。会议表彰交警东湖大队、市大众交通运输公司等6个先进集体和百名“最佳民警”“最佳出租汽车司机”。李豆罗出席并颁奖。

22—26日 政协南昌市十届四次会议在市委礼堂召开。会议审议通过经自麟作的常委会工作报告，提案工作情况报告；补选邹湛基为市政协秘书长，补选市政协常委5人。出席会议的委员393人；与会人员列席市十一届人大四次会议，听取并讨论市政府工作报告。

政协南昌市十届四次会议召开

25 日 市政府发出《关于印发〈南昌市涉案物品估价管理办法〉的通知》。

25—29 日 南昌市十一届人大四次会议先后在江西艺术剧院、市委礼堂召开。会议审议通过刘伟平作的市政府工作报告，市 1999 年国民经济、社会发展计划执行情况和 2000 年计划（草案）的报告，市 1999 年市本级财政总预算执行情况和 2000 年市本级财政总预算（草案）的报告，市人大常委会工作报告，市中级人民法院工作报告，市人民检察院工作报告；通过《关于加快推进南昌“一江两岸”城市发展格局的决议》和其他相应决议。会议补选市人大常委会委员 3 人；选举敖庆沸为市中级人民法院院长人选。出席会议的代表 401 人。

南昌市十一届人大四次会议召开

26 日 省市举行各界人士座谈会，纪念江泽民《为促进祖国统一大业的完成而继续奋斗》发表 5 周年。省市领导步正发、朱英培、周启球等出席。

同日 省新闻出版局南昌分局、市公安局、市工商局联合取缔南昌市非法出版物集散地——东湖文化市场。

27 日 市政府、南昌军分区联合发出《关于表彰全市拥军优属拥政爱民先进单位和个人的决定》。

同日 南昌市劳模迎春座谈会举行。省市领导蒋仲平、周启球、经自麟出席。

同日 市总工会开展“进万家门、知万家情、解万家难、暖万家心”送温暖活动。此次活动共融资 127 万元用于春节期间走访慰问生活困难职工。

28 日 省市军民欢度 2000 年春节戏曲晚会在江西艺术剧院举行。省市领导舒惠国、舒圣佑、黄智权、钟起煌、步正发、朱治宏、马世昌、彭崑生、冯金茂、钟家明、彭宏松、张克迅、傅克诚、陈绍翔、周启球、史骏飞、陈守朴、余志坚、田新芳、李豆罗、周根保、熊焕高、程光茹、孔炯、雷武江、钟乐初、罗为民、经自麟、瞿祖一、吴才仁、赵国梁、肖宣祥、张富、张国华等出席。

同日 南昌市 1999 年度公安工作总结表彰大会召开。会议表彰 201 个先进集体和 1153 名先进个人。陈绍翔、周启球、程金鹏等及省公安厅负责人出席。

30 日 全市双拥模范县（区）、双拥先进单位（个人）命名表彰会召开。南昌县等 7 个县（区）获“双拥模范县（区）”称号，南昌县双拥办等 124 个单位获“拥军优属先进单位”称号，省军区工程维护队等 61 个单位获“拥政爱民先进单位”称号，舒长根等 36 人获“拥军优属先进个人”称号，罗友林等 18 人获“拥政爱民先进个人”称号。省市领导周日扬、陈绍翔、周启球、李豆罗、周根保、张国华出席。

同日 日本著名企业家川西久一郎捐资兴

建的南昌县南新乡南川小学教学大楼竣工。

同日 江西预备役高炮团党委一届一次全体会议召开。会议强调，要努力把南昌市预备役高炮团建设提高到一个新水平，为国防建设和全市改革、发展、稳定做出新贡献。李豆罗出席并讲话。

31日 南昌市迎春茶话会在市委小礼堂举行。钟家明、陈绍翔、周启球等和各界人士200余人出席。

同日 南昌市科技工作者迎春座谈会召开。会议强调，要团结和动员科技工作人员，充分发挥其聪明才智，大力推进技术进步，促进全市经济快速发展。周启球出席并讲话，罗时杰出席。

2000

2 月

February

公元2000年2月							农历庚辰年【龙】						
日	一	二	三	四	五	六	日	一	二	三	四	五	六
		1 廿六	2 廿七	3 廿八	4 除夕	5 春节	6 初二	7 初三	8 初四	9 初五	10 初六	11 初七	12 初八
13 初九	14 初十	15 十一	16 十二	17 十三	18 十四	19 雨水	20 十六	21 十七	22 十八	23 十九	24 二十	25 廿一	26 廿二
27 廿三	28 廿四	29 廿五											

1日　省市领导步正发、钟家明、刘伟平、陈绍翔、史骏飞、陈守朴、余志坚、李豆罗、周根保、熊焕高、刘汝舟、雷武江、钟乐初、罗为民分6路走访慰问全市部分困难企业和职工、老红军和市几大家享受正地（市）级待遇及担任过副地（市）级领导职务的离休干部。

同日　经中国人民银行总行批准，南昌市农村信用合作社联社成立。该联社由全市6个县级农村信用合作社联社入股组成。

2日　市委、市政府发出《关于切实抓好2000年全市农业和农村工作的意见》，强调农业结构调整要创新，县（区）域经济要突破，“三清两改”要抓实，农村各项政策要到位，农村基层建设要加强，领导方式、工作作风要转变。

同日　省委决定：李豆罗任中共南昌市委副书记。

3日　市政府发出《关于进一步深化市属科研机构体制改革的决定》。

同日　市政府办公厅发出《关于印发〈市政府2000年立法工作计划〉的通知》。

同日　进贤县检察院被共青团中央、最高人民检察院命名为全国检察系统“优秀青少年维权岗”称号。

同日　《江西日报》以《南昌县净化经济发展环境》为题报道，南昌县日前开展“经济发展环境2000行动”，强化“人人都是环境”的意识，为经济快速发展营造宽松环境。

4日　南昌市获“全国城市环境综合整治先进城市”称号。

同日　南昌市春节团拜会在市委小礼堂举行。钟家明、刘伟平、陈绍翔等，老干部周鑫群、王显文、林本英等，市直各部门负责人200余人出席。

5日　刘伟平率南昌市政府友好代表团一行赴日本高松市访问。

13日　南昌市市直单位领导班子和领导干部“三讲”教育第一责任人暨市委各巡视组组长会议召开。会议总结第一阶段工作，部署第二阶段任务。周启球、熊焕高出席并讲话，陈守朴主持，余志坚出席。

同日 南昌市人民检察院以受贿、行贿、巨额财产来源不明罪对江西省原副省长胡长清提起公诉，南昌市中级人民法院公开审理此案。15日，市中级人民法院一审判决胡长清死刑，剥夺政治权利终身，并处没收全部财产。3月1日，江西省高级人民法院做出二审裁定，维持一审对胡长清的死刑判决。7日，最高人民法院对此案做出终审裁定，核准胡长清死刑，并同时下达执行死刑命令。8日上午，胡长清在南昌被执行枪决。《人民日报》3月9日就胡长清案发表题为《依法治国，严惩腐败》的评论员文章。省委、省政府以胡长清案在全省党员、干部特别是领导干部开展警示教育。

14日 市委决定：免去李豆罗的中共南昌市人民政府党组副书记、兼任的中共南昌市委政法委员会副书记职务。

15日 市政府办公厅发出《转发〈关于努力实现监管创新职能到位，支持国有企业改革和发展实施办法〉的通知》。

同日 全市创建“中国优秀旅游城市”动员大会召开。会议强调，要增强城市整体形象，改善城市投资环境，提高旅游接待水平和服务质量，为南昌市旅游业腾飞打下坚实基础。李豆罗、雷武江、罗为民出席并讲话，钟乐初、赵国梁等出席。

同日 市纪委第八次全体会议在市委小礼堂召开。会议传达贯彻中纪委第四次全会和省纪委第八次全会精神，总结1999年工作，部署2000年任务，审议通过周启球作的工作报告。会议强调，要以高度的历史使命感和政治责任感，按照从严治党的要求，进一步抓好党风廉政建设和反腐败斗争，保证改革开放和现代化建设沿着正确方向健康发展和顺利进行。钟家明出席并讲话，陈绍翔、史骏飞、程金鹏、陈守朴、余志坚、田新芳、周根保、熊焕高等出席。

同日 东湖公安分局刑侦大队破获一起特大贩卖、私藏枪支案，缴获军用冲锋枪1支、五四式手枪2支、子弹262发，犯罪嫌疑人魏某落入法网。

17日 市委、市政府发出《关于表彰1999年度“个体工商户纳税大户”“私营企业纳税大户”的决定》。

18日 全市农村稳定工作会议召开。会议传达中央关于农村社会稳定工作有关文件精神，分析农村形势及影响农村稳定的不利因素，研究切实减轻农民负担、保持农村稳定的具体措施。田新芳、龚建华出席并讲话。

同日 市第三建筑公司承建的海联大厦获“国家建筑安全奖”。

20日 市政府发出《关于印发〈南昌市个体私营经济2000年发展目标及工作安排〉的通知》《关天印发〈南昌市发展个体私营经济目标考评及奖励办法〉的通知》。

同日 南昌市全面开发建设红谷滩新区动员大会召开。会议讨论市委、市政府《关于全面开发建设红谷滩新区的初步实施方案》并形成共识。会议强调，全市上下要横下一条心，奋力拼搏，排除万难，力争用两到三年时间使红谷滩新区开发建设取得突破性进展，成为全市21世纪新的投资热点。钟家明、刘伟平、雷武江等出席并讲话。

21日 市政府发出《关于下达我市2000年国民经济和社会发展计划的通知》。

同日 西湖区人民法院获“全国优秀青少年维权岗”称号。

22日 市委宣传部、市教委召开座谈会，就加强和改进学校思想政治工作、切实减轻学生过重负担等问题进行讨论。陈守朴出席并讲话。

23日 市政府第57次常务会议在市政府

第一会议室召开。会议审议并原则同意市规划局拟订的《关于批准红谷滩新区规划的请示》，市个体私营领导小组拟订的《南昌市扶持重点私营企业的实施办法》；审议市粮食局拟订的《南昌市县以上粮食交易市场管理规定》。刘伟平主持。

同日 市政府第75次市长办公会议在市政府第一会议室召开。会议听取市外办《关于我市与日本香川县高松市友好交流事宜的报告》；听取东湖区杨家厂地段开发规费减免问题的情况汇报。刘伟平主持。

同日 全市县区民政局长会议召开。会议总结1999年工作，部署2000年任务，表彰先进单位。李豆罗出席并讲话，刘汝舟、吴才仁和省民政厅负责人出席。

同日 新建县人民检察院被最高人民检察院授予全国“人民的满意检察院”称号。

24日 日本青森县东北町役场企事课课长江刺家力为团长的访问团一行到新建县考察教育情况，并向象山镇新源希望小学赠送文具用品。

同日 全市人事编制工作会议召开。会议总结1999年工作，部署2000年任务。李豆罗出席并讲话。

同日 市公安局刑侦支队捣毁一非法私藏枪支、弹药窝案。犯罪嫌疑人胡志强、涂祖弟落入法网，缴获各类枪支11支、子弹149发和大量制造枪支弹药材料。

25日 市政府第76次市长办公会议在市政府第一会议室召开。会议审议中共江铃汽车集团公司委员会《关于帮助江西拖拉机制造厂解困方案的请示》《关于保留江西拖拉机制造厂精干班子的请示》。刘伟平主持。

同日 全市个体私营经济工作会议召开。会议总结1999年工作，部署2000年任务，表彰20户个体工商户和20户私营企业。会议强调，要解放思想，转变观念，大胆放手，强力推进，扩大规模，扩张总量，提升质量，提高效益，促进南昌市个私经济快速、健康发展。刘伟平、周启球出席并讲话，雷武江主持，李豆罗、史骏飞、程金鹏等出席。

26日 南昌市城市交通管理“畅通工程”誓师大会在八一广场举行。省市领导王君、李豆罗出席。

城市交通管理“畅通工程”誓师大会召开

同日 刘伟平、孔炯、钟乐初在南昌中日友好会馆会见以弗雷德·希尔为团长的美国达拉斯市赴南昌投资考察访问团一行。

27日 中美合资江西ATT国际微电子有限公司奠基典礼在南昌高新技术产业开发区举行。该公司由江西绿色照明集团有限公司与美国亨特投资公司共同投资兴建。钟乐初出席并致辞。

28日 国家冶金局授予南昌钢铁有限责任公司主导产品弹簧扁钢“金杯奖”。

同日 市邮政局属于南昌邮区中心局业务功能范畴的部分业务，与江西省邮政汽车运输局全部业务合并，组建南昌邮区中心局。市邮政局的函件科（除取筒组）、包刷科、押运科、火车邮件转运科、汽车邮件转运科、重件中心、汽车修理厂、邮袋管理、调度室和经营服务部档案组（除收寄、市内转趟、投递档案、无着邮件处理）、报刊发行局外发组、期刊组等机构共541名在职职工、156名离退休人员等剥离至南昌邮区中心局。

同日 市政协学习《一个中国的原则与台湾问题》白皮书座谈会召开。经自麟、邓启明、瞿祖一等出席。

同日 《江西日报》以《西湖区全面推行街道政务公开》为题报道，西湖区积极探索新形势下街道政务公开的新路子、新方法，不断完善街道政务公开的内容、时间和程序。

同日 新建县大塘坪乡中心卫生院李燕玲、南昌县卫生局李佑平获“全国卫生系统先进工作者”称号。

29日 省市领导舒惠国、黄智权、钟家明、刘伟平、李豆罗、史骏飞等和省市机关干部、部队官兵600余人到南昌县富山乡沙洲参加义务植树活动。

同日 为期40天的2000年春运工作结束。春运期间，全市投放客车1500辆、客船37艘，运送旅客124万人次。

同日 《人民日报》以《优秀警察上大学》为题刊登照片报道，南昌市交警支队东湖大队民警史纪国作为江西公安系统优秀民警代表，日前赴北京参加中国人民公安大学大专班学习。

2000
3月
March

公元2000年3月							农历庚辰年【龙】						
日	一	二	三	四	五	六	日	一	二	三	四	五	六
			1 廿六	2 廿七	3 廿八	4 廿九	5 惊蛰	6 初一	7 初二	8 妇女节	9 初四	10 初五	11 初六
12 植树节	13 初八	14 初九	15 初十	16 十一	17 十二	18 十三	19 十四	20 春分	21 十六	22 十七	23 十八	24 十九	25 二十
26 廿一	27 廿二	28 廿三	29 廿四	30 廿五	31 廿六								

1日　全市乡镇党委书记、乡镇长会议在安义县石鼻镇召开。会议传达中央、全省农村工作会议精神，部署当前农村“三清两改”等工作。会议强调，各地要深化农村“三清两改”工作，增强乡镇经济实力，推动农村经济健康发展，开创南昌市农业和农村工作新局面。钟家明、刘伟平、龚建华出席并讲话，田新芳主持，孔炯、瞿祖一等出席。

2日　市委发出《中共南昌市委常委会议大事抓大事制度》，对市委常委会议大事范围、议大事程度、抓大事落实等3个方面做出明确规定。

同日　市委发出《关于建立思想政治工作联系会议制度的通知》。

同日　市委发出《关于进一步转变工作作风的意见》，强调务求在坚持解放思想、实事求是的思想路线上有明显进步，务求在狠抓各项工作的落实上有明显进步，务求在弘扬艰苦奋斗精神上有明显进步，务求在改进工作方式和方法上有明显进步，务求在克服文山会海和减少各种应酬上有明显进步。

同日　市委发出《关于进一步加大党风廉政建设和反腐败工作力度的意见》，要求认真执行党风廉政建设责任制，切实抓好领导干部廉洁自律工作，严肃查处违法违纪案件，坚决纠正部门和行业不正之风，加大从源头上遏制腐败的力度，进一步加强执纪执法机关领导班子和队伍建设。

3日　省市残联和卫生部门在八一广场举办全国第一个“爱耳日”活动。江西省人民医院、江西省妇幼保健医院、江西省儿童医院等省市医院耳科专家在现场进行义诊，残联工作人员向市民散发宣传资料，并就如何防止耳聋和进行聋儿康复训练等问题接受咨询。

同日　全市宣传部长会议召开。学习江泽民对宣传思想工作和精神文明建设的重要批示，传达贯彻全国、全省宣传部长会议精神，总结1999年工作，部署2000年任务。李豆罗、陈守朴出席并讲话。

同日 全市水产工作会议召开。会议总结1999年工作，部署2000年任务。会议强调，水产工作要从品种、规模、加工上寻求突破，积极开拓外地和海外市场，使水产生产再上新台阶。田新芳、龚建华和省水产局负责人出席并讲话。

5日 江铃汽车集团公司梨园小区获“全国青年文明社区球范点”称号；西湖区邮电小区获“全国青年文明社区”称号。

6日 全市移民建镇工作总结表彰大会召开。会议总结前上一阶段工作，部署下一阶段任务。田新芳出席并讲话，龚建华出席。

7日 省市各界妇女纪念“三八”国际妇女节90周年暨省妇联成立50周年大会在省委礼堂召开。省市领导步正发、张克迅、李豆罗、钟乐初出席。

同日 市妇联在八一广场举行“倡导文明新风、共建美好家园”为主题的大型宣传、咨询活动。钟乐初、经自麟参加。

9日 全市县（区）域经济工作会议在南昌县召开。会议强调，各县（区）要采取超常规工作举措，加快县（区）域经济发展，以实现农民增收、财物增长、就业增加目标。钟家明、刘伟平出席并讲话，史骏飞、程金鹏、余志坚等出席。

同日 全市司法行政工作会议暨总结表彰大会召开。会议传达贯彻全国司法厅（局）长会议、全省司法行政工作会议精神，总结1999年工作，部署2000年任务，表彰先进集体和先进个人。李豆罗、吴才仁和省司法厅负责人出席。

同日 市政府办公厅发出《关于开展2000年春季全市统一灭鼠活动的通知》。

同日 市价格信息中心获“1999年度全国重要商品价格监测先进单位”称号。

10日 市委举办县区“三讲”教育巡视组培训班。各县区“三讲”教育巡视组组长及成员共120人参加培训。钟家明、熊焕高出席并讲话。

同日 全市春季造林种果流动现场会先后在进贤县、南昌县、新建县召开。会议强调，要转变开发形式，吸引多种资金，调动各方积极性，使林果业生产真正成为一项农民致富工程。田新芳、龚建华出席并讲话。

同日 南昌江铃拖拉机有限公司成立暨全面租赁江西拖拉机制造厂签约大会举行。刘伟平、姜任保出席。

11日 省委决定：免去陈绍翔的中共南昌市委副书记、常委、委员职务，退休。

同日 市委决定：免去陈绍翔兼任的中共南昌市委政法委委员会书记职务。

13日 市政府发出《印发〈南昌市关于扶持重点私营企业的实施办法〉的通知》。

同日 市政府办公厅发出《关于印发〈南昌市2000年城市绿化计划安排〉的通知》。

同日 全市防汛工作会议召开。会议总结1999年工作，分析2000年防汛形势。钟家明、刘伟平、田新芳出席并讲话，龚建华、罗为民出席。

同日 南昌市中山路东段全国“百城万店无假货”活动示范街正式挂牌。李豆罗、陈守朴为示范街揭牌。

14日 全市农垦工作会议召开。会议总结1999年工作，部署2000年任务。会议强调，全市农垦企业要进一步转变观念，加快扭亏脱困增盈步伐，促进农垦经济健康、稳定发展。龚建华出席并讲话。

同日 全市组织部长会议召开。会议传达贯彻全国、全省组织部长会议精神，总结1999年工作，部署2000年任务。钟家明、熊焕高出席并讲话。

同日 推进南昌地区现代物流业发展研讨会召开。国家发展计划委员会综合运输研究所教授芦树根，市经贸委、市交通局负责人，有关企业厂长经理出席。

同日 由香港客商沈炳麟捐资兴建的进贤县池溪乡长溪小学教学楼竣工落成典礼举行。

15日 全市各县区分别召开县级领导班子和领导干部“三讲”教育动员大会。刘伟平、李豆罗、史骏飞等分别出席。

同日 省市工商局、消协联合在八一广场举行“3•15”国际消费者权益日宣传、咨询活动，经自麟等参加。

市民踊跃参加消费者权益日活动

16日 市政府第58次常务会议在市政府第一会议室召开。会议审议并原则同意市劳动局拟订的《关于进一步做好国有企业下岗职工基本生活保障和再就业工作规范运行的通知》，市劳动局、市财政局拟订的《南昌市市直国有企业下岗职工基本生活保障资金拨付审批办法》《南昌市市直企业应急资金发放和管理实施办法》等；审议市民政局拟订的《南昌市瀛上旧墓区改造实施方案》。刘伟平主持。

同日 市政府第77次市长办公会议在市政府第一会议室召开。会议审议并原则同意市水电局《关于成立市城市防洪排涝工程管理处的请示》，市计生委《关于当前全市几项计生工作的请示》，第34次市规费联审小组会议初审意见等。刘伟平主持。

同日 南昌市召开表彰大会，表彰150户五好文明家庭、20户特色家庭和20栋文明楼院。钟乐初、经自麟和省妇联负责人出席。

同日 市委、市政府发出《关于进一步加快市场发展几个主要问题的决定》，要求统一思想，坚定信心，把加快促成大市场格局摆在国民经济发展优先位置；明确思路，突出重点，加速培育面向21世纪的市场体系；统一规划，积极引导，促进市场发展成为经济发展和城市建设重要推动力；加强领导，改善环境，为推动市场发展提供有力保证。

同日 全市交通工作会议召开。会议总结1999年工作，部署2000年任务，表彰先进单位和个人。罗为民和省交通厅负责人出席。

17日 南昌市十一届人大常委会第二十二次会议决定：接受李豆罗辞去南昌市人民政府副市长职务。

同日 市政府召开国有企业下岗职工基本生活保障和再就业工作会议。会议要求，各县区、各部门要继续抓好国有企业下岗职工基本生活保障和再就业工作，不折不扣地把中央有关政策落到实处，确保2000年分流安置下岗职工任务圆满完成。刘伟平出席并讲话，姜任保主持。

18日 湾里区开展为期3个月的“洪崖之春”文化旅游节活动。

21日 省市首届科普活动周揭幕仪式在八一广场举行。省市领导步正发、陈癸尊、胡振鹏、刘运来、李豆罗、瞿祖一等出席。

同日 市政府召开各工业主管部门领导干部会议。会议强调，要按照“项目推进、责任到人”要求，层层制订目标责任，确保国企改革各项工作落到实处。刘伟平出席并讲话，姜任保主持。

同日 刘伟平、李豆罗、孔炯在滕王阁会见厅会见国际SOS儿童村主席库廷一行。

22日 全市春耕备耕工作会议召开。会议强调，要狠抓结构调整，促进春耕生产，务必打好2000年农业生产第一仗。田新芳、龚建华出席并讲话。

同日 全市党史办主任会议召开。会议传达贯彻全国党史研究室主任会议和全省党史办主任会议精神，学习中央领导人关于党史工作的重要讲话，研究部署世纪之交全市党史工作。会议强调，要用党的伟大成就激励人，用党的成功经验教育人，用党的历史教训警示人，让党史征研成果更好地为建设有中国特色社会主义伟大事业服务。李豆罗出席并讲话。

同日 江铃医院与省妇幼保健院、省儿童医院举行协作医院揭牌仪式。

23 日 市政府第 59 次常务会议在市政府第一会议室召开。会议审议并原则同意市项目办拟订的《南昌市关于进一步完善国有控股企业法人治理结构的指导意见》《市政府议大事抓大事制度》《市政府领导班子和领导干部理论学习和调查研究工作制度（试行）》等。刘伟平主持。

同日 市政府第 78 次市长办公会议在市政府第一会议室召开。会议审议并原则同意市项目办拟订的《关于组建市液化石油气有限公司的方案》，市政府办公厅拟订的《关于南昌大厦所涉经济纠纷案处理意见的请示》《关于加强部门协调提高办事效率的通知》。刘伟平主持。

同日 南昌大学、国营七四六厂与方大集团股份有限公司、香港俊佳集团有限公司第三代半导体材料氮化镓（GaN）投资项目签字仪式在江西宾馆举行。合作各方对该项目开发研究先期投资共 2000 万元，其中方大集团公司和香港俊佳集团公司共投资 1500 万元，占 75%；南昌大学技术入股折合人民币 400 万元，占 20%；国营七四六厂投资 100 万元，占 5%。省市领导舒圣佑、胡振鹏、钟乐初出席。

24 日 全市城区工作暨 1999 年社区服务安置下岗职工再就业创“满堂红”表彰大会召开。会议总结 1999 年工作，部署一个时期的任务。7 个“满堂红”街道、295 个“满堂红”居（家）委会、68 名先进工作者受到表彰。钟家明、刘伟平出席并讲话，余志坚主持，李豆罗宣读表彰决定，史骏飞、程金鹏、陈守朴等出席。

同日 市政府召开消除碘缺乏病评估工作动员会议。会议传达《中国 2000 年消除碘缺乏病国家评估方案》，部署有关工作。钟乐初出席并讲话。

同日 市政府发出《关于印发〈进一步加强廉政建设和反腐败工作措施〉的通知》。

同日 全市包乡扶村工作会议召开。会议总结两年来工作，部署 2000 年任务。会议强调，各乡镇党委要加快创建“党建工作先进乡镇”步伐，切实抓好工作，确保完成任务。熊焕高出席并讲话。

同日 雷武江在凯莱大酒店会见菲律宾新中南实业有限公司董事长李嘉旺一行。

25 日 市委常委会议在市委书记办公楼会议室召开。会议研究市级领导班子和领导干部“三讲”教育“回头看”工作，市领导挂点联系县区“三讲”教育工作，市属二级事业单位开展“三讲”教育工作和有关系统领导部门配合做好县（区）纪委、法院、检察院、公安局“三讲”教育指导督促工作，进一步加强机构编制管理工作等。钟家明主持。

同日 市委决定：龚建华任中共南昌市人民政府党组成员。

26 日 市委召开市级领导班子“三讲”教育“回头看”动员大会。钟家明出席并讲话，刘伟平主持，熊焕高宣读实施方案，市委、市政府、市人大、市政协班子成员出席。

同日 南昌市创卫创优工作会议召开。会议强调，要把创卫创优工作作为精神文明建设的龙头工程、经济建设的配套工程、对外开放的形象工程、为民办事的民心工程来抓，争创“国家卫生城”，誓夺“中国优秀旅游城”。李豆罗、雷武江、罗为民出席并讲话，程光茹、钟乐初、赵国梁出席。

27日 波兰波中友好协会主席基科尔斯基率波兰企业家访华团考察南昌钢铁有限责任公司。

同日 市妇联获全国“巾帼建功”先进单位称号、南昌长途汽车站获全国“巾帼文明示范岗”称号、西湖地税分局余芷芬获全国“巾帼建功”标兵称号。雷武江、省妇联主席魏小琴为获奖单位和个人颁奖。

同日 市政府发出《关于给予市民政局表彰奖励的决定》《关于给予市政府侨务办公室表彰奖励的决定》。

28日 全市劳模表彰大会召开。大会宣布市委、市政府《关于命名表彰劳动模范的决定》，授予孙敏等14人为“南昌市特等劳动模范”，黄细苟等615人为“南昌市劳动模范”。钟家明出席并讲话，刘伟平主持，余志坚宣读表彰决定，史骏飞、程金鹏、熊焕高等出席。

28—30日 全国人大常委会副委员长成思危先后到江西宏业钢管有限责任公司和南昌县考察非公有制企业发展及农村消费市场等情况。省市领导周埝平、陈癸尊、梅亦龙等陪同。

29日 国家商标局案件指导处组织省工商、公安部门对进贤县文港镇文化用品市场进行执法检查。缴获假冒英雄牌钢笔1.5万余支和笔尖一批，价值20万元。

30日 江西桑海集团有限责任公司、省国营恒湖综合垦殖场、省国营五星综合垦殖场等3家省属农垦企业移交南昌市管理。省市领导孙用和、刘伟平、田新芳、龚建华在市政府第二会议室出席交接仪式。

同日 市政府召开流通、城建主管部门领导干部会议。会议部署流通、城建口深化国企改革工作。会议强调，各部门要把推进国企改革与落实“三讲”教育整改措施结合起来，认真贯彻落实市委、市政府《关于国有企业改革和发展的实施意见》，努力开创南昌市国企改革新局面。刘伟平出席并讲话，雷武江主持，罗为民等出席。

31日 市政府第79次市长办公会议在市政府第一会议室召开。会议审议并原则通过市劳动局拟订的《关于在我市执行最低工资新标准的通知》，市计委《关于呈报〈南昌市2000年财政投资基本建设项目计划安排意见〉的请示》等；审议市劳动局《关于在我市建立劳动力市场工资指导价位制度的请示》；听取市财政局关于1999年度部分市属单位拖欠世行贷款情况及还贷意见汇报。刘伟平主持。

同日 全市1999年度城市绿化工作总结表彰大会召开。12个园林绿化单位、35个绿化先进单位、119位绿先进个人受到表彰。程光茹、罗为民、经自麟和省建设厅负责人出席。

同日 市政府办公厅发出《关于转发〈南昌市乡村卫生组织一体化管理实施方案〉的通知》。

2000

4月 April

公元2000年4月							农历庚辰年【龙】						
日	一	二	三	四	五	六	日	一	二	三	四	五	六
						1 廿七	2 廿八	3 廿九	4 清明	5 初一	6 初二	7 初三	8 初四
9 初五	10 初六	11 初七	12 初八	13 初九	14 初十	15 十一	16 十二	17 十三	18 十四	19 十五	20 谷雨	21 十七	22 十八
23 十九	24 二十	25 廿一	26 廿二	27 廿三	28 廿四	29 廿五	30 廿六						

1日 建设部授予南昌市城管支队“全国城建监察先进集体”称号；授予城管郊区大队二中队徐自军“全国城建监察先进个人”称号。

同日 市政府发出《印发〈南昌市关于进一步完善国有控股企业法人治理结构的指导意见〉的通知》。

3日 全市春耕备耕工作汇报会召开。会议强调，各地春耕备耕工作要加大农业结构调整力度，大力发展高效订单农业，确保农业增产、农民增收。田新芳、龚建华出席并讲话。

4日 市政府发出《印发〈关于对十四户国有（控股）企业（集团、公司）经营者年薪收入的考核奖惩暂行办法〉的通知》。

同日 由香港联发集团投资200万元兴建的“金童年”素质教育基地在新建县象山镇竣工。

6日 市政府第61次常务会议在市政府第一会议室召开。会议审议并原则通过市城镇职工医改领导小组拟订的《南昌市城镇职工基本医疗保险制度改革实施方案》和《南昌市城镇职工基本医疗保险暂行办法》，市财政局拟订的《市政府采购实施暂行办法》；听取市计委、市财政局、市统计局关于一季度南昌市经济运行形势汇报。刘伟平主持。

同日 南昌市市直第二批教育单位“三讲”教育工作会议召开。会议部署有关工作，强调要高标准、严要求，扎实搞好“三讲”教育。钟家明、熊焕高出席并讲话。

同日 南昌旅游企业有限公司挂牌。该公司由江西长运集团有限公司等4家企业共同出资组建。国家旅游局副局长张希钦，刘伟平、李豆罗、雷武江等和省旅游局负责人前往祝贺。

同日 洪都航空工业集团洪丰公司生产的“洪都”牌摩托车获“1999年江西消费者认定质量最佳品牌”“1999年江西农村市场占有率最高品牌”“1999年江西农村消费者认定质量最佳品牌”和“2000年江西农村消费者购买首选品牌”称号。

7 日 市政府办公厅发出《转发市公安局、市建委〈关于南昌市交通管理“畅通工程”实施方案〉的通知》。

同日 南昌市第三期赣中南和第一期药湖农业综合开发项目表彰暨流动现场会在新建县召开。会议总结5年来工作，部署2000年任务，表彰先进单位和先进个人。会议强调，各地要严格项目资金管理，实行山水田林路综合治理，努力把南昌市农业综合开发提高到一个新水平。龚建华出席并讲话。与会人员参观了厚田乡万亩沙山造林及毛家湖工程建设情况。

同日 全市中小学周边治安环境整治现场会召开。会议强调，要坚决遏制扰乱学校周边治安秩序的犯罪活动，为学生健康成长创造良好环境。李豆罗出席并讲话，钟乐初出席。

10 日 市政府全体会议召开。会议传达贯彻九届全国人大三次会议精神，通报南昌市当前经济情况，部署今后几项具体工作。刘伟平出席并讲话，钟乐初、龚建华、罗为民出席。

11 日 南昌市科技教育领导小组第一次会议召开。会议听取市科委关于贯彻全省技术创新大会精神的意见汇报，议定南昌高新区关于贯彻落实全省科技教育领导小组第二次会议精神的有关事项和制定有关优惠政策促进南昌高新区发展的问题、市教委关于贯彻江泽民关于教育问题的谈话精神的有关问题和加强城市薄弱学校建设问题及教师队伍建设问题，审议市科技教育领导小组工作规则及办公室工作制度，决定市博物馆、纪念馆、体育场等文化体育设施节假日、双休日期间向中小学生特价优惠开放。刘伟平主持，钟乐初等出席。

同日 南昌民营科技园获“全国乡镇企业科技园”称号。

同日 “2000年郊区对外招商引资项目推介会暨人才招聘洽谈会”在民营科技园举行。各级领导和海内外客商共200余人参会。

12 日 市级领导班子“三讲”教育“回头看”情况通报会召开。钟家明、刘伟平、史骏飞、程金鹏分别通报市委、市政府、市人大、市政协领导班子“三讲”教育“回头看”情况。市委、市政府、市人大、市政协班子成员，担任过市级四套班子领导职务的离退休老干部，各县区党政班子主要负责人和市委各部门、市直各单位主要负责人160余人出席。

同日 市委、市政府发出《关于坚决制止和纠正在统计数据上弄虚作假的通知》，要求把制止和纠正在统计数据上弄虚作假作为坚持实事求是思想路线和反腐败斗争的一项重要内容来抓；切实改进工作方法，禁止各种不切实际的达标活动，消除诱发弄虚作假因素；进一步加大统计执法力度；加强统计队伍建设；进一步改进和完善统计制度，加强统计基础建设；进一步强化对统计工作的领导。

同日 市政府发出《关于印发〈市政府采购管理暂行办法〉的通知》。

同日 全市市属科研机构体制改革动员大会召开。会议强调，各科研机构要充分利用改革过渡期的各种优惠政策，加快改革步伐，力争在科研后劲、发展水平、竞争能力等方面迈上新台阶。刘伟平、钟乐初出席并讲话。

同日 南昌市中山路东段创建全国“百城万店无假货”示范街活动再动员大会召开。会议强调，要在为民、便民、利民方面动脑筋，努力把创建活动引向深入。李豆罗、陈守朴、雷武江出席并讲话。

13 日 南昌市学校配备法制副校长现场会召开。与会人员在湖坊中学现场观摩法制副校长为学生上宣传教育课。李豆罗、市关工委主任王显文等出席。

同日 市政府发出《关于在我市执行最低工资新标准的通知》。自3月1日起，市内各类型企业和用工单位，最低工资标准按每月250元执行；南昌、新建、进贤、安义4个县区域内各类型企业和用工单位，最低标准工资按每月 210 元执行。

14 日 市委思想政治工作联系会议第一次全体会议召开。会议审议通过《市委思想政治工作联系会议工作制度》《市委思想政治工作联系会议办公室工作制度》，讨论研究一个时期的工作安排。李豆罗出席并讲话，陈守朴主持。

同日 市政府第 80 次市长办公会议在市政府第一会议室召开。会议审议并原则同意市物价局拟订的《关于要求提高我市公交月票价格的请示》，市项目办拟订的《关于南昌三健公司、深圳迪科公司组建合资公司的方案》；听取市项目办关于南昌市广播电视网络改造项目竞标情况的汇报；审议东湖区政府《关于要求兴建胜利路高架龙门灯的请示》等。刘伟平主持。

同日 市政府发出《印发〈关于南昌市培育发展区域性商品大市场实施意见〉的通知》。

同日 南昌市获“全国卫生先进城市”称号。

同日 新建县人民法院获“全国优秀青少年维权岗”称号。

15 日 刘伟平随中国市长团赴意大利、埃及、希腊 3 国进行考察访问。

同日 全市整治、优化旅游环境会议召开。会议强调，要着力整治和优化旅游环境，真正做到“引得来人，留得住客”，不断提升城市形象，为南昌市创建“中国优秀旅游城市”奠定基础。李豆罗、雷武江出席并讲话。

16 日 中央“三讲”教育检查组组长关敦一行到南昌市西湖区检查指导“三讲”教育工作，并参观考察南昌高新区、南昌民营科技园。省市领导钟起煌、钟家明、熊焕高陪同。

18 日 程光茹率市人大、市政府有关部门负责人赴合肥、郑州、洛阳等地考察科技投入立法工作。

同日 《江西日报》以《南昌市开展公共场所消防整治》为题报道，南昌市消防支队日前对全市 519 个易燃易爆化学物品生产、经营单位和 410 个公共场所进行专项整治，依法查封 95 家消防违规单位，下发整改通知 216 份。

19 日 《人民日报》以《南昌“打拐”救少儿》为题报道，南昌市公安机关日前通过新闻媒体公布举报电话，动员被拐儿童家属报案，鼓励群众提供线索，并将拐卖妇女儿童犯罪嫌疑人具体情况录入上网，严厉打击拐卖妇女儿童犯罪行为。

20 日 “2000 年环保赣江行”检查访问团向南昌市反馈检查采访情况。史骏飞、罗为民听取反馈。

21 日 全市计划生育工作会议召开。会议传达贯彻中央关于加强人口与计划生育工作、稳定低生育水平的决定精神，总结 1999 年工作，部署 2000 年任务，表彰先进单位。李豆罗、龚建华出席并讲话，田新芳主持，史骏飞、程金鹏、周根保、李小南出席。

22 日 南昌市农村妇女“双学双比”活动总结表彰经验交流现场会在南昌县召开。会议总结 10 年来工作，表彰先进集体和先进个人。李小南、龚建华出席并讲话。

24 日 全国婚育新风进万家活动汇报会暨现场会在滨江宾馆召开。国家计生委主任、党组书记张维庆，副主任杨魁孚，中国人口文化促进会副会长王夫棠，省市领导舒圣佑、彭崑生、钟家明、孙用和、龚建华，以及来自全国各省、自治区、直辖市、计划单列市计生委负责人 200 余人出席。27 日，张维庆、杨魁孚、王夫棠分 3 路到东湖区、西湖区、青云谱区、郊区参观婚育新风进万家活动。

25 日 市委常委会议在市委书记办公楼会议室召开。会议听取中办信息直报点座谈会，全省保密局和保密办主任会议精神及南昌市重点意见汇报；研究南昌市有关稳定工作，在全市城区全面实行街道政务公开制度，1999 年度

“文明机关”和“人民好公仆”评选表彰等事宜。钟家明主持。

同日 南昌市获“全国劳动模范、先进工作者”称号的邱娥国、熊林根、龚腊根、李燕玲、周伟、杨红兰、涂赞珠、熊志红、罗玉英、曹国洪赴北京领奖。

同日 全市学校及周边治安整治动员大会召开。会议强调，各级要积极参与、主动配合，切实把学校周边治安整治好，为师生创造良好教书育人环境。李豆罗出席并讲话。

同日 西湖区在孺子亭公园举办“树婚育新风、结世纪情缘”集体婚礼。国家计生委主任张维庆，省领导孙用和为20对新婚夫妇证婚。

同日 南昌铜工艺品厂制作的“中国人民抗日战争纪念群雕”开始陆续运往北京。

26日 全市关心下一代工作暨“中华魂”读书教育活动先进集体和个人表彰会召开。西湖区关工委等30个先进集体、罗友林等125名先进个人受到表彰。李豆罗出席并讲话。

27日 全市防汛工作动员会召开。会议强调，要强化忧患意识，做好防汛准备，确保安全度汛。田新芳、龚建华出席并讲话。

同日 市委办公厅、市政府办公厅发出《关于在全市城区全面实行街道政务公开制度的意见》，要求提高认识，统一思想，把实行街道政务公开作为事关城区改革、发展和稳定全局的一件大事来抓；明确要求，规范运作，高起点地做好街道政务公开工作；加强领导，强化责任，确保街道政务公开各项工作落到实处。

28日 省领导舒圣佑到新建县考察乡镇“三清两改”工作及企业生产经营情况。

同日 南昌市万寿宫商城火灾隐患整改动员大会召开。会议传达贯彻省政府关于万寿宫商城火灾隐患整改现场会议精神，落实市政府《关于万寿宫商城火灾隐患整改实施方案》。

同日 中国信达资产管理公司、中国华融资产管理公司与江铃汽车集团公司、南昌齿轮厂债转股签字仪式举行。

29日 省委、省政府授予南昌市“江西省首届创建文明城市先进城市”称号；授予南昌市委机关、湾里一中等73家单位“江西省第七届文明单位”称号。

同日 省新华书店、江西教育出版社向南昌县武阳镇、湾里区太平乡、青云谱区青云谱乡3个乡镇文明活动中心赠送图书1.1万余册。

同日 市建设工程交易中心主任吴强军获“全国建筑市场管理先进个人”称号。

30日 李豆罗、雷武江在南昌五湖大酒店会见比利时欧赛姆电气电缆集团总裁多勒斯一行。在南昌期间，多勒斯一行分别到南昌县、高新区考察。

同日 团市委、市容局、西湖区在抚河公园联合举行“巩固创卫成果，清洁母亲河”活动启动仪式。李豆罗出席并讲话。

2000

5月 May

公元2000年5月 农历庚辰年【龙】													
日	一	二	三	四	五	六	日	一	二	三	四	五	六
	1 劳动节	2 廿八	3 廿九	4 青年节	5 立夏	6 初三	7 初四	8 初五	9 初六	10 初七	11 初八	12 初九	13 初十
14 十一	15 十二	16 十三	17 十四	18 十五	19 十六	20 十七	21 小满	22 十九	23 二十	24 廿一	25 廿二	26 廿三	27 廿四
28 廿五	29 廿六	30 廿七	31 廿八										

1日 南昌发往日本、美国、韩国的国际邮件开始由上海邮政速递公司互换局报关出口，同时3国的国际货运也由上海邮政速递公司货运部负责出口。

1—2日 司法部部长高昌礼、副部长段正坤一行考察南昌市司法行政工作。

10日 全市“文明机关”“人民好公仆”表彰大会召开。21个“文明机关”和30名“人民好公仆”受到表彰。李豆罗出席并讲话，陈守朴主持，熊焕高、孔炯、钟乐初等出席。

11日 全国人大常委会副委员长陈慕华到南昌考察江铃汽车集团公司。省市领导卢秀珍、孔炯陪同。

同日 市政府第62次常务会议在市政府第一会议室召开。会议审议并原则通过市建材行办拟订的《南昌市新型墙体材料开发应用管理条例》，市劳动局拟订的《南昌市安全生产管理条例》等。刘伟平主持。

同日 市委办公厅、市政府办公厅发出《关于印发〈南昌市党群机关公务用车改革试行方法〉的通知》。

同日 市妇联、市卫生局召开纪念“5·12”国际护士节暨表彰大会。市第一医院骨科等13个岗位获“巾帼文明示范岗”称号，梅承艳等23人获“天使星”称号。李豆罗、程光茹、钟乐初等出席并颁奖。

12日 全市中小学治安集中整治现场会召开。会议强调，要加大校外整治，严格校内管理，营造良好育人氛围。李豆罗出席并讲话。

13日 全市创优工作培训班开班。雷武江出席并讲话。

15日 市地震局获“1999年度全国地震系统优秀集体”称号。

16日 奥地利驻华大使Erich Buttenhauser率奥地利经济代表团参观考察南昌经济技术开发区。

同日 深圳红十字会捐资50万元建造的

进贤县钟陵乡深圳红十字会医院综合楼落成剪彩仪式举行。李豆罗、钟乐初和深圳市红十字会负责人出席竣工仪式。该会在新建县、郊区等地捐资援建的卫生院日前已分别竣工。

17日 市技术监督局联合公安、工商、卫生、蔬菜等部门对贤士湖马家村和湖坊乡石泉村等地无证、无照豆制品生产作坊进行查处，取缔违章生产作坊4家。

18日 市委常委会议在市委书记办公楼会议室召开。会议研究南昌市做好对台工作，加强和改进思想政治工作措施等事宜。钟家明主持。

同日 市政府办公厅发出《关于印发〈南昌市2000年汛期地质灾害防灾预案〉的通知》。

同日 市卫生、防疫、盐务等部门联合在新建县长堎镇举行防治碘缺乏病宣传日活动。钟乐初参加。

19日 市委发出《关于加强和改进思想政治工作的主要措施》，强调从政治的高度，充分认识加强和改进思想政治工作的重要性和紧迫性；坚定理想信念，切实抓好思想政治教育；积极探索新形势下的思想政治工作的规律和方法；面向基层，立足基层，把思想政治工作各项任务落到实处；切实加强党对思想政治工作的领导。

同日 市十一届人大常委会第二十三次会议决定：任命李小南为市人民政府副市长。

同日 刘伟平、史骏飞分别在市政府会议室和滕王阁接待厅会见芬兰瓦尔济考斯基市友好代表团一行。

20日 南昌市领导干部法制讲座在市委礼堂举行。国防大学外军外语教研室战略组组长王小健应邀主讲《世界军事发展与美国军事战略》。李豆罗、史骏飞、陈守朴等和副县级以上领导干部共350余人听取讲座。

同日 南昌市邮政储蓄余额达20.01亿元，成为全省第一个突破20亿元的市级局。

21日 南昌市"观风车，庆六一"——为困难企业职工子女献爱心活动在人民公园举行。经自麟参加。

22日 省市文明办、科协举办的"崇尚科学文明，反对迷信愚昧"大型图片展览在省文联展览中心开展。李豆罗、陈守朴、钟乐初等出席开幕式。

同日 首届江西农民艺术节南昌市组台演出在江西艺术剧院举行。李豆罗、陈守朴、程光茹等和各界群众1000余人观看演出。

23日 南昌市县区领导班子和领导干部"三讲"教育总结大会召开。会议强调，要把"三讲"教育焕发出的热情，转化为推动全市改革和发展的实际行动。钟家明出席并讲话，李豆罗主持，史骏飞、程金鹏、陈守朴和市中级人民法院院长敖庆沸等出席。

24日 市委常委中心组学习会召开，学习江泽民"三个代表"重要思想。钟家明主持并讲话，强调要深刻领会"三个代表"重要思想的精神实质，推动全市各项工作全面进步。

市委常委中心组学习会召开

同日 全市县区人大常委会负责人座谈会召开。会议传达省人大工作会议精神，研究和探讨新形势下地方人大工作。史骏飞出席并讲话，刘汝舟、程光茹出席。

同日 市政府办公厅、市委组织部、市农委组织考察团赴河南省太康县考察县直、乡镇干部轮岗分流工作。

同日 以穆赫塔尔少校为团长的埃及研发中心考察团一行和以马哈迈德总经理为团长的合作生产考察团一行参观考察洪都航空工业集团有限责任公司。双方就正式履行中埃K8E项目合同进行洽谈。

25日 市政府第63次常务会议在市政府第一会议室召开。会议审议并原则同意市科委拟订的《南昌市地震应急预案》，市环保局拟订的《南昌市机动车排气污染防治办法》，市气象局拟订的《南昌多普勒天气雷达站探测环境和探测设施保护办法》。刘伟平主持。

同日 市政府第81次市长办公会议在市政府第一会议室召开。会议审议并原则同意市建委、市土管局、市财政局拟订的《关于红谷滩新区土地开发成本概算情况的报告》，市规划局拟订的《南昌市红谷滩新区控制性详细规划》，市35次市规费联审小组会议初审意见；审议市地名办拟订的《关于红谷滩新区地名命名的请示》，市规划局拟订的《南昌市花鸟市场规划》等。刘伟平主持。

同日 市台办、市音协主办的“月是故乡明”——海峡两岸音乐家作品演唱会在江西艺术剧院举行。李豆罗、程光茹出席。

同日 团市委举行“星星火炬代代相传”——迎接新世纪主题队会观摩赛首赛式。赵国梁出席。

同日 安哥拉人民解放运动总书记诺奥·洛伦索代表团一行到南昌县和南昌高新区参观考察。

26日 “少年英烈颂”——20世纪中国少年英烈事迹展览在省革命烈士纪念堂开展。

同日 全市公安机关“两打一整”专项斗争动员大会召开。会议决定，在全市范围内开展为期4个月的打击盗窃、抢劫犯罪和整治夏季治安专项斗争。

27日 史骏飞率市人大有关部门负责人赴大连、青岛等地考察人大代表工作制度建立等情况。

28日 全市精神文明建设工作表彰大会召开。会议贯彻江泽民关于宣传思想工作和精神文明建设重要批示精神，总结工作，部署2000年任务。市委、市政府授予656个单位为1998—1999年度全市文明单位。钟家明、刘伟平、李豆罗出席并讲话，陈守朴主持，钟乐初、瞿祖一、张国华出席。

同日 南昌市“让少年儿童平安回家”活动启动仪式举行。李豆罗、赵国梁出席。

29日 程光茹率市人大、市政府有关部门负责人赴长春等地考察城市公共交通立法工作。

同日 南昌慈善总会发放8万余元助学金，资助300名特困儿童完成九年制义务教育。南昌慈善总会会长陈绍翔出席发放仪式并讲话。

同日 东湖区“爱家乡、看南昌”主题教育活动暨“德育教育基地”揭牌仪式举行。李豆罗、陈守朴等出席。

30日 全市少儿庆六一暨第六届“美之春”艺术节文艺会演在铁路文化宫举行。李豆罗、陈守朴、钟乐初等观看演出。

31日 南昌县工商局联合公安等部门，查处该县新联乡农技站销售冒牌晚稻种子一案，收缴冒牌稻种660公斤。

2000
6月
June

公元2000年6月							农历庚辰年【龙】						
日	一	二	三	四	五	六	日	一	二	三	四	五	六
				1 儿童节	2 初一	3 初二	4 初三	5 芒种	6 端午节	7 初六	8 初七	9 初八	10 初九
11 初十	12 十一	13 十二	14 十三	15 十四	16 十五	17 十六	18 十七	19 十八	20 十九	21 夏至	22 廿一	23 廿二	24 廿三
25 廿四	26 廿五	27 廿六	28 廿七	29 廿八	30 廿九								

1日 2000年省市少年儿童“六一”庆祝大会在江西艺术剧院举行。省市领导步正发、陈癸尊、胡振鹏、厉志成、周日扬、陈守朴出席并观看“手拉手、心连心、共同奔向新世纪”文艺演出。

同日 南昌市发展个体私营经济承诺兑现情况测评小组成员会议召开。会议强调，要倾听个私业主呼声，营造良好经济环境。李豆罗出席并讲话，雷武江主持。

同日 由润迅公司捐资兴建的新建县厚田乡润迅希望小学竣工。钟乐初出席竣工典礼。

同日 上海东方电视台创作摄制组在上海红十字会宣传部部长田永波带领下，到新建县大塘坪乡中心卫生院拍摄反映李燕玲事迹的电视纪录片《人道的力量》。

2日 刘伟平在滕王阁会见厅会见马其顿首都斯科普里市市长一行。

同日 全市县区政协秘书长联席会议在进贤县召开。会议总结交流2000年政协工作。经自麟出席并讲话，邹湛基主持。

同日 全市民间招商引资工作会议召开。会议强调，要广开渠道，争取外地民营资本投入，为南昌市招商引资工作做出新贡献。孔炯、雷武江出席并讲话，瞿祖一主持。

3日 省市家庭防火宣传教育活动启动仪式在八一广场举行。李豆罗出席。

同日 全市首届青年职业技能大赛决赛举行。来自全市22家企业百余名选手参加，刘汝舟看望参赛人员。

4日 南昌市湾里区罗亭镇红源村里田自然村西面峡谷中发现一处奇异花岗岩石洞。该洞全长1700多米，距土层表面3.3米，洞最高处高2.5米、宽1.2米，最小处高41厘米、宽23厘米。洞内泉水潺潺，寒气逼人，进洞犹如进入冰天雪地。岩壁上布满银白色石花，走完全程需4个多小时，洞内还有一块巨大龟形磐石，顶在细小石尖上，形成一个可容纳200余人的地下大厅。

5日 K8E飞机首飞仪式暨纪念中国第一架强击机强五首飞35周年大会在江西洪都航空工业集团举行。中共中央政治局候补委员、国务委员吴仪致信祝贺，全国人大常委会副委员长邹家华题词："自主开发创辉煌，百折不挠立新功"。全国人大常委会、国务院有关部委以及埃及驻中国大使海米·比德尔出席。省市领导舒惠国、舒圣佑、王君、刘伟平、李豆罗等出席。K8E型飞机是在K8飞机基础上根据出口要求经过较大改进的新型教练机。1999年12月，中国与埃及正式签署80架K8E飞机的合作生产合同，是国家航空工业出口飞机数量最多、金额最大的一个项目。

同日 南昌市夏季摊点整治大会召开。会议决定对占道摊点、西瓜销售摊点、露天卡拉进行专项整治。李豆罗出席并讲话，钟乐初、赵国梁出席。

7日 市公安、工商、城管、环保等部门组成联合执法队伍，开始对全市占道摊点和违章经营进行综合整治。李豆罗作动员讲话。

8日 市委常委（扩大）会议在市委书记办公楼会议室召开。会议传达省委十届十一次全会精神，强调要贯彻"三个代表"重要思想，始终坚持党要管党、从严治党方针，全面推进各级党组织思想、组织、作风建设，进一步做好改革、发展、稳定各项工作。钟家明主持并讲话，刘伟平、李豆罗及市委常委出席。市人大常委会主任、市政协主席、市政府副市长列席。

同日 市委常委会在市委书记办公楼会议室召开。会议传达省委十届十一次全会精神，研究决定7月中旬召开市委七届十次全会。会议研究部署南昌市2000年反腐败各项工作任务；研究南昌市进一步深化城镇住房制度改革，召开全市科普工作会议，进一步加强民间组织管理工作以及当前干部工作几个问题等事宜。会议原则同意市政府党组报送的《关于进一步深化城镇住房制度改革实施方案》等。钟家明主持。

同日 市政府召开新闻发布会，宣布南昌经济技术开发区于4月24日被国务院批准为国家级经济技术开发区，成为全省第一个国家级经济技术开发区。

同日 南昌市在西湖区召开绳金塔保护开发利用有关问题协调会。李豆罗主持，陈守朴、罗为民出席。

同日 中国侨联副主席李祖沛走访慰问南昌市部分归国华侨。

同日 四川省绵阳市市长黄学玖率市政府代表团一行考察南昌市市政建设情况。刘伟平看望代表团成员。

9日 全市农村改厕工作会议在郊区扬子洲乡召开。会议总结"九五"农村改厕工作，部署"十五"任务。钟乐初出席并讲话。

10日 新疆维吾尔自治区地厅干部代表团考察江铃集团公司、郊区扬子洲蔬菜科技园。龚建华等陪同。

11日 史骏飞等部分省市人大代表结束为期13天的赴呼和浩特、大连、青岛等地考察活动。

12日 市政府发布《南昌市机动车排气污染防治办法》。

13日 南昌市属科研机构改革工作座谈会召开。会议强调，各科研单位要抓紧制定改革方案，努力在机构调整、人员分流等方面迈出实质性步伐。钟乐初出席并讲话。

14日 市政府第64次常务会议在市政府第一会议室召开。会议审议并原则通过市劳动局拟订的《关于进一步强化社会养老保险工作的通知》；审议市项目办拟订的《关于市属国有、集体企业改制后企业党组织、劳动人事关系、社会治安、计划生育等实行属地管理的指导意见》等。刘伟平主持。

同日 市政府第82次市长办公会议在市

政府第一会议室召开。会议审议并原则同意市规划局拟订的《关于建立查处违法建设联动机制的通知》，市政府办公厅拟订的《关于成立海南赣昌实业集团公司债权债务清算组的请示》等；审议市计委拟订的《关于兄弟城市在日本国神户市设立办事处情况的考察报告》。刘伟平主持。

同日 市政府举行专题报告会。国家知识产权局副局长马连元应邀作《WTO与我国知识产权保护对策》报告。钟乐初等出席。

同日 全市禁毒工作会议召开。会议强调，要动员全社会力量，打一场禁毒人民战争，做到“有毒必肃、贩毒必惩、种毒必究、吸毒必戒”。

15日 市政府发布《关于印发〈南昌多普勒天气雷达站探测环境和探测设备保护办法〉的通知》《关于印发〈南昌市地震应急预案〉的通知》。

同日 青云谱区获“全国爱心献功臣行动先进区”称号。

16日 南昌市红谷滩新区土地使用权出让签约仪式举行。洪城大市场股份有限公司购置20公顷土地建设花园式别墅小区。钟家明、刘伟平出席。

20日 苏丹国防部长阿卜杜拉赫曼·希尔·哈比姆中将一行考察洪都航空集团公司。

同日 市直机关工委在市委礼堂举行旅游科普报告会。江西师大教授田勇和市旅游局负责人应邀讲授南昌市旅游资源、发展现状及前景展望等内容。李豆罗、孔炯、雷武江、钟乐初、经自麟及600余名机关干部听取报告。

同日 全球最大的炸鸡快餐连锁集团——肯德基与南昌百友集团举行合作项目签约仪式。雷武江出席。

21日 南昌市优化湾里区、新建县旅游大环境协调会在湾里区召开。会议分析全市当前“创优”面临的形势和任务，通报旅游景区沿线和周边市容环境现状。李豆罗出席并讲话，雷武江主持。

22日 市委办公厅举行学习江泽民“三个代表”重要思想报告会。市委党校副校长邓朱家作《认真学习和坚决贯彻“三个代表”重要思想，始终保持中国共产党先进性和纯洁性》报告。余志坚及市委办公厅全体干部职工听取报告。

同日 全市2000年普通高校招生考试考务工作会议召开。会议传达全省考务工作会议精神，布置有关工作。钟乐初出席并讲话。

同日 南昌市纪念第10个全国土地日座谈会召开。会议强调，要坚持可持续发展观，珍惜和合理利用土地，切实保护耕地。李小南、程光茹、瞿祖一出席。

23日 市委常委会议在市委书记办公楼会议室召开。会议研究市委常委中心组第二季度理论学习安排，召开全市人大工作会议，南昌市社会养老保险工作，包乡扶村工作，贯彻全省培养选拔年轻干部工作座谈会意见，乡镇干部轮岗分流试点工作，军转干部安置工作，调整市“双拥”工作领导小组成员等事宜。会议原则同意市政府党组报送的《关于审议〈进一步强化社会养老保险工作的通知〉的请示》《关于审定〈南昌市城镇职工基本医疗保险制度改革实施方案〉的请示》。钟家明主持。

24日 南昌市在八一广场举行“两法一决定一条例”法制宣传日活动，向市民宣传《中华人民共和国预防未成年人犯罪法》《中华人民共和国未成年人保护法》《全国人大常委会关于禁毒的决定》《娱乐场所管理条例》。陈守朴、刘汝舟、吴才仁等参加。

同日 市禁毒委员会办公室在八一广场举行“珍爱生命、拒绝毒品”万人签名活动。陈守朴、刘汝舟、吴才仁等参加。

26日 市委、市政府发出《关于进一步强化社会养老保险工作的通知》，要求按时足额缴纳养老保险费，进一步强化养老保险费征缴工作；加大清欠力度，清理追缴历年拖欠的养老保险费；加强领导，统一协调，进一步扩大社会养老保险覆盖面；明确责任，严肃法纪，强化违法违规处罚力度；加快全市养老社会化发放步伐，确保离退休人员养老金发放；加大宣传，提高认识，规范管理，改进服务。

同日 市政府办公厅发出《关于开展2000年夏季全市统一灭蚊、蝇、蟑螂活动的通知》。

同日 南昌市城市民兵训练中心奠基仪式在湾里区举行。南昌军分区领导周根保、张国华、徐兆麟出席。

27日 市政府发出《关于印发〈南昌市城镇廉租住房管理办法〉的通知》。

同日 全国科学知识竞赛南昌市赛区——“洪都航空杯”科学知识竞赛总结表彰大会召开。13个优秀组织单位和600名优胜者受到表彰。陈守朴、钟乐初、瞿祖一出席。

同日 市创卫创优办公室召开西湖园艺场旅游景点协调会。会议讨论马路整修、广告宣传、景点治安等问题。李豆罗出席并讲话。

同日 由香江集团董事长刘志强捐资兴建的郊区志强路工程开工典礼暨捐资仪式举行。钟乐初、香江集团总经理瞿美卿出席。

同日 青云谱区召开八大山人文化博览城项目规划方案专家论证会。史骏飞、雷武江及来自省内外有关专家学者20余人出席。

28日 市委常委中心组集中学习江泽民“三个代表”重要思想。省委宣传部副部长刘孚威应邀作专题辅导报告。钟家明主持并讲话，市委常委、列席常委会的人员、市政府副市长及市政府党组成员参加。

同日 市政府第65次常务会议在市政府第一会议室召开。会议审议并原则同意市外经贸委拟订的《南昌市对投资与建设项目实行集中审批办证的实施意见》，市人事局拟订的《南昌市国家公务员退休暂行办法》。刘伟平主持。

同日 市政府第83次市长办公会议在市政府第一会议室召开。会议审议并原则同意市接待办拟订的《关于象山宾馆资产变现工作方案的请示》，市劳动局拟订的《关于贯彻省政府〈关于进一步做好安全生产工作的通知〉的请示》；审议市小汽车定编办拟订的《南昌市党政群机关公务用车定编办法》；重申做好南昌市信访工作的重要性和建立完善信访工作机制。刘伟平主持。

同日 市双拥工作领导小组扩大会议召开。会议传达全国双拥模范城命名大会和全省地市双拥办主任会议精神，部署2000年双拥工作。刘伟平出席并讲话，李小南主持，张国华出席。

同日 南昌钢铁有限责任公司获“全国冶金系统一等节能优秀企业”称号。

29日 刘伟平、罗为民在市政府第一会议室会见区长姜亚新率领的上海静安区政府代表团一行。

同日 南昌市房地产交易市场大楼工程开工仪式举行。该楼是全省首座智能房地产交易市场大楼。刘伟平、程光茹、罗为民和省建设厅负责人出席并剪彩。

同日 青岛海尔集团经验报告会在市委小礼堂举行。青岛海尔集团董事局副主席武克松介绍该集团改革和发展经验。刘伟平、李小南、钟乐初等听取报告。

同日 上海市汽车工业销售总公司捐资25万元兴建的进贤县捉牛岗乡中心希望小学奠基仪式举行。钟乐初出席。

30日 青岛海尔集团董事局副主席武克松考察南昌经济技术开发区。

2000
7月 July

公元2000年7月　　农历庚辰年【龙】													
日	一	二	三	四	五	六	日	一	二	三	四	五	六
						1 建党节	2 初一	3 初二	4 初三	5 初四	6 初五	7 小暑	8 初七
9 初八	10 初九	11 初十	12 十一	13 十二	14 十三	15 十四	16 十五	17 十六	18 十七	19 十八	20 十九	21 二十	22 大暑
23 廿二	24 廿三	25 廿四	26 廿五	27 廿六	28 廿七	29 廿八	30 廿九	31 初一					

1日　市中级人民法院对章某非法行医、故意伤害一案做出终审判决。章某等2名被告人分别被判处有期徒刑9年零6个月和9年，并处罚金100万元，赔偿1124名附带民事诉讼原告535万余元。

同日　市公安局特巡警支队“创人民满意110”宣誓仪式在八一广场举行。李豆罗、史骏飞、李小南等出席。

同日　南昌县新武大桥正式竣工通车。刘伟平、李小南、瞿祖一前往祝贺。

同日　哈萨克斯坦集邮代表团参观南昌市邮政局办公场所及邮政综合业务计算机机网机房、广场分局等。

同日　市社区服务中心大楼开工典礼举行。余志坚出席。

同日　市工商局会同市公安局在南京东路258号查处全国首例网上传销案。

3日　市查处违法建设工程联动机制领导小组第一次联席会议召开。会议强调，要建立高效有序的日常巡查制度，对违法建设及时发现并制止在萌芽状态。李小南出席并讲话。

4日　南昌市夏季防火工作会议召开。会议通报1999年重大火灾隐患整改情况，部署2000年整治工作，表彰消防工作先进单位和先进个人。李小南出席并讲话。

5日　WTO南昌论坛首场报告会在市委礼堂举行。中国加入WTO农业谈判专家组组长、中国农科院国际农产品贸易研究中心主任程国强应邀作《WTO与中国农业》报告。市各套班子成员，各县区、各部门、各单位领导及各界人士代表700余人听取报告。

同日　全市第五次人口普查户口整顿工作动员大会召开。会议传达贯彻全国、全省第五次人口普查户口整顿工作会议精神，部署有关工作。李小南出席并讲话。

同日　以唐纳德·卡尔森为团长的美国国会议员高级助手代表团一行考察江铃汽车集团公司。

6日 全市培养选拔年轻干部工作会议召开。会议传达贯彻全国、全省培养选拔年轻干部工作座谈会精神，部署有关工作。会议强调，要明确目标，更新观念，大力推进培养选拔年轻干部工作，真正让一大批优秀年轻干部脱颖而出。钟家明、熊焕高出席并讲话。

同日 全市贯彻实施新《中华人民共和国会计法》动员大会召开。会议强调，要规范会计行为，加大对会计违法惩治力度，维护社会主义市场经济秩序。李小南、罗时杰出席并讲话。

同日 湖北省武汉市人大常委会副主任蔡仲玉一行考察南昌市"三五"普法、水上治安管理及个案监督等工作。刘汝舟陪同。

7日 市委常委会议在市委书记办公楼会议室召开。会议研究并原则同意市政府党组报送的《南昌市对投资与建设项目实行集中审批办证的实施意见（试行）》，研究同意市纪委报送的《关于贯彻执行〈省委关于加强对党政机关领导干部管理和监督的若干规定〉的意见》、市委组织部报送的《关于选派副县级后备干部到农村基层挂职锻炼的请示》；研究南昌市"三五"普法工作。钟家明主持。

同日 南昌市集贸市场百日赛和日市夜市月月评活动动员大会召开。会议强调，要加强市场长效管理，进一步优化市场环境。李豆罗、程光茹、钟乐初等出席。

8日 市政府在新建县象山镇召开象山森林公园自然环境资源论证会。省、市有关专家对该园自然环境资源进行论证。省政协副主席叶学龄出席，李豆罗出席并讲话，瞿祖一等出席。

10日 市政府第66次常务会议在市政府第一会议室召开。会议传达省政府《转发国务院办公厅关于切实加强安全生产工作有关问题的紧急通知》，研究进一步加强全市安全生产工作措施。会议审议并原则通过市公安局拟订的《南昌市道路交通管理若干规定修正案》，市房管局、市财政局拟订的《南昌市住宅公用部位共用设施设备维修基金管理实施办法》，市科委拟订的《南昌市科学技术投入条例》。刘伟平主持。

同日 吴才仁率部分市政协委员结束为期14天的赴哈尔滨、沈阳、大连等地学习考察国企改革和发展情况活动。

11日 市委、市政府举行红谷滩中心区建设开工奠基典礼。该中心区与滕王阁隔江相望，建设规模宏大，主要包括市行政、会展、新闻三大中心区和区内三横七纵道路等基础设施建设。省市领导黄智权、步正发、钟家明、王君、凌成兴、刘伟平、李豆罗、史骏飞等出席。

红谷滩中心区建设开工奠基典礼举行

12日 市政府第84次市长办公会议在市政府第一会议室召开。会议传达全国安全生产电视电话会议精神，学习贯彻党中央、国务院关于加强安全生产、防范安全事故工作一系列重要指示和省领导讲话精神，研究部署当前加强全市安全生产、防范安全事故措施。刘伟平主持。

同日 市法制宣传教育工作领导小组会议召开。会议传达全省"三五"普法考核验收现场会精神，讨论通过《南昌市"三五"普法依法治市工作考核验收实施方案》，审定《南昌市"三五"普法依法治市工作考核内容和评分标准》，研究通过"三五"普法依法治市工作考核验收动员大会议程。李豆罗主持并讲话，陈守朴、李小南、刘汝舟等出席。

13日 市中级人民法院举行执法监督员颁证仪式。刘汝舟、吴才仁出席。

同日 以内蒙古自治区原党委书记王群为团长的武汉市老干部考察团一行考察江铃汽车集团公司、南昌高新区，并参观滕王阁。刘伟平、李豆罗陪同。

14日 全市“三五”普法依法治市工作考核验收动员大会召开。会议传达全省“三五”普法考核验收现场会精神，部署有关工作。李豆罗出席并讲话，陈守朴、李小南、吴才仁等出席。

15日 南昌地区建筑安全、文明施工暨创优现场会在南昌市中山城建筑工地召开。会议强调，要建立长效管理机制，明确安全生产责任，防止出现重大事故。罗为民出席并讲话。

16日 全市2000年“双抢”农机工作现场会在进贤县召开。会议强调，要着力解决农机化工作中存在的各种矛盾，加快推进农机化工作进程，促进农机化工作社会化、服务化。龚建华和省农机局负责人出席。

同日 市少年宫少儿艺术团启程赴日本演出。刘汝舟、经自麟为艺术团送行。

17日 市委办公厅、市政府办公厅发出《关于南昌市对投资与建设项目实行集中审批办证的实施意见（试行）》。

同日 市政府办公厅发出《转发关于开展全市第四次城区绿化普查工作方案的通知》。

18日 全国政协常委、中国天主教爱国会主席傅铁山一行到南昌市考察工作，并参观滕王阁。李豆罗、雷武江、吴才仁会见傅铁山一行。

同日 南昌多普勒天气雷达楼开工典礼举行。省市领导孙用和、田新芳、龚建华出席。

同日 南昌县在浙江省温州市举行招商引资项目推介洽谈会，签订协作项目12个，引进资金1.98亿元。

19日 南昌亨得利钟表眼镜公司获“全国内贸系统先进集体”称号。

20日 市政府第85次市长办公会议在市政府第一会议室召开。会议审议并原则同意市计委和市教委拟订的《关于做好2000年毕业研究生和大中专毕业生就业工作的意见》，市公安局拟订的《南昌市社会服务联合行动方案》，市市政公用局拟订的《关于对南昌市城区小公共汽车清理整顿实施意见的请示》。刘伟平主持。

同日 全市学校及周边治安集中整治第一阶段总结会议在青云谱区召开。会议通报近3个月整治情况，部署下一步任务。李豆罗出席并讲话，钟乐初出席。

21日 省市查办废弃输液器现场办公会议在进贤县召开。会议听取有关情况汇报，强调要加大打假力度，严厉打击非法生产和销售假冒、伪劣一次性输液器行为。钟乐初出席并讲话。

同日 市委七届十次全体会议在市委小礼堂召开。会议传达贯彻省委十届十一次全会精神，讨论并原则通过市委《贯彻执行省委〈关于加强对党政机关领导干部管理和监督的若干规定〉的意见》。会议强调，全市各级党组织要认真按照“三个代表”重要思想要求，扎实推进党政机关领导干部的思想作风建设，不断开创南昌工作的新局面。钟家明出席并讲话，刘伟平传达省委全会精神，市委委员、市委候补委员出席。不是市委委员、候补委员的市人大、市政府、市政协党组成员，军分区政委，市纪委委员，各县区党政主要领导及纪委书记，市委各部门、市直各单位、市政府驻外办事处党委主要领导及纪委书记（纪检组长）列席。

同日 市总工会将南昌市107名省劳模候选人向社会公示，接受群众评议。

24日 市政府第67次常务会议在市政府第一会议室召开。会议审议并原则通过市旅游局拟订的《南昌市导游人员管理办法》。刘伟平主持。

同日 市政府第86次市长办公会议在市政府第一会议室召开。会议审议并原则同意南昌高新区管委会拟订的《关于要求对南昌高新区申报国家开发银行基础设施贷款出具财政承诺文件的请示》。刘伟平主持。

同日 李小南在滕王阁会见厅会见以寺光克卫为团长的日本2000年度对华绿色援助专家考察团一行。

25日 日本贸易振兴会环保专家组一行到南昌钢铁有限责任公司考察污染防治等情况。

同日 市政府发出《关于印发〈南昌市社会服务联合行动实施方案〉的通知》《批转市计委、市教委〈关于做好2000年毕业研究生和大中专毕业生就业工作意见〉的通知》《批转市计委、市民政局〈关于做好2000年度城镇退役士兵安置工作意见〉的通知》。

同日 青云谱区、郊区、南昌县人武部科技练兵分队参加省军区科技练兵表演。钟家明、刘伟平、周根保、徐兆麟前往观摩。

26日 市政府第68次常务会议在市政府第一会议室召开。会议听取市粮食局关于全省粮食生产和流通工作会议、全省粮食购销工作会议精神及贯彻意见汇报；审议并原则通过市旅游局拟订的《南昌市旅游管理若干规定》《南昌市"一日游"管理办法》。刘伟平主持。

同日 市委发出《贯彻执行省委〈关于加强对党政机关领导干部管理和监督的若干规定〉的意见》。

同日 市政府发布《南昌市旅游管理若干规定》。

同日 市中级人民法院法官等级证书颁发仪式举行。李豆罗出席并讲话，刘汝舟、吴才仁及省高级人民法院负责人出席。

27日 南昌市"向军旗致敬"——庆祝中国人民解放军建军73周年军民联欢晚会在八一广场举行。周启球、李豆罗、陈守朴、余志坚等和万余名干部群众出席。

同日 全市农村工作座谈会在郊区召开。会议分析当前全市农业与农村工作面临形势和任务，讨论农业结构调整、粮食体制改革等问题。钟家明、刘伟平、田新芳等出席。

28日 钟家明、刘伟平、钟乐初在滕王阁会见厅会见清华大学党委书记贺美英、校长王大中一行。

同日 南昌市天香园旅游景点命名新闻发布会召开。李豆罗、雷武江出席并讲话。

同日 全市法院行政审判工作会议召开。会议传达全省法院行政审判工作会议精神，总结10年来工作，部署今后任务。市中级人民法院院长敖庆沸出席并讲话。

29日 南昌市庆祝中国人民解放军建军73周年招待会在五湖大酒店举行。钟家明、刘伟平、周启球和省军区领导冯金茂、陈礼久、周日扬等出席。

同日 市"122"交通事故报警电话开通。

30日 市委常委会议在市委书记办公楼会议室召开。会议传达全省粮食生产和流通工作会议、全省粮食购销工作会议精神，听取全省思想政治工作会议精神及贯彻意见汇报。会议同意市政府党组报送的《关于南昌市党政群机关公务用车改革实施意见》，研究南昌市清房工作、团职军转干部工作、全市党史工作"二五"规划和调整市宗教工作协调小组人员等事宜。钟家明主持。

同日 南昌海尔工贸有限公司向驻市部队赠送88台节水型洗衣机。南昌军分区参谋长徐兆麟出席赠送仪式。

31日 西湖区召开"面向新世纪、稳定低生育水平"理论研讨会。龚建华出席。

2000
8月
August

公元2000年8月							农历庚辰年【龙】						
日	一	二	三	四	五	六	日	一	二	三	四	五	六
		1 建军节	2 初三	3 初四	4 初五	5 初六	6 初七	7 立秋	8 初九	9 初十	10 十一	11 十二	12 十三
13 十四	14 十五	15 十六	16 十七	17 十八	18 十九	19 二十	20 廿一	21 廿二	22 廿三	23 处暑	24 廿五	25 廿六	26 廿七
27 廿八	28 廿九	29 初一	30 初二	31 初三									

1日 市政府第69次常务会议在市政府第一会议室召开。会议审议并原则同意市房改办拟订的《南昌市已购公有住房和经济适用住房上市出售实施办法》，南昌县政府《关于要求将我县莲塘镇与莲西乡合并的请示》。刘伟平主持。

同日 市政府第87次市长办公会议在市政府第一会议室召开。会议审议南昌市城市建设发展与产业结构调整有关问题，市地名办拟订的《关于红谷滩新区地名命名问题的请示》，市政府办公厅拟订的《关于海南赣昌实业集团公司筹建三亚“巨龙花园”工程资金收支情况的报告》；审议并原则同意市公安局拟订的《关于南昌市户籍制度改革实施办法的请示》，市粮食局、市财政局拟订的《南昌市贯彻落实省政府〈关于做好2000年农业税征收工作的紧急通知〉的报告》。刘伟平主持。

同日 市委办公厅发出《关于印发〈南昌市党史工作“二五”规划（2001–2005年）〉的通知》，强调党史工作是党的一项重要工作，是党的建设不可缺少的重要组成部分；做好新形势下党史工作，既是党史部门的职责，也是全党、全社会的共同任务。要求市委党史办要认真按照规划要求，抓好组织实施；各级党委要切实加强对党史工作领导，各级、各部门和各方面都应积极支持和协助党史部门做好工作，确保规划中各项工作任务真正落到实处。

同日 市政府办公厅发出《转发市劳动局〈关于全市2000年加强养老保险工作实施方案〉的通知》。

3日 全市加强娱乐服务场所管理暨打击黄赌毒专项行动动员大会召开。会议强调，各有关部门要周密部署，积极行动，各司其职，互相配合，确保专项行动取得实效。李豆罗、钟乐初出席。

4日 市政府发出《关于印发〈南昌市导游人员管理办法〉的通知》。

同日 日本冈山市立平岛小学代表团一行

到西湖区松柏学校，进行为期4天的友好访问，并与该校签署《友好交流备忘录》。

6日 市海模队队员郭翔在第十届世界航海模型锦标赛上获C5级世界冠军。

同日 全市安全工作紧急会议在市委小礼堂召开。会议收听收看全省安全工作紧急电视电话会议实况，部署有关工作。会议强调，全市上下要从讲政治和反腐败的高度，把安全放在第一，将稳定摆在首位，迅速进行大动员、大排查、大整改，从根本上治理，坚决杜绝重大、特大事故发生。钟家明、刘伟平、周启球、李豆罗出席并讲话。

8日 南昌市第五次人口普查宣传工作暨业务培训动员大会召开。李小南出席并讲话。

同日 全市青年创新创效活动总结表彰大会召开。一批青年科技明星和岗位能手受到表彰。周启球出席并讲话。

9日 南昌市非公有制经济代表人士“致富思源、富而思进”报告会在江西艺术剧院举行。省市领导步正发、华桐、蒋仲平、梅亦龙、喻长林、张华康、周启球和1100余名省市有关单位干部职工及个私企业管理人员出席。

10日 南昌市“一江两岸”道路防洪系列工程二期工程开工。钟家明、刘伟平、周启球、史骏飞、程金鹏、陈守朴等出席开工仪式。

同日 周启球在南昌宾馆会见台北江西同乡会理事长黄玠、理事杨寿明一行。

11日 “百万市民看南昌”活动新闻发布会在滕王阁会见厅举行。李豆罗出席并讲话。

同日 “八大山人文化博览城”项目现场会在青云谱区召开。钟家明、李小南、雷武江出席。

同日 著名影视投资制作人邓建国向南昌市“春蕾计划”捐款10万元。

12日 市政府发出《批转市公安局〈关于我市户籍制度改革实施办法〉的通知》。规定自2000年9月1日起实行户籍制度改革，凡1998年7月22日后出生的小孩，凭其父母户口簿、结婚证、第一胎计划生育证和小孩出生医学证明，可在市内其父亲或母亲常住户口所在地户口登记机关申报常住户口。

14日 市政府办公厅发出《转发市外经贸委关于南昌市组团参加2000年江西（南昌）招商引资项目洽谈会工作方案的通知》《关于印发南昌市住宅共用部位共用设施设备维修基金管理实施办法的通知》。

15日 市委思想政治工作会议在市委小礼堂召开。会议传达贯彻中央、省委思想政治工作会议精神，总结交流加强和改进思想政治工作经验，部署今后一个时期思想政治工作。会议强调，要认真学习贯彻江泽民在中央思想政治工作会议的讲话精神，全面落实思想政治工作各项任务，努力开创全市思想政治工作新局面。钟家明、周启球出席并讲话，刘伟平、陈守朴分别主持，李豆罗、史骏飞、程金鹏、余志坚、熊焕高、刘汝舟等出席。

市委思想政治工作会议召开

同日 田新芳率南昌市代表团一行参加香港第11届美食博览会。

同日 江西纸业股份有限公司“九五”技改项目获国务院批准。该项目总投资133965万元，竣工后年产新闻纸25万吨。

16日 市政府办公厅发出《转发市公安局等部门〈关于加强娱乐服务场所管理，严厉打击卖淫嫖娼赌博吸毒等社会丑恶现象专项行动实施方案〉的通知》。

同日 郊区湖坊乡、塘山乡、桃花乡、京东乡撤乡建镇。

同日 安义县暴雨造成山洪暴发，石鼻镇邹家村113户被淹，其中8户农户房屋倒塌。

17日 市政府第88次市长办公会议在市政府第一会议室召开。会议审议并原则同意市商贸委拟订的《关于市燃料公司江边分公司土地使用权转让及整体改制的请示》，市财政局拟订的《关于核销江西长运集团兼并企业潜亏损失的请示》，第36次市规费联审小组会议初审意见。刘伟平主持。

同日 市政府第70次常务会议在市政府第一会议室召开。会议审议并原则同意市科委拟订的《南昌市促进科研机构改制的若干扶持政策措施（送审稿)》和《南昌市科研机构体制改革中有关人员分流及社会保障的实施细则(试行)》《在市人大代表议政日活动上的报告》。刘伟平主持。

同日 李豆罗率南昌市党政代表团赴西藏昌都等地考察教育发展情况。

18日 雷武江在五湖大酒店会见由尼日利亚尼中友好协会主席戚本杜大使率领的尼中友好协会代表团一行。

同日 由南京轻型飞机股份有限公司研发的A C500新型公务飞机在洪都航空集团公司开铆。该飞机填补了国内4—6座小型飞机空白，适用于国家机关、大型企业公务飞行。

19日 软库中国风险投资论坛报告会在南昌高新区举行。

同日 江西新东方农机大市场开业。李小南、雷武江及省农业厅、省农机局负责人前往祝贺。

同日 “1168爱心工程”特别活动——10万元“络欣通”大赠送暨专家义诊活动在江西艺术剧院举行。山西瑞福莱药业有限公司向市爱心基金会捐赠5万元，另捐助4000元与5位贫困学生结成帮扶对子。钟乐初参加。

21日 市政府办公厅发出《转发〈关于贯彻赣府厅发〔2000〕44号文件，认真做好清理和规范中小学教育收费工作实施意见〉的通知》。

同日 李小南在滕王阁会见厅会见德国劳齐兹应用科技大学校长克罗兹一行。

同日 团市委被团中央授予“信息工作先进集体”称号。

22日 市委常委会议在市委书记办公楼会议室召开。会议传达全省党员领导干部会议精神，研究确定8月23日召开全市负责干部会议。会议研究召开全市政协工作会议、成立市信访领导小组、调整市民主评议行风领导小组成员、加大南昌市开展农村基层组织建设“三级创评”活动力度和推荐上报新一轮农村基层组织建设先进典型等事宜。会议同意增补李小南为红谷滩中心区开发建设副总指挥长和市编委会副主任。钟家明主持。

23日 全市负责干部会议在市委小礼堂召开。会议传达贯彻全省党员领导干部会议精神，研究部署社会稳定和安全等工作。会议强调，全市各级党政领导要总揽全局，在加大改革力度、加快经济发展的同时，切实把稳定和安全工作时刻放在心中、抓在手上，不断推动南昌工作朝着好的方向发展。钟家明出席并讲话，刘伟平主持，周启球、史骏飞、陈守朴，市人民检察院检察长吴延林等出席。

同日 市政府第89次市长办公会议在市政府第一会议室召开。会议审议并原则同意市个私办拟订的《关于确定全市重点扶持私营企业请示》，市体委拟订的《2000年“中华炎黄圣火”全民健身火炬传递活动南昌市工作方案》和市教委、市物价局、市财政局拟订的《关于调整义务教育阶段收费标准的请示》。刘伟平主持。

24日 刘伟平、李小南、雷武江在南昌宾馆会见日本高松市前市长一行。

同日 南昌市60名副县级后备干部启程奔赴农村基层挂职锻炼。周启球、熊焕高、龚建华出席欢送大会并讲话。

同日 市女企业家、女经营者协会举行"巾帼助困，帮扶结对"仪式，15位女企业家、女经营者与15位下岗女工结成帮扶对子。

25日 江西长运集团南昌市运输公司京山物流中心与北京科利华中运网络有限公司签订协议，成为南昌市第一个登陆中运网站企业。

26日 南昌纺织服装工业园区挂牌。刘伟平前往祝贺。

27日 市政府办公厅发出《转发市财政局关于加大我市旅游业发展财政投入意见的通知》。

29日 "中华炎黄圣火"入城、交接仪式分别在洪城大市场、八一广场举行。省市领导胡振鹏、刘伟平、周启球、罗时杰、钟乐初、赵国梁等分别出席。

同日 "改善南昌旅游环境，争创优秀旅游城市"电视现场直播节目在赣审大厦举行。直播节目现场听取市民对"创优"意见和建议。李豆罗、程光茹、雷武江、罗为民、赵国梁等参加。

同日 石埠国家粮食储备库奠基仪式在新建县石埠乡举行。该粮食储备库是江西省第一个中央储备粮库。省市领导蒋仲平、雷武江出席。

同日 广东省红十字会副秘书长杨恩荣一行到南昌市验收该会卫生援建项目。钟乐初会见杨恩荣一行。

30日 市政府发出《关于印发〈南昌市旅游住宿业（饭店）管理规定〉的通知》。

同日 市政府办公厅发出《关于印发〈南昌市民办非企业单位复查登记工作方案〉的通知》。

同日 "百万市民看南昌"活动启动仪式举行。李豆罗出席并讲话，钟乐初及1000余名群众参加。

"百万市民看南昌"活动启动仪式举行

同日 南昌日报社举行一社三报组成仪式。经上级有关部门批准，《家庭医生报》成建制划归南昌日报社主管主办。陈守朴出席并讲话。

同日 南昌县武阳镇精神文明活动中心大楼竣工。李豆罗、陈守朴、钟乐初出席竣工仪式。

31日 市委常委会议在市委书记办公楼会议室召开。会议研究并原则同意市政府党组报送的《关于报送面向跨国公司实施工业项目招商工作方案的请示》，研究"一江两岸"城市发展第三期建设工程方案和关于开展"慈善一日捐，济困送温暖"活动等事宜。钟家明主持。

同日 市纪委、市委组织部、市委宣传部发出《关于贯彻中纪委、中组部、中宣部〈关于利用胡长清等重大典型案件对党员干部进行警示教育的意见〉的实施方案》。

同日 南昌市"148"法律服务平台开通。李小南、刘汝舟、吴才仁及省司法厅负责人出席开通仪式。

2000 9月 September

公元2000年9月							农历庚辰年【龙】						
日	一	二	三	四	五	六	日	一	二	三	四	五	六
					1 初四	2 初五	3 初六	4 初七	5 初八	6 初九	7 白露	8 十一	9 十二
10 教师节	11 十四	12 中秋节	13 十六	14 十七	15 十八	16 十九	17 二十	18 廿一	19 廿二	20 廿三	21 廿四	22 廿五	23 秋分
24 廿七	25 廿八	26 廿九	27 三十	28 初一	29 初二	30 初三							

1日 市政府发出《批转市地名委员会办公室〈关于红谷滩地区地名命名的请示〉的通知》。

同日 钟家明、李小南、雷武江在滕王阁会见厅会见德国麦德龙公司亚洲区总裁贝汉思、中国区总经理海力佛一行，并就有关合作投资事宜进行交谈。

同日 清华大学——江联公司能源和环境工程研究所挂牌；同济大学工程硕士研究生江联教学点开学。姜任保和清华大学、同济大学、清华泰豪集团有关负责人前往祝贺。

同日 南昌市首条公交旅游观光巴士线开通。雷武江出席开通仪式。

同日 青云谱火车站正式更名为南昌南车站。

2日 市政府第72次常务会议在市政府第一会议室召开。会议审议并原则同意市林业局拟订的《南昌市生态公益林保护条例》，市消防支队拟订的《关于加快我市公共消防设施建设的实施意见》；审议市项目办拟订的《南昌市个体私营企业参与市直国有企业改革的实施办法》。刘伟平主持。

同日 市政府第90次市长办公会议在市政府第一会议室召开。会议审议并原则同意市外经贸委拟订的《南昌市投资与建设项目审批办证服务中心工作制度》，市流通企业改革指挥部拟订的《关于南昌市金属回收总公司人员分流改革方案》，市项目办拟订的《江西南昌科技大市场筹建方案》；听取市政府办公厅关于检查上半年政府工作进度网络计划执行情况汇报。刘伟平主持。

同日 东湖区房管局获国家建设部第三批“文明服务示范窗口单位”称号。

3日 市创卫创优办在新建县西山万寿宫召开新建县和湾里区旅游环境整治现场会。李豆罗出席并讲话，强调要加大整治力度，迎接创优国检。

4日 建设部副部长郑一军率全国建设系

统综合执法检查组在市政府第一会议室听取南昌市建设系统综合执法情况汇报，并实地察看东湖小区和江铃小区。罗为民陪同。

5日 全市整治旅游大环境动员大会召开。会议强调，各部门、各单位要抓紧时间，有效整改，力争以干净整洁的市容市貌迎接创优国检。李豆罗出席并讲话，雷武江、罗为民、赵国梁出席。

6日 市政府发出《关于印发南昌市投资与建设项目审批办证服务中心工作制度（试行）的通知》。

同日 全市旅游景点迎检动员大会召开。会议强调，各旅游单位要进一步完善景点软件、硬件设施，共同营造创优迎检良好氛围。李豆罗出席并讲话。

同日 进贤县代表团参加第四届（厦门）中国投资贸易洽谈会，签订项目合同3个，总投资额17859万元。

同日 广东风华高新科技集团有限公司与江西省电子集团公司签订在南昌高新区建设电子城框架协议。

7日 市政府办公厅发出《印发关于认真做好2001年度〈南昌政报〉征订发行工作的通知》《转发赣府厅发〔2000〕48号文件，切实做好我市防洪保安资金征集工作的通知》《关于转发赣府厅字〔2000〕79号和赣府厅字〔2000〕116号文件的通知》。

8日 市政府办公厅发出《关于印发〈南昌市促进科研机构改制的若干扶持政策措施〉的通知》《关于印发〈南昌市科研机构体制改革中有关人员分流及社会保障的实施细则（试行）〉的通知》《转发市爱卫会〈关于开展2000年秋季全市统一灭鼠活动的实施意见〉的通知》。

同日 市政协举行各界人士中秋茶话会。程金鹏、经自麟、陈礼元、瞿祖一、吴才仁、赵国梁、肖宣祥、张富等出席。

同日 市委统战部、市委老干局、市工商联联合举行非公有制经济代表"致富思源，富而思进"——慰问老红军活动。周启球参加。

同日 全市首届"十大杰出青年农民"表彰大会召开。徐小平等全市"十大杰出青年农民"受到表彰。龚建华出席并讲话。

同日 "创卫再创优，洪城更锦绣"电视现场直播节目在赣审大厦举行。李豆罗、程光茹、罗为民、赵国梁等现场听取市民对创优的意见和建议。

同日 郊区代表团参加第四届（厦门）中国投资贸易洽谈会及江西省（泉州）横向经济协作项目洽谈会，分别与德国麦德龙国际参股有限公司和深圳投资基金管理公司签约。

9日 以"创中国优秀旅游城市，塑省会南昌美好形象"为主题的创优公益活动在滕王阁举行。程光茹、钟乐初参加。

同日 南昌经济技术开发区与江西亚东水泥有限公司在第四届（厦门）中国投资贸易洽谈会上签订合作协议。亚东水泥有限公司投资1.13亿美元在南昌经济技术开发区设立公司总部和水泥中转站。

10日 省市领导朱英培、李豆罗、雷武江、罗为民及省旅游局负责人在五湖大酒店会见以林山为团长、孙哲英为秘书长的创建中国优秀旅游城市国家验收检查团全体成员。

同日 德国、马来西亚等国驻华大使到南昌高新区参观考察。李小南陪同。

同日 周启球、龚建华在滕王阁会见厅会见新疆塔城地委委员张其洲一行。

同日 全市先进教师表彰大会暨南昌师范学校新校落成典礼举行。李豆罗致辞，钟家明、周启球、史骏飞、程金鹏、余志坚、田新芳等出席。

同日 清华泰豪科技股份有限公司军工电源研发／制造基地奠基典礼在南昌高新区举行。

11日 全市创建中国优秀旅游城市国家验收会议召开。创优国检团团长林山、秘书长孙哲英一行听取汇报，并观看反映南昌市创优工作的电视专题片。钟家明、刘伟平、李豆罗、程光茹、雷武江、钟乐初、罗为民、赵国梁等出席。随后，创优国检团一行分成现场检查组、抽样调查组、资料审查组深入各景区景点、宾馆饭店、商业网点及娱乐场所，对南昌市创优工作进行综合检查，同时向前来旅游的海内外游客征询对南昌市旅游环境、旅游市场秩序及旅游服务质量的意见。15日，国检团通报检查情况，认为南昌市基本上达到创建中国优秀旅游城市标准。

全市创建中国优秀旅游城市国家验收首次会议举行

12日 市政府办公厅发出《关于印发〈南昌市个体私营企业参与市直国有企业改革实施办法〉的通知》《印发南昌市行政执法评议考核评分标准的通知》。

13日 创建中国优秀旅游城市大型文艺晚会——《拥抱新世纪》在江西艺术剧院举行。创优国检团全体成员，钟家明、刘伟平、周启球、李豆罗、程光茹、雷武江、钟乐初、赵国梁等和各界群众1600余人出席。

14日 市委办公厅、南昌军分区政治部发出《关于建立民兵维护社会稳定思想政治工作网络的意见》。

同日 国家重点工程、三峡电力外输配套项目——南昌500千伏变电站竣工。该工程于1998年8月18日开工，投资3亿余元，是省内等级最高、规模最大的变电枢纽工程。

国家重点工程、三峡电力外输配套项目——南昌500千伏变电站竣工

15日 滕王阁被中央文明办、建设部、国家旅游局确定为第三批“全国文明风景旅游示范点”。

同日 市创卫创优指挥部召开巩固创优成果动员大会。会议强调，要以这次国检为契机，继续加大创建力度，做到思想不松、机构不撤、队伍不散、工作不停。李豆罗、程光茹、钟乐初、赵国梁出席。

同日 罗时杰一行赴南宁、海口、中山等地就教育税费征收、使用管理和重点文物保护单位管理等工作进行为期16天学习考察。

16日 刘伟平、雷武江在市政府会客室会见美国泰和盛贸易有限公司首席代表颜成福。

同日 南昌市下岗再就业基地——华群服饰商场挂牌。周启球、刘汝舟、肖宣祥前往祝贺。

南昌市下岗再就业基地——华群服饰商场挂牌

18日 南昌市第三批市直单位“三讲”教育动员暨巡视组培训会议召开。会议部署市纪委、南昌高等专科学校、南昌教育学院和市教委下属副县级以上事业单位领导班子和领导干部“三讲”教育工作。周启球、陈守朴、熊焕高出席并讲话，余志坚主持。

19日 香港社会福利院服务机构国庆考察交流团一行参观考察南昌市社会福利院。李小南陪同。

同日 以齐卜拉赫·杰·基托尼夫人为团长的肯尼亚妇女代表团一行到南昌县参观访问。

同日 南昌第二师范学校发生47名学生食物中毒事件。李小南赶赴现场指挥抢救。经全力抢救，无人员死亡。该事件由细菌污染食物引起。

21日 全市“科技兴昌”学术研讨会召开。省市各界40余位专家学者参加。周启球出席并讲话，钟乐初、瞿祖一出席。

同日 市民政局向南昌市57名特困高考录取生发放助学救济金6.2万元。

22日 由公安部、财政部、国家计委组成的联合检查组对南昌市消防特勤大队进行为期2天考察。联合检查组认为南昌消防特勤各方面建设基本达到国家要求，已初步具备处置化学灾害事故和其他灾害事故能力。

同日 市人大常委会发布《南昌市安全生产管理条例》。

同日 位于青云谱乡万溪村委会隔壁的南昌远达医用气体厂空分车间发生爆炸，造成4人死亡。刘伟平、李豆罗、李小南赶赴现场指挥抢救。

23日 “全国文明风景旅游区示范点”（南昌·滕王阁）揭牌仪式举行。李豆罗、陈守朴、钟乐初及省文明办、省建设厅、省旅游局负责人出席。

25日 金庐软件园智能信息中心奠基仪式举行。省市领导陈癸尊、黄懋衡、刘运来、刘伟平、周启球、史骏飞、钟乐初出席。

26日 全市减轻农民负担工作会议在市委小礼堂召开。会议传达贯彻全国减轻农民负担电视电话会议精神，分析减负工作面临的新形势，部署有关工作。会议强调，各级干部要真正落实减负政策，加快农村经济发展，确保农村社会稳定。钟家明、刘伟平出席并讲话，田新芳主持，龚建华出席。

同日 全市征兵工作会议召开。会议传达贯彻全省会议精神，总结1999年工作，部署2000年任务，表彰先进单位。周根保、李小南等出席。

同日 中国储备粮管理总公司南昌分公司成立。南昌分公司是中储粮总公司在全国设置的14个分公司之一，受总公司委托，负责管理江西、福建辖区内中央储备粮和直属库。

同日 澳大利亚政府向南昌县向塘镇丁坊楞上小学捐赠课桌椅560套。

27日 全市民间招商引资工作汇报会召开。各县区、南昌高新区、南昌经开区有关负责人汇报民间招商引资工作。周启球出席并讲话，雷武江主持，瞿祖一出席。

28日 市委宣传部、市教委、市市容局、市文化局、市文联在八一广场联合举行庆祝中华人民共和国成立51周年文艺晚会。李豆罗、陈守朴、钟乐初、赵国梁前往观摩。

同日 市直机关工委举办“创文明机关、做人民好公仆”活动成果展。钟家明、刘伟平、周启球、李豆罗、陈守朴等和600余名机关干部观看展览。

同日 市总工会主办的下岗劳模再就业签约仪式举行。7名下岗劳模到非公有制企业实现再就业。周启球、邹剑桥、经自麟出席。

同日 南昌市统一审批办证服务中心揭牌。该中心以提高对外开放水平为目的，实行“一站式”审批、“一个窗口”收费、“一条龙”服务。钟家明、刘伟平、周启球、史骏飞、程金鹏、周根保、李小南、邹剑桥、雷武江、钟乐初、瞿祖一等出席揭牌仪式。

29日 绳金塔新铸金顶落成庆典仪式举行。金顶高3米，直径1.75米，重920公斤，金顶中封存《南昌市志》1套7本，《南昌地名志》1本，《南昌年鉴》1998版、1999版各1本，重修绳金塔记名家书画长卷1幅以及南昌风光片和市创卫、创优影视光盘等。李豆罗、陈守朴出席。

同日 雷武江在滕王阁会见厅会见加纳地方政府协会主席奥蓬方索一行。

30日 南昌市庆祝中华人民共和国成立51周年电影晚会在市委礼堂举行。钟家明、刘伟平、周启球、李豆罗、史骏飞、程金鹏等，老干部陈正根、李春发、崔钦汶、李景琪、倪庭彦等和解放军、武警官兵以及各界群众650余人出席。

同日 李豆罗率市创卫创优活动指挥中心和市直有关部门负责人到江铃汽车集团公司，向该公司赠送“尽心尽力作贡献，创卫创优建功勋”的锦旗。

同日 市政府向全市敬老院赠送彩电94台。

2000

10月 October

公元2000年10月 农历庚辰年【龙】													
日	一	二	三	四	五	六	日	一	二	三	四	五	六
1 国庆节	2 初五	3 初六	4 初七	5 初八	6 重阳节	7 初十	8 寒露	9 十二	10 十三	11 十四	12 十五	13 十六	14 十七
15 十八	16 十九	17 二十	18 廿一	19 廿二	20 廿三	21 廿四	22 廿五	23 霜降	24 廿七	25 廿八	26 廿九	27 初一	28 初二
29 初三	30 初四	31 初五											

6日 刘伟平、史骏飞、李小南、刘汝舟、孔炯、雷武江先后在市政府接待厅和滕王阁会见厅会见以市长增田昌三为团长的日本高松市政府代表团一行。

同日 南昌市纪念南昌高松两市结好10周年文艺晚会在江西艺术剧院举行。7日，纪念植树仪式在抚河公园举行。刘伟平、史骏飞、李小南、刘汝舟、孔炯、雷武江、钟乐初和日本高松市代表团全体成员参加。

8日 应文化部邀请，参加南京第六届中国艺术节的刚果（布）国家歌舞团、几内亚国家歌舞团在江西艺术剧院演出《公主的婚礼》和《神秘会社的假面人》。

10日 南昌市第一家科研机构改制揭牌仪式在市工业技术研究院举行。该院整体转制为企业，成立江西科创实业发展有限公司。钟乐初出席揭牌仪式。

同日 南昌市综治干部培训班在市人民警察学校开班。来自各县区乡镇（场）、街办、市直43个部门180余名综治负责人参加培训。李豆罗出席结业典礼。

10—11日 全市人大工作会议召开。会议传达贯彻全省人大工作会议精神，讨论《中共南昌市委关于进一步加强人大工作的若干意见（讨论稿）》，总结十几年来全市人大工作，对做好今后一个时期人大工作提出具体要求。钟家明、周启球出席并讲话，刘伟平、李豆罗、史骏飞、陈守朴、余志坚、田新芳等出席。

11日 由台胞周重韶投资兴建的华夏重韶经济学院竣工仪式在新建县举行。

12日 全市冬季农业生产现场会在安义县召开。会议传达贯彻全省冬季农业生产现场会精神。会议强调，要把冬季农业生产作为农民收入重要增长点，扎扎实实地引导广大农民搞好各项农业生产。田新芳、龚建华出席并讲话。

13日 市政府举办创业板知识讲座。省工行负责人应邀讲授创业板开辟进程及主要政策。刘伟平、雷武江、钟乐初等，市政府有关部门、部分企业负责人参加。

14日 “滕阁秋风话南昌”——南昌市巩固创卫创优成果现场直播活动在滕王阁广场举行。李豆罗、陈守朴、程光茹、雷武江、钟乐初、赵国梁等和各界群众700余人参加。

同日 位于昌北地区的南昌灯头冶炼分厂在旧房拆除施工中，发生墙体倒塌事故，4名民工被压身亡。

15日 国务院副总理钱其琛参观滕王阁。钟家明、刘伟平陪同。

同日 钟乐初在南昌中日友好会馆会见爱尔兰驻上海总领事孔吉瑞及夫人一行。

同日 南昌市举行庆祝中华人民共和国首届记者节系列活动。南昌市新闻单位19名记者组成采访团分赴省内10地市采访。李豆罗、陈守朴为采访队伍送行。

16日 市委常委扩大会议在市委办公楼六楼会议室召开。会议传达贯彻中共十五届五中全会精神。会议强调，全市各级党组织要精心组织广大党员、干部特别是各级领导干部，认真学习贯彻中共十五届五中全会精神，进一步统一思想、振奋精神、抓住机遇、开拓进取，为新世纪加快南昌经济发展开好头、起好步。市各大家领导及市直副地以上干部出席。

同日 位于红谷滩中心区的市政协大楼工程主体顺利封顶，成为红谷滩新区建设中率先完成主体封顶的工程。红谷滩中心区包括市委、市人大、市政府、市政协办公大楼和市行政接待中心、会展中心等6项工程。

17日 市爱卫会第25次全委扩大会暨先进表彰大会召开。授予江西省委机关等285个单位“南昌市卫生先进单位”称号；授予安义县石鼻镇等6个乡镇“南昌市卫生乡镇”称号；授予南昌县塔城乡闸上村委会王家村等19个村“南昌市卫生村”称号。程光茹、钟乐初、吴才仁出席。

18日 市委发出《关于进一步加强人大工作的若干意见》。

同日 市委副书记兼江西预备役师高炮团第一政委李豆罗获由南京军区组织的华东五省一市国防后备力量战线“十佳预任干部”称号。

19日 国务院第五次全国人口普查小组副组长、国家统计局局长朱之鑫在南昌市检查指导第五次人口普查工作。李小南陪同。

20日 市政府第74次常务会议在市政府第一会议室召开。会议审议并原则同意市计委拟订的《“十五”时期南昌市国民经济和社会发展基本思路》，市物价局、市房管局拟订的《南昌市城市物业管理服务收费实施办法》，市项目办拟订的《关于对城郊地区规划及土地管理工作的若干规定》，市人防办拟订的《南昌市人防“十五”计划和2015年发展纲要》，市人事局拟订的《南昌市事业单位实行聘用制管理暂行办法》《南昌市事业单位聘用合同鉴证实施办法》。会议传达中共江西省纪律检查委员会、省监察厅《关于对领导干部违反规定购买企业内部职工股问题限期自查自纠的紧急通知》。刘伟平主持。

同日 市政府召开全市科研机构体制改革座谈会，各科研单位及其主管部门就进一步深化科研机构体制改革进行沟通交流。刘伟平出席并讲话，钟乐初主持。

同日 南昌第三届十大杰出青年表彰大会召开。叶新章、徐小平、倪万根、邹志红、杨金平、胡虎斌、樊小彬、陈美兰、丁晨昌、凌智10名杰出青年受到表彰。周启球出席并讲话。

同日 江西省第一个由奶农专业户自愿组成的协作组织——市奶农联合会正式挂牌成立。田新芳出席挂牌仪式并讲话。

21日 全市集中打击侵财型犯罪大会战动员大会召开。会议强调，全市刑侦、治安等警种要联手作战，狠狠打击，决不手软，切实解决群众反映强烈、影响全市经济建设和发展的社会治安突出问题。李豆罗、李小南，市人民检察院检察长吴延林及省直有关部门负责人出席。

同日 由中国电影集团公司和市委宣传部、南昌有线电视台、江西兆丰集团联合摄制的故事片《滕王阁传奇》开机仪式举行。周启球、李豆罗、陈守朴、余志坚，市慈善总会会长陈绍翔及老干部白栋材等出席。

22日 由南京轻型飞机股份有限公司投资，南京航空航天大学设计，南昌洪都航空工业集团公司参与研制的5人座小型飞机样机AC500出厂仪式举行。这是首架由中国自行设计、自行制造、可用于公务飞行的5人座小型飞机，主要用于国家机关、大型企业公务飞行，还可用于缉私巡逻、森林保护、邮政快递、农业服务、环境监测、科学实验、人员救护、旅游观光等。

23日 全国政协副主席周铁农率全国政协委员赴赣考察团一行对南昌市基础教育和素质教育情况进行考察。考察团听取南昌市有关情况汇报，实地考察南昌三中、南昌市育新学校、南昌师范学校附属小学等学校，并参观南昌八一起义纪念馆等革命传统教育基地。省市领导黄定元、张华康、钟乐初、吴才仁陪同。

同日 全市干部人事制度改革工作座谈会召开。会议传达贯彻全国、全省干部人事制度改革经验交流会议精神，部署有关工作。会议强调，要从全局和战略高度，充分认识深化干部人事制度改革的重要性和紧迫性，积极探索，大胆实践，不断推动全市干部人事制度改革工作深入发展。周启球、熊焕高出席并讲话。

同日 李小南在滕王阁会见厅会见美国利宝互助保险集团中国地区执行董事金柏杨。

24日 全市非公有制经济组织党建工作会议召开。会议传达贯彻全省会议精神，总结有关工作，部署下一步任务。会议强调，必须适应形势发展要求，积极探索非公有制经济组织党建工作思路、途径和方法，使党建工作与生产经营有机结合、相互促进。周启球出席并讲话，熊焕高出席。

25日 香港镇泰集团主席李志元一行到南昌县黄马乡罗渡村考察由该集团捐资兴建的镇泰小学。

同日 德国米索尔基金会驻亚洲总代表孟德良到湾里区太平乡检查验收该基金会捐建的自来水工程。

同日 市文学院、市影视家协会、市作家协会联合举办新世纪繁荣文艺创作座谈会。陈守朴、孔炯与60余位文艺工作者出席。

同日 南昌钢铁有限责任公司获“首钢杯”全国机械冶金系统职工计算机知识普及应用比赛团体一等奖。

同日 东湖区审批办证中心揭牌仪式举行。李小南出席。

26日 刘伟平、雷武江在五湖大酒店会见意大利迈卡迪公司总裁迪戈拉一行。

同日 武汉市委原书记何其雄参观考察南昌高新技术产业开发区。周启球陪同。

同日 南昌市有关部门、部分企业与中国华融资产管理公司南昌办事处举行恳谈会，共谋南昌市企业脱困、防范金融风险之策。姜任保出席。

同日 市委组织部、市委统战部联合举办为期一个月的党外中青年干部培训班，来自各县区、市直有关单位和企事业单位54名党外中青年干部参加培训。周启球出席开学典礼并讲话。

27日 市委常委扩大会议在市委办公楼六楼会议室召开。会议传达学习省委十届十二次全会精神，部署南昌市贯彻落实工作。会议强调，要紧扣发展主题，进一步强化发展意识，坚定发展信心，拓宽发展思路，落实发展措施，在新世纪初努力实现南昌经济跨越式发展。钟家明主持，刘伟平、周启球、李豆罗传达省委十届十二次全会有关文件精神，市委常委、市人大、市政协负责人，市政府党组成员、副市长以及市委、市政府有关部门负责人出席。

同日　周启球就发展个体私营经济承诺兑现情况测评工作发表电视讲话，要求全市各级职能执法部门认真按照市委、市政府部署和要求，用法律法规来规范各种行政执法行为，真正做到依法行政，依法管理，依法办事，为个体私营经济发展创造良好环境。

同日　龚建华在市政府第一会议室会见福州市副市长杨爱军一行。

28 日　李小南发表广播电视讲话，要求全市积极行动起来，全面完成第五次全国人口普查工作。

31 日　市委、市政府发出《关于表彰1999 年度发展乡镇企业先进单位的决定》。

同日　全市乡镇企业工作会议召开。会议传达贯彻全省会议精神，总结和部署有关工作。钟家明、刘伟平出席并讲话，田新芳主持，邹剑桥、龚建华、瞿祖一出席。

2000

11月 November

公元2000年11月 农历庚辰年【龙】													
日	一	二	三	四	五	六	日	一	二	三	四	五	六
			1 初六	2 初七	3 初八	4 初九	5 初十	6 十一	7 立冬	8 十三	9 十四	10 十五	11 十六
12 十七	13 十八	14 十九	15 二十	16 廿一	17 廿二	18 廿三	19 廿四	20 廿五	21 廿六	22 小雪	23 廿八	24 廿九	25 三十
26 初一	27 初二	28 初三	29 初四	30 初五									

1日 市政府发出《关于印发〈南昌市房地产开发项目竣工综合验收管理办法〉的通知》《印发〈关于对城郊地区规划及土地管理工作若干规定〉的通知》。

同日 市委办公厅发出《关于认真学习贯彻省委十届十二次全会精神的通知》。

同日 钟家明、刘伟平、周启球、陈守朴、余志坚、田新芳、熊焕高到设在市委院内的人口普查登记站进行人口普查登记。

同日 南昌市个私企业参与国企改革和旅游开发推介会召开。会议强调，要强化措施，落实政策，优化服务，推动个私经济参与国企改革和旅游开发稳步发展。周启球出席并讲话，孔炯、姜任保、雷武江、瞿祖一等出席。

2日 南昌市第十二届运动会开幕式在八一体育场举行。钟家明、刘伟平、周启球、史骏飞、程金鹏、陈守朴、余志坚、田新芳、周根保等出席。22日，运动会闭幕式在文化会堂举行。刘伟平等出席并颁奖。

南昌市第十二届运动会开幕式举行

同日 “政府出题、党派调研”成果汇报会在市政府第一会议室召开。市各民主党派、工商联负责人分别以《进一步提高旅游产业水平》《关于我市私营企业参与国企改革情况调查》等为题，汇报调研成果。刘伟平、邓启明、赵国梁等出席。

3日 市政府第92次市长办公会议在市政府第一会议室召开。会议审议并原则同意市计委拟订的《关于调整南昌市“九五”计划几项主要经济指标的请示》，市规划局拟订的《关于调整南昌市老城区规划控制圈层的请示》，市人事局拟订的《关于2000年度我市推荐享受政府特殊津贴人选的请示》。刘伟平主持。

同日 市委发出《关于公开选拔副县级领导干部的通知》。

同日 市政府办公厅发出《关于印发〈南昌市事业单位实行聘用制管理暂行办法〉的通知》。

同日 以全国政协人口资源环境委副主任陈洲其为组长、中国冶金建设集团公司董事长王汝林为副组长的国家“一控双达标”环保检查组一行到江西纸业股份有限公司、江氨化学工业有限公司等企业检查环境整治工作。省市领导凌成兴、姜任保陪同。

同日 全市公开选拔副县级领导干部动员大会召开。会议强调，全市各级党组织和组织部门要做好宣传发动工作，鼓励、支持符合条件的干部踊跃报名，接受组织和人民挑选。周启球出席并讲话，熊焕高布置有关工作。

同日 22时30分，西湖区南浦路31号发生特大火灾，17户居民受灾，2人死亡。刘伟平做出批示，要求认真做好善后处理工作。李小南主持召开紧急会议，部署火灾善后处理工作。

4日 洪都航空集团生产的K8飞机日前顺利飞抵珠海，这是K8飞机第三次参加珠海航展。该届航展出现了中国第一支民间特技飞行表演队——隶属四川航空运动俱乐部的“剑南春飞行表演队”，该队3架表演飞机是洪都集团研制的初教6型轻型飞机。

5日 刘伟平、雷武江在南昌中日友好会馆会见以美国嘉伦市市政经理杰弗雷·马兹为团长的嘉伦市政府友好代表团一行。

同日 雷武江在五湖大酒店会见由苏金荣率领的马来西亚马中经贸总商会赴赣考察团一行。

同日 南昌市下岗职工再就业基地——百万家服装商场挂牌。该商场由江西中外名人文化俱乐部接管投资经管，前身为南昌时装大厦。周启球、史骏飞、李小南、肖宣祥前往祝贺。

6日 全市创文明宗教活动场所表彰大会召开。会议表彰佑民寺等10个文明场所、市基督教志道堂等20个先进场所及郊区区委统战部等13个创文明宗教场所活动优秀组织单位。邹剑桥、吴才仁出席。

7日 中国建筑业协会授予市第五建筑工程公司“全国先进建筑施工企业”称号；授予市第二建筑工程公司屋面防水QC小组“全国工程建设优秀管理小组”称号。

8日 刘伟平在市政府第一接待厅会见韩国锦洋化学有限公司代表理事朴次雄一行。双方就与南昌电化有限责任公司合作事宜进行洽谈。

同日 市人大常委会颁布《南昌市新型墙体材料开发应用管理条例》《南昌市科学技术投入条例》。

同日 全市城乡电网建设与改造现场办公会在南昌供电局召开，协调解决全市电网建设与改造中面临的具体问题。刘伟平和省经贸委负责人出席。

同日 新建县保护鄱阳湖越冬候鸟整治工作会议在新都宾馆召开。

9日 省“三五”普法考核验收组对南昌市“三五”普法工作进行为期13天考核验收。21日，考核验收组召开情况反馈会，李豆罗、陈守朴、李小南、吴才仁等出席。

同日 周启球、熊焕高会见沈阳市委副书记王扬率领的赴南昌考察团一行。双方就开展非公有制经济党建工作的做法和经验进行交流。

同日 全市新经济组织建工动员大会召开。会议强调，要充分认识在新经济组织中组建工会工作的重要性和紧迫性，增强责任感，努力把这项工作抓紧抓好。周启球出席并讲话。

同日 市人民检察院专家咨询委员会成立。刘汝舟、吴才仁，市人民检察院检察长吴延林出席成立大会并讲话。

10 日 市委、市政府发出《关于在全市农村实施"三扶工程"的通知》，决定在"十五"期间，市财政每年集中3000万元专项资金，有关县区每年安排相应配套资金，在全市农村实施"三扶工程"：扶优，加快农业产业化进程；扶乡，加快农村城镇化进程；扶贫，加快贫困村组和贫困农户脱贫步伐。通知强调，要充分认识实施"三扶工程"重要意义，明确实施"三扶工程"基本要求，切实加强对实施"三扶工程"组织领导。

11 日 南昌市举办以"科教兴国、开创未来"为主题的第十二届"国家科学与和平周"活动。来自省市8家医院的部分医疗专家在郊区罗家镇中心医院为群众义诊。赵国梁参加。

同日 18时20分许，中国农业银行南昌市洪城大市场分理处发生一起持猎枪杀人抢劫案。多名蒙面歹徒持猎枪闯入银行，开枪打死正在营业厅的2名储户后，持枪劫走银行现金50余万元。省市领导舒圣佑、黄智权、彭宏松、刘伟平、李豆罗、李小南等赶赴市公安局听取案情汇报。当晚，成立专案指挥部，开展侦破追捕工作。

13 日 全市减轻农民负担专项检查工作会议召开。会议传达贯彻省有关文件精神，部署专项检查工作。刘伟平、龚建华出席并讲话，田新芳主持。

同日 洪都航空工业股份有限公司经中国证券监督委员会核准，公开发行"洪都航空"A股股票。12月15日，该股票上市仪式在上海证券交易所举行。

14 日 2000年江西（南昌）招商引资项目洽谈会南昌市新闻发布会在省博物馆召开。雷武江通报南昌市近年来招商引资情况及作为参展和承办单位所做准备工作情况。

同日 邹剑桥、罗时杰率市人大代表经济考察团一行赴芬兰瓦尔济考斯基市和托亚拉市进行考察访问。

同日 全市群众文化工作会议暨参加首届江西农民艺术节总结表彰会议召开。李豆罗、陈守朴、程光茹出席。

15 日 南昌市在五湖大酒店举行招待会，款待前来参加2000年江西（南昌）招商引资项目洽谈会的中外客商。刘伟平出席并致辞，周启球、李豆罗、陈守朴、余志坚、田新芳、周根保等出席。

同日 香港环球实业集团有限公司董事长刘杨生捐资兴建国际梅花林仪式在南昌中日友好会馆举行。刘伟平、李小南出席。

同日 南昌市"慈善一日捐，明阳东方绒万人献爱心"环城接力长跑活动举行。李豆罗、陈守朴、程光茹和南昌慈善总会会长陈绍翔参加起跑仪式。

同日 建设部授予南昌市城管支队"全国城建监察先进集体"称号。

16—18 日 2000年江西（南昌）招商引资洽谈会在省博物馆举行。省市领导舒惠国、舒圣佑、黄智权、钟起煌、步正发、马世昌、周埶平、朱英培、蒋仲平、梅亦龙、刘伟平和1000余位中外客商出席。此次洽谈会，南昌市共签订外资合同项目28个，合同外资金额23123万美元；协议外资项目2个，协议外资金额17580万美元；签订横向经济协作项目58个，总投资18亿元，合同引资金额12.72亿元。

17 日 李小南在南昌中日友好会馆会见参加2000年江西（南昌）招商引资洽谈会的部分国内外客商。

同日 深入南昌市各乡镇开展“光明行”活动医疗组启程仪式在市委大院举行。周启球、余志坚、李小南为医疗组送行，南昌慈善总会会长陈绍翔为医疗组授旗。

18日 刘伟平在江西饭店会见美国微软公司上海分公司总经理陈灼烁。

19日 人民日报社副主编李宝田一行参观滕王阁。李小南陪同。

21日 国家旅游局质量等级评定小组组长李南一行到南昌市，对滕王阁申报国家AAAA旅游景区质量等级进行评定。雷武江及省旅游局负责人参加评定会议。

同日 挪威国家石油公司联合作业集团总裁包豪格、副总裁应业荣捐资32万元兴建南昌县黄马乡希望小学。

同日 唐山市政协副主席李建国率该市各民主党派、工商联负责人到南昌市考察。邓启明、赵国梁、张富会见李建国一行。

同日 刘伟平、周启球在南昌中日友好会馆会见新疆塔城地委书记唐定邦率领的考察访问团一行。双方就南昌市与塔城地区正式结为友好地市达成协议。

同日 郊区关心下一代工作委员会获“全国关心下一代工作先进集体”称号；罗友林、冯殿洲、邓必炬获“全国关心下一代工作优秀工作者”称号；市关工委主任王显文获全省关心下一代工作贡献奖；新建县关工委、东湖区关工委等9个单位获“全省关心下一代工作先进单位”称号；夏桂莲等3人获“全省关心下一代工作先进工作者”称号。

22日 全国人大常委会委员、内务司法委副主任委员万绍芬率调研组一行对南昌市贯彻实施《中华人民共和国预防未成年人犯罪法》《中华人民共和国妇女权益保障法》情况进行调研。史骏飞陪同。

同日 最高人民检察院检察长韩杼滨到新建县人民检察院检查指导基层创建工作。省市领导彭宏松、阙贵善、吴延林陪同。

23日 市政府第93次市长办公会议在市政府第一会议室召开。会议审议并原则同意市政府办公厅拟订的《关于一江两岸城市发展第三期建设工程前期工作安排意见》，市重点项目办拟订的《关于对八一广场美化亮化的意见》，市教委拟订的《关于南昌师范学校、南昌第二师范学校合并组建南昌师范专科学校的请示》等，通报南昌市“十五”期间拟建设的十大环境工程有关情况。刘伟平主持。

同日 市政府第75次常务会议在市政府第一会议室召开。会议审议并原则同意市气象局拟订的《南昌市防雷减灾管理规定》、市房改办拟订的《南昌市机关事业单位住房分配货币化实施办法》；审议市房改办拟订的《南昌市国有企业住房分配货币化指导意见》。刘伟平主持。

同日 全国政协常委、中国林科院院长江泽慧率“湿地与野生动物保护”专题调研组一行到南昌县南新乡和新建县南矶乡对平原绿化、湿地与野生动物保护等情况进行考察。省市领导钟起煌、江国镇、刘伟平、田新芳、龚建华陪同。

同日 市委统战部、市统战理论研究会联合召开“新时期统战工作理论与实践”研讨会。邓启明、赵国梁及论文作者30余人参加。

24日 市委常委会议和市委常委扩大会议在市委书记办公楼会议室召开。会议研究召开市委七届十一次全体会议，召开全市基层党建带团建工作会议和调整市处理邪教“法轮功”问题领导小组成员等事宜；传达第四次全国人民防空会议，全省教育工作会议和全国、全省农村税费改革座谈会议精神，研究有关贯彻意见；通报关于推荐全省个体私营经济工作先进单位、先进个体工商户和私营企业情况。钟家明主持。

同日 江西省省会城市规划建设委员会第

一次全体会议召开。会议强调，要规范历史文化名城南昌的建设。省市领导王君、刘伟平、李小南出席。

同日 市委宣传部、南昌有线电视台举行“明星回家、同献爱心”大型文艺晚会新闻发布会。陈守朴出席并讲话。

同日 市私营企业家慰问团赴海军南昌舰进行慰问。周启球在南昌宾馆为慰问团送行。

同日 江铃汽车股份有限公司顺利通过由中国进出口商品质量认证中心评审专家组进行的ISO 9001质量管理体系第三大认证，成为中国汽车行业首家获得ISO 9001质量管理体系企业。

25日 由市政协办公厅承办，市环保局、市文化局、市教委协办的“叶学龄环保摄影展”在南昌美术馆展出。钟家明、李豆罗、程金鹏、邓启明、吴才仁、赵国梁、肖宣祥、张富出席开展仪式。

同日 周启球率考察团一行赴赣州市、龙南县考察外资企业。

27日 省社会治安综合治理考评组一行到南昌县、郊区等地，对社会治安综合治理工作进行考评。30日，考评组召开考评情况反馈会，李豆罗、李小南、孔炯、陈礼元，市中级人民法院院长敖庆沸、市人民检察院检察长吴延林出席。

同日 市委召开党外人士座谈会，征求各民主党派、工商联和无党派人士对市委《关于制定我市国民经济和社会民展第十个五年计划的建议（征求意见稿）》的意见。李豆罗主持并讲话，余志坚、邓启明、赵国梁、肖宣祥等出席。

28日 钟乐初在南昌宾馆会见台北江西同乡会常务理事杨寿明。

同日 江西大众交通运输有限公司挂牌。该公司由上海大众交通集团、南昌市出租汽车有限公司等共同重组而成。

28—29日 市委七届十一次全体会议在市委小礼堂召开。会议学习中共十五届五中全会和省委十届十二次全会精神，审议并原则通过市委《关于制定我市国民经济和社会发展第十个五年计划的建议》。钟家明出席并讲话，刘伟平代表市委常委会就制定“十五”计划的建议作说明。按照党章规定，会议递补吴涌、李诗权、张淑琳（女）、陈湘侠、陶海龙为市委委员。市委委员、候补委员出席。不是市委委员、候补委员的市人大、市政府、市政协党组成员，南昌军分区政委、市纪委常委，备县区党政主要负责人，市委各部门、市直各单位、市政府驻外办事处主要负责人列席。

市委七届十一次全体会议召开

29日 市委发出《关于制定我市国民经济和社会发展第十个五年计划的建议》。

同日 刘伟平、周启球会见台湾统一企业大陆事业群朱光男一行。

30日 全市农村工作座谈会在南昌县蒋巷镇召开。会议强调，要认真贯彻市委七届十一次全会精神，进一步推动全市农业和农村工作。钟家明、刘伟平、龚建华出席并讲话，田新芳主持。

同日 全市国有企业党建工作经济交流会在市委小礼堂召开。会议总结近年工作，部署下一步任务。周启球、熊焕高出席并讲话。

同日 由市第一建设工程公司施工的银翔大厦工程获“2000年度中国建筑工程鲁班奖”。

是月 江西济民可信集团有限公司、江西国鸿实业有限公司、南昌市顺心食品有限公司、江西煌上煌实业有限公司、江西恒大高新技术实业有限公司、南昌稻香园调味食品有限公司、江西长山出口花炮总厂、中外合资盛兴制衣有限公司、江西豫林水泥有限公司、江西赣达生物饲料有限公司、汪氏蜜蜂园、南昌成功针织制衣有限公司分别举行“南昌市重点私营企业”挂牌仪式。刘伟平、李豆罗、史骏飞、田新芳、李小南、孔炯等分别出席。

2000
12月 December

公元2000年12月 农历庚辰年【龙】													
日	一	二	三	四	五	六	日	一	二	三	四	五	六
					1 初六	2 初七	3 初八	4 初九	5 初十	6 十一	7 大雪	8 十三	9 十四
10 十五	11 十六	12 十七	13 十八	14 十九	15 二十	16 廿一	17 廿二	18 廿三	19 廿四	20 廿五	21 冬至	22 廿七	23 廿八
24 廿九	25 三十	26 初一	27 初二	28 初三	29 初四	30 初五	31 初六						

1日 市政府办公厅发出《关于转发南昌市投资与建设项目审批办证服务中心〈创评文明窗口活动方案（暂行）〉的通知》。

同日 市人大常委会组织部分在昌全国、省九届人大代表到南昌县、新建县、进贤县、安义县、青云谱区、郊区等地考察农业结构调整、国有企业改革等工作。5日，代表们听取市政府、市中级人民法院、市人民检察院有关工作情况汇报。8日，代表们向市政府和市法院、市检察院反馈情况。刘伟平、史骏飞、孔炯、邹剑桥、罗时杰、姜任保、龚建华，敖庆沸、吴延林等听取反馈意见。

同日 全市经济责任审计工作会议召开。会议强调，要把审计监督"关口"前移，形成审计监督、组织人事监督、纪检监督"三位一体"的干部监督管理新体制，使党政领导干部和国有企业法人代表任期经济责任审计落到实处。刘伟平出席并讲话。

同日 全市冬季防火工作会议召开。会议传达全省消防工作流动现场会精神，通报全市2000年1—11月火灾、消防工作及重大火灾隐患整改情况，部署下一步任务。会议强调，要切实做好冬季防火工作，严防火灾事故特别是群死群伤等重大恶性火灾事故发生。李小南出席并讲话。

同日 青云谱区青云谱乡计划生育协会获"全国计划生育协会乡级先进单位"称号。

4日 国际旅游专家、日本广教大学国际部讲师太田源三考察湾里区旅游发展情况。

5日 市委"三讲"办检查组动员会议召开，决定向9个县区和92个第一批市直"三讲"教育单位派出11个检查组，检查"三讲"教育单位开展"回头看"和整改落实情况。熊焕高出席并讲话。

6日 市政府发出《关于转发〈江西省国家行政机关公文处理办法〉的通知》。

同日 市政府办公厅发出《关于印发〈全市行政执法责任制工作日常考评情况总结〉的

通知》。

同日 程光茹率市人大立法考察组一行赴合肥、南京、福州、厦门、深圳等地考察城市规划立法工作。

同日 “市重点私营企业”挂牌仪式在江西科光窑炉材料有限公司、安义县铝型材料厂举行。程金鹏、熊焕高分别出席。

7日 省市领导黄名鑫、胡振鹏、李豆罗、李小南、钟乐初在江西宾馆会见全国人大常委会委员、内务司法委副主任委员万绍芬和香港新华集团总裁蔡冠深。

同日 市政府第94次市长办公会议在市政府第一会议室召开。会议审议并原则同意市商品流通市场规划建设管理领导小组拟订的《关于呈报专家论证人员名单的请示》，市物价局拟订的《关于要求调整我市有线电视收费标准的请示》，市投资与建设项目审批办证服务中心管委会拟订的《关于要求审议〈关于对第二批投资与建设项目实行统一审批办证有关事项的通知〉的请示》等；传达学习省政府办公厅《关于认真汲取重特大伤亡事故惨痛教训，切实抓好当前安全生产工作的紧急通知》。刘伟平主持。

同日 全市乡村集体企业产权制度改革现场会在进贤县李渡镇召开。会议强调，要进一步深化乡镇企业产权制度改革，提高乡镇企业市场竞争能力，推动乡镇企业持续、快速发展。钟家明、刘伟平、田新芳出席并讲话，龚建华主持。

同日 中国进出口商品质量认证中心主任张国清率审检组对南飞纺机公司ISO 9002质量体系进行的评审。

8日 南昌县三江镇三江小学教学综合大楼——“冠深楼”揭幕仪式举行。全国人大常委会委员、内务司法委副主任委员万绍芬，省市领导黄定元、李豆罗、李小南、钟乐初出席。

同日 市政府发出《关于贯彻实施〈江西省城市居住小区物业管理条例〉的意见的通知》。

同日 刘伟平在五湖大酒店会见德国柏林给排水国际有限公司董事长恩斯特一行。双方就青山湖污水处理厂合作事宜草签合作协议书。

同日 全省首家环境教育实验基地挂牌仪式在南昌市青新小学举行。省市领导钱梓弘、程光茹出席。

11日 南昌市在省体育馆举办“明星回家，同献爱心”大型慈善文艺晚会。周启球、李豆罗、史骏飞、程金鹏、田新芳、熊焕高等出席。

南昌市举办“明星回家，同献爱心”大型慈善文艺晚会

12日 市政府发出《关于加快推进全市水利工程管理体制改革的通知》《南昌市防雷减灾管理规定》。

同日 钟家明、刘伟平在五湖大酒店会见以浙江省台州市委书记、市人大常委会主任孙忠焕为团长的考察团一行。

同日 全市加强城市社区建设座谈会召开。会议强调，各城区要围绕拓展社区服务、发展社区卫生、繁荣社区文化、美化社区环境、加强社区治安，因地制宜确定社区建设发展重点，确保全市社区建设工作在新世纪初迈上一个新台阶。余志坚出席并讲话。

同日 南昌广播电视信息网络有限公司成立。刘伟平、周启球、李豆罗、孔炯、罗时杰等前往祝贺。

13日 市政府发出《印发〈南昌市已购公有住房和经济适用住房上市出售实施办法〉的通知》。

同日 全市“打黑除恶”专项斗争电话会议召开。会议传达贯彻全国、全省会议精神，部署有关工作。会议强调，公安机关要全警动员，集中时间，加大侦查和追捕力度，坚决依法打击黑恶势力。李豆罗出席并讲话，李小南等出席。

同日 江铃汽车集团公司被科技部授予“国家级CAD应用工程示范企业”称号。

14日 全市创建“平安大道”现场会在南昌县召开。会议总结工作，听取南昌县经验介绍。李小南出席并讲话。

同日 赣抚平原灌区四干、新五斗渠农民用水协会在南昌县麻丘镇高胡村挂牌成立。这是江西省第一家农民用水协会，意味着灌区农民从此有了自己具有法人资格的专门从事水利工作的管水组织。

15日 市委常委会议在市委书记办公楼会议室召开。会议研究市委春节前后工作安排，召开全市“三五”普法和依法治市工作总结暨表彰大会，落实党风廉政建设责任制等事项；会议同意市法制宣传教育工作领导小组报送的《关于推荐我市吴成福等同志参加全国法制宣传教育先进集体、先进个人评选工作的请示》；推荐程其调参加全国优秀信访工作者评选。钟家明主持。

同日 市政府第95次市长办公会议在市政府第一会议室召开，研究部署当前工作。刘伟平主持。

同日 全市水利工程产权改革现场会在新建县溪霞镇召开。会议强调，要转变观念，明晰所有权，放开建设权，拍卖使用权，搞活经营权，拓宽水利投资渠道，提高水利动作效益，使全市水利建设尽快走出一条社会办水利的新路子。田新芳、龚建华出席并讲话。

同日 市丰科实业有限公司、市水产科技发展实业公司挂牌。两公司分别由市蔬菜科研所、市水产科研所转制后成立。钟乐初前往祝贺。

同日 程光茹率市人大城建委、市市容局有关人员赴青岛、大连、郑州等地考察城市市容管理立法工作。

16日 公祭旅港江西同乡会原会长王华湘仪式在南昌市举行。周启球、雷武江、瞿祖一，老干部李善元、王修华及王华湘亲属、生前友好共250余人参加。

17日 进贤县对李渡鉴良、排头、桐车港等3个自然村制假活动进行打击，捣毁非法生产窝点3个，缴获制假机器3台，封存假冒伪劣一次性医疗器械162袋。

18日 中国残疾人联合会主席邓朴方考察郊区残疾人工作。省政府秘书长兼省残工委主任王飚，钟乐初及省市残联负责人陪同。

同日 新疆伊宁市委副书记马永钦、副市长孙鹏率教育考察团一行考察南昌师范学校、新二中、育新学校、现代外国语学校等。李豆罗、钟乐初陪同。

19日 全市农业综合开发流动现场会在南昌县向塘镇召开。会议强调，各地要寻找农业综合开发亮点，找准今后目标和定位，迅速掀起农业开发新高潮。田新芳、龚建华出席并讲话。

20日 全国人大常委会委员、内务司法委副主任委员万绍芬考察南昌县莲塘一中教学工作。

同日 全市基层“党建带团建”工作会议召开。会议总结工作，部署任务，表彰先进单位。会议强调，要以中共十五届五中全会精神为指导，进一步加强和改善党对青年工作领导，做好“党建带团建”工作，全面推进基层党、团组织建设。周启球出席并讲话，熊焕高出席。

同日 23时左右，位于中山路192号的西湖商厦发生火灾。市消防支队调集28辆消防车、200余名官兵前往扑救。省市领导黄智权、钟家明、彭宏松、凌成兴、李豆罗、余志坚、李小南和省市公安部门负责人赶赴现场指挥灭火。21日凌晨5时40分，大火被扑灭，未造成人员伤亡。起火原因是电焊工违章操作所致。27日，刘伟平察看“12·20”火灾现场，并就做好善后修复工作提出要求。

21日 市政府办公厅发出《关于印发2001年元旦、春节期间走访慰问困难群众和职工工作方案的通知》。

同日 2000年江西食品展销洽谈会开幕式在八一广场举行。此次展销洽谈会，南昌市分别以成交总额5.79亿元，零售额3057.5万元，签约额5.49亿元，创三项全省第一。

同日 郊区进顺村股份制集团有限公司成立大会举行。省市领导孙用和、田新芳出席。

22日 市政府第96次市长办公会议在市政府第一会议室召开。会议审议并原则同意市法制局拟订的《市人民政府2001年立法工作计划（修改稿）》，市财政局拟订的《关于兑现陈景雷等三人奖励的请示》等；传达学习中共中央办公厅、国务院办公厅《关于做好2001年元旦、春节期间有关工作的通知》。李小南主持。

同日 全市预防青少年犯罪研讨会召开。会议强调，各级党委、政府要提高对预防青少年犯罪工作重要性和紧迫性的认识，做到思想上高度重视，行动上积极参与。李豆罗出席并讲话。

同日 全市各民主党派基层组织建设经验交流会召开。邓启明、赵国梁分别主持，市委统战部和市各民主党派基层支部负责人参加。

同日 全市首家以非公有制经济企业为主要服务对象的律师事务所——江西商海律师事务所挂牌仪式举行。周启球、孔炯、瞿祖一出席。

25日 全国农村改水改厕调研组一行到湾里区考察农村改水改厕工作。

同日 市妇女儿童工作委员会举办的《南昌市妇女发展规划》《南昌市儿童发展规划》AAA模式培训班。来自市、县（区）妇儿工委成员单位50余人参加培训。钟乐初看望学员。

26日 市第二体育学校举行“全国重点射击学校”挂牌仪式。钟乐初、国家体育总局副局长于再清出席并揭牌。

27日 市总工会、市劳模协会召开劳模、先进工作者座谈会。来自全市各行各业的全国、省、市劳模及先进工作者、五一劳动奖章获得者60余人参加。周启球出席并讲话，程金鹏出席。

同日 市侨办、市侨联主办的“迎接新世纪”联谊会举行。周启球、李小南、孔炯、雷武江、邓启明及120名侨界人士参加。

同日 修葺一新的绳金塔初次试灯活动举行。李豆罗、陈守朴前往观看。

28日 市政府发出《关于迅速在全市开展防火安全大检查的紧急通知》。

同日 全市“三五”普法和依法治市总结暨表彰大会召开。会议表彰10个1999年度市执法标兵、10个依法治市先进单位、20个“三五”普法先进单位、140名“三五”普法先进个人。李豆罗出席并讲话，李小南作工作报告，陈守朴、刘汝舟、吴才仁和省司法厅负责人等出席。

同日 罗时杰会见到南昌市学习考察的上饶市人大常委会副主任周华北一行。

同日 全省首家青年学生法制教育共建基地揭牌仪式在西湖区举行。市中级人民法院院长敖庆沸出席。

29日 全市纪检监察机关执法监察工作会议召开。会议传达贯彻全国、全省会议精神，部署有关工作。会议强调，要进一步增强做好执法监察工作的政治责任感和自觉性，高度重视和加强对执法监察工作领导，不断开创全市执法监察工作新局面。周启球出席并讲话。

同日 全市消防安全工作紧急会议召开。会议通报入冬以来全市消防工作，部署消防安全检查任务。会议强调，各级党委、政府要吸取河南省洛阳市东都商厦特大火灾事故教训，立即开展消防安全大检查，对发现的违法违章行为依法采取果断措施，从源头上预防特大火灾特别是群死群伤恶性火灾事故发生。李小南出席并讲话。

同日 邹剑桥等会见广西钦州市人大常委会副主任谢锡斌一行，双方就农电改革工作进行座谈。

同日 世界著名小提琴演奏家盛中国携夫人——日本钢琴演奏家濑田裕子到进贤县李渡镇东南村委会盛家村认祖归宗。

30日 南昌地区旅游行业“跨世纪、迎新年”联欢晚会在江西饭店举行。李豆罗及省旅游局负责人出席。

31日 市委常委会议在市委书记办公楼会议室召开。会议传达全省经济、政协、统战、政法、农村“三个代表”重要思想学习教育、城区党建、老干部、精神文明、干部监督、党校工作会议和党管武装工作座谈会精神，研究部署贯彻意见。会议研究召开全市负责干部大会、走访老干部、春节团拜会安排、市委中心组学习方案等事项。钟家明主持。

同日 全市“迎接新世纪，撞响新年钟声”大型欢庆活动在省体育馆、红谷滩和绳金塔同时举行。钟家明、刘伟平、周启球、李豆罗、史骏飞、程金鹏、陈守朴、余志坚、田新芳等参加。

同日 22时30分，绳金塔地宫封存仪式举行。藏入地宫的有《南昌市志》1套7本，《南昌地名志》1本，《南昌年鉴》1998版、1999版、2000版各1本，以及南昌新八一大桥模型、滕王阁模型、李渡高粱酒等21件有代表意义的物品。

同日 凌晨3时，东湖区民德路211号901室发生一起持枪抢劫案，4名蒙面歹徒手持枪闯入艾某家抢得现金1万余元和价值4万元金银首饰后，将艾某及其13岁儿子扣作人质，押上艾某私家桑塔纳轿车，于凌晨5时逃离现场，并向人质家属索要30万元。市公安局接到报案后，调集警力围追堵截，当场抓获2名持枪歹徒，并解救2名人质。东湖公安分局刑侦大队长潘堃在解救人质时牺牲。2001年1月1日、3日，在逃另外2名歹徒先后落网。

同日 东湖区文化局组织推荐的群舞《山里人》获文化部“群星奖”铜奖。

是年

是年 南昌市属国有企业有43441名下岗职工进入南昌市就业服务中心，其中有34091名下岗职工与中心签订协议，25586人领取了基本生活费。

2001

南昌市创全国卫生先进城市、中国优秀旅游城市表彰大会召开

概要

2001年，市委、市政府紧紧围绕“富民强市”目标，努力做好“两篇文章”，着力克服体制转轨经济转型过程中的困难，全面完成了市十二届人大一次会议确定的各项任务，经济和社会发展呈现出人心思上、人气兴旺、经济提升、城市变样的良好局面。

城市面貌明显改观 以创建现代文明花园英雄城市为目标，以整治市容环境为突破口，围绕“六大工程”，做到“六个结合”，取得“道路变宽、交通变畅、秩序变好、夜晚变亮、市容市貌变美、社会风气变优、精神面貌变新、创建信心变足”的阶段性重大成果，基本达到“眼睛为之一亮，精神为之一振，面貌为之一新”的预期效果，凝练出“众志成城、团结拼搏、事在人为、敢创一流”的创建精神。

招商引资成绩显著 开辟“中国港澳台、日韩、美加、西欧”四大区域，突出“工业、农业、三产、城建、社会事业”五条战线，建立“领导负责、项目首谈、信息报告、工作推进、情况督查、利益分成、招商办证无假日、外商投资企业审批改登”八项制度，完善“投资促进、统一办证、外商投诉”三大中心，健全考核体系，规范涉外收费，削减行政审批，兑现引资奖励，呈现出投资环境日益改善，外商纷至沓来，下半年平均日进外资66万美元的良好态势。

开展学习教育活动 1月9日，市委召开全市农村“三个代表”重要思想学习教育工作会议召开，学习贯彻《中共中央办公厅关于在农村开展“三个代表”重要思想学习教育活动的意见》和全国、全省会议精神，研究部署农村“三个代表”重要思想学习教育活动。2月3日，全市选派干部进村入户抓“三个代表”重要思想学习教育活动动员大会召开，市委选派490名干部组成98个宣讲督查团，下到各乡镇参加第一阶段乡镇“三个代表”重要思想学习教育工作。2月15日，省派督查组进驻南昌市各县区，指导、检查、督促农村开展“三个代表”重要思想学习教育活动。

改革行政审批制度 2月2日，市政府发出《关于南昌市行政审批制度改革实施方案》。5月10日，市政府召开常务会议，审议并原则同意市行政审批制度改革领导小组《关于要求审议我市行政审批事项的请示》。5月29日，市政府发出《关于做好行政审批改革工作的通知》和《南昌市保留和取消行政审批事项目录》。6月6日，市政府发出《关于批转南昌市投资与建设项目审批办证服务中心管委会对暂未进驻办证大厅实行监管试行办法的通知》。9月14日，市委、市政府发出《关于优化投资环境的若干意见》，强化投资与建设项目审批办证服务中心的职能作用，进一步优化投资环境。12月20日，市政府召开常务会议，会议审议并原则同意市审批办证中心管委会《南昌市投资与建设项目审批办证收费“一单清”实施办法》《南昌市企业注册登记“并联审批”办法》《南昌市建设工程项目“并联审批”办法》。

整顿规范市场经济秩序 4月15日，市委、市政府召开全市社会治安、整顿和规范市场经济秩序工作会议，传达贯彻全国、全省社会治安、整顿规范市场经济秩序工作会议精神，决定在全市范围内开展一场“严打”“严整”“严究”斗争。4月27日，市政府办公厅发出《2001年南昌市整顿规范市场经济秩序和安全生产秩序工作实施方案》《关于印发〈南昌市整顿和规范市场经济秩序工作领导小组及其办公室工作职责〉的通知》。4 月 28 日，省市综治办、法院、检察院、公安、司法行政、经贸委、工商等部门联合举办严打整治斗争和整顿规范市场经济秩序法制宣传日活动，发动群众积极参与整顿和规范市场经济秩序工作。

深入揭批邪教“法轮功” 市委、市政府坚持以情以理以法为手段，以教育人转化人为目的，进一步做好教育转化工作,使绝大多数邪教“法轮功”练习者认清李洪志险恶用心,坚决与“法轮功”邪教组织决裂，重新回到社会和亲人怀抱。1 月 30 日，市委集中收看中央电视台关于天安门广场邪教“法轮功”痴迷者自焚事件真相的报道并组织座谈。2 月 13—16 日，全市“反对邪教、保障人权百万公众签名活动”首签式举行。3 月 8 日，全市法制教育学习班首批邪教“法轮功”练习者通过学习教育顺利结业。3 月 19 日,召开全市教育转化再布置工作会议。4 月 30 日,全市同“法轮功”邪教组织斗争表彰大会在市委礼堂召开，107 个先进集体和 201 名先进个人受表彰。

个私经济健康发展 市委市政府把个体私营经济摆在重要位置，纳入国民经济和社会发展总体规划，确保个体私营经济健康发展。3 月 1 日，全市个体私营经济工作暨表彰会召开，部署全市个体私营经济工作，表彰 2000 年度个体私营经济工作先进单位、先进个人和先进私营企业、先进个体工商户。3 月 26 日，全市个体私营经济工作现场会召开，强调个私经济要抓存量与抓增量并举，突出抓增量，抓扶持与抓环境并举，突出抓环境，抓激励机制与抓责任机制并举，突出抓责任机制，不断提高个体私营企业的素质、实力和竞争力，促进非公有制经济长足发展。

干部队伍建设 9 月 14 日,市委发出《关于进一步加强我市干部队伍建设的意见》。9 月 15 日，召开全市加强机关思想作风建设动员大会。同日,市委发出《南昌市机关作风建设领导责任制（试行)》和《关于在全市评选思想作风建设、优化投资环境文明单位的实施意见》。10 月 18 日，市委常委理论学习中心组审议机关思想作风建设暨优化投资环境实施方案。10 月 21 日,市委发出《南昌市加强机关思想作风建设实施方案》，对加强机关思想作风建设工作的目的要求、基本原则、具体措施等做出明确规定。

全市 2001 年主要经济指标完成情况 国内生产总值 485.62 亿元，增长 12.1%；全社会固定资产投资 94 亿元，增长 18%；财政总收入 52.4 亿元，增长 17.6%；地方财政收入 22.5 亿元，增长 17.5%；实际利用外资 12767 万美元，增长 2.9 倍；实际利用内资 38.2 亿元，增长 25.3%；社会商品零售总额 160.8 亿元，增长 11.4%；城镇居民年人均可支配收入 6206 元，增长 8.3%；农民年人均纯收入 2517 元，增长 5.3%；人口出生率 15.49‰。

2001

1月

January

公元2001年1月							农历辛巳年【蛇】						
日	一	二	三	四	五	六	日	一	二	三	四	五	六
	1 元旦	2 初八	3 初九	4 初十	5 小寒	6 十二	7 十三	8 十四	9 十五	10 十六	11 十七	12 十八	13 十九
14 二十	15 廿一	16 廿二	17 廿三	18 廿四	19 廿五	20 大寒	21 廿七	22 廿八	23 除夕	24 春节	25 初二	26 初三	27 初四
28 初五	29 初六	30 初七	31 初八										

2日 劳动和社会保障部副部长王东进率检查团一行在南昌市走访困难企业，看望下岗职工，督促“两个确保”工作的落实，即确保国有企业下岗职工基本生活和养老金按时足额发放。

同日 李豆罗、钟乐初在凯莱大酒店会见以留日学者袁首仁博士为团长的海外留学人员赴赣考察团一行。考察团一行考察南昌高新区，重点考察金庐软件园区建设。

同日 《江西日报》以《南昌社会各界乐善好施》为题报道，南昌慈善总会、市残联等6家社会团体共同发起的“慈善一日捐，济困送温暖”活动得到社会各界积极响应，共收到社会各界捐款574万元，衣物折价近20万元。

同日 市统计局获“全国统计系统先进单位”称号。

3日 台湾统一企业与郊区合作签约仪式在五湖大酒店举行。省市领导舒惠国、舒圣佑、步正发、钟家明、朱英培、刘伟平等出席。

4日 人民的好警察、东湖公安分局刑侦大队长潘堃追悼会在市殡仪馆千秋堂举行。全国人大常委会内务司法委员会副主任万绍芬，省市领导彭宏松、黄名鑫、厉志成、王峰、周启球、李豆罗等及省市社会各界人士逾1000人参加追悼会。

同日 市工商局组织120个工商所、1697名执法人员开展“百所千人”打假会战。打假会战共查获假劣物品76个品种，标值190万元。

5日 公安部部长贾春旺签署命令：追授南昌市公安局东湖分局刑侦大队原大队长潘堃为全国公安系统一级英雄模范。

同日 市委、市政府发出《关于在全市开展向潘堃同志学习的决定》。此前，省政府已追认潘堃为革命烈士。

同日 郊区关工委获“全国关心下一代工作先进集体”称号。

同日 全市负责干部大会在市委礼堂召开。会议传达贯彻全省政法、统战、党校、精神文明、城区党建、干部监督、老干部、党管武装工作会议精神，部署有关工作。会议强调，各部门、各单位要发挥主动性、积极性，围绕贯彻落实上述会议精神，订出计划，狠抓落实，促进各项工作全面发展。钟家明出席并讲话，刘伟平主持，市委常委、市人大常委会正副主任、市政府副市长、市政协正副主席、南昌军分区政委、参谋长、市中级人民法院院长、市人民检察院检察长和市长助理出席。

6—7日 市委常委中心组学习会在市委书记办公楼会议室举行。会议学习贯彻中共十五届五中全会精神，讨论研究全市各项工作。会议强调，要抓住当前南昌各项工作势头越来越好的有利时机，切实按照"站稳双脚，打出双拳"总体要求，认真落实各项具体措施，努力实现新世纪初南昌经济跨越式发展和社会全面进步。钟家明主持，市委常委、市人大常委会主任、市政协主席、市政府党组成员参加。各县区委书记、县区长，市直有关部门和单位负责人列席。

7日 由南昌日报社等单位组织的"与读者心连心，向读者拜早年"活动在八一广场举行。李豆罗、陈守朴前往看望参加活动的工作人员。

8日 "12·31"缉捕战斗有功人员表彰大会在江西艺术剧院举行。省市领导黄智权、钟起煌、钟家明、卢秀珍、厉志成、李修源、周日扬、刘伟平、周启球、李豆罗等出席。

9日 南昌市获颁"中国优秀旅游城市"。经国家旅游局验收、审核，全国第二批申报"中国优秀旅游城市"共127家，其中入围有68家。南昌市列41家地级市中第17位，列地级省会城市8家中第3位；滕王阁进入国家AAAA级风景区行列。

同日 南昌市洪都工商所、墩子塘工商所获"全国工商行政管理系统先进工商所"称号；万寿宫商城工商所所长邓晓冰获"全国工商行政管理系统先进工作者"称号；青云谱工商分局局长万东平、墩子塘工商所所长熊金梅获"全国工商行政管理系统优秀工商行政管理人员"称号。

同日 刘伟平在锦峰大酒店会见西门子数字程控通信系统有限公司市场销售大部总监法华一行。法华此次到南昌，就与省电力公司合作在南昌高新区办企业等事宜进行考察洽谈。

同日 全市农村"三个代表"重要思想学习教育工作会议在市委小礼堂召开。会议学习贯彻《中共中央办公厅关于在农村开展"三个代表"重要思想学习教育活动的意见》和全国、全省会议精神，研究部署有关工作。会议强调，各级党委要把学习教育工作作为一项十分严肃的政治任务摆上重要议事日程，坚持高标准、严要求，切实开展农村"三个代表"重要思想学习教育活动，使全市农村工作出现一个崭新面貌。钟家明、周启球出席并讲话，李豆罗主持，陈守朴、田新芳、熊焕高、龚建华出席。

同日 市人大常委会颁布《南昌市道路交通管理若干规定（修正案）》《南昌市城市公共汽车电车客运管理条例》《南昌市公益林保护条例》。

10日 南昌市首届青少年科技创新月活动日前结束。活动期间，举行全市高新科技报告会，聘请专家博士作"基因组计划"学术报告；举行"小学生之友"杯奥林匹克比赛和"青少年科技信息潮活动"等。全市50多万名青少年参加此次活动。

11日 市政府第98次市长办公会议在市政府第一会议室召开。会议审议并原则同意市规划局拟订的《关于对〈朝阳洲片区分区规划〉的审查意见的报告》；审议市土地局拟订的《关于送审南昌市基准地价的报告》；审议并原则同意《关于彻底整治进贤县李渡镇、长山乡制售假冒伪劣一次性医疗器械春节前工作的意见》，市人事局拟订的《关于对我市受行政表彰给予记功奖励的个人按记功等级统一制作荣誉奖章的请示》，市创卫创优指挥部拟订的《关于表彰创卫创优先进单位的决定》等。刘伟平主持。

12日 教育部授予洪都集团公司“全国普通高等学校毕业就业工作珍惜人才先进单位”称号。

同日 市政府发出《关于表彰创卫创优先进单位的决定》。

同日 市委办公厅、市政府办公厅发出《关于认真做好当前我市处理法轮功问题工作的几点意见》。

13日 在北京参加“中国优秀旅游城市”命名表彰大会的李豆罗等代表返回南昌。刘伟平、周启球、陈守朴、雷武江、罗为民到火车站迎接。

在北京参加“中国优秀旅游城市”命名表彰大会的代表返回南昌

同日 南昌凤凰数码科技有限公司开业典礼仪式在南昌高新区举行。该公司是凤凰光学股份有限公司与台湾联科国际有限公司合资兴办，总投资3000万元，其中凤凰光学控股60%，主要生产和销售数码照相机、照相器材、光学仪器及数字电子产品等。省市领导朱英培、刘伟平出席。

14日 市委常委会议在市委书记办公楼会议室召开。会议传达国务院副总理吴邦国批示和全国打假办“12·20”专案督查组对南昌市打假工作要求，提出南昌市具体贯彻落实意见；研究处理邪教“法轮功”有关事宜。

同日 由省新闻出版局、省出版总社援建的安义县新民乡图书馆竣工。

同日 全市劳模、先进人物代表座谈会在郊区进园宾馆举行。来自全市各行各业50余名劳模、先进人物代表参加。周启球出席并讲话，史骏飞、程金鹏，老干部许勤出席。

14—15日 省公安厅、市公安局侦破2000年11月11日发生在中国农业银行南昌市洪城大市场分理处的特大持枪杀人抢劫案，犯罪嫌疑人华某、胡某、郑某、罗某、吴某、龙某落入法网，缴获作案猎枪2支、自制双管短枪2支、子弹30余发和蒙面头套4副。

15日 省市联合举办的潘堃英雄事迹报告会在江西艺术剧院召开。省市领导钟起煌、步正发、彭宏松、傅克诚、黄名鑫、喻长林、阙贵善、王峰、周启球、李豆罗、史骏飞等与1000余名机关干部、武警官兵和公安民警出席。

省市联合举办潘堃英雄事迹报告会

同日 市政府第99次市长办公会议在市政府第一会议室召开。会议研究江西纸业股份有限公司技改项目有关问题。刘伟平主持。

同日 全市政府系统信息工作总结表彰会召开。会议表彰西湖区政府办公室等20个先进单位，8名优秀信息工作领导者、21名优秀信息工作者和23名优秀信息员。刘伟平出席并讲话。

同日 钟家明、刘伟平、周启球、陈守朴、余志坚、田新芳、周根保、熊焕高、姜任保、雷武江、钟乐初、龚建华、罗为民分5路走访慰问困难农户、困难职工及困难居民。

同日 全市沼气生态农业工程现场会在安义县石鼻镇召开。会议强调，各农业县区要在今后沼气工程建设中，坚持“因户制宜，择优发展，农民自愿，讲求效益”推广原则，提高认识，加大投入，强化措施，抓好示范，切实落实好目标任务。田新芳、龚建华出席并讲话。

同日 市委宣传部、市文化局在八一广场联合举行“世纪之光”合唱节演出。李豆罗、陈守朴观看演出。

16日 全市财政体制改革座谈会在南昌县召开。会议强调，要从改革财政管理制度着手，加大制度改革创新力度，强化监督制约机制，使财政工作逐步走上规范化、科学化、制度化轨道。周启球、李小南出席并讲话。

同日 市政协召开各界人士迎春茶话会。程金鹏、陈礼元、邓启明、瞿祖一、吴才仁、赵国梁、肖宣祥、张富和部分市政协委员、市各民主党派、工商联、各人民团体等各界人士代表出席。

17日 省市领导黄智权、马世昌、彭宏松、朱英培、周启球、李豆罗、李小南、雷武江分4路到省军区、江西预备役师、南昌军分区、南昌陆军学院、省消防总队走访慰问驻赣部队官兵。

同日 中科院地理所旅游规划中心主任郭来喜到安义县考察论证古建筑。

同日 西湖区召开个体私营经济“双十星”表彰大会。江西煌上煌实业有限公司等10家私营企业、个体工商户和西湖地税分局等6个个私工作先进单位受到表彰。孔炯、瞿祖一出席。

18日 “世纪之春”省市军民春节文艺晚会在江西艺术剧院举行。晚会由省委宣传部、省文化厅、省广电厅、市政府和省市双拥办共同主办，省市歌舞团等单位表演了《祖国您好》等节目。省市领导钟家明、刘伟平、周启球、李豆罗、史骏飞、程金鹏等出席。

“世纪之春”省市军民春节文艺晚会举行

同日 各界人士迎春茶话会在市委小礼堂举行。钟家明、刘伟平、周启球、李豆罗、史骏飞、程金鹏等出席。

同日 市政府发出《嘉奖令》，对成功破获“11•11”银行劫案的南昌市公安局通令嘉奖。

同日 全市迎新春巩固创卫创优成果大会召开。会议强调，各有关部门要加大市容整治力度，巩固创卫创优成果，给市民一个整洁、干净、优美的环境。李豆罗、罗为民出席并讲话。

19日 位列世界企业500强第23位的德国麦德龙公司日前与南昌市签约，在洪都南大道购地5.33公顷建设大型商业超市，仓储设施投资达1600万美元，流动资金投入在1500万美元以上。这是外资首次直接进入江西省商业领域。

同日 破获“11·11”特大持枪杀人抢劫银行巨款案表彰大会在江西艺术剧院举行。省市领导黄智权、钟家明、彭宏松、黄名鑫、周日扬、刘伟平、周启球、李豆罗、史骏飞等出席。

20日 南昌市创“全国先进卫生城市、中国优秀旅游城市”表彰大会在省体育馆举行。钟家明、刘伟平为南昌市获得的部颁“双创”

奖牌揭幕。周启球宣布关于表彰创卫创优先进单位的决定。省市领导钟家明、胡振鹏、刘伟平、周启球、李豆罗、史骏飞等为东湖区等51个受表彰单位颁奖。

南昌市创全国卫生先进城市、中国优秀旅游城市表彰大会召开

同日 市政府第100次市长办公会议在市政府第一会议室召开。会议审议并原则同意市计委拟订的《南昌市国民经济和社会发展第十个五年计划纲要（草案）》，市财政局拟订的《关于市本级2001年财政收支预算的请示》《关于南昌市工业设备安装建筑工程公司要求核销待处理流动资产损失报告处理意见的请示》，市投资与建设项目审批办证服务中心管委会、市人事局、市监察局拟订的《关于表彰“最佳文明窗口”和“文明窗口”的请示》。刘伟平主持。

同日 市政府第77次常务会议在市政府第一会议室召开。会议审议并同意市房管局拟订的《南昌市城市房屋白蚁防治管理办法》，审议并原则同意市投资与建设项目审批办证服务中心管委会拟订的《南昌市行政审批制度改革实施方案》。刘伟平主持。

同日 李豆罗、钟乐初等向省委、省人大、省政府、省政协、省军区、省纪检、省武警总队及驻昌部队送去感谢对南昌市创卫创优大力支持的锦旗。

同日 市急救中心“120”急救指挥报警系统正式开通。钟乐初出席开通仪式。

同日 市中级人民法院对“12·31”故意杀人、抢劫、绑架、非法私藏枪支案进行开庭审判，罪犯魏某、李某、胡某等6人被判处死刑，剥夺政治权利终身。

21日 纪念江泽民《为促进祖国统一大业的完成而继续奋斗》发表六周年座谈会在省委第三会议室举行。省市领导步正发、周埝平、朱英培、张华康、王峰、周启球、孔炯、雷武江、邓启明和省市各界人士及台湾省籍同胞、台属代表100余人出席。

同日 南昌科技大市场在南昌成立。省市领导陈癸尊、钟乐初为南昌科技大市场成立揭牌。该公司由江西长运公司、清华泰豪信息技术公司、南昌科学器材有限公司、省科技厅生产力促进中心等5家企业组成，第一期投入资金1000万元，第一期工程经营面积7200平方米，设置交易摊位近300个。5月，该市场正式开业。

23日 2001年春节团拜会在市委小礼堂举行。钟家明、刘伟平、周启球、李豆罗、史骏飞、程金鹏等出席。

同日 全市信访问题排查会议召开。会议通报全市信访工作中存在的突出问题，部署重要信访件办理工作。李豆罗主持，余志坚、李小南等出席。

30日 钟家明、刘伟平、周启球、李豆罗、史骏飞、程金鹏等在市委六楼会议室收看中央电视台关于天安门广场邪教“法轮功”痴迷者自焚事件真相的报道并开展座谈。

2001

2月 February

公元2001年2月							农历辛巳年【蛇】						
日	一	二	三	四	五	六	日	一	二	三	四	五	六
				1 初九	2 初十	3 十一	4 立春	5 十三	6 十四	7 元宵节	8 十六	9 十七	10 十八
11 十九	12 二十	13 廿一	14 廿二	15 廿三	16 廿四	17 廿五	18 雨水	19 廿七	20 廿八	21 廿九	22 三十	23 初一	24 初二
25 初三	26 初四	27 初五	28 初六										

1日　市委常委会议在市委书记办公楼会议室召开。会议审议通过市委办公厅报送的《2001年度全市重大工作项目推进表》；原则同意市政府报送的《刘伟平同志在全市经济工作会上的讲话》、市政协代拟的《中共南昌市委关于进一步加强人民政协工作的意见》和《关于转发〈政协南昌市委员会关于进一步加强民主监督工作的意见〉的请示》等；同意市纪委报送的《关于召开中共南昌市纪律检查委员会第九次全体会议的请示》《关于〈市纪委第九次全会工作报告〉中有关内容的请示》《中共南昌市纪律检查委员会关于违反党纪党员处分批准权限的规定》，市委组织部报送的《关于全省组织部长会议主要精神及贯彻意见的汇报》；研究关于召开全市宣传工作会议、在市直机关开展“我为南昌发展献计策、尽职责、做贡献”活动事宜及全市信访难点问题。钟家明主持。

同日　市委统战部组织市各民主党派、工商联负责人召开座谈会，深入揭批“法轮功”邪教组织祸国殃民的滔天罪行。邓启明、赵国梁等出席。

2日　市政府发出《关于印发〈南昌市行政审批制度改革实施方案〉的通知》。

同日　市政府办公厅发出《转发市红十字会〈关于在我市开展经常性募集衣物工作意见〉的通知》。

3日　全市选派干部进村入户抓“三个代表”重要思想学习教育活动动员大会在市委礼堂召开。钟家明出席并讲话，周启球宣读《关于选派近三千名干部组成宣讲督查团（组）进村入户抓“三个代表”重要思想学习教育活动的工作方案》，李豆罗主持，陈守朴宣布各督查团成员名单，熊焕高就有关具体问题作说明。田新芳、龚建华出席。会后，从市委各部门、市直各单位和县区几套班子中选派的490名干部，按照“一乡（镇）一团”的方式，每团5人，共组成98个宣讲督查团，下到各乡镇参加第一阶段乡镇“三个代表”重要思想学习教育工作。

钟家明在南昌县向塘镇宣讲“三个代表”重要思想

5日 市委发出《关于贯彻〈中国共产党党和国家机关基层组织工作条例〉的实施意见》。

同日 市政协召开各界人士座谈会，深入揭批“法轮功”邪教组织祸国殃民滔天罪行。瞿祖一、赵国梁、肖宣祥、张富等，各民主党派、工商联负责人和社会各界人士代表50余人出席。

6日 市委发出《关于进一步加强人民政协工作的意见》。

同日 市政府办公厅发出《转发市法制局〈关于法院诉讼费及市政府法律顾问诉讼代理费支付意见〉的通知》。

8日 全市农村工作会议在市委小礼堂召开。会议传达贯彻中央和全省农村工作会议精神，部署2001年全市农业和农村工作。会议强调，要以结构调整为主线，以科技进步为动力，以农民增收和农村稳定为目标，努力开创农村工作新局面。钟家明、刘伟平出席并讲话，田新芳主持，龚建华部署工作，邹剑桥、瞿祖一和各涉农县区分管领导及有关部门主要负责人出席。

同日 由进贤县关工委主办、县委台办承办的省、市文艺界义演义卖捐资助学爱心大行动在进贤县大礼堂举行。活动所得款项全部用于资助失学儿童。孔炯和南昌慈善总会会长陈绍翔参加。

9日 市政府发布《南昌市城市房屋白蚁防治管理办法》。

同日 全市经济工作会议在市委小礼堂召开。会议传达贯彻中央和全省经济工作会议精神，总结2000年经济工作，部署2001年经济任务。会议强调，要全面落实中央和全省经济工作会议精神，正确处理改革、发展、稳定关系，为把南昌建成现代化工贸中心城市而奋斗。钟家明、刘伟平出席并讲话，周启球、李豆罗、史骏飞等出席。

同日 江西洪城水业股份有限公司经省政府批准挂牌成立。该公司由南昌水业集团发起，以其下属青云水厂、朝阳水厂、下正街水厂全部经营性资产为投入，联合北京市自来水集团公司、南昌市煤气公司、江西清华泰豪信息技术有限公司、南昌市公用信息技术有限公司共同设立。该公司拥有资产2.49亿元，供水量占南昌市城乡供水总量80%，自来水供应覆盖南昌市昌南城区。刘伟平致信祝贺，程光茹、罗为民、吴才仁及省建设厅、省体改委负责人出席揭牌仪式。

12日 由市委宣传部、市直机关工委、市公安局联合举办的潘堃英雄事迹报告会在市委礼堂举行。李豆罗主持并讲话，钟家明、刘伟平、周启球等和650余名干部、群众听取报

南昌市举办潘堃英雄事迹报告会

告。各县区，市直各部门、各单位分别组织干部群众收看报告会现场直播。

同日 全市生态林业建设暨植树造林现场会在进贤县召开。会议总结10年来生态林业建设工作，部署2001年春季造林任务。田新芳、龚建华出席。

同日 市政府与各县（区）政府及有关职能部门负责人在市政府第二会议室签订打击制售假冒伪劣一次性输液器责任状，规定县、区政府主要领导和有关职能部门主要负责人为整治工作第一责任人。姜任保出席。

同日 市工商局召开全市工商系统工作暨“双先”表彰大会。会议表彰南昌县工商行政管理局等32个先进单位、黄庆华等108名先进个人，就新形势下发挥好工商行政管理部门职能作用提出要求。雷武江出席并讲话。

13日 全市“反对邪教、保障人权百万公众签名活动”首签式分别在市委、市政府机关举行。钟家明、刘伟平、周启球、李豆罗、余志坚、田新芳、熊焕高、李小南、姜任保，市长助理梁小康和市直机关干部1500余人参加首签式活动。

全市“反对邪教、保障人权百万公众签名活动”首签式现场

14日 南昌大学在全国第8次博士和硕士学位授权审核工作中，获准新增2个博士点和14个硕士点。2个博士点为管理科学与工程博士点和工业催化博士点。至此，该校已有5个博士点和60个硕士点。

15日 欢送省派督查组进驻南昌市各县区开展工作会议召开。省派督查组14名干部和南昌市14名干部一起组成7个督查组，进驻南昌、新建、进贤、安义县和青云谱、湾里、郊区7个县区，指导、检查、督促农村开展“三个代表”重要思想学习教育活动。周启球出席并讲话，熊焕高就具体问题作了说明。罗时杰、吴才仁出席。

同日 市交警支队举行《南昌市道路交通管理若干规定(修正案)》颁布实施新闻发布会。修正案对原规定内容作了调整补充，针对交通行为日益多样化，适度调整执法力度。李小南、刘汝舟出席并讲话。

同日 江铃拖拉机有限公司新生产基地开工典礼仪式举行。刘伟平等出席。

16日 省市欢送潘堃英雄事迹报告团赴京仪式在南昌火车站举行。陈守朴、李小南，省委宣传部、省公安厅等有关部门负责人出席欢送仪式。

17日 中央电视台新闻联播节目组到南昌采访潘堃英雄事迹。采访组在南昌进行为期3天采访，实地拍摄潘堃英雄事迹。

18日 市劳动部门首次公布劳动力市场工资指导价位表。该表共涉及38个通用工种，分高、中、低3个档次，为劳动力供求双方确定劳动报酬提供参考依据。

20日 安义县与广东东莞市海港装饰有限公司在南昌五湖大酒店举行项目签约仪式。该公司投资2亿元在安义县长均乡兴建金安有限公司，主要经营旅游资源开发、灵塔开发及殡葬服务。

21日 全市社区建设座谈会在市委六楼会议室召开。会议部署社区建设试点工作，东湖区公园街道办事处、西湖区南站街道办事处、青云谱区洪都街道办事处等列为首批试点单位。会议强调，要以组织建设为核心，以拓展社区服务为龙头，增加服务项目，合力营造新兴社区形式，全面推进社区建设上新水平。余志坚出席并讲话。

22日 中共中央政治局委员、国务委员、中央政法委书记罗干和公安部部长贾春旺、中宣部副部长刘鹏在北京人民大会堂贵宾室接见潘堃先进事迹报告团全体成员。报告团在北京期间，先后为首都各界群众作了3场报告，近5000名听众聆听了报告。25日，报告团一行从北京载誉归来，李豆罗等到南昌火车站迎接。

同日 刘伟平在南昌中日友好会馆会见到南昌高新区考察洽谈的美国AVX公司中国项目经理胡林复一行。

同日 南昌十八中初二（3）班8名学生因过量服用安定药品引起中毒。西湖区卫生局等单位对销售安定药品的绳金塔社区医疗门诊部进行查处取缔，并没收剩余药品。

23日 市政府第102次市长办公会在市政府第一会议室召开。会议审议并原则同意市项目办拟订的《关于红谷滩新区附属设施建设和周边环境治理的工作方案》和《关于重新设立南昌市产权交易中心的意见》、市个私办拟订的《关于召开全市个体私营经济工作暨表彰会议方案》、市人事局拟订的《关于给予南昌市人民防空办公室奖励的请示》和《关于给予市政府驻厦门办事处主任谢善明同志记三等功的请示》等。刘伟平主持。

同日 全市投资与建设项目审批办证服务中心“文明窗口”表彰会召开。会议对“文明窗口”单位和“最佳文明窗口”单位进行表彰。雷武江出席并讲话。

24日 刘伟平、钟乐初在南昌中日友好会馆会见日本高松市软式网球代表团一行。

同日 龚建华率南昌市友好代表团前往日本高松市进行友好访问，考察高松市先进农业及栽培技术、园林绿化、林业开发、旧城改造、市政建设等方面情况。田新芳、雷武江为代表团送行。

同日 营造“世纪纪念林”植树活动启动仪式在湾里区举行。活动期间，种植木荷、杜英、枫香、樟树共1.6万余棵。省市领导和驻昌部队官兵、武警官兵、干部群众、学生代表共1500余人参加启动仪式并植下世纪纪念林第一批树。

营造“世纪纪念林”植树活动启动仪式在湾里区举行

26日 市政府第103次市长办公会在市政府第一会议室召开。会议审议并原则同意市政府办公厅拟订的《关于要求审议〈关于南昌市2000年经济社会发展主要指标完成情况和2001年经济社会发展主要预期目标的报告（送审稿）〉的请示》、市政府办公厅拟订的《关于确定〈南昌政报〉行使市人民政府公报职能的请示》等，研究南昌高新区管委会《关于要求帮助解决南昌高新区几个重要问题的请示》和江西纸业股份有限公司技改项目有关问题。刘伟平主持。

同日 市中级人民法院对“11·11”洪城大市场杀人抢劫银行案进行公开审理，一审判决被告人华某、胡某、郑某、罗某、吴某、龙某死刑，剥夺政治权利终身。

27日 市委常委会议在市委书记办公楼会议室召开。会议原则同意《关于召开全市个体私营经济工作暨表彰会议方案》，同意市政府党组报送的《关于南昌高新区请求市政府解决的几个问题的处理意见》，推荐杨洪基参加全国高新区范围内开展“拓荒牛”荣誉称号评选活动和以市委办公厅、市政府办公厅名义下发《关于印发〈2001年度全市重大工作项目推进表〉的督查工作方案的通知》。钟家明主持。

同日 《潘堃同志英雄事迹展览》首展式在省革命烈士纪念堂举行。展览包括潘堃生前简历、“12·31”案纪实、悼念英雄、学习英雄不朽精神、光辉足迹等主要内容。省市领导张克迅、周懋平、李豆罗、陈守朴等出席首展式。

同日 市公交总公司举行《南昌市城市公共汽车电车客运管理条例》颁布实施新闻发布会。程光茹等出席。

同日 市总工会在市委小礼堂召开全市职业道德建设“双十佳”表彰大会。周启球出席并讲话。

28日 市委、市政府发出《关于表彰2000年度“个体私营经济工作先进单位、先进个人和先进私营企业、先进个体工商户”的决定》。

同日 市一建公司承包施工的银翔大厦工程获“中国建筑工程鲁班奖”。

2001

3 月

March

公元 2001 年 3 月							农历辛巳年【蛇】						
日	一	二	三	四	五	六	日	一	二	三	四	五	六
				1 初七	2 初八	3 初九	4 初十	5 惊蛰	6 十二	7 十三	8 妇女节	9 十五	10 十六
11 十七	12 植树节	13 十九	14 二十	15 廿一	16 廿二	17 廿三	18 廿四	19 廿五	20 春分	21 廿七	22 廿八	23 廿九	24 三十
25 初一	26 初二	27 初三	28 初四	29 初五	30 初六	31 初七							

1 日　省市计生委、计生协会举办的纪念《中共中央、国务院关于加强人口与计划生育工作稳定低生育水平的决定》发表 1 周年大型宣传活动在八一广场举行。省市领导彭崑生、田新芳出席。

同日　全市个体私营经济工作暨表彰会在市委礼堂召开。会议总结 2000 年个私经济工作，部署今后一个时期任务。会议强调，要加强领导，狠抓落实，把个体私营经济摆在重要位置，纳入国民经济和社会发展总体规划，确保个体私营经济健康发展。周启球出席并讲话，李豆罗宣读市委、市政府《关于表彰 2000 年度个体私营经济工作先进单位、先进个人和先进私营企业、先进个体工商户的决定》，李小南主持，雷武江作个体私营经济工作报告，钟家明、刘伟平、孔炯等出席。

同日　全市综治宣传、重点整治工作会议在市委六楼会议室召开。会议强调，要着力解决群众反映强烈的社会治安问题，严厉打击各种严重刑事犯罪活动，实现“整治一方、安定一片”目标，促进全市社会治安明显好转。李豆罗，市中级人民法院院长敖庆沸、市人民检察院检察长吴延林出席并讲话。

同日　市农委、市农业局、市林业局、市水产局、市蔬菜局、市乡镇企业局等单位联合组织农业技术人员 40 余人先后到湾里区、新建县、进贤县、南昌县部分乡镇开展“送农业科技下乡”活动，向农民赠送农技资料、杂交水稻良种、桔苗及农业肥料等，传授先进种养殖技术。

2 日　全市消防工作会议在市委礼堂召开。李豆罗出席并讲话，李小南代表市政府与各县区政府签订 2001 年度消防安全工作责任状，周根保、刘汝舟、陈礼元和省消防总队负责人出席。

同日　市公安局在江西艺术剧院召开全市公安机关“打黑除恶”专项斗争再动员大会。会议强调，全市公安机关要全警动员，全线出击，全力以赴，加大侦查破案和追逃工作力度，给黑恶势力以彻底、坚决、毁灭性打击。李豆罗、李小南和省公安厅领导出席并讲话，程金鹏、刘汝舟，市中级人民法院院长敖庆沸出席。

4日 钟乐初在五湖大酒店会见美国健源国际集团总经理徐国民。

同日 南昌日报社在八一广场举行读者服务日活动。李豆罗、陈守朴等参加。

同日 省武警总队组织官兵在八一广场举行“学雷锋便民义务服务”活动。李豆罗、陈守朴看望慰问全体官兵。

5日 周启球、李小南、龚建华会见由海军南昌舰政委张锡君率领的第二故乡行报告团一行。

同日 市质量技术监督局、市农业局、市供销合作社组织检查组，对全市150余家农资产品销售点进行执法检查。检查期间，查获超期、无生产日期化肥360余吨，无证销售水稻、蔬菜种子400余公斤。

同日 江西晶安高科技股份有限公司成立揭牌仪式在安义县举行。

6日 省市各界妇女庆祝“三八”国际妇女节大会在八一广场举行。省市领导步正发、黄名鑫、江国镇、王峰、周启球、孔炯、雷武江、钟乐初、赵国梁出席。

7日 市妇联、市公安局在全市10个派出所建立首批“妇女维权投诉站”，并在东湖区墩子塘派出所举行示范挂牌仪式。周启球、省妇联负责人出席。

8日 市政府办公厅发出《关于印发〈南昌市2001年城市园林绿化计划安排〉的通知》。

同日 全市法制教育学习班结业仪式举行。首批“法轮功”邪教组织练习者通过学习教育顺利结业。李豆罗出席结业仪式。

同日 全市安全生产工作会议在市政府第一会议室召开。会议传达刘伟平电话指示精神，通报江西省宜春市万载县潭埠镇芳林村小学爆炸事件。会议强调，要以对人民高度负责精神，抓好安全生产工作，做到警钟长鸣、常抓不懈，确保万无一失。李小南出席并讲话，姜任保、雷武江、钟乐初、罗为民等出席。

9日 全市卫生工作会议在卫生大厦会议室召开。会议总结“九五”期间和2000年工作，部署2001年和“十五”期间任务，表彰2000年度卫生系统先进单位和个人。会议强调，要以领导管理体制、人事分配制度改革为重点，推进城镇医药卫生体制改革，进一步加强农村卫生和预防保健工作，促进卫生事业全面发展。李豆罗、钟乐初、赵国梁出席并讲话。

同日 市关工委等单位在新建县乐化镇举行“全市青少年绿色承诺行动基地”揭幕仪式。周启球、市关工委主任王显文出席。

同日 市妇联在大众餐饮食品有限公司举行下岗女职工培训班开学典礼。300余名下岗女工参加培训，培训班费用由澳大利亚政府资助。李小南、澳大利亚政府代表刘利力和省妇联负责人出席。

10日 省市纪念中共中央、国务院、全国人大常委会关于加强社会治安综合治理两个决定颁布10周年大会在八一广场举行。省市领导黄名鑫、周启球、李豆罗、余志坚、李小南、刘汝舟、吴才仁和市中级人民法院院长敖庆沸、市人民检察院检察长吴延林等出席。

12日 市政府、南昌军分区联合发出《关于印发〈南昌市国防科技动员试点方案〉的通知》。

14日 广州市人大常委会副主任郭向阳一行参观滕王阁、红谷滩、南昌八一起义纪念馆等地。邹剑桥陪同。李小南在南昌中日友好会馆会见郭向阳一行。

15日 省市工商、技术监督、消协等部门在市体育场举行“3·15”国际消费者权益日纪念活动。孔炯、雷武江出席。

同日 由中央文明办赠送的《建国50周

年舞台影视艺术精品》系列光盘分别发到南昌县塔城乡、武阳镇，新建县樵舍镇，进贤县前坊镇，湾里区太平乡和青云谱区青云谱乡的农村精神文明活动中心。

同日 南昌县举行法制教育学习班结业典礼。34名原“法轮功”邪教组织练习者通过学习教育，与“法轮功”邪教组织决裂，实现思想转化。李豆罗出席并讲话。

16日 西湖公安分局筷子巷派出所被公安部授予“全国人民满意公安基层单位”称号；西湖公安分局被评为全省公安机关处理“法轮功”邪教组织工作先进单位。

同日 全市思想政治工作论坛在南昌供电局举行。南昌供电局、市邮政局、江西长运集团公司、南昌教育学院、南昌医药集团公司负责人结合各自工作实际，畅谈新形势下做好思想政治工作新方法和新途径。陈守朴出席并讲话。

同日 南昌市中级人民法院遵照江西省高级人民法院院长签发的执行死刑命令，将震惊全国的南昌“11·11”银行劫案6名罪犯华某、胡某、郑某、罗某、吴某、龙某押赴刑场，执行枪决。

同日 市旅游规划领导小组在滕王阁召开征求意见会议，向市直有关单位征求对《南昌市旅游规划（2001—2015年）》的意见。雷武江出席并讲话。

同日 市工商、质监、卫生、公安等部门联合出动执法人员130人，对抚生路药品非法交易集散地进行集中整治，抓获涉嫌药品非法交易人员19人，收缴标值20余万元药品。

19日 最高人民检察院授予安义县人民检察院接待室“文明接待室”称号。

同日 刘伟平在锦峰大酒店会见到南昌讲学的中国科学院院士、华中理工大学原校长杨叔子。

同日 全市教育转化再布置工作会议在市委小礼堂召开。会议强调，要以情以理以法为手段，以教育人转化人为目的，进一步做好教育转化工作，使绝大多数“法轮功”邪教组织练习者认清李洪志险恶用心，坚决与“法轮功”邪教组织决裂，重新回到社会和亲人怀抱。李豆罗、陈守朴、熊焕高出席并讲话。

同日 红谷滩新区开发建设总指挥部在红谷滩总指挥部会议室召开扩大会议，宣读市委办公厅、市政府办公厅《关于印发〈加快红谷滩建设项目推进表〉的通知》，部署行政中心搬迁前各项工作，要求2001年6月底各项工作基本就绪，10月份往行政中心搬迁。钟家明、刘伟平出席并讲话，罗为民主持，余志坚、李小南、雷武江出席。

同日 象湖公园二期工程建设动员大会在象湖湖心岛召开。会议强调，要认真规划，尽快施工，建设好园区内各个景点，使之成为人们休闲、旅游和观赏风景的好地方。李豆罗出席并讲话。

21日 洪都航空集团公司获“第五届全国设备管理优秀单位”称号。

同日 全市宗教界深入揭批“法轮功”邪教组织座谈会在市政府第二会议室召开。会议要求，全市各大宗教团体开展一场“宗教反邪”活动，铲除邪教滋生蔓延的土壤，引导信教群众爱国守法，为维护社会稳定做出贡献。李豆罗出席并讲话。

22日 市政府发出《关于印发〈南昌市旅游业“六个一”工程实施方案〉的通知》。

同日 全市负责干部会议在市委小礼堂召开。会议传达九届全国人大四次会议精神，研究贯彻落实中央、省关于加强社会治安及安全生产工作指示精神，部署全市社会治安和安全生产工作。会议强调，各地、各部门、各单位要进一步强化严格的社会治安和安全工作责任制，建立上下联动、左右互动、全方位推动的工作责任机制，做到目标层层分解、任务量化细化、责任逐级落实到人，确保一方平安。钟家明、刘伟平出席并讲话，市委常委、市人大常委会主任、市人大常委会分管副主任、市政协主席、市政协分管副主席、市政府副市长、市长助理，各县区委书记、县区长和市委各部门、市直各单位主要负责人等出席。

同日 全市党风廉政建设工作会议在市纪委机关八楼会议室召开。会议传达省纪委和市委领导对廉政工作指示精神。会议强调，要以“三个代表”重要思想为指导，抓住当前领导干部廉洁自律方面存在的突出问题，坚持标本兼治，加大治本力度，进一步加强全市党风廉政建设，切实搞好领导干部廉洁自律工作。周启球出席并讲话。

同日 市委老干局召开全市老干部思想政治工作座谈会。会议传达贯彻全省老干部思想政治工作座谈会精神，交流做好老干部思想政治工作经验。省委老干局领导，部分县区、市直单位和企事业单位离退休干部党支部书记代表40余人出席。

23日 市政府第78次常务会议在市政府第一会议室召开。会议审议并原则同意《南昌市城镇职工基本医疗保险制度改革实施方案》及15个配套文件、市民政局拟订的《南昌市街道办事处工作暂行规定》、市投资与建设项目审批办证服务中心管委会拟订的《南昌市临街建筑立面装修管理办法》。刘伟平主持。

同日 市政府第104次市长办公会议在市政府第一会议室召开。会议听取市重点项目办拟订的《关于中山路、胜利路美化亮化工程项目工作情况的汇报》，审议并原则同意市再就业工作领导小组拟订的《关于召开我市企业解困与再就业“一帮一”工作表彰会的请示》、南昌市妇女儿童工作委员会拟订的《关于办公室改设等问题的请示》、市政府办公厅拟订的《关于报批红谷滩政府办公大楼分配方案的请示》、第39次市规费联审小组会议初审意见。刘伟平主持。

同日 市政府第105次市长办公会议在市政府第一会议室召开。会议审议市劳动局拟订的《关于调整下岗职工社会保险缴费标准的请示》，审议并原则同意市政府信访办拟订的《市政府领导信访接待日实施意见》。刘伟平主持。

同日 全市旅游发展工作会议在江西饭店召开。会议总结2000年旅游工作，部署2001年任务，表彰2000年度旅游工作先进单位。刘伟平、雷武江及省旅游局负责人讲话。

24日 省市卫生防疫部门在八一广场举行联合防治结核病义务咨询宣传活动。省市领导胡振鹏、钟乐初参加。

同日 市政府发出《关于印发〈2001年市政府工作进度网络计划〉的通知》。

同日 全市交通安全暨军警共建总结表彰大会在市政府礼堂召开。会议强调，要以对党和人民极端负责的态度，从讲政治、促发展、保稳定的高度，切实抓好交通安全工作。李小南出席并讲话。

26日 刘伟平、钟乐初在南昌中日友好会馆会见以松井保为团长的日本高松市中学生代表团一行。

同日 全市个体私营经济工作现场会在安义县召开。会议强调，个私经济要抓存量与抓增量并举，突出抓增量；抓扶持与抓环境并举，突出抓环境；抓激励机制与抓责任机制并举，突出抓责任机制；不断提高个体私营企业的素质、实力和竞争力，促进非公有制经济长足发展。周启球出席并讲话，孔炯主持，瞿祖一及各县区有关负责人出席。

同日 全市农村“三个代表”学习教育活动第二阶段工作会议在市委小礼堂召开。会议强调，要高标准、高质量地开好民主生活会，对存在的突出问题进行再对照、再查摆、再剖析，力戒赶进度、图形式、走过场，确保整个学习教育活动顺利进行。周启球出席并讲话，陈守朴主持，熊焕高部署工作。田新芳、龚建华等出席。

27日 钟乐初在南昌中日友好会馆会见以日本东北町町长助理小原藏泰为团长的东北町21世纪青少年友好代表团一行。

28日 市政府办公厅发出《印发市爱卫会〈关于开展2001年春季全市统一灭鼠活动实施方案〉的通知》《关于印发〈南昌市人民政府办公厅公文处理规则〉的通知》。

同日 市委宣传部召开学习江泽民“以德治国”重要思想座谈会。来自全市部分学校、企业及有关部门代表参加。

同日 市住房委员会工作会议在市政府第一会议室召开。会议审议并原则通过《南昌市2000年住房资金归集、使用计划执行情况报告》《南昌市2000年度住房公积金制度执行情况公报》《南昌市2001年度住房公积金归集、使用计划》。刘伟平主持，罗为民等出席。

同日 全市城镇职工医疗保险制度改革协调会在市政府第五会议室召开。李小南出席并讲话。

同日 全市教育系统负责干部大会在市教委会议室召开。会议通报学校安全工作督查情况，宣读并下发《关于加强学校安全工作的紧急通知》。

29日 市安全工作督查组在市委六楼会议室召开情况汇报会，听取有关部门负责人就全市处理“法轮功”邪教组织问题工作情况汇报。会议强调，要充分认识这场斗争的复杂性、尖锐性、长期性，深入揭批“法轮功”邪教组织本质，坚决维护社会稳定。李豆罗、陈守朴、熊焕高等出席。

30日 市政府发出《关于切实做好2001年全市防汛工作的通知》。

同日 南昌市首届青少年科技创新月活动揭晓。张冉等28名学生分别获全市青少年科技创新大赛一、二、三等奖；胡昕等60名学生分别获全市信息学（计算机）竞赛一、二、三等奖；刘玲俏等105名学生分别获全市科幻绘画比赛一、二、三等奖和优秀奖。南昌一中等15个单位获全市首届青少年科技创新月活动先进集体；衷水根等24名教师获“优秀科技辅导员”称号。

31日 国家农业综合开发检查团一行到进贤县检查国家农业开发项目实施进展情况。检查团听取汇报，并考察温圳、罗溪、凰岭、云桥、下埠集、捉牛岗6个乡镇实施项目。

同日 省、市国税局与郊区国税局联合在洪城大市场举行税法宣传活动。李小南和省国税局负责人参加。

2001

4月

April

公元2001年4月 农历辛巳年【蛇】													
日	一	二	三	四	五	六	日	一	二	三	四	五	六
1 初八	2 初九	3 初十	4 十一	5 清明	6 十三	7 十四	8 十五	9 十六	10 十七	11 十八	12 十九	13 二十	14 廿一
15 廿二	16 廿三	17 廿四	18 廿五	19 廿六	20 谷雨	21 廿八	22 廿九	23 初一	24 初二	25 初三	26 初四	27 初五	28 初六
29 初七	30 初八												

1日　南昌市对市直机关、市属教育系统169个单位实行财政统一发放工资管理，对上述单位在编在职人员统一发放工资。此次财政统一发放工资实行“编办核准编制、人事部门核定人员、财政部门核拨经费、银行代发到人”的分工负责体制和管理原则。

2日　中央宣传部办公厅财务处处长蒋希伟率“百县乡镇宣传文化工程”检查组到南昌县塔城乡、武阳镇考察农村精神文明建设活动中心建设情况。

同日　市委发出《关于转发〈中共江西省委组织部关于推行党政领导干部任前公示制的实施意见〉的通知》。

同日　市政府办公厅发出《转发市公安局、市建委〈关于南昌市2001年城市交通管理“畅通工程”实施方案〉的通知》。

3日　全市“文明机关”、“人民好公仆”表彰大会在市委礼堂召开。市民政局等24个“文明机关”和魏耀兰等31名“人民好公仆”受表彰。周启球出席并讲话，陈守朴主持。余志坚宣读《关于继续对发展个体私营经济承诺兑现情况开展测评的通知》，熊焕高宣读《关于表彰2000年度“文明机关”“人民好公仆”的决定》。孔炯、瞿祖一出席。

同日　全市首届民营企业家研讨班开学典礼在市委党校举行。74位民营企业负责人参加。周启球出席并讲话，孔炯、瞿祖一出席。

同日　市政府办公厅发出《关于印发〈“十五”期间南昌市个体私营经济发展总体目标和思路〉的通知》。

4日　以国家安全生产监管局监管二司司长韦国海为组长的国务院安全生产督导组对南昌市安全生产工作进行督查，听取有关工作汇报。刘伟平、姜任保出席安全生产工作汇报会。

同日　市政府组织市公安、市政公用、劳动、工商、技术监督、消防等部门，对全市43家封停液化气储备站实行强制拆除。李小南督查指挥。

5日 市劳教所召开深入揭批“法轮功”邪教组织大会。7名已转化的原“法轮功”邪教组织练习者以亲身经历揭批“法轮功”邪教组织本质，坚决与邪教“法轮功”决裂。李豆罗和省司法厅、省劳教局负责人出席。

6日 市政府发出《关于南昌市2001年社会保障和再就业工作实施意见的通知》《关于积极稳妥地处理好市直国有企业下岗职工劳动关系工作方案的通知》《关于印发〈南昌市城镇职工基本医疗保险制度改革实施方案〉及配套文件的通知》。

同日 市委办公厅、市政府办公厅发出《关于再次重申冻结机构编制、领导职数和人员调动的通知》《关于印发〈南昌市创建“全国文明城市工作先进城市”和“国家卫生城市”活动实施方案〉的通知》。

同日 南昌慈善总会、市红十字会、市残联组织“光明行动”志愿队到新建县大塘坪乡，为贫困的白内障患者进行义诊。刘伟平、南昌慈善总会会长陈绍翔前往看望慰问医务人员和患者。

9日 省政府检查验收组对南昌市城市环境功能区、工业企业达标工作进行检查验收。11日，检查验收组向南昌市反馈意见。

同日 市委、市政府发出《关于深化我市国有企业产权制度改革的实施意见（试行）》。

同日 南昌市创建全国文明城市和国家卫生城市（以下简称“双创”）动员大会在市委小礼堂召开。雷武江宣读“双创”工作方案，罗为民与东湖区、西湖区、青云谱区、郊区负责人签订目标责任书。钟家明、刘伟平、周启球、李豆罗、陈守朴、余志坚等出席，各县区负责人、市直63个责任单位负责人和省民航局、南昌铁路局负责人参加。

同日 南昌市首届“健康之星”文艺会演在全市47万老年人群体中开始展开。活动由市老龄委等5单位主办，以“关爱老人，回报社会”为主题思想，为期2个月。活动内容以歌舞、戏曲、健美操、武术等为主，同时组成法律咨询、养老保险咨询等内容的敬老服务队，与演出相结合，开展助老活动。

10日 卫生部公共卫生监督执法检查组对南昌市公共场所卫生监督执法情况进行检查。

同日 江西省第一支民兵单兵防空导弹分队在江铃汽车集团公司成立。周根保、李小南、徐兆麟等出席成立大会。

同日 全市扶贫济困捐赠物资发放仪式在市民政局举行。李小南出席。南昌市自开展春季扶贫济困捐赠活动以来，市民政局和市慈善总会收到捐款13.5万元，捐赠衣物10万余件，电器12台。捐赠物资直接发送到南昌县、新建县、进贤县、安义县、湾里区等5个农村县区困难户手中。

同日 市质量技术监督系统开展农资市场打假统一行动。组织执法人员737人次，查处假冒伪劣化肥1570.2吨、农药16433箱、农膜41吨、饲料200吨等。

11日 市政府第107次市长办公会议在市政府第一会议室召开。会议审议并原则同意南昌高新技术产业开发区管委会、市规划局拟订的《关于要求审批南昌高新技术产业开发区（城东）规划的请示》，市项目办拟订的《南昌市花鸟大市场项目竞拍出让工作方案》，市人事局拟订的《关于我市行政表彰荣誉奖章设计图案的审定及统一制作的请示》，审议市项目办草拟的《关于组建南昌市投资公司方案》。刘伟平主持。

同日 市委统战部组织市各民主党派有关人员赴新建县铁河乡开展送医、送教、送文化的“三下乡”活动。邓启明、赵国梁参加。

同日 全市中小学校法制教育兼职副校长法制培训班开班。200余名来自各政法部门法制教育兼职副校长参加培训。李豆罗出席并讲话。

13日 省市工商部门在全市范围内开展打假统一行动。重点整治农资、食品市场经济秩序，共检查256户经营户，查获标值30余万元假冒伪劣商品，查处5个制假售假窝点。

14日 南昌市严打整治斗争第一次集中统一行动动员大会举行。省市领导钟起煌、李豆罗、陈守朴、李小南等出席。

同日 南昌市女领导干部联谊会年会召开。来自全市各条战线60余名会员参加。孔炯、雷武江和省妇联负责人出席。

同日 团市委、市青联、市学联与南昌杉杉服饰有限公司在八一广场举行“走进新世纪——希望工程在行动”暨“杉杉”衬衫义卖活动。周启球、刘汝舟、钟乐初、吴才仁出席启动仪式并参观《希望工程十年展》。

15日 市委、市政府在市委小礼堂召开全市社会治安、整顿和规范市场经济秩序工作会议。会议传达全国、全省社会治安、整顿和规范市场经济秩序工作会议精神，部署当前和今后一个时期有关工作。会议强调，要从贯彻落实“三个代表”重要思想的高度，统一思想，迅速行动，在全市范围内深入开展一场“严打”“严整”“严究”斗争，坚持一手抓整治，一手抓发展，切实做到用整治促进发展，以发展带动整治。钟家明、刘伟平出席并讲话，周启球、李豆罗、姜任保分别部署有关工作，史骏飞、程金鹏、陈守朴、余志坚、田新芳、周根保，敖庆沸、吴延林等出席。

同日 全市“严打”整治公捕大会在南昌文化会堂举行。对经市、县（区）两级人民检察院批准逮捕的130名严重刑事犯罪嫌疑人执行公开逮捕。李豆罗、陈守朴，市中级人民法院院长敖庆沸等和全市1000余名干部、群众参加。

南昌市举行“严打”整治公捕大会

16日 市政府发出《关于印发〈南昌市临街建筑立面装修审批办法〉的通知》。

18—19日 省领导孟建柱在南昌市城区、郊区和南昌县调研考察。孟建柱指出，南昌是江西的形象，江西的窗口，要充分发挥南昌经济中心城市带动辐射功能，推动全省经济上新的台阶；要进一步加大城市建设管理的力度，使南昌市早日成为环境优雅、适宜居住的现代化文明的花园城市。省市领导钟家明、彭宏松、刘伟平、钟乐初及省直有关部门负责人等陪同。

20日 中央组织部机关老干部学习考察团一行参观考察南昌高新技术产业开发区及红谷滩开发建设情况，并参观南昌八一起义纪念馆、滕王阁。周启球、熊焕高陪同。

同日 2001年环保赣江行活动新闻发布会举行。该活动主题为“整治水环境、防止水污染”，2001年重点对南昌市城南排渍道综合整治、萍乡市南坑河饮用水污染及大气污染治理进行监督检查。省市领导卢秀珍、周埶平、钱梓弘、全文甫、程光茹出席。

同日 全市“严打”宣判执行大会在市工

人文化宫体育馆举行。全市两级人民法院对45名严重刑事犯罪分子进行宣判，其中10名罪犯经省高级人民法院核准执行死刑。李豆罗、吴才仁，市中级人民法院院长敖庆沸、市人民检察院检察长吴延林和省委政法委、省高级人民法院负责人出席。

同日 全市水稻生产机插现场会在进贤县凰岭乡五里村召开。龚建华出席并讲话。

同日 刘伟平、钟乐初会见利胜电光源（厦门）有限公司董事长胡安华。胡安华日前捐资160万元援建希望工程南昌县蒋巷二中综合楼、新建县七里岗中学教学楼。

21日 市政府第108次市长办公会议在市政府第一会议室召开。会议审议并原则同意南昌高新技术产业开发区管委会《关于提请市政府向借款担保人出具承担经济风险承诺函的请示》，市人事局《关于给予市劳动局奖励的请示》《关于给予市旅游局奖励的请示》。刘伟平主持。

同日 市“双创”办召开工作会议，总结前一阶段“双创”工作，部署下一步任务。李豆罗出席并讲话，罗为民和各城区及市城管、市容、工商、公安等部门负责人出席。

22日 由市委宣传部、南昌日报社、南昌卷烟厂联合举办的“读南昌晚报、看南昌新貌”大型读者联谊活动开幕仪式在八一广场举行。陈守朴、孔炯、雷武江、赵国梁出席。500余名读者游览南昌市新辟黄金旅游景点。

“读南昌晚报、看南昌新貌”大型读者联谊活动在八一广场举行

23日 市政府第109次市长办公会议在市政府第一会议室召开。会议贯彻落实孟建柱4月18—19日在南昌市调研考察时重要讲话精神。围绕讲话精神，会议着重研究加速提升工业现代化水平，深化国有企业改革，大力发展非公有制经济；加大城市建设管理力度，建设现代文明花园城市；抓好小城镇建设，推进农村工业化；优化经济发展环境，加大改革开放力度等问题。刘伟平主持。

24日 市委常委会议在市委书记办公楼会议室召开。会议研究市委、市纪委换届工作有关事项，原则同意《关于召开中国共产党南昌市第八次代表大会有关事项的报告》《中国共产党南昌市第七届委员会第十二次全体会议关于召开中国共产党南昌市第八次代表大会的决议（草案）》《中共南昌市第八次代表大会筹备工作方案》《市第八次党代会代表名额分配原则》《市第八次党代会筹备工作日程安排（草）》《关于市第八次党代会报告主题和框架的初步设想》。会议同意市人大党组报送的《关于召开南昌市第十二届人民代表大会第一次会议有关问题的请示》《关于南昌市第十二届人民代表大会换届选举有关问题的请示》，同意市政协党组报送的《关于召开政协南昌市第十一届委员会第一次全体会议的请示》和市委统战部报送的《关于政协南昌市第十一届委员会人事安排工作的请示》《关于成立政协南昌市第十一届委员会人事安排工作领导小组及办公室的请示》。钟家明主持。

同日 市政府办公厅发出《关于〈大力发展会展经济的实施意见〉的通知》。

同日 全市“青少年绿色承诺行动”教育活动现场会在青新小学召开。钟乐初出席并讲话。

25日 市委七届十二次全体会议在市委

小礼堂召开。会议审议通过《关于召开中共南昌市第八次代表大会有关事项的报告》和《关于召开中共南昌市第八次代表大会的决议》。会议由市委常委会主持，钟家明、刘伟平、周启球、李豆罗、陈守朴、余志坚、田新芳、周根保、熊焕高及市委委员出席，市纪委委员列席。

同日　全市庆祝五一国际劳动节暨表彰大会在市工人体育馆召开。核工业总公司七二零厂等41个单位获“五一劳动奖状先进单位”称号，江铃汽车集团公司全顺厂涂装面漆一班等14个集体获“五一劳动奖状先进集体”称号，涂仁辉等169人获“五一劳动奖章先进个人”称号。周启球出席并讲话，刘伟平、史骏飞、程金鹏、周根保、李小南、姜任保出席。

同日　市房管系统召开创卫创优总结表彰暨“双创”动员大会。20个先进单位和12名先进个人受表彰。李豆罗出席并讲话，孔炯、罗为民、赵国梁出席。

同日　东风汽车公司新产品江西投放暨交接仪式在江西新建汽车广场举行。省市领导黄懋衡、周启球、孔炯出席。

26日　南昌市“9·8”专案表彰大会在市委小礼堂召开。马世国等3人记个人二等功，万光儿等10人记个人三等功。李豆罗出席并讲话，李小南宣读《市委对“9·8”专案组通报表彰的决定》和市政府对13人的记功决定。刘伟平、市中级人民法院院长敖庆沸、市人民检察院检察长吴延林等出席。

同日　南昌市首家民营企业工会联合会——洪城大市场工会联合会正式成立。

27日　刘伟平、李小南在南昌中日友好会馆会见美国世茂集团董事长、美籍华人柯约瑟。柯约瑟捐赠35万元，在南昌县麻丘镇兴建陈毅纪念小学。

同日　市政府办公厅发出《关于印发〈2001年南昌市整顿规范市场经济秩序和安全生产秩序工作实施方案〉的通知》《关于印发〈南昌市整顿和规范市场经济秩序工作领导小组及其办公室工作职责〉的通知》。

同日　选举产生市第八次党代会代表工作会议在市委小礼堂召开。会议强调，各级党组织特别是组织部门要加强对选举工作的领导，严格按照党章的规定和有关要求，认真做好各项工作。周启球、熊焕高出席并讲话。

28日　国家信访局局长周占顺一行考察南昌市信访工作。省市领导凌成兴、李豆罗、余志坚、李小南陪同。

同日　省市严打整治斗争和整顿规范市场经济秩序法制宣传日活动在八一广场举行。活动由省市综治办、法院、检察院、公安、司法行政、经贸委、工商等部门联合举办，采取法律咨询、法制文艺演出等多种形式进行宣传。省市领导钟起煌、黄名鑫、陈守朴、李小南，市中级人民法院院长敖庆沸等出席。

29日　纪念五四运动82周年暨18岁成人宣誓仪式在省革命烈士纪念堂举行。周启球、孔炯、钟乐初和来自南昌市7所学校1500余名学生参加。

同日　坦桑尼亚革命党总书记菲利普·曼谷拉一行到南昌县蒋巷镇参观考察。龚建华陪同。

同日　叙利亚复兴社会党副总书记阿卜杜拉·艾哈迈尔一行考察洪都航空集团公司并参观南昌八一起义纪念馆、滕王阁。雷武江陪同。

同日　刘伟平、李豆罗、史骏飞、陈守朴、周根保、孔炯等和全市机关干部、武警、消防官兵、公安干警及学生1万余人走上街头，参加义务劳动，清理垃圾杂物。

同日　全市社会治安、安全生产和信访工作紧急会议在市政府第二会议室召开。会议通报2001年以来全市社会治安、安全生产和信访工作，部署“五一”国际劳动节和“两会”期间社会治安、安全生产和信访任务。李小南出席并讲话。

同日 全市民主评议行风动员大会召开。李小南出席并讲话。

同日 市警校法制学习班学员结业欢送大会举行。37名原“法轮功”邪教组织练习者与“法轮功”邪教组织彻底决裂，回到社会、亲人怀抱。李豆罗出席并讲话。

30日 全市同“法轮功”邪教组织斗争表彰大会在市委礼堂召开。107个先进集体和201名先进个人受表彰。钟家明、刘伟平、周启球、李豆罗、史骏飞等出席，陈守朴主持。

同日 省摄影家协会、市旅游局主办的《我的祖国——邵华将军风光摄影展》开幕式在滕王阁举行。摄影展共展出邵华的100幅作品。省市领导张克迅、蔡新贵、李增林、余志坚、瞿祖一和邵华、毛新宇出席。

同日 市政府办公厅发出《关于印发〈南昌市街道办事处工作暂行规定〉的通知》。

2001

5月 May

公元2001年5月							农历辛巳年【蛇】						
日	一	二	三	四	五	六	日	一	二	三	四	五	六
		1 劳动节	2 初十	3 十一	4 青年节	5 立夏	6 十四	7 十五	8 十六	9 十七	10 十八	11 十九	12 二十
13 廿一	14 廿二	15 廿三	16 廿四	17 廿五	18 廿六	19 廿七	20 廿八	21 小满	22 三十	23 初一	24 初二	25 初三	26 初四
27 初五	28 初六	29 初七	30 初八	31 初九									

1日 安义千年古村正式对外开放。该古村被评为省首批历史文化名村，并列入南昌“豫章新十景”之一。

同日 江西南昌科技大市场正式建成开业剪彩仪式举行。该大市场一期工程经营面积7200多平方米，150多家科技企业入驻。省市领导陈癸尊、江国镇、罗时杰、钟乐初、瞿祖一等出席剪彩仪式。

7日 参加辽宁（南昌）商品展销暨经济合作洽谈会的辽宁省直分团和各市分团共932名代表乘专列抵达南昌市。雷武江及省市各有关单位负责人前往南昌火车站迎接。

8日 辽宁省经贸代表团共270余人乘专机从沈阳飞抵南昌。

8—11日 新建县与辽宁省瓦房店市、湾里区与沈阳市皇姑区、郊区与大连市旅顺口区、西湖区与大连市西岗区、青云谱区与沈阳市沈河区、南昌县与辽宁省普兰店市、南昌县与辽宁省昌图县、安义县与沈阳市新城子区、东湖区与辽宁省庄河市分别结为友好县市（区市、县区、县、区）。

9日 由辽宁省政府、江西省政府、南昌市政府共同主办的辽宁（南昌）商品展销暨经济合作洽谈会在江西省展览中心开幕。省市领导黄智权、朱治宏、傅克诚、华桐、蒋仲平、江国镇、雷武江等出席，辽宁省领导高国珠、吕炳华等出席。12日，展洽会闭幕。展洽会期间，双方签约项目1100多个，合同签约金额116.1亿元，协议签约金额20.68亿元，意向签约金额15.8亿元。

辽宁（南昌）商品展销暨经济合作洽谈会会场

同日 全国政协副主席孙孚凌先后到南昌县、南昌高新技术产业开发区进行为期2天的考察。孔炯、龚建华、瞿祖一陪同。

同日 周启球、姜任保在滕王阁会见厅会见到南昌参加“辽宁（南昌）商品展销暨经济合作洽谈会”的大连市委副书记王有为一行。

10日 市政府第82次常务会议在市政府第二会议室召开。会议审议并原则同意市行政审批制度改革领导小组《关于要求审议我市行政审批事项的请示》，市安委会《关于组建南昌市安全生产监督管理局的请示》。刘伟平主持。

同日 市政府第111次市长办公会议在市政府第二会议室召开。会议审议江纸技改项目指导小组草拟的《关于江西纸业股份有限公司“九五”技改项目情况报告》，听取钟乐初关于最近郊区发生一起群体性食物中毒事件和南昌市应急处理情况通报。刘伟平主持。

同日 南昌、沈阳科技合作项目对接洽谈会在南昌市政府第二会议室举行，决定成立南昌市科委和沈阳市科委合作领导小组。沈阳市科委率28家单位和南昌市28家单位建立科技合作关系，达成合作项目50余个。

11日 刘伟平会见到南昌考察城市开发建设的上海陆家嘴（集团）有限公司严旭一行。

同日 安义县水务局挂牌成立，撤销安义县水利电力局。龚建华和省水利厅负责人出席挂牌仪式。

12日 公安部纪委书记祝春林看望慰问潘堃烈士家属并考察市公安局“110”指挥中心和筷子巷派出所。李豆罗陪同。

13日 刘伟平、钟乐初在南昌中日友好会馆会见由芬兰托亚拉市议会教育委员会主席尤哈·沃里宁率领的教育代表团一行。

同日 刘伟平、李豆罗、李小南及南昌慈善总会会长陈绍翔分别到新建县大塘坪乡、进贤县前坊镇、安义县东阳镇、湾里区梅岭镇等地，将6.25万公斤大米送到特困农民手中。

14日 市政府召开全体会议。会议审议并原则通过《政府工作报告（征求意见稿）》。会议强调，要认真贯彻落实孟建柱指示精神，以全新思路推动各项工作实现新突破。刘伟平主持并讲话，李小南、姜任保、雷武江、钟乐初、龚建华、罗为民等，各县区长、市政府各组成部门主要负责人出席。

同日 全市水库安全度汛工作会议召开。会议传达全国、全省水库安全度汛工作会议精神，部署有关工作。

15日 省市联合举办防治碘缺乏病宣传活动。省市领导胡振鹏、钟乐初参加。

同日 南昌市招商项目推介会在滨江宾馆综合楼礼堂举行。推介会共推出100个重点项目，涉及工业、农业、商贸、房地产等领域。刘伟平、周启球、孔炯、雷武江、瞿祖一等，及参加全国工商联八届八次常委会议的代表出席。

同日 市委党史办编纂的《中共南昌地方简史（1919—1949）》《中共南昌地方史大事记（1949—2000）》《南昌人民革命史画册》三部书出版发行。

15—25日 市防总派出5个检查组分赴全市各水库进行安全度汛大检查。

16日 全国政协副主席、全国工商联主席经叔平率领出席全国工商联八届八次常委会议的代表参观红谷滩中心开发区、新建县长堎

出席全国工商联八届八次常委会议的代表参观红谷滩中心开发区工地

工业开发区、南昌高新技术产业开发区。孔炯、瞿祖一陪同。

同日 刘伟平、罗为民会见上海市房地局局长蔡育天一行。

同日 全市农村党员“争当科技致富带头人”活动总结表彰大会召开。南昌县小蓝乡等10个先进单位、姚象根等10名科技致富示范大户和88名科技致富带头人受到表彰。周启球、熊焕高出席并讲话。

17日 全市国有大中型企业“三讲”学习教育活动工作会议召开，部署有关工作。会议强调，要按照中央和省市委的要求，抓住当前有利时机，针对企业实际情况，扎扎实实地搞好国有大中型企业“三讲”学习教育活动。周启球出席并讲话，姜任保主持，熊焕高出席。

同日 由市委宣传部、市科委、市科协、市处理邪教问题办公室主办的“崇尚科学、破除迷信、反对邪教”——揭批“法轮功”邪教组织报告会在市委小礼堂召开。钟乐初和来自学校、卫生、科研等部门300余人听取报告。

同日 南昌市首家居民社区——西湖区广外街办烟筒巷社区居委会挂牌。余志坚出席揭牌仪式。

18日 刘伟平、兰州市长张玉舜在南昌五湖大酒店签订兰州市与南昌市结为友好城市议定书。两市以发展为主题，以强市富民为根本出发点，本着平等互利、优势互补、长期合作、共同发展的原则，在经贸、科技、文化等领域建立长期、稳定、全面的友好合作关系。李小南、雷武江、吴才仁和兰州市政协副主席廉淑琴出席签约仪式。同时，两市旅游部门签订旅游合作协议。

南昌市与兰州市签订结为友好城市议定书

同日 全市创文明社区、促“双创”工作现场会召开。李豆罗讲出席并话，陈守朴、余志坚、钟乐初等，各有关部门负责人、街办主任参加。会前，与会人员参观了西湖区广外街道烟筒巷社区。

同日 江西国鸿实业有限公司与普瑞纳饲料（韩国亚太地区）有限公司签订饲料加工合作协议。田新芳、龚建华出席签字仪式。

同日 赣浙湘鄂四省汽配交易会在省洪城汽车配件城开幕。李小南出席开幕式。

18—23日 中共中央政治局候补委员、国务委员吴仪先后考察江铃汽车集团公司、洪都航空集团公司、汇仁集团公司、南昌高新技术产业开发区、洪城大市场，参观滕王阁、八大山人纪念馆。省市领导孟建柱、黄智权、钟家明、朱英培、刘伟平陪同。

19日 省市妇联与省司法厅、省民政厅在八一广场联合举办新《婚姻法》及“1·48”维权周宣传日活动。吴才仁和省市有关部门负责人参加。

同日 市政府第83次常务会议在市政府第一会议室召开。会议审议并原则同意市规划局拟订的《南昌市城市规划管理规定修正案》。刘伟平主持。

同日 市政府第112次市长办公会议在市政府第一会议室召开。会议审议并原则同意市项目办草拟的《关于对我市经济效益有功人员实行奖励的暂行办法（修改稿）》，市人事局草拟的《关于推荐我市参加2001年全省军转安置工作表彰大会表彰的模范转业干部、军转安置工作先进单位、先进军转工作者的请示》，审议市项目办草拟的《关于江铃拖收购江西采矿机械厂部分有效资产接受部分职工的实施方案》。刘伟平主持。

20日 南昌市举行经济形势报告会。省社科院经济研究所所长汪玉奇应邀作《依靠科技，加快十五经济发展》专题报告。李豆罗、史骏飞、余志坚、钟乐初、龚建华、赵国梁及全市300余名副县级以上干部听取报告。

同日 省市残联及残工委各成员单位在八一广场举行全国助残日宣传活动。李小南参加。

21日 中国人民解放军空军副司令员王良旺一行到洪都航空集团公司考察。

同日 南昌市举行全国“巾帼文明示范岗”颁奖仪式。雷武江出席并讲话。

同日 全市市直单位、县区社会稳定和安全工作会议先后在市委小礼堂召开。会议通报近期信访工作情况，部署当前社会稳定和安全工作。李豆罗出席并讲话，余志坚、李小南，市中级人民法院院长敖庆沸及市直各单位、各县区有关部门主要负责人出席。

同日 全市整顿市容环境会议召开，部署有关工作。李豆罗出席并讲话，钟乐初、罗为民、赵国梁出席。

同日 位于新建县乡镇企业城的江西省新建汽车广场落成典礼暨开盘仪式招商仪式举行。周启球、周根保、孔炯出席。

22日 进贤县委、县政府在县招待所举行欢迎仪式，欢迎老将军陶汉章偕夫人回乡探亲。

同日 省市建设系统民主评议行风大型咨询活动在八一广场举行。省市领导王君、罗为民参加。

同日 省市领导胡振鹏、钟乐初在五湖大酒店会见美国企业家代表团一行。

同日 市政府办公厅发出《关于对我市增加地方财政收入有功人员实行奖励的暂行办法的通知》。

同日 市十七中举行西藏和平解放50周年庆祝大会。李豆罗、孔炯、赵国梁和藏汉师生共同出席。

同日 由市委统战部、市广电局主办，南昌有线电视台协办的全市统一战线知识竞赛电视现场决赛在赣审大厦举行。周启球、邓启明、赵国梁、肖宣祥、张富和省委统战部负责人出席并为获奖代表队颁奖。

同日 市中级人民法院举行新法官服换装仪式。此次换装的法官服取消了肩章和大盖帽，同军警制服有明显区别。

23日 省市安全委联合举办的全国第11次“安全生产周”宣传咨询活动在八一广场举行。省市领导王君、姜任保出席。

同日 全市扶乡工程现场会在进贤县召开。田新芳、龚建华出席。

24日 全市检察机关队伍建设工作会议召开。会议学习党中央关于加强政法队伍建设的一系列指示精神，传达全国、全省检察机关队伍建设工作会议精神，研究有关工作。李豆罗，市人民检察院检察长吴延林出席并讲话。

同日 市委老干部局在市老干部活动中心举行庆祝中国共产党建党80周年文艺演出。周启球、省委老干部局负责人观看演出。

同日 全市质量技术监督系统开展打假统一行动。出动执法人员587人次，查获标签不合格食品156批次，标值23.82万元；假冒伪劣食品56批次，标值2.8万元。

25日 2001年江西省横向经济联合协作（珠海）项目洽谈会在珠海国际会展中心开幕。刘伟平、雷武江率团出席。此次洽谈会，南昌市签约项目38个，引进资金30.739亿元。

同日 市政府发出《关于印发〈南昌市临街建筑立面装修审批办法〉的通知》。

同日 陈守朴在南昌中日友好会馆会见日本高松大学副理事长佃昌道一行。

同日 委内瑞拉空军司令加西亚一行到洪

都航空集团公司参观考察。

同日 市第一医院等26家医院（卫生所）、黄庆仁栈药店的10家分店被确定为市城镇职工基本医疗保险制度改革首批定点医院和药店。30日正式挂牌，李小南出席授牌仪式。

26日 市警校法制学习班学员结业欢送大会举行。41名原“法轮功”邪教组织练习者通过学习转化，重新回到社会和亲人怀抱。省市领导彭宏松、李豆罗等出席。

同日 市老年书画协会在南昌美术馆举办庆祝中国共产党80华诞老年书画展。周启球、陈守朴观看画展。

27日 省市联合举办的“两个确保”和养老、失业、医疗保险政策法规咨询宣传活动在八一广场举行。省市领导王君、史骏飞、李小南、邓启明、赵国梁出席。

同日 市政府第113次市长办公会议在市政府第一会议室召开。会议对做好当前南昌市社会稳定工作，珠海招商引资会议所签项目的落实工作，进一步贯彻落实孟建柱指示精神、认真做好南昌市两篇文章，江纸技改等进行研究。刘伟平主持。

28日 市委常委会议在市委书记办公楼会议室召开。会议研究近期做好稳定和安全工作的具体措施，全市法制宣传教育和依法治市工作第四个五年规划。会议原则同意市政府党组报送的《关于江西纸业股份有限公司“九五”技改项目进展情况的报告》；同意市政府党组报送的《关于组建南昌市安全生产监督管理局的请示》，市农村“三个代表”办公室报送的《关于认真做好集中学习教育活动告一段落前后有关工作的通知》。钟家明主持。

同日 刘伟平、雷武江在滕王阁会见厅会见香港国际投资总商会会长、香港嘉浩集团董事局主席许智明一行。

同日 刘伟平、李豆罗在滕王阁会见厅会见新加坡新丰房地产开发公司董事长钟亚礼一行。钟亚礼向南昌慈善总会捐赠100万元。

29日 市政府召开实施《南昌市公益林保护条例》新闻发布会。邹剑桥、龚建华等出席。

同日 市政府发出《关于做好行政审批改革工作的通知》《南昌市保留和取消行政审批事项目录》。

同日 全市宣传部长座谈会召开。会议传达贯彻全国、全省宣传部长座谈会精神，部署纪念中国共产党成立80周年宣传教育工作。陈守朴出席并讲话。

同日 新建县西山镇总体规划设计评审会举行。李小南和省建设厅、省城乡规划设计研究院、市规划局、南昌大学有关负责人及专家参加。

同日 钟乐初会见日本客人小坂孝彦、高野裕之一行。

30日 市委、市政府发出《关于批转市法制宣传教育工作领导小组〈南昌市法制宣传教育和依法治市工作第四个五年规划〉的通知》。同日，市委发出《关于进一步开展法制宣传教育和依法治市的决定》。

同日 市政府召开整顿燃气行业生产经营秩序动员大会。李小南出席。

同日 南昌市首批城镇职工基本医疗保险定点机构揭牌。市第一医院、第五医院、按摩医院、解放军九四医院等6家医院首批揭牌。从6月1日起，参保人员只需持自己医疗保险IC卡，便可任意选择一家定点机构看病、买药。钟乐初出席揭牌仪式。

31日 南昌市获“1996—2000年全国法制宣传教育先进城市”称号。

同日 省市少年儿童庆“六一”游园活动在八一公园举行。省市领导步正发、陈癸尊、胡振鹏、刘运来、周日扬、周启球、孔炯、钟乐初、赵国梁和3000余名少年儿童参加。

2001 6月 June

公元2001年6月 农历辛巳年【蛇】													
日	一	二	三	四	五	六	日	一	二	三	四	五	六
					1 儿童节	2 十一	3 十二	4 十三	5 芒种	6 十五	7 十六	8 十七	9 十八
10 十九	11 二十	12 廿一	13 廿二	14 廿三	15 廿四	16 廿五	17 廿六	18 廿七	19 廿八	20 廿九	21 夏至	22 初二	23 初三
24 初四	25 端午节	26 初六	27 初七	28 初八	29 初九	30 初十							

1日 中共中央总书记、国家主席、中央军委主席江泽民考察南昌高新区金庐软件开发中心、清华泰豪科技股份有限公司、洪都航空集团公司、南昌民营科技园、郊区湖坊镇进顺村，参观八大山人纪念馆。中共中央政治局候补委员、书记处书记、中央组织部部长曾庆红随行，省市领导孟建柱、黄智权、钟家明、彭宏松、刘伟平陪同。

同日 省市消防宣传教育基地对外开放启动仪式在市消防支队特勤大队举行。1000余名社会各界群众观看消防官兵“楼层逃生”“房屋坍塌火场救人”等实战演习。

同日 团市委、市少工委在市少年宫联合举办“党旗映队旗”少年宫小伙伴庆六一活动。周启球、孔炯、赵国梁出席。

4日 中国——欧盟科研项目：生态、鸟类研究基地揭牌仪式在南昌天香园举行。欧盟专家认为，“天香园的鸟类密度之大、看鸟距离之近、人与家园的环境之美好均为天下第一，可谓鸟类的天堂。”

4—5日 市委常委（扩大）会议在市委小礼堂召开。会议学习省委、省政府《关于在全省开展解放思想学习教育活动的通知》及孟建柱在全省解放思想学习教育活动动员大会上的讲话和考察南昌时讲话精神，研究部署在全市开展解放思想学习教育活动。钟家明主持，刘伟平、周启球、李豆罗和市委常委，市人大、市政府、市政协党组成员，南昌军分区政委，市纪委副书记，各县区委书记、县区长，市委、市政府有关部门及单位主要负责人出席。

5日 全国人大常委会委员梁广大考察江西汇仁集团公司。周启球陪同。

同日 市地震局获2000年度全国市（地）防震减灾工作综合评比优秀奖。

同日 省公安厅做出决定，追记市公安局特巡警支队东湖大队五中队民警魏辉个人一等功；团市委、市公安局做出决定，追授魏辉“南昌市杰出青年卫士”称号，并号召全市团员青年和公安民警向魏辉学习。

同日 凌晨零时15分，省广电发展中心艺术幼儿园小六班一间寝室因点蚊香引燃棉絮而发生火灾，造成13名儿童窒息死亡，其中男7人、女6人，均为3—4岁儿童。事故发生后，省市领导孟建柱、黄智权、钟起煌、钟家明、彭宏松、王君等立即赶赴现场，指挥抢救工作。

6日 公安部授予西湖公安分局刑侦大队六中队“全国模范责任区刑警队”称号。

同日 市政府发出《关于批转南昌市投资与建设项目审批办证服务中心管委会对暂未进驻办证大厅实行监管试行办法的通知》。

同日 市安全生产监督管理局成立。该局与市安全生产委员会办公室合署办公，实行二块牌子，一套人员。刘伟平、熊焕高、姜任保和省经贸委负责人出席成立仪式。

同日 江西煌上煌集团成立庆典仪式举行。该集团为省内规模最大的以畜禽肉食品加工为主业的民营企业，包括江西煌上煌烤卤公司等4家子公司和4个生产基地、6家省外分公司及100多家专卖店。省市领导金异、周启球、李豆罗、史骏飞、田新芳、孔炯、雷武江、龚建华出席。

7日 市政府第114次市长办公会议在市政府第一会议室召开。会议审议并原则同意市建委、市规划局、市土地局、市房管局草拟的《关于历史遗留违章房屋办理产权手续问题的处理意见》，市政府办公厅草拟的《关于工口企业危房改造有关问题的处理意见》；审议市民政局草拟的《关于我市低保工作中人户分离调查情况的报告》，第40次市规费联审小组会议初审意见。刘伟平主持。

同日 市政府第84次常务会议在市政府第一会议室召开。会议审议并原则同意市房管局拟订的《关于搞活住房二级市场的若干意见》，市民政局拟订的《关于全市撤并乡镇工作的实施方案》。刘伟平主持。

同日 市政府办公厅发出《关于贯彻建设部〈关于组织开展危旧房屋安全大检查加强房屋安全管理紧急通知〉的意见》。

同日 市土地储备中心和市地产经营发展公司成立。

同日 全市“严打”第二次宣判执行大会在市工人体育馆举行。全市两级人民法院对58名严重刑事犯罪分子进行集中宣判，17名罪犯经省高级人民法院核准执行死刑。李豆罗、刘汝舟、吴才仁，敖庆沸、吴延林等出席。

全市“严打”第二次宣判执行大会举行

8日 市政府发出《关于搞活住房二级市场的若干规定（试行）的通知》《关于历史遗留违章违规房屋办理产权手续问题处理意见的通知》。

同日 市政府办公厅发出《关于企业D类（一类）危房改造有关问题处理意见的通知》。

同日 市市容局举行新洲路、象湖路道路清扫保洁权公开拍卖开标会。此次开标会是江西省市容环卫系统首次将路面的清扫保洁权进行公开拍卖。全市12个环卫所参加竞标。

9日 中国南昌首届城市候鸟节开幕式在天香园举行。省市领导朱治宏、朱英培、蒋仲平、刘运来、刘伟平、李豆罗等出席。省市鸟类、自然、环保、人文等方面20余位专家学者在天香园进行“环境与鸟类、城市与环境”研讨活动。

同日 雷武江在五湖大酒店会见由中国北方工业深圳公司总经理焦志仁率领的项目考察组一行。

10日 市委宣传部、市公安局联合主办的大型现代话剧《世纪英魂——倒在世纪门槛上的人》在省话剧团首次公演。至30日，该剧先后在南昌文化会堂、江西艺术剧院公演。吴新雄、李豆罗、王样生、熊焕高、李小南、史骏飞、陈守朴、周根保、弘强等观看演出。

12日 市政府办公厅发出《转发赣府厅发〔2001〕38号文件〈关于鼓励和促进我省中小企业发展实施意见〉的通知》《关于转发〈南昌市清理整顿互联网上服务营业场所实施意见〉的通知》。

同日 全市"严打"整治斗争汇报会在市委办公楼六楼会议室召开。会议总结前一阶段工作，部署下一阶段任务。李豆罗出席并讲话。

13日 市直机关纪念中国共产党建党80周年党的知识竞赛决赛在市委小礼堂举行。竞赛从6月5日开始，43个代表队经过8轮预赛，决出8个代表队参加决赛。市国税局获决赛一等奖。周启球、史骏飞、孔炯、罗时杰、钟乐初、瞿祖一等出席并为获奖单位颁奖。

14日 卫生部整顿和规范市场经济秩序督查组对南昌市肉制品、豆制品市场进行为期2天的检查。

同日 市政府办公厅发出《转发市整顿和规范市场经济秩序工作领导小组办公室〈关于南昌市整顿规范市场经济秩序和安全生产秩序工作第二阶段工作计划〉的通知》。

15日 全市领导干部会议在市委礼堂召开。省领导傅克诚宣布省委决定：吴新雄任中共南昌市委委员职务、常委、书记；钟家明不再担任中共南昌市委书记、常委、委员；提名李豆罗任南昌市市长候选人；刘伟平不再担任中共南昌市委副书记、常委、委员、市长职务，调省委宣传部主持工作，列席省委常委会。市长职务任免，需按有关法律规定办理。省领导孟建柱、步正发出席并讲话，钟家明主持并讲话。吴新雄、刘伟平、李豆罗出席并讲话。

同日 市委决定：李豆罗任中共南昌市人民政府党组书记；陈国兴任中共南昌市人民政府党组成员；周启球任中共南昌市人大常委会党组书记；陈守朴任中共政协南昌市委员会党组书记；刘卫平任中共南昌市纪律检查委员会委员、常委、副书记（列李广辉之前）。

16日 南昌大学科技园在南昌高新技术产业开发区开工。

18日 市政府办公厅发出《关于印发〈南昌市2001年夏季统一灭蚊、蝇、蟑螂活动实施方案〉的通知》。

同日 市政府召开整治市容环境动员会，部署有关工作。李豆罗出席并讲话，钟乐初、罗为民出席。

同日 全市部分重点骨干企业厂长、经理座谈会在市委常委会议室召开。吴新雄出席并讲话，强调要坚持以发展论英雄，实行优胜劣汰，贡献越大，就越要扶持、越要鼓励、越要保护，努力打造南昌经济发展的航空母舰。李豆罗、姜任保出席。

同日 全市老干部纪念中国共产党建党80周年党的知识竞赛电视决赛在江西电视台演播大厅举行。吴才仁出席。

19日 由市个体劳动者协会、市私营企业协会主办的"党在我心中——庆祝建党80周年文艺会演"在南昌铁路文化宫举行。周启球、马承祖、瞿祖一观看演出。

20日 吴新雄、李豆罗、李小南在南昌中日友好会馆会见香港环球实业集团总裁刘扬生。

同日 俄罗斯红军歌舞团中国巡回演出首演在江西艺术剧院举行。省市领导钟起煌、王峰、吴新雄、周启球、李豆罗、程金鹏等观看演出。

同日 上海市长宁区委书记姜梁率代表团一行参观考察南昌八一起义纪念馆、新四军军部旧址陈列馆。李豆罗陪同。

同日 南昌市梅岭风景区新发现“奇洞群”。“奇洞群”位于梅岭旅游区的北端，罗亭镇东南山区，千百年来一直藏于深山密林之中。“奇洞群”全长400多米，有天池、南天门、剑劈崖、一线天、船石、龟石、瀑布、石壁挂珍珠等景观聚集一洞。

21日 市物价局组织人员对市区重要街道商业网点“三色标价签”使用情况和市区重要街道药店的有关药品价格执行情况进行为期2天的执法检查。

22日 公安部部长贾春旺考察南昌市公安局指挥中心及西湖公安分局筷子巷派出所、刑侦大队六中队。省市领导钟起煌、李豆罗、李小南陪同。

同日 市委七届十三次全体会议在市委小礼堂召开。会议审议通过市委、市纪委工作报告（草案），酝酿下届两委委员候选人预备人选名单。会议由市委常委会主持，吴新雄出席并讲话，李豆罗作《关于市第八次党代会报告稿的说明》，周启球作《关于八届市委委员、候补委员、纪委委员候选人预备人选产生情况的报告》，王样生、陈守朴、余志坚、田新芳、周根保、熊焕高、李小南、弘强、马承祖及市委委员出席。

同日 吴新雄、李豆罗、雷武江在南昌中日友好会馆会见香港力坚制衣有限公司总裁朱子仁一行。

同日 南昌市出租汽车行业表彰大会在八一广场举行。3名优秀文明出租汽车驾驶员、4家出租汽车达标先进单位、100名文明出租汽车驾驶员及100辆文明出租汽车受到表彰。程光茹、罗为民出席。

23日 市委召开民主协商会，就提交市十二届人大一次会议审议的《政府工作报告（征求意见稿）》听取市各民主党派、工商联及无党派代表人士意见。周启球出席并讲话，赵国梁出席。

同日 市直机关工委在江西艺术剧院举行纪念中国共产党建党80周年文艺会演。吴新雄、李豆罗、周启球、王样生、陈守朴、余志坚等观看演出。

同日 凌晨，市肉品市场管理稽查队组织人员对南昌市私宰比较猖獗的地区进行重点检查，捣毁私宰窝点5个，缴获私宰生猪37头。

24日 市委组织部、市委宣传部主办的“三个代表”之歌——献给伟大的中国共产党首场演出在八一广场举行。吴新雄、李豆罗、陈守朴、弘强、马承祖和省委宣传部负责人观看演出。

24—27日 中共南昌市第八次代表大会在市委礼堂召开。大会强调，要更加紧密地团结在以江泽民为核心的党中央周围，高举邓小平理论伟大旗帜，以“三个代表”重要思想为指导，以实现“富民强市”为目标，坚持党的基本路线不动摇，同心同德，振奋精神，开拓进取，顽强拼搏，为把南昌市建成现代区域中心城市而不懈奋斗。吴新雄作题为《实践“三个代表”，做好“两篇文章”，为把南昌建成现代区域中心城市而不懈奋斗》的工作报告。大会选举产生新一届市委委员35人、候补委员7人和市纪委委员26人。在市委八届一次全委

中共南昌市第八次代表大会召开

会上，选举吴新雄、李豆罗、王样生、熊焕高、李小南、雷武江、周根保、弘强、马承祖、蔡社宝、阎钢军为市委常委；选举吴新雄为市委书记，李豆罗、王样生、熊焕高、李小南为市委副书记。在市纪委第一次全委会上，选举王样生为市纪委书记，刘卫平、李广辉、任美清为市纪委副书记。

26日 吴新雄、李豆罗在五湖大酒店会见应邀到南昌高新区访问的中国惠普有限公司副总裁何炳麟一行。

同日 吴新雄、李豆罗、姜任保在南昌中日友好会馆会见上海浦东发展银行董事长张广生、行长金运一行。

同日 市政府发出《关于批转〈南昌市公众聚集场所消防安全专项治理实施意见〉的通知》。

同日 南昌市“6·26”国际禁毒日宣传暨宣判大会在市工人体育馆举行。全市两级人民法院对已审结的6件毒品案件、24名案犯进行公开宣判。李小南出席并讲话。

27日 南京军区司令员梁光烈、政委雷鸣球到南昌军分区调研，并参观南昌八一起义纪念馆。

同日 李豆罗、雷武江在滕王阁会见厅会见澳门（江西）海外联谊会常务副会长苏家林一行。

28日 纪念中国共产党建党80周年文艺晚会在江西艺术剧院举行。省市领导孟建柱、黄智权、步正发、马世昌、彭崑生、冯金茂、钟家明、李豆罗、王样生、李小南、周启球、周根保、弘强等和社会各界代表1600余人出席。

同日 全市劳模“庆祝中国共产党建党80周年，争做贯彻市第八次党代会精神的模范”座谈会召开。来自全市各条战线的100余名劳模、先进人物代表参加。吴新雄出席并讲话。

同日 全市职工庆祝中国共产党建党80周年文艺会演在市工人体育馆举行。马承祖、钟乐初观看演出。

同日 全市先进基层党组织、优秀共产党员、优秀党务工作者表彰大会在市委礼堂召开。郊区湖坊镇党委等60个先进基层党组织、龚腊根等144名优秀共产党员、祝国仁等49名优秀党务工作者受到表彰。吴新雄出席并讲话，李豆罗主持，熊焕高宣读表彰决定，王样生、周启球、史骏飞、程金鹏、周根保、马承祖等出席。

同日 “体育彩票杯”百万老年人万里健步行活动启动仪式在八一广场举行。省市领导步正发、胡振鹏、弘强、钟乐初出席。

同日 吴新雄、李豆罗、雷武江、马承祖在五湖大酒店牡丹厅会见上海新闻采访团团长丁仁耀一行。

29日至7月2日 政协南昌市第十一届委员会第一次会议在市委礼堂召开。会议听取和讨论吴新雄代表市委作的讲话，审议通过程金鹏作的工作报告和吴才仁作的提案工作情况报告。与会人员列席市十二届人大一次会议，听取并讨论市政府工作报告。会议选举陈守朴为市政协主席，雷武江、吴延林、钟乐初、王水苟、曹连甲、卢晓健、雷元江、罗文华、关德华、万宗明为市政协副主席，李诗权为市政

政协南昌市第十一届委员会第一次会议召开

协秘书长；选出市政协常委 38 人。

同日 市直机关工委召开“创先争优”表彰大会，对在“创先争优”活动中涌现出来的先进党组织和先进个人进行表彰。熊焕高出席并讲话。

30 日至 7 月 4 日 南昌市第十二届人民代表大会第一次会议在南昌铁路文化宫召开。会议审议通过代市长李豆罗作的市政府工作报告，《南昌市国民经济和社会发展第十个五年计划纲要（草案）》、市 2000 年国民经济和社会发展计划执行情况与 2001 年国民经济和社会发展计划（草案）的报告、市 2000 年市本级财政总预算执行情况和 2001 年市本级财政总预算（草案）的报告、市人大常委会工作报告、市中级人民法院工作报告、市人民检察院工作报告；通过相应决议。会议选举周启球为市人大常委会主任，姜任保、孔炯、罗时杰、肖永政、余根水、熊全柏、姚燕平为市人大常委会副主任；选出市人大常务委员 21 人。会议选举李豆罗为市人民政府市长，杨洪基、龚建华、罗为民、陈国兴、戴和旺、童敏、罗慧芬为市人民政府副市长；敖庆沸为市中级人民法院院长，崔可夫为市人民检察院检察长人选。

南昌市第十二届人民代表大会第一次会议召开

同日 市委党史办获“全国党史工作先进单位”称号。

是月 市委提出实现“一个目标”，即实现富民强市的目标；做好“两篇文章”，即自 2001 年起的 5 年内，充分发挥南昌经济中心城市的带动和辐射功能，进一步加大城市建设和管理力度。7 月 3 日，在做好“两篇文章”意见征询会上，正式归纳为：第一篇文章就是把南昌建成为区域经济中心城市，第二篇文章就是把南昌建成现代文明花园城市。

2001

7 月

July

公元2001年7月							农历辛巳年【蛇】						
日	一	二	三	四	五	六	日	一	二	三	四	五	六
1 建党节	2 十二	3 十三	4 十四	5 十五	6 十六	7 小暑	8 十八	9 十九	10 二十	11 廿一	12 廿二	13 廿三	14 廿四
15 廿五	16 廿六	17 廿七	18 廿八	19 廿九	20 三十	21 初一	22 初二	23 大暑	24 初四	25 初五	26 初六	27 初七	28 初八
29 初九	30 初十	31 十一											

1日 市委中心组成员集中收看庆祝中国共产党成立80周年大会现场直播。直播结束后，中心组成员畅谈心得体会。

2日 市政府办公厅转发《市安全生产监督管理局〈关于切实做好当前安全生产工作紧急通知〉的通知》。

3日 南昌市做好“两篇文章”意见征询会召开。吴新雄介绍做好“两篇文章”的工作思路。部分省厅（局）负责人就南昌目前工作中需要改进和加强的方面提出意见和建议。李豆罗等出席。

同日 吴新雄、李豆罗在南昌中日友好会馆会见美国金海湾集团董事长王克平一行。

同日 吴新雄在南昌五湖大酒店会见艾默生电气公司亚太区（香港）副总裁顾华明一行。

4日 全市市容整治会议在市委小礼堂召开。会议分析市容状况，部署整治任务。会议强调，要标本兼治、长效管理，创造优美环境，努力把南昌建成现代文明花园城市。吴新雄、李豆罗出席并讲话，罗为民、曹连甲、卢晓健出席。

5日 吴新雄、李豆罗、李小南、阎钢军、罗时杰在五湖大酒店牡丹厅会见中日合资江西武藏野生物化工有限公司董事长谷正之一行。

同日 全市理论界学习江泽民“七一”讲话座谈会暨纪念建党80周年理论研讨论文颁奖会在市委小礼堂召开。马承祖出席并讲话。

6日 市委发出《关于学习贯彻江泽民同志在庆祝中国共产党成立80周年大会上讲话的通知》。

同日 李豆罗、孔炯、杨洪基在滕王阁宾馆会见国家开发银行武汉分行行长俞小平一行。

同日 江西全顺旅游直通车发车仪式在八一广场举行。

同日 由市委宣传部牵头，市对外文化交流协会、市商贸委、市旅游局、市劳动局、市总工会共同主办的“太太乐”杯南昌首届美食烹饪大赛正式启动。通过南昌（赣菜）饮食文化知识百题有奖答题赛、南昌特色民间菜肴（风味小吃）家荐赛、烹饪技术（专业）赛及南昌名菜、名点评定和南昌第三届烹饪名师认定，评出烹饪知识百题优胜奖20名、第二届南昌市烹饪名师29名、南昌名菜40款、南昌名点10道、南昌名小吃10个。

同日 全市公众聚集场所消防安全专项治理会议在市政府第一会议室召开。会议强调，要严格查处严重违反消防法律、法规的行为，对消防不合格的公众聚集场所，一律不准投入使用。

8日 南昌新闻采访团一行抵达上海。新闻采访团由市委宣传部、南昌日报社、南昌人民广播电台、南昌电视台、南昌有线电视台等单位10余名记者组成，赴上海、无锡等地，对南昌市在两地举行的系列招商引资活动和当地在企业发展、城市建设管理中的成功经验进行采访报道。

9日 珠海市政协副主席、市委统战部部长严锦华一行在南昌高新区和红谷滩中心区进行考察，并参观滕王阁和南昌八一起义纪念馆。

同日 市委老干局、市劳动局、市总工会联合主办的全市新世纪首届老年人“健康之星”文艺会演在南昌铁路文化宫举行。来自南昌地区2000余名老年人参加。

10日 2001年江西（上海）招商引资项目推介会开幕式在上海市国际会议中心举行。省市领导孟建柱、黄智权、步正发、朱治宏、彭宏松、傅克诚、卢秀珍、朱英培、蒋仲平、金异、吴新雄、李豆罗、雷武江、阎钢军、杨洪基、卢晓健等出席。

11日 2001年南昌（上海）招商引资暨投资环境推介会在上海香格里拉大酒店三楼长安厅举行。此次招商活动，南昌市共签约内资项目30个，投资总额218220万元，引进资金186450万元；外资项目29个，总投资21639万美元，引进外资14980万美元。吴新雄出席并用中英文致辞，李豆罗主持，雷武江、杨洪基等和来自芬兰、爱尔兰、法国等国政府驻华使节，境外大财团驻华代表及外资企业负责人等200余人出席。

2001年南昌（上海）招商引资暨投资环境推介会举行

同日 由洪都集团生产、中航技总公司以技术转让形式向埃及出口的首批2架K8E飞机，正式向埃方交付。在之后的39个月中，以每月2架飞机的速度交付，同时为埃方建立研究发展中心，完成技术转让。

13日 南昌市1万余名市民聚集八一广场，庆祝北京申办2008年奥运会成功。

同日 市委政法委、市综治委在市公安局七楼会议室召开设立“110信箱”和聘请义务治安信息员新闻发布会。李小南和省委政法委负责人出席。

同日 全市抗旱工作会议在市防汛抗旱总指挥部会议室召开。会议总结前一阶段工作，部署下一阶段任务。戴和旺出席。

14日　市政府发出《关于下达我市2001年国民经济和社会发展计划的通知》。

同日　市政府、南昌军分区联合发出《关于印发〈南昌市国防科学技术动员工作规定〉的通知》。

同日　台北市江西旅台同乡会理事长黄玠率台湾知识青年访问团一行到湾里区参观访问。钟乐初陪同。

15日　市公安局在全市部署为期20天的“治爆缉枪”集中统一行动结束。共收缴各类非法枪支724支，包括军用枪支，小口径枪、猎枪等非军用枪支；子弹4080发，炸药842公斤等。查处涉爆涉枪案件116起，查处有关人员122名。

16—17日　以吴新雄为团长，李豆罗、李小南为副团长的南昌市赴无锡学习考察党政代表团在无锡市进行为期2天的学习考察。雷武江、周根保、弘强、马承祖、蔡社宝、阎钢军、杨洪基、龚建华、卢晓健及各县区党政主要负责人、市直有关部门和部分企业主要负责人参加此次学习考察活动。

17日　南昌市与无锡市缔结为友好城市签约仪式在无锡湖滨饭店举行。吴新雄、李豆罗、李小南、雷武江、周根保、弘强等和无锡市领导蒋定之、韩军、袁静波、毛小平、周解清出席。

南昌市与无锡市缔结为友好城市签约仪式举行

18日　全市经济工作会议在南昌铁路文化宫召开。会议强调，全市上下要开阔视野，开拓进取，围绕富民强市的目标，努力做好“两篇文章”，为实现南昌经济跨越式发展而不懈努力。吴新雄作《解放思想，加快发展，事在人为，负重前进》的讲话，李豆罗主持并讲话。市委、市政府给四县五区、两个开发区下达《2001年国民经济县（区）发展目标任务书》。江西汇仁集团、洪城大市场负责人介绍发展做强企业的经验，南昌高新区负责人作表态发言。王样生、熊焕高、李小南等和市委助理巡视员，市人大、市政府、市政协班子成员，南昌军分区党委成员，市纪委副书记，各县区党政班子成员，市委各部门、市直各单位担任实职的副县级以上领导干部，各乡镇、街道党政主要负责人等共1400余人出席。

全市经济工作会议召开

19日　上海歌舞团的大型现代舞剧《闪闪的红星》在江西艺术剧院演出。省市领导孟建柱、黄智权、吴新雄、李豆罗等观看演出。

同日　全市双创工作会议召开。会议总结前一阶段工作，部署下一步任务。吴新雄出席并讲话，李豆罗主持，罗为民出席。来自东湖区、西湖区、青云谱区、郊区的有关领导及市双创办各成员单位的主要负责人参加会议。

同日　台北江西同乡会首所会馆——南昌会馆落成典礼在南昌高新区举行。该会馆占地467平方米，总建筑面积约1401平方米，具备食、宿和办公的功能，总投资130多万元，全部由赣籍台胞集资，以同乡会的名义兴建。

20日 市委常委（扩大）会议在市委书记办公楼会议室召开。会议听取杨洪基关于扩大对外开放、加快引进外资的情况汇报，并原则同意课题组报送的《扩大对外开放、加快外向型经济发展》的调查报告；听取龚建华关于发展个私民营经济情况的汇报、关于发展第三产业工作情况的汇报，并原则同意课题组报送的《关于我市个私经济发展情况的调查及对策建议》《南昌市第三产业发展的调研报告》；听取关于加快南昌市工业经济改革与发展情况的汇报，并原则同意课题组报送的《关于我市工业改革发展的目标及对策》等。吴新雄主持。

同日 全市政法系统解放思想学习教育动员大会召开。会议强调，全市广大政法干警要进一步解放思想，更新观念，转变作风，为经济发展营造良好的投资环境，提供可靠的法律保障。李小南、熊全柏、吴延林出席。

同日 南昌市首届美食烹饪大赛烹饪技术比赛在东航大酒店举行。马承祖、龚建华和中国烹饪协会秘书长杨柳出席开幕式。

21日 市双创办召开政法系统整治市容环境工作会议，要求各政法部门采取相应措施，支持市容环境整治。李豆罗出席并讲话，罗为民，敖庆沸、崔可夫等出席。

22日 市委、市政府发出《关于成立南昌市城市规划委员会的通知》。吴新雄任委员会主任，李豆罗任委员会副主任，成员为市政府有关部门和各县（区）主要负责人，委员会办公室设在市规划局。

同日 市政府发出《关于加强滨江、滨湖地区土地规划管理的决定》，对南昌市赣江两岸及城内四湖（东湖、南湖、西湖、北湖）和城外四大湖区（青山湖、艾溪湖、象湖、黄家湖〈含礼步湖、碟子湖〉）周边地区的土地实行严格的规划控制。

23日 李豆罗在南昌中日友好会馆会见日本高松市友好使者——日语教师风折知爱子。风折知爱子向李豆罗转交高松市市长增田昌三的贺信。

24日 吴新雄、李豆罗在南昌宾馆会见上海市政府副秘书长、市经贸委主任黄奇帆率领的上海市工业企业经贸代表团一行。

同日 “爱我南昌卫生日”义务劳动在全市37个街办、乡进行。吴新雄、李豆罗、王样生、熊焕高、李小南、周启球，敖庆沸、崔可夫和全市党政机关、部队、学校、街办的1万余名干部参加。

市民参加“爱我南昌卫生日”义务劳动

同日 市双创活动总指挥部领导成员调整。吴新雄任总负责，李豆罗任总指挥，马承祖、孔炯、钟乐初任副总指挥，罗为民任常务副总指挥兼办公室主任。

同日 全市公安机关解放思想学习教育、服务经济建设再动员大会在江西艺术剧院召开。会议宣读市公安局《关于为我市经济发展创造良好环境提供有效服务的若干措施》。吴新雄、李小南出席并讲话，李豆罗、周启球、陈守朴、周根保出席。

25日 吴新雄、杨洪基在南昌中日友好会馆会见美国英格索兰（无锡）道路机械有限公司董事长、总经理安迪·帕博帝斯一行。

同日 全市整治市容环境、创建国家卫生城市动员大会在南昌铁路文化宫举行。吴新雄作题为《全市动员，全民动手，为将南昌建设成为现代文明的花园城市而不懈努力》的动员报告，李豆罗主持并讲话。李豆罗与东湖、西湖、青云谱、郊区签订《南昌市整治市容环境责任状》，罗为民宣读《南昌市整治市容环境实施方案》。马承祖、孔炯、罗慧芬等，市各套班子有关人员，市委各部门、市直各单位、各县区主要领导和分管领导，各城区街办（乡）、居委会主要负责人共1000余人出席。

全市整治市容环境、创建国家卫生城市动员大会召开

同日 市城管支队在市委礼堂召开市容整治动员大会。吴新雄出席并讲话，要求发扬成绩，再接再厉，明确目标，坚持标准，再立新功。李豆罗、孔炯、罗为民、钟乐初出席。

26日 市委、市政府和中央电视台联合主办的“军旗升起的地方——《同一首歌》八一专辑”大型演唱会在市八一体育场举行。省领导孟建柱、黄智权、钟起煌、步正发、朱治宏、马世昌等，市委、市人大、市政府、市政协、南昌军分区、市纪委六套班子领导及解放军、武警部队官兵和市民3万余人观看演出。31日，该演唱会在中央电视台播出。

市委、市政府和中央电视台联合主办“军旗升起的地方——《同一首歌》八一专辑”大型演唱会

同日 南昌第二长途电信枢纽工程开工典礼举行。该工程是一座集数据通信、电信网络管理、无线通信、电信枢纽为一体的平战结合型国家一级干线工程。省市领导凌成兴、罗为民、卢晓健出席。

27日 省领导孟建柱、黄智权、钟起煌、步正发、马世昌、彭宏松、王君、胡振鹏检查指导南昌市整治市容市貌和创建国家卫生城市工作。孟建柱指出，南昌市的整治和创建工作决心大、力度大、变化大、反应好。吴新雄、李豆罗、王样生、熊焕高、李小南、马承祖等陪同。

同日 吴新雄、李豆罗到江西电力高级技工学校，看望在第九届世界游泳锦标赛上为中国夺得首枚金牌的跳水运动员彭勃的父母。

同日 市委、市政府发出《关于对全市12项重点工作加强领导的意见》，要求对加快发展外向型经济、大力发展个私民营经济、大力发展第三产业、加快工业经济改革与发展、加强城市建设和管理、维护社会稳定与安全、切实加强精神文明建设、切实加强干部思想作风建设及优化投资环境、加强干部队伍和人才队伍建设、农村工业和农业产业化、机构改革与行政审批制度改革、撤乡并镇等12项事关全局、事关长远的重点工作实行领导分工负责制。

同日 南昌市召开整治市容环境、创建国家卫生城市工作会议，贯彻落实省委、省政府领导检查南昌市整治、创建工作时提出的要求。吴新雄、李豆罗出席并讲话，强调要继续提高执法水平，不断扩大整治成果。王样生、熊焕高、李小南等出席。

同日 全市科技拥军工作座谈会暨八一军政联席会在南昌军分区会议室召开。吴新雄、周根保出席并讲话，李豆罗主持，余根水、张国华和省军区副政委周日扬等出席。

28日 省市领导胡振鹏、吴新雄、李豆罗在滕王阁会见厅会见清华大学赴赣代表团一行，并就清华大学在南昌市建设科技园事项进行商谈。

同日 日本冈山县青少年环保交流参观团一行抵达南昌市。访问交流期间，参观团与市青新小学师生，江西师大附中、市二十八中、市十九中等学校中学生代表就共同关心的学校环境教育、森林保护、环境治理、防震抗震和校园垃圾处理等问题进行交流和探讨。

同日 市政府发出《关于印发〈南昌市重特大事故隐患报告制度〉的通知》。

同日 陈毅纪念小学奠基仪式在南昌县麻丘镇举行。李小南、阎钢军、余根水、罗慧芬出席。

29日 市公安局、市卫生局、市乡镇企业局等有关单位负责人到进贤县检查指导烟花爆竹安全生产和一次性输液器打假工作。

30日 省市领导孟建柱、吴新雄、李豆罗、王样生、熊焕高、李小南、杨洪基、卢晓健分别在滨江宾馆和滕王阁会见厅会见江苏省华西村党委书记吴仁宝率领的华西村赴南昌考察团一行。

同日 吴新雄、李豆罗、杨洪基及市长助理梁小康在凯莱大酒店会见香港伟盈集团董事长吴太和、香港伟易达集团执行董事何沐霖一行。

同日 李小南、马承祖在南昌中日友好会馆会见日本高松大学教授细川进、日语教师风折知爱子。

同日 市委、市政府发出《关于进一步加快经济发展的若干政策措施》，强调调动社会各方招商引资积极性，鼓励市属工业企业做大做强，放开搞活国有中小企业，放手发展个私民营经济，加速推进服务业现代化，加快推进农业产业化，鼓励引进各类人才，整治优化投资软环境。

同日 市台办召集在南昌的20余家台港澳企业代表座谈，听取对改善投资环境的意见。杨洪基出席并讲话。

31日 市土地管理局、市土地储备中心与驻市各主要银行在凯莱大酒店举行贷款授信及贷款意向协议签字仪式。此举标志着城市经营机制在南昌市正式确立和启动。吴新雄出席并讲话，李豆罗出席。

同日 全市检察长会议暨为经济建设服务动员大会在市委小礼堂召开。会议传达贯彻全省检察长会议精神，总结上半年工作，部署下半年任务。吴新雄出席并讲话，李小南、周启球、吴延林，市人民检察院党组书记崔可夫和省人民检察院领导出席。

同日 全市“好军嫂”表彰会在市民政局会议室召开。余明莲等32名“好军嫂”受到表彰。熊焕高出席并讲话。

同日 全市提高市民素质和城市文明程度座谈会在市委六楼会议室召开。与会宣传口负责人围绕如何提高市民素质和城市文明程度提出建议和意见。吴新雄出席并讲话，李小南、马承祖等出席。

是月 市委提出“依托一江两岸，展示都市风采；建设花园城市，塑造特色魅力；道路环通成网，建筑各具特色；绿带滨江依湖，园林城中点缀；花卉草坪绿岛，青山绿水夜景；街市繁荣文明，环境整洁优美”的72字方针，作为花园城市基本定位。

2001

8 月

August

公元2001年8月							农历辛巳年【蛇】						
日	一	二	三	四	五	六	日	一	二	三	四	五	六
			1 建军节	2 十三	3 十四	4 十五	5 十六	6 十七	7 立秋	8 十九	9 二十	10 廿一	11 廿二
12 廿三	13 廿四	14 廿五	15 廿六	16 廿七	17 廿八	18 廿九	19 初一	20 初二	21 初三	22 初四	23 处暑	24 初六	25 初七
26 初八	27 初九	28 初十	29 十一	30 十二	31 十三								

1日　南昌市慰问团抵达华南某军港慰问海军南海舰队某驱逐舰支队南昌舰官兵。2000年8月1日是海军南昌舰命名15周年，慰问团送去市委、市政府、南昌军分区致南昌舰全体官兵的慰问信和慰问金；南昌舰回赠“英雄城市哺育人民军队，流动国土铭记故乡亲情”的锦旗。

同日　南昌八一公园免费向游客开放。

同日　南昌市区第一条景观路——中山路亮化工程全面竣工并正式亮灯。该路全长1200米，人行道宽6米，机动车道宽15米，安装白色广告灯，硅芯片导向灯等。吴新雄、李豆罗、罗为民等与市民共同观看。

同日　南昌市最新招商引资奖励政策新闻发布会在市政府第二会议室召开。市长助理梁小康宣布6条具体招商引资奖励措施。杨洪基出席并讲话。

同日　挪威国家石油公司总裁包豪格一行察看该公司在南昌县黄马乡援建的希望小学工程。罗慧芬陪同。

2—3日　全市民主评议行风集中评议大会在市委小礼堂召开。市国税、地税、交通、民政、教委、建委、环保、土地8家单位接受评议小组面对面评议。王梓生出席并讲话，熊全柏、杨洪基、吴延林及市长助理梁小康出席。

3日　市政府转发《省政府〈关于切实加强公路交通规费和车辆购置税征收稽查工作通知〉的通知》。

4日　熊焕高等会见无锡市人防办赴南昌考察调研组一行。

6日　市政府发出《关于进一步深化城镇住房制度改革实施方案和南昌市机关事业单位住房分配货币化实施办法的通知》，要求停止住房实物分配，逐步实行住房分配货币化；继续推进现有公有住房改革，培育和规范住房交易市场；发展住房金融，支持个人住房消费；加强住房物业管理；加强领导，严肃纪律，保证改革的顺利实施。同时对住房补贴的范围、补贴面积标准、住房补贴的计算和发放、补贴的管理等作出明确规定。

同日 市政府办公厅发出《关于按照“四区五线”组织系统推进我市利用外资实现跳跃式发展工作方案的通知》。“四区”指中国台、港、澳地区，日本、韩国、东南亚地区，美国、加拿大地区，欧洲、大洋洲地区；“五线”指工业战线、农业战线、三产战线、城建战线、社会事业战线。

同日 市委大院环湖路围墙拆除工程开工。王样生、熊焕高、李小南亲临现场指挥。

同日 市直机关“双创”工作领导小组进行第一次检查。由市委、市人大、市政府、市政协的办公厅和市中级人民法院等部门组成的检查组开始对91个市直机关单位的“双创”工作与环境卫生进行为期2天的检查。

7日 李豆罗会见深圳天健（集团）股份有限公司董事长兼党委书记邹志远一行。

同日 罗为民在市政府第一会议室会见到南昌市考察城市建设和市容整治情况的赣州市代表团一行。

同日 全市村级、乡镇站所“三个代表”重要思想学习教育活动试点工作动员大会在南昌县蒋巷镇召开。会议强调，要把学习“三个代表”重要思想落实到促进农村经济发展、带领农民致富增收上来。吴新雄出席并讲话，阎钢军作动员报告，弘强出席。

8日 全市利用外资工作会议在市委六楼会议室召开。会议强调，全市利用外资要实现跳跃式发展，力争3年利用外资10亿美元。吴新雄、李豆罗出席并讲话，杨洪基及市长助理梁小康出席。

同日 罗为民就八一公园免费开放后的管理与改造工作到市园林局现场办公。

9日 市委常委（扩大）会议在市委六楼会议室召开。会议深入学习江泽民“七一”讲话，传达贯彻省委十届十三次全体（扩大）会议精神，部署当前工作。吴新雄主持，李豆罗、王样生、熊焕高、李小南及市委常委出席。市人大常委会主任，市政协主席，市人大、市政府、市政协党员领导及市委副秘书长等列席。

同日 市政府发出《关于南昌市国有土地使用权招标拍卖办法的通知》《关于南昌市土地储备试行办法的通知》。

同日 市委、市政府召开新闻发布会，通报南昌市进一步加快经济发展50条政策措施。市财政、土地、地税、国税、人事等8个部门作表态发言。吴新雄出席并讲话，李豆罗主持，王样生、马承祖、杨洪基及市委、市政府有关部门负责人，部分企业代表和在南昌的中央新闻单位、省市新闻媒体记者出席。

同日 景德镇市浮梁县委书记黄小华一行到南昌县考察。马承祖、阎钢军陪同。

同日 市双创办召开街办（乡）综合执法徒步小分队工作会议。会议要求新成立的小分队，在该街办（乡）所辖主干道、次干道、小街巷巡逻，对各类反弹现象及时予以劝阻、制止、纠正。罗为民出席。

同日 市工商局西湖分局南站工商所被团中央、国家工商行政管理总局命名为“全国工商行政管理系统优秀青少年维权岗”。

同日 市质量技术监督局在全省开通首家质量网站——南昌质量技术信息监督网。

10日 市、县（区）政协主席座谈会在新建县召开。会议围绕富民强市，做好“两篇文章”，探讨如何推进新世纪全市政协工作。陈守朴主持并讲话，雷武江、吴延林、钟乐初、王水苟、雷元江、罗文华、关德华、万宗明等出席。

同日 市政府与南昌县、新建县、郊区、东湖区、西湖区、青云谱区、南昌经济技术开发区及市商贸委、市工商局、市农业局、市卫生局等单位签订《生猪屠宰管理工作责任状》。

同日 南昌市首批185个肉品零售摊位、

30个团体伙食、餐饮单位被分别授予“市定点屠宰肉专供摊位”“市定点屠宰肉使用单位”。龚建华出席授牌仪式。

11日 吴新雄、杨洪基及市长助理梁小康在滕王阁会见厅会见台湾太平洋建设集团总裁章民强一行。

同日 市政府办公厅发出《关于南昌市利用外资引荐奖实施细则的通知》。

同日 南昌市企业资本运营高级研讨会在江西饭店举行。中国证监会发行监管部处长李量等专家应邀就如何运用证券市场发展地方经济等问题进行授课。市政府与南昌市6户拟上市企业的董事长或总经理签订企业上市目标责任协议书。吴新雄出席并讲话，李豆罗、李小南出席。

同日 市委台办举行报告会。清华大学台情研究所所长刘震涛和华业驻中国首席代表陈恩田就两岸经济发展形势及如何促进南昌市经济发展作专题报告。杨洪基等出席。

12日 全市下岗职工座谈会在市劳动局三楼会议室召开。来自东湖、西湖、青云谱等区的负责人就如何组织好下岗再创业工作，服务于经济建设发言；市劳动局负责人通报南昌市下岗职工情况。吴新雄出席。

13日 吴新雄、马承祖在滨江宾馆会见蒋剑雄为团长的无锡市优秀新闻工作者赴赣采访团一行。

同日 周启球、姚燕平、罗慧芬在南昌中日友好会馆会见日本高松市客人吉本正隆一行。

同日 罗为民会见上饶市市长黄建盛率领的上饶市城市建设和改造考察团一行。

同日 南昌市兑现利用外资个人引荐奖新闻发布会在市政府第二会议室召开。龚国安等5人获20.635万元奖金。杨洪基出席并颁奖。

14日 市委、市政府发出《关于表彰2000年度南昌市执法标兵的决定》。

同日 吴新雄、弘强、杨洪基在五湖大酒店牡丹厅会见全美亚裔共和党主席刘熙一行。

同日 吴新雄、王样生等在武汉统一企业南昌分公司与部分台、港、澳企业代表座谈，听取企业对改善南昌市投资环境的意见和建议，并现场解决企业在经营中遇到的困难。

同日 全市出租汽车行业“创建花园城市、争做文明使者”竞赛动员大会在南昌铁路文化宫召开。市出租汽车文明驾驶员代表宣读《争做文明使者，创建花园城市倡议书》。吴新雄、李豆罗出席并讲话，孔炯、王水苟出席。

同日 西湖区在八一广场举行“社会文明工程”万人签名承诺活动。马承祖参加。

西湖区“社会文明工程”万人签名承诺活动举行

15日 吴新雄率南昌市代表团赴上海市学习考察，上海市副市长冯国勤在上海市政府贵宾厅会见吴新雄一行，双方就友好合作进行交谈。

同日 上海市与南昌市在上海市政府贵宾一厅签订《加强上海市与南昌市商贸合作协议》。两地商贸合作的平台正式搭建，南昌绿色食品、安全食用的农副产品准入上海的“绿色通道”正式建立。

同日 市委宣传部与无锡市优秀新闻工作者赴赣采访团就两市如何在经济、文化、旅游、新闻等方面开展交流合作进行探讨。李豆罗、马承祖、罗为民出席。

同日 蔡社宝在市政府第一会议室接待厅

会见广东省河源市农业观光项目考察团一行。

同日 全市职工献计百万条系列活动启动工程大会在市总工会召开。熊全柏出席并讲话，吴延林出席。

16日 吴新雄率南昌市代表团赴江苏省江阴市参观考察，并与江阴市签订劳务合作协议。江阴市委书记王伟成以及华西村、阳光集团、三毛集团等企业负责人等出席签约仪式。

同日 李豆罗、杨洪基在凯莱大酒店会见澳大利亚驻上海副总领事、高级商务专员欧世本一行。

同日 “政府出题、党派调研、部门落实”活动座谈会在市政府第一会议室召开。李豆罗、雷武江、姚燕平等，市委统战部，各民主党派、工商联负责人出席。

同日 全市处理“法轮功”邪教组织问题工作会议在省外办招待所召开。会议传达贯彻全省处理“法轮功”邪教组织问题工作电话会议精神，通报南昌市近期与“法轮功”邪教组织斗争情况，部署下一步工作。李小南出席并讲话，弘强、马承祖出席。

17日 全市“四五”法制宣传教育和依法治市工作动员大会在市委小礼堂召开。省司法厅负责人宣读中央的表彰决定，并授予南昌市“全国法制教育先进城市”奖牌；各县市、各部门、各单位主要负责人签订2001年普法依法治市责任状，2000年全市“十大执法标兵”受到表彰。李小南出席并讲话，马承祖主持，吴延林和省司法厅负责人等出席。

同日 市政府召开住房制度改革工作会议。会议公布市政府《关于进一步深化城镇住房制度改革实施方案》和《南昌市机关事业单位住房分配货币化实施办法》，就南昌市深化房改和机关事业单位住房分配货币化的有关政策、方法，提高现有公房租金、调整公有住房出售价格等方面的政策做出说明。

18日 2001年赣台青少年学生夏令营开营仪式在滕王阁广场举行。省市领导步正发、杨洪基出席。

同日 全市个私民营经济工作会议在市委礼堂召开。会议贯彻市第八次党代会、全市经济工作会议和市委有关文件精神，总结交流工作经验，部署下一阶段任务。吴新雄出席并讲话，李豆罗主持，蔡社宝、孔炯、龚建华、卢晓健、雷元江出席。

19日 吴新雄、李豆罗、罗为民、卢晓健为首批新开业的集贸市场剪彩。

同日 吴新雄、龚建华、雷元江在五湖大酒店会见无锡市民营企业考察团，双方工商联当场签订友好合作协议。考察团由无锡市20余家知名民营企业人才组成。

同日 全市小街小巷示范路整治工作现场会在东湖区人民检察院召开。会议部署全市100条小街小巷整治工作。吴新雄出席并讲话，李豆罗、罗为民出席。

20日 南昌市“美化市容环境、建设花园城市”现场直播活动在凯莱大酒店三楼演播大厅举行。吴新雄、李豆罗、周根保、马承祖、孔炯等与120余名省市直机关代表、专家学者、市民代表参加。

南昌市“美化市容环境、建设花园城市”直播现场

21日 市委召开情况通报会，向各民主党派、工商联负责人通报市第八次党代会以到南昌市主要工作实施情况，并征求意见和建议。吴新雄出席并讲话，王样生、雷武江等出席。

同日 吴新雄、李豆罗、弘强、杨洪基在凯莱大酒店会见纽约江西协进会会长罗泰来一行。

22日 吴新雄到市人大机关，向市人大常委会中心组成员通报市第八次党代会以来南昌市主要工作实施情况，并征求意见和建议。周启球、弘强、马承祖、姜任保、孔炯等参加。

同日 罗为民会见鹰潭市常务副市长华人民率领的考察团一行，双方就城市资本运作及市容整治情况进行座谈。

23日 市土地储备中心敲响国有土地使用权拍卖第一槌。南昌柴油机厂生产区16.09公顷土地，用途为居住、商业服务用地，被江西新宇房地产开发有限公司以5.96亿元竞买成功。

市土地储备中心敲响国有土地使用权拍卖第一槌

同日 市委统战部、南昌海外联谊会举行“外商与三胞亲属看南昌”活动。雷武江、杨洪基等和在南昌的省政协港澳委员代表、出国和归国留学生代表、外商投资企业代表共50余人参加。

24日 吴新雄到市政协机关，向市政协班子组成人员通报市第八次党代会以来南昌市主要工作实施情况，并征求意见和建议。熊焕高、陈守朴、雷武江、蔡社宝、钟乐初等参加。

同日 全市农村工作座谈会召开。会议总结上半年工作，部署下半年任务。会议强调，要富裕农民，就必须转移农民；要实现农业现代化，就必须实现农业非农化。吴新雄、蔡社宝出席并讲话，王样生、马承祖、戴和旺等出席。

25日 由南昌对外工程总公司承建的国家经援项目——马里共和国体育场工程正式竣工。该体育场位于马里首都巴马科近郊，占地25.5公顷，工程总造价3000万美元，可容纳6万人。南昌对外工程总公司自1991年进驻马里共和国以来，先后承建马里共和国最大的商业中心——尼马格拉商业中心等50多项工程。

同日 南昌市万人再就业招聘洽谈大会在市劳动力市场举行。大会收集458家用工单位、68个工种和专业的13500个比较合适下岗职工的岗位信息，同时采取政府购买岗位的办法，保障就业困难群体，实行政府保护性就业政策。吴新雄出席并讲话，李豆罗、陈守朴、马承祖和省劳动保障厅负责人出席。

27日 市人民检察院法律服务联系点揭牌仪式在南昌卷烟厂举行。

28日 团市委、南昌日报社、江西天新科技开发有限公司在新建县举行“情系希望工程献爱心”活动。

同日 中粮江西米业有限公司创立大会暨奠基仪式在进贤县温圳镇举行。中粮集团董事长周明臣、总裁刘福春，省市领导蒋仲平，吴新雄、李豆罗及省市有关部门负责人、工程建设者共5000余人参加大会。

同日 洪城汽车配件城与无锡广益商城汽配市场结为友好市场。阎钢军、龚建华出席签约仪式。

29日 市政府第1次常务会议在市政府第一会议室召开。会议传达省政府《关于迅速贯彻落实〈江西省人民政府关于落实中共江西省委关于进一步解放思想加快经济发展的若干意见的实施办法〉的通知》；审议并原则通过市人事局拟订的《南昌市事业单位考试考核进人暂行办法》，市物价局和市房管局拟订的《南昌市商品房销售价格行为规则（试行）》，市园林局拟订的《南昌市城市绿化管理规定修正案》。李豆罗主持。

同日 市政府第2次市长办公会议在市政府第一会议室召开。会议审议市房改办《关于我市房改新方案出台实施有关具体问题的请示》，市安管局《关于整顿烟花爆竹生产经营秩序验收阶段工作的请示》，市国资局关于五湖大酒店拟转让中方10%股份的意见；审议并原则同意南昌经济技术开发区管委会《关于恳请市政府出具清华科技园（江西）基础设施项目贷款还本承诺函的请示》，市财政局《关于呈报2001年全市财政收支总预算的报告》。李豆罗主持。

同日 上海市委常委、副市长蒋以任率领上海市代表团一行考察洪都航空集团公司、江铃汽车集团公司、南昌高新区，参观南昌八一起义纪念馆、滕王阁。省市领导蒋仲平、吴新雄、李豆罗等陪同。

同日 李豆罗在绳金塔千佛寺会见美国金海湾国际集团董事长王克平和中国香港力高集团（福建）有限公司董事长黄若虹一行。

同日 周启球、孔炯在南昌中日友好会馆会见澳大利亚澳联集团商务考察团一行。

同日 “构筑南昌人才高地、产业新优势”座谈会在市委六楼会议室召开。在南昌的13所高等院校及部分省市企业负责人应邀就如何围绕富民强市、做好“两篇文章”进行探讨。吴新雄出席并讲话，王样生、弘强、马承祖等出席。

同日 青云谱区“军地共建亮化一条路”捐赠仪式在青云谱区政府会议室举行。周根保、肖永政出席。

30日 市人大常委会发布《南昌市制定地方性法规条例》《南昌市人民代表大会议事规则》。

同日 吴新雄、李豆罗、杨洪基在凯莱大酒店会见中国驻法大使吴建民一行。

同日 全市公众聚集场所消防安全专项整治大会在南昌铁路文化宫召开。吴延林和省消防总队负责人出席。

同日 “万卷图书送军营”赠书仪式在市民政局举行。

31日 吴新雄、杨洪基在五湖大酒店会见上海浦东发展（集团）有限公司赴南昌经贸代表团一行。

同日 市城市规划咨询委员会成立。吴新雄任主任，李豆罗、省建设厅副厅长马志武任副主任。

同日 市城市规划委员会、市城市规划咨询委员会在市委小礼堂召开建设花园城市规划构想征询意见会。吴新雄、李豆罗出席并讲话，周根保、马承祖等和省直有关部门负责人出席。

同日 澳联集团、北京市欧格美模特艺术责任有限公司与市教委签订联合办学协议书；澳联集团与南昌电厂、南昌粉煤灰综合利用办公室签订合作投资生产粉煤灰砌块及其系列产品协议书。李豆罗、孔炯、罗慧芬出席签约仪式。

2001
9月
September

公元2001年9月							农历辛巳年【蛇】						
日	一	二	三	四	五	六	日	一	二	三	四	五	六
						1 十四	2 十五	3 十六	4 十七	5 十八	6 十九	7 白露	8 廿一
9 廿二	10 教师节	11 廿四	12 廿五	13 廿六	14 廿七	15 廿八	16 廿九	17 初一	18 初二	19 初三	20 初四	21 初五	22 初六
23 秋分	24 初八	25 初九	26 初十	27 十一	28 十二	29 十三	30 十四						

1日 吴新雄在南昌中日友好会馆会见深圳市先科电子股份有限公司董事长叶华明一行。

同日 市规划委员会在八一广场举办主题为“爱我南昌，参与规划，共同建设我们美好家园”大型规划公示征询市民意见活动。吴新雄、李豆罗、罗为民和全市5万余人次参加。活动征询市民意见9827条。

同日 抚河两岸灯光景观正式亮灯。吴新雄、李豆罗、熊焕高、李小南、陈守朴、雷武江等与市民共同观看。

同日 全市农村工作会议在市委小礼堂召开。会议总结前8个月工作，部署今后一个时期任务。会议强调，要解放思想，创新思路，加快推进农业非农化和农村人口城镇化，促使农业增效、农民增收、农村稳定，奋力开创全市农村工作新局面。吴新雄出席并讲话，李豆罗主持，蔡社宝、戴和旺、肖永政、王水苟、卢晓健和市委助理巡视员田新芳出席。

2日 市政府办公厅发出《关于印发〈南昌市机动车临时占道停放管理实施意见〉的通知》。

同日 团市委在八一广场举行创花园城市、做文明青年志愿者行动启动仪式。全市5000余名青年志愿者参加。熊焕高、熊全柏、吴延林出席。

3日 市委、市政府发出《关于加强南昌市昌南地区城市建设管理的若干意见》。内容包括全方位扩大对外开放；坚持新区和老城并重发展的原则；对全市的住宅建设实行计划管理；城区内土地实行一级垄断、二级放开的原则；鼓励首先参与南昌城市建设的投资者；进一步加强城市规划管理；加大违法建筑和临时建筑的拆除力度；严格农房建设的规划管理；推行危旧房改造项目竞标和新的拆迁补偿安置政策；调整昌南地区建设项目规费征收标准；加强昌南地区各类道路的改造；强化重点地段、重要区域的环境管理和建设。

同日 吴新雄、杨洪基在南昌中日友好会馆会见方大集团股份有限公司董事长熊建明一行。

4日 吴新雄、杨洪基在凯莱大酒店会见丹麦驻沪总领事馆总领事魏思远一行。

同日 吴新雄在南昌高新区主持召开加快南昌高新区经济发展现场办公会议，协调解决有关问题。杨洪基、卢晓健和市计委、市工商局、市财政局、市国税局、市土地局等单位负责人出席。

同日 南昌慈善总会在江铃汽车集团公司举行江铃助学金发放仪式，63名2001年考取大中专院校的贫困学生受到资助。吴新雄、李豆罗、余根水和南昌慈善总会会长陈绍翔出席。

5日 市政府发出《关于批转南昌市商品房销售价格行为规则（试行）的通知》。

同日 景德镇、九江、萍乡、新余等8个省辖市的市政协领导到南昌市听取城市建设情况介绍。李豆罗出席情况介绍会。

同日 南昌市、上海闸北区体育全面合作协议签字暨沪昌足球俱乐部揭牌仪式在滕王阁接待厅举行。李豆罗、罗慧芬和上海市闸北区副区长周金彩出席。

6日 全市学习江泽民“七一”讲话报告会在市委礼堂举行。省委宣传部副部长何庆怀应邀作宣讲报告。吴新雄、李豆罗、王样生、熊焕高、周启球、陈守朴和市委各部门、市直各单位负责人等共600余人听取报告。随后，市委组织宣讲团分赴各县区进行宣讲。

同日 全市庆祝教师节座谈会在南昌师范学校举行。吴新雄、李豆罗出席并讲话，李小南主持，弘强、马承祖、姚燕平、罗慧芬、钟乐初出席。

同日 上汽大众希望小学在进贤县捉牛岗乡落成。该小学由上海大众汽车销售有限公司捐资兴建。罗慧芬及上海大众汽车销售有限公司负责人出席落成典礼。

7日 市委常委会议在市委书记办公楼会议室召开。会议研究并原则同意南昌军分区报送的《关于贯彻〈中共江西省委人民武装委员会全体会议纪要〉的请示》和《关于调整市国防动员委员会、市委人民武装委员会成员的请示》；通报承办全国23城市思想政治工作第16次年会有关筹备情况；研究市政府党组报送的《关于印发〈成立南昌市投资促进中心工作方案〉的请示》、关于承办南方城市党史工作协作会第17次会议、关于举办全国大中城市社科联第12次工作会议等事项；审议《中共南昌市委、市人民政府关于优化投资环境的若干规定（送审稿）》；原则同意市纪委报送的《关于印发〈南昌市党风廉政建设责任制责任追究办法〉的请示》和《关于印发〈南昌市关于实行党风廉政教育谈话制度的暂行办法〉的请示》，市委统战部报送的《关于召开全市统战工作会议的请示》；同意市委信访办、市政府信访办报送的《关于全省信访工作会议主要精神及当前和今后我市信访工作的汇报》；听取关于做好迎接中央〔1999〕6号文件《中共中央关于进一步加强政法干部队伍建设的决定》贯彻落实情况检查工作的汇报。吴新雄主持。

同日 市委发出《关于南昌市“社会文明工程”的规划及实施意见》。内容包括开展“八一精神”宣传教育活动，推出英雄城品牌，增强市民自豪感和自信心；开展塑造“南昌市民新形象”系列活动，规范市民的文明行为，提高市民的整体素质；开展“学知识，强素质”教育活动，提高干部群众的综合素质；在窗口行业开展“做文明使者”活动，不断提高各行业服务质量和职业道德水平；加强社会文明工程的硬件建设，努力营造团结、和谐、积极、向上的社会氛围；加强文明社区创建活动，为社会文明工程夯实工作基础。

同日 全市严打整治斗争工作会议在市公安局会议室召开。会议传达贯彻全省严打整治工作会议精神，总结前一阶段工作，部署下一阶段任务。会议强调，要采取切实严打整治措施，努力营造良好社会治安环境，让外商放心投资，企业安心经营，人民安居乐业。

同日 市公安局"重点服务企业"挂牌仪式分别在京东家具批发大市场、江西新建汽车广场举行。孔炯出席。

9日 全市创建花园城市办公会召开。会议强调，创建花园城市工作只能加强，不能削弱，要瞄准更高目标，做到领导力度不减、创建队伍不散、创建工作不松。吴新雄出席并讲话，李豆罗出席。

10日 市委、市政府发出《关于要求迅速、妥善解决外商投诉件的通知》，要求进一步加强领导，继续狠抓落实，实行投诉件首诉负责制、行政管辖负责制和职能职权部门负责制，建立和完善投诉网络，严格实行责任追究制度，建立和落实投诉件定期上报制度。

同日 全市庆祝教师节暨南昌二中建校100周年大会在省体育馆举行。吴官正、孟建柱、舒惠国等发来贺信贺电。吴新雄、李豆罗、王样生、熊焕高、李小南、周启球等出席。

11日 南昌市进行外商投资企业设立审批制改登记制试点，成为全国第一个将审批制改登记制的试点城市。登记地点设在市办证服务中心市计委窗口，外商投资企业设立立项周期由以前的3天缩短为5分钟。

同日 南昌洪城大厦、南昌百货大楼产权制度改革方案论证会在湾里区召开。会议强调，深化企业改革要通过实行"国退民进"策略，建立真正意义上的现代企业制度，不断提高企业整体素质和运营效益，从而激发企业的内在活力。吴新雄出席并讲话，雷武江出席。

同日 上海市农工商集团与南昌市良友公司签订租赁协议。吴新雄、孔炯、杨洪基出席签字仪式。

12日 市委发出《关于加强统一战线工作的意见》，强调充分认识新的历史条件下统一战线的重要地位和作用，认真贯彻落实党的统一战线方针政策，切实加强统战领域各项工作，积极推进党与党外人士的合作共事，加强和改善党对统一战线工作的领导。

同日 市政府举行新闻发布会。吴新雄向香港环球集团董事长刘扬生颁发象湖住宅区招商项目第一期土地使用权证。李豆罗、杨洪基等出席。

13日 市政府第4次市长办公会议在市政府第一会议室召开。会议审议并原则同意市科委《关于提请审议〈南昌市人民政府、南昌大学关于加强科技合作的协议〉和〈南昌市与省内高校科技成果对接洽谈会暨南昌市人民政府与南昌大学科技合作签约仪式实施方案〉的请示》，市民政局《关于要求追认杨国斌同志为革命烈士的请示》，市人事局《关于对受行政表彰的先进单位（集体）和国家公务员给予一次性物质奖励有关问题的补充通知》；审议市财政局《关于呈报〈南昌市政府采购目录〉和四个政府采购单项管理暂行办法的请示》，市人事局《关于给予市政府办公厅表彰奖励的请示》，《关于给予南昌市乡镇企业局表彰奖励的请示》；听取市计委、市民政局关于南昌市2001年城镇退伍军人安置意见的汇报，通报《南昌市土地储备试行办法》《南昌市国有土地使用权招标拍卖办法》。李豆罗主持。

同日 全市经济形势分析会在市委六楼会议室召开，通报1—8月经济工作运行情况，部署下一步工作。会议强调，要以经济工作为中心，围绕市第八次党代会制定的目标，找准突破口，加快全市经济发展步伐。吴新雄主持并讲话，李豆罗、王样生、熊焕高、李小南、周启球、陈守朴等出席。

同日 科技部纪检组长吴忠泽一行对南昌民营科技园、江西汇仁集团公司进行为期2天的考察。熊焕高、杨洪基在五湖大酒店会见吴忠泽一行。

14日　市委、市政府发出《关于优化投资环境的若干意见》。内容包括优化投资环境的目标任务；进一步强化投资与建设项目审批办证服务中心的职能作用；进一步清理和完善行政执法文件和规章；下大力气治理“四乱”（即乱收费、乱罚款、乱摊派、乱检查）；加强对优化投资环境工作领导；建立领导责任追究制；加强社会舆论监督。

同日　市委发出《关于进一步加强我市干部队伍建设的意见》，强调以提高干部队伍的素质为根本，大力加强干部队伍作风建设；适应做好“两篇文章”的要求，进一步加强领导班子建设；着眼于激发干部队伍的生机和活力，进一步深化干部人事制度改革。

同日　市委发出《关于对全市县级领导班子和县级干部进行定期考察的意见》，要求全面了解、掌握全市县级领导班子建设和县级干部德才表现情况，建立对全市县级领导班子和县级干部进行定期考察的制度，即在县区领导班子任期的届中、届末两个年度，对全市县级领导班子和县级干部全面进行一次考察，考察内容包括德、能、勤、绩四个方面，重点是考察工作实绩。

同日　市委发出《关于调整不称职领导干部的试行办法》，对不称职领导干部的认定、调整的程序、办法等作出具体规定。

同日　市委发出《关于进一步坚持正确用人导向严肃干部选拔任用工作的几项规定》，强调坚持正确的用人标准和原则，坚决反对投机钻营、跑官要官的不正之风；要教育引导广大干部牢固树立全心全意为人民服务的宗旨观念，把为人民、为社会多做贡献作为自己的人生价值取向，坚决反对官本位思想，切实破除用人问题上的论资排辈、平衡照顾观念；要坚持任人唯贤，反对任人唯亲；要切实严肃干部选拔任用工作纪律，坚决反对在干部选拔任用工作中搞非组织活动；要注重调动和保护干部的工作积极性和创造性，坚决反对嫉贤妒能、排斥异己、求全责备甚至诬告中伤干部的不良风气。

同日　市委发出《关于印发〈南昌市机关作风建设领导责任制（试行）〉的通知》，强调实行市直机关作风建设领导责任制，市委、市政府负总责，市直各单位各负其责，市直机关工委组织检查落实，市纪委、市监察局受理对市直机关作风问题的举报投诉。

同日　市委发出《关于在全市评选思想作风建设优化投资环境文明单位的实施意见》，规定评选范围为全市机关各部门、各单位，评选文明单位为10个，并对评选标准及方法步骤作出具体规定和安排。

15日　省市领导孟建柱、吴新雄、王样生、熊焕高、马承祖、蔡社宝等会见江苏省江阴市委书记王伟成、市长姚建华率领的江阴市经济考察团一行。

同日　全市加强机关思想作风建设动员大会在江西艺术剧院召开。吴新雄作《尽心尽力，尽职尽责，敢有作为，善有作为，为建设一支能真正肩负起富民强市历史重任的机关干部队伍而努力奋斗》动员报告，李豆罗主持并讲话。市建委、市公安局、市工商局负责人作表态发

全市加强机关思想作风建设动员大会召开

言。王样生、熊焕高、周启球、陈守朴、雷武江、周根保等和市委各部门、市直各单位、各县区负责人等 1600 余人出席。

同日 李豆罗率市政府代表团一行赴新加坡、马来西亚进行为期 8 天的考察。

同日 南昌对外工程总公司日前在阿尔巴尼亚地拉那商业中心综合楼工程招标会上，战胜来自希腊、奥地利、意大利的数家竞标公司，夺取一项 475 万美元的海外大工程。该商业中心综合楼位于阿尔巴尼亚首都地拉那中心广场附近，是该国最大的商业综合楼，由马来西亚方投资兴建，总建筑面积 12560 平方米。

16 日 全国人大常委会委员、内务司法委副主任万绍芬到南昌县三江镇出席蔡冠深教育奖励基金第六次颁奖大会。省市领导陈癸尊、阎钢军陪同。

同日 江阴市经济考察团到南昌高新区、洪都航空集团公司、汇仁集团考察。

17 日 全市计划生育工作会议在市委小礼堂召开。会议强调，要认清形势，提高认识，切实增强做好计划生育工作的紧迫感和责任感，努力促进全市经济社会健康协调发展。吴新雄、戴和旺出席并讲话，蔡社宝主持，王样生、熊焕高、周启球等出席。

18 日 市委办公厅、市政府办公厅发出《关于印发〈南昌市党风廉政建设责任制责任追究办法〉的通知》，强调责任追究应坚持实事求是、从严治党的原则，坚持谁主管谁负责、谁负责谁承担责任的原则，坚持组织追究与责任主体自查自纠相结合的原则。

同日 全市市属工业负责人工作会议召开，总结前 8 个月工作，部署后 4 个月任务。会议强调，各工业局、行办要坚持以经济为本，以企业为本，咬定目标不放松，全力营造发展经济的大好环境，使企业走上快速发展之路。吴新雄主持并讲话。

19 日 市委办公厅、市政府办公厅发出《关于印发〈南昌市关于实行党风廉政教育谈话制度的暂行办法〉的通知》，规定谈话对象范围为全市党的机关、人大机关、政府机关、政协机关、审判机关、检察机关、人民团体、事业单位中的县（处）级以下（含县处级）领导干部，以及市属国有企业和国有控股企业中的领导干部；谈话包括党风廉政建设方面问题的提示性谈话、虽有轻微违纪但不够党纪政纪处分的廉政教育谈话、信访中属于廉洁自律方面问题的打招呼谈话等。

同日 市人事局编委办与无锡市人事局编委办友好协作签约仪式在江西饭店举行。吴新雄出席。

同日 南昌（江西）地方产品展销月暨名优特新绿产品订货会骨干企业恳谈会在南昌百货大楼举行。吴新雄、蔡社宝出席。

20 日 省市领导孟建柱、步正发、吴新雄、熊焕高、杨洪基等会见台湾华新丽华股份有限公司荣誉董事长焦廷标一行。

同日 全市乡镇企业经济运行分析会在郊区政府会议室召开。会议强调，要解放思想，开拓创新，深化企业改革，完善运行机制，实现生产要素的优化配置，引导乡镇企业加快发展。蔡社宝出席并讲话，戴和旺、卢晓健出席。

21 日 吴新雄、杨洪基在凯莱大酒店会见香港集友投资集团董事长林天欢一行。

同日 建设部整顿和规范建筑市场秩序检查组一行对南昌市建筑工程和市政工程进行为期 3 天的检查。23 日，检查组反馈检查情况。

23 日 江西籍在北京人士恳谈会在北京长富宫饭店举行。吴新雄、马承祖、戴和旺、雷元江，市长助理周关和江西籍及曾在江西工作过的在京人士陶汉章、高潮、黄璜、张选国、戴凤举、魏久明等 400 余人参加。

24 日 李豆罗在五湖大酒店会见台湾华新丽华股份有限公司荣誉董事长焦廷标一行。

25日 南昌市向国家部委汇报会在北京长富宫饭店举行。全国政协副主席孙孚凌、国家部委部分领导，吴新雄、马承祖、杨洪基、戴和旺、雷元江等出席。

同日 全市第四次“严打”宣判执行大会在市中级人民法院举行。市中级人民法院对15名严重刑事犯罪分子进行集中宣判，其中8名罪犯经省高级人民法院核准执行死刑。熊全柏、吴延林出席。

26日 南昌（北京）对外经济合作推介会在北京长富宫饭店宴会厅举行。来自12个国家和地区的政府官员、北京企业界宾客200余人聚集一堂，共谋南昌发展大计。吴新雄出席并致辞，杨洪基主持，马承祖、戴和旺及市长助理周关出席。

同日 吴新雄在北京长富宫饭店会见香港伟盈集团主席吴太和。

同日 李豆罗、李小南在五湖大酒店会见全荷华人社团联合会主席毕传有一行。

27日 李豆罗在滕王阁会见厅会见马来西亚投资考察团一行。

28日 省市台办、台联举行的台胞台属中秋茶话会在江西泰丰轮胎有限公司举行。省市领导步正发、黄名鑫、朱英培、张华康、吴新雄、熊焕高等出席。

同日 洪都航空集团公司创建50周年庆祝大会举行。孟建柱向大会发来贺信，省市领导黄智权、黄懋衡、李小南出席。

29日 南昌市开展双创义务劳动。省市领导陈礼久、周日扬、王峰、吴新雄、李豆罗、王样生等和部队官兵、机关干部万余人走上街头，参加义务劳动。

同日 吴新雄、杨洪基在五湖大酒店会见美国全美苏浙同乡总会会长朱元忠一行。

同日 2001年侨（外）商、友人“共建南昌、共谋发展”中秋恳谈会在南昌中日友好会馆举行。杨洪基出席。

同日 市委统战部在市委礼堂举办全市统战系统庆祝中华人民共和国成立52周年歌咏比赛。来自全市各民主党派、工商联和各县区的16支代表队参赛。熊焕高、陈守朴、雷武江、马承祖、孔炯等与600余名观众观看演出。

同日 南昌慈善捐赠救助服务中心成立。

同日 洪城大市场新品牌街暨灯光夜市开业典礼在洪城大市场举行。吴新雄、李豆罗、王样生、熊焕高、李小南、陈守朴等，市人民检察院检察长崔可夫，南昌军分区领导张国华、徐兆麟，市长助理周关、张华，市委助理巡视员余志坚、田新芳和老干部洪大诚出席。

同日 南昌金丰易居住宅消费服务有限公司举行成立新闻发布会。该公司由市房管部门与上市公司金丰易居股份公司合作组建，为市民提供租赁、出售、置业担保等一条龙服务。吴新雄出席。

30日 市政府发出《关于印发〈做好2001年城镇退役士兵安置工作意见〉的通知》。

同日 全市党员领导干部会议在市委小礼堂召开。会议传达学习中共十五届六中全会精神。会议强调，要把传达学习六中全会精神作为当前乃至今后一段时间的重大事情来抓，以高度的政治责任感和历史使命感，不折不扣地把全会精神落到实处。吴新雄出席并讲话，李豆罗、王样生、熊焕高、李小南、周启球、陈守朴和市委常委，市人大、市政府、市政协党员领导干部，市直各单位党员主要负责人及各县区负责人出席。

同日 国庆暨中秋佳节美食周活动分别在西湖区、东湖区举行。李小南、雷武江、雷元江出席。

2001

10月

October

公元2001年10月 农历辛巳年【蛇】													
日	一	二	三	四	五	六	日	一	二	三	四	五	六
	1 国庆节 中秋节	2 十六	3 十七	4 十八	5 十九	6 二十	7 廿一	8 寒露	9 廿三	10 廿四	11 廿五	12 廿六	13 廿七
14 廿八	15 廿九	16 三十	17 初一	18 初二	19 初三	20 初四	21 初五	22 初六	23 霜降	24 初八	25 重阳节	26 初十	27 十一
28 十二	29 十三	30 十四	31 十五										

1日 吴新雄、李豆罗、王梓生、熊焕高、李小南、周启球、陈守朴、雷武江、周根保等分别参加全市各欢庆点庆祝中华人民共和国成立52周年暨中秋佳节活动。

同日 中国普天信息产业集团公司总裁欧阳忠谋一行到新建县考察投资环境。

同日 晚8时，“卫星传送、三向直播”的“中国江南三大名楼国庆中秋晚会” 在滕王阁举行。省市领导孟建柱、黄智权、钟起煌、朱治宏、马世昌、彭崑生、冯金茂、彭宏松、张克迅、卢秀珍、陈癸尊、梅亦龙、刘运来、吴新雄、李豆罗、周启球、陈守朴、雷武江、马承祖、阎钢军、罗时杰、肖永政、熊全柏、曹连甲、卢晓健、罗文华、关德华、万宗明、崔可夫、张国华、徐兆麟，市长助理梁小康、周关、张华和市委助理巡视员余志坚、田新芳，市政协助理巡视员邓启明出席。

5日 国家计生委国际合作司司长赵白鸽到东湖区考察计生工作。

6日 南昌昌东工业区成立。2006年3月8日，经省政府批准为省级开发区，并更名为南昌昌东工业园区。

8日 市委常委会议在市委办公楼六楼会议室召开。会议研究确定南昌高新区区域调整方案，决定成立南昌高新区区域调整领导小组，在南昌高新区设立艾溪湖管理处。吴新雄主持。

同日 吴新雄、杨洪基在南昌中日友好会馆会见北美专家企业家协会会长、美国环球因特网公司总裁吴国发一行。

同日 南昌市与香港高胜国际投资有限公司在五湖大酒店签约，确定在红谷滩中心商业区建设一座具有现代风格的五星级宾馆——南昌翠庭大酒店。吴新雄、李豆罗、杨洪基、龚建华等出席签约仪式。

9日 吴新雄、杨洪基在五湖大酒店会见日本前泽给装工业株式会社社长久我正五郎一行。

同日 红角洲抽沙造地工程开工典礼举

行。该工程全长3480米，平均宽500米，平均填高6米，吹填沙总方量1000万立方米。吴新雄出席并致辞，李豆罗主持，周启球、陈守朴、蔡社宝、罗为民、戴和旺等出席。

同日 玉带河暨城南排水管网改造工程开工动员大会在省广电中心举行。吴新雄、李豆罗、周启球、陈守朴、蔡社宝、罗为民、戴和旺等出席。

10日 罗慧芬在南昌中日友好会馆会见日本高松大学副理事长佃昌道一行，双方就加强教育领域合作等事宜进行交流。

同日 罗时杰率考察组赴西安、乌鲁木齐等地进行为期11天的立法学习考察。

同日 孔炯率考察团赴合肥、无锡、苏州等地进行为期14天的地方立法和监督工作学习考察。

同日 市妇女儿童维权中心挂牌仪式举行。熊全柏和省妇联负责人出席。

11日 南昌日报社、无锡日报社缔结友好报社签字仪式在五湖大酒店举行。吴新雄出席签字仪式并讲话，马承祖主持，李小南等出席。

同日 李豆罗在市政府接待厅会见尼日利亚卡诺州州长都市事务顾问因达巴瓦为团长的卡诺市代表团一行。

同日 南昌县向塘镇丁坊村楞上小学“信恩楼”竣工典礼举行。该楼由香港知名人士沈炳麟捐资兴建。

12日 市委办公厅、市政府办公厅发出《关于印发〈关于调整南昌市高新技术产业开发区和郊区区域管辖范围的意见〉的通知》，将郊区京东镇的艾湖村、鱼尾村、广阳村、邓坊村、艾溪村、南塘村和郊区塘山镇的北沥村以及艾溪湖、南昌水产场成建制划归南昌高新区管辖。

同日 吴新雄在凯莱大酒店会见TCL集团公司常务董事、TV事业部总经理胡秋生一行。

同日 李豆罗在市政府第一接待室会见澳大利亚澳华国际商会考察团一行。

同日 市委组织部、市委宣传部举行全市在职县级和科级干部学习江泽民“七一”讲话及中共十五届六中全会精神考试。熊焕高、弘强、马承祖巡视考场。

同日 全市37家重点企业优惠政策预兑现会在市委办公楼六楼会议室召开，通报1—9月全市经济发展情况。会议强调，要认清形势，把握机遇，乘势而上，做强做大。吴新雄出席并讲话，李小南、蔡社宝、雷元江及市经贸委、37家重点企业负责人出席。

同日 市交警支队西湖大队民警赵凌获“全国十佳少先队志愿辅导员”称号。

同日 南昌县黄马乡挪威石油希望小学竣工典礼举行。该小学由挪威石油有限公司捐资40万元兴建。

13日 雷武江、雷元江率团赴北京市、大连市、沈阳市进行为期8天的招商引资活动。

同日 团市委、市少工委组织的“我们是文明的小使者”暨纪念少先队建队52周年主题队会在西湖区举行。来自东湖、西湖、青云谱、郊区所属学校的600余名少先队员参加。熊焕高、熊全柏、龚建华、吴延林出席。

14日 南昌市与尼日利亚卡诺市友好交流备忘录签字仪式在滕王阁会见厅举行。李豆罗和市长助理周关出席。

15日 李豆罗、罗慧芬在滕王阁会见厅会见香港镇泰集团董事长卢沃棠、镇泰集团福利基金会主席李治元一行。

同日 全市开发区工作会在南昌经济技术开发区召开。会议通报1—9月全市利用外资及出口创汇情况。会议强调，要明确目标，迎难而上，争取主动，务求招商引资工作取得新突破。吴新雄出席并讲话，余根水、杨洪基、龚建华、卢晓健等出席。

16日 市政府第5次市长办公会议在市政府第一会议室召开。会议审议并原则同意市劳动局《关于充分利用优势建成有高度组织和良好素质的劳务输出基地的工作方案》，市经贸委《关于对2000年度企业经营者年薪收入进行兑现的请示》，市公安局《关于解决十六名院校毕业生上编上册问题的请示》和第1、2次市规费联审小组会议初审意见；审议市财政局请示等。李豆罗主持。

同日 市政府第2次常务会议在市政府第一会议室召开。会议审议并原则同意市房改办《南昌市城镇经济适用住房建设管理实施办法》，审议市房改办《南昌市国有企业住房分配货币化指导意见》。李豆罗主持。

同日 吴新雄、李小南、罗慧芬在市政府第一接待室会见香港镇泰集团名誉董事长、福利基金会主席李治元一行。

同日 由香港镇泰集团捐资兴建的新建县松湖镇泰中学、南昌县黄马乡罗渡镇泰小学、进贤县二塘镇泰中学教学楼竣工。

17日 吴新雄、杨洪基在五湖大酒店会见台湾宏达国际电子有限公司总经理卓火士一行。

同日 江铃汽车集团公司获“全国机械行业企业形象十佳”称号；该公司党委副书记吴涌获“全国机械行业优秀思想政治工作者”称号。

18日 市委常委理论学习中心组举行会议，深入学习中共十五届六中全会精神，审议机关思想作风建设暨优化投资环境实施方案。省委党校副校长王晓春应邀作学习辅导。吴新雄主持并讲话，市委常委，市人大、市政府、市政协党组成员参加。

同日 清华科技园江西园区奠基典礼在南昌经济技术开发区举行。诚志股份、中国银行江西分行、江西省地矿局分别与清华科技园（江西）签订有关合作协议。省市领导孟建柱、黄智权、彭宏松、朱英培、胡振鹏、吴新雄、李豆罗、杨洪基，清华大学党委常务副书记陈希、常务副校长何建坤等出席奠基典礼并为园区奠基。

同日 吴新雄、李小南在凯莱大酒店会见德国克林尼克化学仪器公司董事长海泽林一行。

同日 李豆罗在凯莱大酒店会见澳大利亚阿得莱德市市长黄国鑫一行。

同日 市政协筹资兴建的南昌县赵围村至村办小学水泥路开工。陈守朴、阎钢军、钟乐初、王水苟出席奠基仪式。

19日 市委八届二次全体会议在市委小礼堂召开。会议圈选南昌市出席中国共产党江西省第十一次代表大会代表候选人预备人选，通过关于召开中国共产党南昌市代表会议的决定。全会由市委常委会主持，吴新雄、李豆罗、熊焕高、李小南和市委委员、市委候补委员出席。

同日 最高人民检察院宣传部长张本才率中央新闻单位记者采访团到东湖区人民检察院等地采访检察机关“素质工程”建设情况。李小南，市人民检察院检察长崔可夫出席工作汇报会。

同日 国家农业综合开发办验收组对进贤县、南昌县农业综合开发项目进行为期9天的检查验收。

20日 新建县人民检察院检察长吴成福获“全国普法工作先进个人”称号。

同日 全市副县级以上领导干部法制讲座在市委礼堂举行。上海市城市规划设计院总工程师耿毓修应邀作《依法保障和促进花园城市建设》讲座。李小南主持，陈守朴、龚建华、罗为民、罗慧芬、雷元江、关德华、万宗明，市人民检察院检察长崔可夫等出席。

21日 南昌市获“全国婚育新风进万家活动特别贡献奖”；东湖区获“全国婚育新风进万家活动先进城区”称号。

同日 市委发出《关于印发〈南昌市加强机关思想作风建设实施方案〉的通知》，对加强机关思想作风建设工作的目的要求、基本原则、具体措施等做出明确规定。此次机关思想作风建设工作分三个阶段进行：第一阶段从2001年10月起至2002年6月，第二阶段从2002年7—12月，第三阶段为2003年。

同日 市政府办公厅发出《关于全市今年10月开展扶贫济困集中捐助活动实施方案的通知》。

同日 青山湖全面整治美化工程启动。吴新雄出席该工程指挥部召开的第一次会议，强调要以高远的眼光与追求，使青山湖成为花园城市的艺术瑰宝。

同日 中央电视台《城市平台》栏目录制以介绍南昌悠久历史和展现南昌美好今天的专题片《南昌你好》。李豆罗应邀作为嘉宾接受采访。

同日 全市工业企业改革发展动员大会在市委礼堂召开。会议强调，要广泛动员，形成共识，增强信心，排难而进，全面推进工业企业改制工作，力求用两年时间完成工业企业改组改制。吴新雄出席并讲话，李小南主持，熊焕高、周启球、陈守朴、弘强及市长助理梁小康出席。

同日 市公安局在南昌铁路文化宫召开打击盗窃犯罪、追捕逃犯专项斗争动员大会。罗时杰、吴延林出席。

23日 中国粮食行业协会会长白美清一行考察新建县长堎外商投资工业区。

同日 首届国家高新技术产业开发区财政局长联席会在南昌高新区召开。来自全国26个国家级高新区财政局长参加。杨洪基出席。

同日 全市法院执行案件集中兑现大会在市中级人民法院召开，对执行难案件进行集中兑现。李小南出席并讲话，余根水、吴延林、市中级人民法院院长敖庆沸出席。

24日 省政协副主席张华康率省政协港澳地区委员考察团到南昌考察。考察团听取工作汇报，并察看南昌市市容市貌及美化亮化工程。吴新雄、李豆罗、陈守朴、雷武江、罗为民、罗文华在市政府第二会议室出席汇报会。

同日 吴新雄在凯莱大酒店会见正大集团副总裁黄正纲一行。

同日 吴新雄在凯莱大酒店会见到湾里区考察投资的中国晨讯（香港）国际机构集团有限公司总裁赖遂冈一行。

同日 全市首期招商人员培训班开班仪式举行。来自各县区政府、市直机关单位、开发区、“四区五线”的主要负责人及从事招商引资工作的相关人员共150余人参加培训。吴新雄出席并授课，杨洪基等出席。

24—25日 吴新雄、李豆罗、周启球、阎钢军等在凯莱大酒店分别会见日本和歌山县议长井出益弘一行。

25日 中国道教协会会长闵智亭一行到新建县西山万寿宫考察道教工作。

同日 杨洪基在五湖大酒店会见上海浦东新区经贸代表团一行。

同日 全市“巾帼建功”活动总结表彰大会在市委小礼堂召开。会议对“巾帼建功先进协调小组”“巾帼建功先进协调单位”“巾帼文明示范岗”和“巾帼建功标兵”进行表彰。吴新雄出席并讲话，熊焕高、雷武江、龚建华及省妇联副主席孙雅光出席。

同日 全市房屋平改坡及外墙装饰试点动员大会在东湖区政府会议室召开。李豆罗出席并讲话，罗为民出席。

同日 市老龄委举行“南昌老人游南昌”活动。全市500余名老人参加。

同日 西湖区与英国IPPC国际项目发展有限公司、江西银泰华建房地产有限公司签订中山路危房改造项目合作意向书。两公司拟分别投资600万美元和5000万元改造中山路危房。

26日 省领导黄懋衡率部分省政协委员在省政协第二会议室听取南昌市建设花园城市情况汇报。罗为民汇报工作，钟乐初出席。29

日，黄懋衡一行到天香园、象湖景区、绳金塔和滕王阁等地考察南昌市城市建设情况。李豆罗、陈守朴、罗为民、钟乐初陪同。

同日 雷武江、孔炯、罗文华会见香港九龙城居民联会主席刘伟荣一行。

同日 全市环卫战线先进个人和先进集体表彰大会在市委礼堂召开。会议对“城市美容师”“环卫先进集体”“环卫先进工作者”“优秀市容监督员”“青年文明号”和“巾帼建功先进个人”进行表彰。吴新雄出席并讲话，李豆罗、周启球、陈守朴、周根保、罗为民出席。

同日 南昌昌东工业区新闻发布暨招商洽谈会在郊区政府会议中心召开。吴新雄出席并讲话，李豆罗、李小南、周启球、陈守朴、雷武江、蔡社宝等及中外客商300余人出席。

27日 省市首届百家上市公司(知名企业)暨千人境外就业招聘洽谈会开幕式在市劳动力市场举行。省市领导黄名鑫、吴新雄、李豆罗、周启球等出席。

同日 全市县城、乡镇市容环境综合整治动员大会在市委小礼堂召开。会议强调，要周密部署，有序推进，扩大创建成果，拓展创建领域。吴新雄出席并讲话,蔡社宝主持,阎钢军、孔炯、罗为民、戴和旺、钟乐初等出席。

同日 湾里区政府与中国晨讯（香港）国际机构集团有限公司在锦峰大酒店举行兴建南昌市野生动物园项目签约仪式。该园占地333.3公顷，项目合同总投资5亿元。吴新雄出席。

28日 雷武江、雷元江、罗文华会见河南省漯河市委常委、统战部长谢安顺一行。

29日 中国共产党南昌市代表会议在市委小礼堂召开。会议选举产生南昌市出席中国共产党江西省第十一次代表大会代表55名，增选中共南昌市第八届委员会委员6名。吴新雄主持，李豆罗、熊焕高、李小南、雷武江、周根保、弘强、蔡社宝、阎钢军和市委委员、市委候补委员、市纪委委员，市人大、市政府、市政协党组成员和南昌军分区副师职党员领导出席。

同日 公安部消防局副局长郑玉海率检查组到南昌检查指导公众聚集场所消防安全专项治理工作。罗为民汇报有关工作，李豆罗会见检查组一行。

同日 南昌县政府与加拿大天朗集团公司兴建工业园项目签字仪式在江西饭店举行。省市领导蒋仲平、阎钢军出席。

30日 大型现代话剧《世纪英魂》在省艺术剧院正式演出。李小南、孔炯、罗慧芬、钟乐初，省人民检察院领导和公安民警、群众代表共1700余人观看演出。

大型现代话剧《世纪英魂》正式演出

31日 省市领导朱英培、吴新雄在滕王阁会见厅会见美国福特汽车公司副董事长韦恩·布克一行。

同日 杨洪基在五湖大酒店会见上海宝来投资管理有限公司总经理张运民和香港伟盈集团主席吴太和一行。

同日 南昌城市发展战略研讨国际咨询会召开。11名中外城市规划设计知名专家应邀参加。吴新雄出席并致辞，孔炯、罗为民、万宗明等出席。

是月 南昌昌南工业园成立。2006年3月8日，经省政府批准为省级开发区，并更名为南昌昌南工业园区。

2001

11月 November

公元2001年11月 农历辛巳年【蛇】													
日	一	二	三	四	五	六	日	一	二	三	四	五	六
				1 十六	2 十七	3 十八	4 十九	5 二十	6 廿一	7 立冬	8 廿三	9 廿四	10 廿五
11 廿六	12 廿七	13 廿八	14 廿九	15 初一	16 初二	17 初三	18 初四	19 初五	20 初六	21 初七	22 小雪	23 初九	24 初十
25 十一	26 十二	27 十三	28 十四	29 十五	30 十六								

1日 中央金融团工委、中国银行总行授予中国银行进贤支行岚湖路分理处“青年文明号”称号。

同日 市政府办公厅发出《关于建立有高度组织和良好素质的劳务输出基地工作方案的通知》。

同日 全市冬种工作会议在南昌县向塘镇召开。会议强调，要坚持以市场为导向，以科技进步为手段，大力调整农业结构，推动全市冬种生产上台阶。蔡社宝、戴和旺出席。

2日 市政府办公厅转发《市教委〈关于清理整顿幼儿园和取缔非法举办的幼儿园（学前班）意见〉的通知》。

同日 杨洪基在滕王阁会见厅与南昌高新区21家在建企业代表就加快南昌高新区经济发展步伐以及解决项目建设中遇到的问题进行座谈。

同日 市工商局与市场管办脱钩签约仪式在市政府第一会议室举行。龚建华出席。

3日 全市机关思想作风建设项目推进会召开。会议强调，各级党组织要找准突出问题，制定整改措施，狠抓工作落实，使机关思想作风建设取得明显成效。熊焕高出席并讲话，弘强出席。

同日 南昌乘车刷卡工程进入全面试行阶段。641台公交车IC卡收费机和数十万张从法国进口的IC卡运抵南昌市公交总公司。此前，南昌市公交总公司已完成6个购买点的基建工作。

4日 国家公益林检查组一行到湾里区进行为期9天的检查验收公益林认定保护工作。

同日 孔炯、罗时杰在凯莱大酒店会见以三笠辉彦为团长的日本高松市议员代表团一行。

5日 吴新雄、李豆罗、杨洪基等在滕王阁会见厅会见日本高松市议员代表团一行。

同日 西湖区人民法院公开开庭审理26名邪教“法轮功”骨干组织成员利用邪教组织

破坏法律实施案。

6日　市政府第6次市长办公会议在市政府第一会议室召开。会议审议并原则同意市审批办证服务中心管委会《关于在南昌高新技术产业开发区、南昌经济技术开发区试行外商投资企业设立审批制改登记制的请示》，市人事局《关于推荐政府特殊津贴候选人员的请示》，市接待处《关于要求明确红谷滩接待中心产权归属及管理模式的请示》，市机管局《关于红谷滩行政中心后勤保障管理方案的请示》；审议市计委《关于使用日本国际协力银行日元贷款加快我市城市基础设施建设项目的请示》，市外经贸委《关于聘请南昌市委、市政府高级（经济）顾问的实施办法（试行）》，《关于聘请南昌市招商顾问实施办法（试行）》。李豆罗主持。

同日　交通部部长黄镇东考察南昌大桥至赣江大桥航道和南昌港客运站。李豆罗和省交通厅负责人陪同。

同日　全市工会干部学习宣传贯彻修改后的《中华人民共和国工会法》动员大会在市总工会六楼会议室召开。会议强调，要加强领导，形成合力，使学习宣传贯彻工作真正落到实处。熊焕高出席并讲话，熊全柏出席。

同日　南昌百货大楼股份有限公司与百胜餐饮（武汉）有限公司举行签约仪式，联合在市中山路1号设立必胜客休闲连锁餐厅。雷武江出席。

7日　市委、市政府在南昌高新区举行外商投资项目登记制（试点）新闻发布会。宣布自即日起在南昌高新区和南昌经开区率先实施外商投资项目由审批制改为登记制。吴新雄、李豆罗、杨洪基等出席。

同日　南昌市与驻昌四所高校科技合作签约仪式暨科技成果对接洽谈会在江西饭店举行。李豆罗代表市政府分别与南昌大学、江西农业大学、华东交通大学、南昌航空工业学院签订加强市校科技合作协议。吴新雄出席并讲话，罗慧芬主持，弘强、罗时杰、关德华出席。

同日　熊焕高、雷武江、雷元江在滕王阁会见厅会见大连市政协副主席、统战部长宋有成率领的民营企业家项目考察团一行。

8日　吴新雄、李小南、阎钢军在凯莱大酒店会见日本高松市客人中山武信。

同日　吴新雄、杨洪基在五湖大酒店会见美国AVX公司副总裁劳利·爱德华一行。

同日　南昌市建筑业联合会建筑专业委员会正式挂牌成立。这是全省地市中率先推出的首个安全委员会。

同日　南昌齿轮有限责任公司揭牌。该公司在原南昌齿轮厂进行债转股和整体改制基础上组建而成。

同日　青山湖综合整治工程开工典礼举行。

同日　进贤县养殖水域交易所挂牌。

9日　南昌市纪念江泽民《责任重于泰山》重要讲话公开发表5周年活动在八一广场举行。省市领导彭宏松、凌成兴、李豆罗、李小南出席。

同日　中国航空工业第二集团公司洪都集团博士后科研工作站及洪都培训基地揭牌仪式在洪都航空集团公司举行。省市领导马世昌、弘强出席。

同日　南昌大学材料科学与工程博士后科研流动站揭牌仪式举行。

同日　市园林局设计制作的“渊明咏菊”获全国第7届菊花评比展览室外景点一等奖。

同日　全市低洼地危旧房改造工作会议在市委办公楼六楼会议室召开。会议强调，要通过对低洼地危旧房改造，使得人民群众的居住条件变得更加宽敞，居住环境变得更加优美，市容市貌变得更加靓丽，精神面貌变得更加振奋。吴新雄出席并讲话，市长助理张华出席。

10日　市政府发布《南昌市城镇经济适

用住房建设管理实施办法》。

同日 全市第13届菊花评比展览在抚河公园举行。东湖区、西湖区、市园林局等12个展团，60个社会单位和部门参展。李豆罗出席开展仪式。

南昌市第13届菊花评比展览现场

同日 郊区企业发展促进中心成立。该中心聘请科技部计划司司长杜占元等25名著名专家为高级顾问。卢晓健出席揭牌仪式。

11日 东湖区获"全国群众体育先进集体"称号；该区体委主任储符平获"全国群众体育先进个人"称号。

同日 李豆罗、杨洪基在凯莱大酒店会见日本高松市客人中山武信一行。

12日 市委发出《关于〈第一责任人向市纪委常委会汇报党风廉政建设和反腐败工作情况制度（试行）〉的通知》，要求县区、市直机关第一责任人必须认真执行制度，精心组织，积极配合，认真负责地做好汇报工作；汇报单位应本着实事求是的原则，认真总结经验，客观评价成绩，勇于正视差距，深入分析原因，提出整改措施；汇报每年进行一次，实行重点汇报和一般汇报相结合。

同日 市政府办公厅转发《南昌市防震减灾工作领导小组〈关于贯彻落实全省防震减灾工作会议精神实施意见〉的通知》，要求切实加强领导，提高对防震减灾工作重要性的认识；建立健全防震减灾工作体系和地震宏观观察网络；抓好抗震设施管理工作，加强城市防御地震灾害的能力；加强防震减灾法规建设，使防震减灾工作有章可循；加强宣传教育，提高全民防震减灾意识。

同日 全市应对WTO座谈会在南昌高新区召开。与会代表就如何变挑战为机遇，变机遇为成果进行研究讨论。吴新雄、雷武江、杨洪基出席。

同日 全省首家社区义务捐赠站在东湖区上营坊社区居委会挂牌成立。

13日 吴新雄、弘强在五湖大酒店会见驻希腊商务参赞隋辉。

同日 李小南在凯莱大酒店会见华夏银行上海分行行长郑修建一行。

同日 南昌县向塘开发区管委会与台湾韦华顺企业股份有限公司合作开发新能源（甲醇）项目签约仪式在江西饭店举行。阎钢军、杨洪基出席。

14日 全市社会治安综合治理工作会议在市委礼堂召开。会议总结工作，部署任务，表彰先进。会议强调，要把"三个代表"要求作为根本，贯穿到社会治安综合治理工作中去。吴新雄出席并讲话，李小南作工作报告，李豆罗、余根水、吴延林，市中级人民法院院长敖庆沸、市人民检察院检察长崔可夫出席。

同日 李小南在凯莱大酒店会见包尔式环保公司总经理王成田一行。

同日 孔炯、罗时杰在南昌中日友好会馆会见日本高松市议员吉峰幸夫一行。

同日 江西医药港成立暨首批医药企业进驻签约仪式在南昌高新区举行。吴新雄、李小南、杨洪基及省经贸委负责人出席。

15日 解放军副总参谋长钱树根一行到南昌预备役高炮团检查指导工作。省军区司令员冯金茂、南昌军分区司令员周根保陪同。

同日 李豆罗在凯莱大酒店会见日本高松市议员吉峰幸夫一行。

同日 全市水利冬修现场会在南昌县向塘镇召开。会议强调，要抓住当前晴好天气，迅速掀起水利冬修高潮。蔡社宝出席并讲话，戴和旺出席。

同日 胜利路改造为步行街工程开工。12月11日，胜利路步行街一期（中山路至民德路段）工程竣工典礼举行。吴新雄、李豆罗、李小南、孔炯、罗慧芬、雷元江等出席。2002年1月20日工程全线贯通。

16日 水利部副部长索丽生一行到赣东大堤考察防洪工程。省市领导孙用和、戴和旺陪同。

同日 市委转发《市人大常委会党组〈关于全市乡镇人民代表大会换届选举工作的意见〉的通知》，强调认真做好换届选举工作，对于进一步巩固全市乡级政权建设，推动社会主义民主法制建设和其他各项事业的发展具有重要意义。换届选举从2001年11月开始至2002年2月结束，分准备、选举乡镇人民代表大会代表、举行乡镇人民代表大会第一次会议三个阶段。

同日 李豆罗在凯莱大酒店会见马来西亚客商黄志荣一行。

17日 南昌卷烟厂“金圣”品牌卷烟获2001年度全国名优卷烟称号，成为江西省唯一获全国名优卷烟称号的品牌。

同日 全市检察机关干警基本素质考试举行。省市领导钟起煌、黄懋衡、李小南、孔炯、熊全柏、吴延林、崔可夫到南昌第十中学、江西师范大学考场巡视。

同日 南昌市“讲文明、树新风、告别不文明交通行为”万人签名活动在八一广场举行。李小南、孔炯、吴延林参加。

18日 南昌一中建校100周年庆祝大会在省体育馆举行。中央有关部委领导和省领导致信致辞祝贺。李豆罗、罗时杰、罗慧芬出席。

同日 江苏省政协副主席顾浩率江苏省部分全国人大代表一行到南昌市考察国有企业改革发展等情况。肖永政、杨洪基等在市政府第一会议室出席情况汇报会。

19日 吴新雄、杨洪基在南昌中日友好会馆会见香港伟盈集团董事局主席吴太和一行。

同日 香港伟盈集团董事局主席吴太和向南昌市捐赠20万元援助再就业工程。吴新雄、李豆罗、马承祖出席捐赠仪式。

20日 南昌市洪城大市场股份有限公司更名为江西洪大（集团）股份有限公司。省市领导蒋仲平、李豆罗、龚建华出席更名仪式。

21日 吴新雄、杨洪基在锦峰大酒店会见香港洲际联合发展公司董事长吕继刚一行。

同日 吴新雄、杨洪基在凯莱大酒店会见日本（株）普利司通公司海外事业部部长五十岚洋一行。

22日 日本（株）普利司通公司海外事业部部长五十岚洋一行与南昌市有关部门负责人在市政府第一会议室进行座谈，双方就有关加强合作中关心的问题相互交流看法。杨洪基出席。

同日 南昌县尤口乡政府与江西师范大学举行新校园、科技产业园项目签字仪式。阎钢军，江西师范大学负责人出席。

同日 全市双创工作再动员会议在市委小礼堂召开。会议强调，要巩固整治成果，实施长效管理，加快工程建设进度，提高城市整体品位。吴新雄、李豆罗出席并讲话，李小南部署工作，罗为民、钟乐初等出席。

同日 《南昌市民文明读本》正式出版。该书包括法规篇、建设篇、借鉴篇、特色篇4部分。

《南昌市民文明读本》正式出版

23日 全国整顿和规范市场经济秩序办公室食品打假督查组在南昌市听取食品打假工作情况汇报。

同日 全市农村妇女“双学双比”科技服务队正式成立。该队由农、林、水产等方面专家和学者组成。科技服务队队员与专业户签订科技帮扶协议，蔡社宝出席成立仪式并向科技服务队员颁发聘书。

24日 市委、市政府、南昌军分区联合发出《关于加强人民防空工作的意见》，要求各级党委、政府和军事部门必须认清当前形势和南昌市的重要战略地位，充分认识人防工作的重要意义，进一步增强国防观念和忧患意识，以高度的政治责任感和历史使命感，切实加强人民防空建设，努力开创21世纪南昌市人民防空事业的新局面。

同日 全市主要干道翻修改造和管网铺设工作会议在市政府第一会议室召开。李豆罗、罗为民等出席。

25日 由市委宣传部、江西电影制片厂、南昌江都影视文化传播有限公司等单位联合拍摄的反映当前教育改革和素质教育的校园影片《考棚》正式开机。马承祖出席开机仪式。

26日 在省委党校学习的全省各设区市分管工业的副市长和重点企业负责人到江西纺织有限责任公司、江铃汽车集团公司考察。

27日 吴新雄在五湖大酒店会见上海宝来投资管理有限公司总经理张运民一行。

同日 吴新雄、阎钢军在凯莱大酒店会见英国联合饲料营养公司总裁戴维·维德一行。

同日 市环境保护研究设计院挂牌仪式举行。该设计院是经过改制后的南昌市首家民营科技型企业，按照股东大会、董事会等组织形式，走民营股份制道路。李豆罗、罗慧芬出席。

同日 凌晨3时21分，江西晶体建筑材料厂厂区24—25号店面发生火灾。吴新雄、李豆罗、马承祖赶赴现场指挥灭火。此次火灾过火面积80平方米，经济损失5.75万元，造成5人死亡。起火原因是日光灯整流器过热引燃周围可燃物。

28日 南昌昌南工业园开工奠基仪式举行。吴新雄、李豆罗、王样生、陈守朴、雷武江等及国内外客商和各界人士共500余人出席。

同日 李豆罗在滕王阁会见厅会见香港联亚集团有限公司副总裁源永材一行。

29日 南昌市与中科院工程热物理研究所加强科教合作签字仪式暨清洁能源技术与花园城市建设座谈会在市政府第二会议室举行，成立南昌市和中科院工程热物理研究所合作领导小组。李豆罗、罗慧芬出席。

30日 吴新雄在五湖大酒店紫荆厅会见中国华源集团有限公司副总裁钱锋一行。

同日 吴新雄、李小南在滕王阁会见厅会见韩国Winvest风险投资公司首席执行官赵昌基一行。

同日　吴新雄、杨洪基在南昌中日友好会馆会见台湾泰丰集团董事长马绍进一行。

同日　市直机关党风廉政建设报告会在市委礼堂举行。王祥生作《落实“三个代表”要求，加强机关作风建设》的报告。市直机关党组织的分管领导、专（兼）职副书记和部分科级干部共600余人听取报告。

同日　全市冬季防火动员大会暨安全警示片《人命关天》首映式在南昌铁路文化宫举行。会议传达吴新雄、李豆罗关于做好冬季防火工作讲话精神，通报全市1—10月火灾情况，部署冬季防火工作。吴延林出席。

2001

12月 December

公元2001年12月							农历辛巳年【蛇】						
日	一	二	三	四	五	六	日	一	二	三	四	五	六
						1 十七	2 十八	3 十九	4 二十	5 廿一	6 廿二	7 大雪	8 廿四
9 廿五	10 廿六	11 廿七	12 廿八	13 廿九	14 三十	15 初一	16 初二	17 初三	18 初四	19 初五	20 初六	21 初七	22 冬至
23 初九	24 初十	25 十一	26 十二	27 十三	28 十四	29 十五	30 十六	31 十七					

1日 省市文艺界为中华骨髓库义演义卖爱心大行动新闻发布会在进贤县举行。副省长、省红十字会会长胡振鹏致电祝贺，孔炯、罗慧芬及省卫生厅负责人出席。

同日 南昌市农产品信息发布会南昌县片区会议在南昌县室内体育馆举行。吴新雄出席并讲话，蔡社宝、阎钢军等出席。省市直有关部门、有关院校、专家及客商应邀参加发布会。南昌市组织的此次农产品信息发布活动分4大片区举行，其他3大片区分别是新建县、进贤县和安义县。

3日 由浙江大学党委书记张浚生、校长潘云鹤率领的浙江大学赴赣代表团一行到南昌高新区和南昌经开区参观考察。省市领导黄智权、钱梓弘、胡振鹏、吴新雄、杨洪基陪同。

同日 省市领导钱梓弘、胡振鹏、吴新雄、李豆罗、杨洪基在滕王阁会见厅与浙江大学赴赣代表团一行座谈。

4日 市政府第8次市长办公会议在市政府第一会议室召开。会议审议并原则同意市计委《南昌市2002年重大和重点建设项目计划汇总表》，第3次市规费联审小组会议初审意见。李豆罗主持。

同日 南昌市向省创建文明城市考察组、省创建卫生城市督查组汇报会在市政府第一会议室召开。吴新雄出席并讲话，李豆罗汇报全市双创工作，马承祖主持，孔炯、罗为民、罗慧芬、钟乐初等出席。4—7日，李豆罗、马承祖、阎钢军、孔炯、罗为民、罗慧芬、钟乐初等分别陪同各检查组成员到南昌民俗博物馆、南昌长途汽车站、南昌电信分公司、江铃梨园住宅小区和南昌县、安义县、东湖区、西湖区等地检查双创情况。5日和8日，检查组先后两次召开情况反馈会，李豆罗、李小南、马承祖、阎钢军、孔炯、罗为民、罗慧芬、钟乐初等分别出席。

5日 市委召开南昌经济社会发展战略研讨会。全省近30名专家学者就《金融业如何在加快南昌经济发展中发挥应有的作用》等事关南昌全局和长远的 20 个重大课题进行研讨。吴新雄、李豆罗出席并讲话，熊焕高主持，王样生、雷武江、弘强、马承祖、蔡社宝等出席。

同日 市中级人民法院书记官处和该处立案组陈健分别获“全国法院信访先进集体”和“全国法院信访先进个人”称号。

6 日 市委、市政府发出《关于进一步加强人才队伍建设的意见》，要求围绕做好“两篇文章”，积极引进高素质创业型人才；着眼于服务经济建设，大力培养各类实用型人才；创新机制，完善制度，着力激活现有人才；加强领导，落实责任，努力形成人才工作合力。

同日 市政府发布《南昌市行政执法办法》。

同日 市政府办公厅发出《关于贯彻赣府厅发〔2001〕72 号文件加强地质灾害防治工作的通知》，强调主要领导负责，层层落实地质灾害防治工作责任制；建立健全地质灾害群测群防网络；加大地质灾害防治工作的执法力度；加大地质灾害防治宣传力度；提高社会减灾意识，推动地质灾害减灾社会化。

同日 吴新雄在五湖大酒店会见科瑞集团总裁郑辉文、华远集团总裁任自强、万通集团董事会主席冯仑、新奥集团总裁王玉锁一行。

同日 抚州市政协副主席陈其辉考察南昌市花园城市建设情况。李豆罗、罗为民、吴延林、万宗明出席交流会。

同日 南昌市工人业余大学正式更名为南昌市职工科技大学。省市领导刘运来、钟乐初、万宗明出席揭牌仪式。该校与清华大学合作开办工艺美术专业远程教学站，成为清华大学在江西唯一的艺术类教学站。

同日 南昌钢铁有限责任公司获“江西省质量管理先进企业”称号。

7 日 吴新雄、卢晓健在五湖大酒店会见无锡小天鹅集团总裁朱德坤一行，双方就有关合作事项进行座谈。朱德坤一行考察江铃汽车集团公司。

同日 市政府发布《南昌市第二批取消行政审批事项目录》。

同日 第四届 CUBA 全国大学生篮球联赛开幕式在市工人体育馆举行。省市领导刘运来、罗慧芬出席。

同日 全市首批在校大学生入伍欢送大会在江西中医学院大礼堂举行。省军区副参谋长刘道清，南昌军分区司令员周根保、参谋长徐兆麟出席。

同日 江西中医学院附属中西医结合医院揭牌仪式举行。该医院由市中西医结合医院与江西中医学院联合组建。罗慧芬、钟乐初出席。

8 日 胡惠元堤工程开工典礼在郊区罗家镇梧岗山举行。该工程完工后可构筑城南防洪屏障和外环交通干道。吴新雄、李豆罗、蔡社宝、余根水、戴和旺、卢晓健、关德华出席。

同日 李豆罗在鄱阳湖大酒店三楼会议室向在南昌的省九届人大代表介绍南昌市创建花园城市等情况。孔炯、罗为民、罗慧芬出席汇报会。

8—9 日 在南昌的省九届人大代表考察南昌市城市建设情况，并到南昌高新区和南昌经开区考察部分企业。

9 日 中共中央政治局候补委员、中央书记处书记、中组部部长曾庆红考察正在建设中的南昌市胜利路步行街工程。省市领导孟建柱、黄智权、吴新雄、李豆罗陪同。

同日 全市开发区工作会议在南昌高新区召开。会议强调，要高起点、高水平地建设开发区，实现开发区经济跨越式发展。吴新雄、王样生出席并讲话，蔡社宝、阎钢军等出席。

10 日 省市 2001 年度新兵入伍欢送仪式在南昌火车站举行。省市领导冯金茂、周根保、张国华等出席。

同日 市政府举行新闻发布会，通报全市利用内外资及出口创汇情况。吴新雄出席并讲话，李豆罗、杨洪基等出席。

同日 市委统战部、南昌有线电视台联合摄制的音乐电视片《南昌美》审片会在市委常委会议室举行。吴新雄、熊焕高、雷武江、马承祖出席。

同日 江西省华东商贸城奠基典礼举行。孔炯、龚建华、戴和旺、卢晓健前往祝贺。

同日 南昌大学博士生导师张华教授主持的“爬行式位置焊接机器人补充的研究与产品开发”项目列入国家“863”计划项目。该项目在国际上尚属空白。

同日 南昌市城区面积最大的大型市民休闲广场——象山文化广场竣工典礼举行。吴新雄出席并致辞，李豆罗、马承祖、孔炯、钟乐初出席。

11 日 市委发出《关于批转〈市纪委、市监察局关于严肃查处严重侵害群众切身利益行为的意见〉的通知》，要求全市各级各部门切实履行职能，针对影响经济发展和社会稳定的突出问题，结合正在进行的机关作风整顿、优化经济环境，严肃查处严重侵害群众切身利益的违法违纪行为。

同日 市政府发布《南昌市房地产中介服务管理办法》。

同日 李豆罗在滕王阁会见厅会见新加坡康福集团主席林日波和新加坡唯一国际集团总裁杜志强一行。

同日 洪都航空集团公司科协在中国科协日前召开的全国企业科协创建科技工作者之家经验交流暨表彰会上，同时获“全国企业科技工作者之家”和“第三届全国企业科协先进集体”称号。

同日 香港和泰亚洲有限公司与青云谱区签约，在青云谱区昌南工业园投资兴建昌南大市场。吴新雄、雷武江、孔炯等出席。

14 日 “江铃建业杯”创建花园城市知识竞赛总决赛在郊区政府会议中心举行。西湖区代表队获一等奖；市文联、南昌饭店业协会代表队获二等奖；青云谱区、湾里区、进贤县代表队获三等奖；东湖区等 6 支代表队获组织奖。李豆罗、马承祖、孔炯、钟乐初、卢晓健等出席并颁奖。

“江铃建业杯”创建花园城市知识竞赛总决赛举行

15 日 市政府办公厅发出《关于转发市科委〈南昌市促进技术创新城市专利试点工作方案〉的通知》。

同日 吴新雄、龚建华在凯莱大酒店会见厦门建发集团董事长王宪榕一行。

16 日 吴新雄在中共江西省第十一届委员会第一次全体会议上被选举为省委常委。

同日 孔炯率市教育考察团赴德国进行考察社会力量办学等工作。

同日 郊区湖坊镇与景德镇昌江区竟成镇缔结友好城镇。卢晓健出席签字仪式。

17 日 市政府办公厅发出《关于转发省政府赣府厅发〔2001〕82 号文件严厉打击以证券期货投资为名进行违法犯罪活动的通知》。

同日 吴新雄、杨洪基在滕王阁会见厅会见上海高新技术软件发展有限公司赴南昌考察团一行。

同日 陈毅纪念小学竣工典礼在南昌县麻丘镇举行。中国对外友好协会会长陈昊苏，美国世茂集团董事长柯约瑟，省市领导朱英培、李豆罗、李小南、阎钢军、杨洪基、罗慧芬等出席。

18日 市政府与江南大学科技成果对接洽谈会在江西饭店举行。江南大学分别与南昌远泰生物开发有限公司签订联合建立企业博士后流动站合作协议，与市科技信息中心签订江南大学科技项目向南昌市科技信息中心开放合作协议等9个科技合作项目。吴新雄、李豆罗出席并讲话，弘强、关德华和省科技厅、江南大学等有关负责人200余人出席。

同日 上海阳光新景集团捐资1000万元在江西省设立中国阳光希望工程公益基金。省市领导步正发、吴新雄、凌成兴、李豆罗等出席捐赠仪式。

19日 全市清理地方性法规规章和其他政策措施工作会议召开。李豆罗出席。

20日 国家工商行政管理总局授予南昌钢铁有限责任公司"重合同、守信用企业"称号。

同日 全市党员负责干部会议在市委小礼堂召开。会议传达贯彻中共江西省第十一次代表大会精神和孟建柱代表中共江西省第十届委员会所作的工作报告。会议强调，全市广大党员干部要认真学习贯彻省第十一次党代会精神，全力以赴做好把南昌建成现代区域经济中心城市和现代文明花园城市两篇文章，为实现江西在中部地区崛起做出应有的贡献。吴新雄、李豆罗出席并讲话，王梓生、熊焕高、李小南、陈守朴、雷武江等出席。

同日 市政府第4次常务会议在市政府第一会议室召开。会议审议并原则同意市旅游局《南昌市旅游景区(点)管理办法》，市双拥办《南昌市争创全国双拥模范城"五连冠"工作实施方案》和市审批办证中心管委会《南昌市投资与建设项目审批办证收费"一单清"实施办法》《南昌市企业注册登记"并联审批"办法》《南昌市建设工程项目"并联审批"办法》。李豆罗主持。

同日 市政府第9次市长办公会议在市政府第一会议室召开。会议审议并原则同意市计委《关于呈报南昌市2002年"为民办实事"项目的请示》，市财政局《关于兑现2000年度陈景雷、张平奖励的请示》。李豆罗主持。

同日 由市委宣传部主办，南昌日报社、江西长运股份有限公司承办的"WTO与南昌发展·长运论坛"在市委礼堂举行。上海WTO事务咨询中心培训部主任李月印应邀作《关于加入WTO对我国国民经济的影响及对策》的报告，中华全国律师协会会员王磊、上海复旦大学企业管理系主任薛求知应邀作专题演讲。陈守朴、马承祖、肖永政、姚燕平、龚建华、戴和旺等及各县区、市直各单位主要负责人等出席。

21日 吴新雄、熊焕高、杨洪基在富豪大酒店看望到南昌出席市台资企业协会3周年庆典暨对台经济合作项目推介会的部分客商。

同日 李豆罗在滕王阁会见厅会见新加坡立马向荣集团执行董事长兼首席执行官马文淇一行。

22日 市台资企业协会3周年庆典暨对台经济合作项目推介会在富豪大酒店举行。吴新雄、熊焕高、罗时杰、杨洪基、钟乐初、卢晓健等和100余名来自全国各地的台商出席。

23日 南昌发展促进会（北京）成立大会在北京国际饭店会议大厅举行。全国人大常委会委员、内务司法委副主任万绍芬，吴新雄和国家有关部委领导出席。

24日 最高人民检察院、公安部联合授予南昌市人民检察院"全国检察、公安机关追捕逃犯专项行动先进集体"称号。

同日 李豆罗在滨江宾馆会见中科院院士王大中、杨叔子、王越。

同日 杨洪基在凯莱大酒店会见马来西亚丰隆集团董事长、庄士企业国际集团董事长庄荣进一行。

同日 市直机关工委、市科协联合举行报告会。全国著名青年心理学家岳晓东应邀作《WTO与创新思维》专题报告。王样生、熊焕高及市直机关600余名干部听取报告。

25日 省市领导孟建柱、吴新雄、陈达恒、李豆罗在滨江宾馆会见中科院院士、清华大学校长王大中一行。

同日 由市委、市政府共同主办的“加快南昌经济发展”高级论坛在滨江宾馆举行。中科院院士杨叔子、王越、吴承康、王占国分别在论坛上作专题报告。吴新雄出席并致辞，李豆罗主持，弘强、罗时杰、罗慧芬、关德华和有关部门负责人共500余人听取报告。

“加快南昌经济发展”高级论坛举行

同日 南昌市旅游发展总体规划评审会在滕王阁名人馆召开。中山大学旅游规划研究中心主任保继刚等7名来自全国各地的旅游规划专家应邀参加评审会。吴新雄出席并讲话，李豆罗、雷武江、马承祖、龚建华、罗为民和省旅游局负责人出席。

同日 南昌卷烟厂“十五”易地技改项目奠基仪式在南昌高新区举行。省市领导彭宏松、凌成兴、杨洪基出席。

26日 市委发出《关于认真学习贯彻中共江西省第十一次代表大会精神的通知》，要求牢牢把握“一个主题”，即以“三个代表”重要思想为指针，大力弘扬井冈山精神，为实现江西在中部地区的崛起而奋斗；把握“一条主线”，即解放思想、抓住机遇、开拓进取、加快发展；按照省党代会提出的各项任务，紧密结合本地、本部门、本单位实际，认真贯彻落实。

同日 中科院院士杨叔子、王越、吴承康、王占国一行考察江铃汽车集团公司、清华泰豪股份有限公司及南昌市市容市貌。罗慧芬陪同。

同日 江苏申达科技工业园代表团一行到南昌考察投资项目，并与南昌部分企业进行洽谈。吴新雄、李豆罗出席洽谈会。

同日 市科协举办“崇尚科学、移风易俗”为主题的送科技下乡活动。熊焕高、罗时杰、罗慧芬、关德华出席启动仪式。

27日 市政府发出《关于命名中国人民解放军江西陆军预备役步兵师等十个单位为南昌市2001年度“园林化单位”的决定》。

同日 市委、市政府与中科院技术科学部联合主办的南昌产业发展战略及提升企业技术创新能力高级研讨会在滨江宾馆举行。吴新雄出席并致辞，杨洪基主持，李豆罗、罗慧芬和中科院院士王崇愚、刘广均、吴承康、杨叔子等出席。

同日 由市委宣传部等单位主办的中国大型魔术剧《玄光》在江西艺术剧院首演。吴新雄、李豆罗等市各套班子领导，省有关部门负责人和各界群众1000余人出席观看。

28日 市委、市人大常委会、市政府、市政协、市纪委机关正式搬迁至红谷滩行政中心办公。

同日 市委办公厅、市政府办公厅发出《关于印发〈南昌市国民经济和社会发展目标管理体系考核办法〉的通知》，要求各县区、各部门和各单位加强领导，明确责任，落实措施，尽快按照《南昌市国民经济和社会发展目标管理体系考核办法》和《南昌国民经济和社会发展目标体系框架》的要求，制定好2002年经济社会发展目标。

同日 杨洪基在凯莱大酒店会见马来西亚金狮集团中国百盛集团总经理陈汉民及香港福商投资有限公司董事长东璧先一行。

同日 全市招商引资重大项目签约仪式在红谷滩新市委大楼第一会议室举行。大连万达集团股份有限公司等8家企业与南昌市签订9个合作项目，总投资31.2亿元。省市领导吴新雄、蒋仲平、李豆罗、王样生、熊焕高、陈守朴等出席。

同日 上海绿地集团江西申昌置业有限公司、上海农工商（南昌）超市和上海华联（南昌）超市揭牌仪式举行。省市领导吴新雄、蒋仲平、阎钢军、龚建华等，上海市副市长冯国勤出席。

同日 江西省富煌钢结构建材有限责任公司开业典礼在南昌县向塘省级开发区举行。省市领导蒋仲平、阎钢军出席。

同日 南昌公交高新停车场在南昌高新区举行奠基仪式。杨洪基出席。

29日 市人大常委会颁布《南昌市城市规划管理规定（修正案）》《南昌市城市绿化管理规定（修正案）》。

同日 南昌火车站第三、第四高架候车室工程交验。该工程于2000年3月1日开工，建筑面积4073平方米，春运候车能力增容7000人。

30日 市委、市政府发出《关于印发〈南昌市2002年创建“全国文明城市”和“国家卫生城市”活动实施方案〉的通知》，从指导思想、总体目标、主要任务、实施步骤、主要措施五个方面作出规定。

同日 南昌市城市绿化工作总结表彰大会在江西饭店三楼会议室召开。会议总结2001年城市绿化工作，表彰江西陆军预备役步兵师等10个园林化单位、东湖区城建局等32个绿化先进单位、省委办公厅等11个拆墙透绿先进单位及肖艳玉等131名绿化先进个人。吴新雄、李豆罗出席并讲话，王样生、熊全柏、钟乐初等出席。

同日 全市安全工作紧急会议在市公安局会议室召开。会议部署节日安全工作。李豆罗出席并讲话。

31日 李豆罗、杨洪基在滕王阁会见厅会见到赣参观考察的留学生代表团一行。

同日 全市森林防火工作紧急会议在红谷滩新市政府大楼第一会议室召开。会议强调，要站在改革、发展和稳定的高度，认真抓好森林防火工作。蔡社宝、戴和旺出席。

同日 南昌高新区艾溪湖管理处挂牌仪式举行。余根水、杨洪基出席。

2002

2002年首届中国南昌金秋经贸活动月开幕式举行

概要

2002年是南昌超常规、跨越式发展的一年，是为南昌在江西率先崛起强基固本的一年。市委、市政府以大开放为主战略，以工业化为核心，切实增强开放意识、市场意识、机遇意识、创新意识、争先意识，坚持“加快发展”的主旋律，围绕“富民强市”目标，做好“建设现代区域经济中心城市、建设现代文明花园英雄城市”两篇文章，争取“三个率先”，创造出“一派生机、一片商机、一方沃土”的发展环境，营造出“上下同志谋发展，左右同力干事业，异口同声创辉煌”的发展氛围，呈现出“人心思上、事业兴旺、经济加速、城乡变样”的发展势头，使南昌“做优了环境，做旺了人气，做活了商机，做强了实力，做大了名声”。

工业经济态势良好 发展速度逐月上升，骨干企业增势强劲，企业改制步伐加快，企业上市取得突破。主抓“三个一批”：即聚酯切片、数字彩电等一批重点骨干项目，银志服装、格林柯尔等一批产业梯度转移项目，泰丰轮胎、汇仁制药、江铃、江纺等一批技术改造项目；突出“四个重点”：即发展高新产业，争创名牌产品，培植企业集团，建设工业园区。全市有高新企业近200家，全国驰名商标2个，省著名商标36个，省名牌产品40个，上市公司12家，县级以上工业园区13个。开发园区你追我赶，高新技术产业区、经济技术开发园区、红谷滩新区、民营科技园、昌东工业园、小蓝工业园、长堎工业区、昌南工业园加速崛起，12月，南昌民营科技园被评为“全国十佳民营科技园”；全市104户国有中小企业完成改制；3户企业成功上市。

农村工作稳步发展 呈现“农业增效，农民增收，负担减轻，社会稳定”的好局面。11月，成功举办首届“中国·南昌鄱阳湖螃蟹节”，现场交易额达260万元，签约农业招商项目40个，项目资金6.384亿元；南昌（深圳）农产品中心批发市场被评为国家级龙头企业；蒋巷现代农业示范园、扬子洲现代生态农业科技园、安义高新农业科技园、进贤中华绒螯蟹繁育示范园先后建成；村支书“双带”致富工程见成效，“一村一品”工程建设进展顺利，发展各类专业村112个；对50个重点贫困开展综合帮扶，实施扶贫开发项目116个。

招商引资成果丰硕 外资规模越来越大，项目水平越来越高，进资速度越来越快，发展后劲越来越强。实行北上、南下、东进，举办“北京恳谈会”“深圳招商会”“温州推介会”“厦门洽谈会”“全国知名民营企业家南昌项目洽谈会”等系列招商活动；突出港台，开拓欧美，开展香港大规模招商，国外小分队招商；9月，成功举办“中国南昌首届金秋经贸活动月”，签约项目160个，其中超亿元项目13个，是南昌历史上时间最长、规模最大、成果最显著招商活动。

加强精神文明建设 3月20日，市委发出《关于印发〈2002年全市精神文明建设工作目标〉的通知》，着眼于把南昌建成美的家园和人的乐园，着力于完成“2530”工程，即围绕提高城市文明程度，塑造繁荣、文明、开放、创新的英雄城新形象，围绕提高市民素质，塑造文明礼貌、团结友爱、勤奋好学、爱岗敬业、遵纪守法、自强不息的南昌市民新形象这2个目标；突出抓好道德和法制教育、作风建设、文明创建、城市面貌、特色品牌这5个重点；落实30项主要任务，力争在全省创建文明城市和卫生城市检查评比中获得第一，跨入全国创建文明城市工作先进城市行列。全市以“2530工程”为重点，贯彻《公民道德建设实施纲要》，推出“百名文明市民标兵”“十大道德标兵”。10月，南昌市获“全国创建文明城市先进市”；东湖区公园街办上营坊社区被中央文明办、民政部确定为全国文明社区示范点。

全面完成机构改革 6月27日，市委、市政府发出《关于实施县（区）乡（镇）机构改革的通知》，拉开全市机构改革的序幕。8月21日，市委、市政府发出《关于实施市直党政机构改革方案的通知》，同时向四县五区发出相关通知。同日，市委办公厅、市政府办公厅发出《关于印发〈市委、市政府机构改革“三定”工作规定〉的通知》《关于在市直机关机构改革中防止国有资产流失的通知》《关于印发〈市委、市政府机构改革人员分流安排实施办法〉的通知》《关于印发〈市委、市政府机构改革人员定岗定员实施办法〉的通知》《关于印发〈市委、市政府机构改革中分流人员有关问题的处理办法〉的通知》。8月23日，全市机构改革动员大会召开。11月20日，市级机构改革工作基本结束。改革后，市委设置工作机构8个；市政府工作部门由53个调整为38个，较改革前精简28%；全市各级政府工作部门由248个精简为177个，精简28.6%；市直各部门机关内设机构由571个减少为481个，精简16%。市县乡人员编制总体精简20%。政府行政审批制度改革推进，削减行政审批事项505项，占55%；全市仅保留行政审批事项408项，为全国最少的城市之一。

成立红谷滩新区管委会 1月7日，市委常委会议召开，听取市规划局负责人关于红谷滩新区行政区划调整的情况说明，一致同意将新建县望城镇、长堎镇、生米镇行政管辖区内的其中8个行政村成建制划归红谷滩新区管辖。2月5日，红谷滩新区区划调整会召开，将南昌经开区管辖的四村一场一湖划归红谷滩新区管委会管辖。4月1日，市委常委会议研究关于成立红谷滩新区管委会等事项。5月15日，红谷滩新区管委会正式成立。新区管委会为市政府派出机构，根据授权行使区内行政管辖权，内设办公室、党群工作部、纪检监察室、经济贸易发展局、社会事业发展局、建设环保管理局、计划财经局共7个职能部门。同日，市委、市政府在市委办公大楼第一会议室召开新闻发布会，宣布红谷滩新区管委会成立。

全市2002年主要经济指标完成情况 国内生产总值552.37亿元，比2001年增长41%。财政总收入60.8亿元，比2001年增长16%。地方财政收入27.5亿元，比2001年增长22.1%。实际利用外资3.67亿美元，比2001年增长1.9倍。实际利用内资65亿元，比2001年增长70.2%。社会消费品零售总额179.84亿元，比2001年增长11.8%。城市居民年人均可支配收入7021元，比2001年增长13.1%。农民年人均纯收入2667元，比2001年增长5.8%。人口出生率为14.62‰。

2002

1月 January

公元2002年1月 农历壬午年【马】													
日	一	二	三	四	五	六	日	一	二	三	四	五	六
		1 元旦	2 十九	3 二十	4 廿一	5 小寒	6 廿三	7 廿四	8 廿五	9 廿六	10 廿七	11 廿八	12 廿九
13 初一	14 初二	15 初三	16 初四	17 初五	18 初六	19 初七	20 大寒	21 初九	22 初十	23 十一	24 十二	25 十三	26 十四
27 十五	28 十六	29 十七	30 十八	31 十九									

1日 省市书画家笔会在绳金塔公园举行。李豆罗开笔，20余位书画家挥毫泼墨。

同日 全市安全生产工作会议在原市政府第二会议室召开，传达贯彻中央和省有关文件精神。会议强调，要提高认识，全面布置，认真排查，过硬整改，确保元旦春节期间安全生产和社会稳定。李豆罗出席并讲话，各县区、市安委会、市直机关负责人出席。

同日 全市中小学生活动中心挂牌仪式举行。该中心为市教委投资兴建的中小学生校外素质教育活动基地，占地1.13公顷，建筑面积1.4万平方米。孔炯、罗慧芬、钟乐初等出席。

同日 市新华群网络科技广场、南昌人家大酒店、万家福商城等3个再就业基地挂牌。吴新雄、李豆罗、陈守朴等出席在新华群举行的授牌仪式，并为下岗后重新创业的经营业主授予“打开创业之门”金钥匙。

市新华群网络科技广场、南昌人家大酒店、万家福商城等3个再就业基地挂牌

2日 南昌大学被国家教育部正式确定为教育部重点支持的大学，成为部省共建高校。

4日 全市植树造林现场会在安义县召开。会议总结2001年工作，部署2002年任务。蔡社宝、戴和旺出席并讲话。与会人员先后到安义县长均乡、乔乐乡等地参观当地造林整地工程。

5日 吴新雄、杨洪基在五湖大酒店会见格林柯尔（香港）科技控股有限公司副总裁胡晓辉一行。

同日 吴新雄会见到南昌参加分店开业庆典的北京王府井东安集团公司总经理汤庆顺一行。

同日 全市社区党建工作座谈会在市委组织部会议室召开。会议讨论《关于加强城市社区党的建设工作的意见》。弘强主持。

6日 北京东来顺饭庄南昌分店开业。李豆罗、周根保、蔡社宝出席开业仪式。

7日 吴新雄、杨洪基在五湖大酒店会见深圳万科集团董事长王石一行。

同日 市委常委会议在市委办公楼六楼常委会议室召开。会议决定1月12日在红谷滩会展中心召开市委全体扩大会议，讨论并原则同意吴新雄在市委全会上的讲话；听取市规划局负责人关于红谷滩新区行政区划调整的情况说明，一致同意将新建县望城镇、长堎镇、生米镇行政管辖区内的其中8个行政村成建制划归红谷滩新区管辖；研究有关加强城市社区党建工作意见和召开市人大、市政协两会事宜；审议通过《南昌市"十五"期间农村扶贫开发工作意见》。吴新雄主持。

同日 市委发出《关于加强城市社区党的建设工作的意见》，强调适应社区建设和发展的要求，建立健全社区党组织；以改革创新的精神，积极探索加强社区党建工作的新机制；发挥党的政治优势，大力推进社区思想政治工作和精神文明建设；切实加强领导，努力开创城市社区党建工作的新局面。

同日 由市委宣传部、南昌日报社组织的"南昌十大新闻"评选揭晓。经读者投票、微机选票、评委审定，"南昌市委、市人大、市政府、市政协、市纪委全面换届"以最高票数荣登十大新闻首位。

8日 吴新雄在市委六楼会见厅会见中国汽车零部件工业联营公司总经理吕强一行。

同日 市委办公厅、市政府办公厅发出《关于进一步加快小城镇建设的意见》，要求提高认识，转变观念；指导思想，发展原则；完善机构，加强领导；搞好规划，严格管理；多元投资，加速建设；加快改革，促进发展。

同日 中国民航南昌空中交通管理中心挂牌仪式举行。熊焕高出席。

9日 全市农业综合开发现场会在进贤县长山乡召开。会议通报2001年农业综合开发及财政运行情况，部署有关工作。戴和旺出席并讲话。与会人员现场参观长山乡农业综合开发项目。

同日 在第三届"中国杰出（优秀）青年卫士"表彰大会上，市国税局涉外分局局长裘以华、东湖公安分局副局长胡景辉获"中国优秀青年卫士"称号。

同日 洪都航空集团公司K8E型飞机研制与合作生产项目获2001年国防科技工业武器装备型号研制铜奖。

10日 李豆罗、龚建华在环湖宾馆会见深圳新一佳投资发展有限公司总裁李彬兰一行。

11日 市中级人民法院对故意杀人犯熊某采取注射方式执行死刑。此举在全省尚属首次。

12日 市委八届三次全体（扩大）会议在红谷滩会展中心召开。会议总结2001年工作，分析当前面临的形势，明确2002年工作指导思想、目标任务和关键措施。会议强调，全市各级党组织和广大党员干部群众要更加紧密地团结在以江泽民为核心的党中央周围，高举邓小平理论伟大旗帜，以"三个代表"重要思想为指导，在省委、省政府的正确领导下，在新的事业征途上，不负使命，不负重托，众志成城，团结拼搏，事在人为，敢创一流，创造性工作，跨越式发展，为实现江西在中部地区崛起做出南昌应有的贡献，以更加优异的成绩迎接中共十六大胜利召开。吴新雄代表市委常委会作题为《解放思想，拓宽视野，凝聚合力，聚焦事业，为推动南昌经济和社会各项事业又好又快发展而努力奋斗》的讲话。李豆罗就全市近阶段各项工作进行具体部署。全会由市委常委会主持，市委委员、候补委员出席。市纪委委员和不是市委委员、候补委员的市人大、市政府、市政协党组成员，南昌军分区政委及各县区委书记、县区长，市委各部门、市直各单位等党员主要负责人列席。

市委八届三次全体（扩大）会议召开

13 日　南昌大学举办 2002 年度普通院校毕业生供需洽谈会。参加洽谈会的省内外用人单位近 300 家，应届毕业生 2 万余人。洽谈会共有 6000 个职位供毕业生选择，用人单位除江西省外，还有来自广东、浙江、湖南等全国各地的国有企事业单位、私营企业、三资企业和国家重点企业。这是江西省首次举办如此规模的以应届毕业生为服务主体的“双选”会。

同日　最高人民检察院和公安部联合授予南昌市人民检察院“全国检察、公安机关追捕逃犯专项行动先进集体”称号。

14 日　吴新雄、李豆罗、王样生、阎钢军、孔炯、杨洪基、卢晓健、雷元江等在深圳五洲宾馆会见香港贺氏企业集团董事长贺大行等 20 余位客商。

同日　吴新雄、李豆罗、王样生、杨洪基、卢晓健在深圳五洲宾馆会见沃尔玛亚太地区总部高级总裁羊兰。

同日　罗为民、罗慧芬率市卫生县（区）城检查团到南昌、新建、进贤、安义县和湾里区检查创建卫生县（区）城工作。

15 日　南昌（深圳）招商引资推介会暨粤港澳台企业家恳谈会在深圳五洲宾馆举行。吴新雄出席并致辞，李豆罗主持，王样生、阎钢军、孔炯、杨洪基、卢晓健、雷元江等，深圳市领导李德成、王穗明、刘秋容及来自粤港澳台地区的 300 余名企业家出席。

同日　东湖区、西湖区、青云谱区分别在深圳举行招商引资签约仪式。共签订合同项目 9 个、合同资金 11.85 亿元。吴新雄、王样生、孔炯、杨洪基、雷元江等出席。

同日　吴新雄、李豆罗、王样生、孔炯、杨洪基、卢晓健、雷元江等在深圳五洲宾馆分别会见香港伟盈集团董事长吴太和和新加坡东方文化艺术有限公司董事长姚笛。

同日　全市副县级以上领导干部法制讲座在红谷滩会展中心举行。中国世界贸易组织研究会会长佟志广应邀作《从容应对入世，迎接新的挑战》的讲座。熊全柏、姚燕平、龚建华等及市委各部门、市直各单位、各县区副县级以上领导干部共 800 余人听取讲座。

16 日　贵阳市副市长陈石率代表团一行到南昌市考察花园城市建设情况。李豆罗、罗为民在滕王阁会见厅会见代表团一行。

17 日　吴新雄、阎钢军、杨洪基、卢晓健率南昌市党政代表团一行参观考察无锡新区。代表团一行到联合汽车电子厂、洋马农机公司、一站式服务中心，实地考察无锡新区招商成果及环境建设。无锡市领导王荣、贡培兴陪同。

18 日　省委决定：弘强任中共南昌市委副书记。

同日　江西联创光电科技园建设项目奠基仪式在南昌高新区举行。省市领导吴新雄、凌成兴、李豆罗出席。

同日 全市促进企业上市工作会议在市政府第七会议室召开。会议强调，要加快上市步伐，降低改制成本。

19日 南昌县广福镇潭岗宏志小学竣工典礼举行。余根水、罗慧芬出席。

20日 全国总工会副主席刘珩率全总慰问团到南昌电缆厂、南昌华丰橡胶厂、南昌鲜徕客食品有限公司走访特困职工，并送上慰问金。省市领导步正发、弘强、熊全柏、龚建华陪同；李豆罗、弘强、熊全柏、龚建华在滕王阁会见厅与慰问团一行交流有关情况。

同日 胜利路步行街开街揭牌仪式举行。胜利路步行街于2001年9月1日开始正式进行改造，全长960米，由东湖区负责实施，总投资2000余万元，整个路面全部采用花岗岩铺装，面积2.2万平方米。吴新雄、李豆罗出席并揭牌，陈守朴、雷武江、周根保等出席。

胜利路步行街开街揭牌

同日 《八大山人作品选》特种邮票首发式在省展览中心广场举行。省市领导华桐、凌成兴、刘运来、李豆罗、杨洪基、罗文华出席。

21日 省市各界纪念江泽民对台重要讲话发表7周年座谈会在滨江宾馆举行。省市领导傅克诚、周平、张华康、姚燕平、杨洪基等出席。

同日 抚河故道清淤整治工程全面完工。李豆罗等察看并验收各项工程。

抚河故道清淤整治工程全面完工

同日 公安部消防局督察组一行到南昌五湖大酒店、万寿宫商城、大众购物中心、环湖宾馆进行为期2天的消防安全检查指导工作。

22日 全市市容环境综合整治表彰暨动员大会在省体育馆风雨球场举行。会议表彰东

全市市容环境综合整治表彰暨动员大会召开

湖区政府等85个市容环境综合整治先进单位、江铁等143位先进个人。吴新雄出席并讲话，李豆罗、王样生、熊焕高等，南昌军分区领导张国华、徐兆麟，市中级人民法院院长敖庆沸、市人民检察院检察长崔可夫，市长助理梁小康、周关、张华、汪天行及有关方面万余人出席。

同日 部分驻昌部队官兵与市人事部门就加强军民共建进行座谈。李豆罗、周根保出席座谈会。

23日 市委常委会议在市委办公楼六楼常委会议室召开。会议宣读省委决定，弘强任市委副书记；省委提名，熊焕高任市人大常委会主任，并按有关法律规定办理。会议研究调整部分市委领导分工事宜：李豆罗主持市政府全面工作，负责分管全市改革和稳定等方面工作，王样生主持市纪委全面工作，负责分管全市政法工作和优化治理环境建设等方面工作，熊焕高主持市人大常委会全面工作，负责分管全市意识形态领域和精神文明建设等方面工作，弘强全面负责全市党群工作和机关作风建设等方面工作。会议听取全省组织工作会议精神汇报；传达全国、全省政法工作会议精神，研究部署2002年全市政法工作；研究2002年全市农业和农村工作；研究市委和各民主党派、工商联政治协商有关工作及聘请特约工作人员事宜；确定市十二届人民代表大会第二次会议、市政协十一届委员会第二次会议在红谷滩会展中心召开。吴新雄主持。

同日 市政府市长办公会议在原市政府第二会议室召开。会议审议并原则同意市计委《关于南昌市2001年国民经济和社会发展计划执行情况与2002年国民经济和社会发展计划草案的报告》、市财政局《关于2002年市本级财政收支预算有关情况的汇报与请示》。李豆罗主持。

同日 市政府全体会议在原市政府第二会议室召开。会议讨论即将提请市十二届人大二次会议审议的《政府工作报告（征求意见稿）》，部署安排当前重要工作。李豆罗主持。

24日 吴新雄、杨洪基在五湖大酒店会见日本前泽给装工业株式会社会长久我正五郎一行。

同日 公安部慰问团在南昌铁路文化宫举行文艺演出。王样生及省公安厅负责人观看演出。

25日 贵阳市委常委、市委秘书长许朗率考察团到南昌考察城市规划建设情况。

同日 吴新雄、杨洪基在凯莱大酒店会见方大（集团）企业总经理何昌正一行。

同日 全市2002年春运公路客运票价调整征询会召开。会议听取有关方面意见。龚建华出席并讲话。

同日 市政府发出《南昌市人民政府关于废止部分规章的决定》《南昌市人民政府关于修改〈南昌市生活饮用水卫生管理办法〉等6件规章的决定》。

26日 吴新雄、杨洪基、卢晓健在滕王阁会见厅会见杉杉集团总裁郑永刚一行。

同日 全市扶贫开发工作会议在市委第一会议室召开。会议确定“十五”期间扶贫开发目标，部署有关工作。吴新雄出席并讲话，李豆罗、王样生、弘强等出席。

同日 全市各城区文明单位迎春文艺会演在南昌铁路文化宫举行。东湖区、西湖区、青云谱区分获团体一、二、三名。熊焕高、马承祖、罗为民等观看演出并为获奖单位颁奖。

同日 市委、市政府发出《关于切实做好2002年农业和农村工作的意见》，强调深入推进农业结构战略性调整，加快农业结构优化升级；全力推进农业产业化，加快传统农业向现代农业转变；大力推进农业科技创新，加快农业科技进步；积极推进农村城镇化，加快农业人口非农化；着力推进扶贫开发，加快农村贫困人口脱贫的步伐；多渠道增加农业投入，加快市场化农业投融资机制的建立；狠抓农村基础设施建设，加快防灾减灾体系的建立；贯彻落实农村各项政策，加快农村民主法制建设；进一步加强农村精神文明建设，加快现代文明花园式英雄城市建设的进程；实践“三个代表”重要思想，加快领导方式和工作作风的转变。

同日 市委、市政府发出《关于南昌市“十五”期间农村扶贫开发工作意见》。

27日 全市政法工作会议在红谷滩会展中心召开。会议传达贯彻全国、全省政法工作会议精神，总结2001年工作，部署2002年任务，表彰社会治安综合治理目标管理先进县区和单位。吴新雄出席并讲话，李豆罗宣读表彰决定，王梓生主持，吴延林及市中级人民法院院长敖庆沸、市人民检察院检察长崔可夫出席。

同日 市急救中心在八一广场举办“120”急救知识普及咨询活动。姚燕平、罗慧芬、钟乐初参加。

28日 新建县人民广场奠基开工仪式举行。李豆罗、周根保、罗为民、王水苟出席。

29日 吴新雄、李豆罗、罗为民在滕王阁会见厅会见景德镇市委书记姚亚平一行。29—30日，姚亚平一行考察南昌市市容市貌及部分企业。罗为民陪同。

同日 全市创建文明行业工作会议在正力宾馆十楼会议室召开。会议讨论修改《关于进一步开展创建文明行业活动的实施意见》，部署有关工作。马承祖出席并讲话。

同日 全市女领导干部迎新春联欢会在富豪大酒店举行。吴新雄出席并讲话，弘强、孔炯、钟乐初、关德华、万宗明及134名副县级以上女领导干部参加。

30日 吴新雄、李豆罗、王梓生、熊焕高、弘强、雷武江、周根保、马承祖、蔡社宝、孔炯、杨洪基、龚建华、王水苟、周关分5路走访慰问老红军和离退休老干部。

同日 吴新雄、杨洪基在滕王阁会见厅会见海关总署副署长李克农一行。

同日 市委、市政府在市委第一会议室举行迎新春座谈会。江西泰丰轮胎有限公司总经理林延等企业代表发言。吴新雄出席并讲话，李豆罗、阎钢军、杨洪基等及海关、银行、税务等部门负责人和部分在南昌外资企业代表出席。

同日 全市检察长工作会议暨表彰大会在红谷滩会展中心召开。会议传达贯彻全国、全省检察长工作会议和全市政法工作会议精神，总结2001年工作，部署2002年任务，表彰全市检察机关2001年度先进集体和个人。王梓生、熊全柏、吴延林，市人民检察院检察长崔可夫等出席。

同日 全市司法行政工作会议暨总结表彰大会在省军区招待所第三会场召开。会议总结2001年工作，部署2002年任务，表彰先进集体和个人。王梓生出席并讲话，熊全柏、吴延林出席。

同日 中国自贡艺术灯会在人民公园开展。马承祖、罗为民、罗慧芬、钟乐初出席开展仪式。

同日 市第九医院获全国首批“明明白白看病——百姓放心医院”称号。罗慧芬、钟乐初出席挂牌仪式。

31日 吴新雄在滕王阁会见厅会见中国青工联合会副会长张善梅。

同日 省领导孟建柱、黄智权、步正发、王君、傅克诚、彭宏松等考察南昌市城市建设情况。孟建柱在考察时指出，南昌作为省会城市和区域性中心城市，要增强现代城市意识，用全新的理念和机制建设城市、经营城市、管理城市；城市规划要适度超前，眼光要长远；要扩大城市规模，提升城市品位，把英雄城做大、做强、做优、做美。

孟建柱等考察南昌市城市建设

同日 政协南昌市十一届二次会议在红谷滩会展中心开幕，2月3日闭幕。会议听取和讨论吴新雄代表市委作的讲话，审议通过雷武江作的常委会工作报告和曹连甲作的提案工作情况的报告，通过政协市十一届委员会第二次会议决议。与会人员列席市十二届人大二次会议，听取并讨论市政府工作报告。

政协南昌市十一届二次会议召开

是月 新建县望城岭口、岭北、云塘、双溪、长埔、润溪、渔业7个行政村和生米镇黄佩行政村成建制划由南昌市红谷滩新区管辖。

2002
2月 February

公元2002年2月 农历壬午年【马】													
日	一	二	三	四	五	六	日	一	二	三	四	五	六
					1 二十	2 廿一	3 廿二	4 立春	5 廿四	6 廿五	7 廿六	8 廿七	9 廿八
10 廿九	11 除夕	12 春节	13 初二	14 初三	15 初四	16 初五	17 初六	18 初七	19 雨水	20 初九	21 初十	22 十一	23 十二
24 十三	25 十四	26 元宵节	27 十六	28 十七									

1日 吴新雄、杨洪基在红谷滩会展中心贵宾厅会见浙江中大集团董事长陈继达一行。

同日 2002年中国南昌迎新春食品展销会在八一广场开幕。吴新雄宣布开幕，李豆罗致辞，中国轻工业联合会副会长张善梅出席。

同日 洪都航空工业集团公司研制的K—8飞机在中共中央、国务院在北京人民大会堂举行的2001年度国家科学技术奖励大会上，获国家科学技术进步一等奖。

1—4日 市十二届人大二次会议在红谷滩会展中心开幕。会议听取审议李豆罗作的市政府工作报告、市计划委员会关于市2001年国民经济和社会发展计划执行情况与2002年国民经济和社会发展计划（草案）的报告、市财政局关于市2001年市本级财政总预算执行情况和2002年市本级财政总预算（草案）的报告、市人大常委会工作报告、市中级人民法院工作报告、市人民检察院工作报告，通过相应决议。会议选举熊焕高为市十二届人大常委会主任，万加良为市十二届人大常委会秘书长。

市十二届人大二次会议召开

2日 省市领导孟建柱、吴新雄、熊焕高、杨洪基、罗慧芬在滕王阁会见厅会见中国华源集团有限公司董事长周玉成一行。

3日 中国华源集团有限公司董事长周玉成一行到南昌县考察投资环境。

同日 全市公安机关搜捕统一行动结束。统一行动历时3天，采取集中警力、全面发动、整体作战，有计划、有重点的方式进行。抓获各类犯罪嫌疑人342名，其中网上逃犯23名；查获并摧毁犯罪集团10个，抓获集团成员41名。

4日　吴新雄、杨洪基在滕王阁会见厅会见日本住友金属矿山株式会社常务董事荒川千宣一行。

同日　市委八届四次全体会议在市委第一会议室召开，会议确定42名南昌市酝酿推荐的江西省出席中共十六大代表候选人。全会由市委常委会主持。吴新雄出席并讲话，李豆罗、王样生、熊焕高、弘强及市委委员、候补委员出席。

同日　市直机关迎新春联欢会在赣江宾馆举行。马承祖、孔炯、姚燕平等出席。

同日　南昌地区旅游行业明星表彰大会暨新春联欢晚会在江西饭店举行。会议表彰25家旅游行业明星。李豆罗、马承祖、罗为民等出席。

5日　市政府发出《关于印发〈南昌市人民政府适应我国加入世界贸易组织进程废止文件目录〉的通知》。

同日　全市新闻界迎春文艺晚会在红谷滩会展中心举行。吴新雄、李豆罗、王样生，市中级人民法院院长敖庆沸、市人民检察院检察长崔可夫、南昌军分区参谋长徐兆麟，市长助理梁小康、周关、张华和市委助理巡视员余志坚、田新芳等观看演出。

全市新闻界迎春文艺晚会举行

同日　为期4个月的南昌建筑工程质量第五届“滕王阁杯”奖评审结果揭晓。江西省第一建筑工程公司、南昌市第一建筑工程公司等9个单位10个项目获奖。

同日　红谷滩新区区划调整会在南昌经开区会议室召开。会议宣布将南昌经开区管辖的四村一场一湖划归红谷滩新区管委会管辖。李豆罗、王样生、熊焕高出席。

6日　吴新雄、李豆罗、王样生、熊焕高、陈守朴、蔡社宝、阎钢军、姜任保、孔炯、杨洪基、龚建华、罗为民、戴和旺、吴延林、王水苟、曹连甲、卢晓健、雷元江分5路到东湖区社会福利院、郊区扬子洲乡、江西油脂化工厂、江东机床厂、江西赣江农机有限公司、南昌齿轮厂、进贤县敬老院等地走访慰问困难职工和困难居民，并送上慰问金和慰问品。

同日　市委统战部举行全市统战系统“南昌美”迎春联欢会。吴新雄、雷武江、姚燕平等出席。

同日　市政府第12次市长办公会议在市政府原第二会议室召开。会议审议并原则同意市民政局《关于进一步规范和完善城市居民最低生活保障工作的具体意见》、市双拥办和市人事局《关于授予海军南昌舰全体官兵“南昌市荣誉市民”的反馈意见》、南昌县政府《关于要求建立南昌市蒋巷现代农业示范园区的请示》、郊区政府《关于申请建设南昌扬子洲现代生态农业科技园的请示》等。李豆罗主持。

同日　市政府第6次常务会议在市政府原第二会议室召开。会议审议并原则同意市法制局拟订的《南昌市人民政府2001—2005年起草地方性法规规划（草案）》和《南昌市人民政府2002年立法工作计划（草案）》、市市政公用局拟订的《南昌市机动车临时占道停放管理规定》。李豆罗主持。

同日 市政府发出《印发〈关于聘请南昌市高级经济顾问实施办法（试行）〉的通知》《印发〈关于聘请南昌市经济顾问管理办法（试行）〉的通知》。

7日 最高人民检察院授予东湖区人民检察院“人民满意的检察院”称号；新建县人民检察院检察长吴成福记个人一等功。

同日 弘强、雷武江、周根保、马承祖、蔡社宝、余根水、熊全柏、姚燕平、罗慧芬、钟乐初、卢晓健、罗文华、关德华、万宗明、市中级人民法院院长敖庆沸、周关、汪天行分5路到湾里区、南昌保温瓶厂、南昌经开区、郊区扬子洲乡敬老院、安义县水泥制品厂、南昌华洪机械厂等地走访慰问困难职工和困难居民，并送去慰问金和慰问品。

同日 市政府向归侨、侨眷发放慰问金仪式在市政府第七会议室举行。李豆罗出席并讲话。

同日 全市送温暖慰问会在市工人文化宫举行，向困难职工发送慰问金和慰问品。吴新雄出席并讲话，李豆罗、王样生、熊焕高等出席。

8日 南昌县昌东镇挂牌。该镇由原南昌县尤口乡和滁槎镇合并而成，现有面积111平方公里，人口8万。蔡社宝、阎钢军、戴和旺出席挂牌仪式。

同日 市“双创”指挥部在富豪大酒店举行建筑物亮化工程表彰暨再动员大会。会议对在南昌市建筑物亮化工程中灯光色彩效果好、做出突出贡献的56个单位进行表彰。李豆罗、孔炯、罗为民等出席。

同日 南昌高新区金庐软件园骨干企业——金鼎软件公司在香港创业板成功上市。杨洪基出席上市仪式。

9日 市委、市政府在市委第一会议室举行“为了孩子，为了明天——南昌市爱心基金会资助特困学生助学金发放仪式”。来自南昌市多所学校的417名特困中小学生，接受30万元专款捐赠。吴新雄出席并讲话，马承祖主持，李豆罗、熊焕高、陈守朴等出席。

同日 市委、市政府为民办实事意见听取会召开。来自全市各界人士代表，围绕改善城市人居环境、提高市民生活质量等问题发表意见和看法。吴新雄出席并讲话，李豆罗、罗为民出席。

同日 全市“共创美好明天”万人环城接力长跑活动开幕式在八一广场举行。南昌市直机关、东湖区、西湖区等组成23个方阵，1.3万余人参加。长跑经八一广场、阳明路、沿江路、中山路等地，全程6.8公里。吴新雄、李豆罗、熊焕高等参加。

同日 李豆罗、马承祖在滕王阁会见厅会见世界著名小提琴演奏家盛中国和日本钢琴演奏家濑田裕子。盛中国夫妇此行回故乡进贤县李渡镇探亲，并在南昌举办音乐会。

同日 市劳动保障审批办证服务中心成立。该中心通过“一站式”审批、“一个窗口”收费和“一条龙”服务，简化办事程序、缩短办事时间。

同日 位于江大南路的光彩综合集贸市场开业。该市场分上下两层，总面积5000余平方米，可以容纳800多个摊位。李豆罗、罗为民出席开业典礼。

10日 全市各界人士迎春文艺晚会在红谷滩会展中心举行。吴新雄、李豆罗、王样生等及各界人士代表1000余人出席。

同日 市政府在市经贸委第二会议室召开工业经济发展座谈会。来自社会各界知名专家、学者围绕南昌市工业经济运行质量、目标、措施提出建议和意见。雷元江、关德华出席。

11日 全市各界人士春节团拜会在红谷滩会展中心举行。吴新雄、李豆罗、王样生，市中级人民法院院长敖庆沸、市人民检察院检察长崔可夫，市长助理梁小康、张华及市委助理巡视员余志坚、田新芳等出席。

同日 广场南路改造工程竣工典礼举行。吴新雄出席并讲话，李豆罗出席。

同日 全市安全生产工作紧急会议在市政府第七会议室召开。会议传达贯彻全国、全省安全生产电视电话会议精神，部署有关工作。会议强调，各县区、各部门、各单位要进一步增强搞好安全生产工作的责任感和紧迫感，坚决克服麻痹思想、自满急躁情绪和侥幸心理，消除各类安全生产事故隐患，杜绝各类重特大事故发生。

12日 全市戏曲歌舞迎春联欢会在绳金塔公园举行。李豆罗、陈守朴、姚燕平、罗慧芬、钟乐初和市民300余人观看演出。

同日 南昌十七中西藏班学员喜迎藏历水马新年。省市领导黄智权、吴新雄、胡振鹏、李豆罗等到西藏班311名学员中间，与他们一起庆贺新年。

14日 全国人大常委会委员、内务司法委副主任委员万绍芬先后到南昌、安义县考察。李豆罗等陪同。

17日 全国政协副主席钱正英、全国妇联副主席顾秀莲一行参观滕王阁。陈守朴陪同。

同日 安义籍在外工作、创业知名人士代表新春座谈会举行。省市领导刘上洋、雷元江出席。

18日 南昌小蓝工业园区成立。2006年3月8日经省政府批准为省级开发区，并更名为江西小蓝经济开发区。

19日 市委、市政府发出《关于表彰2001年度招商引资先进单位的决定》。决定授予南昌县人民政府等14个单位招商引资先进单位奖、南昌高新技术产业开发区管理委员会等2个单位招商引资突出贡献奖、市建委等6个单位招商引资服务奖、湾里区人民政府等13个单位招商引资组织奖。

同日 全市外向型经济工作会议召开。李豆罗宣读表彰2001年度招商引资先进单位和个人的决定，梁小康通报2001年全市招商引资、出口创汇完成情况暨2002年全市招商引资、出口创汇目标任务，杨洪基主持。市领导为南昌县政府等获奖单位和个人颁发奖牌、奖金；市政府主要领导与各责任单位负责人签订招商引资责任书。吴新雄出席并讲话，王样生、熊焕高、弘强等出席。

20日 南昌县经济恳谈会暨“一区两园”授牌仪式在南昌县体育馆举行。全国人大常委会委员、内务司法委副主任委员万绍芬，吴新雄、李豆罗等出席。

21日 麻丘商贸城奠基仪式在南昌县麻丘镇举行。该商贸城投资总额3000余万元，占地面积7.2公顷，分建材专业市场区、小商品批发市场区，农副产品批发区和服务功能区。阎钢军、罗慧芬出席。

23日 吴新雄、李豆罗、罗为民、卢晓健等考察全市绿化工作，并到东湖区、西湖区、青云谱区植树点参加义务植树活动。

机关干部参加义务植树活动

同日 吴新雄、杨洪基在富豪大酒店会见浙江金华尼奥普兰车辆有限公司董事长庞青年一行。

同日 市长助理周关率南昌市教育代表团赴日本进行为期5天的友好访问。

25日 市政府发出《关于表彰企业上市工作先进单位、先进个人的决定》。表彰市经贸委等10个“支持企业上市先进单位”、南昌金鼎软件开发公司等3个“企业上市工作先进单位”和熊晓武等7名“促进企业上市工作先进个人”。

同日 市政府办公厅发出《关于转发市旅游局〈南昌市整顿和规范旅游市场工作方案〉的通知》。

同日 全市农村工作会议在红谷滩会展中心召开，总结2001年工作，部署2002年任务，表彰2001年度先进单位和个人。会议强调，要强化农业基础地位，拓宽农民增收渠道，推进农村经济发展。吴新雄出席并讲话，李豆罗、蔡社宝、肖永政、戴和旺、王水苟等出席。

同日 江铃汽车集团公司获“1999—2001年度全国内审先进单位”称号。

26日 由市委、市政府主办，市文化局、郊区政府承办的“洪城腾飞”民间舞龙表演暨“五华杯”舞龙大赛在八一广场举行。李豆罗、弘强、陈守朴等出席。

“洪城腾飞”民间舞龙表演暨“五华杯”舞龙大赛举行

同日 市政府召开先进表彰会，表彰对南昌市建筑物“穿衣戴帽”工作做出突出贡献的18个单位。李豆罗出席并讲话，罗为民出席。

27日 省市领导孟建柱、黄智权、步正发、王君、傅克诚、朱治宏、彭宏松、董君舒、吴新雄、李豆罗、王祥生、熊焕高、陈守朴、周根保、蔡社宝等和机关干部、部队官兵、青年学生共2000余人到红谷滩新区参加植树造林活动。

省市领导到红谷滩新区参加植树造林活动

同日 省市领导黄智权、胡振鹏、李豆罗、罗慧芬在滨江宾馆会见浙江大学副校长程家安一行；28日，吴新雄、杨洪基、罗慧芬在市委会见厅会见程家安一行。

同日 全市工业会议在红谷滩会展中心召开。会议总结2001年工作，部署2002年任务，表彰2001年度先进单位和个人。会议强调，各级政府要切实转变职能，勇于承担责任，主动搞好服务，为实现南昌工业经济的跨越式发展做出不懈努力。吴新雄出席并讲话，李豆罗主持，熊焕高、弘强、陈守朴等和各县区、市直各单位、各大企业负责人1000余人出席。

同日 全市村级、乡镇站所“三个代表”重要思想学习教育工作动员会在红谷滩会展中心召开。南昌县“三个代表”学教工作负责人介绍有关试点工作的经验和做法。弘强出席并讲话，蔡社宝、戴和旺出席，市农村“三个代表”重要思想学习教育活动领导小组全体成员，各有关县区委和党工委分管党群工作的副书记、组织部长、基层办主任、驻乡镇宣讲团团长、各乡镇党委书记等共260余人参加会议。

全市宣传工作会议召开

28日　全市宣传工作会议在红谷滩会展中心召开。会议部署全市2002宣传思想工作，表彰2001年度全市优秀新闻工作者。吴新雄出席并讲话，熊焕高宣读《市委关于表彰2001年度优秀新闻工作者的通报》，马承祖主持。

同日　清华科技园江西园区首期建设工程开工仪式在南昌经开区举行。省市领导胡振鹏、杨洪基出席。

同日　润田科技工业园项目签约仪式在红谷滩会展中心举行。吴新雄出席。

2002

3月 March

公元2002年3月 农历壬午年【马】													
日	一	二	三	四	五	六	日	一	二	三	四	五	六
					1 十八	2 十九	3 二十	4 廿一	5 廿二	6 惊蛰	7 廿四	8 妇女节	9 廿六
10 廿七	11 廿八	12 植树节	13 三十	14 初一	15 初二	16 初三	17 初四	18 初五	19 初六	20 初七	21 春分	22 初九	23 初十
24 十一	25 十二	26 十三	27 十四	28 十五	29 十六	30 十七	31 十八						

1日 南昌市与浙江大学科技合作签约仪式在滨江宾馆举行。双方签订关于浙江大学在南昌市建立浙大科技园和成人教育培训基地合作意向书。吴新雄出席并讲话，李豆罗、杨洪基、罗慧芬和浙江大学副校长程家安出席。

同日 孔炯率市立法调研组赴哈尔滨、唐山、邯郸、上海等地考察粉煤灰综合利用管理情况。

4日 市政府发出《印发〈关于进一步规范和完善城市居民最低生活保障工作具体意见〉的通知》。

5日 市志愿者协会首届理事大会暨市志愿者协会成立大会在市委第一会议室召开。钟乐初、团省委副书记曾庆红出席。

7日 李豆罗、罗慧芬在滕王阁名人馆会见厦门（利胜）电光源有限公司副总经理徐冬生、吴喜龙和厦门正屋电子有限公司总经理周南庆一行。

同日 戴和旺率有关部门负责人赴广州、珠海、深圳等地考察无公害蔬菜检测工作。

8日 省市领导朱英培、杨洪基在五湖大酒店会见马来西亚中国经济贸易总商会副会长宋兆棠一行。

同日 江西省第六届暨南昌市首届兰花展在市人民公园园中园开展。此次展出的主要是江西省南昌市最新发现的春兰、惠兰，也有少数传统名品种及寒兰共300余盆。省市领导彭昆生、李豆罗、罗为民等出席仪式。

同日 全市庆祝“三八”国际妇女节92周年暨“五好文明家庭”创建活动表彰大会在胜利路步行街举行。大会表彰全市“五好文明家庭”“文明楼院”“十佳楼栋长”“美好农家”“优秀读书示范户”及“十佳丈夫”。弘强出席并讲话，罗慧芬、万宗明出席。

9日 南昌市举行“爱我南昌”义务劳动。李豆罗、陈守朴、周根保等与机关干部、部队官兵、居民群众1万余人到二七北路、文教北路等地参加义务劳动。

10日 李豆罗、杨洪基在凯莱大酒店会见美国北加州苏浙同乡会会长朱元忠一行。

12日 南昌（北京）招商引资恳谈会在北京国际饭店举行。百余名来自全球各大公司的驻华商务代表及高层管理人员应邀参加。叶楠等驻华商务代表发言。吴新雄出席并致辞，杨洪基介绍南昌市情，市长助理梁小康主持。

同日 李豆罗在滕王阁会见厅会见香港联亚集团有限公司总裁陈万开一行。

同日 由市房管局、市规划局、南昌日报社联合主办的南昌市首届“十佳楼盘”评选揭晓。经过评委、专家实地考察和专家答辩会，结合市民选票，评出御锦城、远东世纪花园等“十佳楼盘”。李豆罗和省建设厅负责人为获奖楼盘开发商颁奖。

13日 市政府发出《印发〈关于我市城市规划与土地运作有关问题意见〉的通知》。

同日 全市基础教育工作会议在安义县召开。会议传达全国、全省基础教育工作会议精神，部署当前和今后一个时期工作。熊焕高出席并讲话，马承祖主持，罗慧芬作工作报告。

同日 13时左右，渊明南路123−129号发生火灾。市消防支队调集17辆消防车、150余名消防官兵灭火。省公安厅、省消防总队负责人赶赴现场指挥灭火。大火于15时扑灭。火灾烧毁4个店面、过火面积280平方米，直接经济损失16.19万元。经调查，起火原因系电线打火引起。

14日 李豆罗在滕王阁名人馆会见新加坡环球国际投资有限公司董事长林文政一行。

15日 省委宣传部、省工商行政管理局、省消费者协会、市委宣传部、市工商行政管理局、市消费者协会在八一广场联合举办以“科学消费”为主题的2002年“3·15”国际消费者权益日宣传咨询活动。活动以保护消费者的安全权和知情权为核心，以监督食品、药品和建筑装饰材料等热点消费领域为重点，宣传科学消费理念。省市有关执法部门以及海尔、亮妆等近100家生产企业参加。

省市联合举办2002年“3·15”国际消费者权益日宣传咨询活动

同日 市政府发出《批转市计委〈关于南昌市2002年国民经济和社会发展计划报告〉的通知》。

16日 市政府第7次常务会议在市政府办公大楼第七会议室召开。会议审议并原则同意市建材办《南昌市新型墙体材料开发应用管理条例修正案（修改二稿）》、市法制局《南昌市城市出租汽车管理条例修正案（修改二稿）》，审议郊区政府《关于实施城中村改造的请示》、红谷滩新区工委会《关于请求审定下发〈关于成立南昌市红谷滩新区管理委员会的决定〉的请示》。李豆罗主持。

同日 市台办联合市台资企业协会在胜利路步行街中心广场举行台资企业服务日活动。向市民讲解南昌市对台商到南昌投资的优惠政策以及市民赴台手续的办理等一系列相关知识，现场受理台资企业的投诉和信访等。

18日 吴新雄、杨洪基、罗慧芬在滕王阁名人馆会见科技部副部长马颂德一行。

同日 南昌、无锡两市国税局在五湖大酒店紫荆厅共同签署友好协议，确定每年定期进行对口交流，互通工作信息；定期互送《国税信息》，共同制订国税事业发展规划等。

19日 全市2002年“严打”整治动员大会在红谷滩会展中心召开。会议总结2001年工作，部署2002年任务。会议强调，要积极行动起来，再次掀起“严打”整治斗争新高潮，实现“两年内取得社会治安明显进步”目标。王样生出席并讲话，马承祖、敖庆沸、崔可夫出席。

同日 全市防汛知识培训班在市委办公大楼第一会议室开班。全市各乡镇（场）主要领导共200余人参加培训。李豆罗出席并讲话，蔡社宝、戴和旺出席。

同日 杨洪基在凯莱大酒店会见无锡吉品置业发展有限公司赴南昌考察团一行。

同日 郊区与新加坡环球投资有限公司等5个招商引资项目签约仪式在郊区民营科技园举行。共签订意向合同内外资金1.2亿元和3.01亿美元。吴新雄、李豆罗、蔡社宝、戴和旺、卢晓健等出席。

19—21日 科技部副部长马颂德一行先后到南昌高新区、江铃汽车集团公司、洪都航空集团公司考察。

20日 李豆罗、杨洪基在滕王阁名人馆会见日本亚细亚集团董事长久松博幸一行。

同日 成都市副市长苏培玮一行考察南昌市社区建设工作。

同日 市委常委会议在市委办公大楼六楼常委会议室召开。会议部署就业和再就业工作。会议强调，要稳定就业形势，缓解就业压力，拓宽就业渠道，增加就业岗位，确保全市就业和再就业工作取得突破性进展。吴新雄主持并讲话，李豆罗、王样生、熊焕高、弘强、马承祖出席，龚建华列席。

同日 市委发出《关于印发〈2002年全市精神文明建设工作目标〉的通知》，要求着眼于把南昌建成美的家园和人的乐园，着力于完成“2530”工程，即围绕提高城市文明程度，塑造繁荣、文明、开放、创新的英雄城新形象，围绕提高市民素质，塑造文明礼貌、团结友爱、勤奋好学、爱岗敬业、遵纪守法、自强不息的南昌市民新形象这2个目标；突出抓好道德和法制教育、作风建设、文明创建、城市面貌、特色品牌这5个重点；落实30项主要任务，力争在全省创建文明城市和卫生城市检查评比中获得第一，跨入全国创建文明城市工作先进城市行列。

21日 中国质量认证中心向江铃汽车集团公司车厢内饰件厂颁发QS 9000质量体系认证证书，这是中国质量认证中心首次向国内颁发QS 9000证书。国家认证认可监督管理委员会主任王凤清出席颁证仪式并讲话。

同日 全市乡镇人大换届选举工作总结会暨乡镇人大主席培训班在江西电力宾馆举行。熊焕高出席并讲话。

22日 全国“三个代表”重要思想学教活动督查组一行到郊区湖坊乡考察村级和站所“三个代表”重要思想学教活动。弘强、卢晓健陪同。

同日 省市领导吴新雄、朱英培、杨洪基在五湖大酒店会见台湾中国文化经济发展协会会长林竹松一行。24日，李豆罗在滕王阁名人馆会见林竹松一行。

同日 吴新雄在市委六楼会见厅会见浙江中大集团股份有限公司董事长陈继达一行。

同日 全市春耕备耕生产工作会议在市政府办公大楼第七会议室召开。会议强调，各农业县区要从资金、种子、农资、流动等方面为农民做好春耕备耕服务工作。蔡社宝出席并讲话，戴和旺出席。

同日 全市春季禁渔工作会议在市政府办公大楼第三会议室召开。会议决定从2002年起，每年对鄱阳湖（南昌地区）实施春季禁渔制度。戴和旺出席并讲话。

23日 市委办公厅、市政府办公厅、南昌军分区司令部发出《关于印发〈南昌市深化城市民兵工作改革实施方案〉的通知》，要求进一步加强城市民兵建设，完善城市民兵工作领导管理体制，提高城市民兵遂行任务的能力。

24日 南昌高新区管委会与台湾工业区开发有限公司签订合作协议，在南昌高新区成立台湾工业园区。吴新雄、杨洪基出席签约仪式。

同日 杨洪基率市政府代表团赴美国进行为期14天的考察访问。

同日 省信息产业厅和市信息化领导小组共同主办的第3期“先锋论坛”在南昌先锋软件研发中心举行。论坛以《信息化与经济崛起》为主题。吴新雄、杨洪基、张国华和中科院院士李衍达、倪光南等出席。

25日 罗慧芬在南昌中日友好会馆会见日本东北町教育代表团一行。

同日 全市公安机关部分优秀派出所所长赴发达地区公安机关挂职锻炼欢送仪式在市公安局会议室召开。市公安局从基层派出所选拔出11名优秀所长，赴北京、广州、南京等发达地区派出所挂职锻炼，学习时间为期4个月。此举在江西省属首次。

26日 吴新雄、龚建华在市委六楼会见厅会见英国ABN中国公司总裁李政周一行。

同日 李豆罗在滕王阁名人馆会见泰国正大集团资深执行副总裁黄正纲一行。

同日 全市党管武装工作会议在南昌军分区会议室召开。会议传达贯彻全省民兵预备役部队“一线指挥部”建设座谈会精神，总结2001年工作，部署2002年任务。会议强调，要增强政治责任感，切实把握重点，坚持管方向、抓大事，努力提高党管武装工作水平。吴新雄、李豆罗出席并讲话，弘强、周根保、张国华等出席。

同日 南昌市邮政局与江西省体育彩票管理中心达成协议，在南昌及4个县邮政营业和报刊零售的200个网点销售“即开式体育彩票”。

28日 李豆罗在南昌中日友好会馆会见日本高松市中学生代表团一行。

同日 市政府发出《关于表彰“九五”南昌市环境保护工作先进单位和先进个人的决定》。16个先进单位和22名先进个人获表彰。

同日 市政府发出《关于切实做好2002年防汛工作的通知》，要求各级政府和有关部门必须认真贯彻省委、省政府做出的防汛工作部署，切实从思想、组织、物资、队伍、工程和技术等方面，扎扎实实做好防大汛、抗大洪的准备，确保全市城乡安全度汛。

同日 全市国税系统全面深化税收改革动员大会在红谷滩会展中心召开。会议强调，要通过收缩网点、调整机构、重组业务、优化管理等方式，努力构筑以征管改革为龙头，以信息化建设为依托，以人事制度改革为保障的税收专业化管理格局。龚建华出席并讲话。

同日 清华希望教学楼竣工庆典暨五星清华希望学校揭牌仪式在南昌市五星垦殖场举行。罗慧芬、钟乐初出席。

同日 日本前泽给装（南昌）有限公司在南昌高新区举行奠基仪式。吴新雄出席并讲话。

同日 新建县委、县政府决定，将邓小平1969年10月至1973年2月在新建县劳动生活过的原县拖拉机修造厂等地命名为“小平小道旧址”，对小平小道、小平会场、小平车间等进行修复，对重点文物进行收集整理。5月1日，“小平小道旧址”基本修复，并对游人开放。

29日 吴新雄在市委六楼会议室会见斯威特集团董事长严晓群。

同日 吴新雄在市委六楼会见厅会见台湾电子商务促进会会长李宗悌一行。

同日 市委统战部举行南昌市第四批特约检察员、监察员、审计员、教育督导员颁证仪式。市人民检察院、市监察局、市审计局、市教委向26位特约“四员”颁发证书。李豆罗出席并讲话，雷武江主持，姚燕平、罗文华、关德华、万宗明等出席。

同日 西湖区归侨侨眷就业培训中心揭牌仪式举行。李豆罗和国务院侨办负责人出席。

30 日 吴新雄、李豆罗、弘强、蔡社宝、罗为民等在滕王阁会见厅会见合肥市长郭万清率领的党政代表团一行。31 日，郭万清一行到阳光乳业、扬子洲蔬菜科技园、江铃汽车集团公司、象湖景区等地参观考察。李豆罗、弘强、蔡社宝等陪同。

同日 罗为民在市政府贵宾接待室会见上海市交通建设考察团一行。

同日 八一广场改造项目签约仪式在市委六楼会见厅举行。该项目由台湾大元国际集团投资 1 亿美元。吴新雄出席并讲话，李豆罗、孔炯、罗为民、王水苟出席，市长助理梁小康主持，市长助理张华代表市政府与台湾大元国际集团总裁马德玲签约。

同日 市药品监督管理局成立揭牌仪式在锦峰大酒店举行。吴新雄出席并讲话，李豆罗、熊焕高、陈守朴等和国家药品监督管理局负责人出席。

31 日 李豆罗、龚建华在滕王阁会见厅会见法国欧中经贸杂志社社长王海曦。

同日 由市药品监督管理局主办、汇仁集团协办的促进南昌医药产业发展座谈会在锦峰大酒店召开。省药品监督管理局负责人出席。

2002

4 月

April

公元 2002 年 4 月　农历壬午年【马】													
日	一	二	三	四	五	六	日	一	二	三	四	五	六
	1 十九	2 二十	3 廿一	4 廿二	5 清明	6 廿四	7 廿五	8 廿六	9 廿七	10 廿八	11 廿九	12 三十	13 初一
14 初二	15 初三	16 初四	17 初五	18 初六	19 初七	20 谷雨	21 初九	22 初十	23 十一	24 十二	25 十三	26 十四	27 十五
28 十六	29 十七	30 十八											

1 日　省领导孟建柱、吴新雄等在滨江宾馆会见江苏阳光集团董事长陆克平一行。

同日　市委常委会议在市委办公大楼六楼常委会议室召开。会议研究市委书记、副书记、常委分工和关于成立红谷滩新区管委会、调整市落实党风廉政责任制工作领导小组成员、调整市党风廉政建设领导小组成员、调整市清房工作领导小组成员、调整市“扫黄”“打非”工作领导小组成员、关于第一责任人向市纪委常委会汇报党风廉政建设和反腐败工作情况的实施办法、关于在全市开展清房“回头看”工作、关于废止洪发〔1986〕20 号等 4 个文件等事宜。吴新雄主持。

同日　市委、市政府发出《关于废止洪发〔1986〕20 号等 4 个文件的通知》，决定废止《关于搞活大中型国营工业企业的暂行实施细则》《关于进一步搞活企业的补充规定》《关于落实企业自主权、加快企业经营机制转换的若干措施（试行）》《关于当前以搞好国有企业为重点，促进我市工业经济持续快速健康发展的通知》等 4 个文件。

2 日　吴新雄在红谷滩会展中心贵宾厅会见法国欧中经贸杂志社社长王海曦。

同日　李豆罗、龚建华在凯莱大酒店会见香港诚启有限公司董事长黄楚清一行。

同日　市纪委第二次全体会议在红谷滩会展中心召开。会议强调，要深刻领会江泽民关于党风廉政建设和反腐败斗争的一系列重要指示精神，充分认识新形势下反腐倡廉工作的重要性和紧迫性，切实增强抓好反腐倡廉工作的责任感和使命感，与时俱进，扎实工作，把党风廉政建设和反腐败斗争提高到一个新水平。吴新雄出席并讲话，李豆罗主持，王样生作工作报告，弘强传达江泽民在中纪委第七次全会上的讲话精神，陈守朴、周根保、马承祖等，市中级人民法院院长敖庆沸、市人民检察院检察长崔可夫，市长助理周关、张华和市纪委委员、全市副县（处）级以上党员领导干部共

800余人出席。

同日 全市人大信访工作表彰会在市人大机关三楼会议室召开。东湖区人大常委会等4个信访工作先进单位和张帆等18名先进个人受到表彰。姜任保出席。

同日 南昌市10家企业与8家银行在红谷滩会展中心举行合作项目融资服务签约仪式，签订总金额为20.5亿元的贷款意向书。吴新雄出席。

同日 青山湖相思林公园落成典礼举行。吴新雄出席并讲话，孔炯、罗为民出席。

青山湖相思林公园落成

3日 由全国政协委员、香港九龙东区扶轮社中国慈善基金会主委云大棉捐资兴建的进贤县石灰岭九龙东区扶轮学校揭牌典礼举行。云大棉夫妇，国务院台湾事务办公室原副主任、海峡两岸关系协会副会长唐树备及省、市、县有关负责人出席揭牌仪式。

同日 吴新雄在市委办公大楼六楼会见厅分别会见德国捷德集团执行总裁雷哲耿一行和深圳和诚科技实业有限公司总经理朱笑新。

同日 李豆罗在滕王阁名人馆分别会见国务院台湾事务办公室原副主任、海峡两岸关系协会副会长唐树备和全国政协委员、香港九龙东区扶轮社中国慈善基金会主委云大棉一行、美国科勒公司水龙头事业部副总裁尼利卡一行、浙江横店集团有限公司总经理张耀辉一行。

同日 市青年企业家协会成立大会在市委办公大楼第一会议室召开。

4日 李豆罗在凯莱大酒店会见美国东风国际贸易公司董事长陈武钦一行。

同日 市政府第14次市长办公会议在市政府办公大楼第七会议室召开。会议审议并原则同意市国资局《关于同意江西长运集团有限公司签订第二轮授权经营责任书的批复》（代拟稿）《关于确认南昌百货大楼股份有限公司国有资产的请示》《关于确认南昌洪城大厦股份有限公司国有资产的请示》，郊区政府《关于将我区更名为青山湖区的请示》等。李豆罗主持。

同日 全市退耕还林暨森林生态效益补助资金试点工作会议在市政府原第二会议室召开。会议强调，要加强林业建设，遏制水土流失，改善生态环境。李豆罗、蔡社宝、戴和旺出席并讲话。

5日 李豆罗在滕王阁会见厅会见巴西圣保罗中国青田同乡会副会长夏敏平一行。

同日 2002年外商投资企业对市行政执法机关和涉外部门评议评价情况通报会召开。会议强调，全市行政执法机关和涉外部门要真诚、热情、主动地为外商投资企业服务，不断优化投资环境。王样生出席并讲话。

同日 熊焕高在南昌宾馆会见云南省大理市人大常委会主任马国盛一行。

7日 李豆罗在锦峰大酒店会见台北市南投同乡会理事长洪玺曜一行。

同日 全市职教成果展示会暨为民服务活动开幕式在八一广场举行。罗慧芬出席并讲话。

同日 江铃汽车集团公司获“国家级企业管理现代化创新成果”称号；该公司董事长孙敏获“首届中国创业企业家”称号。

8日 国务委员、国务院秘书长王忠禹到南昌出席全国贯彻落实《中华人民共和国人口与计划生育法》座谈会，并参观滕王阁、南昌八一起义纪念馆、八大山人纪念馆。

同日 2002年南昌智能机器人大型展览开幕式在市图书馆举行。省市领导陈癸尊、张华康、李豆罗、雷武江、孔炯、罗慧芬等出席。

同日 吴新雄在富豪大酒店会见香港格林柯尔集团副总裁张细汉一行。

同日 李豆罗等在凯莱大酒店会见韩国双龙汽车公司常务理事崔亨基一行。

同日 市委、市政府发出《关于表彰2001年度“十佳文明机关”“人民好公仆”的决定》。

同日 全市规模最大的汽车配件市场——红谷滩汽车配件城开业。该市场位于昌九、昌樟高速公路交汇处的红谷滩，占地面积6.67公顷。

9日 李豆罗、蔡社宝、龚建华、戴和旺等在滕王阁名人馆会见国际野菜节筹备会主任、第三届中国野特果蔬大会筹备处主任韩德民一行。

同日 济南市委副书记、市纪委书记李荣芝一行考察市统一审批办证服务中心。熊焕高、罗为民陪同。

同日 香港格林柯尔科技控股有限公司与南昌经开区在市委办公大楼六楼会议室签订合作协议。格林柯尔公司决定投资25亿—30亿元，在南昌经开区兴建面积达166.67公顷的格林柯尔“科龙科技园”。吴新雄出席并讲话，市长助理梁小康主持签约仪式。

同日 全市个私民营经济流动现场会在郊区政府会议中心召开。吴新雄出席并讲话，李豆罗主持，蔡社宝宣读表彰决定，罗时杰、龚建华、卢晓健、雷元江和个私民营企业代表等共600余人出席。

同日 市中级人民法院对市农业局原局长陈某受贿案进行公开宣判。以受贿罪判处被告人陈某有期徒刑13年，追缴违法所得28万元，并处没收个人全部财产。

10日 吴新雄在五湖大酒店会见香港志英策略控股有限公司董事长汪林佳。

同日 市政府发出《关于批转〈南昌市外商投资企业设立登记制改革方案（试行）〉的通知》。

同日 洪都大道综合改造工程开工典礼举行。吴新雄出席并讲话，李豆罗主持，孔炯、罗为民、王水苟出席。

11日 市政府第8次常务会议在市政府原第二会议室召开。会议审议并同意市劳动局《关于要求转发省人民政府赣府发〔2001〕32号文件的请示》、审议市民政局《关于下发社区建设两个文件的请示》，通报市审批办证中心管委会《关于批转〈南昌市外商投资企业设立登记制改革方案（试行）〉的通知》。李豆罗主持。

同日 市政府发出《南昌市机动车临时占道停放管理规定》。

同日 东湖区委宣传部、区文化广播局、区文化馆在相思林公园举办“约会青春”歌舞戏曲晚会。吴新雄、马承祖观看演出。

12日 南昌市2002年第二次土地使用权公开拍卖会在新东方大酒店五楼会议室举行。省领导傅克诚、吴新雄、孙用和出席。此次土地拍卖会，公开出让朝阳南路南、青山南路、青山湖西岸共三宗国有土地使用权，共22.67公顷。来自海内外12家房地产开发商参与竞拍。

同日 市委、市政府在市委办公大楼第一会议室举行新闻发布会，宣布4项行政审批制度改革新举措，在南昌市全面实行外商投资企业设立登记制、企业注册登记并联审批、建设工程项目并联审批、投资与建设项目审批办证收费一单清。吴新雄出席并讲话，杨洪基出席。

同日 杨洪基在五湖大酒店会见台湾好又多百货商业广场有限公司总经理于日江一行。

13日 “南昌之春”歌舞晚会在红谷滩会展中心举行。陈守朴、周根保、马承祖等观看演出。

“南昌之春”歌舞晚会举行

同日 进贤县公安局侦破3月18日发生的持自制枪携炸药绑架人质勒索巨款案。犯罪嫌疑人吴某在山东威海市落入法网。

15日 全国爱卫会授予湾里区政府“全国农村自来水普及工作先进单位”称号；授予龚晓新“全国农村改水改厕先进工作者”称号。

同日 新建县松湖镇在大沙河峡港段开展大规模药物灭杀钉螺行动。

17日 李豆罗、熊焕高、龚建华、雷元江在市委办公大楼第一会议室会见山西省委常委、太原市委书记云公民率领的太原市经济考察组一行。17—19日，考察组一行先后考察清华泰豪有限公司、江铃汽车集团公司、汇仁集团公司，并参观滕王阁、八大山人纪念馆。熊焕高、龚建华陪同。

18日 2002年江西横向经济合作（深圳）项目洽谈会开幕式在温州体育场举行。此次洽谈会上，南昌市代表团共签订协议项目36项，引进资金32亿元，列全省之首。省市领导孟建柱、黄智权、傅克诚、朱治宏、董君舒、吴新雄、陈达恒等和江西省各设区市代表共3000余人出席。

同日 李豆罗在滕王阁会见厅会见新西兰理工学院建筑系主任托尼·沃·拉阿特。

19日 广东省委副书记、省长卢瑞华率广东省政府代表团考察江铃汽车集团公司，参观滕王阁、南昌八一起义纪念馆、天香园。省市领导孟建柱、黄智权、蒋仲平、李豆罗、罗为民等陪同。

同日 李豆罗、龚建华会见中国五交化商业协会理事长、中国五交化公司总经理彭宝泉。

同日 市政府举行新闻发布会，发布《南昌市国家机关、事业单位收费目录》。龚建华出席并讲话。

同日 全市水稻生产机械化现场会在进贤县民和镇召开。会议强调，要不断创新思路，加大资金投入，大力实施“兴机富民”工程，积极推进水稻生产全程机械化发展。戴和旺出席并讲话。

同日 花园城市建设座谈会在市委办公大楼六楼会议室召开。会议强调，要做到起点高、视野宽、手笔大、气势宏，精心做好山水文章，努力建设花园城市。吴新雄主持，马承祖、孔炯、罗为民、钟乐初等出席。

20日 全国政协副主席毛致用到沿江路、八一大桥、红谷滩行政中心、南昌大桥、洪城路考察南昌市花园城市建设情况。省市领导王君、朱治宏、李豆罗、陈守朴陪同。

同日 洪城外向型企业招聘洽谈大会在八一广场举行。此次招聘大会共有41913名求聘者参加报名应聘，其中下岗职工15667人。大会现场安置录用人员4846人，其中下岗职工2618人。吴新雄出席并讲话，李豆罗、熊焕高、陈守朴等，张国华出席开幕式。

洪城外向型企业招聘洽谈大会召开

21日 省市联合举办的科技、法律、文体、卫生“四进社区”活动启动仪式在西湖区象山文化广场举行。马承祖出席并讲话，罗慧芬主持。

同日 太原市委副书记郭振中一行参观考察南昌市城市建设情况。李豆罗、孔炯、龚建华、罗为民、王水苟会见郭振中一行。

22日 吴新雄、杨洪基在凯莱大酒店会见香港（广东）东方力医药有限公司董事长庄仁良一行。

同日 吴新雄赴日本访问。

同日 罗慧芬率市政府代表团参加在辽宁沈阳举行的2002年俄罗斯高新技术展览会。

23日 李豆罗、杨洪基在富豪大酒店会见马来西亚金狮集团总裁钟荣俊一行。

同日 南昌市科委与沈阳市科委在沈阳联合举办“沈阳·南昌科技成果对接洽谈会”。罗慧芬和沈阳市副市长张建华出席。

同日 全市村级和站所“三个代表”重要思想学教活动现场会分别在南昌县和郊区召开。戴和旺出席并讲话。

同日 由江西新建汽车广场有限公司和东风特种汽车有限公司组织的东风客车登陆江西推介巡展会在江西新建汽车广场举行。孔炯出席开幕式。

24日 全市贯彻《公民道德建设实施纲要》、塑造江西人新形象动员会召开。熊焕高出席并讲话，马承祖主持。

25日 杨洪基在滕王阁会见天津市科技企业家联谊会考察组一行。

同日 龚建华在凯莱大酒店会见中国国际信托投资公司上海经纬房地产公司董事长邹琪、新西兰意华投资控股公司执行董事陈基群一行。

同日 全市“严打”宣判执行大会在市工人体育馆举行，对13件严重刑事案件的35名犯罪分子进行宣判。13名罪犯被依法判处死刑，剥夺政治权利终身。王样生，市中级人民法院院长敖庆沸、市人民检察院检察长崔可夫出席。

26日 杨洪基分别在新韩江大酒店、富豪大酒店会见香港喜荣发展有限公司董事长邱季端一行和比利时欧赛牡电气电缆集团总裁杜那斯一行。

27日 市政府、南昌军分区联合发出《印发〈关于南昌市创建全国双拥模范城“五连冠”工作实施方案〉的通知》。

同日 市公安局选派赴厦门市公安局开元分局洪林派出所挂职锻炼的湾里区公安局竹山派出所所长夏任任为营救一轻生女子身负重伤。厦门市领导到医院看望，吴新雄、李豆罗、弘强请有关部门负责人转达慰问。

28日 李豆罗、龚建华在锦峰大酒店会见青岛澳柯玛集团董事长鲁群生一行。

29日 李豆罗、龚建华在华宁大酒店会见澳大利亚托列克集团主席迈克尔·劳埃德一行。

同日 李豆罗、杨洪基、罗慧芬在滕王阁名人馆会见厦门利胜电光源有限公司副总经理徐东升一行。厦门利胜电光源有限公司决定捐资50万元在安义县东庄村兴建一所希望小学。

同日 全市庆祝“五一”国际劳动节大会在市工人体育馆举行，一批先进集体和个人受到表彰。李豆罗出席并讲话，王样生、陈守朴、熊全柏、龚建华、王水苟出席。

同日 市公安局在市交警支队会议室举行塑造南昌公安民警新形象、推出优化投资环境新举措新闻发布会。杨洪基、熊全柏出席。

同日 郊区、太平洋百货公司项目推介会在郊区政府会议中心举行。吴新雄、卢晓健会见参加推介会的客商代表。

30日 吴新雄、龚建华在市委办公楼会见厅会见法国欧尚超市集团首席执行官巴图。

同日 全市庆祝“五一”国际劳动节劳模座谈会在市委办公大楼第一会议室召开。吴新雄出席并讲话，弘强主持，熊焕高、陈守朴、马承祖出席。

同日 全市庆祝中国共产主义青年团成立80周年大会在红谷滩会展中心召开。一批优秀青年群体和杰出青年代表受到表彰。吴新雄出席并讲话，王样生、熊焕高、弘强和市属各单位团组织负责人共1200余人出席。

同日 全市公民无偿献血表彰大会在卫生大厦会议室召开。会议表彰72个无偿献血先进单位、59名无偿献血先进个人。罗慧芬出席并讲话，姚燕平、钟乐初出席。

同日 西湖区低洼危旧房改造工程奠基仪式在船山路中段低洼地工地举行。吴新雄出席并讲话，李豆罗、熊焕高、陈守朴等出席。

2002 5月 May

公元2002年5月							农历壬午年【马】						
日	一	二	三	四	五	六	日	一	二	三	四	五	六
			1 劳动节	2 二十	3 廿一	4 青年节	5 廿三	6 立夏	7 廿五	8 廿六	9 廿七	10 廿八	11 廿九
12 初一	13 初二	14 初三	15 初四	16 初五	17 初六	18 初七	19 初八	20 初九	21 小满	22 十一	23 十二	24 十三	25 十四
26 十五	27 十六	28 十七	29 十八	30 十九	31 二十								

1日 市工人文化宫新址开宫庆典仪式在原象山宾馆举行。熊焕高、弘强、陈守朴、周根保、杨洪基、龚建华等出席。

同日 太平洋购物广场开业典礼举行。省市领导吴新雄、张华康、熊焕高、弘强、雷武江、周根保等出席。

同日 杨洪基在凯莱大酒店会见国家“863”计划（国家高技术研究发展计划）专家组专家刘澎、何川等一行。

2日 吴新雄在市委办公大楼六楼会见厅会见新加坡永利投资咨询私人有限公司主席李迴才一行。

同日 全市城市重大基础建设项目调度会在市委办公大楼六楼常委会议室召开。会议强调，全市各有关部门要分工明确，密切配合，认真规划，精心施工，确保质量。吴新雄出席并讲话，李豆罗、杨洪基、罗为民出席。

3日 李豆罗、龚建华在五湖大酒店会见香港奥登堡国际投资有限公司董事长吴强。

4日 江铃汽车集团公司全顺总装吊装班获“全国青年文明号”称号。

6日 进贤县文港镇近百名农民企业家代表团，首次组团包机飞赴北京，参加于10日在北京举办的第89届中国文化用品交易会。交易会期间，代表团在人民大会堂河南厅召开2002年江西文港经济发展（北京）垦谈会暨文港北京同乡会成立大会，200多名进贤籍商界精英欢聚一堂，共谋家乡经济发展大计。

7日 吴新雄在市委办公大楼六楼会见厅会见王氏国际日本分公司负责人余元龙一行。

同日 吴新雄、杨洪基在五湖大酒店会见美国维希公司亚太区总裁陈清宝一行。

8日 吴新雄、李豆罗、熊焕高、杨洪基、姚燕平分别在滕王阁会见厅、市人大常委会贵宾室会见芬兰瓦尔济考斯基市议会主席玛丽娅达·库卡玛姬一行。

同日 市政府新闻发布会在市委办公大楼

第一会议室举行。1—4月，全市实际利用外资10033万美元，同比增长21.5倍，招商引资继续保持强劲增长态势。省市领导吴新雄、朱英培、李豆罗、杨洪基、卢晓健等出席。

9日 吴新雄在市委办公大楼六楼会见厅会见江苏春兰集团副总经理董木森一行。

同日 罗慧芬在市政府办公大楼三楼会见厅会见日本若美町教育长小坂孝彦一行。

同日 南昌市下岗职工再就业基地授牌仪式在新建县长堎工业区内的南昌海洋制衣有限公司举行。李豆罗出席挂牌仪式。

同日 全市卫生系统庆祝“5·12”国际护士节暨优秀护士表彰大会在市第三医院大礼堂举行。姚燕平、罗慧芬出席。

10日 吴新雄、罗慧芬在市委办公大楼六楼会见厅会见无锡华光锅炉股份有限公司董事长华金荣一行。

同日 进贤县委、县政府和江西李渡酒业有限公司主办的香港恒源拓展投资有限公司收购李渡酒厂签约仪式暨新闻发布会在江西饭店举行。吴新雄、李豆罗、王样生、戴和旺出席。

11日 吴新雄在安义县会见宁波太平洋投资咨询有限公司董事长赵倩一行。

同日 吴新雄、杨洪基在五湖大酒店会见澳大利亚龙旺国际发展有限公司董事长薛水华一行。

同日 安义县在滨江宾馆举行招商引资签约仪式。签约项目15个，引资2亿元。蔡社宝出席。

同日 由无锡华光锅炉股份有限公司投资兴建的华光希望小学奠基典礼在安义县石鼻镇东庄村举行。吴新雄、罗慧芬出席。

12日 以全国人大内务司法委主任委员侯宗宾为组长的检查组一行在市人大常委会会议室听取南昌市贯彻执行《中华人民共和国消防法》情况的汇报。李豆罗、熊焕高、杨洪基、熊全柏出席汇报会。吴新雄、李豆罗、熊焕高、杨洪基、熊全柏在滕王阁名人馆会见检查组一行。12—13日，检查组一行深入南昌市部分单位检查指导消防安全工作。

同日 吴新雄、杨洪基在市委办公大楼六楼会见厅会见香港格林柯尔科技控股有限公司总裁、广东科龙电器股份有限公司董事局主席顾雏军一行。14日，省市领导孟建柱、吴新雄、李豆罗、杨洪基在滨江宾馆会见顾雏军一行。

同日 市政府发出《关于印发〈南昌市红谷滩新区优惠政策〉的通知》。

同日 由南昌市财政局、南昌市中级人民法院、江西省商业拍卖有限公司联合举办的江西省首届罚没受贿赃物拍卖大会在南昌市凯莱大酒店举行。举办方对标的总额为260万元的465件赃物进行公开拍卖，拍卖所得款项全部上缴国库。

同日 青山湖湖滨公园落成典礼举行。吴新雄出席并讲话，李豆罗主持，王样生、弘强、陈守朴等出席。

青山湖湖滨公园落成典礼仪式举行

13日 吴新雄、杨洪基在市委办公大楼六楼会见厅会见利胜电光源（香港）有限公司董事长胡安华一行。

同日 2001年度全市“十佳文明机关”和“人民好公仆”表彰大会在红谷滩会展中心召开。市委办公厅、市委宣传部等10个“十佳文明机关”和徐自军等20名“人民好公仆”受到表彰。吴新雄出席并讲话，李豆罗主持，熊焕高宣读表彰决定，弘强、陈守朴、马承祖出席。

2001年度全市“十佳文明机关”和“人民好公仆”表彰大会召开

14日　格林柯尔科技工业园落户南昌经开区签约仪式举行。该项目总投资3.6亿元，占地166.67公顷，计划建设最新一代家用环保空调生产基地。吴新雄、李豆罗、杨洪基出席。

14—15日　吴新雄、李豆罗、马承祖等分别在滕王阁会见厅、市委办公大楼六楼会见厅会见香港经济导报社副总编辑赵兹一行。

15日　市委常委会议在市委办公大楼六楼常委会议室召开。会议审定南昌市出席省党代表会议代表人选事宜，研究关于开展向优秀党员领导干部汪洋湖学习活动的具体意见，传达贯彻全省统战部长会议主要精神，听取全省宗教工作会议主要精神的汇报。会议研究调整市委统战工作领导小组成员、全市维护社会稳定工作、对市商业银行不良资产进行清理工作等事宜及有关人事问题。吴新雄主持。

同日　红谷滩新区管委会正式成立。新区管委会为市政府派出机构，根据授权行使区内行政管辖权，内设办公室、党群工作部、纪检监察室、经济贸易发展局、社会事业发展局、建设环保管理局、计划财经局共7个职能部门。

同日　市委、市政府在市委办公大楼第一会议室召开新闻发布会，宣布红谷滩新区管委会成立。吴新雄出席并讲话，李豆罗主持，弘强、杨洪基宣读有关文件，周根保、马承祖、孔炯、罗为民、曹连甲等出席，市长助理、红谷滩新区管委会工委书记、管委会主任张华介绍新区有关情况。

同日　吴新雄、李豆罗在滕王阁会见厅会见美国纽约江西协进会代表团一行。代表团一行到南昌高新区和南昌经开区参观考察。雷武江陪同。

同日　全市“光明行动”启动仪式在市第一医院举行。该项活动旨在帮助市区贫困白内障患者重见光明。吴新雄出席并讲话，李豆罗、雷元江出席。

16日　美国纽约江西协进会赴赣投资暨南昌代表处成立酒会举行。省市领导王林森、弘强、陈守朴、雷武江、马承祖、蔡社宝等出席。

同日　全市深入学习汪洋湖先进事迹动员大会在红谷滩会展中心召开。会议强调，全市广大党员和各级干部要积极行动起来，把各自的工作岗位与党的要求、与群众的利益、与南昌的发展紧密结合起来，争做汪洋湖式的高素质干部。吴新雄出席并讲话，李豆罗、王样生、熊焕高，市中级人民法院院长敖庆沸、市人民检察院检察长崔可夫等出席。

同日　全市维护社会稳定工作会议在红谷滩会展中心召开。会议传达贯彻全省维护社会稳定工作会议和全国、全省安全生产电视电话会议精神，通报全市社会稳定和安全生产形势，部署有关工作。吴新雄出席并讲话，李豆罗、王样生、熊焕高，市中级人民法院院长敖庆沸、市人民检察院检察长崔可夫等出席。

同日　市妇联举办“南昌妇女在行动——学《纲要》、塑造省会城市妇女新形象”主题教育活动动员暨“好母亲”表彰大会。马承祖出席并讲话。

17日 国家开发银行党委委员、行长助理高琪平一行考察南昌高新区。杨洪基陪同。

同日 南昌先锋软件股份有限公司和萍乡钢铁责任有限公司签约仪式在南昌高新区举行。南昌先锋软件公司为萍钢提供KRM－A6管理软件。杨洪基出席。

18日 WTO与农村经济发展论坛在红谷滩会展中心举行。中国农业政策法规司原司长郭书田、省社科院经济研究员汪玉奇、省委党校教授李步超应邀作专题报告。蔡社宝、肖永政、戴和旺、王水苟出席。

同日 青云水厂三期工程奠基仪式举行。该工程规模为日供水20万立方米，总投资1.8亿元。吴新雄出席并讲话，李豆罗、王样生、周根保等出席。

19日 省市第12次全国助残日活动暨“助听助行助明”爱心工程启动仪式在八一广场举行。省市领导刘运来、金异、弘强、龚建华、曹连甲等出席。

同日 市科委在红谷滩会展中心举办“经济全球化与社会信息化”专题报告会。国家信息化战略研究中心主任熊澄宇应邀作报告。姚燕平、罗慧芬、关德华出席。

20日 市委、市政府发出《南昌市维护社会稳定工作领导责任制及实施意见》《关于印发〈关于对发生严重危害社会稳定重大问题的地方（单位）领导进行责任追究的实施细则〉的通知》《关于印发〈南昌市维护社会稳定工作领导责任制工作制度〉的通知》。南昌市维护社会稳定工作领导责任制工作制度包括情报信息报告制度、矛盾纠纷排查制度、督查督办制度、县区信访统一接待制度、情况通报制度、联席会议制度、政绩档案制度、考核评鉴制度等。

同日 市卫生局召开“塑造南昌卫生人员新形象”主题教育活动动员大会。会议强调，要努力实施“三名”工程，造就一批“名医”、培植一批“名科”、创立“名院”品牌，推动南昌卫生工作大发展。罗慧芬出席并讲话。

21日 省委决定：免去弘强的中共南昌市委副书记、常委、委员、组织部部长职务。

同日 吴新雄会见香港金朝阳集团主席傅金珠。

同日 李豆罗、王样生、杨洪基与台证证券（香港）有限公司、志英策略控股有限公司及香港联交所高层管理人员就南昌市企业上市、资金运作等方面情况进行交流。

同日 郊区政府客商恳谈会在香港世纪酒店举行。吴新雄出席并讲话，李豆罗、王样生出席。

同日 市卫生局在市第一医院举行市直医院送卫生下乡活动启动仪式。罗慧芬出席。

22日 2002年南昌（香港）招商引资恳谈会在香港会展中心举行。与会人员共商南昌加快发展的良计佳策。吴新雄出席并讲话，李豆罗主持，王样生、杨洪基和海内外300余位客商出席。

同日 全市个私企业质量管理先进单位及个人表彰大会召开。汇仁制药有限公司等30家单位和孙小毛等20名个人受到表彰。龚建华、雷元江出席并讲话。

同日 市城建招商项目签约仪式举行。吴新雄、李豆罗、王样生、杨洪基出席。

同日 龚建华在市政府办公大楼三楼会见厅会见广东省家具协会考察团一行。

23日 省委决定：卢晓健任中共南昌市委常委；余升淮任中共南昌市委委员、常委。

同日 2002年江西（香港）投资洽谈暨旅游推介会开幕式在香港会展中心举行。全国政协副主席霍英东，省领导黄智权、吴新雄、朱英培及海内外客商和各界人士2000多人出席。活动期间，南昌市以21个项目，合同总金额7.4亿美元，列全省各地市之首。

同日 全市首届科技知识电视大奖赛在市

总工会举行。姚燕平、罗慧芬、关德华出席并为决赛获奖者颁奖。

24日 新建县昌邑乡陈家自然村村民与象山镇一承包人因采砂权发生经济纠纷，引起械斗，造成2死9伤。

25日 吴新雄、卢晓健在五湖大酒店会见杭州娃哈哈集团有限公司董事长宗庆后一行。

26日 吴新雄在富豪大酒店会见台湾和桐化工有限公司董事长陈武雄一行。

同日 市爱卫会、市教委联合在八一广场举行万名中小学生“拒吸第一支烟”签名活动。罗慧芬出席并讲话。

27日 市委常委会议在市委办公大楼六楼常委会议室召开。会议研究市委常委分工事宜。鉴于省委对南昌市部分市领导工作作了变动，会议确定对市委部分常委工作作如下调整：马承祖任市委常委、组织部长；周建华任市委常委、宣传部长、政法委书记；卢晓健任市委常委，全面主持郊区工作，不再担任市政协副主席职务；余升淮任市委常委，市公安局主要领导职务按法律程序办理。吴新雄主持。

同日 南昌民营科技园与杭州娃哈哈集团有限公司在市委办公大楼六楼会见厅举行项目签约仪式。娃哈哈集团投资1亿元，在南昌民营科技园兴建生产及销售饮料的厂房。吴新雄出席并致辞，李豆罗、马承祖、卢晓健出席。

同日 杭州娃哈哈集团在红谷滩会展中心举行报告会，董事长宗庆后介绍娃哈哈成功经验。马承祖、王水苟、卢晓健及500余名厂长经理听取报告。

28日 中央政治局委员、全国人大常委会副委员长姜春云考察南昌高新区，并参观天香园。省市领导黄智权、吴新雄、李豆罗陪同。

同日 由省委政法委组织的潘映新、石建国先进事迹报告会在红谷滩会展中心举行。熊焕高出席并讲话，崔可夫出席。

同日 吴新雄、李豆罗在滕王阁会见厅会见韩国双龙汽车株式会社社长李裕一行。

29日 吴新雄、李豆罗、杨洪基在滕王阁贵宾厅会见海外百名博士回国创业考察团一行。

同日 全市规范集贸市场管理动员大会召开。会议强调，要明确责任，健全制度，规范管理。李豆罗出席并讲话，龚建华、罗为民、王水苟出席。

同日 进贤县民和工业园奠基仪式举行。

30日 李豆罗、龚建华在滕王阁贵宾厅会见福州市人民政府副市长杨爱金一行。

同日 市政府第9次常务会议在市政府原第二会议室召开。会议审议并原则同意进贤县政府、安义县政府、新建县政府《关于进一步深化城镇住房制度改革方案及其配套政策》。李豆罗主持。

同日 市十二届人大常委会第七次会议通过决定：任命梁小康为市人民政府副市长。

同日 全市少年儿童庆“六一”国际儿童节活动在红谷滩会展中心举行。罗慧芬、关德华出席。

同日 团市委、市少工委、市少年宫联合在红谷滩会展中心举行“倡导文明我先行、体验生活我能行”全市少年儿童庆“六一”国际儿童节系列活动。罗慧芬出席并讲话，关德华出席。

同日 市质量技术监督局在全市范围内开展严厉打击生产劣质钢材专项打假统一行动。共查获不合格钢材25吨，货值4.5万元。

31日 吴新雄在市委办公大楼六楼会见厅会见美国惠而浦公司总裁施德承一行。

同日 全市检察机关开展“转变执法作风”“塑造江西检察干警新形象”活动动员大会在市检察院召开。崔可夫出席并讲话。

2002
6月 June

公元2002年6月　农历壬午年【马】													
日	一	二	三	四	五	六	日	一	二	三	四	五	六
						1 儿童节	2 廿二	3 廿三	4 廿四	5 廿五	6 芒种	7 廿七	8 廿八
9 廿九	10 三十	11 初一	12 初二	13 初三	14 初四	15 端午节	16 初六	17 初七	18 初八	19 初九	20 初十	21 夏至	22 十二
23 十三	24 十四	25 十五	26 十六	27 十七	28 十八	29 十九	30 二十						

1日　吴新雄、李豆罗、杨洪基在滕王阁会见美国南加州市长访问团一行。

同日　福州商品（南昌）流动展销订货会签约仪式暨新型建材产品推介会在江西饭店举行。龚建华和福州市政府副市长杨爱金出席。

同日　郊区获“全国科技进步先进区”称号。

2日　全国人大常委会副委员长邹家华到南昌市考察工作。

同日　美国南加州三城市与南昌市签订友好交流备忘录。李豆罗、杨洪基出席。

同日　熊全柏率市立法考察组一行赴银川、兰州等地考察见义勇为立法工作。

同日　全市农村商品经济带头人座谈会在市委常委会议室召开。会议强调，农村龙头企业、商品经济带头人要抓住市场机遇，不失时机地做强做大，更好地推动农业产业结构调整，增加农民收入。吴新雄主持并讲话，蔡社宝、卢晓健、戴和旺等出席。

3日　肖永政率有关部门负责人赴山东、河南、河北等地对无公害蔬菜管理进行立法考察。

同日　江西赣通通信有限公司和清华大学合作实施的3G移动通信实验系统项目在清华泰豪公司成功进行高速移动数据通信演示。吴新雄、李豆罗到场观摩。

同日　梁小康在五湖大酒店会见香港中国企业协会副会长王惠恒一行。

5日　吴新雄在市委六楼贵宾厅会见美国新泽西州商务和经济发展委员会国际贸易和礼宾处东南亚洲经理石羽非。

同日　全市“塑造江西人新形象”主题教育活动骨干培训班在省团校开学。

同日　南昌市外环快速道——昌东大道开工典礼举行。吴新雄、李豆罗、孔炯、罗为民、王水苟出席。

6日　中纪委副书记、监察部部长何勇考察南昌高新区、南昌民营科技园，参观南昌八一起义纪念馆、滕王阁。省市领导傅克诚、吴新雄、王样生、卢晓健陪同。

同日 李豆罗在五湖大酒店紫荆厅会见日本扶桑砂利株式会社社长川西久一朗一行。

7日 吴新雄、李豆罗、梁小康在滕王阁会见到南昌参加“远大——南昌高峰会”的远大空调有限公司总裁张跃。

同日 全国集贸市场专项整治工作检查组检查南昌市集贸市场专项整治工作。龚建华向检查组汇报有关工作情况。

同日 全市清房工作“回头看”动员大会召开。决定自即日起利用3个多月时间，在全市范围内开展清房“回头看”工作。此项工作，旨在已取得成效的基础上，进一步搞好对领导干部违规住房的清理，严格政策兑现，确保善始善终，给全市干部群众一个满意的答复。王样生出席并讲话，杨洪基主持。

8日 长沙远大空调有限公司主办的“远大——南昌高峰会”在五湖大酒店举行。社会各界知名人士应邀就花园城市建设与企业发展等热点、焦点问题进行讨论。吴新雄、杨洪基、梁小康等出席。

9日 全市安全生产咨询活动在八一广场举行。省市领导钟起煌、凌成兴、金异、李豆罗、罗时杰、罗为民、王水苟出席。

同日 全市第一个街道劳动保障管理服务站在西湖街道正式挂牌成立。吴新雄、马承祖到服务站察看该站工作运行情况。

10日 中共中央政治局常委、国务院总理朱镕基考察南昌。

同日 第33期全国市长研究班交流会在市委第一会议室举行。省市领导吴新雄、李豆罗、罗为民出席。11日，研究班赴赣考察团一行考察江铃汽车集团公司。

同日 广西“两面针”旅游经贸说明会暨签约仪式在南昌举行。省市领导蒋仲平、龚建华出席。

同日 市人大常委会颁布《南昌市新型墙体材料开发应用管理条例（修正案)》《南昌市城市出租汽车管理条例（修正案)》。

11日 国务院扶贫办外资项目管理中心副主任王坚、德国专家汉斯一行到江西省扶贫开发重点村——安义县新民乡山上村考察扶贫开发规划工作。蔡社宝会见王坚和汉斯一行。

同日 李豆罗、梁小康在滕王阁会见美国国务院东西方中心常务董事李琬若。

同日 南昌银志纺织服装城实业有限公司工业园区在南昌民营科技园举行奠基仪式。吴新雄、王样生、马承祖、卢晓健、王水苟出席。

同日 “美的空间、人的乐园”文艺演出在红谷滩会展中心举行。吴新雄、雷武江等，老干部肖宣祥及1000余名群众观看演出。

13日 吴新雄、李豆罗分别在富豪酒店、凯莱大酒店会见山东省寿光市长刘克强一行。

同日 全市防汛工作部署会在市防总会议室召开。会议强调，要落实领导干部防汛责任制，确保思想到位、责任到位、物资到位，切实做好防汛工作。李豆罗、蔡社宝出席并讲话。

14日 科技部主办的国家高新区融资工作座谈会在五湖大酒店举行。吴新雄出席并致辞，科技部、国家开发银行审贷委员会有关部门负责人及全国各国家高新区管委会主任200余人参加。

同日 李豆罗在滕王阁名人厅会见北京市大地科技实业总公司总裁于洋一行。

同日 “象湖源杯”江西省龙舟邀请赛暨南昌市第二届龙舟赛在象湖举行。来自省内6个设区市22支龙舟队的660余名选手参赛。吴新雄出席并致辞，李豆罗主持，王样生、陈守朴、周根保等，省政府、省体育局有关人员出席。15日，“象湖源杯”龙舟赛结束，李豆罗、余升淮、罗慧芬为获奖队颁奖。

同日 省市总工会举行“五送”活动，向特困单亲女职工送去招工信息、送去幸福保险、送去就业岗位、送去助学资金、送去慰问物品帮困。省市领导卢秀珍、凌成兴、黄懋衡、熊焕高、马承祖、姚燕平等参加。

同日 市中级人民法院召开双满意表彰大会。表彰获得最高院和省高院授予先进称号的集体和个人。王样生、熊全柏，市中级人民法院院长敖庆沸出席。

15日 南昌市与清华大学科技成果对接洽谈会在滨江宾馆一号楼举行。清华大学与江铃集团等企业达成“电控四缸柴油机的研制”等7个合作项目。吴新雄出席并讲话，李豆罗主持，清华大学副校长龚克、倪维斗，罗慧芬等出席。会后，清华大学代表团一行考察江铃集团、江联重工等企业，并参观滕王阁、南昌八一起义纪念馆。

16日 吴新雄、李豆罗在滕王阁会见厅会见北京大学国内合作办代表团一行。

同日 吴新雄、梁小康在滕王阁会见厅会见由美国泰和盛国际投资集团董事长颜成福率领的美国泰和盛、国丰集团考察团一行。

同日 市企业家俱乐部在南昌先锋软件公司成立。该俱乐部由市工商界35名企业家组成，实行个人会员制。大会选举江铃汽车集团董事长孙敏为会长，南昌卷烟厂厂长郑伟、先锋软件公司总裁陈苏为副会长。吴新雄、李豆罗应邀担任名誉会长，杨洪基、龚建华担任名誉副会长。吴新雄、李豆罗为俱乐部成立揭牌，马承祖、龚建华出席。吴新雄、龚建华与俱乐部会员、综合部门负责人及筹备组人员就“围绕企业发展战略，如何做强做大企业”专题进行座谈。

17日 李豆罗在东来顺饭庄会见香港富嘉科技有限公司执行董事段海鹏。

同日 由市委组织部、市委宣传部主办，中国人民解放军总政治部歌剧团演出的大型民族歌剧《党的女儿》在红谷滩会展中心上演。吴新雄、李豆罗等和各界群众1000余人观看演出。

18日 李豆罗、梁小康、罗文华在滕王阁会见厅会见以第六届世界台湾商会联合总会总会长吕宪治为团长的台湾企业家考察团一行。

同日 吴新雄、李豆罗、龚建华、梁小康在滕王阁会见厅会见以中国青春宝集团董事长冯根生为团长的浙江省知名企业家赴赣考察团一行。考察团一行与市相关部门就对外开放和城市规划等方面问题在市委第一会议室进行座谈。

同日 南昌市首届干部MBA课程进修班在江西财经大学开班。吴新雄被聘为江西财经大学客座教授，并为进修班学员和该校部分师生作《南昌崛起的战略选择》的报告。马承祖出席。

同日 北京至福州国道主干线江西温家圳至沙塘隘高速公路全线开工建设新闻发布会举行。省市领导黄智权、凌成兴、李豆罗、罗为民出席。

同日 南昌职业技术师范学院正式更名为江西科技师范学院。省市领导吴新雄、刘运来、罗慧芬出席仪式。

同日 南昌华源凯马柴油机有限公司创立大会暨新厂区奠基典礼在南昌经开区举行。吴新雄、杨洪基及中国华源集团副总裁吉群力出席。

同日 大塘酒业公司在滕王阁举行新闻发布会，宣布深藏多年的新建县大塘清明酒以品牌“豫章春”酒面世。李豆罗、蔡社宝出席。

19日 市政府第10次常务会议在市政府原第二会议室召开。会议审议并原则同意市计委《南昌市人口发展的政策研究》、市房管局《关于进一步加强南昌市住房公积金管理的实施意见》。李豆罗主持。

同日 市政府第17次市长办公会议在市政府原第二会议室召开。会议审议并原则同意市处理历史遗留房产发证问题工作领导小组《关于历史遗留房产发证问题处理意见》。李豆罗主持。

同日 市委办公厅发出《关于在对外经济活动中必须严格执行“四要四不准”的通知》。内容包括要身体力行抓好对外开放，不准利用职权违反廉洁从政的规定；要按市场规则增加透明度，不准照顾关系搞“暗箱操作”；要支持客商到南昌市投资兴业、开拓市场，不准借外商名义搞无序竞争、扰乱市场；要营造最好的投资环境，不准任何损害投资环境的现象发生。

同日 吴新雄、马承祖出席南昌市赴江浙地区挂职锻炼年轻干部座谈会。南昌市选派17名正副科级优秀年轻干部于7月初赴杭州、温州、苏州等地进行为期3个月挂职锻炼。

同日 吴新雄、梁小康在市委六楼会见厅会见经济日报社社长武春河。武春河一行参观南昌八一起义纪念馆和滕王阁。

同日 李豆罗在滕王阁会见厅会见以议员里奥斯·里瓦拉为团长的墨西哥托卢卡市代表团一行。22日，熊焕高、姚燕平在五湖大酒店会见代表团一行。

同日 市委统战部、市科委在市委第一会议室举行“兴赣杯”科技创新竞赛总结表彰大会。西湖区委统战部等5家先进集体和江铃汽车集团公司刘凯等先进个人受到表彰。雷武江、姚燕平出席。

20日 市药品监督管理局直属分局、南昌分局、新建分局正式成立。直属分局负责城区（东湖区、西湖区、青云谱区、郊区），南昌分局负责南昌县、进贤县，新建分局负责新建县、安义县、湾里区。

同日 凌晨4时，赣江洪峰安全通过南昌市。南昌市八一桥实测洪峰水位23.03米，超警戒水位0.03米。

22日 上海绿地集团捐款300万元，设立南昌市“绿地再就业基金”，帮助南昌市部分困难市民。吴新雄发去书面致辞，蔡社宝、阎钢军、杨洪基出席捐款仪式。

23日 以中共中央统战部副部长、中华海外联谊会副会长张廷翰为总领队，全国工商联副主席、中华海外联谊会理事伍淑清为团长的中华海外联谊会港澳理事考察访问团一行到南昌参观考察。26日，省市领导吴新雄、王林森、李豆罗、熊焕高、雷武江、蔡社宝等在富豪酒店国际会议中心会见考察访问团一行。在南昌期间，考察访问团一行考察南昌经开区、南昌高新区，参观南昌八一起义纪念馆、滕王阁、天香园。

24日 九江市委书记刘积福、市长王忠武率九江市党政代表团一行到南昌考察。南昌市与九江市党政代表团就招商引资和城市建设问题进行座谈。李豆罗和九江市市长王忠武签订《南昌市、九江市加强经济合作协议书》。吴新雄出席并讲话，罗为民、梁小康出席。会后，代表团一行考察胜利路步行街、湖滨公园、相思林公园等市政建设情况。

同日 全市重点企业奖励政策兑现大会召开。江铃汽车集团公司、江西汇仁集团有限公司、清华泰豪科技有限公司等10家年销售超1亿元、年增长率15%的企业获得奖励，奖金为1513.6万元。吴新雄出席并讲话，李豆罗主持，杨洪基、姚燕平等出席。

同日 全市深入开展领导干部“送温暖、心连心”活动动员大会召开。市公安局、市房管局、市物价局等单位分别介绍帮扶工作经验和做法，市总工会有关负责人宣读结对帮扶单位名单。马承祖出席并讲话。

25日 市直机关工委主办的全市“塑造江西人新形象、争做文明南昌人”歌咏比赛在红谷滩会展中心举行。龚建华、罗慧芬等观看比赛。

同日 红谷滩新区卫东村1栋7层居民

楼发生倒塌，6名人员被埋压在废墟中。市消防支队调集60余名官兵到现场抢险。王样生、余升淮先后赶赴现场指挥抢险。经过奋力抢险，救出被困人员4名。

26日 经国务院批准，南昌市郊区正式更名为青山湖区。吴新雄、李豆罗、熊焕高、陈守朴、周根保、蔡社宝、卢晓健、关德华和张国华出席挂牌成立大会。

同日 市集邮公司配合青山湖区挂牌庆典纪念活动，首次开发制作3500本《南昌市青山湖区挂牌庆典》个性化邮册。

同日 市爱国卫生运动委员会第26次委员扩大会议暨先进单位和先进个人表彰大会召开。南昌日报新闻部等105个单位、吴飞云等106名个人分别获2001年度全市爱国卫生工作先进单位和先进个人称号。罗慧芬为获奖单位和个人颁奖。

同日 吴新雄、卢晓健、梁小康在锦峰大酒店会见参加台湾统一企业南昌分公司开工庆典的台湾统一企业（中国）投资有限公司副董事长颜博明一行。

同日 江西国际汽车城开工仪式在南昌经开区举行。该项目占地28公顷，总投资1.2亿元，计划建成集汽车、零部件、旧车交易、汽车维修等为一体的汽车流通平台。吴新雄、李豆罗、龚建华等出席。

27日 南昌统一企业有限公司开工典礼在南昌民营科技园举行。省市领导吴新雄、周懋平、朱英培、张华康、李豆罗、王样生、卢晓健出席。

同日 吴新雄、李豆罗、熊焕高等在滨江宾馆会见参加2002年全国知名民营企业南昌项目洽谈会的全国工商联副主席谢伯阳，各省市工商联有关负责人，部分民营企业代表及签约客商。

同日 市委、市政府发出《关于实施县（区）乡（镇）机构改革的通知》。全市机构改革工作全面展开。

28日 全国知名民营企业南昌项目洽谈会暨项目签约仪式在滨江宾馆举行。洽谈会共签约项目30个，投资总额36.02亿元。全国工商联副主席谢伯阳、伍淑清，省市领导吴新雄、蒋仲平、王林森、李豆罗、王样生、熊焕高等，全国工商联、兄弟省市工商联有关负责人，中华海外联谊会港澳理事考察访问团部分成员和来自全国各地知名民营企业代表500余人出席。

全国知名民营企业南昌项目洽谈会暨项目签约仪式举行

同日 吴新雄、龚建华、梁小康在滨江宾馆会见甘肃国芳百盛工贸集团董事长张国芳一行。

同日 东湖区房管局与港资江西溢辉房地产开发有限公司联合开发危旧房改造工程签约仪式举行。杨洪基出席。

29日 李豆罗、龚建华在滕王阁名人馆会见深圳中航集团总裁李志正一行。

同日 全省最大电排站——青山湖电排站扩建工程竣工典礼举行。吴新雄、李豆罗、王样生等出席。

同日 南昌地区志愿者行动交流协作网成立暨志愿者“扶贫济困春晖行动”启动仪式举行。龚建华、万宗明出席。

30日 市青年企业家协会与市一佳管理

咨询公司联合举办“2002年温州经济与名牌战略（江西）高层论坛”。梁小康及温州飞雕电器集团董事长、总裁徐益忠出席。

同日 中国台商促进会理事长章孝严一行到南昌探亲考察。

是月 经科技部批准，南昌农业科技园成为全国36个国家级科技园之一，这是江西省唯一的国家级农业科技园。该园核心面积667公顷，示范区0.33万公顷，辐射区2万公顷。

2002

7月

July

公元2002年7月 农历壬午年【马】													
日	一	二	三	四	五	六	日	一	二	三	四	五	六
	1 建党节	2 廿二	3 廿三	4 廿四	5 廿五	6 廿六	7 小暑	8 廿八	9 廿九	10 初一	11 初二	12 初三	13 初四
14 初五	15 初六	16 初七	17 初八	18 初九	19 初十	20 十一	21 十二	22 十三	23 大暑	24 十五	25 十六	26 十七	27 十八
28 十九	29 二十	30 廿一	31 廿二										

1日 《女儿心中的父亲——邓小平》邓林摄影展开幕式在新建县望城岗“小平小道”旧址举行。省市领导孟建柱、吴新雄、刘上洋、李豆罗、王样生、熊焕高等，南昌陆军学院院长李增林、政委张华汉及邓小平长女邓林出席。

同日 吴新雄、熊焕高、梁小康在滕王阁会见厅会见以章孝严为团长的台湾中国台商发展促进协会赴赣考察团一行。

同日 市委宣传部、市文化局主办，市群众艺术馆承办的庆七一——“塑造江西人新形象、争做文明南昌人”大型歌咏比赛在红谷滩会展中心举行。吴新雄、李豆罗、熊焕高、雷武江、周根保、蔡社宝等，市中级人民法院院长敖庆沸、市人民检察院检察长崔可夫出席。

同日 上海青年艺术团赴进贤县参加纪念“七一”文艺演出在该县大礼堂举行。活动由共青团上海市委、上海大世界演出公司主办，县委宣传部、县文化广播电视旅游局协办。

2日 邓林向市委宣传部捐赠《邓小平——女儿心中的父亲》摄影作品114幅。

同日 吴新雄、熊焕高、雷武江在锦峰大酒店会见苏州市委副书记杜国玲一行。

3日 李豆罗、罗为民在滕王阁会见厅会见赣州市副市长尹礼山一行。

同日 全市“严打”整治斗争工作会议在市委宣传部会议室召开。会议传达贯彻全省“严打”整治斗争工作会议精神，通报全市近期“严打”整治情况及当前治安形势，部署有关工作。王样生出席并讲话，市中级人民法院院长敖庆沸、市人民检察院检察长崔可夫出席。

4日 荷兰福克公司全权代表陈银申考察洪都航空集团公司。

同日 市红十字会和市教委联合举办的南昌十七中西藏班学员红十字夏令营正式开营。罗慧芬出席开营仪式并为夏令营授旗。

5日 市委、市政府、南昌军分区联合发出《关于加强县（区）人民武装部全面建设的三年规划》。

同日 市政府在市委第一会议室举行新闻发布会，通报2002年上半年全市招商引资、出口创汇情况。吴新雄出席并讲话，杨洪基主持，卢晓健、梁小康出席。

6日 科技部、教育部联合发文，批准南昌大学启动建设国家级大学科技园，成为江西唯一获准启动建设的国家级大学科技园。

同日 市双创办、市工商局、市城管支队等单位联合组成规范集贸市场管理检查团，分5路对全市156个集贸市场进行检查评比。李豆罗、龚建华、罗为民参加。

7日 李豆罗在凯莱大酒店会见马来西亚拿督黄思华一行。

同日 中心城市企业家组织区域协作网在南昌市成立。龚建华、团省委副书记曾庆红出席成立仪式并讲话。

同日 西湖区人民法院获全国法院系统“人民满意的好法院”称号。

8日 吴新雄、杨洪基在五湖大酒店会见紫祥企业董事长吴强一行。

同日 八一广场整体改造龙头项目——南昌万达购物广场奠基仪式举行。该广场由大连万达集团投资兴建。吴新雄出席并讲话，周根保、杨洪基、罗为民及大连万达集团董事长王健林出席。

同日 南昌市广电局与无锡市广电局缔结为友好局签约仪式在五湖大酒店举行。吴新雄出席并讲话，熊焕高、罗慧芬出席。

同日 洪都航空集团公司K8飞机总设计师石屏获“全国杰出专业技术人才”称号。

同日 南昌首条夜间观光旅游线正式开通仪式举行。吴新雄出席并讲话，熊焕高、杨洪基、罗为民、王水苟出席。

9日 全市社会治安综合治理工作会议在红谷滩会展中心召开。会议强调，要按照“三个代表”的要求，以高度的政治责任感、昂扬的精神风貌和扎实的工作作风，努力开创全市社会治安综合治理工作新局面。吴新雄、王样生出席并讲话，李豆罗主持，杨洪基、吴延林，市中级人民法院院长敖庆沸、市人民检察院检察长崔可夫出席。

同日 南昌国际集装箱码头完成建设选址工作。李豆罗、罗为民勘查现场。

10日 市委、市政府研究决定：将新建县望城镇的双岭村、卫国村、龙潭村、麦园林场和湾里区梅岭镇的前进村、上枫景村，成建制划归南昌经开区管辖。

同日 吴新雄、李豆罗在五湖大酒店会见新加坡阳光集团总裁王新一行。

同日 江西南昌旅游集团有限公司成立挂牌仪式举行。吴新雄出席并讲话，李豆罗、雷武江、龚建华等及省旅游局负责人出席。

同日 香港地洲集团与南昌经开区签约仪式举行。该集团投资5000万美元在南昌经开区兴建江龙南方软件科技工业园。吴新雄出席。

同日 南昌航空工业学院软件学院揭牌仪式举行。吴新雄、杨洪基出席。

同日 市直机关工委举办“爱我南昌、建设南昌”演讲报告会。王样生、孔炯、吴延林出席。

11日 萍乡市长江普生率萍乡市党政代表团一行到南昌考察。吴新雄、李豆罗、熊焕高、杨洪基、罗为民、梁小康与代表团座谈。12日，代表团到胜利路步行街、湖滨公园等地考察南昌市城市建设情况。杨洪基、卢晓健、龚建华、梁小康陪同。

同日 市委、市政府发出《关于加强城市社区建设的意见》，要求充分认识加强城市社区建设的重要意义；明确指导思想、主要内容和发展目标；建立城市新型社区管理体制；积极推进社区居委会基础建设；切实加强对社区建设的组织领导。

12日 南昌市东西南北四湖美化亮化工程竣工仪式举行。吴新雄出席并讲话，李豆罗、王样生、熊焕高等出席。

同日 全市房地产市场需求形势研讨会召开。吴新雄出席并讲话，杨洪基、罗为民出席。

同日 全市老年人文艺调演在红谷滩会展中心举行。李豆罗及1000余名老干部观看演出。

13日 市委召开党政联席会议。会议强调，全市上下要以改进作风、增加合力为出发点，充分调动一切积极因素，加强与省直各单位的沟通联系，形成强大的向心力和凝聚力，推动全市经济和社会各项事业又快又好地发展。吴新雄出席并讲话，李豆罗、王样生、熊焕高等出席。

同日 吴新雄、杨洪基在锦峰大酒店会见中国华源集团董事长周玉成一行。

14日 吴新雄、卢晓健、梁小康率市经贸考察团赴台湾考察。

同日 杨洪基在富豪酒店会见香港慈善总会主席郑苏薇。

15日 市政府第11次常务会议在市政府原第二会议室召开。会议审议并原则同意市劳动局、市人事局《南昌市劳动力市场管理条例(修正案)》、市房管局《南昌市城市房屋租赁管理条例（修正案）》、市民政局《南昌市拥军优属条例》、市科委《南昌市科学技术奖励办法》和《南昌市科技示范企业认定暂行办法》，审议市监察局《南昌市行政事业性收费和罚没收入“收支两条线”管理实施细则》等4条政策性措施、市粉煤灰办《南昌市粉煤灰综合利用管理条例（修正案)》。李豆罗主持。

同日 李豆罗、杨洪基会见台湾台证综合证券董事长李新一。

16日 李豆罗、罗慧芬在滕王阁会见厅会见江南大学博士生赴南昌实践服务团一行。

同日 南昌市与浙江金华市经济技术协作项目洽谈会在新建县政府会议室举行。杨洪基出席。

同日 市公安局与市市政公用局在市委第一会议室举行城市客运治安信息员发证仪式暨培训班开班典礼。余升淮出席，150名信息员参加。

同日 全市农村妇女“国鸿杯”西瓜、甜瓜大王赛在市妇联会议室举行。李豆罗出席并为获奖选手颁奖。

17日 李豆罗、龚建华在凯莱大酒店会见百胜餐饮国际集团中国区总裁苏敬轼一行。

18日 省市领导张华康、李豆罗在凯莱大酒店会见美国纽约华人社团联合总会常务副主席、福建嘉丰房地产有限公司董事长周林官一行。

同日 李豆罗、熊焕高、罗为民在滕王阁会见厅会见嘉兴市副市长王新民一行。

同日 杨洪基在锦峰大酒店会见中国置地集团有限公司主席陈国鸿一行。

同日 全市“引机入赣”暨农机“双抢”现场会在新建县联圩乡召开。戴和旺出席。

19日 中共中央政治局委员、国务委员、中央政法委书记罗干到西湖公安分局筷子巷派出所考察工作。省市领导孟建柱、王君、舒晓琴、李豆罗、余升淮陪同。

同日 杨洪基在滕王阁会见厅会见美国戴尔计算机（中国）有限公司董事、总经理符标榜一行。

20日 全市希望工程爱心广场活动正式启动。罗慧芬、吴延林出席揭牌暨捐赠仪式。

同日 南昌市第一支科普志愿者队伍成立大会召开。罗慧芬、王水苟出席。

同日 安义县政府与广州从玉菜业发展有限公司项目签约仪式在滕王阁会议中心举行。李豆罗、蔡社宝、戴和旺出席。

22日 李豆罗在凯莱大酒店会见利胜（厦门）电光源有限公司董事长胡安华一行。

23 日　李豆罗在滕王阁会见厅会见芬兰驻上海总领事馆总领事杜汉龙一行。

同日　市司法鉴定工作管理委员会成立。

24 日　南昌军民庆祝中国人民解放军建军 75 周年歌咏大会在红谷滩会展中心举行。李豆罗、周根保、张国华、徐兆麟，1000 余名部队官兵和各界群众观看演出。

南昌军民庆祝中国人民解放军建军 75 周年歌咏大会举行

同日　南师附小五年级学生单妍日前在全国青少年读书教育活动讲故事比赛中获一等奖。

同日　第三届南昌仲裁委员会成立。杨洪基、雷元江出席聘书颁发仪式。

同日　杨洪基在滕王阁会见台湾申昶企业有限公司董事长巫新财一行。

25 日　李豆罗、罗慧芬在市政府贵宾厅接见载誉归来的市航海模型运动员。来自市二体校的钱锋、熊强、郭翔在日前举行的第 11 届世界航海模型锦标赛上获 4 枚金牌、3 枚银牌。

同日　全市第四批援疆干部欢送会召开。南昌市选派 9 名干部赴新疆克州工作，为期 3 年。马承祖出席并讲话。

26 日　吴新雄、梁小康在滕王阁会见厅会见深圳团市委副书记张文率领的深圳青年企业家考察团一行。

同日　南昌市“0112 工程”开工典礼举行。该工程是提高城市整体防护能力、快速处置重大灾害事故和突发事件的一项重要工程。吴新雄出席并讲话，李豆罗主持，周根保、余升淮、孔炯、罗为民、张国华、徐兆麟等出席。

同日　市政府发出《关于印发〈南昌市科技示范企业认定暂行办法〉的通知》《南昌市科学技术奖励办法》。

同日　南昌县政府与福建正荣集团签约仪式在富豪酒店举行。该集团决定投资 2 亿美元在南昌县兴建新加坡正荣工业园。省市领导金异、阎钢军出席。

27 日　南京军区政治部、中共南昌市委共同主办的纪念中国人民解放军建军 75 周年百将书画展开幕式在南昌八一起义纪念馆举行。省市领导傅克诚、吴新雄、陈礼久、周日扬、王峰、李豆罗、张国华等出席。

军队离休老干部观看百将书画展

28 日　南昌县三江镇蔡冠深教育奖励基金第 7 次颁奖大会举行。全国人大常委会委员万绍芬，省市领导黄铭鑫、梅亦龙、王林森、阎钢军、罗慧芬出席。

同日　杨洪基、罗为民在滕王阁会见厅会见南京林业大学专家团一行。

同日　南昌财富广场奠基仪式在八一广场举行。省市领导吴新雄、喻长林、金异、王样生、雷武江、周根保、杨洪基、余升淮、罗为民、雷元江出席。

同日 南昌市城市规划委员会办公室、房地产开发信息中心、城市规划展示中心挂牌典礼在红谷滩会展中心举行。吴新雄出席并讲话，王样生、熊焕高、雷武江等出席，市长助理张华主持。

同日 南昌城市建设投资发展有限公司及南昌市政公用投资控股（集团）公司挂牌成立。吴新雄、王样生、熊焕高及省建设厅负责人出席。

同日 市委机关刊物《决策参考》创刊。该刊为月刊，吴新雄兼任编委会主任，市委政研室负责承办。

29日 江泽民军队与国防建设思想研讨会在市政府小礼堂召开。省市领导王峰、王样生、周根保，南昌军分区领导张国华等出席。

30日 南昌军民庆祝中国人民解放军建军75周年、纪念江泽民题词“军旗升起的地方”5周年大会在红谷滩会展中心召开。吴新雄出席并讲话，王样生主持，陈守朴、马承祖、阎钢军、卢晓健、余根水、张国华等出席。

同日 庆祝中国人民解放军建军75周年八一招待会在南昌宾馆举行。省市领导郝敬民、周日扬、王样生、陈守朴、雷武江、周根保、张国华、徐兆麟等出席。

同日 市妇联召开全市“好军嫂”表彰大会，49位“好军嫂”受到表彰。熊全柏出席并颁奖。

同日 东湖区“军民共建文明街”揭牌仪式在胜利路步行街举行。

31日 全市农村“三个代表”学教活动总结会议在红谷滩会展中心召开。吴新雄出席并讲话，王样生宣读表彰决定，熊焕高主持，马承祖部署有关工作，周根保、阎钢军、卢晓健、戴和旺出席。

同日 杨洪基在南昌五湖大酒店会见福州闽发集团公司总裁林上成一行。

2002

8 月

August

公元2002年8月 农历壬午年【马】													
日	一	二	三	四	五	六	日	一	二	三	四	五	六
				1 建军节	2 廿四	3 廿五	4 廿六	5 廿七	6 廿八	7 廿九	8 立秋	9 初一	10 初二
11 初三	12 初四	13 初五	14 初六	15 初七	16 初八	17 初九	18 初十	19 十一	20 十二	21 十三	22 十四	23 处暑	24 十六
25 十七	26 十八	27 十九	28 二十	29 廿一	30 廿二	31 廿三							

1日 省市领导孟建柱、黄智权、吴新雄、陈礼久、陈癸尊、胡振鹏、黄定元、郝敬民、李恩德、罗慧芬在八一广场出席省第十一届运动会火炬传递活动点火仪式。2日，运动会火炬传递车队启程仪式在洪城大市场举行。14日，运动会火炬传递起跑仪式在红谷滩行政中心广场举行。

同日 北京市工程热物理学会赴南昌考察团与南昌市企业技术对接交流洽谈会在江西饭店三楼多功能厅召开。杨洪基出席并讲话。

同日 市政府发出《关于印发〈进一步健全和规范我市有形建设市场的若干意见〉的通知》《关于印发〈南昌市行政事业性收费和罚没收入“收支两条线”管理实施细则〉的通知》。

同日 南昌市“升国旗、迎军旗”仪式在红谷滩文化广场举行。吴新雄、王祥生、熊焕高、陈守朴、周根保、马承祖、张国华等出席。

南昌市举行“升国旗、迎军旗”仪式

同日 “八一行”——上海知名企业南昌经贸推介会在红谷滩会展中心举行。吴新雄出席并讲话，梁小康出席。

2日 国家首套全国统一的税收征管软件CTAIS软件在南昌市国税系统成功上线运行。该软件系统的上线，标志着南昌市国税系统税收征管的信息化迈上新台阶，为南昌经济发展服务提供又一条“高速通道”。该系统在全国15个省市的22个试点城市推广，南昌市是江西省唯一试点城市。

同日 南昌八一起义纪念馆举办的《红土地上的朱德》展览在朱德旧居——南昌市花园角2号举行。罗慧芬出席开幕式。

3日 李豆罗、熊焕高、梁小康在市委第一会议室会见浙江省台州市委常委、市委秘书长胡宣义率领的台州市党政代表团一行。

6日 由浙江省领导张德江、柴松岳、乔传秀、黄兴国、张曦及杭州市长茅临生一行组成的浙江省党政代表团到南昌市考察八一大道、中山路、滨江大道、阳明路等主要街道夜景。省市领导孟建柱、黄智权、董君舒、吴新雄、陈达恒、蒋仲平、李豆罗、马承祖、梁小康陪同。

浙江省党政代表团在南昌市考察

同日 吴新雄、李豆罗在市委六楼会见厅会见厦门市新闻记者采访团一行。

同日 吴新雄、熊焕高、姚燕平在滕王阁会见厅会见由欧洲青田同乡会会长陈迪光率领的西班牙知名侨领代表团一行。

同日 中国（香港）南昌豪威大市场奠基仪式在市良种场举行。该市场由香港裕峻集团中国豪威有限公司与南昌市良种场合作开发，是以花卉、宠物、农资等商品的交易批发为主，集观赏、展示、储藏、休闲、服务为一体的综合性大市场。吴新雄、李豆罗、蔡社宝等出席奠基仪式。

同日 市农村创业者俱乐部成立大会在滨江宾馆召开。会议选举会长、副会长和秘书长。吴新雄出席并讲话，李豆罗、蔡社宝、戴和旺、王水苟出席。

同日 南昌现代农业展示馆奠基仪式在南昌市农校举行。吴新雄、李豆罗、蔡社宝、戴和旺、王水苟出席。

7日 浙江省党政代表团一行考察洪都航空集团公司，参观南昌八一起义纪念馆、滕王阁，省市领导王君、蒋仲平、李豆罗、王样生、梁小康陪同；市委、市政府举行欢迎会，欢迎代表团一行，省市领导王君、吴新雄、蒋仲平、李豆罗、王样生、熊焕高等出席。

同日 吴新雄、卢晓健在滕王阁会见厅会见由台湾中国海峡两岸交流促进协会会长余松俊率领的台湾经贸投资访问团一行。

同日 李豆罗率市政府代表团一行赴澳大利亚访问。

8日 全市下岗职工基本生活保障和再就业座谈会在西湖区召开。会议强调，各级领导要把再就业工作作为“头号”工程、“一把手”工程来抓，作为检验和落实“三个代表”重要思想在老百姓身上见成效的具体体现来抓。吴新雄、杨洪基和部分下岗职工出席。

同日 江西金水宝制药有限公司新厂房奠基典礼在南昌高新区举行。省市领导朱英培、梅亦龙、张华康、金异、杨洪基出席。

同日 四通（江西）电机有限责任公司揭牌仪式在原江西电机有限责任公司举行。该公司由江西电机有限责任公司与四通投资有限公司合资组建。吴新雄、杨洪基出席揭牌仪式。

9日 吴新雄、龚建华、梁小康在市委六楼会见厅会见台湾大润发上海公司副总经理洪万康一行。

10 日　省市科协在八一广场举行《中华人民共和国科学技术普及法》宣传日活动。罗慧芳和省科协主席徐俊如参加。

同日　进贤县英华中学落成典礼举行。该中学由进贤籍商人邬鹏翔投资兴建。罗慧芬出席。

11 日　吴新雄会见三远集团（香港）有限公司董事长吴远康。

同日　台湾远东集团董事长徐旭东一行在红谷滩会展中心参观南昌市城市总体规划展。吴新雄、梁小康陪同。

12 日　安徽省常务副省长张平率安徽省政府考察团到南昌考察。省市领导吴新雄、蒋仲平、杨洪基、梁小康在红谷滩会展中心与考察团成员座谈。14 日，考察团考察江铃汽车集团公司、清华泰豪科技股份有限公司。省市领导彭宏松、梁小康陪同。

同日　润田科技工业园开工奠基仪式在南昌经开区举行。该园占地 15.67 公顷，总投资 5 亿元。吴新雄、杨洪基出席。

13 日　广东省公关协会常务副会长廖鸿兴一行到南昌参观考察。雷武江陪同。

同日　吴新雄、杨洪基在富豪大酒店会见南京申达科技工业园管委会主任、申达集团董事长张国平一行。

同日　江西省首家民营专利代理机构——南昌洪达专利事务所成立。罗慧芬出席揭牌仪式。

同日　市专利局更名为市知识产权局。罗慧芬出席挂牌仪式。

14 日　熊焕高、蔡社宝在五湖大酒店会见湖北省武汉市委副书记程康彦一行；15 日，程康彦一行考察阳光乳业、南昌深圳农产品批发市场、煌上煌集团公司。蔡社宝、戴和旺陪同。

15 日　全市专职治安巡防队伍成立宣誓大会在红谷滩会展中心举行。1000 名治安巡防人员宣誓就职。王样生出席并讲话，杨洪基、余升淮出席。

17 日　南昌（厦门）招商引资恳谈会在厦门宾馆举行，130 余位客商应邀参加。吴新雄出席并致辞，阎钢军、梁小康出席。

18 日　在 2002 年江西横向经济合作（厦门）洽谈会上，南昌市签订 19 个合作项目，总投资 47.89 亿元，合同引资 43.97 亿元，居全省各地市之首。

2002 年江西横向经济合作（厦门）洽谈会举行

同日　全市领导干部警示教育大会在红谷滩会展中心召开。会议强调，各级领导干部要打牢思想基础，强化公仆意识，真正做到为人民掌好权、用好权。王样生、马承祖出席并讲话，卢晓健、余升淮、市中级人民法院院长敖庆沸出席。

同日　吴新雄、梁小康参观考察厦门华侨电子股份有限公司和厦华社区服务网络有限公司。

19 日　龚建华在市政府三楼贵宾厅会见普尔斯马特中国企业发展部总监钟铁滨一行。

同日　雷武江、梁小康会见香港利高集团董事局主席陈汉强一行。

20 日　吴新雄、李豆罗、杨洪基、龚建华、梁小康在富豪大酒店会见沃尔玛百货有限公司亚洲区总裁兼首席执行官钟浩威。

同日　中国民主促进会南昌市东湖区总支成立大会在东湖区委会议室举行。省市领导刘运来、姚燕平出席。

同日 市总工会、江西中医学院专科分院举行医疗优惠卡发放仪式，向3000名困难职工发放医疗优惠卡。龚建华、吴延林出席。

21日 市委、市政府发出《关于实施市直党政机构改革方案的通知》。此次市直党政机构改革的人员编制要求精简20%，并对市直党政机构进行调整。经过调整，市委设置工作机构8个，议事协调机构的办事机构1个，归口管理机构1个，部门管理机构1个。市政府设置工作部门38个，比改革前53个减少15个，精简28%；议事协调机构的办事机构1个，归口管理的机构1个，部门管理的机构1个，挂靠部门管理的机构1个。市直属事业单位设置8个。

同日 市委、市政府发出《关于南昌县党政机构改革方案的通知》《关于新建县党政机构改革方案的通知》《关于进贤县党政机构改革方案的通知》《关于安义县党政机构改革方案的通知》《关于东湖区党政机构改革方案的通知》《关于西湖区党政机构改革方案的通知》《关于青云谱区党政机构改革方案的通知》《关于湾里区党政机构改革方案的通知》《关于青山湖区党政机构改革方案的通知》。

同日 市委办公厅、市政府办公厅发出《关于印发〈市委、市政府机构改革“三定”工作规定〉的通知》。“三定”的内容是指定工作职能、定内设机构、定人员编制。定工作职能：各部门（单位）要按照政企政事分开的原则，提出本部门（单位）的主要职责。要对所有职能进行分解和确定，并提出理顺关系的意见，切实解决一些部门职能交叉的问题。定内设机构：要在定职能的基础上，大力精简和调整内设机构。职能交叉的，要坚决裁并；职能相近的，要尽量合并；职能较少、工作量不大的，应综合设置或归并到职能相近的机构。内设机构总量原则上要精简10%。定人员编制：各部门（单位）的人员编制，按照精减20%的要求，由市机构编制委员会重新核定，并在审批各部门“三定”方案时予以明确。

同日 市委办公厅、市政府办公厅发出《关于在市直机关机构改革中防止国有资产流失的通知》《关于印发〈市委、市政府机构改革人员分流安排实施办法〉的通知》《关于印发〈市委、市政府机构改革人员定岗定员实施办法〉的通知》《关于印发〈市委、市政府机构改革中分流人员有关问题的处理办法〉的通知》。

22日 江西凯马百路佳客车有限公司合资项目签约仪式在红谷滩会展中心举行。中国中泰凯马股份有限公司与荷兰Business Projects B·V公司代表在协议书上签字。新成立的公司利用江西客车厂的有效资源，生产“奔驰”品牌客车。吴新雄出席并讲话，李豆罗、杨洪基、梁小康出席。

同日 南昌城市管网建设投资有限公司挂牌成立。该公司由香港金朝阳（中国）有限公司投资，与市市政工程管理处共同组建。孔炯出席。

23日 全市机构改革动员大会召开。会议强调，各县区、各部门、各单位要站在全局的高度，深刻认识推动机构改革的重大意义，切实增强搞好机构改革的紧迫感和责任感；要明确目标，把握重点，规范操作，稳步推进，高标准、高水平地抓好机构改革；要加强领导，精心组织，严明纪律，形成合力，确保机构改革任务圆满完成。吴新雄出席并讲话，李豆罗主持，王样生就机构改革中应遵守的纪律问题提出具体要求，熊焕高宣读市委、市政府《关于实施市直党政机构改革方案的通知》和《市委、市政府机构改革人员分流安排实施办法》，马承祖宣布市委对各部门、各单位主要负责人的任免决定，市委常委，市人大、市政府、市政协党组成员，南昌军分区党委常委，市纪委副书记，各县区主要负责人出席。

同日 洪都航空工业集团与福克及麦道飞

机公司民用飞机项目全面合作协议正式签订。此项目协议金额达8亿美元，在南昌设立合资公司。其中，中方占有45%的股份，外方占有55%的股份，双方合作生产福克支线客机和麦道飞机。吴新雄出席并讲话，杨洪基出席。

同日 南昌高新区管委会、市城市管理局与香港中国置地集团项目签约仪式举行。项目投资金额分别为2000万美元和3亿元。吴新雄出席并讲话，杨洪基、罗为民、戴和旺出席签约仪式。

24日 全市对外开放形势分析会召开。会议强调，要确定高远目标，自我加压，负重奋进，开足马力向前冲，力争招商引资工作再上新台阶。吴新雄、李豆罗出席并讲话，蔡社宝、杨洪基等出席。

25日 吴新雄、梁小康在市委六楼贵宾厅会见韩中文化经济交流协会会长金美子一行。

26日 南昌慈善总会举行金圣助学基金发放仪式，向全市贫困学生代表发放助学基金。吴新雄出席并讲话，李豆罗、余根水出席。

同日 17时，进贤县航运公司007号客船在从县城开往池溪乡的航程中遭雷击沉没，9人遇难，35人获救。

27日 市委常委会议在市委六楼常委会议室召开。会议学习《党政领导干部选拔任用工作条例》；听取关于全省县级换届和第五届村委会选举工作会议主要精神汇报；决定市第十二届人民代表大会第三次会议于2002年8月30—31日在红谷滩会展中心召开；同意增补黄凯、罗长江为市政协第十一届委员会委员；研究2002年度南昌市军转干部及随调随迁家属安置工作，有关变更工业口中等学校隶属关系、下放领导干部管理权限及有关人事问题。吴新雄主持。

同日 中国·南昌首届绳金塔庙会新闻发布会在西湖会堂举行。龚建华、罗为民、罗慧芬出席。

28日 龚建华、雷元江在滕王阁贵宾厅会见济南市副市长杨佩钦一行。

同日 市委发出《关于变更工业口中等学校隶属关系下放领导干部管理权限的通知》，将南昌市第二工业职工中等专业学校、南昌市化工技校、南昌市电子职工中等专业学校划归市经贸委管理；原由市委管理的南昌市广播电视中等专业学校、南昌市工业职工中等专业学校、南昌市第二工业职工中等专业学校、南昌市化工技校、南昌市电子职工中等专业学校党政领导干部，全部下放给市经贸委党委管理，其党组织换届候选人一并下放由市经贸委党委审批。

同日 南昌经开区与深圳市中智投科技有限公司、深圳市罗庚电能科技有限公司的项目签约仪式在锦峰大酒店举行。该项目投资20亿元，打造南昌罗庚科技产业园。吴新雄出席并讲话，杨洪基、梁小康出席签约仪式。

29日 省市人大教科文卫委、省市计生委联合举办的宣传《中华人民共和国人口与计划生育法》大型文艺演出在南昌铁路文化宫礼堂举行。蔡社宝、余根水、姚燕平、戴和旺出席。

同日 吴新雄、阎钢军在市委六楼会见厅会见福建正荣集团董事局主席、总裁欧宗荣一行。

31日 吴新雄、阎钢军在市委六楼会见厅会见泰国国际贸易商会名誉会长Jack陈一行。

2002

9月 September

公元2002年9月 农历壬午年【马】													
日	一	二	三	四	五	六	日	一	二	三	四	五	六
1 廿四	2 廿五	3 廿六	4 廿七	5 廿八	6 廿九	7 初一	8 白露	9 初三	10 教师节	11 初五	12 初六	13 初七	14 初八
15 初九	16 初十	17 十一	18 十二	19 十三	20 十四	21 中秋节	22 十六	23 秋分	24 十八	25 十九	26 二十	27 廿一	28 廿二
29 廿三	30 廿四												

1日 中国国际工程咨询公司总经理助理荀护生率专家评估组对落户南昌高新区的年产10万吨高性能高精度铜板带项目进行经济评估。吴新雄、李豆罗会见评估组专家一行。

2日 吴新雄、梁小康在市委六楼贵宾厅会见台湾泰丰集团董事长马绍进一行。

同日 吴新雄、梁小康在红谷滩会展中心会见新加坡驷马国际私人有限公司总裁刘成宝和腾飞新苏置业（苏州）有限公司副总裁张烈敏。

3日 吴新雄、李豆罗、熊焕高、梁小康在市委六楼会见厅会见武汉大学副校长李清泉一行。

同日 南昌鲜徕客食品有限公司向下岗职工发放早餐手推车仪式在市总工会六楼会议室举行。吴新雄、龚建华、吴延林出席。

5日 市政府第18次市长办公会议在市政府原第二会议室召开。会议审议并原则同意市民政局《关于认真做好我市2002年度退役士兵安置工作的意见》，市房管局《南昌市住房公积金管理机构调整实施方案修改意见》，市卫生局《南昌市卫生局“三名”工程实施方案》，市地名委员会办公室《关于沿江路等道路更名的请示》，市财政局《关于对南昌百货大楼股份有限公司等三家企业超交税收给予奖励的请示》《第7、8次市规费联审小组会议初审意见》。李豆罗主持。

同日 市政府第12次常务会议在市政府原第二会议室召开。会议审议并原则同意市妇联拟订的《南昌市妇女发展规划（2001—2010年）》《南昌市儿童发展规划（2001—2010年）》，市公安局拟订的《南昌市公安局关于进一步改革户籍管理制度，推进我市城市化进程的意见》，审议市人事局拟定的《关于深化事业单位内部分配制度改革的意见》。李豆罗主持。

同日 全国政协副主席罗豪才率全国政协委员赴赣考察团考察江西金牛企业集团、南昌高新区，参观南昌八一起义纪念馆、滕王阁和城市美化亮化工程。省市领导吴新雄、韩京承、李豆罗、陈守朴陪同。

同日 全省“新形象楷模”先进事迹报告会在红谷滩会展中心举行。熊焕高、孔炯、罗慧芬、钟乐初和各界干部群众代表1200余人聆听报告。

同日 吴新雄、杨洪基会见香港福山控股有限公司董事局主席王力平一行。

同日 南昌县冈上镇月池“教授村”修复工程竣工典礼举行。解放军副总参谋长熊光楷、南京军区副参谋长王义斌等出席。吴新雄会见熊光楷一行。

6日 南昌供电局通源工业园暨江西钱江电气有限公司等10大项目奠基仪式在南昌经开区举行。吴新雄、李豆罗出席。

南昌供电局通源工业园暨江西钱江电气有限公司奠基典礼举行

7日 鹰潭市委书记、市人大常委会主任黄建盛，市委副书记、市长胡宪率鹰潭市党政代表团到南昌参观考察，吴新雄、李豆罗、王样生、余升淮、孔炯、吴延林与鹰潭市党政代表团成员座谈。

同日 全市信息产业工作会议召开。会议强调，要深刻认识，突出重点，注重实效，系统化研究，工程化实施，积极推动全市信息产业快速发展。吴新雄出席并讲话，杨洪基出席。

同日 2002年南昌市质量月——质量宣传咨询服务日活动在八一广场举行。杨洪基、罗时杰出席开幕式。

8日 民政部授予东湖区“全国社区建设示范区”称号。

9日 南昌市工业资产经营有限责任公司挂牌仪式举行。该公司是在撤销市机械、轻工、二轻、纺织、化工、电子、建材等七个工业局办的基础上组建而成，注册资本4.38亿元，所属企业120家。吴新雄出席并讲话，李豆罗、王样生、陈守朴等出席。

同日 香港环球集团江西金球房地产开发有限公司捐赠20万元支持南昌二中校园网建设。罗慧芬出席捐赠仪式。

11日 李豆罗在市政府原第二会议室会见杭州“西湖使者”赵敏和杭州日报记者吴新。

同日 南昌铁路局在2001年度铁道部进京、进沪、进穗直通旅客快车和较大车站客运工作竞赛中，南昌至北京西T168/7次等5对列车获“红旗列车”称号，南昌至南京西239/240次等3对列车获“质量达标列车”称号，南昌站获“全路文明车站”称号。10月1日，T168/T167、K288/K287两趟列车分别被冠名“映山红”号和“井冈明珠”号。

12日 吴新雄、梁小康在滕王阁会见厅会见德国黑森州政府经济代表团一行。

同日 吴新雄、李豆罗、杨洪基、梁小康在江西宾馆会见台湾工商协进会理事长、台湾东元集团董事长黄茂雄一行；13日，黄茂雄一行参观考察南昌经开区、南昌高新区，卢晓健、梁小康陪同。

13日 省市领导吴新雄、蒋仲平、阎钢军在富豪大酒店出席项目签约仪式。泰国国际贸易商会投资1600万美元在南昌县向塘开发区兴建一座年产30万吨精制米加工厂、投资4亿元在城南隔堤景观风光带兴建南昌（曼谷）国际会议中心。

同日 省市领导董君舒、孙用和、马承祖在滨江宾馆出席欢送中组部、团中央派出的第二批“博士服务团”成员。

同日 吴新雄在市委会见厅分别会见麦当劳中国发展公司总监李永顺一行和无锡华光锅炉股份有限公司副董事长、常务副总经理钱德霞一行。

同日 李豆罗、阎钢军在滕王阁会见泰国国际贸易商会主席王创合一行。

同日 全市卫生系统实施“三名”工程动员大会召开。会议强调，要大力实施“三名”工程，努力造就一批“名医”、培植“名科”、创立“名院”品牌，以高尚的医德、高超的医术更好地为群众服务。吴新雄出席并讲话，杨洪基、姚燕平、钟乐初出席。

14日 安徽省巢湖市委书记周光全、市长夏望平率巢湖市党政代表团一行到南昌考察，吴新雄、李豆罗、熊焕高、杨洪基与代表团成员座谈。

15日 南昌市举行银企合作签约仪式。工商银行江西省分行营业部为南昌发展融资128亿元。吴新雄、杨洪基出席。

16日 吴新雄、梁小康在江西宾馆会见深圳台商协会常务副会长、台湾威德工业股份有限公司董事长黄文财一行。

同日 全市个私企业“讲诚信、树形象，迎接党的十六大”动员大会在江西联信大市场召开。蔡社宝、姚燕平、雷元江及省工商局负责人出席。

同日 南昌经开区与江西青年科技园有限公司、江西涤纶厂、台湾群蓬发展有限公司、广东天泽有限公司签约仪式在市委第一会议室举行。吴新雄、梁小康出席。

17日 吴新雄、梁小康在锦峰大酒店会见台湾新银建设股份有限公司董事长卢朝辉。

同日 江西桑海集团有限责任公司与广州齐进贸易有限公司签约仪式在富豪大酒店举行。吴新雄出席。

18日 吴新雄在市委六楼会见厅会见多哥共和国驻港领事李彦德一行。

同日 由市委宣传部、市双创办、市广电局主办的《不夜的南昌》露天电视文艺晚会在红谷滩中心广场举行。吴新雄、李豆罗、王样生、熊焕高、周根保、马承祖等及1000余名干部群众观看演出。

19日 省市台办、台联联合举办的台胞台属中秋茶话会在滨江宾馆举行。省市领导傅克诚、吴新雄、黄名鑫、朱英培、金异、熊焕高、梁小康、关德华等出席。

同日 中国·南昌首届绳金塔文化经贸节开幕式在绳金塔景区举行。吴新雄出席并讲话，李豆罗、王样生、熊焕高、陈守朴、雷武江、周根保、马承祖、杨洪基、余升淮、戴和旺、罗慧芬、梁小康等出席。

中国·南昌首届绳金塔文化经贸节开幕式举行

21日 由市委、市政府主办，西湖区委、区政府承办的“月满南昌”中秋赏月晚会在绳金塔举行。吴新雄、李豆罗、雷武江等出席。

同日 19时，南昌电化厂三氯氢硅车间发生火灾。市消防支队调集5辆消防车，70余名官兵前往扑救。余升淮赶赴现场指挥灭火。经7个小时奋力扑救，遏制一起恶性爆炸事故的发生。

22日　市委、市人大常委会在红谷滩会展中心举行人民代表大会制度知识讲座。全国人大常委会秘书局副局长蔡定剑应邀主讲。熊焕高主持，姜任保、孔炯、罗时杰、肖永政、余根水、熊全柏、姚燕平、龚建华，敖庆沸、崔可夫等出席。

同日　南昌高新区艾溪湖湖东产业新区开发奠基典礼暨项目签约仪式在湖东新区举行。吴新雄出席并讲话，李豆罗、杨洪基、余升淮、梁小康和省信息产业厅厅长李春燕出席。

同日　洪都航空集团公司团委获“全国青年创新创效活动优秀组织单位”称号。

23日　吴新雄、熊焕高在市委六楼会见厅会见江苏省委宣传部常务副部长周世康率领的江苏考察采访团一行。

同日　中国红十字会授予南昌市红十字会“全国红十字宣传工作先进单位”称号。

24日　吴新雄、杨洪基、梁小康在江西宾馆会见台湾元大证券集团董事长马志玲一行。

25日　市委召开常委会议和全市领导干部会议。会议传达全省党员领导干部会议精神，通报社会稳定工作情况，部署维护社会稳定等工作。会议强调，各级领导干部必须始终保持奋发有为的精神状态，全面落实“三个代表”重要思想，扎扎实实做好当前各项工作，确保社会稳定，创造安全祥和的良好环境，以优异成绩迎接中共十六大胜利召开。吴新雄主持。

同日　吴新雄、卢晓健、梁小康在市委六楼会见厅会见香港南益集团总经理林树哲、广东香江集团董事长刘志强一行。

同日　李豆罗在江西宾馆会见乌克兰驻上海总领事馆商务副领事迈克兰•基里前科一行。

26日　2002年首届中国南昌金秋经贸活动月开幕式在红谷滩文化广场举行。省市领导吴新雄、蒋仲平、李豆罗、王样生、熊焕高、陈守朴等，市长助理周关、张华、周明及来自海内外客商、嘉宾共800余人出席。

2002年首届中国南昌金秋经贸活动月开幕式举行

同日　2002年首届中国南昌金秋经贸活动月首次招商引资恳谈会在红谷滩会展中心举行。吴新雄出席并讲话，杨洪基主持，李豆罗、王样生、熊焕高等和500余名海内外客商出席。

同日　2002年首届中国南昌金秋经贸活动月项目签约仪式举行。共签订项目39个，其中境外客商投资项目22个，总投资4.93亿美元，引进外资4.88亿美元；境内客商投资项目17个，总投资30.3亿元，引进资金29.5亿元。

同日　由市委、市政府主办，市文化局承办的2002年首届中国南昌金秋经贸活动月专场文艺晚会在红谷滩会展中心举行。吴新雄、李豆罗、王样生等观看演出。

同日 孔子及其弟子颜回、子羽铜像揭幕仪式在绳金塔文庙举行。李豆罗、陈守朴、雷武江等出席。

孔子及其弟子颜回、子羽铜像揭幕

同日 香港“环绿有机肥料”工程奠基仪式在麦园垃圾处理场举行。该项目引进当今世界先进微生物技术，对生活垃圾进行生化处理，变垃圾废弃物为有机肥料。吴新雄出席并讲话，李豆罗、王样生、熊焕高等出席。

26—28 日 日本“一村一品”运动倡导者、日本大分县知事平松守彦一行到江西访问。平松守彦一行参观永修县和南昌市两地，并在江西农业大学以《开展“一村一品”运动，活跃地区经济的发展》为题作演讲。

27 日 吴新雄在市委六楼会见厅会见TCL集团多媒体事业部副总裁邵光捷一行。

同日 南昌娃哈哈茶饮料、乳酸饮料等28个项目奠基典礼举行。吴新雄、马承祖、卢晓健、孔炯、王水苟出席。

同日 全市国有企业重组推介会在红谷滩会展中心召开。推介会推出江东机床厂、江西采矿机械厂等59个工业企业的资产重组招商项目。吴新雄出席并讲话，李豆罗、王样生、杨洪基等，来自美国、意大利、日本及国内知名企业、上市公司150余名客商参加。

同日 全省第一家麦当劳餐厅——南昌新龙基广场餐厅签约仪式在凯莱大酒店举行。吴新雄、李豆罗、杨洪基、余升淮、龚建华、梁小康出席。

同日 台商投资项目洽谈会在红谷滩会展中心举行。吴新雄出席并讲话，李豆罗、熊焕高、阎钢军、梁小康和省台办主任崔琳等出席。

28 日 李豆罗、杨洪基、罗为民在滕王阁会见厅会见德国柏林州经济部部长、柏林市副市长沃尔夫一行。

同日 南昌市地方海事局正式挂牌成立。南昌市地方海事局所属的南昌、新建、进贤三县地方海事处同时挂牌。

同日 青山湖污水处理厂工程奠基仪式举行。该工程由德国柏林国际水务有限公司和上海环保集团公司联合投资分期建设。吴新雄出席并讲话，李豆罗主持，王样生、熊焕高、陈守朴等出席。

同日 厚田沙漠景区旅游开发项目剪彩仪式在新建县厚田乡举行。

29 日 纪念南昌市人大常委会成立20周年大会在红谷滩会展中心举行。省市领导吴新雄、钟起煌、李豆罗、王样生、熊焕高、陈守朴，省人大常委会委员史骏飞等出席。

同日 南昌市第五届工人运动会在八一体育场开幕。吴新雄、李豆罗、罗慧芬、吴延林出席开幕式。

南昌市第五届工人运动会开幕式举行

同日 新建县心怡广场落成典礼举行。李豆罗、王祥生、陈守朴、马承祖、蔡社宝、余升淮等出席。

同日 昌东大市场、华东商贸城等六个项目开工、开业仪式举行。省市领导吴新雄、刘运来、卢晓健、龚建华出席。

30日 南昌市“庆国庆，迎十六大，颂歌献给党”大型交响音乐会在青山湖文化广场举行。省市领导孟建柱、黄智权、傅克诚、吴新雄、朱治宏、陈达恒等，李豆罗、王祥生、熊焕高、陈守朴、卢晓健、余升淮等与各界群众一起观看演出。

同日 吴新雄、梁小康在市委六楼会见厅会见美国硅谷ELCOS公司名誉董事长杰克·威吉尔一行。

同日 全市进一步优化投资环境工作会议召开。会议强调，要提高办事效率和对外开放水平，乘势而上，真正为客商营造投资成本最低、回报最快、信誉最好、效率最高的良好环境。吴新雄主持，王祥生、马承祖、杨洪基、梁小康等出席。

2002

10月

October

公元2002年10月　　农历壬午年【马】													
日	一	二	三	四	五	六	日	一	二	三	四	五	六
		1 国庆节	2 廿六	3 廿七	4 廿八	5 廿九	6 初一	7 初二	8 寒露	9 初四	10 初五	11 初六	12 初七
13 初八	14 重阳节	15 初十	16 十一	17 十二	18 十三	19 十四	20 十五	21 十六	22 十七	23 霜降	24 十九	25 二十	26 廿一
27 廿二	28 廿三	29 廿四	30 廿五	31 廿六									

1日　金秋名车秀开幕式在胜利路步行街举行。吴新雄、王样生、熊焕高、陈守朴、罗时杰、王水苟等出席。

同日　“江西长运杯”南昌中美滑水明星对抗赛在青山湖举行，2日结束。美国百芝兰滑水队和中国滑水队40余名运动员参赛。吴新雄致辞，李豆罗主持，王样生、陈守朴、蔡社宝等观看比赛。

“江西长运杯”南昌中美滑水明星对抗赛举行

同日　南昌历代名家书画展在南昌美术馆开展。李豆罗、杨洪基等观看书画展。

同日　2002年首届中国·南昌金秋经贸活动月购房黄金周住宅产业博览会在胜利路步行街举行。王样生、杨洪基和省建设厅厅长胡柏龄出席开幕式。

2—8日　吴新雄、杨洪基一行在荷兰开展招商活动。

3日　陕西省原省长程安东考察南昌市洪城路、沿江路、井冈山大道、八一大道、中山路、象湖景区美化亮化工程。李豆罗、罗为民等陪同。

7日　李豆罗在凯莱大酒店会见广西南宁市副市长陈刚一行。

8日　市政府发出《关于进一步规范土地出让工作的补充通知》。

同日 中国·南昌首届绳金塔文化经贸节闭幕式暨电视艺术片《绳金宝塔》开机仪式在绳金塔公园举行。李豆罗、王样生、熊焕高等出席。

9日 全市征兵工作会议在南昌军分区会议室召开。会议传达贯彻全省征兵工作会议精神，总结2001年征兵工作，部署2002年冬季征兵任务，通报表彰2001年征兵工作先进单位和个人。李豆罗出席并讲话，周根保、余升淮，张国华、徐兆麟等出席。

9—10日 吴新雄、李豆罗、梁小康分别在滕王阁会见厅、市委六楼会见厅会见台湾东元电机股份有限公司副总经理连昭志一行。

10日 全市公众聚集场所消防安全专项整治情况和火灾隐患情况通报会在市经济大楼会议室召开。李豆罗出席并讲话。

11日 市政府发出《关于印发〈认真做好我市2002年度退役士兵安置工作意见〉的通知》。

同日 市委宣传部、市科协联合主办的创建花园英雄城市图片展在红谷滩新区广场举行。吴新雄参观图片展。

12日 2002年首届金秋时尚节暨新丝路名模时装表演在胜利路步行街举行。吴新雄、雷武江、阎钢军等观看表演。

13日 南昌市2002年秋季招聘洽谈会在江西客车厂举行。省市领导孟建柱、黄智权、吴新雄、陈达恒、李豆罗、马承祖等出席。

同日 全市规范客运市场、打击非法营运、整顿交通秩序活动动员大会召开。李豆罗出席并讲话，孔炯、罗为民、钟乐初出席。

同日 市政府发出《关于整顿城市交通秩序、客运市场的通告》。

14日 余升淮、梁小康会见联合国交通工程专家、美国洛杉矶大都会交通局系统规划处处长朱兆晞。

15日 吴新雄、卢晓健、梁小康在市委六楼会见厅会见四川通威股份有限公司总经理管亚伟一行。

同日 市征兵特邀监察员聘请仪式在南昌军分区会议室举行。张国华、徐兆麟出席。

16日 全市重大招商引资项目现场办公会召开。会议强调，全市上下要自觉维护好对外开放的良好声誉，帮助落户项目开好工、投好产；要营造更加开放、开明的投资环境，全力打造“投资成本最低、回报最快、效率最高、信誉最好”的品牌。吴新雄主持并讲话，杨洪基、梁小康等出席。

同日 香港——南昌贸易服务合作研讨会在凯莱大酒店召开。来自市工商联的100余位会员及部分知名企业负责人参加。雷元江出席。

同日 南昌钢铁有限责任公司获“全国质量管理小组活动优秀企业”称号。洪都航空集团公司获“全国企业职工培训先进单位”称号。

17日 省市领导孟建柱、王君、董君舒、马承祖在滨江宾馆举行仪式，欢迎中组部、团中央选派的第三批赴赣“博士服务团”成员。

同日 2002年全国皮划艇秋季冠军赛在青山湖举行。吴新雄宣布比赛开始，李豆罗讲话，罗慧芬出席。

同日 李豆罗、罗慧芬在江西宾馆会见到南昌参加首届南昌金秋医学高层论坛暨卫生协作洽谈签约会的部分医学界专家、学者。

同日 市妇联与市劳动和社会保障局举行南昌市妇联家政服务培训部揭牌仪式暨下岗女工再就业培训开学典礼。吴新雄出席。

18日 格林柯尔——科龙工业园奠基典礼在南昌经开区举行。该工业园由香港格林柯尔集团与科龙集团投资3.6亿元建设，占地166.7公顷，集科研、生产、生活等多种功能于一体。省市领导吴新雄、朱英培、李豆罗、余升淮、梁小康出席。

同日 南昌金秋医学高层论坛暨卫生协作

洽谈签约会在江西宾馆举行。吴新雄、李豆罗、罗慧芬、钟乐初等出席。

同日 市第一医院与上海复旦大学附属中山医院，市第九医院与首都医科大学北京佑安医院，省精神病院与上海精神卫生中心分别举行协作医院揭牌仪式。罗慧芬、钟乐初出席。

19日 江西·南昌旅游文化展示会在胜利路步行街名秀广场举行。吴新雄、李豆罗、雷武江等出席。

同日 吴新雄、罗慧芬在市委会见厅会见无锡华光锅炉股份有限公司董事长华金荣一行。

20日 全市招商政策与业务知识培训班开班。200余名招商引资人员参加培训。吴新雄讲授第一课，阎钢军、杨洪基、卢晓健、梁小康等出席开班仪式。

同日 香港绰耀有限公司与江西绿叶西制品有限公司关于合作开发餐饮、娱乐中心项目签约仪式在华鑫大酒店举行。龚建华出席。

同日 安义县石鼻镇“华光希望小学”落成典礼暨捐赠仪式举行。该小学由无锡华光锅炉股份有限公司捐资兴建。罗慧芬，无锡华光锅炉股份有限公司董事长华金荣出席。

21日 全市司法鉴定工作第一次会议暨市司法鉴定中心揭牌仪式在市第一医院举行。杨洪基、熊全柏出席。

22日 全市冬季征兵工作新闻发布会在南昌军分区召开。会议强调，要坚持以新兵质量为核心，以廉洁征兵为重点，改进工作作风，勇于改革创新，高标准按时完成征兵任务。南昌军分区领导李家润、张国华、徐兆麟出席并讲话。

23日 中央电视台国际频道《走遍中国》——南昌特辑系列片开机仪式举行。吴新雄出席并讲话。

同日 上海市政协主席王力平率在沪全国政协委员一行参观考察南昌高新区等地。省市领导吴新雄、梅亦龙、陈守朴、雷武江陪同。

24日 “鄱阳湖螃蟹节”首次新闻发布会在市政府小礼堂举行。蔡社宝、戴和旺出席。

同日 红谷滩中心区第一期路网工程竣工暨凤凰洲路网工程开工仪式举行。吴新雄、李豆罗出席并讲话，罗为民主持，陈守朴、周根保、杨洪基、王水苟等出席。

同日 由南昌先锋软件股份有限公司投资5亿元兴建的先锋国际软件园开工仪式在湾里区梅岭幽兰谷举行。该园占地333.6公顷，计划用5—8年时间分3期建设，可容纳近100家软件企业。省市领导吴新雄、黄懋衡、周根保、杨洪基出席。

25日 全市领导干部学法用法工作会议召开。会议传达贯彻全国、全省领导干部学法用法工作电视电话会议精神，部署有关工作。杨洪基、吴延林等出席。

同日 南昌市政府与中国银行江西省分行授信合作签字仪式在江西饭店举行。省市领导吴新雄、李豆罗、杨洪基等出席。

同日 李豆罗在滕王阁会见厅会见澳大利亚澳中工商会会长迈克尔·琼斯一行。

同日 地王广场暨地王百盛购物中心开工典礼在中山路举行。吴新雄、李豆罗、雷武江等出席。

同日 红谷大厦、红谷滩中心医院和江信国际花园开工典礼举行。吴新雄出席并讲话，李豆罗宣布三大工程开工，罗为民主持，王水苟等出席。

同日 江西威尼斯娱乐有限公司开业仪式举行。李豆罗出席。

26日 2002年首届中国南昌金秋经贸活动月第二批14个招商引资项目签约仪式在红谷滩会展中心举行。吴新雄、李豆罗、杨洪基、梁小康、王水苟等出席。

2002年首届中国南昌金秋经贸活动月第二批招商项目签约仪式举行

同日 2002年首届中国南昌金秋经贸活动月闭幕式在红谷滩会展中心举行。吴新雄出席并讲话，李豆罗作金秋经贸活动月工作总结报告，杨洪基主持，陈守朴、雷武江、周根保等，来自海内外客商1000余人出席。

同日 全市庆祝环卫工人节座谈会召开。会议表彰12名“城市美容师”和50名“优秀市容监督员”。吴新雄、李豆罗出席并讲话，罗为民、钟乐初出席。

同日 上海绿地集团捐赠100万元援建南昌县绿地希望小学、青少年科技活动中心。陈守朴、阎钢军、罗慧芬出席捐赠仪式。

27日 吴新雄、蔡社宝、戴和旺、梁小康在市委六楼会见厅会见台湾中华文化经济交流协会副秘书长谢祖铉一行。

同日 吴新雄在市委六楼会见厅会见英国carmichael Ltd（UK）公司高层代表Terry Blizzard一行。

28日 团市委首期下岗职工（青工）义务培训班在市少年宫举行开学典礼。孔炯和团省委负责人出席。

同日 南昌大世界海鲜水产城开业揭牌仪式举行。李豆罗，余升淮、熊全柏、罗为民、钟乐初出席。

29日 南昌市获“全国精神文明创建工作先进城市”称号。31日，李豆罗、孔炯、钟乐初到火车站迎接从北京载誉归来的罗为民一行。

南昌市获“全国精神文明创建工作先进城市”称号

同日 梁小康在凯莱大酒店会见埃塞俄比亚驻华大使阿迪斯·阿莱姆·巴莱巴一行。

同日 洪都航空高新科技园工程奠基仪式在南昌高新区举行。杨洪基出席。

30日 全市首届百名下岗职工创业培训班开学典礼在市劳动和社会保障局举行。吴新雄出席并为学员授课。

31日 全市“严打”宣判执行大会召开。市中级人民法院对14起严重刑事案件的21名犯罪分子进行宣判。

同日 全市困难职工帮扶中心成立揭牌仪式在市总工会举行。吴新雄、李豆罗、熊焕高、陈守朴及省总工会负责人出席。

同日 昌北机场至红谷滩高速公路两旁绿化美化工程开工典礼在南昌经开区举行。吴新雄出席并讲话，蔡社宝主持，李豆罗、熊焕高、陈守朴、罗为民出席。

同日 朝阳酿造有限责任公司奠基典礼在新建县长堎工业区举行。该公司由朝阳酿造厂与香港益来集团共同组建。吴新雄、李豆罗、熊焕高等出席。

2002

11月 November

公元2002年11月　　农历壬午年【马】													
日	一	二	三	四	五	六	日	一	二	三	四	五	六
					1 廿七	2 廿八	3 廿九	4 三十	5 初一	6 初二	7 立冬	8 初四	9 初五
10 初六	11 初七	12 初八	13 初九	14 初十	15 十一	16 十二	17 十三	18 十四	19 十五	20 十六	21 十七	22 小雪	23 十九
24 二十	25 廿一	26 廿二	27 廿三	28 廿四	29 廿五	30 廿六							

1日　由省委外宣办、省政府新闻办、江西电视台联合推出的11集大型电视系列片《投资江西》第一场——《投资江西·南昌篇》在红谷滩文化广场进行现场录制。吴新雄、李豆罗作为嘉宾应邀参加节目录制。《投资江西·南昌篇》分开场、外商在南昌投资故事、留学归国人员引进外资投资故事、南昌信息产业的崛起、书记市长访谈录、结束语六个部分。

同日　省第十一届运动会在省艺术剧院闭幕。南昌代表团以金牌总数251.5枚的成绩获该届运动会青少年组第一名。

同日　吴新雄、梁小康在江西宾馆会见到南昌考察的MD直升机公司高层代表Joep一行。

同日　南昌市总工会困难职工帮扶中心正式成立。吴新雄、李豆罗、熊焕高、陈守朴出席揭牌仪式。

2日　中国渔业协会、中国水产流通与加工协会、南昌市政府、江西省农业厅联合主办的2002年金圣·金秋鄱阳湖螃蟹节开幕式在赣昌水产综合大市场举行。省市领导吴新雄、周抢平、孙用和、刘运来、李豆罗等和社会各界人士共1600余人参加开幕式。4日，螃蟹节闭幕。此次活动，现场交易额达260万元，签约农业招商项目40个，项目资金6.38亿元。

同日　2002年金圣·金秋鄱阳湖螃蟹节文艺晚会在红谷滩会展中心举行。省市领导刘运

2002年金圣·金秋鄱阳湖螃蟹节开幕

来、李豆罗、熊焕高、周根保、蔡社宝、卢晓健等和省农业厅领导出席。

同日 市委、市政府发出《关于组建南昌科技大学的决定》，将南昌高等专科学校、南昌市农校、南昌市高级技工学校、市技工学校、南昌粮食职工中专、南昌市卫校等学校资源整合重组，在红角洲高校园区择址征地 100—133.33 公顷，组建一所本科学历层次的综合性大学——南昌科技大学。南昌科技大学按文科、理科并存，高等普通教育、职业教育兼容，本科、专科、中专贯通的原则，形成多学科、多层次、综合性普通高等教育体系。

同日 市公安局在全市范围内开展以“抓现行、打流窜、追逃犯”为主要内容的统一行动。此次行动共破获各类刑事案件 694 起，抓获犯罪嫌疑人 579 名。

4 日 吴新雄在市委第一会议室主持召开会议，就更好地推进“八湖两河”建设进行具体部署。吴新雄强调，要按照属地管理的原则，确定“八湖两河”的责任人，定目标、定任务、定责任、定格调，确保工程质量和进度，把“八湖两河”精心雕琢成精品工程和形象工程。李豆罗、卢晓健、罗为民出席。

同日 吴新雄、梁小康在市委六楼会见厅会见法国罗地亚电子与催化剂材料企业集团副总裁、亚太区总经理朱铭岳一行。

同日 全市开展肉类市场和食品、保健品市场专项整治活动。这次专项整治活动，检查食杂店、食品批发部、各酒类直销点、超市和集贸市场等 1609 家，共查获过期变质食品 20 公斤，私宰白条肉 30 公斤，假冒茅台、五粮液等名酒 20 多瓶，假冒“脑白金”等各类保健品近 100 盒，一次性发泡塑料餐具 8 万只，收缴物品价值近 30 万元。

同日 洪都航空集团公司飞机设计研究所进入国家“863”计划 705 主题指南发布单位，在飞机总体综合设计技术专题和先进结构关键技术专题申请中获得成功。“863”计划 705 主题是航空航天领域飞机基础技术主题。

5 日 李豆罗在五湖大酒店会见到安义县投资的广州金发科技股份有限公司董事长袁志敏和山东省青岛金悦塑业有限公司总经理丁金峰一行。

同日 香港建筑（南昌）有限公司比华丽山庄项目落户安义县。李豆罗出席签约仪式。

同日 南昌市机关事务管理局成立。市机关事务管理局是在原市机关行政事务管理局的基础上组建而成，赋予后勤行政管理职能。市机关事务管理局组建后，不再保留市委办公厅、市纪委办公厅、市人大办公厅、市政府办公厅、市政协办公厅内设的行政处或相关的后勤管理服务机构，原行政处、计财处工作职能和人员，原市财政局所属的政府采购中心的工作职能和人员成建制划归市机关事务管理局管理。组建后的市机关事务管理局，新增了后勤宏观管理、住房统建、政府采购、车辆管理、物业管理等项职能，下设 6 个处室和 6 个服务中心。

同日 广州金悦塑业有限公司高分子塑料项目在安义县凤凰山工业园落户。王祥生、余升淮出席落户奠基仪式。

8 日 中国共产党第十六次全国代表大会在北京开幕，14 日闭幕。吴新雄出席大会。14 日，大会选举产生新一届中共委员会和中共纪律检查委员会，吴新雄当选中共中央委员会候补委员。

11 日 市政府在市政府第一会议室召集驻昌金融单位有关人员就全市金融形势情况进行座谈。李豆罗讲话指出，市委、市政府将通过大力加强政银交流合作，努力营造“多借多还、快借快还、有借有还”的信贷环境，努力实现南昌振兴、企业发展、银行获利的目标。

12 日 市政府第 13 次常务会议在市政府

原第二会议室召开。会议审议并原则同意市农村工作办公室拟订的《关于进一步加快农业产业化经营的若干措施》、市综治委办公室拟订的《南昌市见义勇为人员奖励和保护条例》、市工商局拟订的《南昌市知名商标认定和保护暂行规定》、市监察局拟订的《南昌市损害经济环境行为行政处分暂行规定》，审议市劳动局拟订的《南昌市社会保险条例》。李豆罗主持。

同日 江铃汽车集团公司设备动力部章海平、王智杰获第二届"全国优秀设备工作者"称号。

13日 市住房公积金管委会及管理中心成立。21位政府部门、用人单位、工会和职工代表被聘任为住房公积金管委会委员。李豆罗到场为受聘委员颁发聘书并为中心成立揭牌。罗为民及省建设厅领导出席。截至2002年10月，全市已办理职工个人账户开设的单位有2053个，占住房公积金缴存累计单位总数的75.26%；个人账户开户数为263379人，累计住房公积金归集余额已达7.69亿元。

同日 市总工会召开再就业工作表彰暨动员大会。史小琴等16名下岗再就业明星获颁明星奖牌。熊全柏、龚建华和省总工会领导出席。

15日 全市商贸口重点企业兑奖大会召开。南昌百货大楼股份有限公司、南昌洪城大厦股份有限公司、南昌亨得利钟表眼镜公司等三家企业分别获得68.53万元、14.07万元、33.92万元奖励。龚建华出席。

同日 市委宣传部、市个私民营经济领导小组主办的全市个私企业欢庆十六大文艺演出在红谷滩会展中心举行。孔炯、龚建华、王水苟及1000名群众观看演出。

同日 南昌市第五届工人运动会在市总工会闭幕。该届工人运动会历时69天，有284个单位、2778人次分别参加十个大项、95个单项比赛，共产生金牌97枚，共有65人次破全省工人运动会纪录，43人次破全市工人运动会纪录。南昌经开区获团体总分第一名。

同日 昌东高校园区瑶湖大道开工典礼举行。李豆罗、罗为民和省教工委副书记李小南出席开工典礼并为道路奠基培土。瑶湖大道是南昌通往景德镇的昌峡公路中的一段，西接北京东路，东连瑶湖大桥，总长7公里，路面宽60米，总投资近1亿元。

16日 吴新雄、梁小康在富豪大酒店会见到南昌投资考察的美国科勒公司电器部执行副总裁罗迪·理一行。

17日 市六套班子领导在市委六楼常委会议室召开会议，学习、传达、贯彻十六大精神。吴新雄主持并讲话。吴新雄指出，要认真学习十六大报告，全面贯彻落实十六大精神，紧密团结在党中央周围，高举邓小平理论伟大旗帜，认真实践"三个代表"重要思想，围绕南昌市"富民强市"目标，努力做好"两篇文章"，与时俱进，开拓创新，促进南昌各项事业又快又好地发展。

同日 新余市党政学习考察团一行到南昌进行为期2天的考察。双方在市委第一会议室就经济发展、城市建设以及社会各项事业发展等方面情况进行交流。吴新雄出席并讲话，李豆罗主持，王样生、杨洪基、罗为民、梁小康等出席。

18日 市委、市政府发出《关于南昌市因公出国（境）审批事项的规定》。

同日 南昌市参加第二届江西·艺术节暨第六届江西玉茗节戏剧节的剧目在井冈山剧场举行展演。市采茶剧团演出《月圆曲》《闹元宵》《病房轶事》三部南昌采茶戏。李豆罗观看演出。

同日 梁小康会见由海峡两岸交流促进会会长余松俊率领的台湾工商投资参访团一行。

19日 市委召开传达贯彻十六大精神工作部署会。会议强调，当前摆在全市各级党组织面前的中心任务，就是要按照中央和省、市委的统一部署和要求，在全市范围内迅速掀起学习、宣传和贯彻十六大精神热潮，把全市干部群众的思想和行动真正统一到十六大精神上来，把全市人民的力量和智慧凝聚到做好“两篇文章”、实现“三个率先”上来，与时俱进，开拓创新，为实现江西在中部地区崛起做出南昌应有的贡献；各县区、各部门、各单位要采取切实措施，加强学习宣传工作的领导，制定具体措施和安排，认真组织，抓好落实，推动南昌各项事业又快又好地发展。吴新雄出席并讲话，李豆罗主持，王样生、熊焕高、陈守朴等及全市副县级以上干部参加会议。会前，与会人员在市委第一会议室分会场收看全省领导干部会议实况。

市委传达贯彻十六大精神工作部署会召开

同日 由广州从玉菜业集团投资兴办的江西省现代农业（安义）示范园区在安义县黄洲镇开工建设。

20日 市政府发出《关于印发〈南昌市科学技术奖励评审规则与标准（试行）〉的通知》。

同日 梁小康在五湖大酒店会见日本香川县农协营农企划部次长村山英臣一行。

同日 吴新雄、梁小康在市委六楼贵宾厅会见宁波中强实业集团董事长、总裁陈诗歌一行。

同日 市级机构改革工作基本结束。改革后，市委设置工作机构8个；市政府工作部门由53个调整为38个，较改革前精简28%；市直各部门机关内设机构由571个减少为481个，精简16%。

21日 市委常委会议在市委办公大楼六楼常委会议室召开。会议研究同意市纪委报送的《关于市直单位纪检监察机构设置、人员编制和干部管理的意见》等请示；研究市政府党组报送的《关于报送南昌城市人口发展政策及相关建议的请示》《关于进一步改革户籍管理制度推进我市城市化进程意见的请示》。吴新雄主持。

同日 由港商沈炳麟捐资兴建的进贤温圳沥背小学庄恩楼落成。罗慧芬出席落成典礼并剪彩。

22日 市委发出《关于加强培养选拔村党支部书记工作的意见》，要求充分认识培养选拔好村党支部书记在发展农村经济、致富农民工作中的重要意义，切实增强加快农村致富步伐的紧迫感和责任感；坚持新时期德才兼备标准和与时俱进原则，真正把“靠得住、有本事”的能人选配到村党支部书记的岗位上来。

23日 南昌市第三建筑工程公司获“2002年度全国工程建设质量管理优秀企业”称号。

同日 位于青山湖区湖坊镇热心村的南昌热心陶瓷综合大市场竣工并开业。该项目总投资为3000万元，占地面积6.67公顷，建有营业铺面800多间、储备仓库3万多平方米。

26日 南昌县与香港永通发展集团股份公司签订香港永通鞋城工业园、商业街、农产品市场三个合作项目，总投资8亿多港元。吴新雄、梁小康出席签约仪式。

27日 李豆罗、梁小康在凯莱大酒店会见到南昌参观考察的澳大利亚驻上海总领事郭森若一行。

同日 市委发出《关于认真做好党的十六大精神学习宣传工作的意见》，强调当前全市宣传思想战线第一位的任务，就是要按照中央和省、市委统一部署和要求，认真组织好十六大精神的学习宣传，切实做好各项工作；一切工作都要围绕学习宣传十六大精神来展开，一切工作都要用十六大精神来检验。

同日 江西（南昌）荣锦高科技工业园首批6个入园项目签约仪式在锦峰大酒店举行。此次签约共有外资项目4个，投资额5400万美元；来自上海、温州的项目2个，投资额7000万元。吴新雄出席并讲话。他强调，要全力营造成本最低、回报最快、信誉最好、效率最高的投资环境，实施更开明开放的优惠政策；要想企业之所想，办企业之想办，为企业提供更加优质高效的服务，帮助企业发展成功。澳大利亚驻沪总领事郭森若，梁小康及省中小企业局领导出席。

28日 吴新雄、雷武江、雷元江在市委六楼会见厅会见辽宁省总商会副会长、沈阳协合集团董事长陈巨余一行。

同日 南昌市十六大精神宣讲活动动员会在红谷滩会展中心召开。会议强调，广大宣讲员要坚持理论联系实际的马克思主义学风，运用丰富的学识，通过富有感染力、说服力的宣讲，把十六大精神讲深、讲透，把全市人民的思想和行动统一到十六大精神上来，把全市人民的智慧和力量凝聚到实现十六大提出的任务上来，凝聚到做好“两篇文章”、加快南昌发展上来。吴新雄出席并讲话，熊焕高主持，马承祖出席。会后，由1000名干部组成的宣讲团，奔赴全市各社区、乡村进行十六大精神宣讲活动。

南昌市十六大精神宣讲活动动员会召开

同日 由南昌市慈善总会、市民政局、市总工会、团市委、市妇联、市残联联合发起的南昌市2002年“慈善一日捐”活动正式启动。29日，市委、市人大、市政府、市政协四套班子领导在市委第一会议室参加“慈善一日捐”活动。

同日 南昌市地方税务局直属分局正式更名为南昌市地方税务局管理局。

同日 南昌科瑞集团有限公司、南昌百瑞生物高新技术有限公司、南昌先锋软件股份有限公司、江西清华泰豪科技集团有限公司等江西省7家企业被中华全国工商联合会等单位评为“中国优秀民营科技企业”。

29日 省旅游局和市政府在滕王阁举行仪式，欢迎境外千人包机旅游团的首批新加坡游客。省市领导朱英培、李豆罗及省旅游局领导出席。

同日 省市药监局集中、公开销毁假冒伪劣药品、医疗器械。这次销毁假冒伪劣药品、医疗器械共480余种，330余件，货值35万元。

同日 南昌市国土资源局和南昌市地产交易中心正式成立。吴新雄揭牌并讲话，杨洪基、孔炯、王水苟及省国土资源厅领导出席。

30日 吴新雄、杨洪基在市委六楼贵宾厅会见到南昌投资考察的欧洲POSO国际公司董事长陈银申一行。

同日 吴新雄、卢晓健在市委六楼贵宾厅会见台湾台扬国际机构董事长苞东辉率领的考察团一行。

同日 全市2003年度公开考试录用国家公务员（机关工作人员）现场报名工作在红谷滩会展中心举行。全市共有108个部门381个职位，向全国公开考录主任科员以下非领导职务的国家公务员。王梓生、雷武江、马承祖、余升淮、姚燕平、罗文华、关德华等现场考察报名工作。

2002
12月
December

公元2002年12月							农历壬午年【马】						
日	一	二	三	四	五	六	日	一	二	三	四	五	六
1 廿七	2 廿八	3 廿九	4 初一	5 初二	6 初三	7 大雪	8 初五	9 初六	10 初七	11 初八	12 初九	13 初十	14 十一
15 十二	16 十三	17 十四	18 十五	19 十六	20 十七	21 十八	22 冬至	23 二十	24 廿一	25 廿二	26 廿三	27 廿四	28 廿五
29 廿六	30 廿七	31 廿八											

1日 荷兰客商Joep一行在南昌市碟子湖风景区就大型旅游风景综合项目的规划及开发建设进行实地考察。吴新雄、梁小康等陪同考察。

同日 李豆罗、罗为民在凯莱大酒店会见厅会见中国环境科学研究院副院长兼总工程师、中国环境标志产品认证委员会秘书处主任夏青教授。

同日 南昌市在红谷滩会展中心举办环保知识讲座。环保专家夏青为全市各级政府和企事业单位的领导讲授ISO 14000环境管理体系知识。熊焕高、雷武江、周根保、张国华和省环保局领导等听取讲座。

3日 吴新雄、李豆罗在江西宾馆会见中国普天信息产业集团公司总裁欧阳忠谋一行。吴新雄在会见时指出，南昌制造成本低廉，可为企业立足国内、面向国际构筑综合竞争优势创造良好的条件；更为重要的是，当前所有工作的出发点和落脚点，都是把发展作为第一要务，为投资者营造安全、诚信、高效、文明的成功环境。

同日 吴新雄、梁小康在市委六楼会见厅会见台湾怡和创业投资集团董事长王伯元、香港贺氏国际企业集团董事长贺大行一行。吴新雄在会见时指出，南昌在全方位扩大对内对外开放的基础上，实行比沿海地区更加开明开放的政策，积极营造成本最低、回报最快、信誉最好、效率最高的投资环境。

同日 科技部授予南昌市民营科技园“全国十佳民营科技园区”称号。卢晓健出席授牌仪式。

4日 市政府第20次市长办公会议在市政府原第二会议室召开。会议审议并原则同意南昌城市建设投资发展有限公司《关于积极盘活资产支持红谷大厦建设有关事项的通知》、市民政局《关于提高我市城市居民最低生活保障标准的再请示》。李豆罗主持。

同日 南昌经开区管委会与中国普天信息

产业集团公司南昌信息产业园项目签约仪式在市委第一会议室举行。吴新雄、李豆罗、杨洪基，中国普天信息产业集团公司总裁欧阳忠谋等出席签约仪式。

南昌经开区管委会与中国普天信息产业集团公司南昌信息产业园项目签约仪式举行

同日 进贤县人民政府与香港天龙集团公司在进贤县委小会场举行创办江西温福高科技工业园签约仪式。该工业园由香港天龙国际投资集团有限公司独资创办，首期计划投资 1000 万美元，开发面积 66.67—100 公顷。

5 日 市政府第三轮行政审批制度改革会议召开。这次改革在前两轮的改革基础上，再取消 10%左右的现行审批事项；消减一批与市场经济明显不相适应的申报材料、审查内容和审批环节，进一步规范保留的审批事项和行政审批事项，完善行政审批约束机制，建立中介服务体系，基本形成与国际惯例相适应的行政审批制度。李豆罗出席并讲话，杨洪基主持。

同日 全市整治城乡接合部及铁路沿线市容环境部署会议召开。会议通报全市整治城乡接合部及铁路辖区、沿线市容环境实施方案。吴新雄出席并讲话，李豆罗主持，卢晓健、罗为民出席。

6 日 吴新雄、李豆罗率南昌市党政代表团一行赴赣州、抚州两市就工业园区建设进行为期 2 天半的实地考察。

同日 江西洪都飞机工业有限公司成立。中国航空工业第二集团公司总经理张彦仲，省市领导凌成兴、李豆罗等为公司成立揭牌。

同日 市地税办税中心大楼开工典礼在朝阳洲西滩工地举行。龚建华、省地税局局长雍忠诚出席。新建的市地税办税中心占地 4900 多平方米，总面积 12500 平方米。办税中心内设多功能办税服务厅、智能信息中心，实现集中办税、一站式服务。

8 日 全市农业产业化经营工作会议召开。会议强调，各地要把推进农业产业化当作当前农业工作的主线，探索产业化经营的新途径。通过优化产业布局，培植龙头企业群体，提高科技含量，创新农业组织形式等措施，提高农业产业化水平，实现全市农村经济跨越发展。蔡社宝、肖永政、戴和旺等出席。

同日 江铃陆风汽车公司在广东东莞举行新闻发布会，正式宣告陆风休闲越野车上市。

9 日 吴新雄、梁小康在市委六楼贵宾厅会见到南昌投资考察的香江集团董事长刘志强一行。

同日 南昌城市建设投资发展有限公司与南昌市东方实业有限公司就原市政府大院整体出让项目签约仪式举行。李豆罗、龚建华出席。

同日 市政府采购中心正式迁往红谷滩中心区办公。市财政局所属的政府采购中心的工作职能和人员成建制划归市机关事务管理局管理。

10 日 市委八届四次全体（扩大）会议在红谷滩会展中心召开。会议总结 2002 年工作，明确 2003 年全市工作的指导思想、目标任务和关键措施，动员全市人民大力弘扬与时俱进、开拓进取的时代精神，凝聚合力，聚焦发展，以创造性工作，不断开创各项工作新局面，在全面建设小康社会的征程上迈出坚实的步伐。吴新雄作题为《全面贯彻“三个代表”

重要思想，与时俱进、开拓创新、凝聚合力、加快发展，全力以赴开创南昌各项工作新局面》的讲话。李豆罗就如何贯彻落实此次全会精神提出要求。全会由市委常委会主持，市委委员、候补委员出席。市纪委委员和不是市委委员、候补委员的市人大、市政府、市政协党组成员，南昌军分区司令员、政委；各县区委常委、人大常委会主任、正副县长、政协主席；市委各部门、市直各单位、市驻外办事处党员主要负责人；市属大专院校党委书记；中央、省及市属重点企业党员主要负责人、部分个私民营企业主要负责人列席。

市委八届四次全体（扩大）会议召开

同日 李豆罗、罗为民在锦峰大酒店会见由呼和浩特市领导柳秀、王振义率领的呼和浩特市党政代表团一行。

同日 2002年度首批新兵起送仪式在南昌火车站举行。省市领导郝敬民、王飚、杨洪基、李家润、张国华等出席欢送仪式。

11日 吴新雄在江西宾馆迎宾厅会见TCL集团总裁李东生一行。

同日 全市村党支部书记“双带”致富工程项目对接协调会在市委第一会议室召开。20个“双带”致富项目签约。会议强调，各级领导要知实情、谋实招，充分发挥农村村党支部书记和龙头企业、农村经济人的作用，突破重点、难点，为农村经济发展创出一条新路；村党支部书记要树立信心，讲究科学，抓牢市场，真正做到既自己带头致富又带领群众致富。吴新雄出席并讲话，马承祖、蔡社宝、肖永政等出席。

12日 应荷兰RDM集团的邀请，李豆罗率市政府代表团一行赴荷兰进行为期12天的考察。在荷兰考察期间，市政府代表团与荷兰RDM集团就碟子湖景区欧洲城项目进行深入洽谈。

同日 由南昌市汽车维修与检测行业协会携全球汽车售后产品市场的领导者，3M中国公司，NEXA AUTO COULOR专业油漆、埃克森美孚中国公司等多家世界500强跨国公司在南昌举办首次“如何在激烈的竞争中立于不败之地”管理论坛及核心研讨会。全省汽车服务行业的350余家企业的管理决策人员参加研讨。

同日 在北京召开的第六届中华技能大奖和全国技术能手表彰会上，江铃模具厂青工袁政海获“第六届中华技能大奖”，江铃公司获“国家技能人才培育突出贡献奖”。

13日 南昌香江商贸中心开工奠基仪式举行。该中心由香江集团投资30亿元兴建，规划占地面积133.33公顷，位于解放东路与青山湖大道交汇处。全国人大常委会副委员长王光英、全国政协副主席孙孚凌专程发来贺电，吴新雄、陈守朴、卢晓健、罗时杰，省工商联党组书记舒国华、省委统战部助理巡视员黄孝忠以及香江集团董事长刘志强出席开工奠基仪式。

同日 同济规划建筑设计有限公司（市第二城市规划建筑设计院）揭牌仪式在经济大楼举行。吴新雄、周根保、杨洪基等出席。

14日 吴新雄、蔡社宝、雷元江在市委六楼会见厅会见到南昌考察的香港长庚控股有限公司董事长符长庚一行。

同日 吴新雄、卢晓健、梁小康和省台办主任崔琳在江西宾馆迎宾厅会见台湾顶新国际集团顶益控股有限公司中国区董事长赵慧敬一行。

同日 市100户重点个私民营企业（青山湖区）现场办公会召开。来自公安、公交、建委，以及市工商、银行等单位负责人与个私民营企业家面对面交流，就企业提出的公安办证、上户以及土地、房产证、融资等19个问题逐个进行现场协调解决。蔡社宝、余升淮、龚建华、雷元江等出席。

15日 吴新雄、梁小康和省台办主任崔琳在市委六楼会见厅会见台湾英业达集团副董事长温世仁一行。

同日 南昌市摩托车运动俱乐部正式成立。孔炯出席揭牌仪式。

17日 梁小康会见由中华兆业（控股）有限公司CEO黄茂如率领的深圳市企业家代表团一行。

同日 南昌市教育局和无锡市教育局全面合作协议签字仪式在江西宾馆举行。罗慧芬、无锡市副市长麻建国出席。

同日 胜利广场建设工程正式全面启动。该工程是东湖区重点招商引资项目，位于胜利路步行街，总投资2.46亿元，总面积7万多平方米，建设集休闲购物、娱乐、商住公寓和国际餐饮为一体的综合性大型现代建筑群体。

18日 以北方交通大学交通运输学院院长杨浩为组长的公安部、建设部畅通工程专家评估组到南昌，对全市畅通工程进行验收评估。19日，专家评估组在市政府小礼堂听取南昌市实施畅通工程工作情况汇报。杨洪基、余升淮，省公安厅交警总队负责人等出席汇报会。

19日 吴新雄、周根保、罗为民、梁小康等在江西宾馆会见台湾元鼎国际建设（股）有限公司董事长陈子明一行。

同日 青山湖体育公园开工典礼举行。新规划的青山湖体育公园位于青山湖以南的洪都大道与南京东路交汇处，以森林与健康为主题，总面积达10.8万平方米，是市中心城区规模最大，集休闲、观光、健身于一体的体育公园。吴新雄出席并致辞，陈守朴、马承祖等出席。

青山湖体育公园开工典礼举行

20日 吴新雄、梁小康在市委六楼会见厅会见香港融侨集团董事长林文镜一行。

21日 全市年轻干部座谈会召开。吴新雄出席并讲话，强调年轻干部要以正确的价值定位、做大事的思想，在发展经济和改善人民群众生活水平的工作实践中，在做好“两篇文章”、实现富民强市的事业中，不断增长才干，敢有作为、善有作为。马承祖主持，熊焕高出席。

同日 全市再就业工作会议在市委第一会议室召开。杨洪基通报近几年全市实施再就业工程情况。吴新雄出席并讲话，熊焕高主持，周根保、马承祖、蔡社宝等出席。

22日 南昌市慈善医院在市第三医院挂牌成立。吴新雄、陈守朴等出席揭牌仪式并为首批100名救助对象发放慈善医疗救助卡。

23日 市委、市政府在市委第一会议室召开外商投资企业代表新年座谈会。吴新雄出席并致辞，代表市委、市政府向各位外商投资企业祝贺新年，希望已在南昌投资的企业抓住机遇，适时增资扩股，先人一步抢占市场，并多加宣传南昌，围绕如何塑造南昌“四最”品牌，建言献策，以带动更多的企业家到南昌投资兴业。梁小康主持，马承祖、杨洪基、余升淮出席。应邀出席座谈会的外商共120余名。

24日 市委办公厅、市政府办公厅发出《关于表彰创建全国文明城市工作先进单位的通报》，表彰在创建“全国文明城市工作”活动中取得显著成绩的东湖区政府等50个单位。

26日 南昌航空工业学院新校区建设开工奠基仪式在红角洲举行。新校区占地150.3公顷，总投资预计8亿元，总建设面积达65万平方米，可容纳学生2万人。省市领导吴新雄、卢秀珍、黄懋衡、黄定元、熊焕高、卢晓健出席。

同日 江西万基药物研究院、江西金水康药业有限公司、江西省药物研究所博士后科研工作站在南昌高新区“江西医药港”举行异地改造新址建设奠基仪式。关德华出席。

27日 市委常委会议在市委办公楼六楼常委会议室召开。会议研究同意市人大常委会党组报送的《南昌市第十二届人民代表大会第四次会议主席团和秘书长建议名单（草）》《南昌市第十二届人民代表大会第四次会议主席团常务主席建议名单（草）》等；市委统战部报送的《政协南昌市第十一届委员会增补人选建议名单》《政协南昌市第十一届委员会建议辞去委员名单》等；市委农村工作部报送的《关于成立南昌市村党支部书记“双带”致富工程领导小组的请示》；原则同意市政府党组报送的《关于进一步加快农业产业化经营的若干措施的请示》、市纪委报送的《关于下发〈南昌市领导干部任前党风廉政教育谈话制度（试行）〉的请示》；同意《关于将江西科技师范学院纳入南昌科技大学整合办学的请示》；研究有关人事事项。吴新雄主持。

同日 全市党员负责干部会议在红谷滩会展中心召开。会议传达贯彻中央经济工作会议精神，明确全市2003年的经济工作思路，并对2003年元旦春节期间的工作进行部署。吴新雄、李豆罗、熊焕高分别讲话，陈守朴、雷武江、周根保等出席。

同日 李豆罗、杨洪基在锦峰大酒店会见景德镇市赴南昌学习考察团团长、景德镇市委副书记陈永华一行。

29日 李豆罗、卢晓健在滕王阁会见厅会见荷兰RDM集团中国首席代表开斯一行。

同日 南昌大学前湖校区破土动工。新校区占地面积226.7公顷。建筑面积预计近100万平方米。总投资10亿元，可容纳3万名学生。

同日 南昌县五大投资项目招商引资签约仪式在莲塘镇政府举行。南昌县与上海平海投资有限公司、香港迅捷集团有限公司、比特科技有限责任公司、浙江广华实业发展有限公司达成县城区基础设施建设、南昌国际网球俱乐部、服装、电子信息、制鞋制衣等协议，投资总金额近4.8亿元。吴新雄等出席签约仪式。

30日 市委、市政府发出《关于贯彻赣发〔2002〕13号文件进一步做好我市下岗失业人员再就业工作的通知》，要求认清形势，提升认识，把进一步做好下岗失业人员再就业工作作为实践“三个代表”重要思想的重要内容；理清思路，把握重点，努力走出一条符合实际，既能促进下岗失业人员再就业，又能保持经济持续快速健康发展的路子；加强组织领导，建立健全机构，加大资金投入，确保下岗失业人员再就业工作见到实效。

同日 市政府发出《关于印发〈南昌市知名商标认定和保护暂行规定〉的通知》。

同日 全市农业综合开发流动现场会在新建县松湖镇召开。蔡社宝、戴和旺，省农业综合开发办主任章康华出席。

31日 市政府第21次市长办公会议在市政府原第二会议室召开。会议审议并原则同意市计委《关于南昌市2002年国民经济和社会发展计划执行情况与2003年国民经济和社会发展计划草案的报告》《关于2003年为民办实事（20项）计划建议》和市财政局《关于2002年市本级财政总预算执行情况和2003年市本级财政总预算（草案）的报告》《关于2003年市本级财政收支预算安排情况的请示》。李豆罗主持。

是 年

是年 南昌在城市建设和规划上提出“三个率先”，即率先实现工业化、率先建立社会主义市场经济体制、率先实现建设现代文明花园城市；规划用10年左右时间，把南昌建设成为一个中心城人口达300万人，中心城用地面积达300平方公里的现代化区域中心城市。

2003

生米大桥正式动工建设

概 要

2003年，市委、市政府紧紧围绕做大做强南昌的目标，按照建设现代区域经济中心城市和现代文明花园英雄城市的要求，解放思想，与时俱进，开拓创新，扎实工作，全年经济社会发展取得比预料好的成绩，继续呈现出人心思上、人气兴旺、经济加速、城市变样的喜人局面，实现了“一年有个新变化”的要求。

经济快速增长 国内生产总值比2002年增长15.5%，增长率达到1997年以来最高水平；规模以上工业增加值129.7亿元，工业占GDP比重首次超过一半，达到52%，工业主导型经济结构开始形成；固定资产投资增长67.9%，增幅在全国27个省会城市中位居前列；新安置就业7.57万人，就业状况超过预期目标；居民收入增长较快。

经受“非典”、洪涝及干旱考验 4月份以来，“非典”疫情在全国部分地区流行，给人民群众生命健康带来严重威胁。为应对疫情，南昌市成立防治非典型肺炎指挥部，制定预案，建立24小时值班及疫情日报、零报告制度，调拨大量财政经费完善公共医疗卫生设施，举办医务人员及防疫人员培训班，开展应急模拟演练，形成连接市、县、乡、村的4级公共卫生信息与传染病疫情报告网络。通过全市人民的努力，实现非典零纪录目标，保住了南昌市的“一片蓝天、一方净土”。5、6月份，南昌市经历有历史记载以来最大最集中的强降雨，洪涝灾害十分严重，全市各部门团结奋斗，科学调度，实现“不倒堤、不垮坝、城区不受涝”的防洪目标，取得抗洪抢险的重大胜利。7—9月，全市持续高温少雨天气，遭遇百年不遇的严重干旱，通过多方协力抗旱，缓解受旱农田5.78万公顷，有效控制农作物损失，实现农业大旱之年不减收的抗旱目标。

深化改革、扩大开放 坚持解放思想、实事求是、与时俱进，深化国有企业改革，进一步建立健全国有资产运营体制和监管机制，放手发展个私民营经济，同时加快社会民生事业领域改革步伐，转变政府职能，实现行政管理体制创新，建立适应社会主义市场经济运行规律的机制体制。在对外开放上继续坚持“大力突破外贸，积极扩大外贸，创造条件启动外经”的总要求。对外开放步伐进一步加快，招商引资力度进一步加大，招商引资各项主要指标在原有基础上再接再厉，持续快速增长，引资总额名列中部省会城市前茅。结构优化，二产项目实际进资93.5亿元，占全年实际进资额的49.6%，规模扩大，引进超亿元项目65个。全球三大制冷制造商之一——格林柯尔、全国最大造纸集团——山东晨鸣纸业、三星奥克斯、东元电机、美国科勒等重大项目纷纷落户南昌。9—10月举办的2003年中国南昌第二届金秋经贸活动月上，共签订项目206个，共引进外资5.35亿美元，引进内资99.03亿元。

维护社会稳定 为巩固为期2年的严打整治斗争成果，进一步提高新形势下对社会治安的控制能力，4月，市委、市政府下发《关于加强社会治安防控体系建设的工作意见》，在全市拉开社会治安防控体系建设的序幕。5月，召开全市社会治安防控体系建设千人誓师大会，6月，组织全市处置重大警情模拟演习，9月，出席全国社会治安综合治理工作会议的中央领导和与会代表参观全市社会治安防控体系建设先进单位，并给予高度评价。防控体系启动运转后在维护社会治安的实践中取得显著效果：全市全年刑事发案下降，没有发生重大影响的恶性刑事案件，没有发生重大群死群伤治安灾害事故，没有发生重大群体性事件，社会治安总体平稳。

五大文明工程建设 为推进现代文明花园英雄城市精神文明建设，6 月，市委、市政府制定下发《关于全面推进现代文明花园英雄城市精神文明建设的若干意见》，在全市实施精神文明建设“五大工程”：即文明表率工程、文明社区工程、文明市民工程、文明行风工程、文明村镇工程。“五大文明工程”是南昌市全年精神文明创造的一大手笔，得到人民群众的支持和参与，进一步增强全市上下凝聚力、向心力，在全社会形成人人讲文明，个个做贡献的良好风尚和精神风貌。

推进就业再就业 1 月，市委、市政府举办首批安置“4050”下岗职工奖励暨再就业小额贷款发放仪式，在全省率先启动再就业小额担保贷款。全年全市共举办“春季就业再就业招聘会”“千名‘4050’就业困难人员专场招聘会”等 5 场大型招聘洽谈会。为提高就业服务水平，南昌市全面启动“送技能”和创业培训工程，全年举办再就业培训班 169 期，免费培训下岗职工 1.91 万人；举办创业培训班 12 期，免费培训创业学员 2167 人，其中 887 人实现创业，带动就业 2668 人；举办大学生创业培训班 4 期，培训学生 178 人。全年全市安置就业 7.57 万人，其中城镇新增从业人员 3.46 万人，下岗失业人员再就业 4.11 万人，城镇失业登记率为 3.32%。

全市 2003 年主要经济指标情况 国内生产总值 641.02 亿元，按可比价格计算，比 2002 年增长 15.5%。其中，第一产业增加值 52.82 亿元，比 2002 年增长 4.4%；第二产业增加值 324.16 亿元，增长 18.9%；第三产业增加值 264.04 亿元，增长 13.1%。财政收入增势良好，全年财政总收入 76.47 亿元，比 2002 年增长 22.9%，地方财政一般预算收入 31.41 亿元，比 2002 年增长 22%，其中增值税 4.63 亿元，增长 18.5%；营业税 11.89 亿元，增长 33.3%；契税 2.81 亿元，增长 82.6%。

2003 1月 January

公元2003年1月							农历癸未年【羊】						
日	一	二	三	四	五	六	日	一	二	三	四	五	六
			1 元旦	2 三十	3 初一	4 初二	5 初三	6 小寒	7 初五	8 初六	9 初七	10 初八	11 初九
12 初十	13 十一	14 十二	15 十三	16 十四	17 十五	18 十六	19 十七	20 大寒	21 十九	22 二十	23 廿一	24 廿二	25 廿三
26 廿四	27 廿五	28 廿六	29 廿七	30 廿八	31 除夕								

1日 南昌海关走私犯罪侦查局更名为南昌海关缉私局。更名后的南昌海关缉私局除原有侦办走私犯罪案件职能之外，还增加查处走私违规案件职能。

2日 全省第一部双拥工作地方性法规——《南昌市拥军优属条例》正式颁布实施。主要内容包括对军人、军属、革命伤残军人、在乡红军老战士、军队离退休人员的优抚、安置、医疗、子女入学等作出规定；要求各级政府加强拥军优属工作的组织领导，各部门应支持和配合部队完成军事训练、战备勤务、防卫作战、科研试验、国防施工、抢险救灾、提高军事斗争准备整体水平、发展农副业生产，明确各单位安置转业干部、退伍士兵、随军家属就业和接受子女入学入托等所担负的职责和义务，同时还对违反条例规定的单位和领导应承担的法律责任作了进一步明确；确定每年7月26日至8月1日为全市拥军优属宣传教育活动周。

同日 吴新雄、梁小康在市委六楼贵宾厅会见美国康华国际集团公司总裁李百足一行，并出席该公司与南昌民营科技园的签约仪式。美国康华国际集团公司是总部设在纽约，下设五个专业公司的集团企业。该公司决定投资4000万美元在南昌兴建江西康华高新产业园。该项目占地18.13公顷，生产销售铜铝管材、具有国际先进技术的静电涂布及计算机软硬件开发。

3日 市委、市政府发出《关于进一步加快农业产业化经营的若干措施》，要求加快区域化布局、专业化生产的特色农产品基地建设，扶持有竞争力、辐射力、带动力强的农业龙头企业，培育农村各类专业合作经济组织和商品经纪人队伍。

同日 全市首批安置“4050”下岗职工奖励暨再就业小额贷款发放仪式在市劳动和社会保障局三楼会议室举行。吴新雄出席并讲话，要求各级领导把再就业工作作为“头号工程”

来抓。李豆罗、杨洪基出席。

同日 南昌市妇女创业服务中心成立。吴新雄、省妇联副主席孙雅光为中心成立揭牌，凌学仁出席。

4—7日 市政协十一届三次会议在红谷滩会展中心召开。出席会议的委员345人。会议听取吴新雄的重要讲话、市政协十一届委员会常务委员会工作报告和关于市政协十一届二次会议以来提案工作情况的报告；通过提案审查情况的报告、市政协十一届三次会议决议以及其他有关事项。会议补选周关为市政协十一届委员会副主席，黄凯为市政协十一届委员会秘书长，甘水英、孙卫平、杜晓晖、李佩文、李美玲、李家彬、吴欣康、邱胜、涂宗勤、魏宏平为市政协十一届委员会常务委员会委员。陈守朴主持，李豆罗、王样生、熊焕高等出席。

5日 以中纪委副书记刘峰岩为组长的中办、国办督查组分成3个小组到东湖区八一桥街办劳动保障和服务站、南昌电缆厂、华昌制衣有限公司、鲜徕客食品有限公司、市洁佳物业管理保洁公司、南昌衡器总厂，督查学习、贯彻、落实十六大精神和困难群众生活保障情况。省市领导彭宏松、杨洪基、凌学仁陪同。同日，在市委六楼会议室召开相关情况汇报会。省市领导彭宏松、李豆罗、王样生等出席。

同日 “血染的丰碑”——上饶集中营革命斗争事迹爱国主义教育全国巡回展南昌展开幕式在江西革命烈士纪念堂举行。省委常委、宣传部长刘上洋出席并讲话。省委常委、上饶市委书记余欣荣主持开幕式，省市领导黄名鑫、黄定元、周日扬等以及来自省市直机关干部，解放军、武警官兵，大、中、小学生，新四军研究会和社会各界人士共300余人出席。

5—7日 市十二届人大四次会议在红谷滩会展中心召开。出席会议的代表407人。会议听取和审议市政府工作报告、关于南昌市2002年国民经济和社会发展计划执行情况与2003年国民经济和社会发展计划草案的报告、关于2002年市本级财政总预算执行情况和2003年市本级财政总预算草案的报告、市人大常委会工作报告、市中级人民法院工作报告和市人民检察院工作报告，审议通过相应决议。会议补选邱娥国、张云晃、胡群正、涂赞珠、黄茶花为市十二届人大常委会委员；选举产生79名南昌市出席江西省第十届人民代表大会第一次会议代表。

市十二届人大四次会议召开

6日 江西铜业集团与美国耶兹公司组建的“江铜——耶兹公司”，在江西宾馆举行落户南昌高新区年产6000吨铜箔项目签约仪式。省市领导黄智权、凌成兴、梁小康出席。

8日 市公安局召开颁发企业赴港澳商务资格认定证书会议。余升淮出席会议并向汇仁集团公司等首批50家企业颁发证书。

10日 蛟万公路拓宽改造工程开工仪式举行。蛟万公路西起江西行政管理学院，东至庐山南大道，全长4000米，是20世纪70年代修建的老路。竣工后的蛟万公路西可与开发区城市外环联通，东与庐山南大道及修建中的白水湖规划二路连接，该工程预计耗资1000万元。

同日 庆祝南昌市荣获“全国文明城市”称号集会在红谷滩会展中心举行。吴新雄为

“全国文明城市”奖牌揭牌并讲话。李豆罗主持，王样生、陈守朴等出席。南昌日报社等50个单位获“创建全国文明城市工作先进单位”称号。

11日 南昌科技扶贫示范园落户新建县签约仪式在新都宾馆举行。示范园位于新建县乐化镇，占地总面积266.67公顷，项目总投资5亿元。园区将实现无公害农产品精深加工、产品展销推广和农业技术咨询、服务、培训等功能。省市领导吴新雄、孙用和、李豆罗等出席。

同日 全市万名机关干部、环卫职工和驻昌部队官兵参加全市创建“国家卫生城市”万人整治大行动。吴新雄、李豆罗等参加。

同日 全市安全稳定工作会议在市委第一会议室召开。会议对全市当前的安全稳定工作进行再动员、再部署、再落实。会议强调，当前安全稳定工作必须达到六个目标，即坚决防止发生敌对分子滋事捣乱事件，坚决防止发生重大群体性事件，坚决防止发生群众纠纷械斗事件，坚决防止发生重大恶性刑事案件，坚决防止发生群死群伤等重大治安灾害事故，坚决防止“法轮功”邪教组织人员进京和在该市聚集滋事。王样生出席并讲话，杨洪基、余升淮、龚建华，市中级人民法院院长敖庆沸、市人民检察院检察长崔可夫等出席。

12日 全市信息化领导小组第二次会议在市发展计划委会议室召开。会议强调，各级要明确重点、讲究实效、项目推进、狠抓落实，用经营城市的理念发展政府信息资源，用抓系统工程的手段实施好信息化建设项目，充分利用已建成的统一网络物理平台，加快全市政务信息化建设，努力把信息产业和软件业培育成全市的支柱产业。李豆罗、杨洪基等出席。

同日 世界500强之一的德国蒂森克虏伯集团与西湖区政府及江西福泰房地产置业有限公司签订合作协议。李豆罗、杨洪基，蒂森电梯有限公司中国区销售总监福莱塔克等出席。

15日 南昌高新区艾溪湖环湖景观路（一期）竣工典礼举行。艾溪湖环湖景观路全长12公里，沿湖以绿化造林为主，大量种植乔木，配合灌木花草，形成环湖滨水森林带。湖畔建设生态湿地公园、水族公园、风帆远影、科技明珠等12个主题公园，使整个艾溪湖为绿色所环抱，最大限度地保持艾溪湖生态环境。吴新雄、李豆罗、王样生等出席。

16日 南昌市与德国柏林水务国际有限公司就南昌青山湖污水处理厂项目正式签约。罗为民出席签约仪式。青山湖污水处理厂是一个日处理生活污水33万吨的大型污水厂项目，也是南昌市第一个采取特许经营权转让方式，利用外来资金进行公共事业投资的项目。该项目预计投资总额2.8亿元。

同日 第一责任人汇报党风廉政建设和反腐败工作情况会议在市纪委六楼会议室召开。湾里区、市城市管理局、市农业局第一责任人分别汇报近年来开展党风廉政建设和反腐败工作情况。王样生出席并讲话，要求各级党组织和领导干部不断提高思想认识，增强贯彻落实党风廉政建设责任制的责任意识，按照责任制规定的要求，认真抓好落实工作，为南昌市实现“富民强市”目标做出积极贡献。

22日 由省政府和浙江大学合作建设的浙江大学国家大学科技园（江西）奠基暨江西浙大中凯科技园发展有限公司揭牌仪式在南昌高新区举行。浙大科技园（江西）位于高新区内，占地30公顷，包括浙大网新江西软件园、浙大数码纺织科技产业园等一批高技术产业化项目。省市领导黄智权、吴新雄、李豆罗，浙江大学党委书记张浚生、副校长程家安等出席。

同日 全市国税工作会议在红谷滩会展中心召开。会议要求各级国税部门与时俱进，改革创新，坚持税收经济观，全面完成2003年各项国税工作任务，为南昌率先在江西实现崛起、全面建设小康社会做出新贡献。李豆罗出席并讲话。

同日 市直机关党的工作会议在市委第一会议室召开。马承祖出席并讲话，要求全面提高机关党员和干部队伍的整体素质，适应时代需求，为优秀机关干部脱颖而出提供有力的组织保证。

24日 中强江西工业园正式落户南昌高新区签约仪式在富豪大酒店举行。该项目由宁波中强实业集团投资1.5亿元开发建设，占地40公顷，分三期在两年半内建成，主要引进德国先进技术，由中强集团与德国公司合作生产小型机械，产品以出口为主，在建成后的第5年可实现年出口创汇1亿美元，可提供2500—3000个就业岗位。吴新雄，省政府副秘书长肖四如，市长助理黄春平及宁波中强集团公司董事长陈诗歌出席。梁小康主持。

同日 省市各界人士聚集滨江宾馆座谈，纪念江泽民台湾问题重要讲话发表八周年。吴新雄出席并讲话，强调要调动一切积极因素，运用各方面的有利条件，把争取台湾民众对祖国的向心力、对“一国两制”的认同感，贯穿到对台各项工作中去。省市领导朱英培、张华康、熊焕高等以及来自省市有关涉台窗口单位、大专院校、各民主党派、台胞台属代表共150余人参加座谈会。

同日 省委决定：余欣荣任中共南昌市委委员、常委、常务副书记（主持市委日常工作）。

25日 市委常委会议在市委六楼常委会议室召开。会议研究同意市政府党组报送的《关于进一步加强下岗失业人员再就业工作的若干意见》《关于2003年全市加快发展开放型经济的若干意见》《南昌市加快花园城市建设若干意见及2003年主要目标任务》《关于切实做好2003年农业和农村工作的意见》《关于贯彻〈人口与计划生育法〉，加强我市人口与计划生育工作的若干意见》《南昌市城市人口发展的若干政策（试行）》《关于进一步改革户籍管理制度，推进我市城市化进程的意见》，市人大党组报送的《南昌市2003年立法计划》，市纪委报送的有关请示，市委组织部报送的《关于进一步加强党的建设的若干意见》《关于对党政一把手贯彻“发展是第一要务”精神进行考核的若干意见》，市委政法委报送的《关于进一步加强社会治安综合治理和维护社会稳定的若干意见》，市发展计划委员会报送的《关于南昌市2003年房地产开发总量计划及指标分配建议》；研究有关人事事项。吴新雄主持。

26日 35个招商引资项目开工、竣工仪式在青山湖区举行。35个项目总投资1.2亿美元、9.94亿元，投资在5000万元以上的企业有8个。吴新雄、余欣荣、李豆罗等出席。

30日 全市社会稳定、安全工作会议在市公安消防支队会议室召开。会议通报全市社会治安稳定工作情况和消防安全工作情况，部署工作任务。余欣荣出席并讲话，余升淮、龚建华等出席。

31日 市委、市政府发出《关于2003年全市加快发展开放型经济的若干意见》，强调把握总体要求，明确目标任务；突出重点，抓住关键，切实提高招商引资水平；强化主战场意识，做强、做大、做特、做优工业园区；进一步优化投资环境，打响“四最”品牌；强化协调，扩大交流，提高整体竞争能力；加大宣传力度，进一步营造加快开放型经济发展的浓厚氛围；积极扩大外贸，创造条件启动外经；强化组织领导，确保目标任务的顺利完成。

同日 市委、市政府发出《关于进一步加强社会治安综合治理和维护社会稳定工作的若干意见》，要求强化维护改革、发展和稳定大局的职责，切实增强综治工作的忧患意识和服务意识；强化防控管打网络的体系，加强完善综治和维稳长效管理机制；强化治安重点难点的治理，不断提高专项整治工作的实效；强化综治和维稳队伍的建设，大力创新工作方法和改进工作作风；强化对综治和维稳工作的领导，严厉督促各项激励措施和各级组织保障的落实。

同日 市委、市政府发出《关于切实做好2003年农业和农村工作的意见》，要求突出抓好农业和农村经济结构调整，努力做大做强优势产品和优势产业；加快农业产业化发展进程，积极构建现代农业经营模式；壮大农村经济发展带头人队伍，加速推进农民致富奔小康的步伐；推进科技创新和体制创新，不断健全农业发展的支持保护和社会服务体系；提高农业对外开放水平，致力建立多元化农业投融资机制；统筹城乡经济社会发展，不断加快农村城镇化进程；全面落实党在农村的基本政策，进一步强化农村基层组织建设和精神文明建设；创新农业和农村工作理念和方法，切实加强对农业和农村工作的领导。

同日 市委办公厅、市政府办公厅在红谷滩会展中心东厅举行2003年春节团拜会。吴新雄出席并致辞，李豆罗主持。市委各部门、市直各单位主要负责人，大专院校、市政府驻外机构主要负责人等共300余人参加。

是月 南昌市公安局公交分局正式成立。余升淮出席挂牌仪式。新成立的公交分局从管理体制上进行改革，列入地方公安机关序列，市公交总公司不再参与管理。

是月 由南昌高新区留学人员企业江西中德生物工程有限公司和江西中德联合研究院共同开发的“真菌毒素胶体金免疫层析快速检测”项目在京通过专家组评审，并以高分入选科技部“十五”国家重大科技攻关项目食品安全关键技术专项。

2003
2月 February

公元2003年2月							农历癸未年【羊】						
日	一	二	三	四	五	六	日	一	二	三	四	五	六
						1 春节	2 初二	3 初三	4 立春	5 初五	6 初六	7 初七	8 初八
9 初九	10 初十	11 十一	12 十二	13 十三	14 十四	15 元宵节	16 十六	17 十七	18 十八	19 雨水	20 二十	21 廿一	22 廿二
23 廿三	24 廿四	25 廿五	26 廿六	27 廿七	28 廿八								

1日　象湖风景区正式开园。吴新雄、余欣荣、李豆罗等出席开园庆典并剪彩。

象湖风景区正式开园

8日　全市开放型经济工作会议在红谷滩会展中心召开。会议表彰全市2002年度招商引资工作及出口创汇先进单位和个人，并对2003年全市开放型经济发展进行部署和动员。2002年，全市新批外商投资企业149家，同比增长1.29倍；实际利用外资3.67亿美元，比2002年增长1.88倍。全市实际利用内资65亿元，比2002年增长71%。余欣荣宣读表彰决定并讲话，李豆罗主持，王样生、熊焕高、陈守朴等出席。

全市开放型经济工作会议召开

同日　市政府第23次市长办公会议在市政府原第二会议室召开。会议审议并原则同意市财政局、市卫生局《关于实施离休干部医疗费统筹后公费医疗管理有关问题的请示》，市建委《关于要求颁发〈南昌市南昌大桥专营管理办法〉的请示》，南昌县政府《关于兴建县委、县政府办公大楼的请示》，市政府办公厅关于《"红谷世纪花园"定向商品房销售方案》，审议市农办《关于大力加快农村小城镇建设的若干政策措施》。李豆罗主持。

10日 全市境内招商引资工作会议在市政府小礼堂召开。会议就全市2003年境内招商引资工作进行具体部署。会议指出，要按照"瞄准重点地区、重点项目、重点对象、重点领域，有针对性地招商"战略部署，以扩大开放为策略，以商会"舞台"为纽带，以民间资本为主体,采取走出去的形式,把南昌的"四最"品牌推向全国，让南昌真正成为沿海产业梯度转移的基地。雷武江、戴和旺、梁小康等出席。

12日 全市商贸经济工作会议在市政府小礼堂召开。会议指出，2003年市商贸系统将加快对国有企业的改革步伐，通过对国有资产和职工身份"双置换"的改革，把国有企业推向市场,改制面将达100%。同时采取政府引导、企业运作的方式，加快全市疏通体制更新和经营业态的提升，逐步扩大现有连锁企业门店数量，积极推进"农改超"试点工作，努力推行农贸市场向生鲜食品超市改进，力争引进有实力的商贸企业，开办2–3个新型农产品专业超市，实现农产品销售现代化、标准化、便捷化。凌学仁出席并讲话。

13日 洛阳西路道路改造工程正式启动，整个工程工期60天，预计总投资210万元。

14日 全市政法工作会议在红谷滩会展中心召开。会议传达贯彻全国、全省政法工作会议精神，总结经验，表彰先进，部署2003年全市政法工作。余欣荣出席并讲话，李豆罗、王样生、余升淮等出席。

同日 由省人大常委会副主任、赣州市委书记张海如，市长王昭悠率领的赣州市党政代表团到南昌考察。代表团听取南昌高新技术产业开发区招商引资、基础设施建设情况介绍，考察江西捷德智能卡、清华泰豪等高新技术企业，参观南昌市城市规划展览。熊焕高等陪同。

同日 市委、市政府发出《关于表彰2002年度南昌市优秀企业家暨南昌工业企业纳税、南昌工业企业销售、南昌工业企业出口创汇工作先进单位的决定》。决定对2002年度做出贡献的南昌市10名优秀企业家、南昌工业企业纳税20强、南昌工业企业销售20强、南昌工业企业出口创汇10强进行表彰。

15日 江西省冶金集团与中国五矿有色金属股份有限公司就双方合资合作组建南昌硬质合金有限责任公司在南昌举行协议签字仪式。双方此次携手打造的南昌硬质合金有限责任公司，是按照省政府、中国五矿集团《经济技术合作协议》确立的合作项目之一。

16日 全市电网建设工作会议召开。会议强调，各县区、各部门要切实推进全市电网建设和各项电力工作，力争在三年时间内，初步缓解南昌电网输变电能力不足问题，为全市经济建设、城市建设、开发区建设实现跨越式发展营造良好的电力环境。李豆罗、杨洪基出席并讲话，卢晓健、罗为民及有关负责人出席。

18日 纽约江西协进会南昌代表处在农工党南昌市委会挂牌成立。熊焕高、雷武江出席揭牌仪式。

同日 纽约江西协进会南昌代表处与农工党南昌市委会签约，在南昌市创办一所全新模式、全新管理的中英双语学校。

同日 全省首家体检中心在市第一医院挂牌成立。

19日 全市法院工作会议在市政府小礼堂召开。会议强调，要在全面建设小康社会的进程中，不断增强提供司法保障的使命感；要在审判和执行工作实践中，不断增强实现"公正与效率"主题的责任感；要在推进法官职业化建设中，不断增强提高法院队伍素质的紧迫感。王样生出席并讲话，龚建华、吴延林，市中级人民法院院长敖庆沸等出席。

20 日　八一广场改造工程开工典礼举行。改造后的八一广场，将体现纪念性、文化性、休闲性的统一，突出“昨天、今天、明天”“起义、统一、和平”“历史、文化、休闲”三个主题。吴新雄出席并讲话。李豆罗宣布开工，王样生、熊焕高等出席。

八一广场改造工程正式启动

同日　2003 年第一项市政重点工程——洪都大道南段（北京路—井冈山大道）综合改造工程正式开工。吴新雄宣布开工，李豆罗、王样生等出席。

同日　市委、市政府发出《关于南昌市加快花园城市建设的若干实施意见及 2003 年主要目标任务》，要求高标准、高品位、严要求，继续抓好城市规划；全面加快城市建设步伐，初步展示南昌园林城、生态城、山水城特色魅力，奠定花园城市品位和风格的基本框架；加快发展建设红谷滩新区，充分展示“一江两岸”都市风采，塑造滨江城市特色魅力；全面实施创建工作“六大工程”，按照《南昌市 2003 年创建国家卫生城市实施方案》的要求，强化城市管理，优化城市环境，提高人民生活质量和市民文明素质，达到 2003 年跨入国家卫生城市行列的预期目标；全方位经营城市资源，为城市建设提供强有力的支撑；进一步培育和规范房地产市场，逐步推行房产、地产分离经营。

同日　南昌市银行与个私民营企业信贷洽谈暨签约仪式在市委第一会议室举行。李豆罗出席并讲话，要求全市金融机构进一步解放思想，创新经营理念，正确处理好防范化解风险与支持个私民营企业的关系。蔡社宝、凌学仁，以及市各大商业银行和部分个私民营企业代表出席。

21 日　金华尼奥普兰车辆有限公司与南昌经济技术开发区兴建尼奥普兰欧洲城项目签约仪式在锦峰大酒店举行。吴新雄、杨洪基、梁小康，省煤炭集团总经理易光景，金华尼奥普兰车辆有限公司董事长庞青年等出席。

同日　李豆罗会见北京秦龙（国际）集团董事长李晓明一行。李豆罗表示，市委、市政府将按照“帮助投资者成功”的承诺，为客商做好一切服务。

同日　全市工业企业改革与招商工作现场工作会在进贤县举行。会议强调，企业要通过引进外来资金，盘活国有资产，推动企业转换机制、创新管理、开发产品，进而提高经济效益，扩大企业规模，增加就业岗位。李豆罗出席并讲话，罗时杰、雷元江等出席。

22 日　全市政法系统电视电话会议在市委会议室召开。会议传达全省政法系统电视电话会议精神，部署南昌市在全国“两会”期间维护社会安全稳定工作及贯彻执行公安部“五项禁令”工作。王样生出席并讲话，要求坚决贯彻执行“五项禁令”，坚持从严治警，依法治警的方针，坚持真抓、早抓、主动抓的指导原则，对全市政法队伍中发生的涉枪、酒、车、赌等突出问题进行一次全面治理。杨洪基、余升淮、龚建华，市中级人民法院院长敖庆沸、市人民检察院检察长崔可夫出席。

23 日　由市政府主办，青山湖区人民政府和香江集团香江商贸中心协办的“南昌大商贸发展战略”高峰论坛在江西宾馆举行。吴新雄出席并讲话，强调要创新机制和体制，大力推进城市化，全方位对外开放。省市领导金异、雍忠诚、凌学仁出席。中国社会科学院博士生导师、教授吴仁彰等8位专家学者分别作主题发言。

同日 全市农村工作会议在红谷滩会展中心召开。会议总结2002年农业和农村工作，确定新世纪新阶段进一步做好农业、农村和农民工作的主要任务，对2003年及今后一个时期的工作进行部署。会议强调，做好农业和农村工作必须坚持党在农村的基本政策，特别是注意坚持以家庭承包经营为基础，统分结合的双层经营体制，尊重农民的市场主体地位，落实土地政策和土地承包法，理顺体制，创新机制，抓好农业结构调整，以“双带”致富工程作为抓手，认真组织“双带”致富项目。李豆罗出席并讲话，王样生、熊焕高、蔡社宝等出席。

同日 北京秦龙（国际）集团投资的南昌市野生动物世界项目落户开工奠基仪式举行。“南昌野生动物世界”是一个集旅游观光、娱乐休闲、科普教育、物种保护、动物繁殖和科学研究等功能于一体的大型综合性生态公园。项目规划占地200公顷，建成后，园内将云集猴、狮、虎、豹等各类动物1154只，飞禽超万只，动物种类达100多种。项目总投资近2.5亿元。雷武江、杨洪基、凌学仁等出席。

24日 全市治理整顿土地市场秩序工作会议在市政府第二会议室召开。会议强调，全市各县（区）、开发区和有关单位一定要按照国土资源部和省国土资源厅的整体工作部署，认真查找、全面分析全市土地市场中还存在的一些问题，并提出切实有效的改进措施。李豆罗出席并讲话，梁小康主持。

同日 市“扫黄打非”工作领导小组工作会议在市委宣传部会议室召开。会议传达贯彻全国、全省第十五次“扫黄打非”电视电话会议精神，并对2003年“扫黄打非”工作进行部署。熊焕高出席并讲话。

25日 市十二届人大常委会第十四次会议在市人大会议室举行。会议听取并审议市政府关于提请审议《南昌市散装水泥和预拌混凝土管理条例（草案）》的议案；听取并审议市政府关于提请《废止〈南昌市村提留乡统筹管理条例〉》的议案；表决通过市人大常委会关于废止《南昌市村提留乡统筹管理条例》的决定；听取审议市政府关于南昌市招商引资重大项目落实情况的汇报；审议通过人事任免议案。熊焕高、姜任保主持。孔炯、罗时杰、肖永政、余根水、熊全柏、姚燕平、万加良及常委会组成人员出席，杨洪基、梁小康及市政府有关部门负责人、县区人大常委会主要负责人及部分市人大代表列席。会议还邀请3位市民参加旁听。

同日 全市地税工作暨总结表彰大会在青山湖区政府礼堂召开。会议强调，地税部门要用好用足税收政策，把南昌市重点行业、重点企业、重点产品作为扶持重点，要从单一挖掘税源向培植税源、扶持企业发展转变；特别要支持科技企业、涉外企业和外向型企业发展，力争形成新的“税源增长点”。李豆罗、杨洪基出席并讲话，罗时杰、王水苟出席。

同日 全市供销系统2002年度工作总结大会在银海大酒店召开。会议指出，2003年是市供销系统全面深化企业改革，切实参与农业产业化经营的重点之年，全市供销部门要及时转变观念、瞄准市场，按照“一切妨碍发展的思想观念都要坚决冲破，一切束缚发展的做法和规定都要坚决改变，一切影响发展的体制弊端都要坚决革除”的要求，深化产权制度改革，实现产权多元化。李豆罗出席并讲话，凌学仁出席。

25—26日 中央政法委副秘书长、综治办主任陈冀平考察南昌市政法、综治工作。省市领导彭宏松、蔡安季、王样生等陪同。

26 日　胡惠元路堤全线贯通及城南护城河工程开工仪式在南莲路朱姑桥旁举行。李豆罗出席并讲话。

同日　全市司法行政工作会议在南昌军分区会议室召开。会议强调，要充分发挥职能作用，为改革发展稳定提供有效的法律服务和法律保障；切实加强队伍建设，为完成司法行政工作任务提供组织保证；切实加强领导，为司法行政机关开展工作提供有力保障。王样生、龚建华、熊全柏，省司法厅副厅长吴应良等出席。

同日　深圳方大集团与高新区在深圳南海酒店举行签约仪式。深圳方大集团决定投资 1.5 亿美元在高新区兴建方大(江西)新材料科技园。

26—28 日　市委、市政府在深圳开展系列招商活动。活动期间，共签订 42 个项目。其中境外投资项目 15 个，引进外资 2.39 亿美元；境内客商投资项目 27 个，引进资金 30.2 亿元。

2003 年南昌（深圳）招商引资恳谈会举行

28 日　2003 年南昌（深圳）招商引资恳谈会在深圳五洲宾馆举行。余欣荣致辞。李豆罗主持，梁小康作项目推介，赴深圳招商团全体成员与港澳台企业家共 400 余人参加。深圳市委常委、副市长王穗明到会祝贺。

2003 3月 March

公元2003年3月							农历癸未年【羊】						
日	一	二	三	四	五	六	日	一	二	三	四	五	六
						1 廿九	2 三十	3 初一	4 初二	5 初三	6 惊蛰	7 初五	8 妇女节
9 初七	10 初八	11 初九	12 植树节	13 十一	14 十二	15 十三	16 十四	17 十五	18 十六	19 十七	20 十八	21 春分	22 二十
23 廿一	24 廿二	25 廿三	26 廿四	27 廿五	28 廿六	29 廿七	30 廿八	31 廿九					

1日 市委常委会议在市委六楼常委会议室召开。会议部署全国“两会”期间安全稳定、重大项目落实等工作，听取关于组建南昌科技大学的情况汇报并原则同意第一组建方案，研究同意市政府党组报送的《关于“红谷世纪花园”定向商品房销售方案的请示》《关于选拔享受2002年市政府特殊津贴专家的请示》及市纪委报送的有关请示，研究市政府党组报送的《关于进一步搞活房地产市场的若干意见》及开展“群英相聚英雄城活动”事宜，传达全省宣传工作会议精神并研究贯彻意见。吴新雄主持。

4日 全市安全稳定工作会议在市委办公楼六楼常委会议室召开。会议强调，在全国“两会”期间，全市要以“铁的手腕、铁的心肠、铁的纪律、铁的措施”，进一步把安全稳定工作落到实处。余欣荣出席讲话，王样生、余升淮、龚建华等出席。

5日 市委、市政府发出《关于印发〈开展优化投资环境“服务年”活动的工作方案〉的通知》。2003年全市开展优化投资环境“服务年”活动内容包括打造“成本最低”品牌，营造良好的政策环境；打造“效率最高”品牌，营造公开、公正、廉洁、高效的行政环境；打造“信誉最好”品牌，营造统一开放、公开竞争、信守承诺的市场环境；打造“回报最快”品牌，营造亲商、安商、富商的服务环境。

同日 市委常委会议在市委六楼常委会议室召开。会议审定通过市政府党组报送的《南昌市妇女发展规划（2001—2010年）》和《南昌市儿童发展规划（2001—2010年）》；研究同意市政府党组报送的《关于请求批准南昌县兴建县委、县政府大楼的请示》《关于兑现江铃等7户企业奖励政策的请示》，市优化投资环境领导小组办公室报送的《关于开展优化投资环境“服务年”活动工作方案》；听取市纪委关于《省纪委第三次全体会议的主要情况和我市2003年反腐倡廉工作的主要任务》，并原则同意市纪委工作报告；同意市纪委报送的《关于成立南昌市反腐败协调小组的请示》；传达全省组织工作会议精神，并研究2003年全市组织工作。余欣荣主持。

7日 南昌高新区非公有制企业党委正式成立。这是江西省首家专门管理非公有制企业的党委。

8日 全市人口与环境工作会议在市委第一会议室举行。会议总结2002年全市人口与环境工作。2002年，全市人口增长得到有效控制，人口出生率为14.62‰，计划生育率为84%。城市空气质量处于全国较好水平，城市水质综合合格率达99%，水资源得到合理利用和有效保护。余欣荣出席并讲话，陈守朴、蔡社宝、卢晓健等出席。

9日 全市宣传思想工作会议在红谷滩会展中心召开。会议强调，宣传思想工作要加强针对性，针对当前南昌快速崛起过程中干部群众有哪些不适应的地方，注意把干部群众的意愿和希望结合起来，营造鼓励干事业、支持干成事业的社会氛围，营造聚精会神搞建设、一心一意谋发展的良好氛围。余欣荣出席并讲话，熊焕高主持。

10日 市政府发出《印发〈关于进一步搞活房地产市场若干意见〉的通知》。

11日 全市检察工作会议在红谷滩会展中心召开。会议强调，要深入学习贯彻中共十六大精神，用“三个代表”重要思想统揽检察工作；坚持党对检察工作的领导，努力为全市经济发展服务；坚持从严治检，进一步加强检察队伍建设。王样生出席并讲话，卢晓健、龚建华、熊全柏，市人民检察院检察长崔可夫等出席。

11—14日 雷武江、雷元江率市招商小分队在浙江慈溪和萧山开展经贸洽谈活动，共谈成意向性项目32个，引资6.96亿元。

12—13日 市纪委三次全会在红谷滩会展中心召开。会议传达贯彻中纪委二次全会和省纪委三次全会精神，总结2002年工作，部署2003年任务。会议强调，全市各级党委、政府和纪检监察机关要进一步增强推进党风廉政建设和反腐败斗争的自觉性和紧迫感。余欣荣出席并讲话，王样生主持并作工作报告，熊焕高、陈守朴、马承祖等出席。

13日 全市优化投资环境“服务年”活动动员大会在红谷滩会展中心东厅召开。会议强调，全市上下要高度重视优化发展环境问题，要本着从最广大人民群众根本利益出发，铁心硬手打击损害投资环境、损害企业利益的行为。余欣荣出席并讲话，王样生、熊焕高、陈守朴等出席。

全市优化投资环境“服务年”活动动员大会召开

16日 全市“强师德、铸师魂、树形象”教育活动年暨实施“三名”工程动员大会在红谷滩会展中心召开。会议强调，要从南昌实际出发，积极推进与做好“两篇文章”相适应的教育改革发展事业。余欣荣出席并讲话，熊焕高、姚燕平，省教育厅副厅长王占铭出席。

同日 市委、市政府在北京国际饭店举行2003年江西在京人士恳谈会。260余名在京的江西籍党政机关代表、科技教育文化新闻界和企业界人士汇聚一堂，共为江西和南昌今后的发展献计出力。吴新雄出席并致辞。李豆罗主持。

20日 全市第二期村党支部书记“双带”致富培训班在市委党校开班。此次参加培训的村党支部书记将系统学习农村市场营销、农业种植、养殖和农产品加工等方面的知识，听取龙头企业负责人介绍企业发展、创业体会、市场信息等方面的情况。余欣荣出席并讲话，马承祖、蔡社宝等出席。

21日 全省领导干部电视电话会议在江西艺术剧院召开。南昌市在市委第一会议室与市电信局电话会议室分别设立分会场。会议结束后，余欣荣就全市进一步学习贯彻全国“两会”精神进行具体部署。李豆罗、王样生、陈守朴等出席。

同日 南昌大桥有限责任公司与香港中海基建投资有限公司，就合作经营南昌大桥正式签约。南昌大桥有限责任公司将55%的股权转让，香港中海基建投资有限公司出资4008万美元，合作经营南昌大桥25年。李豆罗、罗为民，中国海外集团有限公司常务董事、副总经理、中国海外实业有限公司董事长姚沛福，中国海外集团有限公司董事、中国海外实业有限公司总经理靳新中等出席签约仪式。

22日 全市农业和农村工作座谈会召开，具体部署当前全市农业和农村工作。会议要求，以塑造村支部“开明开放，诚信守法，勤劳致富，造福群众”的新形象为主题，着力实施村党支部书记“双带”致富工程；按照“扶持产业化就是扶持农业，扶持龙头企业就是扶持农民”的要求，着力培育壮大农业产业化龙头企业；大力推进园区化、非农化和城镇化，着力转移农村富余劳动力；加快培育发展农业专业经济合作组织和各类行业协会，提高农业对外开放水平，发展高效农业和特色农业。蔡社宝、戴和旺出席。

25日 市规划委员会第12次会议召开，会议就市交通发展战略规划、八一南昌起义纪念塔改造、体育公园设计等5项规划设计方案进行审议。吴新雄主持会议并指出，南昌交通发展战略规划的制定要以建设现代区域经济中心城市和现代文明花园城市为依据，与“一核五片区”生态组团相适应，形成立体交通和生态型、环保型交通。余欣荣、卢晓健、罗为民、梁小康及八一广场改造规划设计顾问沃祖全出席。

同日 吴新雄、梁小康在市委六楼会见厅会见到南昌考察投资的欧洲著名皮具设计师和制造商——德国威马皮具公司董事长威马一行。该公司拟在青山湖区投资2亿港币兴建欧亚灯饰电器商贸城，另由其参股的德国欧斯朗公司拟投资8000万美元，在中山路打造欧亚风情广场。

同日 全市党风廉政建设和反腐败宣传教育工作联席会议在市纪委六楼会议室召开。会议对2003年全市反腐倡廉宣传教育工作进行部署。会议强调，反腐倡廉宣传教育工作，要围绕市纪委三次全会做出的部署，服务于全市工作大局，坚持教育在先，强化思想教育，筑严领导干部拒腐防变的思想防线，不断提高广大干部廉洁自律的自觉性，高标准、高质量完成2003年反腐倡廉宣传教育的各项任务。王样生出席并讲话，马承祖等出席。

26—28日 由市工商联、市外经贸委组成的招商小分队赴南京、常州两地举办招商洽谈会。洽谈会共邀请客商102人，达成意向性项目54个，引资总额8.76亿元，项目涉及大型商场、服装生产、旅游开发、化肥生产、软件开发、汽车配件、花木基地、机电生产、家具生产等领域。蔡社宝、雷元江出席洽谈会。

27日 驻市金融单位负责人座谈会召开。余欣荣出席并讲话，凌学仁，中国人民银行南昌中心支行、四大国有银行江西分行、招商银行南昌分行、交通银行南昌分行等金融单位负责人出席。

28日 全省社会中介组织的首个党委——

中共南昌市司法局律师委员会正式成立。全市现有律师事务所32个，人员430余人，其中党员106人。国资律师事务所改制后，市司法局相继在市直16个律师事务所成立12个党支部。马承祖等出席并揭牌。

同日 全省首个现代化、高品位社区——千禧城社区党支部居委会正式揭牌。新成立的千禧城社区是西湖区打造的一个标志性精品社区，是目前全市乃至全省服务设施最齐、规模最大、功能最全的现代化、高品位社区。马承祖、余升淮、龚建华等出席揭牌仪式。

同日 青山湖燕鸣岛公园开园典礼举行。作为青山湖综合整治工程的一部分，燕鸣岛公园成为继相思林公园、湖滨公园后的第三个公园。公园位于青山湖湖滨东路中部，由三个半圆组成，面积达5万平方米，是以时令花卉为主的欧式生态收费公园。吴新雄出席并致辞，余欣荣、王样生、陈守朴等出席。

同日 红谷滩新区圣淘沙花园、商城世纪村、新华社江西分社大楼、电信大楼、公路开发总公司大楼项目开工新闻发布会及江西经济管理学院和江西医学院与红谷滩新区管委会签约仪式在市委第一会议室举行。吴新雄出席并讲话，余欣荣、卢晓健，新华社江西分社社长焦然、江西经济管理干部学院院长徐毅及有关方面负责人出席。

同日 江铃汽车集团昌北基地总装线正式投产。余欣荣出席投产仪式并讲话。

同日 全市企业上市工作座谈会在市委第一会议室召开。余欣荣出席并讲话，要求加强领导，充实力量，力争2003年上市工作有一个新突破。凌学仁出席。

29日 全市组织工作会议在红谷滩会展中心召开。会议强调，各级党委及其组织部门一定要努力适应新形势、新任务和新要求，切实增强做好党的建设和组织工作的责任感、使命感和紧迫感，为南昌崛起提供坚强的组织保证。余欣荣出席并讲话，王样生就加强全市党风廉政建设及增强干部防腐拒变能力提出具体要求，马承祖对2003年全市组织工作进行部署。

全市组织工作会议召开

31日 吴新雄、余欣荣在市委六楼会议室会见南昌市首期赴日进行MBA课程研修的11名年轻干部。

2003 4月 April

公元2003年4月 农历癸未年【羊】													
日	一	二	三	四	五	六	日	一	二	三	四	五	六
		1 三十	2 初一	3 初二	4 初三	5 清明	6 初五	7 初六	8 初七	9 初八	10 初九	11 初十	12 十一
13 十二	14 十三	15 十四	16 十五	17 十六	18 十七	19 十八	20 谷雨	21 二十	22 廿一	23 廿二	24 廿三	25 廿四	26 廿五
27 廿六	28 廿七	29 廿八	30 廿九										

1日 全市公安机关2002年度表彰大会在红谷滩会展中心召开。余欣荣、王梓生、陈守朴等出席会议并颁奖。

3日 江西国际信托投资股份有限公司在南昌挂牌成立。省市领导黄智权、蒋仲平、李豆罗，中国人民银行武汉分行副行长徐联初出席挂牌仪式。江西国际信托投资股份有限公司是按照国务院清理整顿信托公司的要求，经中国人民银行批准的省政府直属非银行金融机构。公司由原江西省国际信托投资公司、江西发展信托投资股份有限公司、赣州地区信托投资公司合并组建而成。

同日 全市农村税费改革工作电视电话会议在市电信局召开。会议传达全国、全省农村税费改革工作电视电话会议精神，并对全市下一步农村税费改革工作进行部署。余欣荣出席并讲话，李豆罗、蔡社宝、肖永政、戴和旺、王水荀出席。

5日 香港多伦多企业集团投资有限公司与江西师大共建科技学院签字仪式在南昌举行。

6日 全市首场“4050”下岗失业人员专场招聘周活动开幕式在南昌劳动力市场举行。余欣荣出席并讲话指出，“4050”下岗失业人员是就业最困难的群体，政府对这部分人要给予积极的政策扶持，实施全方位的就业援助，帮助他们实现再就业。此次招聘周活动共提供536个适合“4050”下岗失业人员就业的岗位，工种涉及保洁、保安、勤杂、促销等。李豆罗、省劳动和社会保障厅厅长熊盛文等出席。

8日 南昌科技大学奠基仪式举行。吴新雄出席并讲话，省市领导刘运来、李豆罗等出席。

同日 第一届中国（江西）汽车博览会新闻发布会举行。余升淮、凌学仁出席。

10日 市防治非典型肺炎工作领导小组成立。李豆罗任组长，罗慧芬任副组长。28日，市防治非典型肺炎指挥部成立。李豆罗任总指挥长，刘刚、罗慧芬任副指挥长，曹连甲任常务副指挥长。5 月 19 日，增加戴和旺为市防治非典型肺炎指挥部副指挥长。

同日 昌东高校园区管委会揭牌仪式举行。李豆罗等出席。

同日 市政府廉政工作会议在市政府小礼堂召开。会议研究部署政府系统廉政建设和反腐败工作。2003 年市政府廉政建设和反腐败工作重点是抓好优化投资环境，服务经济建设；加强教育和监督，促进政府机关及公务员廉洁从政；认真查办违纪违法案件，严厉惩处腐败分子；创新机制体制制度，加大源头治理腐败力度；进一步加大执法监察力度，确保政令畅通；切实加强监察队伍建设，确保各项任务落到实处等。李豆罗出席并讲话，王样生、罗为民等出席。

11 日 安义县长均乡获全市第一个“信用乡（镇)”称号。戴和旺出席揭牌仪式。

同日 市政府第 16 次常务会议在市政府原第二会议室召开。会议审议并原则同意市政府办公厅《关于进一步加强南昌市城市规划区内莲塘、长堎、湾里等地区规划管理和土地出让工作的若干意见》，市市政公用局《南昌市液化石油气管理条例（修正案)》《南昌市城市管道燃气管理条例（修正案)》，市林业局《南昌市森林公园管理条例》，市质量技术监督局《关于进一步加强产品质量工作若干问题的实施意见》，市卫生局《关于进一步加强血吸虫病防治工作的规定》《南昌市综合治理血吸虫病“十五”计划》，市审批办证中心管委会办公室《关于要求审定我市第三批拟取消行政审批事项的请示》，市规费联审小组第 12 次会议初审意见。李豆罗主持。

12 日 南昌三职与江西师大职业技术学院、广东步步高电子有限公司等 8 家单位签订联合办学和实习就业协议，开创南昌市职业“订单教育”模式。姚燕平出席签约仪式。

同日 中国江西留学人员创业园在南昌高新区挂牌。这是人事部与地方政府合作创建的第 14 家国家级留学人员创业园。人事部副部长戴光前，省市领导王君、吴新雄、胡振鹏、罗慧芬等出席。

同日 市委、市政府在市委第一会议室召开会议，部署当前防汛工作。余欣荣出席并讲话，强调各有关部门要以行政首长责任制为核心，落实防汛工作责任制。李豆罗、王样生等出席。

14 日 市委、市政府发出《关于深入开展安全社区创建工作的意见》。内容包括创建安全社区的指导思想和总体要求；切实加强对安全社区创建工作的合理规划和分类指导；着力构建和充实社区创建工作的平台与内涵；充分发挥各有关部门在创建安全社区工作中的职能作用；认真落实创建安全社区工作的组织领导和经费保障。

同日 市委常委会议在市委六楼常委会议室召开。会议传达贯彻 4 月 11 日下午召开的省委常委会议精神；听取关于全市预防非典型肺炎有关情况的汇报，关于传达贯彻全省统战工作会议精神的汇报，关于传达贯彻全国、全省台办主任会议精神的汇报，关于南昌科技大学建设有关情况的汇报；研究并原则同意市委统战部报送的举办“中华海外百名侨领南昌活动周”工作方案，市委政法委报送的《关于做好迎接全国综治工作会议在南昌召开有关工作的请示》意见；研究同意市委统战部报送的调整市委和市政府领导分工联系民主党派、工商联的建议意见，市委政法委报送的《关于南昌市禁毒工作领导机构更名及调整其成员的请示》意见，市发展计划委员会报送的《关于调整市国民经济和社会发展目标管理考核领导小组成员的请示》意见，市总工会报送的《2003 年南昌市“五一劳动奖章”副县级以上领导干部名单》等事宜。余欣荣主持。

同日 江西省李渡元代烧酒作坊遗址入选2002年全国十大考古新发现。据考证，此遗址是继四川成都水井坊之后，中国发现的又一处时代最早、延续时间最长且具有鲜明地方特色的古代烧酒作坊遗址，为中国蒸馏酒酿造工艺起源和发展研究提供了实物资料。这是新《中华人民共和国文物法》颁布后江西省文物考古工作获得的第一个全国性大奖。

15日 民政部副部长杨衍银一行考察南昌市社区建设情况，并走访慰问部分低保户。省市领导彭宏松、余欣荣、孙刚等陪同。

16日 东湖、西湖、青云谱、青山湖四城区联合举行百路大会战新闻发布会。李豆罗出席并讲话，罗为民出席。

18日 全市非典型肺炎预防工作会议在市政府小礼堂召开。李豆罗传达全国、全省非典型肺炎预防工作会议精神，并就全市防治非典型肺炎工作任务和要求进行部署。余欣荣出席并讲话，罗慧芬主持。

同日 全市社会治安综合治理工作会议在红谷滩会展中心召开。会议就做好迎接全国综治工作会议在南昌召开进行全面动员，进一步部署全市综治和维稳工作。余欣荣出席并讲话。王样生、余升淮等出席。

同日 全市统战工作会议在市委第一会议室召开。会议传达贯彻全国统战部长会议、全省统战工作会议精神，总结交流2002年工作经验，部署2003年工作任务，表彰2002年度全市统战工作目标管理优胜单位。余欣荣出席并讲话，雷武江作工作报告。

20日 江西省第一个大型集装箱专用码头——南昌集装箱码头在南昌经济技术开发区白水湖工业园区正式开工。该工程总投资1.49亿元，码头岸线400米，建设两个1000吨级码头泊位，设计年吞吐量5万标箱，结束了江西省无大型集装箱专用码头的历史。省市领导余欣荣、凌成兴、戴和旺，中远集团总公司总裁魏家福出席开工典礼。

同日 全市对台工作会议在市委第一会议室召开。会议传达贯彻全国、全省台办主任会议精神，部署2003年工作，表彰青山湖区台办等10个优秀单位。余欣荣看望与会人员，李豆罗出席并讲话，姚燕平、罗文华等出席。

21日 省委决定：余欣荣任中共南昌市委书记；免去吴新雄的中共南昌市委书记、常委、委员职务。

同日 省委决定：刘刚任中共南昌市委委员、常委，免去其中共吉安市委常委、委员职务；免去余升淮中共南昌市委常委、委员职务。

同日 市委、市政府决定对南昌高新技术产业开发区的区域管辖范围进行调整，将南昌县昌东镇和麻丘镇成建制划归南昌高新技术产业开发区管理。

22日 由山东晨鸣纸业集团与江西纸业股份有限公司共同投资兴建的晨鸣纸业江西工业园，在南昌经济技术开发区正式奠基开工。晨鸣纸业江西工业园西邻京九铁路和昌九高速公路，东靠赣江，占地133.33公顷。作为国家重点技改贴息项目和江西省2003年十大技改项目之一，该园区将分三期规划建设，总投资预计将达70亿元，产品定位为高档低定量涂布纸和高档文化纸张，规划总产量为100万吨／年。其中，项目一期投资25亿元，计划于2004年10月竣工。竣工后，园区将形成年产20万吨高档低定量涂布纸生产能力，实现销售收入25亿元、年创利税5亿元。省市领导余欣荣、凌成兴、梁小康等出席奠基仪式。

同日 全省首家麦当劳餐厅——南昌胜利餐厅举行开业典礼。李豆罗、梁小康等到场祝贺。

23日 市委召开全市领导干部会议。会议宣布省委关于南昌市主要领导职务调整的决定：吴新雄不再担任南昌市委书记、常委、委员；任命余欣荣为南昌市委书记。省委副书记王君主持。省委常委、省委组织部长董君舒宣读省委决定。宣布决定后，王君、吴新雄、余欣荣分别讲话。市委常委，市人大常委会主任、副主任、党组成员，市政府副市长、党组成员，市政协主席、副主席、党组成员，市纪委副书记；各县区四套班子主要负责人；市委各部门、市直各单位主要负责人；大中型国有企业主要负责人参加会议。

27—28日 市十二届人大常委会第十五次会议在市人大机关一楼会议室召开。会议审议《南昌市散装水泥和预拌混凝土管理条例(草案修改稿)》，并通过该条例草案表决稿；分组审议市政府关于提请审议的《南昌市森林公园管理条例（草案)》《南昌市城市管道燃气管理条例修正案（草案)》《南昌市液化石油气管理条例修正案（草案)》；听取和审议市政府关于优化投资环境情况的汇报；听取市政府关于全市非典预防工作情况汇报；审议通过有关人事任免等事项。熊焕高、姜任保、孔炯分别主持，罗时杰、肖永政及常委会组成人员出席。

28日 南昌市庆祝五一国际劳动节暨表彰会在市总工会六楼会议厅举行，表彰2003年度全国、省、市“五一劳动奖状”和“五一劳动奖章”先进单位和先进个人代表。余欣荣出席并讲话，凌学仁出席。

30日 全市领导干部会议在红谷滩会展中心东大厅召开。会议通报2003年一季度全市经济运行情况，并就下一阶段工作进行全面部署。会议强调，要科学、客观地分析当前面临的形势，树立起打好“非典”防治斗争和保持全市经济社会快速、健康、持续发展的坚定信心。余欣荣出席并讲话，王样生主持。市委、市人大、市政府、市政协班子成员，南昌军分区司令员、参谋长；各县区委书记、县区长，南昌高新技术产业开发区、南昌经济技术开发区主要负责人；市委各部门、市直各单位主要负责人出席。

全市领导干部会议召开

同日 加拿大水星集团与南昌经济技术开发区在市委六楼常委会议室签订进区协议。余欣荣、梁小康，水星集团亚太区总裁助理、中国区首席代表许铁岩出席签约仪式。该集团在南昌投资的GCL项目为环保新型基础工程材料项目，项目总投资1500万美元。

2003 5月 May

公元2003年5月							农历癸未年【羊】						
日	一	二	三	四	五	六	日	一	二	三	四	五	六
				1 劳动节	2 初二	3 初三	4 青年节	5 初五	6 立夏	7 初七	8 初八	9 初九	10 初十
11 十一	12 十二	13 十三	14 十四	15 十五	16 十六	17 十七	18 十八	19 十九	20 二十	21 小满	22 廿二	23 廿三	24 廿四
25 廿五	26 廿六	27 廿七	28 廿八	29 廿九	30 三十	31 初一							

2日　中共中央政治局委员、国务院副总理回良玉考察南昌经济技术开发区、红谷滩新区。

4日　市防治非典型肺炎督导工作汇报会召开。会议就当前各县区防治工作存在的薄弱环节研究解决办法并安排部署下一个阶段工作。会议决定：增派力量，加大对火车站、机场等窗口单位的防控力度，并组织人员深入外商企业、个私企业等单位走访慰问，真正做到两手抓、两手都不误。余欣荣出席并讲话，李豆罗主持，王梓生、熊焕高、陈守朴及各督导组成员出席。

6日　市委、市政府发出《关于当前经济工作的若干意见》，要求进一步扩大投资规模，加快基础设施建设；进一步创新投融资机制，鼓励引导多元投资；加快发展服务业，刺激消费增长；精心打造“四最”品牌，全力发展开放型经济。

同日　市委常委会议在市委六楼常委会议室召开。会议审议并同意市法制宣传教育工作领导小组报送的《关于调整市法制宣传教育工作领导小组成员的请示》；审议市“扫黄”“打非”工作领导小组报送的《关于调整市“扫黄”“打非”工作领导小组成员的请示》，市工业领导小组报送的《关于把南昌建设成现代制造业重要基地的决定》《关于推进工业专业化协作配套工程的实施意见》《关于召开市工业流动现场会方案》3个请示，市发展计划委员会报送的《关于当前经济工作的若干意见》；听取关于第十五次全国、全省“扫黄”“打非”工作电视电话会议精神及全市贯彻落实情况的汇报；研究有关人事问题。余欣荣主持。

11日　全市防治非典型肺炎工作会议召开。会议通报《关于对来（返）昌人员实行分类医学观察的意见》和《全市农村非典型肺炎防治工作的实施意见》，并对当前和今后一个时期全市“非典”防治工作进行再动员、再部署和再研究。余欣荣出席并讲话，强调要始终坚定不移地把抗击“非典”工作作为当前中心工作来抓，只能加强，不能削弱。李豆罗主持，王样生、熊焕高，南昌军分区司令员李家润、参谋长徐兆麟，各县区、市直各单位主要负责人出席。

15日　中共中央政治局常委、全国人大常委会委员长吴邦国先后到南昌经济技术开发区、红谷滩新区、南昌高新技术产业开发区考察。吴邦国在考察中指出，开发区要发展，最好的办法是开放，要学会市场运作，把机制搞得更活，把更多的人才引进来，同时也要重点引进一批国内外有影响的大企业，产生带动一片的效应。省领导孟建柱、黄智权陪同。

16日　全市开展优化投资环境“服务年”活动工作情况汇报会在红谷滩会展中心东厅召开。市委办公厅、市政府办公厅等10个部门汇报“服务年”活动进展情况。余欣荣出席并讲话强调，全市各级、各部门、各单位要以优化投资环境“服务年”活动为切入点，把机关作风建设提高到一个新水平。李豆罗主持，王样生通报全市开展优化投资环境“服务年”活动工作进展情况，熊焕高、陈守朴、雷武江等出席。

全市开展优化投资环境“服务年”活动汇报会召开

18日　市国民经济和社会发展目标管理考核领导小组会议召开。会议听取《关于2002年度国民经济和社会发展目标管理考核情况的汇报》；审定《关于表彰2002年度国民经济和社会发展目标管理先进单位、优秀服务单位和优秀项目的决定（草）》；审定2003年度全市国民经济和社会发展目标。李豆罗出席并讲话，王样生、马承祖、卢晓健等出席。

同日　市委、市政府发出《关于加快建设现代制造业重要基地的决定》，明确建设现代制造业重要基地的指导原则、战略定位和发展目标，明确现代制造业的区域布局和支柱产业，提出加快建设现代制造业重要基地的主要策略，并要求加大建设现代制造业重要基地的组织保证和政策扶持力度。

同日　新鸿盛（曼谷）有限公司与江西造船有限责任公司举行签约仪式，合作建造“滕王一号”新型两江游船。该项目总投资1000万元，主要用于南昌至厚田间赣江段的航行。

21日　全市工业经济运行调度会召开。1—4月，全市规模以上工业企业累计完成增加值38.88亿元，完成现价总产值120.71亿元，分别同比增长31.84%、25.56%。会议指出，要继续把防治“非典”工作作为中心工作来抓，要在当前这非常时期，用非常之策，来推动全市工业经济保持健康、持续发展。余欣荣出席并讲话，李豆罗、龚建华、凌学仁及部分重点企业负责人出席。

22日　市防治“非典”和创建活动联合工作会议召开。会议传达全省防治“非典”工作会议精神，对全市开展防治“非典”和创建卫生城工作进行再动员。会议发布《关于倡导健康文明生活方式、维护公共环境卫生的通告》《关于对全市公共场所、食品生产和经营单位开（复）业进行审批的通告》《关于对全市文化经营场所开（复）业进行审批的通告》和《关于加强城区施工工地开挖（拆迁）渣（余）土排放及运输固体物料管理的通告》。李豆罗出席并讲话，刘刚、孔炯等出席。

25日 市规划委员会第13次会议在红谷滩会展中心市规划展示中心召开。会议就南昌市近期建设规划、铁军广场规划、昌湾大道规划、南高路规划、进贤县县城规划和南昌—进贤、南昌—安义一级公路设计等6个规划方案进行审议。余欣荣主持并讲话，李豆罗、卢晓健、罗为民等出席。

同日 市公安局全面启动社会治安防控体系建设千人誓师大会在红谷滩会展中心前广场举行。省市领导舒晓琴、余欣荣、王样生出席。

26日 富大有堤青山闸至高新大道段除险加固工程开工典礼举行。余欣荣下达开工令，李豆罗致辞，王样生、熊焕高、蔡社宝等出席。该工程全长3300米，总投资2800万元，工程建设包括堤防加固、堤身土方达标、堤顶公路及穿堤建筑物改造等项目。

27日 市委、市政府召开紧急会议，传达省防治“非典”指挥部有关文件精神，通报当日南昌市发现1名“非典”可疑病人的相关情况，并就下一阶段的防治工作进行紧急部署和动员。余欣荣出席并讲话，李豆罗主持，市五套班子领导及各县区、市直各有关单位主要负责人出席。

29日 位于青山湖区桃花镇观州村的康桥绿城经济适用房，艾溪湖畔的京东经济适用房，青山路以南、电厂铁路专线以西的长巷经济适用房建设工程同时开工。余欣荣、李豆罗、卢晓健等出席开工仪式。

同日 全市领导干部警示教育电视电话会议在红谷滩会展中心召开。会议强调，在快速推进经济社会发展的过程中，丝毫不能放松反腐倡廉工作，必须以坚强的决心惩治腐败，以铁腕的手段从根本上优化投资环境和干事环境。余欣荣出席并讲话，李豆罗主持，王样生结合案件查处情况作警示教育报告。市委常委，市人大、市政府、市政协领导班子成员，市委各部门、市直各单位副县级以上干部及部分科级干部参加。各县区，南昌经济技术开发区，南昌高新技术产业开发区设立分会场。

30日 市委办公厅、市政府办公厅发出《关于做好当前农村经济工作的若干意见》，要求大力调整农业结构，不断优化产业布局；推进“双带”致富工程，切实搞好三个对接；实施裂变扩张工程，培植龙头企业群体；拓展招商引资空间，借助外力开发农业；加大城镇建设力度，就地转移减少农民；加快扶贫开发进程，增强贫困地区造血功能；抓好在建工程调度，加快涉农项目建设；引入市场运作方法，创新农业投入机制；深化农村各项改革，确保减负增收目标实现；统筹兼顾科学安排，协调推进各项工作。

同日 全市工业流动现场会召开。会议表彰孙敏、陈年代等10名优秀企业家和江铃集团、江中药业等7户发展迅猛、贡献突出的企业。余欣荣、李豆罗等出席。

同日 全市防汛指挥长会议在市防汛总指挥部召开。会议指出，防汛工作要实行行政首长负责制，加强领导，严明纪律，一级服从一级。各地有关部门要顾全大局，坚决服从防汛指挥机构统一调度。同时要做到科学防洪、依法防洪，重视发挥水利技术和防洪专家的作用，选派有丰富实践经验的技术人员进行现场指导，加强防汛工程建设和防汛决策指挥的规范化、现代化建设，努力提高防汛工作水平。余欣荣出席并讲话。

31日 市委常委（扩大）会议召开。会议讨论审议《市委、市政府关于全面推进现代文明建设的若干意见》《文明市民行为道德规范工程实施办法》和《南昌市文明村镇工程实施办法》。会议强调，要抓住抗击“非典”这个难得的机遇，把现代文明花园英雄城市的精神文明建设迅速地推向前进，以求得新的突破。余欣荣主持并讲话，市委常委出席，市人大、市政府、市政协领导班子成员，市委各部门、市直各单位主要负责人列席。

是月 江西科技职业学院挂牌成立。该学院在原江西科大专修学院基础上设立，并纳入国家计划统一招生行列。该校2003年面向全国28个省区扩招1300名新生，首批暂定在校生规模4000人，并将开设六大门类，40多个市场专业。

2003

6 月

June

公元 2003 年 6 月 农历癸未年【羊】													
日	一	二	三	四	五	六	日	一	二	三	四	五	六
1 儿童节	**2** 初三	**3** 初四	**4** 端午节	**5** 初六	**6** 芒种	**7** 初八	**8** 初九	**9** 初十	**10** 十一	**11** 十二	**12** 十三	**13** 十四	**14** 十五
15 十六	**16** 十七	**17** 十八	**18** 十九	**19** 二十	**20** 廿一	**21** 廿二	**22** 夏至	**23** 廿四	**24** 廿五	**25** 廿六	**26** 廿七	**27** 廿八	**28** 廿九
29 三十	**30** 初一												

3 日 市政府第 17 次常务会议在市政府小礼堂召开。会议审议并原则同意市政府办公厅《关于进一步加快经济发展的若干政策措施》《南昌市人民政府工作规则》《“红谷世纪花园”定向商品房销售方案》，市园林局《南昌市公园条例》，市市政公用局《南昌市市政工程设施管理条例》，市教育局《关于基础教育改革与发展的若干决定》，市科技局《关于扶持高新技术产业发展的若干意见》，市农办、市农业局《南昌市奶业管理暂行办法》，市水利局《南昌市水利建设基金筹集和使用管理办法》，安义县政府《关于要求搬迁县行政办公中心的请示》等；通报《关于同意给予胡自华行政开除处分的批复》。李豆罗主持。

4 日 全市现代文明花园英雄城市精神文明建设动员大会在红谷滩会展中心召开。会议表彰“百名文明市民标兵”和“十大道德标兵”。余欣荣作动员讲话，李豆罗主持。熊焕高宣读市委、市政府表彰决定，王样生、陈守朴等出席。

全市现代文明花园英雄城市精神文明建设动员大会召开

5 日 市委常委会议在市委六楼常委会议室召开。会议审议并原则同意市委组织部、市人事局、市卫生局报送的《关于扩大我市干部医疗保健对象范围的请示》，市委组织部报送的《关于审定全市防治非典型肺炎工作中涌现出来的先进基层党组织、优秀共产党员名单和召开表彰大会有关事项的请示》；审议并同意市纪委报送的《关于成立市清理党政机关小汽车工作领导小组的请示》，市委组织部报送的《关于研究下发〈南昌市干部监督管理工作联系会议制度〉的请示》《呈请审定选派到开发区（新区）挂职锻炼干部建议名单的请示》；研究有关人事问题。余欣荣主持。

同日 全市农业招商引资工作调度会召开。会议强调，当前正值抗击“非典”的特殊时期，农业招商引资工作要创新方法，根据不同产业、不同行业、不同特点来确定招商方式。余欣荣出席并讲话，蔡社宝、戴和旺出席。

全市农业招商引资工作调度会召开

同日 市委决定：龚建华任中共江铃汽车集团公司委员会书记（兼），蒋林生任中共江铃汽车集团公司委员会副书记，周明任中共江铃汽车集团公司委员会委员（兼），免去孙敏的中共江铃汽车集团公司委员会书记职务。

同日 市委决定：孙敏任市人民政府经济顾问，蒋林生任江铃汽车集团公司董事长，龚建华、周明任江铃汽车集团公司董事（兼），免去孙敏的江铃汽车集团公司董事长职务，免去钟万里的江铃汽车集团公司董事职务，免去邹幸的江铃汽车集团公司专务职务。

6日 全市维护稳定工作暨信访问题排查督导会议在市公安局会议室召开。王样生出席会议并讲话。戴和旺，市中级人民法院院长敖庆沸、南昌军分区司令员李家润等出席。

同日 落户于南昌经济技术开发区的江西鸿源数显科技有限公司LCOS项目二期工程开工。吴新雄、余欣荣、凌学仁等出席开工仪式。

9日 全市开放型经济工作现场交流会召开。会议通报1—5月全市招商引资、出口创汇完成情况。1—5月，全市新批外商投资企业72家，同比增长56.5%；实际利用外资30012万美元，占年计划的53.59%，同比增长1.61倍；实际利用内资680619万元，占年计划的68.06%，同比增长1.52倍。余欣荣作动员讲话，李豆罗主持，市委常委，市人大、市政府、市政协领导班子成员及各县区、各单位负责人出席。

10日 江西永通鞋业工业园等12个项目开工、竣工典礼在南昌县小蓝工业园举行。余欣荣、梁小康等出席。

11日 市委、市政府发出《关于加快小城镇建设的意见》，要求创新发展思路，构筑布局合理、各具特色的小城镇体系；创新产业优势，强化小城镇发展支撑体系；创新投融资体制，拓宽小城镇建设资金渠道；创新土地经营模式，积极推进小城镇土地使用制度改革；创新配套建设方式，增强小城镇的综合服务功能；创新人口聚集机制，加快农村非农化进程；创新城镇管理举措，完善小城镇建设管理体制；创新领导方法，加强小城镇建设的引导与协调。

同日 市精神文明建设指导委员会2003年第一次全体委员会议召开。会议讨论并审议文明行风、文明表率、文明市民、文明社区、文明村镇等“五大文明工程”实施方案，审议并通过《市委、市政府关于全面推进现代文明花园英雄城市精神文明建设的若干意见》等。余欣荣、李豆罗、熊焕高等出席。

13日 市委办公厅、市政府办公厅发出《关于印发〈南昌市“文明行风工程”实施方案〉的通知》《关于印发〈南昌市“文明表率工程”

实施方案〉的通知》《关于印发〈南昌市“文明市民工程”实施方案〉的通知》《关于印发〈南昌市“文明社区工程”实施方案〉的通知》《关于印发〈南昌市“文明村镇工程”实施方案〉的通知》。

15 日 全市文明行风工程动员大会在红谷滩会展中心举行。会议指出，此次启动的文明行风工程，将用 3 年的时间不断提高全市各行业的服务质量、办事效率和自身形象，从而达到群众满意、企业满意、基层满意、上级主管部门满意的要求。余欣荣出席并讲话，李豆罗主持，熊焕高宣读《南昌市“文明行风工程”实施方案》。蔡社宝、张国华等出席。

同日 由杜邦帝亚（香港）有限公司投资 8 亿元兴建的中顺国际大酒店正式全面动工。这是全省第一家五星级酒店。吴新雄、钟起煌、余欣荣等出席开工典礼。

16 日 红谷世纪花园幼儿园、南昌二中新校区、育新学校红谷滩分校、市第十九中学新校区、东方家园南昌建材家居超市、汽车 4S 中心、红谷世纪花园物业管理和远东好佳好便利店 8 个项目同时签约落户红谷滩新区。余欣荣、李豆罗等出席签约仪式。

同日 全市廉租住房租金配租发放仪式举行。53 户生活、住房困难户成为全市首批廉租住房租金配租试点的受益者。余欣荣、李豆罗、罗为民出席并为“双困户”发放廉租住房租赁合同。

17 日 余欣荣与部分专家学者及有关部门负责人就进一步加强全市人才工作进行座谈。余欣荣指出，要进一步强化人才工作力度，充分遵循人才成长规律，创新人才工作机制，努力创造人才辈出、人尽其才的环境，为南昌崛起打造一流的人才环境。马承祖主持。

18 日 进贤县政府与泰国亚洲酒店管理集团有限公司在南昌远东半岛酒店签订开发军山湖旅游项目协议。该项目总投资 5 亿元。李豆罗、雷武江、罗时杰，泰国亚洲酒店管理集团有限公司执行董事塔旺、泰国国际贸易商会会长杰克陈出席。

同日 南昌市全面推进文明社区工程启动。文明社区工程将分 5 个阶段推进，主要包括推进社区党建，增强社区党组织在居民中的影响力和凝聚力；深化社区教育，努力提高居民素质；活跃社区文化，满足居民日益增长的精神文化需求；拓展社区服务，为居民生活排忧解难；优化社区环境，全面提高居民生活质量；维护社区秩序，使居民安居乐业。

19 日 首届市“十大杰出”“十佳创新”“十佳兴业”青年企业家表彰大会在红谷滩会展中心举行。会议表彰李义海、李明等“十大杰出青年企业家”，王迪汗，王朝云等“十佳创新青年企业家”及黄永革等“十佳兴业青年企业家”。该届青年企业家的评选活动由市委宣传部、团市委、市经贸委、市财政局、市国税局等 10 家单位共同主办，历时半年。凌学仁出席。

同日 市委常委会议在市委六楼常委会议室召开。会议听取全市防治“非典”工作情况汇报，市委政法委关于迎接全国综治工作会在南昌召开各项筹备工作落实情况的汇报、关于全省维稳工作现场会议主要精神及全市贯彻意见的汇报，环城高速公路规划情况的汇报；审议并同意市委组织部报送的《关于审定全市防治非典型肺炎工作先进基层党组织和优秀共产党员补充推荐名单的请示》《全市防治非典型肺炎工作先进基层党组织和优秀共产党员表彰大会议程及安排》《关于市委领导参加县区委和部分市直单位领导班子民主生活会的建议》，市总工会报送的《关于调整市厂务公开领导小组成员的请示》，市纪委报送的《关于向省纪委推荐勤政廉政先进事迹报告团成员候选人的报告》等请示；审议《关于在全市建立维护稳定信息督查员队伍的实施意见》；研究近期有关工作。余欣荣主持。

同日 市委、市政府发出《关于进一步推进农村税费配套改革的意见》，强调进一步推进乡镇机构改革、撤乡并村和人员分流工作；继续做好农民减负工作，坚决整治农村乱收费；积极推进农村教育布局调整，精简和优化农村教师队伍；进一步落实“三个确保”；规范和完善“一事一议”；进一步加大监督力度；切实加强领导，高度重视农村税费改革工作。

同日 全市“深入学习贯彻‘三个代表’重要思想，弘扬井冈精神，兴我美好江西，做大做强南昌”活动大会在红谷滩会展中心召开。余欣荣出席并讲话，号召全市干部群众再掀学习新高潮，积极投身到实现南昌在中部地区率先崛起、全面建设小康社会的伟大事业中来。李豆罗主持，熊焕高宣读《关于在全市开展“深入学习贯彻‘三个代表’重要思想，弘扬井冈精神，兴我美好江西，做大做强南昌”活动的决定》。市委、市人大、市政府、市政协领导班子成员出席。

20日 南昌市文明表率工程实施动员大会在市委第一会议室召开。李豆罗、王祥生出席。

22日 2003年江西南昌承接沿海产业梯度转移（宁波）推介会在宁波南苑饭店举行。

2003年江西南昌承接沿海产业梯度转移（宁波）推介会举行

推介会共签订合作项目20个，总投资达49亿元。余欣荣出席并致辞，李豆罗主持，雷武江、马承祖、蔡社宝等及400余名客商出席。宁波市委副书记、市政协主席王卓辉，副市长何剑敏到会祝贺。

26日 市政府与宁波三星奥克斯集团签约仪式在江西宾馆举行。奥克斯将出资10亿元在南昌经济技术开发区兴建奥克斯（南昌）工业园，打造奥克斯第二生产基地。李豆罗、王祥生、熊焕高，奥克斯集团总裁郑坚江等出席。

26—27日 市十二届人大常委会第十六次会议在市人大机关一楼会议室召开。会议审议并通过《南昌市森林公园管理条例（草案修改稿）》《南昌市城市市容和环境卫生管理条例修正案（草案）》《南昌市蔬菜质量安全管理办法（草案）》，审议《南昌市市级预算审查监督条例（草案）》《南昌市公园条例（草案）》《南昌市市政工程设施管理条例（修订草案）》《南昌市城市近期建设规划（2002—2005）》，听取并审议市政府关于城市管理和综合执法工作情况的汇报、关于发展高中教育满足人民群众不断增长的教育需求的汇报，审议通过有关人事任免事项。熊焕高、姜任保分别主持，孔炯、罗时杰等出席。

27日 市政府第18次常务会议在市政府小礼堂召开。会议审议并原则同意防“非典”指挥部办公室《全市抗击“非典”先进集体、先进个人和立功受奖人选送评名单》，市体改办《关于贯彻落实〈江西省产权交易管理办法〉及其〈实施细则〉的意见》，市安管局《南昌市重特大安全生产事故应急救援预案》，市党政机关公务用车领导小组办公室《南昌市党政机关公务用车配备管理规定》《关于对全市党政机关超标准超编制等违规配备公务用车的处理意见》《关于调整我市党政机关公务用车定编的意见》，市经贸委《关于同意对2002

年度江铃汽车集团公司主要经营者进行奖励的请示》《关于请求市政府授权市经贸委代表市政府与华源集团签定有关协议的请示》，市国税局、市财政局、市地税局《关于江西省富豪酒店实业发展公司享受优惠政策有关问题的复函》。李豆罗主持。

同日 省市领导余欣荣、金异、李豆罗、梁小康在滕王阁会见厅会见由全国政协常委、全国工商联副主席，东方集团董事局主席、总裁张宏伟和全国政协委员、全国工商联副主席、科瑞集团董事长郑跃文率领的全国知名企业考察团一行。

28日 台湾蓝天电脑集团投资兴建的南昌百脑汇广场奠基典礼举行。李豆罗、熊焕高、陈守朴、雷武江、梁小康出席。该项目总投资2.6亿元。

29日 全市防治非典型肺炎工作先进集体和先进个人表彰大会在红谷滩会展中心召开。大会表彰先进基层党组织70个、先进集体170个、优秀共产党员150名、先进个人738名、立三等功102人。余欣荣出席并讲话，李豆罗主持。王样生宣读《市委关于表彰全市防治非典型肺炎工作先进基层党组织和优秀共产党员的决定》，熊焕高宣读《市委、市政府关于表彰全市防治非典型肺炎先进集体和先进个人的决定》。市六套班子领导、各县区、各单位负责人参加。各县区、乡镇和街办还设立分会场收听收看大会实况。

2003

7月 July

公元2003年7月 农历癸未年【羊】													
日	一	二	三	四	五	六	日	一	二	三	四	五	六
		1 建党节	2 初三	3 初四	4 初五	5 初六	6 初七	7 小暑	8 初九	9 初十	10 十一	11 十二	12 十三
13 十四	14 十五	15 十六	16 十七	17 十八	18 十九	19 二十	20 廿一	21 廿二	22 廿三	23 大暑	24 廿五	25 廿六	26 廿七
27 廿八	28 廿九	29 初一	30 初二	31 初三									

1日 南昌至安义、南昌至进贤一级公路开工典礼分别在安义万埠和进贤工业开发区举行。余欣荣出席并讲话，王样生、熊焕高、陈守朴等出席。

南昌至安义一级公路开工典礼举行

同日 以农业部副部长刘坚为组长的国务院非典型肺炎防治工作赴赣督查组一行到南昌市检查非典防治工作。李豆罗就南昌市贯彻落实科学规范非典型肺炎防治措施的有关情况作汇报。省市领导胡振鹏、罗慧芬、曹连甲出席。

同日 人民公园免费向市民开放。李豆罗、熊焕高、刘刚等出席免费开放仪式。

人民公园免费向市民开放

2日 红谷滩中心区管道液化石油气工程、江西深蓝汽车家园、省公安厅红谷滩工作区、江西移动通信楼工程、市人民检察院侦察技术大楼、供电系统红谷滩生活区、南昌水利科技大楼、凤凰花园、卫东花园、云溪花园、红江花园11个项目在红谷滩新区同时开工。余欣荣、李豆罗、王样生等出席开工典礼。

3日 全市最大规模的城市排水系统改造工程——北京西路排水系统改造工程正式启动。

同日 市委常委中心组在市委第一会议室集中学习中共中央《关于在全党兴起学习贯彻"三个代表"重要思想新高潮的通知》、中共中央总书记胡锦涛在"三个代表"重要思想理论研讨会上发表的重要讲话和《"三个代表"重要思想学习纲要》。余欣荣出席并讲话。李豆罗、熊焕高、陈守朴等结合南昌实际，畅谈学习贯彻"三个代表"重要思想的体会。市委常委和市人大、市政府、市政协、市纪委领导班子成员参加学习。

5日 全市续修《南昌市志（1986–2004）》工作会议在红谷滩会展中心东厅召开。会议指出，续志工作是一项重要的事业，一定要积极组织，精心策划；要重视修志人员的专业素质，使续修的《南昌市志》"彪炳日月，永垂史册"。李豆罗出席并讲话，罗文华出席。

全市续修《南昌市志（1986–2004）》工作会议召开

6日 全市5家无公害农产品专销市场和绿色蔬菜协会同时揭牌，标志着全市"放心菜"工程全面启动。余欣荣出席揭牌仪式并讲话。蔡社宝、戴和旺、凌学仁出席。

8日 由国家开发银行副行长王益率领的考察团到南昌考察，并与南昌市有关部门负责人就南昌市城市信用建设等情况进行座谈。李豆罗、卢晓健、罗为民等出席。

10日 市政府第19次常务会议在市政府小礼堂召开。会议审议并原则同意市城市建设融资工作协调领导小组办公室《关于南昌市与国家开发银行江西省分行开展城市建设融资工作的情况报告》，市规划局《关于进一步加强城乡规划工作的意见》，市人事局《南昌市引进人才居住证实施办法》《南昌市机关事业单位增人计划管理暂行办法》，市教育局《关于切实做好南昌市普通院校毕业生就业工作的实施意见》，市监察局《南昌市加强机关效能建设暂行规定》，《南昌市机关工作人员效能告诫和诫勉教育暂行办法》，市劳动和社会保障局《关于调整事业单位养老保险缴费比例的请示》，市经贸委《关于同意兑现2002年度南昌水业集团有限责任公司主要经营者年薪收入的请示》，市规费联审小组第14次会议初审意见；审议市物价局《关于要求核定南昌市医疗垃圾集中处置收费的请示》。李豆罗主持。

11日 市委常委会议在市委六楼常委会议室召开。会议听取关于南昌市与国家开发银行开展信用合作有关情况的汇报；审议并原则同意市政府党组报送的《关于要求审定〈关于基础教育改革与发展的决定〉的请示》《关于审定南昌市党政机关公务用车配套管理规定等文件的请示》；审议并同意市人大常委会党组报送的《关于调整我市下半年立法计划项目的请示》，市评选文明机关和人民好公仆活动领导小组办公室报送的《关于提请市委常委会审议2002年度文明机关和人民好公仆等事项的请示》，市史志办报送的《关于调整〈南昌年鉴〉编辑委员会成员的请示》，市人事局报送的《关于要求转发〈关于我市高级专业技术人员享受干部医疗保健待遇的报告〉的请示》。余欣荣主持。

同日 全市学习贯彻“三个代表”重要思想理论研讨会在红谷滩会展中心召开。会议结合实际研讨南昌发展重大问题，交流学习、宣传和实践“三个代表”重要思想的体会。余欣荣出席并讲话，熊焕高主持。

全市学习贯彻“三个代表”重要思想理论研讨会召开

12日 贤士湖公园开工典礼举行。李豆罗下达开工令，卢晓健、罗为民出席。该公园规划总面积7.8公顷，首期建设4.7公顷，其中水面3.33公顷，预计总投资2200万元。主要景观设计包括湿地栈桥、绿荫河畔、亲水平台、休闲广场。

13日 全市第一家“外地到南昌人员维权服务站”落户南站派出所。

18日 全市下岗职工基本生活保障和再就业工作会议召开。会议通报全市上半年“两个确保”和再就业工作情况。会议指出，下岗职工基本生活保障和再就业是头等大事、头号工程，各部门要紧紧围绕目标进行深入分析，把社区平台搭好，规范操作优惠政策的实施，切实落实到每个贫困户，并做好三条保障线工作；要注重工业商贸的发展，以此来解决再就业困难，同时注重人才的培养，特别是拥有先进知识和技术型的综合人才的培养。李豆罗出席并讲话。

同日 江西涤纶厂（龙鹏股份）在南昌县小蓝工业园购地48.67公顷，用于企业整体搬迁，并新上聚酯熔体直纺差别化涤纶生产项目。吴新雄出席项目开工仪式。

同日 新建县长堎外商投资工业区二区开园。江西南方国际物流中心有限公司等9个项目签约进驻，投资金额达4.3亿元。长堎外商投资工业区二区远期规划40平方公里，近期规划20平方公里。主要分为工业产业区、商贸综合区、科教文化区。新园区建成后，省级开发区长堎外商投资工业区面积将达到55平方公里。

20日 由市委、市政府和经济日报社共同主办的“南昌发展论坛·建设现代制造业重要基地”研讨会在红谷滩会展中心举行。余欣荣出席并讲话，他指出，不仅要用自己的智慧，还要聚集全国乃至全球的智慧，尽可能地少走弯路，为南昌建设现代制造业重要基地寻找一条更为便捷的道路。王祥生致欢迎辞，经济日报社副总编李洪波主持，熊焕高和市委常委，市人大、市政府、市政协、市纪委、南昌军分区领导班子成员，以及各县区、各部门和开发区主要负责人出席。冯并、萧灼基、朱高峰、李京文、刘世锦、吕政、钟朋荣、谢金河等专家学者出席论坛并分别作主题演讲。

22日 全市农村税费配套改革工作会议召开。蔡社宝、戴和旺等出席。

23日 全市绕城高速公路总体规划方案座谈会召开。会议听取省交通厅以及市直有关部门专家关于建设城市西外环高速公路的意见和建议。余欣荣，省交通厅领导蒲日新、万明及有关部门负责人出席。周关主持。城市西外环高速公路起点为昌九高速公路机场互通立交处，终点设在南昌樟高速公路生米镇附近，全长39.6公里。该项目为双向六车道，路基宽度33.5米，计算行车速度每小时120公里。工程总投资估算总价为17.04亿元，平均每公里 4297 万元。计划工期为 3 年，2004 年开工，2006 年底竣工。

24—25 日 市委八届五次全体会议在红谷滩会展中心召开。全会表决通过《中共南昌市第八届委员会第五次全会关于市委候补委员递补为市委委员的决定》，审议并原则通过《市委关于深入学习贯彻“三个代表”重要思想，进一步开创改革发展新局面，奋力做强做大南昌的决定》。市委常委会主持。会议强调，要在“三个代表”重要思想指引下，以省委、省政府提出支持南昌率先做强做大为新的动力，以建设现代制造业重要基地为核心战略，紧紧抓住开放型经济发展和市场取向改革两个关键，着力推进花园城市经营和建设、工业园区建设、现代公共服务体系建设、国有企业改革和民营经济发展、农业产业化经营等五大基础性工程，力争通过三年的奋斗，打好“两篇文章”的基础，实现在中部省会城市位次前移，再通过五年的努力，即到 2010 年，基本建成现代区域经济中心城市和现代文明花园英雄城市。余欣荣出席并讲话，李豆罗、王样生、熊焕高等出席。市纪委委员，市委各部门、市直各单位、各县区和中央、省驻市有关单位以及市属重点企业党员主要负责人列席。

市委八届五次全体会议召开

26 日 市政府与国家开发银行江西省分行信用合作协议在凯莱大酒店签订。余欣荣出席并讲话，李豆罗主持。罗为民、国家开发银行江西省分行行长蔡华相出席。

同日 全市推进“创文明机关、做人民好公仆”活动动员大会在市委第一会议室召开。会议表彰 2002 年度 10 个“文明机关”和 20 名“人民好公仆”，对开展 2003 年“创文明机关、做人民好公仆”活动进行动员部署。李豆罗讲话指出，推进这次活动是实施文明行风工程的一项重要内容，是发挥机关和机关干部在全面推进现代文明花园英雄城市精神文明建设中表率作用的必然要求，机关和机关干部要不辱历史使命，做勤奋敬业的表率；胸怀发展大局，做开拓创新的表率；密切联系群众，做执政为民的表率；从严治党治政，做清正廉洁的表率；直面时代挑战，做刻苦学习的表率。市直各部门、各单位负责人等出席。

27 日 西安路、洛阳路、京东大道三条道路同时开工。此次城东路网建设工程计划总投资 1 亿元左右，道路总长约 8 公里，道路建设总面积约 28 万平方米。李豆罗、陈守朴等出席开工典礼。

同日 江西预备役师高炮团举行预备役军官授衔仪式。李豆罗出席并讲话，张国华、江西预备役师政委容乔生等出席。

28 日 方大（江西）新材料科技园奠基仪式在南昌高新区举行。余欣荣出席并讲话，李豆罗、熊焕高、陈守朴、张国华、凌学仁、王水苟及市长助理黄春平为科技园奠基。方大（江西）新材料科技园，占地 20 万平方米，建筑面积 10.7 万平方米，总投资 12 亿元。

30 日 市规划委员会第 15 次会议在红谷滩会展中心召开。会议原则同意完善城东新区控制性详细规划方案和碟子湖铭雅欧洲城详规方案、青云谱城南分区规划思路。会议指出，城东新区功能定位为南昌城东地区生态、休闲、商贸、娱乐、居住多项功能兼备的商业服务中心，同时也是南昌市的一大城市副中心；青云谱城南分区功能定位为以产业为支撑的开放式的城市副中心，并相应进行综合性配套；碟子湖铭雅欧洲城规划面积约360公顷，导入休闲、健身、娱乐、度假等功能，分为运动休闲区、欧洲居住社区、商务旅游接待区。余欣荣主持。

2003

8 月

August

公元 2003 年 8 月							农历癸未年【羊】						
日	一	二	三	四	五	六	日	一	二	三	四	五	六
					1 建军节	2 初五	3 初六	4 初七	5 初八	6 初九	7 初十	8 立秋	9 十二
10 十三	11 十四	12 十五	13 十六	14 十七	15 十八	16 十九	17 二十	18 廿一	19 廿二	20 廿三	21 廿四	22 廿五	23 处暑
24 廿七	25 廿八	26 廿九	27 三十	28 初一	29 初二	30 初三	31 初四						

1 日　市政府第 20 次常务会议在市政府小礼堂召开。会议审议并原则同意市人事局《南昌市鼓励海外留学人才到南昌创业服务的若干规定》《南昌市引进国内优秀人才实施办法》，市劳动和社会保障局《市委、南昌市人民政府关于适应现代制造业重要基地建设要求，加快推进就业和再就业工作意见》，市城市建设投资公司《关于盘活变现市直机关事业单位资产所涉税收有关问题的请示》，市财政局《南昌市本级预备费管理办法》《关于兑现江西长运股份有限公司经营者张平 2001 年度奖励资金的再次请示》《关于江铃汽车销售总公司两次附加税返还的请示》，第 15 次市规费联审小组会议初审意见；审议市财政局、市人事局《关于呈报〈关于规范市直机关福利补贴发放管理的意见〉的请示》。李豆罗主持。

同日　2003 年南昌（香港）招商引资恳谈会在香港会议展览中心举行。省外经贸厅厅长杨洪基在恳谈会上致辞，梁小康向与会客商介绍南昌的基本情况，市长助理黄春平出席。市外经贸委有关负责人就汽车、制药、食品加工等领域的项目进行重点推介。随后，举行签约仪式。南昌招商团共签订项目 26 个，合同引资额 42016 万美元。其中工业项目 7 个，合同引资 8720 万美元；商业项目 6 个，合同引资 8189 万美元；旅游项目 7 个，合同引资 14166 万美元；教育产业项目 1 个，合同引资 2500 万美元；其他项目 5 个，合同引资 8441 万美元。

同日　南昌市门户网站——中国·南昌网（www.nanchang.gov.cn）正式开通。

同日　由南昌十一中和八一学校整合重组的市八一中学正式挂牌成立。

4 日　市委召开党外人士座谈会。余欣荣与市各民主党派、工商联负责人和无党派爱国人士、民族宗教界人士的代表围绕加快南昌发展，实现南昌快速崛起进行座谈。余欣荣在座谈会上通报市委八届五次全会的有关情况并指出，要充分发挥统一战线的政治优势，为实现南昌的快速崛起凝心聚力；充分发挥统一战线人才荟萃、智力密集的优势，积极为南昌的崛起献计献策；充分发挥统一战线协调沟通的优势，为南昌市的快速崛起营造稳定的社会政治环境。陈守朴、姚燕平等出席。

5日 南昌市第一人民医院护理部原主任章金媛获第39届南丁格尔奖章。

8日 市委、市政府发出《关于进一步加强机构编制管理工作的通知》，要求认真执行机构改革方案，切实巩固机构改革成果；强化机构编制集中管理，严格审批程序；严格控制机构编制的增长，严禁部门干预；建立健全约束机制，加强部门配合；加大督促检查力度，严肃机构编制纪律；加强对机构编制工作领导，充分发挥机构编制部门作用。

11日 全市重大项目推进调度（汇报）会召开。红谷滩新区、市外经贸委等单位的有关负责人通报各自重大项目推进实施的情况。会议强调，各级干部必须牢牢把握抓项目就是抓经济、抓发展、抓后劲这一要领，集中精力加快推进重大项目的实施，并使自己真正成为抓项目的能手，成为解决困难的能手，通过对重大项目的实施，不断壮大地方的经济实力，为全市做好“两篇文章”做出新的贡献，政府应该发挥高效的组织作用，定期不定期加强对重大项目实施的有效协调，并对重大项目进行分类指导，确保项目的进度和质量。余欣荣出席并讲话，罗为民、凌学仁等出席。

16日 南昌市湖坊镇湖坊村党委正式成立，这是全省第一个村级党委。

17—19日 全市第二次“百千万就业和再就业”系列招聘活动的万岗招聘现代制造业企业员工专场招聘会举行。此次大会共有276家制造业用工单位前来招聘员工，共提供用工岗位14122个。其中管理岗位800个，技术岗位3642个，服务岗位1634个，后勤岗位370个，营销岗位3009个，普工岗位3835个，其他岗位832个。余欣荣出席。

18日 全省2002年度工业崛起奖励表彰电视电话会议在滨江宾馆举行。南昌市获市直工业年度贡献奖；青云谱区获县（市、区）工业年度贡献奖；南昌经济技术开发区、南昌高新技术产业开发区、南昌县小蓝工业园、南昌民营科技园、南昌市长堎外资投资工业区获园区发展专项奖；江铃汽车集团、南昌卷烟厂、南昌钢铁公司、汇仁集团有限公司4户南昌企业跻身2002年度江西工业崛起十强企业，获“十强”专项奖。省领导孟建柱、黄智权等为获奖单位颁奖，李豆罗、龚建华等参加会议。

19日 全市创建国家卫生城市工作会议召开。会议从市容环境、道路整治、交通秩序、园林绿化等12个方面做出具体部署，并把各项工作责任落实到相关部门。会议指出，要在经济不断发展的基础上，把现代文明花园英雄城市向深度和广度推进；要以创卫为突破口，全面提高城市管理水平，使全市城市环境建设为发展经济产生更大的推动力。余欣荣出席并讲话，李豆罗、熊焕高等出席。

20日 市规划委员会第16次会议召开。会议对南昌市城区排水规划、生米大桥规划、红角洲桥梁景观规划、人民公园北大门文化广场规划的设计方案进行审议。会议指出，城区排水规划，要以“提高标准，超前建设，雨污分流，就近排放，分区治理，合理调蓄，分流调剂，联网运行，增设出口，加泵强排，适当沉淀，管养并重”为原则，将排水设计提高到百年一遇的标准。生米大桥规划，共设计三套方案作为备选。尽管三套方案各有千秋，但都旨在将其建成个性化的标志性建筑，达到国内一流水平，一桥一景、气势恢宏的风格。红角洲学府大道和丰和大道内的16座桥梁规划，运用中国传统符号、结合现代造型理念，使桥的形式富有中国特色和东方气派。结合桥的装饰，规划融入中国艺术造型式样，将篆刻、书法、剪纸、青铜、陶器等图案作为桥梁景观设计元素。余欣荣主持，李豆罗、卢晓健、罗为民等出席。

同日 市委发出《关于深入学习贯彻“三个代表”重要思想，进一步开创改革发展新局面，奋力做大做强南昌的决定》，确定3年发展的基本思路和到2005年的奋斗目标，并提出10项措施：全方位对外开放，加快融入国际经济发展潮流的步伐；以建设现代制造业重要基地为“火车头”，拉动经济快速增长；创新农业发展思路，切实加快农民致富步伐；积极发展现代服务业，全面提升城市的综合服务功能；加快推进现代文明花园英雄城市建设，迅速做大城市规模；加大财政支持力度，加快县域经济发展；加速推进市场取向的综合改革，不断增强南昌发展内在动力；加强精神文明建设，促进社会全面进步；加快建立政府促进和市场调节的就业机制，进一步完善社会保障体系；全面优化经济发展环境，进一步凸现经济与环境的互动效应。

同日 全市治理中小学乱收费暨优化教育发展环境会议召开。会议部署下一阶段的治理全市中小学乱收费工作。市教育局与各设县区教体局分别签订治理中小学乱收费工作目标责任状。会议强调，各级教育行政部门要按照“一把手负总责，分管领导各负其责”的原则，层层签订责任状，把治理乱收费责任层层分解，逐级落实到校、落实到岗、落实到人。王样生、罗慧芬，市教育局及各设县区教体局有关负责人出席。

23日 2003年中国南昌新丝路模特大赛决赛举行。20岁选手崔赟获南昌首届“礼仪形象大使”称号。余欣荣、刘运来、李豆罗等出席并为获奖选手颁奖。2003年中国南昌新丝路模特大赛由市政府、省文化厅、中国新丝路模特经纪有限公司共同主办，是全省有史以来最大型的模特赛事。整个大赛从启动到决赛历时半年，共有来自上海、广州、北京、长沙、西安等20多个地区近1000名选手报名参赛。

24日 全市规划工作会议召开。会议回顾过去两年全市规划工作情况，并结合花园城市建设就进一步做好城市规划进行部署。余欣荣讲话强调，在规划过程中必须突出人性化原则，体现以人为本，真正把南昌建设成现代文明花园城市；突出个性化原则，充分体现英雄城、生态城的个性、特色、魅力；突出灵性化原则，体现城市规划要把保护资源、保护环境协调和谐放在突出位置，对历史和未来负责；突出中心化原则，体现现代区域经济中心城市应有地位，把南昌建设成特大城市。李豆罗讲话指出，要用世界水平高起点规划城市蓝图，用发展的眼光高标准完善城市功能，同时高品位地丰富城市内涵，使湖光山色街景融为一体，创业、居住、生态环境融为一体，天上的线网、地上的路网、地下的管网形成一个体系，绿化、亮化、美化、净化融为一体、相得益彰。卢晓健作南昌市城乡规划工作报告，孔炯、罗为民、梁小康、曹连甲出席。

26日 全省第一部为加强森林公园管理、保护和合理利用森林资源的法规——《南昌市森林公园管理条例》正式颁布，9月1日正式实施。

同日 南昌慈善总会江铃、金圣助学金发放仪式在赣江宾馆豫章苑会议中心举行。余欣荣出席并讲话，余根水及南昌慈善总会会长陈绍翔等出席。

同日 全市集贸市场集中整治部署大会召开。会议指出，市直各有关部门、各城区、高新区、经开区、红谷滩新区的领导要提高对集贸市场集中整治重要性的认识，要派出得力干部坐镇指挥，对存在的“脏、乱、差”问题限期整改到位，使全市集贸市场成为创卫工作的窗口。市场各开办业主要积极完善各市场的基础设施建设，确保市场创卫达标。李豆罗出席并讲话，凌学仁出席。

同日 市委、市政府发布《关于加强机关效能建设的暂行规定》，共5章35条，适用于南昌市各级党的机关、人大机关、政府机关、政协机关、审判机关、检察机关、人民团体及其工作人员；法律、法规授权或接受行政机关委托，具有行政管理职能的单位及其工作人员参照该规定执行。

同日 市委、市政府发出《关于机关工作人员诫勉教育和效能告诫的暂行办法》。

27日 全市血吸虫病防治工作会议在市政府小礼堂召开。会议总结"九五"以来工作，部署今后任务。会议指出，今后的防治策略是在疫情尚未控制的湖沼地区，以人、畜扩大化疗和健康教育为主，辅以易感地带的重点灭螺，降低人、畜感染率和钉螺密度，减少或控制再感染；在疫情较轻的山丘型疫区以消灭钉螺为主，辅以人、畜化疗，尽快压缩疫区，控制流行；已经消灭血吸虫病的地区，按"监测巩固方案"进行疫情监测，并加强对流动人口和动物传染源的管理。李豆罗、姚燕平、罗慧芬出席。

同日 南昌SOS儿童村10位工作10年以上的"妈妈"及工作人员被授予象征爱与关怀的"国际SOS儿童村荣誉戒指"。国际SOS儿童村主席库廷为他们颁奖，李豆罗出席颁奖仪式。

28日 沃尔玛购物广场八一广场分店、万达购物广场和红星美凯龙国际家具广场开业典礼举行。吴新雄、李豆罗、孔炯、凌学仁及沃尔玛百货公司亚洲区总裁兼首席执行官钟浩威等出席。

同日 全市重点工程——青山湖污水处理厂的污水收集总干渠开工典礼举行。李豆罗出席并讲话。

28—29日 市十二届人大常委会第十七次会议在市人大机关一楼会议室召开。会议审议通过《南昌市市级预算审查监督条例》《南昌市公园条例》《南昌市市政工程设施管理条例（修订草案）》；听取和审议市人民政府关于2003年上半年国民经济和社会发展计划执行情况的汇报、市人大常委会代表资格审查委员会关于补选市十二届人民代表大会代表的代表资格审查报告；审议市中级人民法院副院长陈坚、市人民检察院副检察长黄文安、市科技局局长陈喜民关于述职评议后整改情况的书面汇报；审议通过有关人事任免事项；确认新补选的4名市人大代表的代表资格有效。熊焕高、姜任保分别主持。孔炯、罗时杰等出席。

29日 中共中央总书记、国家主席胡锦涛和随行的中共中央政治局候补委员、书记处书记、中央办公厅主任王刚以及有关部委领导由赣州飞抵南昌。30日，胡锦涛一行在省市领导陪同下，先后来到南昌高新技术产业开发区、南昌经济技术开发区、TCL王牌（南昌）有限公司、洪都航空工业集团有限公司、江联重工集团公司、南昌大众购物中心、南昌职业介绍服务中心、西湖区十字街道建设桥社区服务中心等地考察工作。胡锦涛强调，各级领导干部要大力发扬我们党的优良革命传统，坚持立党为公、执政为民，切实做好关心群众生产生活的工作，团结带领广大人民群众，不断探索促进协调发展、全面发展、可持续发展的新思路、新途径，万众一心地为全面建设小康社会的宏伟目标而奋斗。

30日 江西远洋运输公司与香港利祥国际有限公司就共同在南昌经济技术开发区投资兴建南昌进出口物流园服务区项目在江西宾馆举行签约仪式。省领导吴新雄、余欣荣、凌成兴等出席。南昌进出口物流园服务区占地49.07公顷，主要建设项目包括6.5万平方米仓库、20万平方米货场、海关商检"一站式"物流服务中心大楼和公共保税仓库工作大楼及50台车辆。

2003

9 月

September

公元 2003 年 9 月							农历癸未年【羊】						
日	一	二	三	四	五	六	日	一	二	三	四	五	六
	1 初五	2 初六	3 初七	4 初八	5 初九	6 初十	7 十一	8 白露	9 十三	10 教师节	11 中秋节	12 十六	13 十七
14 十八	15 十九	16 二十	17 廿一	18 廿二	19 廿三	20 廿四	21 廿五	22 廿六	23 秋分	24 廿八	25 廿九	26 初一	27 初二
28 初三	29 初四	30 初五											

2 日　全市“六小”（小餐饮店、小食品经营店、小理发美容店、小旅店、小公共浴室和小歌舞）行业整治工作现场会在东湖区召开。李豆罗讲话指出，“六小”行业关系到市民的解困就业，这些行业城市不能少，市民不能少，这就要求我们对它的管理也不能松。对“六小”的管理就是要细微之处见精神，小街小店见真情，希望大家继续保持良好的工作状态，加强领导，加大力度，使“六小”整治工作取得更大成绩。钟乐初出席。

5 日　全市投资环境、文明行风评议评价工作动员大会召开。李豆罗讲话指出，开展投资环境、文明行风评议评价工作是落实“三个代表”重要思想的需要，是服务于加快南昌发展大局的需要，是提高决策科学化、民主化水平的需要，也是建设勤政廉洁、高效务实党政机关的需要；要突出重点、严格程序，把评议评价的过程变成进一步改进作风，提升服务水平和质量的过程。王样生、孔炯、关德华出席。

6 日　市委、市政府在市委第一会议室召开招商引资工作电视电话会议，总结 1—8 月全市的招商引资工作，并对下一阶段的工作进行再动员和再部署。余欣荣讲话强调，在充分肯定成绩的同时，要克服自满、畏难和松劲情绪，自我加压，以只争朝夕的精神状态，确保完成 2003 年全市实际利用外资完成 5.5 亿美元、实际利用内资完成 130 亿元，为做强做大南昌奠定坚实的基础。李豆罗主持，王样生、熊焕高等出席。

7 日　南昌市规划咨询顾问委员会成立。8 位国内知名规划专家受聘担任首批咨询顾问。余欣荣、李豆罗为规划咨询顾问颁发证书。余欣荣讲话指出，为保证高起点规划、高标准设计、高质量建设、高效率管理、高效益经营的“五高”城市建设基本方针的实现，不仅要运用自身智慧，而且要更多运用国际国内专家的智慧，期望海内外专家为南昌发展出谋划策，为南昌的城市建设出力。卢晓健、罗为民出席。

10日 南昌市庆祝全国第十九个教师节大会在红谷滩会展中心举行。市政府授予南昌一中、南昌二中、南昌三中、南昌十中、莲塘一中、师大附中、南铁一中、南师附小、育新学校、站前路小学10所学校“南昌市名校”称号，授予南昌一中历史等10门学科（专业）和舒俊等10名教师“南昌市名科（专业）”“南昌市名师”称号。

同日 中国南昌首届青山湖国际彩灯烟花节开幕式举行。省市领导吴新雄、余欣荣、李豆罗、王样生等出席。

中国南昌首届青山湖国际彩灯烟花节开幕式举行

11日 由市委、市政府主办的“情聚南昌——2003中秋滕阁赏月晚会”在滕王阁举行。余欣荣、李豆罗、王样生、熊焕高及140余位在南昌投资的客商出席。

12日 全市公安机关集中清查统一行动拉开帷幕。清查重点是纵火、爆炸、杀人、绑架等重大恶性案件的在逃人员；抢劫、抢夺、盗窃等多发性侵财案件现行犯罪嫌疑人和在逃人员；各级督捕网上逃犯；外地流窜南昌市的可疑人员、邪教“法轮功”顽固分子。

15日 碟子湖大型综合旅游开发项目奠基仪式举行。吴新雄、李豆罗、张国华、凌学仁、王水苟，市长助理周明以及来自荷兰的投资商Joep一行出席。

同日 全市学习社会主义市场经济理论报告会在江西艺术剧院举行。中国著名青年经济学家、清华大学教授、博士生导师魏杰作《如何用市场经济的理论做强做大做优南昌》的专场报告。熊焕高主持，余欣荣、李豆罗、陈守朴等及市重点企业负责人、重点私营企业代表及部分高校师生听取报告。

17日 市委、市政府在北京国际饭店举行南昌发展促进会（北京）会员代表座谈会。余欣荣向与会代表介绍南昌发展情况，并希望每一位赣籍老乡多为家乡的建设出谋划策，一道为做强做大南昌而不懈努力。促进会顾问、全国人大常委会原委员、内务司法委员会副主任万绍芬，全国人大常委会委员舒惠国，中国金融工委监事会主席孙希岳，熊焕高、周建军、罗慧芬及部分江西籍在京人士近80人出席。

同日 市政府第21次常务会议在市政府小礼堂召开。会议审议并原则同意市环保局《南昌市赣江饮用水水源保护条例（修正案)》，市房管局《南昌市城市房地产抵押管理条例（修正案)》，市财政局、人民银行南昌中心支行草拟的《关于呈报〈南昌市市级财政国库管理制度改革实施方案（试行)〉的请示》，市财政局《关于江西泰丰轮胎有限公司法人代表个人所得税奖励的请示》《关于兑现红谷滩新区契税优惠政策有关问题的请示》《关于兑现南昌香江商贸有限公司契税优惠政策的请示》《关于江西晨鸣纸业使用中央转贷地方国债资金的请示》，市经贸委《关于同意对2003年上半年度江铃汽车集团主要经营者进行奖励的请示》，市规费联审小组第16次会议初审意见。李豆罗主持。

18日 由南昌旅游集团公司、东湖区委和区政府联合主办的“2003年滕王阁首届古今文化艺术节”开幕式举行。李豆罗、凌学仁出席。

同日 全市出租汽车行业遵章营运、规范服务、整顿客运市场秩序活动动员大会在红谷滩会展中心召开。李豆罗出席并讲话，罗为民出席。

19日 全市负责干部会议召开。会议听取有关部门关于金秋经贸活动月准备工作、全市信访、安全生产稳定工作、全国综治工作会议准备工作等方面的汇报，并对下一步的工作进行部署。余欣荣讲话指出，在当前经济社会高速发展的良好形势下，全市干部一定要加强学习，与时俱进，迅速提高自己在大开放条件下，在快速发展氛围下，在社会主义市场经济环境下管理城市、驾驭城市的能力和水平，确保金秋经贸活动月、全国综治工作会议等活动取得圆满成功。李豆罗、王样生、卢晓健等出席。

同日 全市社区党组织星级评定工作动员暨培训大会在铁路文化宫召开。余欣荣、省委组织部副部长弘强出席并讲话。余欣荣讲话指出，要瞄准"四个前沿"的目标，以社区党组织星级评定工作为抓手，精心打造富有南昌特色的社区建设品牌，要努力构建条块联动、广泛参与等科学有效的社区建设工作机制，强力推进党组织、基础设施等社区建设的各项工作，从而促使南昌市各城区、街道竞相提高社区建设的整体水平。马承祖主持，孔炯、罗为民出席。

20日 落户南昌高新区的金水宝制药与前泽给装两大制造业企业正式投产。省市领导吴新雄、余欣荣、刘运来、李豆罗等出席项目投产仪式。

21日 第二届绳金塔文化经贸节开幕式举行。李豆罗出席并致辞，凌学仁主持，余欣荣、陈守朴、罗慧芬、钟乐初等出席。

第二届绳金塔文化经贸节开幕式举行

同日 2003年中国南昌第二届金秋经贸活动月南昌县项目签约仪式在富豪酒店举行。共签约32个重大项目，合同外资1.58亿美元，内资31.2亿元。李豆罗出席并致辞，余欣荣、陈守朴、雷武江、蔡社宝等出席。

22日 2003年赣台经贸合作研讨会开幕式在红谷滩行政中心广场举行。省委书记、省人大常委会主任孟建柱宣布研讨会开幕。省委副书记、省长黄智权，中共中央台湾工作办公室、国务院台湾事务办公室副主任周明伟分别致辞。省委副书记、常务副省长吴新雄主持。省市领导钟起煌、陈达恒、余欣荣、朱英培、李豆罗、梁小康，来自台湾地区和沿海台资企业协会的600余名台湾工商界人士，以及江苏、天津、广东等兄弟省市台办负责人和省直有关单位、各设区市代表团共1800余人出席。

2003年赣台经贸合作研讨会开幕式举行

同日 2003年赣台经贸合作研讨会项目签约仪式在红谷滩会展中心举行。南昌市签订项目4个，引资总额1.87亿美元。

同日 市委、市政府发出《关于基础教育改革与发展的意见》。内容包括南昌市基础教育改革与发展的指导思想、总体思路和主要任务；创建新型育人模式，大力推进素质教育；调整学校布局，合理配置教育资源；深化教育人事制度改革，努力建设高素质教师队伍；增加教育投入，建立多元化教育投资机制；加强领导，保障基础教育改革与发展顺利进行。

23日 2003年中国南昌第二届金秋经贸活动月开幕式在红谷滩行政中心广场举行。余欣荣出席并致辞，李豆罗主持。马其顿驻华大使盖奥尔吉·埃夫雷莫夫，全国政协委员、香港达成集团董事局主席马介璋，联合国工发组织中国投资促进处项目主任罗响，乌克兰驻华商务副代表贝科夫·谢尔盖，及来自法国、加拿大、西班牙等国家的使节团官员和驻华商务机构代表以及来自海内外的客商代表出席。熊焕高、陈守朴、雷武江等出席。

同日 2003年中国南昌第二届金秋经贸活动月招商引资项目推介会召开。余欣荣出席并致辞，李豆罗主持，熊焕高、陈守朴等出席。

2003年中国南昌第二届金秋经贸活动月招商引资项目推介会举行

24日 全市农村公路、水库建设、血防工作会议在市政府小礼堂召开。余欣荣、李豆罗、蔡社宝等出席。

24—25日 全国社会治安综合治理工作会议在南昌召开。会议以“三个代表”重要思想和中共十六大精神为指导，深入贯彻《中共中央、国务院关于进一步加强社会治安综合治理的意见》，总结交流治安防范工作经验，部署推进社会治安防控体系建设，全面落实社会治安综合治理各项措施。中共中央政治局常委、中央政法委书记、中央社会治安综合治理委员会主任罗干出席并讲话。中央综治委副主任、最高人民法院院长肖扬，中央综治委副主任、最高人民检察院检察长贾春旺，部分综治委委员，中央有关部门的负责人；各省、自治区、直辖市及新疆生产建设兵团党委主管社会治安综合治理工作的负责人、政法委书记、综治办主任、公安厅（局）长；各省会城市（自治区首府）、计划单列市党委主管社会治安综合治理工作的负责人出席。

26日 2003年中国南昌（秋季）房地产博览会在省博物馆举行。建设部党组副书记、副部长刘志峰，余欣荣、李豆罗、陈守朴、罗为民和省建设厅厅长胡柏龄出席开幕式并为南昌市第二届十佳楼盘颁奖。

27日 全市科技工作交流暨科技成果对接洽谈会在红谷滩会展中心东厅召开。余欣荣、李豆罗、姚燕平等出席。

28日 由市政府和省农业厅联合主办的2003年中国南昌农业产业化经营项目推介会在红谷滩会展中心举行。余欣荣出席推介会并致辞，蔡社宝主持。省市领导彭崑生、孙用和、雍忠诚等出席。全国人大常委会委员、农业部原常务副部长王连铮，国家农业产业化重点龙头企业专家评审组组长李惠安，《中国农业产业化》杂志社社长兼总编刘明山，澳大利亚驻华农业参赞Mark Schipp等作为特邀嘉宾出席推介会。大会共签订项目73个，其中内资项目60个，合同内资15.98亿元；外资项目13个，合同外资1.36亿美元。

同日 总投资1.15亿元的北玉带河工程、青山湖截污西渠工程、贤士二路排水改造工程、东西桃花连通渠延伸段综合改造工程开工典礼举行。余欣荣出席并讲话，李豆罗、熊焕高等出席。

同日 “省城第一路”——北京西路和城

市中环快速道洪都大道竣工典礼举行。余欣荣、李豆罗、熊焕高等出席。

同日 2003年中国（江西·文港）首届笔文化艺术节招商引资推介会在进贤县文港镇举行。李豆罗、肖永政、王水苟等出席。

29日 2003年南昌市专业化协作配套项目推介会暨签约仪式在红谷滩会展中心举行。共签约项目54个，新增配套金额共计32.5亿元。余欣荣出席并讲话，龚建华主持，李豆罗、罗时杰等出席。

2003年南昌市专业化协作配套项目推介会暨签约仪式举行

30日 2003年中国·南昌天香园首届国际都市候鸟节开幕式在天香园举行。省市领导吴新雄、李豆罗、陈守朴、姚燕平、罗慧芬、钟乐初及著名美籍华人陈香梅出席。

同日 江铜集团江铜——耶兹高档铜箔项目在南昌高新区正式开工。省领导吴新雄出席开工典礼并致辞，省市领导余欣荣、凌成兴、罗慧芬，市长助理黄春平及美国耶兹制造公司总裁出席。

同日 江西国际汽车城开业典礼暨第二届中国（南昌）国际汽车博览会开幕仪式在南昌经济技术开发区举行。省市领导蒋仲平、金异、李豆罗等出席开幕式。

2003
10月 October

公元2003年10月							农历癸未年【羊】						
日	一	二	三	四	五	六	日	一	二	三	四	五	六
			1 国庆节	2 初七	3 初八	4 重阳节	5 初十	6 十一	7 十二	8 十三	9 寒露	10 十五	11 十六
12 十七	13 十八	14 十九	15 二十	16 廿一	17 廿二	18 廿三	19 廿四	20 廿五	21 廿六	22 廿七	23 廿八	24 霜降	25 初一
26 初二	27 初三	28 初四	29 初五	30 初六	31 初七								

1日 2003年中国（南昌）海峡两岸兰花博览会在青山湖文化广场开幕。熊焕高、陈守朴、卢晓健、姚燕平、罗慧芬出席开幕式。

6日 市委、市政府发出《关于南昌市引进国内优秀人才的实施办法》，共19条，重点为建设南昌市现代制造业重要基地而发展的汽车、医药和食品、新材料、纺织服装、电子信息和家电等五大支柱产业，农业产业化龙头企业，以及教育、卫生、金融等领域急需发展的专业和学科引进优秀人才。

7日 全市县级领导干部学习贯彻“三个代表”重要思想轮训动员大会在红谷滩会展中心召开。余欣荣讲话强调，要更加自觉地用“三个代表”重要思想武装头脑，在改造客观世界的同时切实加强主观世界的改造，建设一支能够担当实现南昌快速崛起重任的高素质干部队伍。李豆罗、熊焕高、陈守朴及全市1000余位副县级以上领导干部出席。

全市县级领导干部学习贯彻“三个代表”重要思想轮训动员大会召开

同日 余欣荣、李豆罗、熊焕高、陈守朴、雷武江在富豪酒店会见由中国侨联主席林兆枢率领的海外侨领一行。

同日 第二届绳金塔文化经贸节西湖区招商引资签约仪式举行。西湖区共引进项目31个，项目投资总额12.05亿元。项目内容涉及工业、商贸、教育、文化、卫生、餐饮、娱乐休闲等诸多领域。余欣荣、李豆罗、凌学仁出席。

8日 香港特别行政区全国政协委员一行在团长徐展堂的带领下到南昌考察。考察团一行在市委第一会议室听取南昌市经济社会发展情况介绍。

同日 中国侨联爱国主义教育基地揭牌暨"投效军旅，功耀中华——人民军队中的海外归来将士"展室开展仪式在南昌八一起义纪念馆举行。中国侨联主席林兆枢，副主席唐闻生、李祖沛，省市领导余欣荣、朱英培、孙刚等出席。

同日 2003年中国南昌第二届金秋经贸活动月东湖区第二届百花洲金秋社区文化艺术节开幕式在八一公园举行。李豆罗出席并致辞，张国华、余根水、曹连甲等出席。

9日 由中华海外联谊会、中华全国工商业联合会、中华全国归国华侨联合会、中华全国台湾同胞联合会、中国光彩事业促进会与江西省人民政府联合主办的2003年中国"五会"(南昌)经贸恳谈会开幕式在红谷滩会展中心举行。省领导孟建柱宣布大会开幕，黄智权致辞，吴新雄主持。中共中央统战部副部长，中华全国工商业联合会党组书记、第一副主席，中华海外联谊会副会长、中国光彩事业促进会副会长胡德平代表中国"五会"讲话。

同日 2003年中国"五会"(南昌)经贸恳谈会在红谷滩会展中心举行项目推介。吴新雄作省情介绍。梁小康代表南昌市作市情及投资项目推介。

2003年中国"五会"(南昌)经贸恳谈会开幕

10日 2003年中国南昌"市政公用杯"国际摩托艇精英赛在青山湖开幕。余欣荣出席并致辞。省市领导吴新雄、李豆罗、姚燕平等出席。

同日 2003年昌台经济合作恳谈会在红谷滩会展中心举行。李豆罗出席并致辞，戴和旺主持，蔡社宝、罗时杰等出席。

11日 中共中央统战部副部长，中华全国工商业联合会党组书记、第一副主席，中华海外联谊会副会长、中国光彩事业促进会副会长胡德平考察先锋软件股份有限公司、煌上煌集团总部和江西航天科技学院，并与民营企业家进行交谈。

同日 市委发出《关于开展"抓好'第一要务'、牢记'两个务必'、实践'三个代表'先进县区党政领导班子"创建活动的实施意见》。创建活动实施范围为四县五区，重点围绕经济建设、精神文明建设和社会事业发展、党的建设三个方面内容展开。

12日 总投资3.3亿元的胜利广场建设工程开工典礼举行。李豆罗出席并讲话，张国华、孔炯、罗时杰等出席。

14日 全国第五届城市运动会南昌市代表团授旗仪式暨动员大会在市政府原第二会议室召开。李豆罗向代表团授旗并讲话。罗慧芬出席。18—27日，南昌市体育代表团在湖南参加全国第五届城市运动会。该届城运会，南昌市代表团共获得金牌6枚、银牌8枚、铜牌1枚，总分221分，实现金牌、奖牌和总分超历届的预定目标。在全国78个参赛城市中，南昌市金牌数名列第16位；在全国省会城市金牌排行榜上，南昌市跻身10强。

15日 市再就业领导小组成员(扩大)和部门联席会议召开。会议对下一阶段就业和再就业工作进行全面部署。余欣荣讲话指出，在下一阶段的就业和再就业工作中，首先必须确保目标任务完成不放松，按照“标本兼治，重在治本”的方针，突出发展经济、招人引才和帮扶困难群体就业三个重点，实现每年新增安置劳动力4.5万—8万人、培训各类技工4万人的两项目标。李豆罗、卢晓健出席。

16日 南铁曙光俱乐部大楼整体平移工程开工典礼在玉带河西支工程施工现场举行。李豆罗、罗为民等出席。南铁曙光俱乐部大楼楼高六层，造价1100万元，位于玉带河河道中央，阻碍换水改造工程顺利进行。市政府决定采用液压泵站腾空推移的高新技术对其进行平移。

同日 全市征兵工作会议在南昌军分区会议室召开。会议总结全市征兵工作情况，部署征兵工作任务，宣读2002年征兵工作先进单位和先进个人表彰通报。李豆罗出席并讲话，张国华、刘刚、李家润等出席。

17日 建德观风味小吃一条街竣工。李豆罗，凌学仁出席剪彩仪式。建德观风味小吃一条街全长400米，总投入230万元，形成一条以火锅特色为主、风味小吃为辅，融娱乐、休闲为一体的商业特色街。

同日 全市领导干部会议在市委第一会议室召开。会议收听收看全省领导干部电视电话会议，就如何结合南昌实际贯彻落实好中共十六届三中全会精神以及全省领导干部电视电话会议精神进行部署。余欣荣讲话强调，当前摆在全市各级党委、党组织面前的中心任务，就是要按照中央和省、市委的统一部署和要求，学习好、贯彻好中共十六届三中全会精神，并把全市人民的力量和智慧凝聚到落实这次全会提出的要求和做出的重大部署上来，为做好“两篇文章”、实现南昌快速崛起做出应有的贡献。市委常委，市人大、市政府、市政协领导班子成员、助理巡视员，市纪委副书记，南昌军分区司令员、参谋长；市委、市人大、市政府、市政协副秘书长；担任过市领导职务的部分离退休老干部；市委各部门、市直各单位的主要负责人及市部分企事业单位主要负责人出席。各县区分别设立分会场。

18日 为期4天的第十三届中国厨师节在南昌滕王阁落幕。李豆罗、罗时杰、凌学仁出席闭幕式，并为获中华金厨奖、突出贡献奖、杰出贡献奖及优秀组织奖的个人和团体颁发奖杯。

19日 京九沿线市（区）政协研讨会第七次会议在南昌市召开。京九沿线20个市区政协100多名代表参加会议。余欣荣、李豆罗应邀出席并会见与会代表，陈守朴主持会议并致欢迎辞，雷武江、钟乐初、王水苟等出席。

20日 南昌电网桃苑、万溪、京东三个输变电工程同时开工。吴新雄宣布开工，省市领导凌成兴、李豆罗、卢晓健及有关部门负责人出席开工典礼。投资近2.4亿元的桃苑220千伏、万溪和京东110千伏三个输变电工程是南昌电网2004年迎峰度夏的主要工程项目。其中，桃苑220千伏变电站是福山、船山、象山北变电站的电源点，建设规模该期安装2台主变，容量36万千伏安，220千伏出线2回，110千伏出线8回。

同日 以“红谷滩商业发展战略”为主题的“2003年红谷滩论坛”在红谷滩会展中心举行。中国物流与采购联合会常务副会长丁俊发和浙江世贸投资集团首席执行官何昌正等就城市建设、商业规划、定位和发展前景在论坛上发言，卢晓健主持，省市领导张华康、李豆罗等出席。余欣荣在市委六楼会见厅会见与会代表。

21日 红谷滩新区项目开工暨签约仪式在市委第一会议室举行。新开工的8大项目分别是江西医学院新校区、西奇红谷广场、天赐良园、省无线电监测中心、红角洲燃气工程、南昌二中、地震办公大楼、红谷滩路网工程。新签约的8大项目分别是南昌职工科技大学、江西工业贸易学院、中国人民大学附属中学、江南金融大厦、江西医学院第二附属医院、南昌市第一医院、东方家园红谷滩商业中心、省华力混凝土搅拌中心。余欣荣出席并讲话，卢晓健主持，王水苟出席。

红谷滩新区项目开工暨签约仪式举行

22日 由中国渔业协会、中国水产流通与加工协会、南昌市政府、江西省农业厅联合主办的2003年“军山湖杯”第二届鄱阳湖螃蟹节在进贤县开幕。国家有关部门负责人和省市领导危朝安、王样生、胡复元、黎细保等，上海水产大学教授王武等及应邀嘉宾、客商700余人出席开幕式。活动期间，各地客商与有关部门签订招商项目20个，签约内资1.37亿元、外资180万美元，项目涉及水面开发、农产品加工和特种种植、养殖业等。

同日 全市社会治安防控体系建设表彰大会在红谷滩会展中心召开。会议总结社会治安防控体系建设工作，表彰一批先进集体和个人。余欣荣出席并讲话，省市领导彭宏松、舒晓琴、蔡安季、王样生，南昌军分区司令员李家润，省公安厅党委副书记段景来等出席会议并向获得表彰的先进集体和个人代表颁奖。

23日 2003年中国南昌第二届金秋经贸活动月成果发布会暨闭幕式在红谷滩会展中心举行。余欣荣讲话指出，该届经贸活动月，以宣传南昌、推介南昌、发展南昌为出发点，以经贸合作为主题，以招商引资为主线，以经贸、文化、旅游活动为载体，全力构架承接沿海产业梯度转移、做强做大南昌的重要经贸活动平台，达到“广交朋友、增进友谊、扩大交流、促进合作”的目的并取得丰硕成果。李豆罗作活动月工作总结报告。历时1个月的活动，签约项目共计206个，外资项目36个，引进外资5.36亿美元；内资项目170个，引进内资99.03亿元。熊焕高、陈守朴、雷武江等出席。

同日 中国跳伞精英表演及焰火晚会在红谷滩行政中心举行。余欣荣、熊焕高、陈守朴等出席并观看表演。

24日 全国第二家工会进城务工人员维权服务站“南昌市总工会进城工人员维权服务站”正式成立，成为市工会继困难职工帮扶中心后又一个直接服务于职工群众的窗口。

25日 全省第一家海洋馆——南昌海洋公园开园典礼举行。南昌海洋公园是由南昌海洋世界科普有限公司投资1亿元兴建的集旅游、科普为一体的现代化大型海洋馆。整个公园占地面积2.67公顷，设有淡水生物馆、珊瑚礁生物馆、海兽表演剧场、海底隧道馆等场馆。现有生物800余种（包括鲨鱼、海龟、海豹等），生物数量1万余只（尾）。

同日 南昌市庆祝第八届环卫工人节大会召开。会议表彰6个“先进环卫所”、60名“环卫工作先进个人”和20名“优秀市容监督员”。余欣荣、李豆罗为“十佳城市美容师”颁奖，罗为民宣读《致全市环卫工人的慰问信》，孔炯、曹连甲出席。

28日 投资16亿元的南昌鑫维高新技术产业园项目开工奠基典礼在南昌县小蓝工业园举行。余欣荣、王样生、凌学仁出席，中科健股份有限公司、神州数码控股公司、广东电子信息产业集团等30家企业负责人到场祝贺。

同日 南昌龙力房地产综合开发有限公司向团市委希望工程办公室捐赠现金30万元。李豆罗、罗慧芬出席捐赠仪式。

28—29日 市十二届人大常委会第十九次会议在市人大机关一楼会议室召开。会议审议通过《南昌市赣江饮用水水源保护条例（修正案）》《南昌市城市房地产抵押管理条例（修正案）》《南昌市城市管道燃气管理条例（修正案）》《南昌市液化石油气管理条例（修正案）》，关于批准2002年市本级决算的决议和市政府、市检察院分别提请的人事任免议案；听取和审议市政府关于就业和再就业工作情况的汇报、关于2002年市本级财政决算和2003年1—9月份财政预算执行情况的汇报、关于2002年市本级预算执行和其他财政收支的审计工作报告；讨论通过《南昌市优化投资环境条例（草案）》立法听证会方案。熊焕高、姜任保分别主持。孔炯、罗时杰、肖永政、熊全柏、姚燕平及万加良等出席。卢晓健、罗为民，市人民检察院检察长崔可夫等列席。7名公民旁听。

29日 南昌市举行防空警报试鸣和部分人员疏散隐蔽演练。省市领导余欣荣、全文甫、蔡新贵、李豆罗等，南昌军分区领导李家润、徐兆麟等观摩演练。

30日 全省工业现场会在市委第一会议室召开。余欣荣介绍南昌市工业经济发展情况和经验。他指出，全市上下要把制造业放在发展的“火车头”位置，要坚持以企业为工业核心的企业主导型发展战略，树立企业的需要就是我们的责任，企业的成功就是我们的使命的意识，形成集中领导、集中财力、集中才智抓工业的局面。

31日 市委、市政府举行2003年南昌市老城区涉水工程项目新闻发布会。余欣荣出席并讲话，表示要进一步把涉水工程引向深入，两年内根治城区内涝，一年基本解决老城区积水问题。李豆罗、孔炯、罗为民、周关出席。

2003年南昌市老城区涉水工程项目新闻发布会召开

2003

11月

November

公元2003年11月							农历癸未年【羊】						
日	一	二	三	四	五	六	日	一	二	三	四	五	六
						1 初八	2 初九	3 初十	4 十一	5 十二	6 十三	7 十四	8 立冬
9 十六	10 十七	11 十八	12 十九	13 二十	14 廿一	15 廿二	16 廿三	17 廿四	18 廿五	19 廿六	20 廿七	21 廿八	22 廿九
23 小雪	24 初一	25 初二	26 初三	27 初四	28 初五	29 初六	30 初七						

1日 由中央文明办、文化部和中央电视台联合主办的第二届全国“四进社区”文艺展演在南昌市举行。中央文明办专职副主任翟卫华，文化部党组成员、纪检组长常克仁，国家体育总局副局长张发强，团中央书记处书记张晓兰，全国妇联书记处书记洪天慧，中国科协书记处书记宋南平，省市领导孟建柱、黄智权、吴新雄、刘上洋、余欣荣观看演出并为获奖节目颁奖。

同日 由市园林绿化局、市花卉协会、红谷滩新区管委会主办的市第十五届菊花展览在红谷滩新区行政中心广场开展。余欣荣、李豆罗、罗为民考察展区。

3日 全省农业综合开发现场会在安义县召开。省领导彭宏松出席并讲话，李豆罗、蔡社宝、戴和旺以及省直有关部门负责人和全省兄弟市县的有关负责人出席。

5—6日 全市社会治安综合治理工作会议在新建县召开。会议指出，当前和今后一个时期，南昌市社会治安综合治理工作的总体要求是以“三个代表”重要思想为指导，认真贯彻中共十六届三中全会精神，坚持“打防结合、预防为主、标本兼治、重在治本”的方针，贯彻专群结合的原则，以维护全市社会稳定为重点，着力加强治安防控体系建设和治安防范各项措施，以发案少、秩序好、社会稳定、群众满意为标准，不断推进综治各项工作的落实，为全面实现小康社会和率先在全省崛起营造安全稳定的社会环境。王样生、卢晓健、刘刚等出席。

6日 市规划委员会第18次会议召开。会议审议并原则通过《南昌市城市总体规划(2003—2020年)》，审议象湖和红谷滩污水处理厂选址规划、昌湾大道规划、庐山南大道东侧绿化规划、红谷滩新区沿江景观规划。余欣荣讲话强调，南昌市城市总体规划是一个系统性、前瞻性工程，也是一项对未来发展具有全局意义的基础性工程，所以必须突出其多目标性。既要注重生态，又要注重文态（历史文化）；既要注重开发中的效益，又要注重景观的完整性；既要有利于城市经济大发展，又要有利于人民生活水平的提高。李豆罗、卢晓健、罗为民参加审议并就如何进一步完善各大方案提出建设性意见。

6—7日 全省新经济组织和新社会组织党建工作现场会在南昌召开。余欣荣出席并致辞。马承祖出席。

7日 南昌供水用户服务中心正式投入运营。南昌供水用户服务中心是全国供水行业首家利用营销计算机管理网络为老百姓提供“一站式”服务的机构。余欣荣、李豆罗、罗为民为该中心揭牌。

8日 市政府与中国农业银行江西省分行签订全面合作框架协议。中国农业银行总行副行长张云出席签约仪式，李豆罗主持，罗为民与农行江西省分行行长刘菊喜分别代表双方签约。

9日 外交部部长李肇星参观滕王阁和南昌八一起义纪念馆。省市领导余欣荣、孙刚、熊焕高陪同。

10日 省委决定：王詠任中共南昌市委委员、常委、副书记；敖庆沸任南昌市人大常委会助理巡视员。

12日 全市教育系统学习“三个代表”重要思想及贯彻中共十六届三中全会精神研讨班开班仪式举行。余欣荣出席并讲话，罗慧芬主持。

同日 全市整治摩托车、残疾人专用车、黄包车、三轮车、板车等“五车”非法营运动员大会召开。李豆罗讲话指出，“五车”非法营运既与创卫的工作要求不符，又严重影响南昌市的城市形象，希望全市上下对整治工作要高度重视，积极配合；由于“五车”整治中涉及残疾人等社会弱势群体，因此在整治过程中要认真务实地解决他们的实际困难，做到以情动人、以理服人、依法整治。罗为民出席。

13日 全市投融资体制改革研讨会召开。研讨会就如何增强对各类资金的吸纳能力、促进南昌做强做大进行研讨。余欣荣出席并讲话，熊焕高主持。

全市投融资体制改革研讨会召开

同日 上海路住宅小区改造规划方案讨论会召开。南昌市将按照国家优秀小区的标准，对上海路住宅小区进行改造，预计投资3400万元，用于小区住宅楼美化、市政设施建设和道路改造等。李豆罗出席并讲话，罗为民出席。

14日 全市冬季防火安全工作会议在市政府小礼堂召开。会议传达贯彻全省冬防工作暨城市社区消防建设经验交流现场会精神，通报全市20家重大火灾隐患单位隐患整改情况和2003年以来全市火灾情况，部署全市冬季防火安全工作。李豆罗出席并讲话，卢晓健、刘刚及省消防总队负责人出席。

16日 全市安全生产工作紧急会议在市政府召开。会议通报11月14日丰城建新煤矿发生的瓦斯爆炸特大事故。李豆罗讲话强调，针对排查隐患工作要成立专人负责机构，保证信息网络的畅通。排查中要做到一丝不苟，不放过任何一个苗头，立足在早、立足在小，做到早发现、早解决，解决要有力到位，确保全市有一个安全、稳定的生产生活环境。

18日 市人大举办《南昌市优化投资环

境条例（草案)》立法听证会，公开、广泛征求市民、社会各界和有关部门对该草案的立法意见。这是南昌市首次举行立法听证会。此次听证会听取对行政检查行为和法律责任方面规范的意见，包括行政管理部门的年度行政检查应当报政府法制部门审查和协调，并由政府法制部门核发行政检查通知书；行政管理部门应当控制行政检查次数；对具有突发性、保密性或因举报实施的行政检查应当备案；行政管理部门实行行政检查应执行的程序，检查结束时，应当填写行政检查登记簿等条款。听证会上，16 名听证陈述人依次发表对条例（草案）相关条款的意见和建议，30 名来自社会各界的人士作为旁听人旁听听证会的全过程，并发表自己的看法。卢晓健、姜任保、余根水等出席。

同日 全市安全生产电视电话会议在市委第一会议室召开。会议收听收看全省安全生产电视电话会议。余欣荣出席并讲话，要求各县区、各部门、各单位要把安全稳定工作摆在首位，严格排查，认真整改、层级负责，做到稳定无小事，无事当有事，保证南昌不出事。王样生、熊焕高、雷武江等出席。

19 日 全市开放型经济工作汇报会召开。会议通报 1—10 月全市招商引资及出口创汇情况，并就下一阶段的工作进行再动员和再部署。余欣荣出席并讲话，李豆罗主持。

全市开放型经济工作汇报会召开

20 日 美国科勒公司代表与南昌高新区负责人在江西宾馆签订进区协议。总投资 7500 万美元的科勒（南昌）卫浴基地正式落户南昌。余欣荣出席并致辞，李豆罗和科勒公司全球水龙头事业部副总裁尼理卡等出席签约仪式。

21—22 日 全市农业产业化经营流动现场会在进贤县召开。余欣荣出席并讲话，要求各级党委、政府高度重视农业、农村和农民工作，特别是要努力提高农业产业化经营水平，带动农村经济大发展，从而为南昌市全面建设小康社会和保持经济社会各项事业快速、健康、协调、持续发展奠定坚实获础。蔡社宝主持，戴和旺通报 2003 年以来全市农业产业化经营的情况，肖永政、王水苟出席。

22 日 全市县域经济工作座谈会在进贤县文港镇召开。余欣荣出席并讲话，强调要坚定不移地把发展县域经济作为整个南昌经济的重要组成部分，迅速提升县域经济的份额。肖永政、戴和旺、王水苟及各县区分管县域经济的有关负责人出席。

27 日 南昌市在市委第一会议室举行汇报会，向到南昌集中采访的中央新闻采访团介绍南昌近两年创建文明城市的工作情况。余欣荣主持，熊焕高、罗为民等出席。

28 日 市政府发出《关于印发〈南昌市红谷滩新区优惠政策〉的通知》，规定到红谷滩新区投资兴业的外商（含南昌市以外的国内客商)，除执行国家、江西省、南昌市有关鼓励外商投资的各项优惠政策外，还可以在审批办证、减收建设规费等方面提供快捷、便利的服务和优惠政策。

28—30 日 由南昌市与中国体改研究会联合举办的 2003 年中国南昌加快城市投融资体制改革与提升城市竞争力发展战略研讨会在红谷滩会展中心召开。余欣荣出席会议并作专题报告，熊焕高主持，凌学仁致开幕辞。中国体改研究会副会长杨启先，中国体改研究会副会长、江苏省体改研究会会长陈鸿昌分别作专题报告。陈守朴、蔡社宝、罗时杰等出席。

29日 南昌市首家博士后科研工作站——清华泰豪科技股份有限公司博士后科研工作站成立仪式举行。吴新雄、余欣荣、罗慧芬等出席。

是月 南昌市乡镇机构改革和人员分流任务完成。全市乡镇个数由改革前的101个减为80个，精简20.8%，全市各县区都能按照小乡镇1—2个，大乡镇3—5个的标准设置内设机构，全市乡镇机关内设机构由改革前的608个精简为387个，比改革前精简36.3%，乡均内设机构为4.8个。全市乡镇行政编制由改革前的3465名精简为2669名，比改革前精简23%。乡镇原行政实有人员为2893人，应分流人员269人，目前已分流349人，占应分流人员的129.7%，占实有人员的12.1%，目前全市乡镇机关空编125人，乡镇机关人员分流已全部到位。全市各乡镇事业站所严格按5—7个设置。乡镇站所由改革前1175个精简为529个，精简率为55%，乡镇站所数为6.6个。全市乡镇站所事业编制由改革前的4330名精简为2984名，精简率31.1%，乡镇站所实有人员为3800人，应分流人员为870人，目前已分流1073人，占应分流数的123.3%，占实有人员的28.2%。

2003
12月
December

公元2003年12月							农历癸未年【羊】						
日	一	二	三	四	五	六	日	一	二	三	四	五	六
	1 初八	2 初九	3 初十	4 十一	5 十二	6 十三	7 大雪	8 十五	9 十六	10 十七	11 十八	12 十九	13 二十
14 廿一	15 廿二	16 廿三	17 廿四	18 廿五	19 廿六	20 廿七	21 廿八	22 冬至	23 初一	24 初二	25 初三	26 初四	27 初五
28 初六	29 初七	30 初八	31 初九										

2日 全市土地市场秩序治理整顿工作会议召开。会议传达贯彻全省设区市市委书记、市长会议精神，进一步部署全市土地市场治理整顿工作。会议指出，对土地市场秩序治理整顿工作要认识到位，责任到人，要从全局和战略的高度充分认识土地市场秩序治理整顿工作的重大意义。在土地市场秩序治理整顿工作中要做到工作到位，措施到位，各级各部门务必把工作做细、抓实。余欣荣出席并讲话，李豆罗主持，熊焕高、卢晓健、罗为民及各县区委书记、县区长、开发区管委会和市直有关单位主要负责人共50余人参加会议。

同日 南昌市第五届农民运动会开幕式在南昌县体育馆举行。熊焕高主持，李豆罗、戴和旺出席。来自全市10个县区的运动员代表及嘉宾、观众3000余人参加。

4日 北京东路综合改造工程开工典礼举行。北京东路综合改造工程是市“771420”工程中规划的14条风光景观道路之一。西起洪都大道，东至瑶湖大道，全长4.95公里，总投资2.6亿元。整个工程将按照以路带房、以房补路、综合开发的思路，采取市场化运作进行建设，计划于2004年5月全面竣工。余欣荣、李豆罗、王样生等出席。

同日 全市“百路大会战”总结部署会议召开。会议总结2003年工作，部署2004年任务。李豆罗讲话指出，各区要在2004年春节后按要求尽快展开第二轮“百路大会战”，争取用两到三年的时间，使南昌市的老城区道路街巷得到全面改造，使市民充分享受花园城市建设带来的实惠。罗为民出席。

5日 市委常委中心组在市委第一会议室学习贯彻中共十六届三中全会和全会通过的《中共中央关于完善社会主义市场经济体制若干问题的决定》精神。余欣荣主持并讲话，强调在实现南昌快速崛起的伟大征程中，全市广大党员干部特别是领导干部要站在新的高度，全面、系统、深刻地理解全会精神和《决定》

的内涵，进一步增强把握市场经济规律的决策意识和能力，推动全市经济社会各项事业持续、快速、协调、健康发展。市委常委和市人大、市政府、市政协领导班子成员参加学习。

6日　市规划委员会第19次会议召开。会议审议大昌北新城规划、湾里区城市总体规划、滕王阁集装箱码头改造、红谷滩新区和昌东、昌南地区35条道路命名、青山湖电力宾馆设计、凤凰洲天舜项目规划等6大方案。余欣荣出席并讲话。李豆罗、罗为民参加审议并就如何进一步完善各方案提出意见。

7日　市政府发出《关于进一步搞活房地产市场的若干意见补充意见的通知》，要求根据市场需求，积极采取有效措施，增加普通商品住房的供应，加快普通商品住房发展；进一步完善土地供应机制，加快推行“熟地”出让制度；积极引导住房消费，鼓励消费者个人购房；完善和推进廉租住房制度，强化政府住房保障职能，努力改善城镇最低收入家庭住房条件；建立、健全房地产市场信息系统和预警预报体系，为市委、市政府加强宏观调控提供科学依据。

10日　2003年全省副科级以上干部法律知识统一考试工作动员大会在市委第一会议室召开。王样生出席并讲话。各县区、市委各部门、市直各单位负责人150余人参加会议。

12日　省第一条全封闭、全立交、双向六车道的沥青混凝土路面高速公路——乐温（乐化—温家圳）高速公路正式开工。省市领导黄智权、凌成兴、罗为民出席开工新闻发布会。

13日　团市委和市青企协在江西人才市场联合举办全市第二届青年创业暨百家企业招聘大会。大会免费提供7000个岗位给失业待业青年、下岗职工。熊焕高出席并讲话。

15日　全市退役士兵安置工作会议召开。会议对全市2003年度退役士兵安置工作进行动员和部署。卢晓健，南昌军分区参谋长陈勇出席。

同日　南昌市唯一旅游快速通道——红湾公路在湾里区招贤镇苗圃破土动工。李豆罗出席开工典礼并讲话。

同日　由中纪委、中组部、中宣部组织的“立党为公、执政为民”先进事迹报告团在南昌举行巡回报告。省领导傅克诚主持，省市领导吴新雄、舒晓琴、李豆罗、王样生等及省市1000余名机关干部、高校师生和驻昌部队官兵代表听取报告。

17日　中共中央政治局常委李长春考察东湖区公园街道上营坊社区工作。省市领导孟建柱、黄智权、彭宏松、余欣荣、李豆罗等陪同。

同日　余欣荣、李豆罗率南昌市党政代表团赴广州市参观学习。18日，南昌市与广州市签订协议，正式缔结为友好城市。余欣荣、李豆罗、熊焕高、陈守朴、雷武江、蔡社宝、张国华、梁小康，广州市领导林树森、张广宁、陈开枝、邬毅敏、潘庆槠出席签字仪式。随后，南昌市党政代表团在广东省委常委、广州市委书记、市人大常委会主任林树森，广州市委常委、常务副市长沈柏年，广州市委常委、秘书长邬毅敏等人的陪同下，参观考察广州国际会议展示中心和广州新白云国际机场。19日，南昌市党政代表团一行，在广州市领导张桂芳、林元和、凌伟宪等人的陪同下，参观考察广州科学城及二沙岛、火车站东站绿化广场、云台花园等重点城市建设工程。

18日　2003年南昌承接沿海产业梯度转移（广州）推介会在广州东方宾馆举行。余欣荣致辞指出，在全球经济一体化的今天，尤其是随着全球产业向大陆转移、沿海产业向中部转移浪潮的兴起，南昌又面临着千载难逢的发展机遇。面对这样一种时代发展的大潮，我们正充分发挥自己独特的区位优势、交通优势、成本优势和环境优势，以大开放为主战略，全力以赴推进工业化进程，把南昌建设成为现代化制造业的重要基地。在推介会举行的签约仪式上，南昌招商团共签订28个项目，其中外资项目13个，引资额1.84亿美元；内资项目15个，引资额22.97亿元。李豆罗主持，熊焕高、陈守朴等出席。

2003年南昌承接沿海产业梯度转移（广州）推介会举行

同日 由市委宣传部和江西人民广播电台联合录制的广播剧《马克思的一天》获中宣部精神文明建设“五个一工程”优秀作品奖，实现南昌市获此奖零的突破。

20日 由浙江中大集团的全资子公司南昌中大房地产有限公司负责开发的重点住宅建设项目——中大青山湖花园奠基典礼举行。浙江省政协常务副主席龙安定，省市领导蒋仲平、李豆罗及浙江中大集团董事长陈继达等出席。

21日 全市1万名干部开展“进万家门、知万家情、解万家难、暖万家心”活动月动员大会在红谷滩会展中心召开。余欣荣出席并讲话，李豆罗主持，熊焕高宣读《关于元旦、春节期间在全市万名干部中开展“进万家门、知万家情、解万家难、暖万家心”活动月的实施意见》。王样生、马承祖等出席。

22日 诚志股份草珊瑚新址暨纳米数字显示屏生产基地开工仪式在清华科技园江西园区北区举行。省市领导吴新雄、胡振鹏、凌学仁等出席。

25日 全市重点工程之一——牛行水厂正式动工兴建。李豆罗、王样生、卢晓健、罗为民、王水苟为工程奠基。牛行水厂位于昌北地区缝合堤以北，设计总规模为日供水30万立方米，共分三期建设。建成后，牛行水厂将解决红谷滩地区和整个昌北地区的用水问题，大大促进红谷滩地区和整个昌北地区的发展。

25—26日 市十二届人大常委会第二十一次会议在市人大常委会机关一楼会议室召开。会议听取并审议《南昌市优化投资环境条例（草案修改稿）》《南昌市劳动争议仲裁条例（草案）》，市政府关于公共卫生体系建设和农村卫生事业发展情况的汇报，市政府关于代表建议、意见办理情况的汇报；表决通过《南昌市优化投资环境条例（草案表决稿）》；审议并通过2004年2月3日在南昌召开市十二届第五次会议的决定、有关人事任免事项。熊焕高、姜任保分别主持。孔炯、罗时杰、肖永政、熊全柏、姚燕平和万加良及常委会组成人员出席。

26日 纪念毛泽东诞辰110周年座谈会在市委第一会议室召开。余欣荣出席并讲话，李豆罗、王样生等出席。

南昌市纪念毛泽东诞辰110周年座谈会召开

同日 2003年江西食品展销洽谈会在青山湖文化广场举行。来自全国20多个省市区的600多家食品企业参展。

同日 坐落于艾溪湖畔的市中级人民法院新审判综合大楼正式投入使用。最高人民法院副院长沈德咏，余欣荣、李豆罗、王样生、熊全柏等及省高级人民法院院长康为民出席搬迁庆典仪式。

同日 市委统战部、市工商联等单位授予江西煌上煌集团公司等6家民营企业“南昌市光彩事业项目示范企业”称号。雷武江出席授牌仪式。

28日 全市重点工程之一——生米大桥正式动工建设。李豆罗出席新闻发布会并宣布开工。生米大桥选址位于南昌大桥上游约5.3公里处，东起南隔堤，西至新建县生米乡东亮山，位于南昌市外环快速道上，系跨越赣江连接昌南、昌北地区的六座主要桥梁之一。生米大桥全长3062米，桥宽35米，为双向八车道，设计车速为60公里／小时。桥型设计为主跨2×228米中承式钢管砼系杆拱桥，主桥双拱状如鸟之双翼，寓意南昌崛起、腾飞。该工程总投资概算为6.04亿元。工程建设工期为两年，2005年12月28日竣工通车。

生米大桥项目开工建设新闻发布会举行

同日 全市40名廉租住房家庭代表在市房管局八楼会议室领取廉租住房办理承租手续通知书和钥匙。余欣荣、李豆罗、陈守朴、孔炯、罗为民出席发放仪式。

30日 全市环保工作会在市政府小礼堂召开。会议回顾总结2003年全市环保工作取得的成绩。李豆罗出席并讲话，孔炯、罗为民、曹连甲出席。

31日 红谷大厦封顶仪式举行。李豆罗、卢晓健、罗为民出席。红谷大厦是一座以行政办公为主的现代化高层综合写字楼，由两座26层的弧形塔楼和三层裙楼组成，建筑高度99米，总建筑面积12.52万平方米，是全省范围内单体建筑面积最大的建筑工程。

2004

南昌县小蓝工业园48家入园企业同时开工

概 要

2004年，市委、市政府坚持以邓小平理论和“三个代表”重要思想为指导，认真落实科学发展观和正确的政绩观，以“快速发展是前提，协调发展是关键，持续发展是目的”为工作方针，致力于打基础，谋长远，扎实做好“两篇文章”，在继承中创新，在创新中发展，全市经济和社会各项事业呈现出全面跃升的喜人形势。

国民经济持续快速增长 经济持续快速发展，全市生产总值比2003年增长16.5%；工业经济比重快速提高，工业经济在国民经济三次产业中的比重为52.5%，工业主导型经济结构已经形成；开放经济持续高速攀升，实际引进外资在中部省会城市中继续保持第二的位置，外贸出口呈现跳跃式发展态势；城乡居民收入大幅度增加。

粮食增产和农民增收 为贯彻中央1号文件精神，市政府制定支持粮食生产和促进农民增收的政策措施，“两免三减一补”等一系列惠农政策的全面落实，极大调动了农民的种粮积极性，全年粮食作物播种面积32.78万公顷，比2003年增长20.7%，粮食总产量188.90万吨，增长39.4%；推进农业结构调整，发展农业产业化经营，多渠道增加农民收入。对稻谷实行最低收购价政策，农业现代化和农村基础设施建设进一步改善。年末农业机械化总动力达174.41万千瓦，比2003年增长21.3%；全年治理水土流失面积4960公顷，加固病险水库63座，兴建“小山塘”“小门塘”1000座，完成退田还湖工程43座，年末有效灌溉面积18.99万公顷，占耕地面积的91.4%。由于政策好、粮价高、农业基础设施改善、农业技术提高，农业和农村发展出现多年来少有的好形势。

开展主题教育活动 为全面开展全市精神文明建设工作，实现创建“四城”的目标，4月，市委、市政府召开全市“树立科学发展观，加快建设新江西，做大做强兴南昌”主题教育活动动员大会。此次活动是落实中央提出的科学发展观这一重大战略思想，提升发展理念，完善发展思路的重大举措，是解放思想教育活动的继续和深化。这次活动主要抓了三个方面工作：一是广泛开展各种学习教育活动；二是举办大型文化活动；三是组织开展新闻宣传活动。各单位围绕主题教育要求，有的举办系列报告会，组织广大干部群众特别是青少年共同参与“同饮一江水，共护母亲河”和美化、净化“八湖二河”（象湖、东湖、西湖、南湖、北湖、瑶湖、艾溪湖、青山湖、玉带河、抚河故道）宣传教育活动；有的开展“科技活动周”和“科普之夏”文艺晚会；有的组织开展“歌颂伟大祖国，歌唱美好南昌”大型群众歌咏合唱节活动，丰富了主题教育活动，取得了明显成效。

举办首届制造业博览会 10月，中国南昌首届制造业博览会在江西展览馆举行。首届制造业博览会按照“实施打造现代制造业重要基地的核心战略，展示改革开放以来南昌制造业的新成就，塑造南昌区域经济中心的新形象，实现南昌率先在中部地区的新崛起”的指导思想，以“制造业装备、产品、技术大展示”为主题，力求办成制造业企业及产品的展览会、展销订货会、投资招商会、技术交流会。让世界了解南昌、让南昌融入世界。首届制造业博览会共有220余家企业，2300余件制造业产品参展。所有展品中有一半以上是首次展出，并集中展示12个南昌制造新第一，全程参会、参展商共 6 万余人。此次博览会是集产品展示、招商引资、贸易洽谈、商品交易为一体的大型活动，不仅全面展示“南昌制造”新成就，宣传南昌制造的形象和实力，并为企业扩大交流、寻求合作和共谋发展搭建了一个广阔平台。

八一广场改造竣工 10 月 1 日，英雄城南昌的象征——八一广场的改造工程竣工并正式开放。本着对历史和人民负责的精神，从 2001 年下半年开始，市委、市政府遵循科学民主决策的程序，组织规划建筑专家制定并修改八一广场改造工程的设计方案 28 轮次，方案专题研究 18 次，制作模型 22 个，并向美国、新加坡、北京、上海等国内外知名的规划建筑专家进行咨询。2003 年 2 月 20 日，八一广场改造工程动工，总投资 6000 万元。不同于一般的市政工程，八一广场改造工程，无论是整体构思还是局部设计，都紧扣八一历史文化主题，是一项弘扬“八一精神”的政治性工程，是坚持以人为本的民心工程、也是推动南昌乃至江西经济社会发展的凝聚力工程和标志工程，对于推进革命传统和英雄主义教育，推动南昌经济和社会的发展将起到重要作用。

加快交通建设速度 2004 年是南昌交通建设快速发展的一年。全市公路、水路、铁路、航空运输完善基础设施建设，积极扩大运力，努力满足运量需求。公路建设按照市委、市政府“10 分钟到主干道、20 分钟到外环线”的要求，实施改建、扩建、新建并举，基本建成市至县半小时经济圈公路网络，至年底全市通车公路 7503.57 千米；南昌港岸线 36.5 千米，码头 49 座，106 个泊位，总延长 3968 米；辖内南昌铁路局管内线路营业里程 3541.6 千米；辖内南昌昌北国际机场有 20 余家航空公司经营，周平均航班 210 次，载客量 2.2 万个客位。同时，管理部门也加大监管力度，减少交通事故，全市交通运输事业呈现持续健康快速发展的局面。

全市 2004 年主要经济指标情况 国内生产总值 770.46 亿元，按可比价格计算，比 2003 年增长 16.5%。其中：第一产业增加值 59.4 亿元，增长 7.1%；第二产业增加值 404.06 亿元，增长 20.5%；第三产业增加值 307 亿元，增长 14.5%。财政总收入 102.06 亿元，首次超过 100 亿元，比 2003 年增长 23.3%。地方财政一般预算收入 42.19 亿元，同比增长 34.3%；全社会固定资产投资 350 亿元，净增 115 亿元，增长 48.9%；城市居民年人均可支配收入 8744 元，增长 12.2%；农民年人均纯收入 3414 元，增长 21.6%。

2004

1月

January

公元2004年1月 农历甲申年【猴】													
日	一	二	三	四	五	六	日	一	二	三	四	五	六
				1 元旦	2 十一	3 十二	4 十三	5 十四	6 小寒	7 十六	8 十七	9 十八	10 十九
11 二十	12 廿一	13 廿二	14 廿三	15 廿四	16 廿五	17 廿六	18 廿七	19 廿八	20 廿九	21 大寒	22 春节	23 初二	24 初三
25 初四	26 初五	27 初六	28 初七	29 初八	30 初九	31 初十							

1日 省市领导孟建柱、陈达恒、余欣荣、张海如、李豆罗走访慰问东湖区部分困难群众。

2—3日 李豆罗先后察看市南安公路、省大一级公路和昌进公路等工程进展情况，要求各部门和施工单位精心组织、合理安排，在施工中推行全员到位、全天候施工和全过程监控的管理措施，克服困难，抓住春节前的20天时间，加紧施工，确保工程建设进度。

5日 余欣荣、李豆罗、罗为民、周关实地考察生米大桥西端互通立交工程施工现场。

同日 全市劳模迎春慰问座谈会在市总工会机关会议室举行。余欣荣出席并讲话，要求广大干部群众学习劳模精神，努力把南昌建成现代区域经济中心城市和现代文明花园英雄城市。

同日 中央机构编制委员会办公室副主任黄文平率国务院安全生产督查组一行到南昌督查安全生产工作。卢晓健向督查组汇报南昌市安全生产工作情况。

同日 全市“十佳亮化景观”评选活动颁奖大会在市政府原第二会议室举行。省教育出版社、省电力大厦、丽华购物广场、市消防指挥中心、滕王阁、象湖景区、青山湖景区、天外来客、中山路和福山立交获得南昌市“十佳亮化景观”称号。李豆罗、孔炯、罗为民、钟乐初出席。

6日 李豆罗、凌学仁及市长助理黄春平在南昌卷烟厂就南昌卷烟厂和江纺企业生产用电、职工生活等问题进行现场办公。

同日 市妇联十届十一次执委（扩大）会议在市委第一会议室召开。会议表彰新建县妇联等30个妇女工作先进集体、修细莲等30位先进妇女工作者、市公安局等10个重视妇女工作先进单位等。余欣荣出席并讲话，罗慧芬出席。

同日 市政府发出《关于印发〈南昌市重大重点城市建设项目管理细则〉的通知》。

7日 余欣荣实地察看昌进公路工程进展

情况并慰问工程建设者。

8—9 日　全国双拥工作会议召开。南昌市获“全国双拥模范城”称号。

10 日　市委常委会议召开。会议审议《中共南昌市委关于进一步完善社会主义市场经济体制的意见（送审稿）》，并提出修改意见；审议市发展计划委员会报送的《2003 年经济社会发展形势和 2004 年计划目标建议》的请示，并原则同意请示意见，要求将建议提交市委八届六次全会审议；原则同意《市委常委会 2003 年度工作报告》，并要求将工作报告提交市委八届六次全会审议；同意省委常委、市委书记余欣荣代表市委常委会在市委八届六次全会上的讲话，《中共南昌市委八届六次全会筹备方案》，市委组织部报送的《关于选派我市干部赴新加坡南洋理工大学培训的实施方案》的请示意见，市委统战部报送的《关于增补政协南昌市第十一届委员会委员建议人选的请示》意见，市人大常委会党组报送的《关于市十二届人大五次会议筹备工作具体事项的请示》意见；研究有关人事问题。余欣荣主持。

12—13 日　市委八届六次全体（扩大）会议在红谷滩会展中心召开。会议贯彻落实中共十六届三中全会、中央经济工作会议和省委十一届五次全会精神；审议通过《市委常委会 2003 年工作报告》和市委《关于进一步完善社会主义市场经济体制的意见》。余欣荣出席并

市委八届六次全体（扩大）会议召开

讲话，市委常委会主持，李豆罗、王样生、熊焕高等出席。

13 日　市政协第十一届委员会第十三次常委会议召开。会议审议通过《关于召开政协南昌市第十一届委员会第四次会议的决定》；协商审议市政协十一届四次会议议程、日程和会议组织名单等有关文件，市政协十一届委员会常务委员会工作报告和提案工作情况的报告；调整增补政协南昌市第十一届委员会委员；通过有关人事任免。会议决定：市政协十一届四次会议于 2004 年 2 月 2—5 日召开。市政协各专门委员会向常委会议书面汇报 2003 年工作。陈守朴主持。雷武江、吴延林、钟乐初等出席。

14 日　全市特困学生助学金发放仪式在红谷滩会展中心举行。市爱心基金会筹集到 12.6 万元善款，发放给 200 名特困学生。余欣荣出席并讲话，熊焕高主持，罗慧芬出席。

全市特困学生助学金发放仪式举行

同日　全市部分民营企业家代表迎春座谈会在市委第一会议室召开。余欣荣出席并讲话。蔡社宝、罗时杰、雷元江出席。

同日　全市外经贸局（处）长会议在艾溪湖度假村召开。余欣荣讲话强调，必须保持冷静清醒的头脑，在找优势的同时找问题，继续把招商引资作为“一把手”工程抓紧抓实，把招商战线进一步延伸拓展，通过发展开放型经

济，为南昌经济注入更强的生机、活力和后劲。

15日 省领导孟建柱、黄智权、王君、傅克诚、吴新雄等一行分六路到省军区教导大队，空军驻昌某部，南昌陆军学院和省边防总队，省消防总队和空军某部，省武警总队和武警指挥学校，南昌军分区、南站军代表处、省警卫局警卫队走访慰问，向官兵们致以新年祝福。

同日 由日本福冈株式会社光荣建工社独资经营的四星级标准的“七星商务酒店”在南京西路开业。李豆罗、凌学仁出席开业仪式。

16日 全市国税工作会议在红谷滩会展中心召开。会议表彰2003年度全市国税系统先进单位。李豆罗出席并讲话，罗时杰、王水苟、陈守朴出席。

17日 南昌军分区党委全体（扩大）会议在南昌军分区招待所会议室召开。会议学习传达南京军区、省军区党委和市委八届六次全体（扩大）会议精神。余欣荣出席并讲话，张国华作工作报告。南昌军分区党委常委、委员出席。

同日 全市安全稳定工作会议在市委第一会议室召开。会议强调，各级党委政府以及各部门、各单位要充分利用临近春节的这几天时间，进一步夯实安全稳定工作基础，并牢固树立安全稳定压倒一切的意识，牢固树立群众利益无小事的意识，齐抓共管、多方联动，确保市民过上一个安全、和谐、祥和的新春佳节。余欣荣、李豆罗出席并讲话，王样生主持，刘刚等出席。

18日 红谷滩秋水广场竣工新闻发布会暨“水连天休闲中心”项目签约仪式在市委第一会议室举行。红谷滩秋水广场总占地面积8.7万平方米，江岸线长1100米，最宽处为110米；广场中心地带的音乐喷泉共配置包括中心主喷、环形高喷、圆形摇摆泉等在内的22个水景，水景长达800米；共装有近700台水泵、1600余个喷头，为目前亚洲最大的喷泉群。李豆罗、卢晓健、孔炯、王水苟出席。

红谷滩秋水广场竣工新闻发布会暨“水连天休闲中心”项目签约仪式举行

19日 余欣荣、凌学仁到南昌深圳农产品中心批发市场、无公害农产品专销市场、南昌果品批发交易市场和南昌肉联厂，察看节日物资供应和市场管理情况，并与商贸、供销系统的干部座谈。

同日 省委决定：史蓉蓉任中共南昌市委委员、常委、副书记（正厅级、列王詠之前）；马承祖任中共南昌市委副书记、市纪律检查委员会书记，免去其中共南昌市委组织部部长职务；免去王样生的中共南昌市纪律检查委员会书记职务；龚建华任中共南昌市委副书记。

20日 2004年度市委办公厅、市政府办公厅春节团拜会在红谷滩会展中心东大厅举行。余欣荣出席并讲话，李豆罗主持。王样生、熊焕高等出席。

29日 余欣荣、罗慧芬到南昌外国语学校、南昌一中、南昌三中、南昌十中，就市教育系统各项工作进行调研。余欣荣在调研时强调，要按照统筹经济社会发展的要求，通过发展和壮大教育事业来实现经济社会的共同进步与全面发展。

同日 全市领导干部学习法律政策研讨班在红谷滩会展中心开班。余欣荣出席并讲话，强调各级领导干部要牢牢树立法律政策意识，防止权力失控、防止决策失误、防止行为失范。要不断提升自己的综合能力，既要严格执行法律政策，又要在法律政策的允许下做好每项工作。

全市领导干部学习法律政策研讨班开班

30日 省市各界纪念江泽民发表《为促进祖国统一大业的完成而继续奋斗》的重要讲话9周年座谈会在滨江宾馆1号楼举行。省领导吴新雄出席并讲话，龚建华主持，省市领导朱英培、张华康、王峰、罗文华、梁小康出席。

同日 全市防治禽流感疫病紧急会议在市政府小礼堂召开。会议就全市防治禽流感工作进行部署。李豆罗讲话强调，全市上下要高度重视，加强领导，及时部署，全力防控，建立有效的防控网络，确保全市畜牧业的健康发展和人民群众的生命安全。蔡社宝、戴和旺、罗慧芬出席。

同日 市委、市政府发出《关于统筹城乡经济社会发展促进农民增加收入的意见》，要求坚持和完善农村经济发展的基本思路，把农民增收作为“三农”工作的中心任务；继续推进农业结构战略性调整，在发展特色块状经济中挖掘农业增收内部潜力；改善优化农民就业环境，不断拓宽农民增收渠道和空间；着力抓好扶贫开发和“双带”致富工程，激活农民增收和自我发展的机能；加强农村基础设施建设，切实改善农民增收的基础条件；加快农村社会事业发展，努力提高农民的整体素质和增收水平；深化农村改革，不断完善农民增收体制和机制；落实党的农村基本政策，加强对农民增收工作的组织领导。

同日 市委发出《关于进一步完善社会主义市场经济体制的意见》，要求深化以产权制度为重点的企业改革，促进多种所有制经济共同发展；完善对内对外开放的体制，建立健全与国际接轨的市场环境与服务环境；全面深化农村体制改革，促进城乡协调发展；深化城建体制改革，努力建设现代文明花园城市；深化就业制度改革，完善社会保障体系建设；深化科教文卫体制改革，促进社会事业协调发展；深化行政管理体制改革，完善公共财政体系；加强和改善党的领导，确保经济体制改革各项任务落到实处。

2004

2月

February

公元2004年2月							农历甲申年【猴】						
日	一	二	三	四	五	六	日	一	二	三	四	五	六
1 十一	2 十二	3 十三	4 立春	5 元宵节	6 十六	7 十七	8 十八	9 十九	10 二十	11 廿一	12 廿二	13 廿三	14 廿四
15 廿五	16 廿六	17 廿七	18 廿八	19 雨水	20 初一	21 初二	22 初三	23 初四	24 初五	25 初六	26 初七	27 初八	28 初九
29 初十													

1日 青云谱区青云谱镇万溪村下街村民小组养鸡专业户谢安全鸡舍出现大面积死鸡现象。7日，经农业部检测确认为高致病性禽流感疫情。

2日 全市防治高致病性禽流感工作汇报会在市政府第一会议室举行。省督导组成员听取工作汇报。李豆罗、蔡社宝、戴和旺、罗慧芬等出席。

同日 市中级人民法院对江西纸业集团有限责任公司原党委书记、总经理姜某受贿、巨额财产来源不明案，做出一审判决。以受贿罪、巨额财产来源不明罪两罪并罚，判处姜某死刑，缓期两年执行，剥夺政治权利终身，并处没收个人全部财产。

2—5日 政协南昌市第十一届委员会第四次会议在红谷滩新区会展中心召开。会议听取和讨论余欣荣所作的重要讲话，听取和审议政协南昌市第十一届委员会常务委员会工作报告、政协南昌市第十一届委员会常委会关于市政协十一届三次会议以来提案工作情况的报告，补选12名常务委员，通过政协南昌市第十一届委员会第四次会议决议。余欣荣出席2日大会并讲话。陈守朴、雷武江分别主持2日和5日的大会。李豆罗、王样生、熊焕高等出席。

政协南昌市第十一届委员会第四次会议召开

3日 余欣荣、蔡社宝、戴和旺、罗慧芬到青云谱区青云谱乡黄溪村、万溪村，市家畜家禽防疫站等地察看禽流感防治工作。余欣荣指出，要建立统一的指挥网络和快速反应机制，发动市民、农民自觉防治，并加大对医药和防疫物资的储备，加紧做好各项防疫准备，通过依靠科学和依法防治，确保全市人民群众的生命安全。

3—6 日　市第十二届人民代表大会第五次会议在红谷滩会展中心举行。会议听取、审议并通过市政府工作报告、南昌市 2003 年国民经济和社会发展计划执行情况与 2004 年国民经济和社会发展计划草案的报告、2003 年市本级财政总预算执行情况和 2004 年市本级财政总预算草案的报告、市人大常委会工作报告、市中级人民法院工作报告、市人民检察院工作报告，补选江涛为南昌市中级人民法院院长、沙闻麟为南昌市人民检察院检察长（根据法律规定，检察长的选举结果经报省人民检察院检察长提请省人大常委会批准）及 3 名省人大代表。6 日，余欣荣出席闭幕大会并讲话。大会主席团常务主席熊焕高分别主持 3 日和 6 日大会。李豆罗作政府工作报告。省市领导万学文、史蓉蓉等出席。

市第十二届人民代表大会第五次会议召开

4 日　全市绿化工作表彰暨动员大会在市政府小礼堂召开。会议总结 2003 年工作，部署 2004 年任务。会议强调，要在管理体制上有所创新，把责任分解到每一个单位、每一个人头上，做到“栽、管、监”三个到位。余欣荣出席并讲话，李豆罗、孔炯、罗为民出席。

同日　市政协十一届四次会议关于《构建南昌市现代制造业重要基地》专题协商会召开。王水苟、雷元江、罗文华、关德华出席并发言，李豆罗、史蓉蓉、龚建华等出席。

5 日　全市人口与计划生育工作会议在红谷滩会展中心召开。会议强调，必须牢牢把握稳定低生育水平这个主要任务，牢固树立起“发展经济是硬道理，控制人口也是硬任务”的观念；必须尊重群众在人口与计划生育工作中的主人翁地位，加强人口问题的综合治理。余欣荣出席并讲话，李豆罗、熊焕高等出席。

全市人口与计划生育工作会议召开

6 日　江西旅港同乡会“春蕾计划”捐赠仪式在新建县生米镇南路小学举行。雷武江、姚燕平出席。

同日　市政府参事聘书授予仪式在市政府原第二会议室举行。李豆罗向王天锡、杜杰、曾帆晓、朱美娥、周家荣、张燕六位新聘政府参事和陶惟长、高九荣二位续聘参事颁发聘书。关德华出席。

同日　南昌市规划项目公开向社会招标。南昌市城市空间结构形态规划、朝阳洲地区（洪城路以南）控制性详细规划、昌九大道规划、红谷滩新区临江岸线景观设计等 4 个规划项目成为先期公开向社会进行规划设计招标的项目。

7日　市十二届人大常委会第二十四次会议审议通过：任命黄春平、周关为南昌市人民政府副市长。

8日　市委常委会议在市委办公楼六楼常委会议室召开。会议听取关于省纪委第四次全会精神的汇报；同意市纪委《关于召开中共南昌市纪律检查委员会第四次全体会议的请示》；听取并审议马承祖代表市纪委常委会向市纪委第四次全会所作的工作报告；同意市纪委代市委草拟的《中共南昌市委关于组织学习〈中国共产党党内监督条例（试行）〉和〈中国共产党纪律处分条例〉的通知》及组织学习两条例的方案；研究有关人事问题。余欣荣主持。

同日　市委、市政府发出《关于印发〈南昌市2004年民心工程项目〉的通知》。内容包括实施再就业工程，实施就业培训工程，加强公共卫生突发事件处置系统建设，建设市精神病院治疗康复大楼，建设老干部活动中心，完善环卫设施，优化环境工程，老城区排涝工程，建设市地震监测应急指挥中心，农村“扶贫工程”，改善农村生产生活条件，食品药品安全工程，生活饮用水源水质自动监测系统建设，完善道路交通管理设施，建设客运站工程，百路综合改造，新辟交通线路4条，危旧房改造，建设社会福利院老年福利大楼，完善社区卫生、文化、科技、体育设施等。

9日　江铃汽车集团公司召开中层以上干部大会，宣布市委决定：王锡高任江铃汽车集团公司董事长；蒋林生任江铃汽车集团公司党委书记、董事，不再担任江铃汽车集团公司董事长职务；龚建华不再兼任江铃汽车集团公司党委书记、董事职务。李豆罗、史蓉蓉、龚建华出席。

12日　余欣荣、黄春平、周关在江西宾馆会见台湾东元集团执行长、副总经理连昭志一行。

14日　市委常委会议在市委办公楼六楼常委会议室召开。会议审议并通过《中共南昌市委2004年工作要点》；听取并原则同意市委农工部《关于全省农村工作会议精神及贯彻意见》的汇报；听取市防治禽流感工作领导小组《关于当前我市防治禽流感工作情况汇报》；听取并同意市委政法委《关于全国全省政法工作会议和省政法各部门工作会议精神及贯彻意见的汇报》；审议并同意市委农工部报送的《关于对2003年度全市农业和农村工作先进县区进行表彰的请示》，市委统战部报送的《关于增补鄢建华、胡建华为南昌市工商联第九届执行委员会兼职副会长的请示》，市政府党组报送的《关于召开全市开放型经济工作会议的请示》及《2004年全市招商引资活动总体工作方案》；原则同意市委政法委代市委、市政府草拟的《南昌市2004年社会治安综合治理工作意见》，市委统战部报送的《关于调整市宗教工作领导小组成员的请示》。余欣荣主持。

同日　2004年中国南昌青云谱区经贸恳谈会在包家花园文化广场开幕。余欣荣、李豆罗、雷武江等出席。

15日　2004年市规划委员会第1次会议在红谷滩会展中心召开。会议审议青山湖东岸整治规划、大昌北新城规划调整、人民公园开放改造工程等方案。余欣荣、李豆罗、龚建华等出席。

16日　全市创建“四城”（国家卫生城市、全国文明城市、环保模范城市、国家园林城市）千人动员大会在红谷滩会展中心召开。罗为民宣读《市委办公厅、市政府办公厅关于南昌市创建国家卫生城市、全国文明城市、环保模范城市、国家园林城市的实施意见》。市卫生局、市文明办、市环保局、市园林局四个责任部门有关领导作表态发言。余欣荣出席并讲话，李豆罗主持，王样生、马承祖、龚建华等出席。

南昌市创建国家卫生城市、全国文明城市、环保模范城市、国家园林城市动员大会召开

同日 全市森林防火工作会议召开。会议就当前市森林防火工作进行紧急部署。会议要求，各级政府要把森林防火工作作为当前头等大事来抓，密切关注形势，落实防控措施，坚决遏制森林火灾高发势头。李豆罗、戴和旺出席。

18 日 市委办公厅、市政府办公厅发出《关于印发〈2004 年全市招商引资活动总体工作方案〉的通知》《关于印发〈中共南昌市委关于进一步完善社会主义市场经济体制的意见〉主要工作责任推进表的通知》。

19 日 全市开放型经济工作会议在红谷滩会展中心召开。会议全面总结 2003 年开放型经济发展的情况，并就 2004 年的工作进行再动员和再部署。余欣荣出席并讲话。李豆罗主持。王样生、史蓉蓉等出席。

20 日 全市政法工作会议在红谷滩会展中心召开。会议总结 2003 年全市政法工作，部署 2004 年全市政法系统的工作，表彰全市 2003 年涌现出来的综治先进县区、系统及基层单位和个人。余欣荣出席并讲话。王样生主持。龚建华作工作报告。罗时杰、吴延林，市中级人民法院院长江涛、市人民检察院代检察长沙闻麟出席。

同日 被评为第五届中国十大杰出检察官的市人民检察院反贪局副局长曹运革载誉回昌。22 日，余欣荣在市委办公楼六楼会见厅会见曹运革。

20—21 日 中共南昌市纪律检查委员会第四次全体会议在红谷滩会展中心召开。全会传达中纪委第三次全会和胡锦涛在这次全会上的重要讲话精神及省纪委第四次全会和孟建柱在这次全会上的重要讲话精神；听取、审议并通过马承祖代表市纪委常委所作的题为《落实“三个代表”，深入反腐倡廉，为南昌快速崛起提供坚强的政治保证》的工作报告，审议并通过《中国共产党南昌市纪律检查委员会第四次全体会议公报》。余欣荣出席并讲话，李豆罗、史蓉蓉等出席。

21 日 全市贯彻实施《中华人民共和国行政许可法》暨进一步推进行政审批制度改革动员大会召开。会议要求，各级政府和政府各部门要切实提高行政机关依法行政的能力和水平，树立开明开放、诚实守信的政府新形象。李豆罗出席并讲话，龚建华主持。

全市贯彻实施《中华人民共和国行政许可法》暨进一步推进行政审批制度改革动员大会召开

22 日 全市农村工作会议在红谷滩会展中心召开。会议学习贯彻中央农村工作会议、2004 年中央一号文件精神及全省农村工作会议和市委八届六次全会精神，回顾总结 2003 年的农业和农村工作，研究部署 2004 年及今

后一个时期全市的农业和农村工作；会议表彰2003年度全市农业农村工作的先进县区、先进个人，并向新增补的安义从玉农业发展有限公司等7家农业产业化经营市级龙头企业授牌。余欣荣、李豆罗出席并讲话，蔡社宝主持，戴和旺作工作报告。

23日 市委常委会议在市委六楼常委会议室召开。会议听取全市外事侨务工作汇报；审议并原则通过市外事侨务办公室代市委、市政府草拟的《关于完善因公出国（境）管理，促进我市进一步扩大对外开放的意见》，市优化投资环境领导小组报送的《南昌市2004年优化投资环境工作方案》；审议并同意市优化投资环境领导小组报送的《关于召开优化投资环境“服务年”活动总结表彰大会的请示》《关于调整市优化投资环境领导小组成员的请示》，市纪委报送的有关请示意见；研究当前全市主要工作。余欣荣主持。

24日 南昌航空口岸对外国籍飞机开放国家验收签字仪式在江西宾馆举行。吴新雄出席并讲话，梁小康出席。

26日 全市扶贫开发工作会议在红谷滩会展中心召开。会议指出，新阶段扶贫开发工作要坚持“开发式”扶贫的方针，变“输血型”扶贫为“造血型”扶贫；要坚持“综合开发、全面发展”的方针，把示范基地、产业开发、科技扶贫与促进富余劳动力向二、三产业转移有机结合起来；要坚持可持续发展的方针，做到人口、环境、生态、社会的协调发展；要坚持自力更生、艰苦奋斗的方针，激发贫困地区干部群众不断增强自我积累、自我发展的能力；要坚持政府主导、社会共同参与的方针，动员社会力量参与。蔡社宝出席并讲话，戴和旺、王水苟出席。

29日 2004年全市文化工作会议在市图书馆召开。会议总结和回顾2003年全市文化工作，并对2004年文化工作进行部署。李豆罗出席并讲话，罗慧芬出席。

2004

3月 March

公元2004年3月 农历甲申年【猴】													
日	一	二	三	四	五	六	日	一	二	三	四	五	六
	1 十一	2 十二	3 十三	4 十四	5 惊蛰	6 十六	7 十七	8 妇女节	9 十九	10 二十	11 廿一	12 植树节	13 廿三
14 廿四	15 廿五	16 廿六	17 廿七	18 廿八	19 廿九	20 春分	21 初一	22 初二	23 初三	24 初四	25 初五	26 初六	27 初七
28 初八	29 初九	30 初十	31 十一										

1日 全市安全生产工作会议召开。会议传达全国、全省安全生产工作会议精神，总结全市2003年的安全生产工作情况，部署2004年任务。李豆罗与各县区、各开发区主要负责人签订安全生产责任状并讲话，王样生、周关出席。

同日 全市整治“五车”和“噪音”动员部署会召开。李豆罗讲话强调，各级政府必须加强组织领导，把制定的整治方案落到实处，在整治过程中要体现出应有的人文关怀，做到情为民所系，权为民所用，利为民所谋。孔炯、罗为民、钟乐初出席。

同日 省委决定：罗为民任中共南昌市委常委；免去熊焕高的中共南昌市委副书记、常委职务；免去周建华的中共南昌市委常委、委员职务。

2日 全市政法系统英模事迹报告团第一场报告会在青云谱区举行。400余名政法系统干警和社会各界群众听取报告。

3日 第四届“南昌市十大杰出青年”表彰大会在红谷滩会展中心召开。会议表彰在全市“两篇文章”建设中涌现出来的杰出青年代表。余欣荣接见获第四届“南昌市十大杰出青年”称号的应淑媚等10名杰出青年，并勉励他们继续发扬埋头苦干、无私奉献的精神，力争在今后的工作中做出更大贡献。

4日 南昌、宁波两市代表在南昌经济技术开发区就合作建设南昌“无水港”的有关事宜进行磋商，并签订意向性协议。余欣荣会见由宁波市政协副主席励奎铭率领的考察团成员，龚建华出席签字仪式并参加会见。

同日 全市“双带”致富工程三对接协调会在市委农工部会议室召开。余欣荣讲话强调，要跳出农业抓农业，利用南昌制造业的迅速崛起，不断提高农业效益，形成适度的农业规模效应。蔡社宝主持。

10日 全球卫浴行业知名企业——美国科勒公司投资7500万美元兴建的科勒卫浴生

产基地项目一期工程开工奠基仪式在南昌高新区举行。余欣荣、龚建华和科勒公司全球水龙头事业部副总裁尼理卡等美方代表出席。

科勒卫浴生产基地项目一期工程开工奠基

16日 市委决定：雷武江任中共南昌市委秘书长；蔡社宝任中共南昌市委宣传部部长；罗为民任中共南昌市委政法委书记。免去周建华的中共南昌市委秘书长、宣传部部长职务；免去龚建华的中共南昌市委政法委书记职务。

17日 全市春季绿化工作会议召开。会议强调，各城区、有关部门要以求真务实的态度，继续做好树木的种植，不停地栽，认真地管，在确保数量的基础上使树木包栽包活，让英雄城尽快绿起来。李豆罗出席并讲话，罗为民出席。

18日 市政府、省建设厅联合主办的“梅岭——滕王阁荣列国家重点风景名胜区新闻发布会暨招商引资推介会”在市政府小礼堂举行。省领导余欣荣、孙刚将“梅岭——滕王阁国家重点风景名胜区”牌匾授予湾里区和南昌旅游集团有限公司。推介会举行招商引资签约仪式，来自美国，中国香港、上海、深圳、浙江等地的客商和湾里区有关单位签订15个项目合同（协议），涉及旅游业、制造业、农业、高新技术、高等教育等产业，共引进合同外资4450万美元，引进合同内资19.4亿元。

梅岭——滕王阁荣列国家重点风景名胜区新闻发布会暨招商引资推介会举行

同日 市委、市政府发出《关于印发〈2004年优化投资环境工作方案〉的通知》，强调营造开明开放的政策环境，营造便利快捷的政务环境，营造诚实守信的市场环境，营造安全文明的法制环境。

19日 全市领导干部会议在市委第一会议室召开，收看全省领导干部会议实况。在江西艺术剧院主会场召开的全省领导干部会议上，省委书记孟建柱结合江西实际就贯彻落实“两会”精神提出明确要求。省有关领导分别介绍全国“两会”盛况和省代表团参加全国“两会”的情况，传达中央领导参加江西代表团讨论及看望江西代表团代表时的重要讲话精神，并通报全国“两会”期间省在京举办的活动和加强同中央有关部门沟通联系的情况。市委、市人大、市政府、市政协班子成员，市纪委常委、南昌军分区党委常委、市人大常委会委员、市政协常委、市各民主党派主委以及市委各部门、市直各单位主要负责人收听收看会议实况。

22日 市委、市政府发出《关于完善因公出国（境）管理，促进我市进一步扩大对外开放的意见》。内容包括积极鼓励开展富有成效的对外交流与合作；因公出国（境）必须要有实质性的工作任务；因公出国（境）的人员必须根据工作需要派遣；因公出国（境）必须严格按精干原则组团；进一步规范和加强对因公出国（境）管理工作的领导；进一步严肃外事纪律；市领导出访送迎和新闻报道。

同日 市委办公厅、市政府办公厅发出《关于切实做好2004年减轻农民负担工作的通知》，要求加大宣传教育力度，提高对减轻农民负担工作重要性的认识；明确减负工作责任，切实把减轻农民负担的各项措施落实到位；加强监督管理，防止农民负担反弹；严肃纪律，加大对涉及农民负担案（事）件的查处力度。

23日 全市优化投资环境总结表彰暨开展机关"作风年"活动动员大会在红谷滩会展中心召开。会议表彰先进个人，通报对行风建设暗访调查中有关违纪违规问题的查处情况及2003年"投资环境、文明行风"评议评价得分最后一名的单位。余欣荣出席并讲话，李豆罗主持，史蓉蓉、龚建华等出席。

同日 市委办公厅发出《关于印发〈南昌市2004年宣传思想工作要点〉的通知》，要求筑牢思想基础，进一步掀起学习宣传贯彻"三个代表"重要思想新高潮；把准舆论导向，增强宣传实效，为做大做强南昌营造良好氛围；拓宽外宣渠道，打造城市品牌，全面展示南昌对外开放新形象；争创文明城市，深化"五大文明工程"，推动文明创建工作再上新台阶；高扬先进文化，把握前进方向，推动宣传文化教育事业和文化产业健康发展；顺应时代要求，坚持以人为本，建设高素质的宣传思想工作队伍；弘扬求真务实精神，大兴调查研究之风，为科学决策和指导工作服务。

24日 市机关作风暨效能投诉中心正式成立暨首次会议在市纪委六楼会议室召开。市机关作风暨效能投诉中心是由市纪委监察局效能监察投诉中心、市个私投诉服务中心、市经济"110"、市政府政务投诉中心、市台商投诉协调中心等五大投诉中心合并组建，使用统一投诉电话，接受市民、客商和企业对机关效能、机关作风建设等方面的投诉。

25日 全市宣传思想工作会议在红谷滩会展中心召开。会议强调，各级党委要切实把对宣传思想工作的领导落到实处，把宣传思想工作纳入工作全局来考虑，真正做到思想认识到位、领导力度到位、实际工作到位。余欣荣出席并讲话，史蓉蓉主持。

全市宣传思想工作会议召开

26日 全市信访工作会议在红谷滩会展中心召开。会议要求，各县区、各部门要从实践"三个代表"重要思想和立党为公、执政为民的高度，切实增强做好当前信访工作的紧迫感和责任感，求真务实创造性开展工作，从而实现南昌经济社会的快速、协调、持续发展。余欣荣出席并讲话，李豆罗主持，王样生就如何做好当前和今后一段时期的信访工作提出要求，卢晓健分析当前全市信访工作的形势，并就2004年的工作进行部署，罗为民、市中级人民法院院长江涛出席。

同日 全市统战宗教工作会议在市委第一会议室召开。会议总结2003年工作，部署2004年任务，表彰2003年度统战、宗教工作先进单位。史蓉蓉出席并讲话，雷武江作工作报告，凌学仁出席。

27—28日 中共中央政治局常委、全国政协主席贾庆林考察清华泰豪、联创光电、秋水广场和江西师大瑶湖新校园，就贯彻落实全国“两会”精神、树立和落实科学发展观、进一步做好统一战线和人民政协工作进行调研。省领导孟建柱、傅克诚、钟起煌、余欣荣等陪同。

29日　全市农业和粮食工作会议在红谷滩会展中心东厅召开。会议传达贯彻中央、全省农业和粮食工作会议精神，部署当前全市农业和粮食工作。余欣荣出席并讲话，蔡社宝主持，李豆罗、戴和旺出席。

同日　市规划委员会2004年第2次会议在红谷滩规划展示厅举行。会议审议红谷滩临江天际轮廓线规划等7大方案。余欣荣、李豆罗、龚建华、卢晓健、罗为民等出席。

30日　市食品药品监督管理局成立揭牌仪式在红谷滩会展中心举行。余欣荣出席并揭牌，龚建华、陈守朴、姚燕平等出席。

2004

4月 April

公元2004年4月 农历甲申年【猴】													
日	一	二	三	四	五	六	日	一	二	三	四	五	六
				1 十二	2 十三	3 十四	4 清明	5 十六	6 十七	7 十八	8 十九	9 二十	10 廿一
11 廿二	12 廿三	13 廿四	14 廿五	15 廿六	16 廿七	17 廿八	18 廿九	19 初一	20 谷雨	21 初三	22 初四	23 初五	24 初六
25 初七	26 初八	27 初九	28 初十	29 十一	30 十二								

1日 全市经济运行调度会召开。会议通报全市2004年一季度经济运行情况，研究部署下一阶段经济工作。会议强调，要坚定不移地把发展作为解决一切问题的中心来抓，坚持发展不动摇。余欣荣出席并讲话，李豆罗主持，龚建华等出席。

同日 全市卫生工作会议在红谷滩会展中心召开。会议强调，要站在为人民办实事、办好事的立场，进一步加快卫生事业的改革和发展，以创造性工作，为实现南昌经济社会快速、协调、持续发展奠定坚实基础。余欣荣出席并讲话，罗慧芬主持，李豆罗出席。

2日 南昌市在方志敏烈士陵园举行祭扫活动。市委、市人大、市政府、市政协、市纪委、南昌军分区的领导，市委党校青干班全体学员，部分驻昌人民解放军官兵和少先队员以及工人、干部等社会各界群众代表共500余人参加。

3日 新建县乐化镇黄墩自然村乐化林场发生一起由扫墓引起的山林火灾。火灾发生后，市委、市政府立即采取有效措施，组织人员进行扑救。省市领导余欣荣、危朝安、蔡安季和南昌军分区参谋长陈勇进行指挥调度。至4日凌晨3时，火势得到控制。凌晨5时左右，大火被完全扑灭。期间无人员伤亡。

5日 全市出租汽车行业“创建花园城市、争做文明使者”竞赛活动总结表彰大会在红谷滩会展中心召开。余欣荣、李豆罗、龚建华等出席并为优胜单位、文明使者代表颁奖。

6日 全市人才工作暨组织人事老干部工作会议在红谷滩会展中心召开。会议贯彻全国、全省人才工作会议，以及全省组织部长、人事厅（局）长及老干部工作会议精神，总结2003年市组织人事和老干部工作，全面部署今后一段时期全市组织人事和老干部工作。会议强调，高素质的干部和人才是经济社会发展的一种特殊资源，全市各级党委、政府要树立科学的发展观，建设一支高素质的人才队伍。余欣荣出席并讲话，李豆罗主持。史蓉蓉、马承祖等出席。

8日 市首场空调行业协作配套专项招商会在红谷滩会展中心举行。南昌空调制造业的四大企业——格林柯尔·科龙、奥克斯、东元电机、泰豪科技4家企业与来自省内外的20余家配套厂商达成协议。配套项目达28项，共计配套金额16.3亿元。余欣荣出席并致辞，周关出席。

同日 上海市长韩正率上海市党政代表团在南昌市考察。代表团先后考察格林柯尔·科龙工业园、江西鸿源数显科技有限公司、清华泰豪科技股份有限公司、江西联创光电股份有限公司以及秋水广场、蓝天职业技术学院、江西师范大学新校区。省市领导孟建柱、黄智权、余欣荣、李豆罗等陪同。

同日 全市防汛工作会议召开。会议对2004年全市汛期降雨洪水趋势进行系统分析，部署2004年防汛排涝和抗旱工作。李豆罗、戴和旺出席。

10日 南昌八一广场110千伏变电所等4大输变电工程同时开工。余欣荣、李豆罗出席开工仪式。

12日 市政府第26次常务会议在市政府小礼堂召开。会议研究市域中心城市中小学网点建设总体规划等问题，审议《南昌市违法建设行政责任追究办法》《南昌市减免城市污水处理费实施意见》《南昌市物业服务收费管理实施办法》《南昌市制造业发展专项资金管理办法》等。会议强调，南昌现在处于加速发展的关键时期，当前要切实抓好“三块”：做大南昌的“盘子”，要加大招商引资力度，通过招商引资做强工业、提升农业、繁荣商贸、发展现代服务业；做足南昌的“面子”，要搞好城市规划、建好城市功能、做美城市环境；做实南昌的“底子”，即农业和农村工作，要通过严格落实国家政策和一系列措施，实现粮食播种面积、粮食产量和农民收入各增长10%。李豆罗主持。

同日 由广州海关、南昌海关、南方航空公司、江西机场集团公司达成的南昌—广州—新加坡国际航班国内段客货载运业务监管联系配合办法合作协议签字仪式举行。

13日 市委常委中心组在市委第一会议室集中学习《中华人民共和国宪法修正案》和《中华人民共和国政治协商会议章程修正案》。余欣荣主持学习会并讲话，市四套班子成员参加。

14日 全市整治“五车”专项部署会召开。会议就彻底整治“五车”非法营运进行具体部署，并就如何帮助解决从事“五车”非法营运的残疾人的实际困难提出明确要求。会议要求各县区、各部门迅速组织发动起来，按照对外强力整治、对内真情帮扶的原则，加强部署、责任到人，确保月底基本整治到位。余欣荣、李豆罗出席并讲话，王样生、罗为民出席。

15日 全省勤政廉政先进典型事迹报告会在红谷滩会展中心举行。由省纪委、省监察厅评选出6位全省勤政廉政先进典型代表作巡回报告。余欣荣出席并讲话。马承祖主持。李豆罗、王样生等出席。

同日 全市放心菜工作会议召开。会议就进一步推进全市放心菜工程，保证蔬菜质量安全工作进行部署。会议指出，放心菜工程是全市为民办实事的民心工程，更是保障广大人民群众身体健康和生命安全的重要工程，各有关部门一定要以高度的责任感和紧迫感抓好这项工作，不断加强农药经营市场的整治监管和蔬菜生产基地使用农药的巡查工作，形成“人要抓、药要管”的局面。李豆罗出席并讲话，蔡社宝、戴和旺出席。

同日 全市信访工作会议在红谷滩会展中心召开。会议强调，各县区、各部门要从实践“三个代表”重要思想和密切党同群众血肉联系的高度，进一步增强做好当前信访工作的紧迫感和责任感，求真务实创造性开展工作，要突出重点、抓住关键，着力解决当前信访工作的热点问题。余欣荣出席并讲话。李豆罗主持，刘刚、罗为民等出席。

16日 2004年南昌（香港）招商引资恳谈会在香港会展中心举行。来自海内外400余名客商应邀出席。恳谈会签订项目21个，引资总额4.37亿美元，其中工业制造项目15个，引资3.52亿美元；商业流通项目6个，引资0.85亿美元。省领导吴新雄出席并致辞。龚建华进行项目推介。梁小康主持，黄春平出席。

同日 余欣荣、罗为民、戴和旺、罗慧芬率市劳动、土地、林业、教育等职能部门负责人到市信访局，就解决当前信访工作中存在的问题进行现场办公。余欣荣强调，在做好信访工作的过程中，要特别注意分析信访问题的深层次原因，综合运用政策、行政、经济、法律等手段，采取有效措施力争标本兼治地解决问题。

18日 全市领导干部学习《中国共产党党内监督条例（试行）》《中国共产党纪律处分条例》报告会在红谷滩会展中心举行。余欣荣出席并讲话，马承祖主持。李豆罗、史蓉蓉等出席。

同日 主题为“全球背景下的企业改制与重组”的中国企业改革与发展高层论坛在南昌市开幕。300余位政府官员、专家学者、企业代表及各界名流共聚一堂，讨论企业改革与发展的道路，企业改制与重组的新思路、新理念、新方法。省市领导凌成兴、周关，中国企联理事长陈兰通，国家发改委、国务院研究室、国资委有关负责人出席。江铃汽车集团举行论坛专场记者见面会，董事长王锡高就社会各界关心的问题，回答海内外媒体记者提问。

20日 晚9点30分左右，江西油脂化工厂一残存20公斤左右的废弃液氯罐发生泄漏。余欣荣、凌成兴等会同省市公安、消防、环保、卫生等部门的工作人员，赶往现场部署救治工作，并组织人员对现场周边进行排查，以防止遗漏有中毒反应的群众。当晚11点50分，泄漏得到完全控制。在部署完现场的救治工作后，余欣荣、凌成兴到市第二医院，看望医院收治的有中毒反应的群众，并随即在该院召开紧急会议部署救治工作。21日，由市纪检监察、安全生产监督管理、公安、技术监督、检察、环保、卫生等相关单位人员组成的江西油脂化工厂液氯泄漏事件调查组开展调查工作。

22日 中国南昌绳金塔首届民俗文化艺术旅游节、中国南昌天香园第二届国际都市候鸟节暨《西湖旅游指南》推介新闻发布会在市政府小礼堂举行。周关出席。

23日 全市“树立科学发展观，建设美好新江西，做大做强兴南昌”主题教育活动动员大会在红谷滩会展中心举行。会议传达余欣荣对搞好此次主题教育活动的批示，宣读《关于在全市广泛开展“树立科学发展观，建设美好新江西，做大做强兴南昌”主题教育活动动员的通知》。史蓉蓉作动员讲话，蔡社宝主持。

同日 全市党委办公系统工作会议在红谷滩会展中心召开。会议表彰一批全市党委办公系统工作先进单位和个人。会议强调，南昌正处在加快发展的关键时期，各级党委办公室作为全市各级机关的重要组成部分，要在改进作风、优化环境、促进发展中充分发挥表率作用，为促进南昌做强做大和实现快速崛起做出更大的贡献。余欣荣出席并讲话，雷武江主持。

24日 市总工会联合市劳动和社会保障局举办专场招聘会。140余家企事业单位提供3300余个岗位，为全市下岗失业人员特别是“4050”下岗失业人员及其子女搭建再就业平台。省市领导余欣荣、张海如、龚建华现场察看招聘会情况。

27日 南昌国家半导体发光材料与器件产业化基地建设协调领导小组在高新区联创光

电工业园举行第一次会议，就南昌市如何加快推进半导体照明工程产业化基地建设的步伐进行专门部署。余欣荣出席并讲话，李豆罗主持。黄春平及领导小组相关成员单位负责人出席。

28日 南昌昌北机场正式更名为南昌昌北国际机场仪式举行。省领导黄智权为南昌昌北国际机场揭牌，并宣布南昌—新加坡国际航线正式通航。吴新雄主持，陈礼久、余欣荣、蒋仲平等出席。

同日 2004年中国·南昌西湖万寿宫美食文化节、美食文化月活动在合味原大酒店开幕。李豆罗出席开幕式。

同日 全国首批35所示范性软件职业技术学院之一——江西先锋软件职业技术学院聘请中科院院士李衍达、中国工程院院士倪光南为名誉院长。余欣荣出席聘请仪式并讲话，李豆罗、省教育厅厅长漆权颁发聘书。龚建华主持，罗慧芬及省市有关部门负责人出席。

29日 南昌制造业发展战略高层论坛在南昌市举行。余欣荣出席并讲话，史蓉蓉出席。

南昌制造业发展战略高层论坛举行

同日 中国南昌天香园第二届国际都市候鸟节开幕式在天香园举行。省市领导蒋仲平、万学文，史蓉蓉、蔡社宝、凌学仁等出席。

同日 新组建的市疾病预防控制中心、市卫生监督所、南昌紧急救援中心揭牌。日本政府向新成立的南昌紧急救援中心无偿捐赠价值100万美元的11辆雪佛莱救护车。余欣荣和省卫生厅厅长蒋如铭为市新成立的三大医疗机构揭牌，省外经贸厅厅长杨洪基出席揭牌暨无偿援助救护车辆设备交接仪式。史蓉蓉致辞，罗慧芬主持。

市疾病预防控制中心、市卫生监督所、南昌紧急救援中心揭牌

同日 市政府廉政工作暨专项治理损害群众利益突出问题工作会议在红谷滩会展中心召开。会议强调，各级政府、部门要按照领导干部廉洁自律的各项规定，进一步规范从政行为，加大对违纪违法案件查办力度，坚决惩处腐败分子，从源头上预防和治理腐败，为维护改革发展稳定大局和完善社会主义市场经济体制提供保证。李豆罗、马承祖出席并讲话，龚建华主持，戴和旺、罗慧芬等出席。

同日 全市庆祝"五一"国际劳动节暨"五一表彰大会"在红谷滩会展中心召开。江铃汽车集团车架厂等37个单位获2004年南昌市"五一劳动奖状"先进单位称号；南昌钢铁有限公司焦化厂一车间脱硫班等5个集体获2004年南昌市"五一劳动奖状"先进集体称号；刘年江等136名个人获2004年南昌市"五一劳动奖章"先进个人称号。李豆罗出席并讲话，史蓉蓉、熊焕高、陈守朴和全市各条战线劳动代表出席。

同日 全市安全生产工作会议在红谷滩会展中心召开。会议传达贯彻国务院、省政府安全生产电视电话会议精神，部署近期全市安全生产工作，通报对“4·20”氯气泄漏事故的处理决定。会议强调，要严格执行安全生产管理法规，建立健全安全事故应急机制，层层落实安全责任，严格执法，严格管理，坚决纠正有法不依、有章不循的现象。李豆罗出席并讲话，王梓生主持，罗为民、戴和旺、凌学仁出席。

同日 市委、市政府发出《关于进一步加强信访工作的意见》，强调提高认识，增强做好信访工作的责任感和紧迫感；以民为本，妥善解决群众生产生活中的实际困难和问题；夯实基础，大力加强基层信访工作；突出重点，认真解决越级访、集体访、重复访和赴京访问题；加强领导，落实信访工作领导责任制和责任追究制；强化职能，加强信访部门的自身建设。

30日 全市第一期赴新加坡南洋理工大学深造归来的学员座谈会在市委第一会议室召开。余欣荣出席并讲话，史蓉蓉主持，雷元江作总结报告。

同日 2004年中国南昌绳金塔首届民俗文化艺术旅游节暨中国南昌绳金塔茶文化节开幕式在绳金塔举行。李豆罗、蔡社宝等出席。

是月 根据中央军委关于部队体制编制调整改革的命令和部署，南昌军分区调整更名为南昌警备区。

2004

5月

May

公元2004年5月							农历甲申年【猴】						
日	一	二	三	四	五	六	日	一	二	三	四	五	六
						1 劳动节	2 十四	3 十五	4 青年节	5 立夏	6 十八	7 十九	8 二十
9 廿一	10 廿二	11 廿三	12 廿四	13 廿五	14 廿六	15 廿七	16 廿八	17 廿九	18 三十	19 初一	20 初二	21 小满	22 初四
23 初五	24 初六	25 初七	26 初八	27 初九	28 初十	29 十一	30 十二	31 十三					

1—2日 中共中央政治局常委、国务院副总理黄菊考察南昌经开区格林柯尔·科龙工业园、江西鸿源数显科技有限公司、南昌高新区江西联创光电科技有限公司、江西金科光盘有限公司、江西捷德智能卡系统有限公司、泰豪科技股份有限公司和江铃汽车集团公司、洪都航空工业集团有限责任公司、南昌劳动力市场，并参观南昌八一起义纪念馆。省市领导孟建柱、黄智权、余欣荣、李豆罗等陪同。

8日 市委发出《关于贯彻男女平等基本国策宣传年的实施意见》，包括妇女教育、妇女参政议政、妇女就业、妇女健康4个方面内容。

同日 2004年全国足球乙级联赛在南昌八一体育场打响揭幕战。下午3时比赛正式开始，落户南昌的八一衡源队主场以1:0小胜上海中纺机足球队。余欣荣出席赛前开幕式并为比赛开球，李豆罗致辞，中国足协全国联赛部秘书长马成全宣布联赛开幕。史蓉蓉、马承祖、雷武江等出席。

9日 全市城乡规划工作会议在市委第一会议室召开。会议强调，全市各部门、各单位要牢固树立城市规划就是生产力、城市规划就是财富、城市规划就是城市“宪法”的观念，主动自觉地维护规划的严肃性、权威性，扎扎实实解决好当前南昌市在规划领域中存在的问题，努力开创南昌市规划工作新局面。余欣荣出席并讲话，李豆罗主持，卢晓健通报全市2003年以来的规划工作情况以及下一阶段工作，龚建华、罗为民等出席。

同日 南昌市正式启动第一次全国经济普查工作。13日晚，南昌市第一次全国经济普查领导小组在市政府第一会议室召开扩大会议，部署安排全市普查工作。龚建华出席并讲话。这次普查内容涵括国民经济行业分类95%以上的产业，普查至2004年12月31日结束。

10日 全市人民防空工作会议在市政府小礼堂召开。会议强调，要认清形势，切实增强做好人防工作的紧迫感和使命感；要明确任务，突出重点，切实做好全市人民防空应急准备；要以“准军事化”建设为抓手和标准，切实加强市、县（区）两级人防机关建设。余欣荣出席并讲话，李豆罗主持，张国华、罗为民和省人防办主任曹筱凤出席。

同日 南昌市西外环高速公路建设项目领导小组会议在市政府第一会议室召开。会议就该项目的设计、前期准备及下一步打算等情况进行磋商。余欣荣出席并讲话，李豆罗主持，周关出席。

12日 全市第二轮百路大会战开工典礼分别在西湖区绳金塔北街、东湖区渊明北路、青云谱区建设路、青山湖区热心村路召开。余欣荣出席并讲话，李豆罗主持，罗为民介绍第二轮百路大会战的有关情况，孔炯、曹连甲出席。

同日 福州铁路分局与南昌铁路局合并。合并后的南昌铁路局营业里程由过去的2580公里增加到4580公里左右。南昌铁路局调度指挥中心成为全省最大的调度指挥中心。

13日 市委常委（扩大）会议在市委第一会议室召开。会议审议市政府党组报送的《关于审定〈加快农村富余劳动力转移的意见〉的请示》《关于提高我市城市居民最低生活保障标准的请示》，市“扫黄”“打非”工作领导小组办公室报送的《关于呈报南昌市2004年“扫黄”“打非”行动方案》暨召开南昌市2004年“扫黄”“打非”工作会议的请示；听取有关全市清理固定资产投资项目情况汇报，进一步研究部署全市清理固定资产投资项目和土地市场治理整顿工作；研究有关人事事项。余欣荣主持。

14日 首期投资达2900万美元的全省首家超高压电缆生产企业——德皇（南昌）电缆有限公司正式落户南昌高新区。余欣荣、黄春平在市委办公楼六楼会见厅会见德国德皇(3C)公司董事、销售总经理施曼富一行并出席项目签约仪式。

同日 全市迎接国务院土地市场治理整顿验收工作会议在市政府小礼堂召开。会议就全市进一步贯彻落实国务院关于深入开展土地市场治理整顿、严格土地管理的具体工作进行部署。会议强调，全市各级政府不仅要严肃认真地贯彻落实国务院对国有土地保护的政策方针，还要自觉接受群众监督，有效保障农民对非法征地、违规占地等问题举报渠道的畅通。李豆罗主持并讲话，龚建华、戴和旺出席。

17日 市委、市政府在武警江西总队三支队举行反恐处突综合演习，以检验全市应急指挥及各有关部门、单位应急专门力量处置恐怖袭击事件和最大突发事件的水平和能力。余欣荣出席并讲话。李豆罗宣布演习开始，王样生主持。龚建华、雷武江、卢晓健，省公安厅副厅长彭焕恭，省武警总队副总队长赖建安到场观看演习。参加演习的有防暴特警、刑侦、巡警、交警、消防、武警、卫生、供电、煤气、供水等部门人员共600余人。

18日 由国家体育总局社会体育中心与市委、市政府以及省体育局联合举办的全国首届全民健身万人行——南昌站活动开幕式在南昌八一起义纪念馆举行。余欣荣出席并致辞。李豆罗主持。王样生、龚建华、陈守朴，南昌警备区司令员李贤水，全国老年人体协主席、中华全国体育总会顾问张彩珍，国家体育总局社体中心主任李杰，著名喜剧演员、全国全民健身万人行活动形象大使陈佩斯出席开幕式。9时30分，市六套班子成员与近万名干部群众、部队官兵、学校学生等各界代表在主旗手和形象大使陈佩斯的引领下，沿中山路、抚河路、八一大桥、红谷大道向活动终点红谷滩世纪广场行进。11时，参加活动人员走完5公里的预定路程到达目的地。随后，在红谷滩世纪广场举行闭幕式。余欣荣代表南昌市接受国家体育总局颁发的全国首届全民健身万人行南昌站活动成功承办荣誉奖；李豆罗将全民健身万人行会旗移交给下一站活动主办方北京市朝阳区人民政府。

同日 全市“树立科学发展观”暨“四个一”理论学习培训班在南昌翠林高尔夫酒店开班。全市各有关单位分管宣传领导、理论骨干、宣传干部等共200余人参加培训。蔡社宝出席开班典礼并作动员报告。

20日 全市未成年人思想道德建设启动仪式在西湖区象山文化广场举行。蔡社宝出席并讲话，孔炯主持。来自全市各行各业的300余名代表和200余名少先队员代表参加。

23日 由市卫生局、南昌日报社、南昌客运办倡议发起的“倾情为万名出租车司机免费体检活动”仪式在八一大道举行。余欣荣出席并讲话，李豆罗、陈守朴出席。

24日 南昌市人民政府与深圳市人民政府签署合作意愿书，决定共同建设南昌深圳海铁联运快速通道，并力争2004年年底开通南昌与深圳之间铁路货运定点、定线、定车次、定时、定价的“五定”班列。余欣荣、雷武江，深圳市委副书记、政法委书记庄礼祥出席签字仪式。凌学仁和深圳市副市长张思平分别代表两市签署合作意向书。

27日 全市旅游经济工作会议在江西饭店三楼多功能厅召开。会议宣读关于表彰2003年南昌最佳国内旅行社的决定，传达全国、全省旅游经济工作会议精神，总结2003年全市旅游工作，部署2004年旅游工作任务。余欣荣出席并讲话，龚建华、姚燕平、凌学仁、钟乐初出席。

同日 全市文化市场全面整治专题会议在市委宣传部会议室召开。会议就如何进一步规范全市文化市场，开展全面整治工作进行具体部署。蔡社宝出席并讲话。市文化、公安、工商、消防等部门负责人参加会议。这次全面整治从5月27日开始，为期1个月，分排查执法、整改规范、建章立制三个阶段进行。整治重点是各演艺场所演出内容不健康问题、演艺酒吧变相经营迪士高问题、在未办理相关证照情况下擅自经营的娱乐场所，存在消防安全隐患的场所。

28日 国家半导体照明工程产业化基地授牌仪式暨半导体照明工程技术与产业发展高层论坛在滨江宾馆综合楼三楼会议室举行。科技部授予南昌市“国家半导体照明工程产业化基地”铜牌。余欣荣、科技部副秘书长李健出席并讲话。李豆罗向中国工程院院士陈良惠、中科院院士郑有炓、清华大学研究生院常务副院长陈皓明以及国家半导体照明工程专家小组成员张国义、江风益颁发南昌“国家半导体照明工程产业化基地”顾问聘书。黄春平主持。史蓉蓉、姚燕平等出席。

同日 进贤香江商业中心奠基仪式举行。全国政协副主席周铁农，全国政协委员、中央统战部原部长田鹤年，中国光彩事业促进会项目部部长符中士，中国光彩事业促进会副会长、香江集团董事长刘志强，省市领导王林森、张华康、陈守朴、雷武江等出席。该中心是全国光彩事业重点项目之一，占地面积5.33公顷。

30日 南昌万寿宫重建竣工典礼在象湖风景区举行。李豆罗出席并致辞。国家宗教局

南昌万寿宫重建竣工典礼举行

副司长郭承真，省市领导朱英培、雍忠诚、雷武江、凌学仁、吴延林及省委统战部、省民族宗教事务局、中道协有关负责人，海内外嘉宾共500余人出席竣工典礼。新落成的南昌万寿宫位于象湖风景区的西南半岛，于2002年2月开始动工，建筑面积4600平方米，基本上是按中轴线南北对称排列（牌楼除外）。整个建筑基本按原貌设计，为钢筋混凝土仿木仿古建筑。

31日 余欣荣、李豆罗率南昌市党政代表团赴杭州学习考察。余欣荣在杭州西湖国宾馆接受杭州日报等媒体记者采访。

2004

6 月

June

公元2004年6月							农历甲申年【猴】						
日	一	二	三	四	五	六	日	一	二	三	四	五	六
		1 儿童节	2 十五	3 十六	4 十七	5 芒种	6 十九	7 二十	8 廿一	9 廿二	10 廿三	11 廿四	12 廿五
13 廿六	14 廿七	15 廿八	16 廿九	17 三十	18 初一	19 初二	20 初三	21 夏至	22 端午节	23 初六	24 初七	25 初八	26 初九
27 初十	28 十一	29 十二	30 十三										

1 日 江西洪城水业股份有限公司在上海证券交易所上市。这是全省第 24 家成功上市的企业，也是中国水业领域首个上市的企业。省领导吴新雄致辞，并为洪城水业鸣锣开市。孔炯、曹连甲及中国证监会江西省监管局、省建设厅、南昌市政公用控股集团、南昌水业集团、江西洪城水业股份有限公司、上海证券交易所负责人出席。

同日 承接沿海产业梯度转移南昌(杭州)推介会在浙江省人民大会堂举行。余欣荣出席并致辞。李豆罗主持。龚建华、陈守朴、雷武江等出席。杭州市委副书记于辉达、杭州市副市长金胜山到会祝贺。推介会共签订合作项目 31 个，总投资额 39.99 亿元。500 余名来自海内外知名企业代表参加推介会。

承接沿海产业梯度转移南昌（杭州）推介会举行

同日 南昌杭州两市工作交流座谈会在杭州黄龙饭店举行。双方就推进经济发展与城市建设等方面的做法进行交流，并现场签订《关于进一步推进两市经济合作与交流的协议》。双方表示，今后将本着友好合作、平等互利、优势互补、共同发展的原则，加强在工业、农业、科技、商贸、文化、旅游、信息等领域的合作交流，并建立长期稳定全面的友好合作关系，有效实现资源、资金、技术、管理和市场优势互补，推动两市工业现代化、农业产业化和城市现代化进程。余欣荣和浙江省委常委、杭州市委书记、市人大常委会主任王国平分别讲话，杭州市委常委、市委秘书长顾树森主持。

南昌党政代表团全体成员，杭州市领导孙忠焕、金胜山、施锦祥等出席。

3日 市第五届机关运动会3000米健身走比赛在南昌八一体育场举行。余欣荣、王样生、史蓉蓉等参加。11日，市第五届机关运动会闭幕式在红谷滩新区秋水广场举行。余欣荣出席，李豆罗向参加省首届机关运动会的南昌市代表团授旗，史蓉蓉讲话，龚建华、熊焕高等和省直工委副书记童水仙、省体育局局长刘鹰出席。

5日 市委常委会在市委办公楼六楼常委会议室召开。会议听取市学习考察组学习考察杭州市城市建设和管理情况汇报，市党政代表团赴杭州考察招商情况汇报；会议审议并同意市委办公厅报送的《关于实施“文明南昌行动计划”及成立“文明南昌行动委员会”的请示》，市政府党组报送的《关于审定南昌市城市住宅房屋拆迁补偿基准价格的请示》《关于审定南昌市直机关事业单位职工住房补贴资金筹集、拨付和管理试行办法的请示》；审议市委党校报送的《关于贯彻全省党校工作会议精神的意见》及代市委草拟的《关于进一步加强和改进党校工作的意见》，市纪委报送的有关请示意见；审议并原则同意市文明行风工程领导小组报送的《关于提请市委常委会审定2003年度文明机关和人民好公仆名单及召开表彰会等事项的请示》。余欣荣主持。

6日 文明南昌行动计划委员会成立，文明南昌行动计划正式启动。文明南昌行动计划委员会在市政府原第一会议室举行第一次全体会议，具体部署整个行动的相关事宜。余欣荣出席并讲话，李豆罗主持。10日，文明南昌行动委员会正式挂牌办公。余欣荣任主任，李豆罗任副主任。行动委员会下设6个办公室和1个秘书处，即市容环境整治办公室、平安南昌创建办公室、五大文明工程办公室、行动监察办公室、社会保障体系建设办公室和行动委员会秘书处。

同日 实践科学发展观、全面加强城市管理千人动员大会在红谷滩会展中心召开。会议决定，从6月份到年底，在全市上下大力实施“文明南昌行动计划”，以进一步推进南昌城市管理的突破性进展和城市管理水平的迅速提升，为拓展南昌更大的发展空间、创造南昌更大的发展优势、实现南昌更大的发展创造良好条件。市建委、市城管局、东湖区、青山湖区负责人作表态发言。余欣荣作动员报告，李豆罗主持，王样生、史蓉蓉及市委、市人大、市政府、市政协四套班子全体成员等出席。

同日 朝阳公园正式破土动工。朝阳公园工程建设领导小组召开第二次会议，部署公园建设的具体实施工作。李豆罗及市规划、园林、环保等部门负责人出席。

7日 江西洪都航空工业集团有限责任公司与日本中尾工业株式会社正式签订合同，双方合资成立南昌洪都中达实业有限公司，开发生产空调冲压、喷塑件，为南昌空调主机企业进行专业化协作配套。周关出席。

同日 市委发出《关于以“三个代表”重要思想为指导进一步加强和改进党校工作的意见》，要求充分认识进一步加强和改进党校工作的重要性和紧迫性；进一步发挥党校教育培训干部的主阵地、主渠道作用；完善和规范党校教育体系，加强市委党校对县（区）委党校的业务指导；适当扩大党校办学规模，规范主体班教学；市、县（区）委党校兼办行政学院（学校）集聚各类教育资源，提高干部教育的整体效益；把握办学方向，坚持党校姓“党”；坚持理论联系实际的优良学风，是贯彻教学新布局、提高教学质量的关键；党校科研工作应紧密结合全市社会经济发展的大局；建设一支政治强、业务精、作风正的高素质党校教师队伍；加大对党校经费的投入；加快与大教育大培训相适应的党校基础设施建设，改善党校教职工生活福利待遇；积极推进党校教育信息化建设；市、县（区）委党校要认真贯彻从严治校的方针；切实加强和改善党委对党校工作的领导。

9日 文明南昌行动委员会调度会召开。会议听取各条战线及各县区三天来各项工作开展情况汇报。余欣荣出席并讲话，李豆罗主持，史蓉蓉、龚建华及文明南昌行动委员会全体成员，各县区、市直各部门、各单位主要负责人出席。

10日 全市党校工作会议在市委党校召开。会议回顾总结近年来全市的党校工作，研究部署当前和今后一段时间的工作。余欣荣出席并讲话，史蓉蓉、省委党校副校长许晓明出席。

同日 “打造文明南昌，共建美好家园”创国家卫生城电视现场直播在市委第一会议室举行。余欣荣出席并讲话，李豆罗、蔡社宝、罗为民及全国爱卫会专家陈思湖参加现场直播。

11日 市委常委会在市委办公楼六楼常委会议室召开。会议审议并原则同意市政府党组报送的《关于审定〈关于进一步加快我市法制化投资环境建设的实施意见〉的请示》，市编办报送的《关于市公路运输管理机构规格问题的请示》《关于调整市保密机要工作机构的请示》；审议并同意市规划局报送的《关于部分调整南昌市总体规划的请示》，市委组织部报送的《关于审定全市基层党建“十面红旗”单位、“三培两带”先进单位和带头致富、带领群众共同致富标兵的表彰名单的请示》《关于我市政法干部配备有关问题的建议》；审议市编办报送的《关于恢复市精神文明建设指导委员会办公室机构设置的请示》。余欣荣主持。

同日 全市国土资源工作会议在滨江宾馆召开。会议强调，要坚持用科学发展观指导国土资源工作，大力推进土地资源的集约利用和节约利用。余欣荣出席并讲话，李豆罗主持，梁小康对2003年全市国土资源管理工作进行总结，并对2004年全市国土资源管理工作以及继续深入开展土地市场治理整顿工作进行部署。曹连甲出席。

同日 市委、市政府发出《关于批转市委政法委〈关于处置和预防涉法上访问题的对策意见〉的通知》，要求实事求是，分类排查，妥善处置，逐件化解；加强协调，果断决策，及时处置，不留尾巴；健全机制，讲究实效，常抓不懈，防止反复；抓住根本，转变观念，加强教育，强化监督。

12日 余欣荣率南昌市经贸代表团出访瑞士、德国、荷兰。26日，南昌市经贸代表团返回南昌。出访期间，代表团签约项目8个，总金额近16亿元。

同日 中国南昌·生米首届藠头节在新建县心怡广场开幕。李豆罗宣布开幕。中国优质农产品开发服务协会秘书长李祖德向生米镇授予“中国藠头之乡”牌匾。全国政协委员、香港沿海绿色集团董事局主席曾文仲，熊焕高、陈守朴、雷武江及海内外客商300余人出席。

同日 中国南昌·生米首届藠头节项目推介会在富豪大酒店举行。推介会共签约项目17个，总投资额15.05亿元，其中涉及工业项目15个、学校1个、市场1个。龚建华、戴和旺出席。

14日 南昌市经贸代表团在瑞士苏黎世州就中瑞企业加强合作举行签约仪式。正在瑞士访问的国务院副总理曾培炎、国务院副秘书长汪洋、外交部副部长乔宗淮、国家发改委副主任张晓强、中国驻瑞士大使朱邦造和苏黎世州州务委员瑞塔·富莉出席。

15日 2004年中国南昌·瑞士苏黎世投资贸易项目推介会在瑞士苏黎世州泰可来会议厅举行。余欣荣出席并致辞。中瑞贸易促进会执行董事荷苏珊主持，苏黎世州经济及劳工署署长伯克德博士、经济发展部部长库克斯博士，中国驻瑞士大使馆经济参赞钦宏亮、中国驻苏黎世州总领事刑伟平、江西出入境检验检疫局局长陶武盛市长助理周明和瑞士苏黎世州政府有关官员，社会各界人士及欧洲诸国各类企业界人士100余人出席。

同日 市出租租赁汽车协会成立。李豆罗出席成立大会，并向副理事长单位和常务理事单位授牌。

16日 市政府第28次常务会议召开。会议研究进一步加强安全生产工作、农村五保对象供养工作，审议《南昌市突发性地质灾害应急预案》等。李豆罗主持。

17日 “文明南昌行动”市容环境整治正式启动。李豆罗、罗为民与各城区负责人、市创建办、环保、城管、交警等部门有关负责人在南昌电信大楼会议室接听热线，就市容环境的整治问题与市民直接对话。

市领导就市容环境的整治问题与市民直接对话

18日 南昌警备区、市国防动员委员会挂牌仪式在南昌警备区营院举行。市委副书记、市长、市国防动员会委员会主任李豆罗，市委常委、南昌警备区政委张国华，南昌警备区司令员李贤水，参谋长谢光忠，政治部主任刘希文出席。

22日 新建县长堎镇发生居民进食煌上煌卤菜后，出现恶心、呕吐、腹泻等中毒症状。至23日24时止，中毒人数共196人（全部进行流行病学个案调查），病人涉及三个县区，均被收治在市、县医院进行救治。经过精心救治，病人全部痊愈，无死亡病例。事情发生后，市委、市政府高度重视，立即启动食物中毒处置预案，成立“6·22”食物中毒事件调查处置工作组，市领导任组长，各有关职能部门主要领导为成员，展开对整个事件原因的调查和紧急处置工作，并关闭煌上煌所有卤制品销售点。据调查，发生食物中毒的原因在生产加工、产品配送及门店销售三个环节。其中，发生中毒事故的煌上煌青山湖、扬子洲、新祺周、长堎、文港销售店，节前进货量过多且没有较好的消毒、贮存设施，是造成金黄色葡萄球菌繁殖并引起群众食物中毒的主要原因之一。相关县区卫生行政、工商部门分别对5个销售店依法进行查处。

23日 市散装物料运输车辆专项整治动员大会召开。李豆罗出席并讲话，孔炯出席。

25日 全市“五大文明工程”再动员大会在红谷滩会展中心召开。会议进一步部署全市“五大文明工程”活动，并表彰“五大文明工程”先进集体和先进个人。“五大文明工程”领导小组负责人分别作表态发言。李豆罗出席并讲话，史蓉蓉主持，马承祖、蔡社宝等出席。

全市“五大文明工程”再动员大会召开

27日 文明南昌行动委员会调度会在市政府原第二会议室召开。会议通报前期的工作情况，并播放第二期脏乱差现象暗访实况录像。

余欣荣出席并讲话，强调巩固“文明南昌”行动成果，关键要抓好市民思想上的革命，把着力点放在社区建设、建章立制上来。李豆罗主持，王样生、史蓉蓉等出席。

同日 全市宣传《中华人民共和国行政许可法》活动在胜利路步行街休闲广场举行。李豆罗、熊焕高等参加。

28日 南昌师范高等专科学校揭牌仪式举行。省市领导刘运来、李豆罗、史蓉蓉等出席。

29日 全市“三项创建”活动表彰暨再动员大会在红谷滩会展中心召开。会议部署“三项创建”工作，表彰“三项创建”活动先进单位和“三培两带”先进党组织和标兵。余欣荣出席并讲话，史蓉蓉宣读市委表彰决定，李豆罗主持，马承祖、熊焕高、陈守朴等出席。

同日 余欣荣、李豆罗在江西宾馆会见到南昌参加南昌市（昌台）电子产业发展研讨会的部分重点客商，与他们共商发展大计。

同日 以“科学、文明、发展”为主题的全市“科普之夏”文艺晚会在红谷滩秋水广场举行。余欣荣、李豆罗等出席，并向获得“第一届南昌市青年科技奖”称号的10名科技人员颁发奖励证书、奖杯和奖金。

30日 南昌市（昌台）电子产业发展研讨会在红谷滩会展中心举行。余欣荣致辞指出，要全力打造“成本最低、回报最快、效率最高、信誉最好”的“四最”投资品牌，努力为所有在南昌投资创业的客商营造宽松的发展环境。龚建华主持。

同日 由市委宣传部、南昌日报社等单位联合主办的南昌市爱心基金会成立10周年义捐义演文艺演出在红谷滩会展中心举行。市教育系统、市广电系统、南昌日报社、上海西部企业集团、丰和营造等单位为市爱心基金会捐资48万元、名家字画8幅；市领导为30名受捐助的特困学生代表发放助学金。余欣荣、李豆罗、史蓉蓉等出席。

2004

7月 July

公元2004年7月 农历甲申年【猴】													
日	一	二	三	四	五	六	日	一	二	三	四	五	六
				1 建党节	2 十五	3 十六	4 十七	5 十八	6 十九	7 小暑	8 廿一	9 廿二	10 廿三
11 廿四	12 廿五	13 廿六	14 廿七	15 廿八	16 廿九	17 初一	18 初二	19 初三	20 初四	21 初五	22 大暑	23 初七	24 初八
25 初九	26 初十	27 十一	28 十二	29 十三	30 十四	31 十五							

4日 文明南昌行动委员会工作调度会在市政府原第二会议室召开。会议研究进一步推进“文明南昌行动计划”。余欣荣出席并讲话，李豆罗主持，王样生、马承祖等出席。

5日 市委、市政府发出《关于进一步加快法制化投资环境建设的实施意见》，要求统一思想，明确加快全市法制化投资环境建设的目标；加强制度建设，适应全市经济社会发展需要；深化行政管理体制改革，规范行政行为；增强服务意识，提供公共服务；依法执法，提高行政执法水平；完善监督机制，强化行政监督；公平公正司法，保障良好的投资环境；加大法制宣传教育力度，提高全民法律素质；切实加强领导，为推进法制化投资环境建设提供组织保障。

6日 余欣荣、雷武江、蔡社宝到新建县调研农田水利建设和“小平小道”改扩建工程进展情况。

同日 八一公园交接仪式暨八一公园综合整治动员大会在东湖区委多媒体会议室举行。市委、市政府决定将八一公园由市园林绿化局移交东湖区管理。李豆罗出席并讲话，罗为民、姚燕平、罗文华出席。

7日 市委常委会在市委办公楼六楼常委会议室召开。会议听取市委宣传部《关于全国未成年人思想道德建设经验交流会暨全省加强和改进未成年人思想道德建设工作会议精神的汇报》，同意市委宣传部关于召开全市加强和改进未成年人思想道德建设工作会议的请示，全省人大工作会议主要精神的汇报，审议并同意南昌市贯彻落实会议精神的意见，市委政法委关于贯彻全国、全省综治工作会议精神，部署落实下半年安全稳定工作的汇报；审议并同意市人大常委会党组报送的《关于提请审查〈关于停止执行本市部分地方性法规设定的行政许可事项的决定（草案）的请示〉》，市政府党组报送的《关于桑海经济技术开发区管理体制调整等问题的请示》《关于审定南昌市信访工作重点管理办法的请示》，市法院党组报送的《关于在全市法院开展集中清理未结执行案件、执行款物及执行案卷活动的报告》，市纪委报送的《关于推荐第二届江西省“廉内助”候选的请示》《关于全市开展专项治理党政领导干部违规接受和赠送“红包”及清理“小金库”工作的请示》。余欣荣主持。

8日 市国家安全（领导）小组工作总结暨表彰大会在红谷滩会展中心召开。会议总结两年来的工作，部署下阶段的任务，表彰先进单位和个人。余欣荣出席并讲话，罗为民主持，李豆罗、王样生、熊焕高、卢晓健出席。

9日 全市社会治安综合治理工作暨“百日行动”动员大会在红谷滩会展中心召开。余欣荣出席并讲话，罗为民主持，王样生、龚建华、刘刚等出席。

同日 全市农村中小学危房改造暨校园建设工作会议在新建县召开。会议强调，各县区要突出重点，抓住关键，强化措施，把师生安危放在第一位，努力消除中小学安全隐患，坚决拆除D级危房，全面推进危房改造与校园建设工作。李豆罗出席并讲话，罗慧芬、钟乐初出席。

同日 市政府发出《转发市民政局〈关于进一步加强我市农村五保供养工作意见〉的通知》。

11日 龚建华率南昌市经贸代表团到广州参加首届泛珠三角区域经贸合作洽谈会。泛珠三角区域包括福建、江西、湖南、广东、广西、海南、四川、贵州、云南9个省区和香港、澳门2个特别行政区。

12日 全市“树立科学发展观，建设美好新江西，做大做强兴南昌”形势报告会举行。余欣荣出席并讲话，蔡社宝主持。

同日 全市开展专项治理违规收送“红包”暨清理“小金库”工作会议在红谷滩会展中心召开。会议转发省纪委、省监察厅《关于治理党政领导干部违反规定接受和赠送现金、有价证券、支付凭证（简称“红包”）问题的通知》，并宣读市纪委、市监察局、市财政局和市审计局联合发出的《关于在全市开展清理小金库工作的通知》。马承祖出席。

13日 在江西省与珠三角地区经济合作洽谈会上，南昌市经贸代表团签订招商引资项目6个，总投资额2.86亿元。

14日 市委八届七次全体（扩大）会议在红谷滩会展中心举行。会议学习传达温家宝总理在中部五省宏观经济形势座谈会重要讲话精神，省委十一届六次全会精神；部署全市专项治理党政领导干部违规接受和赠送“红包”及清理“小金库”工作；通报2004年上半年全市经济运行情况，部署2004年下半年的各项工作任务。市委常委会主持会议，余欣荣出席并讲话。市委委员、市委候补委员出席会议。列席会议的有不是市委委员、市委候补委员的市人大、市政府、市政协党组成员、党员助理巡视员，市中级人民法院院长、市人民检察院检察长，南昌警备区司令员，市委、市人大、市政府、市政协党员正副秘书长，市纪委委员，各县区党政主要负责人，南昌经济技术开发区、南昌高新技术产业开发区、红谷滩新区工委、管委会主要负责人，市委各部门、市直各单位、市政府驻外办事处、市属大专院校、中央和省驻昌有关单位、市属重点企业党员主要负责人。

市委八届七次全体（扩大）会议召开

同日 首届泛珠三角区域经贸合作洽谈会在广州国际会展中心开幕。南昌市经贸代表团签订9个项目，总投资额19.54亿元。

15日 江西洪大集团与美国万豪国际集团在江西宾馆就合作经营洪大万怡酒店项目举行签约仪式。省市领导孙刚、梁小康出席。美国万豪国际集团公司是世界著名的酒店管理公司之一，在全球经营酒店超过2700家。

17日 市总工会与江西广济医院共同为南昌市3000名困难职工发放医疗帮扶卡暨全国首家困难职工医疗帮扶定点医院揭牌仪式在江西广济医院举行。史蓉蓉、孔炯、熊全柏出席。持有医疗帮扶卡的南昌市困难职工在广济医院门诊就医时，可以享受免挂号费、病历工本费，各种检查费优惠20%、治疗费优惠50%等"两免四优"的优惠。凡住院治疗费用超过2000元以上的困难职工，还可实行"按揭"。

21日 市委举办形势报告电视电话会，向离退休干部通报当前全市经济建设和社会发展情况。余欣荣作形势报告，史蓉蓉主持，龚建华、熊焕高、吴延林出席。

同日 南昌供水公司与青山湖区扬子洲乡签订协议，投资1055万元兴建日供水量为1万立方米的扬子洲供水工程。罗为民出席签约仪式。

22日 全市加强和改进未成年人思想道德建设工作会议在红谷滩会展中心召开。会议传达贯彻全国未成年人思想道德建设经验交流会，以及全省加强和改进未成年人思想道德建设工作会议精神，研究部署全市未成年人思想道德建设工作。余欣荣出席并讲话，罗慧芬传达全国及全省会议精神，孔炯、吴延林出席。

22—25日 新疆阿图什市长派孜拉·买买提率阿图什市党政代表团一行到南昌考察。余欣荣、雷武江在市委办公楼六楼会见厅会见代表团一行，并与代表团交换当前发展地方经济的意见。代表团在南昌期间，参观考察南昌市的开发区建设和部分农业综合开发项目，并与南昌市相关部门进行座谈，交换城市建设以及经济发展经验。龚建华出席。

23日 龚建华在市委第一会议室向市人大代表通报上半年全市经济运行、招商引资、城市建设、可持续发展情况和下半年政府重点工作的安排。熊焕高、姜任保、孔炯等出席。

27日 全市楼道庭院卫生整治工作会议召开。会议强调，在抓楼道庭院卫生整治中，要把污水、垃圾、噪音作为整治难点，把"除四害"作为重点；要严格实行目标责任制，把具体任务、责任分解到居委会、村委会，各尽其责，力争早日给市民营造一个清洁美观的楼道庭院环境。李豆罗出席并讲话。

30日 全市领导干部"树立和落实科学发展观"与学习贯彻两个条例专题研究班开班仪式在市委党校举行。余欣荣出席并为学员们讲第一课，史蓉蓉主持，李豆罗等出席。各县区、南昌经济技术开发区、高新区、红谷滩新区和市委各部门、市直各单位的主要负责人共120余人参加为期3天的学习。

全市领导干部"树立和落实科学发展观"与学习贯彻两个条例专题研究班开班

同日 庆祝中国人民解放军建军77周年"八一"招待会在江西宾馆举行。余欣荣出席并致辞，省军区政委魏亮讲话，李豆罗主持。

省军区司令员郝敬民，省双拥工作领导小组副组长、省民政厅厅长罗筱玉，省双拥办主任、省民政厅副厅长汪国光，熊焕高、陈守朴、刘刚及驻昌部队团以上单位领导出席。

31 日 市规划委员会 2004 年第 4 次会议召开。会议审议红谷滩商务中心区城市设计招标、红角洲以南地区控制性详细规划、红角洲邓家山导拓渠、南昌货运南站选址、新建县新区分区规划五大方案。余欣荣主持，李豆罗、卢晓健、罗为民等出席。

同日 南昌城市形象设计征文大赛定评会在滨江宾馆召开。由李玉英、李江源撰写的《既要美化绿化亮化，更要文化》等 6 篇作品分获一、二、三等奖。余欣荣出席并讲话。

2004

8月 August

公元2004年8月 农历甲申年【猴】													
日	一	二	三	四	五	六	日	一	二	三	四	五	六
1 建军节	2 十七	3 十八	4 十九	5 二十	6 廿一	7 立秋	8 廿三	9 廿四	10 廿五	11 廿六	12 廿七	13 廿八	14 廿九
15 三十	16 初一	17 初二	18 初三	19 初四	20 初五	21 初六	22 初七	23 处暑	24 初九	25 初十	26 十一	27 十二	28 十三
29 十四	30 十五	31 十六											

1日 全市领导干部树立和落实科学发展观与学习贯彻两个条例专题研究班结业仪式举行。李豆罗出席并作《坚持以人为本，树立科学发展观》专题报告。

3日 南昌市政府与厦门市政府正式签署合作意向书，决定共同建设南昌厦门水铁联运"快速通道"。梁小康和厦门市副市长徐模分别代表两市签署合作意向书。余欣荣会见厦门市副市长徐模。

6日 中国·南昌文港——华夏笔都授牌仪式暨新闻发布会在北京人民大会堂举行。全国人大常委会委员、中国轻工业联合会会长陈士能，中国轻工业联合会副会长王世成，李豆罗及中国制笔协会、中国文房四宝协会、中国名牌战略推进委员会主要负责人出席。

8日 文明南昌行动委员会在市政府原第二会议室召开工作调度会。会议就"文明南昌行动计划"开展两个多月以来的各项工作进行阶段性总结，并研究部署下一阶段工作。余欣荣出席并讲话，李豆罗主持，史蓉蓉、马承祖、卢晓健等出席。

文明南昌行动委员会召开工作调度会

9日 全市重点企业经济运行座谈会在市委第一会议室召开。会议总结2004年全市工业经济运行情况，研究部署下一阶段工作。会议强调，重点企业是南昌工业经济的脊梁，各级党委、政府以及相关部门一定要全力围绕企业做好服务，切实帮助企业解决在生产经营中遇到的问题。余欣荣出席并讲话，李豆罗出席。

11日 全市县区工业经济运行座谈会在市委第一会议室召开。会议指出，2004年上半年全市工业经济情况总体运行良好，增长势头强劲，但各县区在取得成绩的同时，存在着诸如县区发展不平衡、大项目少、土地制约突出等问题和风险。在后阶段的工作中，必须加大协调力度，突出抓重点企业、项目；做好土地规划，提高土地利用率；加强统计工作，为决策者提供真实可靠的参考资料。周关出席。

12日 全市安全生产委员会成员扩大会议召开。会议传达全省安全生产工作座谈会精神，通报2004年以来建筑施工安全、道路交通安全、危险化学品安全等专项整治情况。李豆罗出席并讲话，周关出席。

13日 南昌经济技术开发区与台湾旺尔康电子科技股份有限公司签约仪式在江西宾馆举行。省领导吴新雄、余欣荣出席并讲话，陈守朴，省台办主任崔琳、省信息产业厅厅长李春燕以及旺尔康电子科技股份有限公司董事长陈文洸出席。梁小康主持。

14日 全市农村公路建设工作会议在市政府小礼堂召开。会议通报2003年以来农村公路建设情况。李豆罗出席并讲话，罗为民、戴和旺出席。

15日 文明南昌行动委员会调度会在市政府原第二会议室召开。会议通报近期农贸市场、建筑工地、“六小”行业及市容环境整治热线接听情况，并部署下一阶段整治工作重点。李豆罗讲话强调，各城区、各部门要全力加强500多条小街巷、16759栋楼房、112条道路以及37条景观路的整治；下一步的工作重点主要是抓“四道”整治。马承祖、蔡社宝、罗为民等出席。

17日 “情系人民”——南昌市纪念邓小平诞辰100周年文艺晚会在红谷滩会展中心举办。蔡社宝致辞，余欣荣、李豆罗、史蓉蓉等观看演出。

18日 新建县长堎外商投资工业区24家制造业企业同时开工、开业，总投资额达11.9亿元。全部投产后可实现新增产值16亿元，提供就业岗位5360个。余欣荣出席并讲话，李豆罗、陈守朴以及外商企业代表出席庆典仪式。

新建县长堎外商投资工业区24家制造业企业同时开工开业

同日 全市纪念邓小平诞辰100周年理论研讨会在市委第一会议室召开。研讨会共收到论文47篇，其中21篇获奖。史蓉蓉出席并讲话，蔡社宝主持。

20日 全市出生人口性别比专项治理工作会议在市政府小礼堂召开。此次专项治理工作从2004年9月1日开始，以县区为单位，对全市医疗、保健、计生服务机构、药品管理和销售人员进行一次人口与计划生育法制教育；进一步落实对医疗、保健、计生服务机构中B超、染色体检测和中期以上人工终止妊娠手术的严格管理，堵住管理漏洞。同时，严厉打击导致出生人口性别比升高、破坏计划生育的违法犯罪活动。今后凡发现非法胎儿性别鉴定或选择性别终止妊娠手术的，一经查实，除按相关法律法规进行经济处罚外，还将一律开除公职、取消执业医师资格。情节特别严重的，将依法追究法律责任，单位法人撤职；单位属地党政主要领导和分管领导给予党、政纪处分，并实行一票否决。李豆罗出席并讲话，蔡社宝、戴和旺出席。

同日 全市依法管理宗教事务专项工作会议在市委第一会议室召开。会议指出，要正确认识当前宗教工作的形势，把思想统一到中央和省委的决策和部署上来，努力增强做好宗教工作的责任感和紧迫感；要切实加强对宗教工作的领导，着力解决宗教领域的重点和难点问题，全面完成依法管理宗教事务专项工作的各项任务。史蓉蓉出席并讲话，雷武江就全市依法管理宗教事务专项工作进行部署，凌学仁出席。

21日 “小平小道”全国征联大赛颁奖大会在新建县举行。“小平小道”全国征联大赛活动共收到来自海内外应征作品2万余幅。经过评审，共评出一、二、三等奖26名，优秀奖74名。李豆罗和中国楹联学会会长孟繁锦出席并讲话，史蓉蓉主持。省委宣传部副部长、省文联党组书记俞向党，蔡社宝出席。

22日 邓小平铜像揭幕暨小平小道纪念馆竣工仪式在邓小平曾经工作生活过的新建县原拖拉机修配厂举行。省领导孟建柱、黄智权为邓小平铜像揭幕并代表省委、省政府敬献花篮。余欣荣主持，李豆罗介绍小平小道纪念馆规划建设情况。南昌陆军学院院长陈东祥、政委颜晓宁等出席。

邓小平铜像揭幕暨小平小道纪念馆竣工仪式举行

23日 以深圳方大集团股份有限公司董事长、总裁熊建明为团长的粤港知名企业家考察团在南昌市考察。其中5家企业与南昌市部分县区签订集装箱生产配送等7个项目投资意向协议。余欣荣出席签约仪式并致辞，梁小康主持，李豆罗、黄春平出席。

同日 由南昌晚报倡议发起的“10元钱为贫困生编织梦想”募捐助学活动助学款发放仪式在南昌日报社会议室举行。余欣荣、蔡社宝、罗慧芬出席。

24日 市委常委会议在市委六楼常委会议室召开。会议听取红谷滩新区管委会关于《贯彻落实“抓重点、上功能、出形象”方针，进一步加快红谷滩新区开发建设》的汇报；审议并原则同意市政府党组报送的《关于审定建设现代制造业重要基地加快工业发展若干政策措施的请示》《关于审定加强规范、稳步推进市属国有（集体）企业改制工作的意见的请示》《关于审定进一步加快南昌市属国有（集体）工业企业改革若干政策措施的请示》，市总工会报送的《关于召开南昌市劳模表彰大会的请示》《关于南昌市劳动模范评选表彰大会筹备委员会及办公室组成人员建议名单的请示》意见，市委宣传部报送的《关于召开市委对外宣传工作会议暨第二届新闻发言人培训班的请示》《关于调整市委对外宣传工作领导小组成员的请示》意见、《关于健全和完善新闻发布工作的通知》的请示意见 ；审议并同意市委宣传部报送的《关于表彰全市“十大文明之星”的请示》意见和代市委、市政府草拟的《关于表彰“十大文明之星”的决定》的请示意见，市人民检察院党组报送的《关于成立南昌市预防职务犯罪协调小组的请示》，市编办报送的《关于市公路局三定方案的审核意见》；研究有关人事问题。余欣荣主持。

同日 位于南昌高新区内的浙江大学科技

园（江西）创业大厦开工建设。此次动工建设的创业大厦是科技园内的标志性建筑。其建筑面积约4.1万平方米，总投资8000万元，被列为2004年全省重点建设项目。省市领导胡振鹏、李豆罗等出席。

25日　市委、市政府发出贺电，对彭勃获得奥运金牌表示祝贺与慰问。北京时间凌晨3点54分，南昌市奥运选手彭勃在第28届雅典奥运会男子跳水三米板比赛中，以787.38分的成绩夺得冠军，为中国代表团赢得本届奥运会第24枚金牌。同时也成为南昌市继许艳梅之后的又一位奥运冠军。

同日　红谷滩新区入驻项目签约授牌仪式在市委第一会议室举行。中国人民大学附属中学南昌实验学校等29个生活配套项目与红谷滩新区管委会签订协议正式进入新区，同时，江西师大附中教育集团红谷中学等5所入驻学校也正式授牌。余欣荣出席签约授牌仪式并讲话，卢晓健主持，李豆罗、熊焕高、陈守朴等出席。

26日　江西省首届机关运动会南昌市代表团出征动员大会在市政府小礼堂召开。南昌市180余名参赛选手将参加乒乓球、羽毛球、网球等10个项目的比赛。史蓉蓉宣读南昌市体育代表团组成人员名单，张国华、罗慧芬出席。

27日　市十二届人大常委会第五十八次主任会议在市人大常委会机关三楼会议室召开。会议听取市政府关于全市最低社会保障金发放情况的汇报，市人大常委会法工委关于对《南昌市城镇国有土地使用权出让和转让办法》进行立法反馈情况的汇报、关于5年立法规划完成情况和2004年立法计划调整意见及2005年立法项目征集情况的汇报，市人大财经委关于全市工业园区立法调研情况的汇报，市人大常委会内司委关于考察南昌市道路交通管理情况的汇报（书面）；讨论市人大常委会《关于开展义务教育法实施情况检查的方案（草）》《南昌市人民防空设施管理若干规定（草案）》《南昌经济技术开发区条例（草案）》《南昌市人大常委会监督工作规程（草案）》。熊焕高主持，姜任保、孔炯等出席。

28日　南昌县小蓝工业园48家入园企业开工仪式举行。这次同时开工的48家企业总投资额达29.88亿元，全部投产后可实现年新增产值50亿元，提供就业岗位1.3万个。余欣荣、李豆罗等出席。

南昌县小蓝工业园48家入园企业同时开工

同日　全市“十大文明之星”表彰暨“做文明南昌人”电视直播大会在省体育馆举行。会议表彰魏木金等10名“十大文明之星”。余欣荣出席并讲话，史蓉蓉宣读《市委、市政府关于表彰南昌市“十大文明之星”的决定》。会上，“十大文明之星”代表向全市人民发出“做文明南昌人”的倡议。王样生、马承祖等出席。

29日　全市“五车”整治长效管理动员暨扶残助残先进个人表彰大会在市政府小礼堂召开。全市862名扶残助残先进个人受到表彰；各县区、市直各单位负责人分别签订《“五车”整治长效管理责任状》。李豆罗出席并讲话，卢晓健、罗为民、孔炯出席。

30日　由市委宣传部、市慈善总会、团市委、市妇联、市工商联和南昌日报社共同主办的“希望工程助学进城计划”暨“希望之星行动”启动仪式在市委第一会议室举行。此次行动通过企业认捐、社会互助等方式共筹集资金230万元用于解决全市失学农民工子女和贫困大学新生就学问题。余欣荣出席并讲话，史蓉蓉、雷武江、蔡社宝等出席。

31日 市第十二届人大常委会第二十八次会议在市人大一楼会议室召开。会期2天。会议听取和审议市政府关于2004年上半年国民经济和社会发展计划执行情况的汇报，市政府关于2003年市本级财政决算报告和2004年上半年财政预算执行情况的汇报，市政府关于2003年度南昌市市本级预算执行和其他财政收支的审计工作报告；审议《南昌市人民防空设施管理若干规定（草案）》《南昌市经济技术开发区条例（草案）》，有关人事任免议案；审议并表决通过《南昌市人民代表大会常务委员会关于批准2003年市本级财政决算的决议》和《南昌市人大常委会监督工作规程》。熊焕高、孔炯分别主持。肖永政、余根水、熊全柏、姚燕平和万加良及常委会组成人员出席。

同日 南昌市政府获“全国推进再就业先进单位”称号；南昌市洪都农村信用合作社联合社获“全国推动再就业工作金融先进单位”称号；南昌市佳洁物业实业公司获“全国推动再就业先进企业”称号。

2004 9月 September

公元2004年9月 农历甲申年【猴】													
日	一	二	三	四	五	六	日	一	二	三	四	五	六
			1 十七	2 十八	3 十九	4 二十	5 廿一	6 廿二	7 白露	8 廿四	9 廿五	10 教师节	11 廿七
12 廿八	13 廿九	14 初一	15 初二	16 初三	17 初四	18 初五	19 初六	20 初七	21 初八	22 初九	23 秋分	24 十一	25 十二
26 十三	27 十四	28 中秋节	29 十六	30 十七									

1日 “南昌市十佳文明建筑工地”评选揭晓。李豆罗、罗为民及省市有关部门负责人为高能•金域名都、南昌日报社报业大厦等“十佳”颁奖。

1—3日 第四届世界科技城市联盟（WTA）大会在瑞典乌普莎拉市召开。南昌市正式成为WTA会员城市。WTA成立于1998年，它是一个为促进科技交流与科技成果转让，推动高新技术产业和经济发展的国际性的城市合作组织。

2日 红谷滩新区发展现场办公会在市委第一会议室召开。会议听取红谷滩新区开发建设情况的汇报，围绕如何解决新区发展中面临的问题进行讨论。余欣荣主持并讲话，李豆罗、龚建华、雷武江出席。

5日 全市领导干部人口法制理论报告会在红谷滩会展中心举行。南京人口管理学院学术委员会主任、南京航空航天大学特聘博士生导师陶勃教授应邀主讲。熊焕高、蔡社宝、卢晓健等出席。

6日 全省第一个“中小学弘扬和培育民族精神月”活动启动仪式在南昌八一起义纪念馆举行。南昌市八一中学、瑞金市第一中学、井冈山小学、上饶茅家岭中心小学、安源中学全体学生向全省中小学生发出倡议，希望大家把民族精神作为自己学习进步的力量源泉和精神动力，使民族精神在新时期闪耀出时代的光芒。省市领导傅克诚、余欣荣、蔡社宝、黄春平出席。

同日 市直机关“歌颂伟大祖国，歌唱美好南昌”——市“商行杯”大型群众歌咏合唱节比赛在红谷滩会展中心举行。此次合唱节活动是全市“树立科学发展观，建设美好新江西，做大做强兴南昌”主题教育活动的一项重要内容。17日，合唱节在红谷滩会展中心结束。经过决赛，共评出一等奖2名、二等奖5名、三等奖9名、优秀奖16名、特别奖2名。李豆罗、龚建华、熊焕高、陈守朴等分别参加市直有关部门的比赛。

同日 文明南昌行动委员会全体会议在市委第一会议室召开。会议总结2004年1—8月文明南昌行动主要工作，通报37条景观道路、城市绿化、招商引资、“平安南昌”等工作进展情况，部署下一步重点工作。余欣荣出席并讲话，王样生、马承祖等出席。

8日 市政协第十一届委员会第二十一次主席会议在市政协主席会议室召开。会议审议市政协第十一届委员会第十七次常委会议有关内容；审议修改《树立科学发展观，走新型工业化路子，加快建设现代制造业重要基地》调研报告；贯彻落实省政协宣传工作会议精神；研究市委提出的《对我市百年老房现状的调研》课题等事宜。陈守朴主持，雷武江、吴延林、钟乐初等出席。

同日 市政府发出《转发江西省人民政府〈关于公布调整后的江西省最低工资标准及其适用区域的通知〉的通知》，公布南昌市一类区域（东湖区、西湖区、青云谱区、青山湖区、湾里区）最低工资标准为360元／月，3.6元／小时；南昌市二类区域（南昌县、新建县）为330元／月，3.3元／小时；南昌市三类区域（进贤县、安义县）为300元／月，3.0元／小时。

9日 全市庆祝第20个教师节大会在红谷滩会展中心召开。会议指出，事业兴旺、教育为本，要在全社会进一步弘扬尊重知识、尊重人才、尊重教师、尊重教育的良好风尚。余欣荣出席并讲话，蔡社宝主持，李豆罗、姚燕平、钟乐初出席。

10日 全市宣传思想工作座谈会在市委宣传部会议室召开。会议总结交流前8个月的工作，部署后4个月的任务。会议指出，各部门、各责任单位要在组织重大活动上做足细功夫，精心策划，认真扎实地做好“金秋金贸月”等大型活动的组织宣传工作；要在文艺创作上力求突破、多出精品；要在宣传推介上下功夫，按照“高举旗帜、保持一致、围绕中心、服务大局、维护稳定、促进发展、守土有责、把握好度”的32字方针，坚持“三贴近”的原则，加强新闻宣传管理；要继续加大向中央报台的上稿力度，提高上稿率和上稿质量；要在未成年人思想道德建设上努力寻求创新，建立起覆盖学校、家庭、社会“三位一体”的思想道德教育网络。蔡社宝主持并讲话。

13日 市委、市政府在红谷滩会展中心举行表彰大会。授予彭勃南昌市劳动模范称号和南昌市“五一劳动奖章”，并奖励彭勃10万元和05款陆风汽车1辆；奖励彭勃的现任国家队教练刘恒林10万元；为市体育运动学校记集体二等功，并奖励10万元。余欣荣出席并讲话，龚建华主持，王样生、马承祖、熊焕高等出席。

14日 全市工业表彰大会在红谷滩会展中心召开。市委、市政府对南昌工业企业销售20强、纳税20强、出口创汇10强进行表彰，对清华泰豪等8家重点企业进行重点企业奖励政策兑现，对南昌县政府等8家单位进行工业目标管理考核奖励兑现；会议推出《关于大力实施建设现代制造业重要基地核心战略，加快工业发展的若干政策措施》。余欣荣出席并讲话。龚建华宣读表彰决定，黄春平宣读政策措施。周关主持，李豆罗、孔炯、王水苟等出席。

同日 市委、市政府发出《关于加强和改进未成年人思想道德建设的主要措施》，要求认清形势，统一思想，把加强和改进未成年人思想道德建设作为战略任务抓紧抓好；抓住重点，改进提高，充分发挥学校思想道德教育主渠道作用；加强管理，加大投入，为未成年人健康成长建设一大批教育活动场所；统筹协调，整合力量，构建学校、社区、家庭“三位一体”的未成年人思想道德教育网络；齐抓共管，形成合力，营造未成年人全面发展的社会环境；

加强领导，扎实工作，把加强和改进未成年人思想道德建设工作落到实处。

15日 余欣荣在市委办公楼六楼会见厅会见印度玛汉爵公司执行董事兼农机部总裁达瓦西尔一行。凌学仁，市长助理周明会见时在座。

同日 首届泛珠三角省会城市（广州、南昌、长沙、南宁、海口、成都、昆明、贵阳、福州）市长论坛在广州开幕。论坛围绕“省会城市和港澳在泛珠三角区域合作和发展中充分发挥带动和辐射功能”的主题，共同探讨和谋划地区间的合作与发展。李豆罗率南昌市代表团参加。17日，李豆罗在论坛发言，结合南昌的特点，从人文、地理、交通等方面，介绍南昌在泛珠三角区域合作中所具备的优势。

同日 2004年中国·南昌第三届金秋经贸月活动组委会新闻发布会在市政府小礼堂举行。此次金秋经贸月活动围绕经贸、文化、旅游三大板块推出19个精品活动项目（其中包含7个招商项目、5个展销项目、7个旅游项目），以打造现代制造业重要基地为核心，以招商引资为主线，以经贸、文化、旅游活动为载体，全力构架承接沿海产业梯度转移、展示展销现代产业、拉动旅游文化消费的重要平台，力争将活动月打造成一个在国际国内有较大影响的集聚人流、物流、资金流、信息流的大型经贸文化节日，成为“城市名片、企业盛会、招商平台、市民节日”。举办时间为9月23—10月23日。龚建华出席并回答记者提问。

16日 2004年广州博览会开幕式在广州国际会展中心举行。南昌市共签订3个合作项目，引资总额达5000万美元。李豆罗出席。

18日 2004年昌台经贸合作投资项目推介会在庐山西湖宾馆举行。南昌市共签订项目13个，引资1.15亿美元。项目涉及微电子制造、片式元器件生产、电子器材及可视电话以及旅游商贸、大型购物广场等领域。省领导吴新雄出席，余欣荣出席并讲话。李豆罗主持。龚建华就现代制造业、现代服务业、现代农业、城市建设以及社会事业五大产业板块的发展商机进行重点推介。省政府副秘书长谭小林，省委台办主任崔琳，雷武江、黄春平等出席。

2004年昌台经贸合作投资项目推介会举行

20日 全市纪念人民代表大会成立50周年暨全市人大工作会议在红谷滩会展中心召开。余欣荣出席并讲话，史蓉蓉主持，李豆罗、熊焕高、王样生等出席。

同日 全市落实科学发展观调研成果交流会在市委第一会议室召开。此次调研活动历时32天，涉及25个课题，由各有关部门和单位主要领导担任调研组组长。余欣荣出席并讲话，史蓉蓉、龚建华、蔡社宝出席。

22日 全市“庆祝建国55周年，纪念红军长征70周年”大型群众歌咏合唱汇报演出晚会在红谷滩会展中心举行。市委办公厅联队、市政府办公厅联队等10支合唱队参加汇报演出。此次大型群众歌咏合唱活动历时两个多月，有253个代表队共计2万余人参加比赛。这是南昌市有史以来合唱比赛时间最长、参与人数最多、规模阵容最大、影响力最广的一次群众性合唱比赛。市委、市人大常委会、市政府、市政协领导班子成员，各县区、各部门、各单位负责人和干部职工参加排练和比赛；老红军、老干部，在南昌投资和生活工作的外国友人也参与排练和比赛。余欣荣、李豆罗、王样生等出席并为获奖单位颁奖。

同日 由北京国美电器有限公司投资经营的江西鹏润国美电器有限公司在南昌成立，标志着国内最大的家电销售企业“国美电器”正式进入南昌市场。李豆罗出席成立仪式并讲话，刘刚、凌学仁为企业揭牌。

同日 南昌县经贸项目签约仪式在富豪大酒店举行。共签订合作项目32个，投资总额达54.67亿元，投资领域涉及生物、食品、制药、制衣、机电、环保等行业。龚建华出席并致辞，马承祖、肖永政、余根水等出席。

23日 2004年中国南昌第三届金秋经贸活动月开幕式在红谷滩中心广场举行。余欣荣出席并讲话，李豆罗主持并致欢迎词。省政协副主席、省委统战部部长王林森，中央统战部三局副局长、中华海外联谊会副秘书长郭华，省委统战部副部长黎细保，王样生、马承祖、龚建华等，来自法国、马其顿、日本等8个国家的驻华使节官员和驻华商务机构代表及来自海内外的客商代表出席。开幕式后，在红谷滩会展中心举行外商经贸合作洽谈会。南昌市签订19个合作项目，投资领域涉及高压电缆生产、拖拉机制造、酒店管理等行业，签约资金总额达3.35亿美元。

2004年中国南昌第三届金秋经贸活动月开幕式举行

同日 2004年中国南昌第三届金秋经贸活动月——城建招商推介会在南昌瑞都大酒店举行。签订合同项目1个，协议项目3个。罗为民、孔炯及135位海内外客商出席。

24日 全市市辖老城区行政区划调整工作会议在红谷滩会展中心召开。会议就全市区划调整工作进行全面部署和动员。整个区划调整工作时间为9月25—10月15日。会议指出，市辖老城区行政区划调整工作，是全市进一步促进全市经济和社会快速、健康、持续发展的重大举措，必须进一步统一思想认识，真心实意、表里如一地贯彻落实好国家及省市的有关决策精神，将这项工作作为当前的一项主要工作来抓，精心组织实施，妥善处理问题。余欣荣出席并讲话，王样生主持，马承祖、龚建华、南昌警备区参谋长谢光忠，市中级人民法院院长江涛，市人民检察院检察长沙闻麟出席，市辖老城区行政区划调整工作领导小组成员，东湖区、西湖区、青云谱区、青山湖区四套领导班子成员等参加。

同日 市政府发出《关于市辖老城区行政区划调整的决定》，将西湖区朝阳洲街道的西船居委会，青山湖区塘山镇的永和、公园等6个村划归东湖区管辖；将青山湖区桃花镇和湖坊镇的同盟村划归西湖区管辖；将西湖区十字街街道的谷市街、洪城路等5个居委会，上海路街道的草珊瑚集团、南昌肠衣厂等12个居委会，南站街道的解放西路东居委会，青山湖区湖坊镇的楞上、太和、热心3个村划归青云谱区管辖；将东湖区彭家桥街道的高新等11个居委会，青山路街道的潘坊、电化等7个居委会，西湖区上海路街道轻化所、洪钢等28个居委会，西湖区丁公路街道的新魏路、半边街等9个居委会，南站街道的工人新村北、工人新村南等7个居委会划归青山湖区管辖。

25日 中国·南昌第三届绳金塔庙会暨文庙落成典礼在绳金塔公园举行。李豆罗出席并讲话。

26日 2004年中国（南昌）前进医药发

展论坛暨招商项目推介会开幕式在滨江宾馆举行。全国人大常委会副委员长、农工党中央主席蒋正华宣布论坛暨招商项目推介会开幕。余欣荣出席并致辞。省人大常委会副主任、农工党江西省委会主委万学文主持。农工党中央副主席、广东省人大常委会副主任王宁生，国家中医药管理局副局长于文明，中国工程院院士刘耕陶，省市领导王林森、李豆罗、史蓉蓉等出席。开幕式后，论坛暨招商项目推介在红谷滩会展中心举行。李豆罗介绍南昌市经济、社会发展综合情况，龚建华作南昌市做强做大医药产业战略报告。梁小康主持，雷武江、孔炯、王水苟出席。

同日 庆祝人民政协成立55周年座谈会在市委第一会议室举行。余欣荣讲话指出，市政协要坚持以邓小平理论和“三个代表”重要思想为指导，高举团结民主的旗帜，自觉服务于市委、市政府工作大局，并切实加强自身建设，不断提高政治协商、民主监督、参政议政的水平，为南昌做好“两篇文章”和实现率先崛起做出更大贡献。史蓉蓉主持，陈守朴出席并讲话，雷武江、姚燕平、罗慧芬等出席。

同日 2004年梅岭—滕王阁旅游文化艺术节开幕式在滕王阁举行。龚建华、孔炯、凌学仁、钟乐初出席。

28日 2004年中国·南昌首届制造业博览会新闻发布会在市政府小礼堂举行。龚建华出席并回答记者提问，周关通报首届制造业博览会有关情况。

29日 南昌市“0112”工程、徐坊客运站、第二轮百路大会战、北京东路综合改造暨城东路网建设、青山湖污水处理厂一期工程等五大重点工程竣工典礼举行。省市领导余欣荣、全文甫、王样生等出席。

同日 全市领导干部会议在红谷滩会展中心召开。会议强调，全市各级党组织和广大党员领导干部要认真学习、深刻领会中共十六届四中全会精神和省委十一届七次全会精神，把思想和行动统一到中央和省委全会的精神上来，并以此为新的动力，不断提高执政能力和领导水平，团结和带领全市人民全力以赴做好“两篇文章”，为早日实现南昌率先崛起的宏伟目标而不懈奋斗。余欣荣出席并讲话，李豆罗传达中共十六届四中全会精神和省委十一届七次全会精神，王样生、史蓉蓉等出席。

30日 八一广场改造工程竣工暨新八一广场开放仪式在八一南昌起义纪念塔下举行。省领导孟建柱、吴新雄、余欣荣等出席。

是月 《泛珠三角区域省会城市合作协议》（以下简称“协议”）在广州签订。协议签订后，泛珠三角省会城市将在信息、交通、经贸与物流、产业与投资、金融、旅游等服务业、科教文卫、人力资源开发与管理等领域进行广泛合作。

2004

10月

October

公元2004年10月 农历甲申年【猴】													
日	一	二	三	四	五	六	日	一	二	三	四	五	六
					1 国庆节	**2** 十九	**3** 二十	**4** 廿一	**5** 廿二	**6** 廿三	**7** 廿四	**8** 寒露	**9** 廿六
10 廿七	**11** 廿八	**12** 廿九	**13** 三十	**14** 初一	**15** 初二	**16** 初三	**17** 初四	**18** 初五	**19** 初六	**20** 初七	**21** 初八	**22** 重阳节	**23** 霜降
24 十一	**25** 十二	**26** 十三	**27** 十四	**28** 十五	**29** 十六	**30** 十七	**31** 十八						

1日 省市领导孟建柱、黄智权、余欣荣、王梓生、史蓉蓉、龚建华等分别参加在人民公园主会场及八一公园、绳金塔公园、青山湖体育公园、象湖公园分会场举行的游园活动并观看文艺演出。

7日 全市开放型经济暨园区发展调度会在市委第一会议室召开。会议通报1—9月全市招商引资及出口创汇情况，部署做好2004年各项收尾工作。会议强调，对于2004年要做的各项工作，必须进行认真对照检查，主动发现没有解决的问题，并积极采取措施加以完善；对于2005年的发展，要组织力量研究对策，针对如何引进世界500强、国内200强企业以及其他项目制定详细的计划，力争做到2005年的工作早安排、早见效；要强服务、谋长远，在发展开放型经济和加快工业园区建设的过程中，注重金融、人才、物流等服务体系的建设，提升南昌整个城市的开放功能和水平。余欣荣出席并讲话，李豆罗、卢晓健、孔炯等出席。

全市开放型经济暨园区发展调度会召开

同日 江西桑海经济技术开发区召开中层以上干部大会，宣布市委、市政府关于对江西桑海经济技术开发区管理体制进行调整的决定。江西桑海经济技术开发区与桑海集团正式实行区企分离，组建新的开发区管委会领导班子。余欣荣出席并讲话，强调开发区要为企业发展提供优质服务，尽快按照开发区本身的模式投入运作，特别是要按照高起点规划、高标准设计、高质量建设、高效率管理、高效益经营的原则，一手抓好工业园区和城市建设，一手扩大招商引资领域，让更多的企业前来发展，使新祺周在不久的将来率先成为一个经济繁荣、人气兴旺、产业齐全的新城市组团和工业发展新区。史蓉蓉宣读市委、市政府决定，龚建华主持。

8日 江西省皮肤病专科医院新门诊大楼落成仪式举行。李豆罗为该楼落成揭牌，孔炯、罗慧芬、钟乐初、曹连甲出席。

10日 首届南昌制造业博览会在江西省展览中心开幕。余欣荣宣布博览会开幕，李豆罗致辞，龚建华主持。省政府副秘书长朱希，省经贸委主任虞中一，王样生、马承祖等出席开幕式并参观展览。开幕式后，300余位海内外制造业企业代表到江西饭店参加南昌制造业投资贸易洽谈会。余欣荣出席并致辞，李豆罗主持，周关介绍南昌制造业的有关情况。江铃汽车集团南昌齿轮有限公司、洪都航空工业集团、泰豪科技股份有限公司、江西联创光电科技股份有限公司、江西丰电三维电气有限公司、南昌化工原料厂分别作项目推介。马承祖、龚建华等出席。

首届南昌制造业博览会开幕式举行

同日 首届南昌制造业博览会记者见面会召开。余欣荣、李豆罗、龚建华、周关分别向众媒体记者介绍南昌发展制造业相关情况，并就记者关心的问题回答提问。蔡社宝主持。来自新华社、人民日报社、中央电视台、经济日报社、解放日报社、广州电视台、南京电视台等16家中央及外省市媒体记者参加。

12日 文明南昌行动委员会调度会召开。会议通报全市近期各项创卫工作的进展情况，部署下一阶段工作。李豆罗主持并指出，下一阶段在创建“国家卫生城市”方面，要抓好“三大项”（人、车、道），“三专项”（建筑工地、集贸市场、“六小”行业），“三难点”（垃圾、污水、噪声），“一重点”（除“四害”）的整治，加强创卫宣传工作，继续巩固成果、扩大战果，牢牢抓住“为民办实事”这个着力点，以好的市容市貌、好的精神面貌、好的主人翁姿态，把创卫工作继续深入地开展下去，走出一条具有南昌特色的创卫之路。全国爱卫会专家陈思湖对南昌的创卫工作提出指导性意见。罗为民、孔炯、罗慧芬、凌学仁、钟乐初，市创建指挥部副总指挥徐兆麟和市直各部门、各城区负责人出席。

同日 全市第二家博士后科研工作站——南昌先锋软件股份有限公司博士后科研工作站在先锋软件学院挂牌成立。省长助理熊盛文，省人事厅厅长揭赣元，龚建华出席揭牌仪式。

同日 首届南昌制造业博览会亚啤之夜啤酒狂欢节在红谷滩秋水广场举行。王样生、张国华、刘刚等出席并观看文艺演出。

13日 全市冬季征兵工作会议在南昌警备区召开。会议总结2003年冬季征兵工作情况，部署2004年冬季征兵工作任务，表彰2003年度先进单位。会议指出，各级相关职能部门要加大宣传力度，广泛开展征兵宣传教育，大力宣传爱国主义精神和国防兵役法规，宣传征兵工作中的先进事迹，为做好征兵工作营造“一人参军全家光荣”的良好社会氛围；要从源头上把好兵员的质量关，按照“无责任退兵、无违纪问题、兵员质量高”的目标和要求，高标准高质量完成2004年冬季征兵任务。李豆罗出席并讲话，卢晓健，南昌警备区司令员李贤水、参谋长谢光忠、政治部主任刘希文出席。

14日 省市领导孟建柱、余欣荣、龚建华、周关在滨江宾馆分别会见专程到南昌考察投资的土耳其KOC集团首席执行官布兰德·奥塞丁力一行。孟建柱指出，作为江西的省会城市，南昌正处在加速发展的最好时期。在这样一个迅速上升的阶段，肯定孕育着巨大的市场需求。加上江西拥有4200万的人口，汽车消费市场才刚刚起步，所以KOC集团选择南昌，就是选择了市场，而且还选择了低成本和高回报。余欣荣表示，顺应经济全球化和中国沿海产业“退沿进中”的趋势，南昌正通过大力实施大开放主战略，全力以赴打造现代制造业重要基地。南昌市委、市政府将全力支持KOC集团在南昌的发展以及与南昌本土企业的合作，帮助企业在南昌投资取得更大的成功。

同日 世界500强之一的ABB公司与清华泰豪科技股份有限公司签订销售合作协议，决定由泰豪公司全权负责ABB发电机产品在中国境内的所有销售。省市领导余欣荣、孙刚、龚建华，ABB公司副总裁Juha Silvenoien等出席签约仪式。

同日 经报国务院批准，南昌市东湖、西湖、青云谱、青山湖4个市辖老城区行政区划调整交接仪式在市政府小礼堂举行，所涉城区对新调整的区域正式行使行政管辖权。李豆罗出席交接仪式，余根水、市中级人民法院院长江涛及市辖老城区行政区划调整工作领导小组成员、所涉4城区负责人出席交接仪式。

15日 落户于南昌经济技术开发区的晶湛科技首期微电子封装检测中心投产仪式举行。余欣荣出席并为该微电子封装检测中心揭牌。余欣荣讲话指出，南昌必须始终抓住发展这个执政兴国的第一要务和大开放这个加快南昌发展的第一要务，紧紧抓住科学技术这个第一生产力，倾注更大的热情、提供更优的服务、实施更好的措施，推动科技型产业在南昌的发展，全面实现科技兴市。省台办主任崔琳，龚建华、熊焕高等出席。

同日 全市“投资环境、作风行风”评议评价工作动员大会在市政府小礼堂召开。会议指出，投资环境、作风行风的好坏事关南昌经济的发展、事关社会进步、事关南昌能否率先崛起，只有环境好了、作风好了、行风好了，才能使南昌成为外商投资的热土、经济发展的沃土。李豆罗出席并讲话，马承祖主持并就“双评”工作进行部署。市“双评”工作领导小组成员、各县区长、纪委书记和全市90个参评单位主要负责人出席。

16日 2004年世界粮食日中国宣传周、中国（南昌）稻米交易会暨论坛在滨江宾馆开幕。省领导黄智权宣布交易会暨论坛开幕，国家粮食局局长聂振邦致辞。国家粮食局副局长张桂凤主持。省市领导危朝安、雍忠诚、李豆罗等3000余人出席开幕式。17日，中国(南昌)稻米交易会闭幕。南昌市共成交稻米6750吨，交易额达1110万元。

同日 2004年首届南昌服饰节暨中国品牌服饰（南昌）博览会在省展览中心开幕。该届服饰节是南昌市乃至全省迄今为止规模最大、品种最全、层次最高的服装会展。李豆罗宣布开幕，孔炯、凌学仁、王水苟出席。

17日 中共中央政治局常委、国家副主席曾庆红在南昌市考察江西鸿源数显科技有限公司、南昌大学红角洲新校园、南昌晶湛科技公司及红谷滩秋水广场。中央组织部副部长王东明、中央政策研究室副主任何毅亭随同考察。省市领导孟建柱、黄智权、王君、董君舒、陈达恒、余欣荣等陪同。

18日 由市委政研室、江铃集团公司、市国税局联合主办的“工业·国税·发展”论坛在红谷滩会展中心举行。与会专家、学者、企业家和国税干部围绕如何营造良好投资环境，如何更好地运用税收杠杆支持工业经济迅速做强做大进行探讨。周关介绍南昌市工业发展的现状和前景。

19日 法国泰耐克(南昌)工业园、诚业(南昌）印染有限公司一期工程、矽谷学人科技产业园、江西一元数码科技有限公司、浙大网新软件园、江西省多媒体产业园项目开工仪式在高新区举行。余欣荣、李豆罗出席并讲话，黄春平主持，龚建华、熊焕高等出席。

同日 2004年中国·南昌旅游产业发展论坛在江西宾馆举行。余欣荣讲话指出，各级政府和旅游部门必须充分认识南昌旅游业当前面临的机遇和挑战，牢固确立市场经济和开放的理念，通过产权制度的改革以及旅游个性化资源的深度挖掘，建立一个政府引导、市场运作、规范管理的旅游发展新格局。凌学仁，省旅游局副局长郭惠芳出席。

20日 滕王阁前的榕门路及仿古街、绳金塔周边商业街、进贤县文港笔都街3条楹联文化街分别举行开街仪式。在榕门路楹联文化街开街仪式上，余欣荣指出，南昌是全国省会城市中第一个被授予“中国楹联文化城市”称号的城市，这是南昌市精神文明建设领域中取得的又一成绩。李豆罗，中国楹联学会副会长蒋有泉出席并讲话。熊焕高、蔡社宝、姚燕平等分别出席开街仪式。

21日 2004年海峡两岸台商投资（南昌）论坛系列活动开幕式在红谷滩中心广场举行。全国台联副会长陈贵州致开幕词。余欣荣出席并指出，希望通过这次活动，使各位嘉宾、各位朋友更好地认识南昌，把握商机；南昌也将进一步落实投资环境的“四最”要求，竭诚为投资者创造更加优良的发展环境，使南昌成为投资成本的盆地、投资服务的高地、投资回报的福地。中央统战部三局副局长傅铁生，国台办经济局副局长唐怡，全国台联原副会长苏民生，全国台联机关党委副书记蔡宁，特邀海峡两岸知名学者和部分重点客商，省领导黄智权、吴新雄等出席。

同日 2004年海峡两岸台商投资（南昌）论坛在红谷滩会展中心举行。来自海峡两岸的著名经济专家和学者，结合当前世界经济形势的变化及南昌经济发展的实际，就如何推动南昌发展作专题演讲。余欣荣指出，经济全球化有力推动海峡两岸产业的变迁。南昌在海峡两岸的产业变迁和转移中，具有得天时、占地利、具人和的优势。但是在全方位开放的过程中，南昌必须采取更加务实的措施，使优势更优、劣势变优、优劣互动，为一切有意投资南昌、创业南昌的人士创造更多成就大业的机会。特邀的海峡两岸知名学者和部分重点客商，龚建华、熊焕高、陈守朴等1000余人出席。

同日 2004年海峡两岸经贸合作（南昌）推介会在红谷滩会展中心举行。南昌市共签订18个项目，总投资额达4.16亿美元。龚建华出席并致辞，梁小康推介现代制造业、商贸流通业、农业、城市建设和科教文卫5大领域项目。蔡社宝主持，余欣荣及全国台联副会长陈贵州等400余人出席。

同日 洪都航空工业股份有限公司与洪都MD直升机有限公司合作生产的首架MD600N直升机总装完成仪式举行。这是中国首架中外合作生产的民用直升机。该机最大外挂重量1361公斤，最大允许速度282公里／小时，最大巡航速度248公里／小时，最大飞行高度6100米，航程703公里，续航时间约4小时。省市领导吴新雄、周关及荷兰RDM集团高层代表出席。

22日 2004年“军山湖杯”第三届鄱阳湖螃蟹节在进贤县新区开幕，“军山湖”牌清水大闸蟹首次印上激光防伪标识上市。李豆罗宣布开幕并为夺得蟹王、蟹后的螃蟹养殖户颁奖，省农业厅厅长毛惠忠，肖永政、王水苟出席。

23日 2004年中国南昌第三届金秋经贸月活动闭幕式暨“中华情·激情南昌”大型演唱会在八一体育场举行。该届金秋经贸月共举办19个大型经贸文化活动，参与人数350万人次，到南昌客商近万人，其中重要客商3100人。签约项目171个，引资额157亿元。其中，外资项目73个，引资额10.78亿美元；内资项目98个，引资额68.26亿元；超千万美元项目39个，超亿元内资项目11个。李豆罗宣布金秋经贸月活动闭幕并作总结讲话。龚建华主持。省市领导余欣荣、彭崑生、金异、王样生等出席。在南昌的部分客商、市人大代表、市政协委员、劳动模范、优秀共产党员、优秀公仆、优秀共青团干、部分“三八红旗手”和巾帼建功标兵、驻军代表、优秀干警代表、优秀城管代表及各界群众1.8万余人参加。

同日 青山湖污水处理厂一期工程正式投产运营。龚建华出席投产运营典礼并讲话。青山湖污水处理厂是全省最大的一座污水处理厂，也是全市第一个与外商合作的BOT项目。罗为民、曹连甲，德国柏林市副市长沃尔夫出席。

25日 由洪都航空工业集团有限公司与日本中尾金属工业株式会社共同出资组建的南昌洪都中达实业有限责任公司开业仪式举行。该公司是南昌市产业配套的重点项目，坐落在洪都集团生产区内，厂房占地面积1万余平方米。公司下设冲压、喷涂两个分厂，主要生产家用空调外机冲压件、喷塑件，年生产能力冲压件300万套，喷塑件600万套。李豆罗出席并宣布开业，日本大阪商工会议所会长中尾良和出席。

同日 中国（南昌）首届楹联文化艺术节协调会在市政府小礼堂召开。李豆罗出席并讲话，蔡社宝主持。

26日 全市庆祝环卫工人节暨表彰大会召开。大会表彰一批在城市市容保洁中做出突出贡献的“城市美容师”“市容环境卫生先进集体”“环卫工作先进个人”“优秀市容质检督察员”。李豆罗出席并讲话，曹连甲出席。

28日 全市2005年度党报党刊发行工作会在市委第一会议室召开。会议传达2005年度全省党报党刊发行工作会议精神，总结全市2004年度工作，并对2005年度党报党刊发行工作进行动员部署。余欣荣对全市2005年度党报党刊发行工作做出批示。史蓉蓉出席并讲话，蔡社宝主持。

同日 国债建设项目——南昌市疾病预防控制中心、南昌紧急救援中心开工仪式举行。史蓉蓉出席并讲话，卢晓健、姚燕平、钟乐初出席。

28—29日 市十二届人大常委会第二十九次会议在市人大常委会机关一楼会议室召开。会议听取并审议市政府关于南昌外贸出口情况的汇报、市人大常委会执法检查组关于开展《义务教育法》执法检查情况的汇报；审议并同意市政府关于提请授予陈永栽等6人“南昌市荣誉市民”称号的议案；听取和审议市人大教科文卫委关于对市十二届人大五次会议代表提出的《建议制定处理医疗纠纷地方性法规》议案办理情况的报告；审议通过《南昌市人民防空设施管理若干规定》《南昌经济技术开发区条例》（须报省人大常委会批准）。会议还对市直有关部门负责人的述职进行评议。熊焕高、姜任保、余根水分别主持。熊全柏、姚燕平及万加良出席；龚建华、卢晓健、梁小康，市中级人民法院院长江涛，市人民检察院检察长沙闻麟等列席。

29日 市政府在江西宾馆举行新闻发布会，宣布于11月8日举行南昌亚啤成立10周年庆典活动。成立于1994年的南昌亚洲啤酒有限公司，是由菲律宾侨领陈永栽投资控股的一家中外合资企业。南昌亚啤连续跻身南昌纳税20强企业前列，利税总额在全国同行业排位由2001年的第43位上升到2003年的第23位。

30日 市公路管理局成立庆典仪式举行。李豆罗、省交通厅副厅长席芳柏出席并揭牌。

31日 全市首家住宅节能试点项目——“玉河明珠”项目工程开工仪式举行。李豆罗、罗为民出席。

2004

11月

November

公元2004年11月							农历甲申年【猴】						
日	一	二	三	四	五	六	日	一	二	三	四	五	六
	1 十九	2 二十	3 廿一	4 廿二	5 廿三	6 廿四	7 立冬	8 廿六	9 廿七	10 廿八	11 廿九	12 初一	13 初二
14 初三	15 初四	16 初五	17 初六	18 初七	19 初八	20 初九	21 初十	22 小雪	23 十二	24 十三	25 十四	26 十五	27 十六
28 十七	29 十八	30 十九											

1日　南昌市西外环高速公路征地拆迁动员大会在市政府小礼堂召开。市城市建设投资发展有限公司与各县区签订征迁包干协议，标志着西外环高速公路拆迁工作全面启动。会议强调，西外环高速公路的建设是南昌市构筑城市外环线，建设大昌北新城，完善一江两岸格局的重要举措；各县区、各部门要为西外环高速公路建设提供优质服务，以高度的政治责任感做好拆迁工作。李豆罗出席并讲话，周关主持。罗为民出席。

同日　玉带河美化亮化绿化动员大会在市政府原第一会议室召开。会议通报玉带河工程进展情况，就下一步美化亮化绿化工作进行部署。会议强调，各建设相关部门要进一步加强领导，抓紧调度，确保每个具体项目都有专人负责；要提高质量，加快进度，确保经得起历史的检验 ；各有关负责人要制定详细的时间表，建立工程档案，按照玉带河综合改造工程的总体要求，白天抓进度、晚上抓调度、事事要清楚、半点不糊涂。李豆罗主持并讲话。

1—2日　余欣荣、黄春平率团到北京走访摩托罗拉（中国）电子有限公司总部——摩托罗拉北亚中心、日立（中国）有限公司、微软（中国）有限公司等部分世界500强企业驻华总部，专程拜会各大企业的相关负责人，向他们诚意推介南昌。余欣荣在走访中表示，南昌热忱欢迎世界500强企业组团到南昌进行投资考察，并积极寻求合作机会，推动双方实现共赢。2日，余欣荣一行专程到落户南昌经济技术开发区的清华科技园（位于北京的总园），参观考察该园的建设发展情况，并就进一步推动双方合作进行深入会谈。

2日　全市公共卫生暨重点传染病防治工作会议在市政府小礼堂召开。会议通报全市公共卫生体系建设和重大传染病防治工作情况。会议强调，各级各部门要依法行事，把公共卫生设施建设纳入国民经济和社会发展规划以及城乡建设规划，逐步增加对公共卫生的投入。

要进一步做好传染病、地方病、寄生虫病、职业病等综合防治工作，降低这类病对人民群众身体健康和生命安全的危害；要持之以恒广泛深入开展全民公共卫生活动，使全市公共卫生工作再上新台阶。李豆罗出席并讲话，史蓉蓉主持，姚燕平出席。

3日 在人民大会堂重庆厅举行的中国楹联学会成立20周年庆祝大会上，南昌市被授予首批全国“楹联文化城市”称号，同时成为全国唯一获此殊荣的省会城市。进贤县文港镇获得“中国楹联之乡”称号。李豆罗、蔡社宝出席授牌仪式。

6日 亚洲最大、全国唯一的蒸谷米加工厂——中粮（江西）米业有限公司开业庆典仪式在进贤县举行。国家发改委副主任李盛霖、国家粮食局局长聂振邦，中国粮油食品集团有限公司董事长周明臣、中国储备粮管理总公司副总经理戴公兴，乌拉圭驻华大使佩拉约·迪亚斯•穆格尔萨，省市领导黄智权、吴新雄、余欣荣、蒋仲平、雍忠诚、李豆罗、蔡社宝、凌学仁及来自世界各地的大米贸易加工商出席并参观蒸谷米生产线。

同日 菲律宾华商联合总会永久名誉理事长陈永栽率领菲律宾企业界知名人士200余人乘专机抵达南昌考察访问。余欣荣、李豆罗、雷武江、周关在五湖大酒店会见陈永栽一行。余欣荣代表市委、市政府对由陈永栽投资的南昌亚洲啤酒有限公司成立10周年表示祝贺，并希望陈永栽一行通过考察，加深对南昌的了解，体会南昌的新变化，结交更多的朋友。李豆罗为陈永栽颁发“南昌市荣誉市民”及“特别贡献奖”证书。

同日 由南昌市承办的江西省第五届老年人健身运动会开幕式在南昌八一体育场举行。孟建柱宣布开幕，黄智权致开幕词，余欣荣致欢迎词。省市领导王君、钟起煌、李豆罗，省军区政治部主任孙荣正，全国政协常委舒圣佑，老干部刘仲侯、许勤等出席。来自全省11个设区市和22个省直、行业系统的2000余名运动员参加台球、太极拳、桥牌等10个项目的比赛。运动会于11月9日闭幕。

8日 由中国楹联学会和南昌市联合主办的中国首届（南昌）楹联文化艺术节在滕王阁广场开幕。李豆罗在开幕式上致辞指出，盛世开盛会，华夏谱华章，楹联是中华文化的精粹，博大精深、魅力无穷。英雄城南昌被中国楹联学会授予全国首批楹联文化城市称号，这是南昌450万人民的光荣。希望通过举办该届全国楹联文化艺术节，继续弘扬中华楹联文化，增进文化艺术交流，提升南昌文化品位，展现南昌英雄城形象。史蓉蓉主持。中国楹联学会会长孟繁锦，名誉会长马萧萧、常江，龚建华、蔡社宝、孔炯、姚燕平、罗慧芬，以及来自全国楹联文化艺术界人士共800余人参加。

9日 市集中处理突出信访问题领导小组召集有关部门、市人大代表、市政协委员和法律专家在市公交总公司会议室召开听证会，解决市公交总公司与原5位售票员被解除劳动关系产生争议的问题。市委副书记、市集中处理突出信访问题领导小组组长王样生出席并讲话指出，举行首例突出信访问题听证会是南昌市运用政策、法律、行政等方法，依法合理处理群众反映问题进行的一次积极尝试；对疑难信访案件召开听证会，邀请人大代表、政协委员、法律专家等非当事人参加，通过搭建平等对话、多方参与的平台，摆事实、讲道理，依法依规处理问题，既有利于解决个案，教育当事人，也有利于企业的行为与执法活动接受社会监督。

10日 中共湖北省委副书记邓道坤率湖北省党政代表团一行到南昌，考察南昌县小蓝工业园园区经济建设等情况，并参观滕王阁。省市领导彭宏松、马承祖、卢晓健陪同。11日，代表团一行考察南昌高新区内的清华泰豪科技股份有限公司、江西联创光电股份有限公司和TCL王牌电器南昌有限公司等企业。李豆罗、黄春平等陪同。余欣荣、李豆罗、龚建华、雷武江在滕王阁会见厅会见代表团一行。

同日 市政府第30次常务会议在市政府小礼堂召开。会议研究市对乡镇奖励政策实施办法（暂行）、市对街道协税护税奖励政策实施办法（暂行）、突发公共事件总体应急预案、城市居民最低生活保障办法等问题，审议《南昌市养犬办法》等。审定通过市行政许可项目和实施主体的清理结果：经过一年的清理，南昌市共清理涉及的行政许可项目564项（含非行政许可审批项目84项）。经认定，属于行政许可的有480项，保留359项，取消121项。李豆罗主持。

同日 象湖联坛全国联墨佳作展在象湖湖心岛开展。中国楹联学会会长孟繁锦、名誉会长马萧萧、常江，李豆罗、罗慧芬出席，蔡社宝致辞。

同日 中国首届（南昌）楹联文化艺术节闭幕式在绳金塔举行。余欣荣与中国楹联学会会长孟繁锦出席闭幕式并为南昌获得“中国楹联文化城市”揭牌。李豆罗致闭幕词。中国楹联学会名誉会长马萧萧、常江，蔡社宝、罗慧芬、钟乐初以及参会的各方嘉宾出席。

11日 由全国党建研究会社区党建研究专业委员会主办、《社区党建》杂志协办、南昌市委组织部承办的“全国社区党建论坛”在赣江宾馆开幕。论坛为期2天。论坛的主题是“贯彻中共十六届四中全会精神，进一步提高党的执政能力，把社区党建工作提高到新的水平”。全国党建研究会会长张全景，省领导王君出席并讲话，余欣荣致欢迎辞，董君舒出席。史蓉蓉介绍南昌市社区党建工作的开展情况。全国党建研究会副会长刘是龙，全国党建研究会副秘书长、《社区党建》编辑指导委员会名誉主编田炳臣，全国部分社区党建理论界的专家学者，各省、自治区、直辖市及省会城市、副省级城市党委组织部门的代表，全国社区党建工作先进市、区代表，江西省各设区市委组织部分管部长共120余人参加。

13日 全市深化改革、严格土地管理工作会在市政府小礼堂召开。会议学习贯彻传达国务院、江西省关于深化改革，严格土地管理工作会议精神，部署全市进一步加强土地管理工作。会议强调，要抓紧研究建立土地管理责任制和耕地保护责任考核体系，各级政府要严格执行土地利用总体规划，禁止低价出让土地和减免建设用地有偿使用费的行为，依法足额征收耕地开垦费、土地复垦费、土地闲置费和新增建设用地有偿使用费，确保耕地占补平衡。要继续整顿规范土地市场秩序，深化土地使用制度改革，全面推行经营性土地招标、拍卖、挂牌出让制度，加快土地市场和地价动态监测体系建设，建立土地定期分析和预警机制，充分发挥土地在宏观经济调控中的作用，引导和规范土地市场健康有序发展。李豆罗出席并讲话，卢晓健、梁小康出席。

14日 市委、市政府发出《关于大力发展职业教育的决定》。内容包括明确发展目标和扶持重点；加强宏观调控，优化资源配置；加快体制改革，促进多元化办学；支持重点建设，打造职教品牌；积极筹措经费，加大职教投入；优化发展环境，形成发展合力；规范办学行为，监控办学质量。

15日 全市卫生系统首批“名医”“名科”授牌仪式在红谷滩会展中心举行。石浔等12名医生荣获首批“南昌市名医”称号，市第一医院眼科等10个专科荣获首批“南昌市名科”称号。李豆罗、钟乐初，省卫生厅厅长蒋如铭等出席并为名医、名科授牌。

16日 玉带河水环境综合整治工作会议在市政府第一会议室召开。会议指出，“玉带活水”是全市几代人的梦想，是全体南昌市民的心声和愿望。有关部门和企业务必在规定的时间内完成玉带河现有工业污染源的监管力度，对有污水处理设施的单位，要切实保证设施正常运行，做到达标排放；对无污水处理设施或处理不够的单位，要责令限期整改，健全完善处理设施；对污染严重且无治理价值的小企业、小作坊，要坚决予以取缔；对进入玉带河中支的生活污水及生产废水进行截污、统一收集汇入青山湖污水处理厂处理。李豆罗出席并讲话。

17日　落户南昌经济技术开发区的克林尼科医疗器械（南昌）有限公司二期工程竣工仪式举行。余欣荣出席并致辞，省市领导凌成兴、梁小康、周关，克林尼科医疗器械有限公司总裁尤尔科·海因策林及到南昌考察访问的德国黑森州经济代表团成员出席。

同日　2004年市规划委员会第7次会议在红谷滩会展中心规划展示厅召开。会议对厚田沙漠生态旅游景区规划、水运交通体规划、邓家山导拓渠规划设计、生米大桥西连接线工程等方案进行审议。余欣荣主持并讲话，李豆罗、龚建华、罗为民、梁小康、周关出席。

18日　南昌市第十三届运动会在八一体育场开幕。余欣荣宣布开幕，李豆罗致开幕词。省体育局局长刘鹰，马承祖、熊焕高等，市人民检察院检察长沙闻麟，南昌警备区司令员李贤水等出席开幕式。各县区、市直机关、企事业单位的2万余名干部群众参加开幕式。该届运动会分为县区和系统两大组别进行比赛，共33个代表团近3000名运动员，设立田径、体操、舞蹈、射击等27个大项、533枚金牌。12月10日，市第十三届运动会闭幕式在红谷滩会展中心举行。李豆罗宣布闭幕。罗慧芬、钟乐初、万宗明出席并为获奖代表团和运动员颁奖。东湖区代表团以120块金牌蝉联县区组金牌总数第一，市工商局代表团以19块金牌名列系统组金牌总数第一。

19日　全国政协副主席、中央统战部部长刘延东一行到南昌经济技术开发区、秋水广场、红角洲高校园区，参观考察工业园区和城市建设情况。省市领导孟建柱、黄智权、余欣荣、雷武江等陪同。

同日　全省优秀组工干部先进事迹巡回报告会在红谷滩会展中心东厅举行。6名全省优秀组工干部分别作事迹报告。省市领导董君舒、史蓉蓉及省、市、县区组工干部500余人听取报告。

20日　首届江西省农业产业化成果展暨项目推介会在省展览中心开幕。彭宏松宣布开幕，危朝安致辞，李豆罗主持，余欣荣、雍忠诚、蔡社宝、戴和旺出席。全省11个设区市的252家农业产业化龙头企业和1000余种优质农产品参展。22日展会结束。展会期间，南昌市签约项目33个，签约项目资金总额近16亿元。其中，外资项目5个，内资项目28个。

23日　全市职业教育工作会在红谷滩会展中心召开。会议强调，要举全市之力唱响“学在南昌”职教品牌，把南昌打造成为全国一流的中高级职业技能人才培养重要基地。余欣荣出席并讲话，李豆罗主持。史蓉蓉宣读市政府《关于表彰全市职业教育先进单位和先进个人的决定》。罗慧芬作《把南昌打造成为全国一流的中高级职业技能人才培养基地》工作报告。省政府副秘书长郑克强、省教育厅厅长漆权，陈守朴、蔡社宝、姚燕平、罗慧芬、钟乐初出席。

24日　红谷滩新区ISO 14001环境管理体系认证工作动员大会在市政府小礼堂召开。李豆罗讲话指出，各部门、各单位要进一步统一思想、提高认识、明确任务，通过这种国际先进的管理模式，使红谷滩新区的管理工作更加系统化、科学化，提高各方面的基础工作和综合管理水平，便区域管理与国际接轨；要力争用三到五年的时间，把红谷滩新区基本建设成为“人气兴旺、经济繁荣、功能完备、特色鲜明、环境优美”的大新城，建设成为最适宜居住、办公、创业的好地方。卢晓健、罗为民、王水苟出席。

25日 建设部副部长傅雯娟率国务院深入开展土地市场治理整顿工作验收组一行到南昌，就全市深入开展土地市场治理整顿工作的情况进行检查验收。余欣荣主持汇报会并汇报工作，省市领导危朝安、龚建华、卢晓健、梁小康、黄春平等出席。

26日 全市森林防火工作暨南昌市森林消防支队成立大会在南昌经济技术开发区召开。余欣荣出席并讲话。李豆罗宣布市森林消防支队成立并为支队授旗。余根水、戴和旺、王水苟，南昌警备区参谋长谢光忠出席。

同日 全市领导干部“双提高”学习月动员大会在市委第一会议室召开。会议指出，开展领导干部“双提高”（提高执政能力、提高综合素质）学习活动，是全市深入学习、贯彻落实中共十六届四中全会精神的重要举措，是全面树立和落实科学发展观，实现南昌快速、协调、持续发展的重要方略，也是我们提高执政能力和提高综合素质的重要手段。史蓉蓉作动员报告，蔡社宝主持。

28日 全市文明创建“四进”活动启动仪式在象山文化广场举行。李豆罗出席并讲话，蔡社宝主持，姚燕平、罗慧芬、万宗明和省委宣传部副部长陈东有出席。“四进”活动以“市民手册进家庭、文明宣讲进社区、公益广告进楼道、身边典型进报台”为主要内容。

同日 江西桑海经济技术开发区与江西国际信托投资股份有限公司正式签署战略合作框架协议，江信国际投资10亿—20亿元与江西桑海经济技术开发区合作开发基础设施建设、旅游、娱乐、商住等项目。省市领导蒋仲平、龚建华出席。

29日 市第九次归侨侨眷代表大会在爱德宾馆召开。会议听取和审议市侨联第八届委员会工作报告，表彰市归侨侨眷老年联谊会的10个先进集体和16名先进个人；选举39名委员组成的市侨联第九届委员会，姚向红当选为市侨联第九届委员会主席。史蓉蓉出席并讲话，雷武江、姚燕平、梁小康、罗文华和省侨联主席曾华新出席。

同日 南昌市文学院首批6位特聘作家受聘仪式在凯莱大酒店举行。蔡社宝出席。

2004
12月
December

公元2004年12月							农历甲申年【猴】						
日	一	二	三	四	五	六	日	一	二	三	四	五	六
			1 二十	2 廿一	3 廿二	4 廿三	5 廿四	6 廿五	7 大雪	8 廿七	9 廿八	10 廿九	11 三十
12 初一	13 初二	14 初三	15 初四	16 初五	17 初六	18 初七	19 初八	20 初九	21 冬至	22 十一	23 十二	24 十三	25 十四
26 十五	27 十六	28 十七	29 十八	30 十九	31 二十								

1日 全市学习贯彻中共十六届四中全会精神领导干部“双提高”研讨班在南昌八二八宾馆开班。余欣荣在开班动员大会上作专题报告。3日，研讨班学员围绕如何提高驾驭社会主义市场经济能力、加速南昌崛起进行主题交流。5日，研讨班召开总结会。余欣荣作总结讲话，李豆罗主持。马承祖、龚建华、熊焕高、陈守朴以及市委、市人大、市政府、市政协班子成员，市法院院长、市检察院检察长，各县区、市直各单位主要负责人参加研讨班学习。

5日 文明南昌行动委员会就全国爱卫会暗访组反馈的问题在市政府原第二会议室举行整改部署会。会议收看全国爱卫会暗访组在南昌拍摄的录像片，通报全国爱卫会专家对全市创建工作暗访后反馈的意见，并对在此次暗访中创建整治不力的相关责任单位和相关责任人给予效能诫勉教育、诫勉处理。会议指出，各城区、各部门要进一步端正思想，以此次暗访为动力，重新振作精神抓创卫；要继续加大宣传力度，在全社会营造人人参与创卫的氛围，加大整治力度、提高管理水平、提高市民素质。各城区、各部门要突出重点，明确目标，继续做好“人、车、道”三大项，“建筑工地、六小行业、集贸市场”三专项，除“四害”这个重点以及“垃圾、污水、噪音”三个难点的整治工作，建立健全创卫资料，抓好四个城乡接合部，以及灯光带、绿化带、碧波带的整治。要继续发扬以小取胜的战略，进一步在城市环境净化上狠下功夫，力争创卫少走弯路，确保各项创建工作全面推进。李豆罗、马承祖出席并讲话，罗为民主持，孔炯、凌学仁及各城区、相关部门主要负责人出席。

7日 由山东晨鸣纸业集团股份有限公司、国际金融公司、南非萨佩公司、韩国新茂林制纸株式会社、江西纸业股份有限公司共同合资组建的江西晨鸣纸业有限责任公司签约仪式在江西饭店举行。项目总投资额为4.87亿美元，注册资本1.72亿美元，其中中方占51%，外方占 49%。山东晨鸣纸业集团股份有限公司出资 8110.49 万美元，占注册资本的 47.15%，为江西晨鸣的最大股东。吴新雄出席并致辞，省市领导凌成兴、龚建华、周关等，山东晨鸣纸业集团股份有限公司董事长陈洪国、国际金融公司东亚和太平洋局副局长冯桂婷、南非萨佩公司首席执行官 Jonathan leslie、韩国新茂林制纸株式会社副会长李源洙出席签约仪式。

8 日 国内知名啤酒生产企业福建雪津啤酒公司与青山湖区政府签订投资合作协议，在南昌民营科技园建设年产 20 万吨啤酒项目。龚建华出席签约仪式。

10 日 市委常委会议在市委六楼常委会议室召开。会议审议并同意市人大常委会党组报送的《关于召开南昌市第十二届人民代表大会第六次会议有关建议事项的请示》，市政协党组报送的《关于召开政协南昌市第十一届委员会第五次全体会议的请示》，市禁毒委员会办公室报送的《关于呈报〈禁毒委员会关于进一步加强禁毒工作的意见〉的请示》，市编办报送的《关于中共南昌市委、南昌市人民政府关于实施市政府部分机构调整方案的通知（代拟稿）》《关于成立市政府机构调整工作领导小组的通知（代拟稿）》《南昌市国有资产监督管理委员会组建方案》《关于市政府部分机构调整中离岗退养和提前退休的实施办法》等请示；审议市纪委报送的《关于呈送〈关于完善“四项制度”的调研考察报告〉的报告》，市委组织部报送的《关于加强我市乡镇领导班子和领导干部思想作风建设的意见》；听取市纪委关于《机关“作风年”长效管理督查、调研情况汇报》，市委组织部关于全省干部监督工作会议精神及贯彻意见的汇报；研究有关人事问题。余欣荣主持。

11 日 全市学习贯彻中共十六届四中全会精神专题报告会在红谷滩会展中心举行。中央党校党建部主任、博士生导师卢先福教授应邀作《关于加强党的执政能力建设的几个问题》专题报告。余欣荣主持并讲话，李豆罗、史蓉蓉等出席。

13 日 余欣荣、雷武江、戴和旺到市人口与计划生育宣教服务中心，就全市计划生育工作情况进行调研。余欣荣在调研中指出，各级党委、政府在发展经济的过程中，一定要高度重视计划生育工作。要切实把开展计划生育工作作为落实科学发展观的重要内容，在把经济做大的同时，把人口控制在合理的范围内。特别是要尊重生育的科学性，不断增强全市人民的计划生育和优生优育意识，大力提高生育人口质量，为促进经济社会全面、健康、可持续发展做出更大的贡献。

同日 李豆罗召集卫生、工商、环保等有关部门负责人和各城区分管领导召开会议，部署“六小”行业整治工作。会议强调，今后开设小餐馆的业主都要先到街办申报，由区政府组织工商、环保、卫生监督等部门进行联审合格才能开业。对目前正在营业但不符合要求的小餐馆等“六小”单位，要采取关、停、并、转等方法，促使其达到标准；无证的“六小”单位将予以关停。要严格准入制和单一经营，通过宣传和培训，着力提高从业人员的素质。各级各部门在整治过程中要坚持“无情整治、有情操作”，通过整治使全市六小行业硬件上台阶、软件上档次、管理上水平。李豆罗出席并讲话，钟乐初出席。

13—14 日 全市县域经济座谈会在进贤县召开。余欣荣主持并讲话，他强调，全市上下要按照全面规划、突出重点、分期推进、限期完成的原则，牢牢把握农业生产、工业园区、镇村路况及干部素质四个重点，要做精农业产业打基础，不断提高农业产业效益，为实现南昌崛起提供强力支撑；要壮大工业园区强实力，坚定不移地推行大开放主战略，千方百计拉动工业发展；要力改镇村路况上形象，抓好点线面，使镇村管理水平迅速得到提高；要提高干部素质增活力，切实采取行之有效的措施，大力培养具有较高素质的农村干部队伍，带动农民迅速改变观念、提高素质，为全市进一步加快县域经济发展和实现城乡协调发展提供强大的活力。雷武江、蔡社宝、戴和旺出席。

14日 市政协十一届委员会第22次主席会议在市政协三楼主席会议室召开。会议审议市政协十一届五次会议筹备工作实施计划（草）等事项，市政协十一届十八次常委会议有关内容；确定市政协十一届五次会议专题协商内容；审议通过2003—2004年优秀提案；讨论修改市政协常委会工作报告（草）和提案工作报告（草）。陈守朴主持。

15日 市政府第31次常务会议召开。会议研究加快林业发展，廉租住房收购、出租和管理办法，简化房产交易与权属登记，推进信用建设、完善信用指标体系、强化企业信用监管等问题；审议《关于进一步加强我市特种设备安全监察工作的意见》《南昌市八一广场管理规定》《南昌市西山地区建筑石料开发利用专项规划》。李豆罗主持。

同日 麦德龙南昌青山湖商场开业典礼举行。余欣荣、李豆罗，麦德龙集团国际事务副总裁贝汉思，锦江麦德龙现购自运有限公司总裁杜哲思出席。

16日 市规划委员会2004年第8次会议召开。会议审议市动物园规划方案及机场路景观规划实施方案。余欣荣主持并讲话，李豆罗、龚建华、卢晓健、罗为民、雷元江参加审议并就方案提出改进意见。

同日 中共南昌警备区第五次代表大会召开。余欣荣出席并讲话，张国华作题为《积极适应中国特色军事变革新要求，与时俱进推动我区部队和国防后备力量全面建设》工作报告，警备区党委副书记李贤水主持。

17日 市政府部分机构调整工作会议在红谷滩会展中心召开。余欣荣出席并讲话，李豆罗宣读省委办公厅、省政府办公厅《关于南昌市人民政府部分机构调整的通知》。根据省委、省政府的批复方案，市政府通过此次机构调整将设工作部门40个，另设政府直属特设机构1个，议事协调机构的办事机构1个，归口管理机构1个。其调整的主要内容有组建市国有资产监督管理委员会，集中统一行使市属国有企业国有资产的监督管理权和处置权，实行管资产与管人、管事相结合，政府部门一般不再直接管理企业；组建市城市管理行政执法局，并增挂城市管理行政执法支队的牌子，集中行使原市城市管理局、规划局、园林局、市政公用局承担的行政执法职能和市公安局、环保局、经贸委承担的有关城市管理的行政处罚职能；将市发展计划委员会改组为市发展和改革委员会，撤销市经济体制改革办公室；组建市民族宗教事务局。此外，还将市计划生育委员会、市城市管理局、市人民政府法制局分别更名为市人口和计划生育委员会、市容环境管理局、市人民政府法制办公室。史蓉蓉主持。马承祖对此次政府部分机构调整有关严明纪律方面提出具体要求。龚建华、雷武江、黄春平出席。

同日 经上海大世界基尼斯总部评选，南昌天香园获城市“景区候鸟数量之最”称号。

21日 市人才工作领导小组第二次会议召开。会议审定《南昌市人才工作领导小组及办事机构和成员单位工作职责》《南昌市人才工作领导小组成员单位联络员制度》，修改《南昌市人才工作领导小组议事规则》，讨论“十一五”人才规划工作方案、《南昌市优秀农村实用人才选拔和管理暂行办法》，并研究2005年有关单位引进人才的政策兑现事宜。史蓉蓉、龚建华、罗慧芬出席。

同日 经专家论证，中国文化十大园项目创建委员会决定将十大园中的母园——中国汉语文化园落户南昌市红角洲卧龙山景区。

22 日 市政府发出《关于进一步加强残疾人就业和再就业工作意见的通知》，要求充分认识做好残疾人就业和再就业工作的重要性、紧迫性和艰巨性；依法推进按比例安排残疾人就业工作；贯彻落实残疾人就业优惠政策；认真执行年度安排残疾人就业工作计划；建立健全残疾人的职业技术培训体系；加强执法检查，切实保障残疾人劳动就业和再就业。

23—24 日 省检查组专项检查南昌市2004 年贯彻落实党风廉政建设责任制工作情况。24 日，南昌市在市委常委会议室举行汇报会，向检查组汇报相关情况。余欣荣出席并讲话，马承祖作专题汇报，李豆罗、雷武江出席。

25 日 2004 年南昌教育发展论坛开幕式在红谷滩会展中心举行。蔡社宝、姚燕平出席。

同日 全市首家“农改超”连锁生鲜超市——江西世纪天成量贩连锁超市桃苑店开业。李豆罗、雷元江出席开业仪式。

26 日 南昌创业投资公司在南昌高新区泰豪软件园挂牌成立。该公司为南昌市首家以政府资金为引导、以企业资金为主体的风险投资公司。余欣荣出席揭牌仪式并讲话。

27 日 全市再就业工作表彰大会召开。会议强调，各级党委、政府和有关部门要继续下大力气抓好各项再就业政策的落实，始终坚持充分发挥市场机制在就业再就业中的基础性作用，将人本服务体现到就业服务中，创造良好的就业环境。要着力解决农村就业问题，大力促进城乡统筹就业，继续加大全市跨省劳务输出的力度，积极探索建立统一开放、竞争有序的城乡劳动力市场。要进一步完善社会保障制度，做到社会保障政策和就业政策相互衔接配套，使就业再就业和社会保障相互促进。余欣荣出席并讲话，李豆罗主持。龚建华宣读表彰决定，并就下一阶段的全市再就业工作进行部署。熊全柏、吴延林出席。

28 日 “全市关爱弱势群体、抓好五车长效管理”再动员大会在红谷滩会展中心召开。会议强调，各县区、市直有关部门要高度重视残疾人就业工作，认真贯彻执行《江西省按照比例安排残疾人就业办法》，要站在实践“三个代表”重要思想、树立和落实科学发展观的高度，按照“外要强力整治、内要真情帮扶”的原则，从源头上遏制“五车”非法营运的势头。李豆罗出席并讲话，罗为民主持。黄春平、吴延林出席。

29 日 省市领导孟建柱、陈达恒、余欣荣、李豆罗等一行到生米大桥、小蓝工业园、南昌民营科技园、南昌高新技术产业开发区、南昌经济技术开发区等地，就南昌的经济社会发展情况进行考察。孟建柱在考察时强调，南昌一定要紧密结合自身的实际，树立大开放的理念，不断增强城市的辐射功能。要进一步优化产业结构，提升产业发展的层次和水平，切实增强南昌的经济实力，通过走新型工业化道路，以新字为主题，以强化配套为方向，提高产业的集聚度，增强外资企业和国内品牌企业的关联度，形成产业的集聚效应，并通过实施传统第三产业与现代服务业并举和大中小企业并重的发展战略，做大做强县域经济，大力发展第三产业，不断丰富和完善城市功能；要进一步提高城市建设和管理水平，切实增强城市的综合竞争力，通过协调城市的功能规划、形态规划和生态规划，使城市切实做到以人为本；要进一步提高全面、协调发展的水平，大力构建和谐平安南昌，通过兼顾各阶层利益，进一步完善社会保障制度和社会救助制度，促进社会稳定和谐。

30—31 日 市委八届八次全体（扩大）会议在红谷滩会展中心召开。会议传达中共十六届四中全会、中央经济工作会议和孟建柱在南昌考察工作时的讲话精神，总结 2004 年工作，分析当前面临的形势，部署2005年任务。余欣荣作《凝聚全社会的智慧和力量，整体提升南昌发展水平》的工作报告。余欣荣在报告中强调，必须把快速、协调、持续发展作为当前和今后相当长时期的工作方针；必须坚持大开放主战略和建设现代制造业重要基地的核心战略；必须坚持以实现人的全面发展为目标，从人民群众的根本利益出发谋发展、促发展，不断满足人民群众日益增长的物质文化需要，让发展的成果惠及全体人民，把立党为公、执政为民真正落到实处；必须坚持坚韧性、开拓性和操作性的统一，咬定发展不放松，激发上上下下的智慧，凝聚方方面面的力量，推进经济社会的快速健康发展。李豆罗传达省委书记孟建柱在南昌考察工作时的讲话精神。市委常委会主持。市委委员、市委候补委员出席。不是市委委员的市人大常委会党组成员、市政府党组成员、市政协党组成员；市委、市人大常委会、市政府、市政协党员助理巡视员、党员正副秘书长；市纪委委员；各县区党政主要负责人，市委各部门、市直各单位党员主要负责人；南昌经开区、南昌高新区、红谷滩新区和桑海经济技术开发区管委会党员主要负责人；市政府驻外办事处、市属大专院校党员主要负责人；中央、省驻市有关单位以及市属重点企业党员主要负责人等列席。

市委八届八次全体（扩大）会议召开

2005

南昌——安义一级公路竣工通车

概要

2005年，市委、市政府坚持以科学发展观为指导，围绕“富民强市”目标，认真落实国家、省委一系列重大战略和部署，实现经济发展又好又快、招商引资人来客往、三个文明协调发展、城市建设有模有样、各项保障健全有力、社会稳定人民安康，全面和超额完成“十五”计划确定的经济社会发展目标。

国民经济持续快速增长 经济运行高位增长，全年GDP增速高达16.8%，财政总收入增长23.6%；开放型经济取得突破性进展，以大开放为主战略，“十五”期末，开放型经济对经济增长的贡献率达42.4%；工业发动机日益强劲，工业投资力度不断加大，工业园区蓬勃发展，促进高新技术产业迅猛发展，成为全市经济发展的新增长极；城乡居民收入稳步增长，城乡人民生活节节高。

“三农”工作全面提升 围绕提高农业综合生产能力，落实党的农村政策，坚持“多予、少取、放活”，优化结构，夯实基础，抓好示范，“三农”实现“产业出特色、龙头成规模、基地有品牌、示范增亮点”。全年免征农业税1.65亿元，直补农民8978万元。全市粮食播种面积33.76万公顷，比2004年增加9800公顷，产量195.2万吨，再创历史新高。初步形成“县有品牌、乡有产业、村有基地”的特色经济板块，培植国家级农业产业化龙头企业6家，省级龙头企业25家。建成国家级重点镇6个，省级重点镇14个，省、市级文明小康示范村34个，建设社会主义新农村示范点11个。

招商引资成果显著 坚持大开放主战略，对接长珠闽，巩固港澳台，突出东南亚，拓展日欧美，招商引资总量扩大、品质提升。全市新批合同外资千万美元以上项目33个，合同外资6.6亿美元，比2004年增长10.6%；内资超亿元项目34个，合同金额137.2亿元，增长87%，外向型经济直接拉动全市经济增长7.1个百分点。9月，中国南昌第四届金秋经贸活动举行，在此期间共举办大型活动32场，参与人数逾500万人次，到南昌客商1.8万人次，共签约项目173个，合同外资5.5亿美元，合同内资126.9亿元。

城市面貌全面改观 南昌城区面积成倍扩张，东过瑶湖，西至梅岭，北至乐化，南至小蓝，东西南北周长130千米，城市人口增至209万人，建成区面积206平方公里。南昌城“一江两岸，南北双城，张开双翼，敞开四门，内外有环，外带五个组团”格局基本形成。按照“提升昌南、加速昌北、启动朝阳”的方针，在南昌南：挖掘文化底蕴，打响英雄品牌，保护都市候鸟，改善人居环境，再现“滕阁金塔、双峰并峙”之雄浑，“东湖夜月、徐亭烟柳”之妩媚；在南昌北，东沿赣江摆开、西揽梅岭入怀，孕育山水灵气、传承豫章文化，构筑大板块、做美红谷滩、打造大昌北；在朝阳：加大基础投入，强化功能配套。

提高人民生活水平 以“新增就业、扩大保险、强化保障、救济帮扶”为重点，全年新增城镇从业人员7.3万人，向外省劳务输出20.8万人；全市养老保险参保60.3万人，增长1.9%，基本医疗保险参保36.8万人，增长28%，失业保险参保46.5万人，增长0.67%。统筹范围内的离退休人员养老金100%按时足额发放，共支付养老金15.2亿元；特困“低保”应保尽保，发放低保资金9817万元；农村特困户、“五保”户做到“摸清户头、落到人头”，共下拨农村特困户救助资金1215万元，“五保”户供养资金1115万元，1.1万农村“五保”统一实行低保，扩大集中供养的范围。

保持共产党员先进性教育活动 1月，中共南昌市委保持共产党员先进性教育活动领导小组成立。从2005年1月至2006年7月，全市9082个党组织、18.5万余名党员分三个批次参加保持共产党员先进性教育活动。2005年进行两批，1—6月，在全市各级党政机关和部分企事业单位开展；7—12月，在全市基层和乡镇机关中开展。整个活动贯穿学习实践“三个代表”重要思想这条主线，紧密联系南昌实际进行。在党中央和省、市委正确领导和上级督导组、巡回检查组有力指导下，全市先进性教育活动达到了“提高党员素质，加强基层组织，服务人民群众，促进各项工作”的目标要求。

全市2005年主要经济指标情况 国内生产总值1007.71亿元，按可比价格计算，比2004年增长16.8%。其中第一产业增加值73.39亿元，增长5%；第二产业增加值532.13亿元，增长21.2%；第三产业增加值402.19亿元，增长13.4%。三次产业构成比例为7.3:52.8:39.9，对经济增长的贡献率分别为2.5%、65.6%和31.9%。人均GDP突破2万元，达2.23万元，增长15.9%。财政总收入126.1亿元，比2004年增长23.6%，地方财政一般预算收入58.3亿元，增长38.1%。收入完成情况上，增值税6.03亿元，增长25.9%；营业税20.14亿元，增长17%；企业所得税4.84亿元，增长46.3%。全社会固定资产投资520亿元，比2004年增长44%。

2005 1月 January

公元2005年1月 农历乙酉年【鸡】													
日	一	二	三	四	五	六	日	一	二	三	四	五	六
						1 元旦	2 廿二	3 廿三	4 廿四	5 小寒	6 廿六	7 廿七	8 廿八
9 廿九	10 初一	11 初二	12 初三	13 初四	14 初五	15 初六	16 初七	17 初八	18 初九	19 初十	20 大寒	21 十二	22 十三
23 十四	24 十五	25 十六	26 十七	27 十八	28 十九	29 二十	30 廿一	31 廿二					

1日 玉带河西支暨干渠工程竣工典礼举行。余欣荣出席并致辞，李豆罗主持。王样生、史蓉蓉、马承祖等出席。

玉带河西支暨干渠工程竣工典礼举行

2日 文明南昌行动委员会调度会议在市政府原第二会议室召开。会议通报近段时间小街巷整治的情况，并对空中管线、“六小”行业、集贸市场、景观道路、建筑工地、城市交通等方面的整治进行部署。李豆罗主持，罗为民、罗慧芬、凌学仁、钟乐初出席。

5日 全市保持共产党员先进性教育活动电视电话会议在市委第一会议室召开，收听收看中央、全省保持共产党员先进性教育活动电视电话会议实况，部署开展先进性教育活动工作。余欣荣出席并讲话，李豆罗主持。王样生、史蓉蓉等出席。

6日 全市人口计划生育电视电话会召开。会议部署全市人口与计划生育工作。李豆罗出席并讲话，戴和旺主持。

8—10日 2005年全国旅游工作会议在南昌召开，公布一批新的“中国优秀旅游城市”及AAAA景区、首批全国工农业旅游示范点。中共中央政治局委员、国务院副总理吴仪发来贺电。省领导黄智权出席并致辞，国家旅游局局长何光暐作工作报告。省市领导孙刚、李豆罗、凌学仁出席。

10日 市公安交通管理局交通协管大队成立大会召开，向60名残疾人颁发全市首批协管员聘书。

11 日　南昌市国有资产监督管理委员会成立暨揭牌仪式在市政府小礼堂举行。余欣荣、李豆罗出席仪式并揭牌。马承祖及省国资委领导吴明辉等出席。

同日　全市组织部长会议在红谷滩会展中心召开。会议传达学习全国、全省组织部长会议精神，回顾总结 2004 年工作，安排部署 2005 年任务。余欣荣就做好 2005 年组织工作做出书面指示，史蓉蓉出席并作工作报告。

同日　南昌市城市管理行政执法局、南昌市城市管理行政执法支队成立揭牌仪式举行。余欣荣、李豆罗出席并揭牌，马承祖、龚建华等出席。

南昌市城市管理行政执法局、南昌市城市管理行政执法支队正式成立

同日　市委常委会议在市委办公楼六楼常委会议室召开。会议听取并同意市委政法委《关于全国、全省政法工作会议主要精神及我市贯彻意见的汇报》及市公安局《关于全省设区市公安局长会议主要精神及贯彻意见的汇报》，审议《2005 年全市社会治安综合治理工作意见》《南昌市贯彻〈江西省社会治安综合治理及维护社会稳定领导责任制实施意见〉的实施细则》，研究部署全市春节期间的有关工作。余欣荣主持。

13 日　全市党外人士座谈会在市委第一会议室召开。余欣荣作全市经济社会发展形势报告，史蓉蓉主持。全市各民主党派、宗教团体、市政府参事室、市侨联负责人和部分无党派人士出席。

全市党外人士座谈会召开

14 日　南昌市代表团获省首届机关运动会"三个第一"（金牌总数第一、奖牌总数第一、团体总分第一）庆功酒会在新东方大酒店举行。余欣荣出席并致辞。

15 日　西班牙 3G 国际集团投资兴建的赛维莱国际企业城项目开工奠基仪式在南昌经济技术开发区白水湖工业园举行。省市领导王林森、周关等出席。余欣荣会见西班牙 3G 国际集团总裁高善龙一行。

同日　全市政法工作会议在南昌市中级人民法院召开。会议传达全国、全省政法工作会议精神，总结 2004 年全市政法工作，部署 2005 年任务。余欣荣出席并讲话，龚建华主持。李豆罗、王样生、卢晓健等出席。

同日　全市城市绿化工作总结表彰暨动员大会召开。余欣荣讲话强调，花园城市建设关键在于城市绿化，既要抓数量、抓质量，更要抓时效、抓进度；各县区、各部门要高度重视、加紧准备，制定详细计划、落实责任到人，为掀起新一轮绿化工作热潮奠定基础。李豆罗、孔炯、黄春平等出席。

同日　红角洲水城中心商业区二期路网、水网开工及一期路网、水网工程竣工典礼举行。李豆罗出席并致辞，余欣荣、熊焕高、陈守朴等出席。

18日 余欣荣、雷武江在滕王阁秋水厅会见台湾东元集团副董事长、总经理林胜泉等东元集团高层管理人员一行。

19日 全市安全生产工作紧急会议召开。会议通报2005年以来的生产事故情况，分析当前全市安全生产的形势。会议要求，采取果断措施，坚决遏制重特大事故发生。王梓生出席并讲话，周关出席。

同日 驻昌外商投资企业迎春座谈会在红谷滩会展中心举行。余欣荣出席并讲话。熊焕高、陈守朴、卢晓健出席。

同日 南昌警备区党委五届二次全体（扩大）会议召开。会议传达学习中央军委、南京军区和省军区党委扩大会议精神，总结2004年工作，部署2005年主要工作。余欣荣作书面讲话，强调在新的形势下，弘扬党管武装优良传统，必须使经济建设与国防后备力量建设协调发展，把党管武装的中心转移到抓好军事斗争的准备上来，形成军地齐抓、共管、合力。张国华代表警备区党委作题为《坚持以军事斗争准备为牵引，大力提升部队和民兵预备役全面建设水平》工作报告。南昌警备区领导李贤水、谢光忠、刘希文、罗承农及全体委员出席。

20日 市委、市政府发出《关于2005年全面提升开放型经济工作效能和整体水平的若干意见》，要求深刻认识经济发展形势，切实增强发展开放型经济的自觉性和责任感；明确指导思想和目标任务，着力提升开放型经济工作整体水平；集中力量主攻招商重点，力求实现开放型经济增长质量的新突破；不断创新亲商、招商、安商、富商方式，合力延伸政务服务的联动效应；切实扩大外经贸规模，提高开放型经济综合竞争力；努力化解发展瓶颈制约，增添开放型经济发展的新动力；全力优化投资环境，形成全社会发展开放型经济的大合力；加强组织领导，营造促进开放型经济发展的新机制和新优势。

同日 加强赣台经济合作专题报告会在红谷滩会展中心举行。龚建华主持并致辞。

同日 市委、市政府发出《关于南昌县政府部分机构调整方案的通知》《关于新建县政府部分机构调整方案的通知》《关于进贤县政府部分机构调整方案的通知》《关于安义县政府部分机构调整方案的通知》《关于东湖区政府部分机构调整方案的通知》《关于西湖区政府部分机构调整方案的通知》《关于湾里区政府部分机构调整方案的通知》《关于青云谱区政府部分机构调整方案的通知》《关于青山湖区政府部分机构调整方案的通知》。

21日 市政府办公厅发出《关于印发〈南昌市民族宗教事务局职能配置、内设机构和人员编制规定〉的通知》《关于印发〈南昌市财政局职能配置、内设机构和人员编制规定〉的通知》《关于印发〈南昌市发展和改革委员会职能配置、内设机构和人员编制规定〉的通知》《关于印发〈南昌市城市管理行政执法局职能配置、内设机构和人员编制规定〉的通知》《关于印发〈南昌市市容环境管理局职能配置、内设机构和人员编制规定〉的通知》《关于印发〈南昌市人口和计划生育委员会职能配置、内设机构和人员编制规定〉的通知》《关于印发〈南昌市国有资产监督管理委员会职能配置、内设机构和人员编制规定〉的通知》《关于印发〈南昌市经济贸易委员会职能配置、内设机构和人员编制规定〉的通知》。

同日 2005年南昌市企业家迎春恳谈会在市委第一会议室召开。余欣荣出席并讲话。

同日 南昌市在市政府小礼堂设立分会场，收听收看全省第十八次“扫黄”“打非”工作电视电话会议。蔡社宝出席。

24日 省领导吴新雄、余欣荣以普通代表身份参加省十届人大三次会议南昌代表团审议。吴新雄在发言中指出，南昌市2004年很多项指标在全省名列前茅，实现了国民生产总值净增100亿元、财政收入突破100亿元、城镇以上固定资财总额净增100亿元的历史性变化，希望南昌市按照省委、省政府的要求，进一步发挥中心城市的龙头作用，在江西发展中发挥更大的作用。余欣荣在发言中指出，新的一年，我们将坚定不移地实施大开放主战略和建设现代制造业重要基地的核心战略，狠抓机构调整，进一步增强城市竞争力，突出落实招商安商，提升城市功能各项措施，在增强城市吸引力上下功夫。王样生、史蓉蓉、马承祖等参加审议。

25日 市委先进性教育活动领导小组第一次会议在赣江宾馆召开。会议研究全面铺开先进性教育活动的有关问题，审议并原则通过全市第一批先进性教育活动的实施方案、市委督导组组成方案及管理规定。余欣荣主持并讲话，史蓉蓉、蔡社宝出席。

市委先进性教育活动领导小组会议召开

同日 省新闻出版局（版权局）南昌市分局正式移交南昌市管辖。

26日 全市国税工作会议召开。会议总结2004年工作，部署2005年任务，表彰2004年度先进单位和个人。龚建华出席。

27日 “民企之春”民营企业迎春联欢会在红谷滩会展中心举行。

28日 市爱心基金会在市委第一会议室举行“为了孩子，为了明天”2005年资助特困学生助学金发放仪式。余欣荣出席并讲话，蔡社宝主持。史蓉蓉、罗慧芬、钟乐初出席。

同日 全市保持共产党员先进性教育活动工作会议在红谷滩会展中心召开。会议学习贯彻胡锦涛1月14日重要讲话精神及中央、省委先进性教育活动工作会议精神，并就全市第一批先进性教育活动单位进行再动员。史蓉蓉作动员讲话，蔡社宝主持。省委督导组组长刘祖三、市中级人民法院院长江涛等出席。

29日 全市宣传思想工作会议在红谷滩会展中心召开。余欣荣、史蓉蓉出席并讲话，蔡社宝主持会议并对2005年宣传思想工作作具体部署。

30日 市四套班子成员在市委第一会议室参加保持共产党员先进性教育活动第一次集中学习。余欣荣主持并讲话，李豆罗、王样生、史蓉蓉等市委、市人大、市政府、市政协四套班子领导及党组成员，省委督导组组长刘祖三及省委督导组成员，市委先进性教育活动领导小组成员、市委督导组组长参加。

同日 市委常委会议在市委办公楼六楼常委会议室召开。会议听取市信访局《关于贯彻落实全国、全省部署集中处理信访突出问题及群体性事件第二阶段工作电视电话会议精神汇报》，市优化投资环境领导小组报送的《全市2004年优化投资环境工作总结》，市纪委《关于2004年“双评”工作汇报》《2004年开展机关“作风年”活动工作汇报》；听取并同意市委统战部《关于贯彻全省统战部长会议精神的请示》，市纪委《关于传达省纪委六次全会主要精神和我市贯彻意见的报告》《关于召开2004年全市优化投资环境、“双评”、机关“作风年”总结表彰暨2005年优化投资环境、开展机关“效能年”活动动员大会的请示》；审议并原则同意市编办代市委办公厅、市政府办公厅草拟的《关于创新机制规范事业单位进人管理的意见》；审议并同意市政府党组报送的《关于要求审定〈关于进一步做好我市政府参事工作的意见〉的请示》，市纪委的《市纪委五次全会工作报告》《2005 年南昌市开展机关“效能年”活动实施方案》《2005 年优化投资环境工作实施方案》；研究有关人事问题。余欣荣主持。

31 日　南昌市各界劳模迎新春慰问座谈会在五湖大酒店召开。余欣荣、李豆罗、史蓉蓉等出席。

2005 2月 February

公元2005年2月							农历乙酉年【鸡】						
日	一	二	三	四	五	六	日	一	二	三	四	五	六
		1 廿三	2 廿四	3 廿五	4 立春	5 廿七	6 廿八	7 廿九	8 除夕	9 春节	10 初二	11 初三	12 初四
13 初五	14 初六	15 初七	16 初八	17 初九	18 雨水	19 十一	20 十二	21 十三	22 十四	23 元宵节	24 十六	25 十七	26 十八
27 十九	28 二十												

1日 全市出租汽车行业2004年度工作总结表彰暨行业作风整顿动员大会在红谷滩会展中心召开。余欣荣出席并讲话，李豆罗、黄春平及市长助理刘建洋为受表彰的先进集体及个人颁奖。

同日 市政府全体会议在市政府小礼堂召开。会议讨论研究即将提交市十二届人大六次会议审议的《政府工作报告（征求意见稿）》。李豆罗主持。

同日 市政府第32次常务会议在市政府小礼堂召开。会议审议《关于南昌市2004年国民经济和社会发展计划执行情况与2005年国民经济和社会发展计划草案的报告》《关于2004年市本级预算执行情况和2005年市级预算（草案）的报告》《关于审定2004年度享受市政府特殊津贴人员人选的请示》等。李豆罗主持。

2日 阳明公园、老干部活动中心、老年大学开放仪式举行。余欣荣出席并讲话，李豆罗主持。史蓉蓉、熊焕高、雷武江等出席并剪彩。

同日 市商业银行向高新技术开发区、南昌经济技术开发区、小蓝工业园等园区的重点工业项目授信10亿元签字仪式在凯莱大酒店举行。龚建华出席并讲话。

3日 中共南昌市纪律检查委员会第五次全体会议在红谷滩会展中心东厅召开。会议传达中纪委第五次全会、省纪委第六次全会精神，总结2004年全市党风廉政建设和反腐败工作，研究部署2005年党风廉政建设和反腐败工作。余欣荣出席并讲话，马承祖代表市纪律检查委员会常务委员会作题为《服务经济建设，构建惩防体系，深入推进党风廉政建设和反腐败斗争》工作报告。李豆罗、王样生、史蓉蓉等出席。

同日 2005年南昌市迎新春文艺晚会在红谷滩南昌广播电视中心演播大厅举行。

4日 南昌市廉租住房实物配租钥匙发放仪式举行。余欣荣出席并讲话，李豆罗、龚建华、黄春平及市长助理刘建洋出席。

同日 全市老干部局长会议在市委第一会议室召开。会议宣读余欣荣对老干部工作的批示，总结2004年全市老干部工作，部署2005年工作任务，表彰全市老干部工作先进集体和先进个人。史蓉蓉出席并讲话。

同日 市第十二届人大常委会第三十二次会议在市人大常委会机关一楼会议室召开。会议审议通过《关于召开南昌市第十二届人民代表大会第六次会议决定（草案）》、南昌市第十二届人民代表大会第六次会议议程（草案）、南昌市第十二届人民代表大会第六次会议日程（草案）、南昌市第十二届人民代表大会第六次会议有关名单（草案）、南昌市第十二届人民代表大会第六次会议选举办法（草案）、关于补选南昌市第十二届人民代表大会代表资格审查报告，有关人事任免事项；听取市人大常委会选任联工委关于2004年市人大代表小组活动情况的报告。熊焕高主持。

5日 南昌——安义一级公路通车庆典仪式举行。余欣荣宣布公路通车，李豆罗致辞。马承祖、雷武江、蔡社宝等出席。

南昌——安义一级公路竣工通车

同日 余欣荣、雷武江、戴和旺先后到位于安义县凤凰工业开发区内的江西鑫隆泰建材工业有限公司、江西佳纺实业有限公司、安义宏达纺织有限公司等企业的建设工地和车间，就县域经济发展等情况进行调研。余欣荣在调研中强调，安义县要充分融入大南昌“半小时经济圈”，提升基础设施建设和服务配套水平，充分运用市场经济的杠杆，用好“观念”这个财富，形成工业是强县、三产是旺县、农业是特色县、环境是模范县的格局。

6日 市委、市政府发出《关于加快林业发展的若干意见》，强调实施三大工程，巩固和加强生态建设；优化产业结构，加快发展林业产业；深化林业体制改革，增强林业发展动力；完善和落实政策，保障林业长期稳定发展；推进科技兴林，努力提高林业产业的科技含量；坚持依法治林，切实加强森林资源的保护和管理；切实加强领导，确保林业加速健康发展。

同日 全市人事编制工作会议在红谷滩会展中心东厅召开。李豆罗讲话强调，要积极探索事业单位综合改革的经验，加大对发展中急需的企业管理人才、专业技术人才、行政管理人才和各类经营人才的培训和引进，进一步打通人才的“户口壁垒”“制度壁垒”和“单位性质壁垒”，实现人才资源社会化，使人才引得进、留得住、用得上。龚建华主持，省人事厅厅长、省编办主任揭赣元出席。

同日 全市统战工作会议在市委第一会议室召开。会议传达学习全省统战部长会议精神，总结交流2004年全市统战工作，部署2005年工作任务。史蓉蓉出席并讲话，雷武江主持。

8日 省市领导余欣荣、李豆罗、雷武江到南昌供水公司管网维修处与节日坚守岗位的职工共度除夕。

9日 余欣荣、李豆罗到交警电信大楼岗、电信大楼环卫点、市公安消防支队、生米大桥工程工地等地看望慰问节日期间坚守岗位的交警、环卫工人、消防官兵及工程建设者。

16日 全市2005年综合目标管理考核动员大会在红谷滩会展中心召开。余欣荣出席并讲话，李豆罗作动员报告，王样生主持。马承祖、熊焕高等出席。

同日 全市领导干部学法讲座在红谷滩会

展中心举行。余欣荣出席并讲话，李豆罗、王样生等出席。

同日 全市教育战线工作者座谈会在豫章中学召开。余欣荣出席并讲话，要求全市教育工作要找出自身规律，抓好义务教育和职业教育相结合，通过开放的思路提升教育水平。雷武江、罗慧芬出席。

17日 政协南昌市第十一届委员会第十九次常委会议在民航花园大酒店召开。会议接受吴延林、钟乐初、罗文华辞去政协南昌市第十一届委员会副主席职务的辞呈，通过政协南昌市第十一届委员会第五次会议执行主席名单。史蓉蓉代表市委宣布省委、市委有关人事任免事项的通知。陈守朴、雷武江、吴延林等出席。

18—21日 政协南昌市第十一届委员会第五次会议在红谷滩会展中心举行。会议听取和讨论余欣荣所作的重要讲话，听取和审议政协南昌市第十一届委员会常务委员会工作报告、政协南昌市第十一届委员会常委会关于市政协十一届四次会议以来提案工作情况的报告，通过政协南昌市第十一届委员会第五次会议决议，补选侯捷、万玉明为政协南昌市第十一届委员会副主席，表彰2003-2004年度优秀提案。李豆罗、史蓉蓉等出席。21日，会议在红谷滩会展中心闭幕。陈守朴出席并讲话，雷武江主持。余欣荣、李豆罗、王样生出席。

政协南昌市第十一届委员会第五次会议举行

19—22日 市第十二届人民代表大会第六次会议在红谷滩会展中心举行。会议听取、审议并通过市政府工作报告、南昌市2004年国民经济和社会发展计划执行情况与2005年国民经济和社会发展计划（草案）的报告、2004年市级总预算执行情况和2005年市级总预算（草案）的报告、市人大常委会工作报告、市中级人民法院工作报告、市人民检察院工作报告，补选连樟寿、何友德、万先勇为市十二届人大常委会副主任。省市领导万学文、崔阳生、余欣荣、李豆罗、王样生等出席。22日，会议在红谷滩会展中心闭幕。余欣荣出席并讲话。李豆罗、王样生等出席。

市第十二届人民代表大会第六次会议举行

23日 省支持南昌做强做大扩大开放平台座谈会在市委第一会议室召开。吴新雄主持并讲话，余欣荣、李豆罗等出席。

同日 余欣荣到南昌县，为南昌县党员干部作保持共产党员先进性教育活动专题报告。

24日 全市2005年人口和计划生育工作会在红谷滩会展中心召开。会议传达全省人口和计划生育工作会议精神，总结2004年工作，部署2005年任务，并对2004年度人口和计划生育工作先进县区、先进单位、先进个人进行表彰。余欣荣出席并讲话，李豆罗主持。马承祖、熊焕高等出席。

同日 全市农村工作会议在红谷滩会展中心举行。会议传达全省农村工作会议精神，总结2004年工作，部署2005年任务。会议强调，农村经济社会的协调发展，是农村全面建设小康社会的必然要求，也是全市经济社会协调发展的重要基础。在集中力量抓好经济发展的同时，全市一定要统筹兼顾，协调发展，努力做好农村各方面工作。余欣荣出席并讲话，李豆罗主持。省委副秘书长、农工部部长吕滨，蔡社宝、肖永政、万先勇等出席。

25日 全市林业工作会议在红谷滩会展中心召开。会议表彰一批林业工作先进集体、个人和劳动模范。李豆罗出席并讲话，蔡社宝、肖永政、戴和旺等出席。

同日 全市开放型经济工作会议在红谷滩会展中心召开。会议通报2004年全市招商引资、出口创汇任务完成情况，表彰2004年度招商引资、出口创汇工作先进单位。余欣荣出席并讲话，李豆罗主持。熊焕高、陈守朴、雷武江、卢晓健等出席。

同日 微软（中国）有限公司与省信息产业厅的合作谅解备忘录签署仪式在高新区兴熹大酒店举行。微软（中国）有限公司、省信息产业厅、高新区金庐软件园、泰豪软件公司、思创数码公司、行知软件公司等6家单位共同签署“组建江西微软技术中心”的合作协议。

26日 南昌卷烟厂“十五”易地技术改造项目竣工典礼在南昌高新区金圣工业科技园内举行。南昌卷烟厂“十五”易地技改项目总投资10亿元，占地28.2公顷，于2002年8月正式破土动工，2004年12月工程建设全面完成。省领导孟建柱、黄智权、吴新雄、钟起煌、陈达恒、余欣荣、蒋仲平、凌成兴等出席。

同日 广西壮族自治区党委副书记、南宁市委书记、市人大常委会主任李纪恒率南宁市党政代表团考察南昌市城市建设及经济发展情况。余欣荣、李豆罗、马承祖、雷武江、卢晓健等陪同考察。随后，代表团一行在市委第一会议室与南昌市交流经济社会发展做法和经验。李豆罗主持，余欣荣、马承祖、熊焕高等出席。27日，代表团一行参观南昌八一起义纪念馆。马承祖陪同。

27日 市四套班子成员在市委第一会议室参加保持共产党员先进性教育活动集中学习。余欣荣主持并讲话。王样生、卢晓健、肖永政、王水苟等分别结合各自工作畅谈学习体会。史蓉蓉、马承祖等参加。

同日 全市2005年度创建“四城”千人动员大会在红谷滩会展中心召开。会议强调，各县区、各街道以及市直各部门必须明确目标，树立打持久战的思想，团结一心共同努力，不达目的决不罢休。余欣荣出席并作动员讲话，马承祖主持。蔡社宝、罗为民、罗慧芬等出席。

28日 全市优化投资环境、机关“作风年”和“双评”工作总结表彰暨开展“效能年”活动动员大会在红谷滩会展中心举行。余欣荣出席并讲话。史蓉蓉宣读市委、市政府《关于表彰2004年度“投资环境、作风行风”十佳单位和十佳个人的决定》。王样生主持。马承祖作总结动员讲话，龚建华、熊焕高、陈守朴等出席。

全市优化投资环境、机关“作风年”和“双评”工作总结表彰暨开展机关“效能年”活动动员大会召开

同日 全市“我身边的共产党员”先进事迹报告会首场报告会在红谷滩会展中心大厅举行。史蓉蓉主持。

2005

3月

March

公元2005年3月 农历乙酉年【鸡】													
日	一	二	三	四	五	六	日	一	二	三	四	五	六
		1 廿一	2 廿二	3 廿三	4 廿四	5 惊蛰	6 廿六	7 廿七	8 妇女节	9 廿九	10 初一	11 初二	12 植树节
13 初四	14 初五	15 初六	16 初七	17 初八	18 初九	19 初十	20 春分	21 十二	22 十三	23 十四	24 十五	25 十六	26 十七
27 十八	28 十九	29 二十	30 廿一	31 廿二									

1日 全市文化工作会议召开。会议表彰2004年度全市文化工作先进单位和先进个人。会议强调，文化部门要积极推进文化体制的改革，破解发展中的难题，要营造一个好的氛围，提供一个更大、更加开放的平台，激发文化工作者的创作激情。李豆罗出席并讲话，罗慧芬、曹连甲出席。

4日 全省基层优秀共产党员先进事迹报告会在红谷滩会展中心召开。史蓉蓉主持。报告会前，余欣荣会见报告团全体成员。王样生、史蓉蓉、马承祖等参加会见并聆听报告。

同日 全市审批办证工作会议召开。马承祖出席并讲话，何友德、关德华出席。

5日 南昌教育学院与深圳华夏永康教育管理有限公司合作筹建南昌职业技术学院签约仪式在江西宾馆举行。龚建华、罗慧芬出席。

6日 广西河池市委书记、市人大常委会主任梁胜利率河池市党政代表团参观考察南昌市城市建设以及经济发展情况。龚建华、雷武江、侯捷陪同。7日，代表团一行在市委第一会议室与南昌市交流经济社会发展的做法和经验。余欣荣、龚建华、熊焕高等出席。

7日 全市各界妇女“庆‘三八’、话国策、谋发展”座谈会在红谷滩会展中心召开。史蓉蓉出席并讲话，姚燕平、罗慧芬、王水苟出席。

8日 市四套班子党员领导干部进行为期2天的集中学习。余欣荣主持并讲话。史蓉蓉、龚建华、余根水、戴和旺、曹连甲结合各自工作和思想的实际，畅谈心得体会。9日，省委督导组组长刘祖三出席并讲话。

同日 南京市政府考察团到南昌考察。考察团与南昌市有关部门在市委第一会议室就城市建设与管理等情况进行座谈，交换在解决城区积水、经营城市等方面的做法和经验。余欣荣主持座谈会，龚建华介绍南昌的经济社会发展基本情况，以及建设现代文明花园英雄城市情况。黄春平及市长助理刘建洋出席。

9日　余欣荣、史蓉蓉、罗为民在江西宾馆会见任长霞先进事迹报告团全体成员。

同日　市十二届人大常委会第三十三次全体会议召开。会议听取市人大常委会法制委员会关于《南昌市社会保险条例修正案（草案）》《南昌市人大常委会议事规则（草案）》《南昌市城市水土保持条例（草案）》修改情况的汇报及《草案修改稿》审议结果的汇报；分组审议《南昌市社会保险条例修正案（草案修改稿）》《南昌市人大常委会会议议事规则（草案修改稿）》《南昌市城市水土保持条例（草案修改稿）》；表决市人大法制委员会关于《南昌市社会保险条例修正案（草案表决稿）》《南昌市人大常委会议事规则（草案表决稿）》、《南昌市城市水土保持条例（草案表决稿）》；听取和审议市人民政府关于2003年度南昌市本级预算执行和其他财政收支审计的整改情况的报告（书面）；审议人事任免名单。熊焕高、姜任保分别主持，肖永政、余根水、熊全柏等出席。

11日　任长霞先进事迹报告团在江西艺术剧院为全市党员干部作专场报告，各县区设立分会场进行现场转播。王样生、史蓉蓉等出席。

同日　中央纪委党风室工作联系点先进单位表彰会在南昌召开。南昌市纪委等全国40个单位被授予2004年度党风廉政室工作联系点先进单位称号。余欣荣出席并讲话，中纪委党风室副主任徐哲洲主持。马承祖出席。

16日　市委先进性教育活动领导小组第二次会议召开。会议审议全市先进性教育活动第一阶段工作总结和全市先进性教育活动分析评议阶段工作方案；研究关于对市委常委会先进性教育征求意见座谈会所提意见进行整改提高的建议安排；总结全市先进性教育活动开展以来的各项工作；部署下一阶段工作。余欣荣主持并讲话，史蓉蓉、侯捷出席。

同日　全市扶贫开发工作现场会在安义县召开。蔡社宝、连樟寿、戴和旺出席。

18日　余欣荣、龚建华、梁小康在江西宾馆会见由深圳市贸易工业局局长盛斌率领的深圳市经贸考察团一行，就进一步推进南昌与深圳在经贸等领域的合作和交流进行会谈。

20日　南昌科技大学（筹）揭牌仪式举行。余欣荣为南昌科技大学（筹）揭牌，史蓉蓉主持，龚建华、陈守朴等出席。教育部、江西省政府2004年批准南昌高等专科学校并入江西科技师范学院，并在此基础上筹建南昌科技大学。

21日　江西晨鸣纸业一期工程，全国最大的造纸合资项目——40万吨轻量涂布纸项目正式投产。该项目位于昌北经济技术开发区，总投资4.87亿美元，是国家财政贴息贷款技改项目，也是江西省十大技改项目之一，2003年9月16日正式破土动工。

22日　余欣荣、周关在江西宾馆会见福特亚太地区总裁马克·舒尔茨一行。

同日　“江南水城·红角洲”论坛在红谷滩会展中心举行。余欣荣出席论坛并致辞，李豆罗主持。蔡社宝、卢晓健等出席。

23日　市政府办公厅发出《关于印发〈南昌市审计局2005年审计工作项目计划〉的通知》，要求深化财政审计，促进完善公共财政体系；抓好对重点部门的审计，促进经济社会的协调发展；改进企业审计，加强对国有资产的监管；强化对重点建设项目审计，保障建设资金安全；搞好社会保障资金审计，促进完善社会保障体系；加强农业与资源环保资金审计，促进经济协调可持续发展；深化经济责任审计，加强对干部的监督管理；认真完成省审计厅统一组织项目；全力做好市委、市政府交办的审计事项。

24日　市政府廉政工作会议召开。会议学习贯彻中央纪委第五次全会、国务院第三次廉政工作会议和省纪委第六次全会以及省政府第三次廉政工作会议精神；研究部署2005年全市政府系统廉政建设和反腐败工作。李豆罗出席并讲话。

25 日 全省规模最大的感染病综合大楼奠基仪式在市第九医院举行。姚燕平、罗慧芬出席。

同日 全市“创建中国楹联文化城市”总结表彰大会召开。会议授予新建县、进贤县等5家单位“创建中国楹联文化城市”突出贡献奖、市楹联家协会和市书法家协会优秀创作奖，授予中国（南昌）首届楹联文化艺术节组委会办公室优秀组织奖。李豆罗出席并讲话，蔡社宝主持。罗慧芬、曹连甲出席。

26 日 市委常委会议在市委办公楼六楼常委会议室召开。会议审议并原则同意市委先进性教育活动领导小组办公室报送的《关于由市委常委牵头立即着手整改的问题的请示》；审议并同意市委组织部报送的《关于在“七一”前夕表彰全市先进基层党组织和优秀共产党员、优秀党务工作者的请示》、市委组织部代市委草拟的《中共南昌市委〈关于成立中共南昌市国有资产监督管理委员会有关问题〉的通知》；研究有关干部任免事项。余欣荣主持。

27 日 全市市容环境百日整治动员大会在红谷滩会展中心召开。会议通报南昌创卫考察团赴沈阳、四平、长春三市学习考察的情况。会议决定，从即日起到6月底，重点围绕市容市貌、小街小巷卫生、市政设施维护等13项内容在全市范围内再度掀起为期100天的市容环境整治新高潮。余欣荣作动员讲话，李豆罗主持会议并就整治活动作具体部署。马承祖、罗慧芬、黄春平等出席。

同日 湖北黄石市委书记、市人大常委会主任王振有、市长肖旭明率黄石市党政代表团考察南昌市经济社会发展情况。代表团一行在江西宾馆与南昌市交流经济社会发展经验和做法。余欣荣出席并讲话，李豆罗主持。龚建华、熊焕高、雷武江等出席。

28 日 红谷滩新区海航白金酒店、红谷滩国际商贸城（中国义乌小商城）等17个项目开工、签约仪式举行。余欣荣、李豆罗出席并致辞，龚建华、熊焕高、陈守朴等出席。

同日 市政府第33次常务会议召开。会议讨论研究《关于呈报审定南昌市2005年民心工程项目的请示》《南昌市违法建设举报奖励规定》《关于进一步加强农村教育工作若干问题的决定》等；审议《关于呈报审定南昌市2005年重大重点项目及政府投融资项目计划、重点工程项目的请示》《关于建立南昌市招标投标统一市场、进一步加强和规范招标投标管理工作的意见》《南昌市建设工程造价管理办法（草案）》等。李豆罗主持。

29 日 市四套班子先进性教育活动开始转入分析评议阶段。余欣荣主持召开市委常委先进性教育活动分析评议阶段工作会议。会议总结市四套班子前一阶段先进性教育活动开展情况，并就分析评议阶段的工作进行具体部署。李豆罗、王样生、史蓉蓉、马承祖、龚建华、陈守朴及市四套班子党组成员出席。省委督导组组长刘祖三出席并讲话。

同日 市委办公厅、市政府办公厅发出《关于印发〈关于切实做好2005年减轻农民负担工作的意见〉的通知》，要求采取有效措施，推动农村税费改革配套政策的落实；坚持“四项制度”，深入治理农民反映强烈的突出问题；强化涉农收费监督管理，坚决纠正和查处各种乱收费行为；加强重点监控，规范运作村内的“一事一议”筹资筹劳；实行“村账乡代管”，完善村级财务公开和民主管理工作；改进检查方式，加大监督检查的工作力度；健全监督机制，建立农民负担监测体系；坚强组织领导，建立减轻农民负担长效管理机制。

同日 全市卫生工作会议召开。南昌市中西医结合医院等7所医院首次被授予“群众满意医院”称号。李豆罗出席并讲话。

30日 阳明路东延工程还建房小区建设开工典礼举行。余欣荣宣布工程开工，熊焕高、陈守朴、万先勇等出席。

同日 南昌市先进性教育活动第二次工作会议在红谷滩会展中心召开。会议全面总结学习动员阶段的情况，研究部署分析评议阶段的工作。史蓉蓉出席并讲话，蔡社宝主持。罗为民宣读分析评议阶段工作方案，侯捷出席。

31日 由青山湖区与市外经贸委联合主办的“加快三产发展，促进城东繁荣”主题招商会举行。该区与来自海内外的25家知名企业签订合约，实际签约外资2.5亿美元，签约内资31亿元。李豆罗出席并讲话。

同日 全市防汛工作会议在市政府小礼堂召开。会议对防汛各项准备工作进行具体部署。余欣荣出席并讲话，黄春平、王水苟，南昌警备区参谋长谢光忠出席。

同日 全市工业经济运行分析座谈会召开。

2005 4月 April

公元2005年4月							农历乙酉年【鸡】						
日	一	二	三	四	五	六	日	一	二	三	四	五	六
					1 廿三	2 廿四	3 廿五	4 廿六	5 清明	6 廿八	7 廿九	8 三十	9 初一
10 初二	11 初三	12 初四	13 初五	14 初六	15 初七	16 初八	17 初九	18 初十	19 十一	20 谷雨	21 十三	22 十四	23 十五
24 十六	25 十七	26 十八	27 十九	28 二十	29 廿一	30 廿二							

1日　全市出租汽车行业“文明车、文明人、文明风”表彰大会在红谷滩会展中心召开。会议向文明车颁发“大红顶灯”，向文明服务标兵等先进个人颁发荣誉证书。李豆罗出席并讲话，龚建华、罗为民、黄春平出席。

同日　由市委、市政府主办，市工商联承办的学习贯彻《国务院关于鼓励支持和引导个体私营等非公有经济发展的若干意见》报告会在红谷滩会展中心举行。史蓉蓉主持并讲话，马承祖、龚建华，有关单位负责人及非公有制经济人士代表共500余人出席。

3日　“当前我国经济形势与经济政策”专题讲座在红谷滩会展中心举行。中央党校教育长、博士生导师、国家一级教授李兴山应邀到南昌主讲。余欣荣主持并讲话，李豆罗、史蓉蓉、龚建华等聆听讲座。

5日　中共中央政治局委员、国务院副总理回良玉到南昌县蒋巷镇国旺实业有限公司、小蓝工业园煌上煌集团、县农机大市场等地，就农业与农村工作进行调研。省领导孟建柱、黄智权、彭宏松、陈达恒、余欣荣等陪同。

同日　市委常委会议在市委办公楼六楼常委会议室召开。会议审议并原则同意市政府党组报送的《关于审定下岗职工基本生活保障制度向失业保险制度并轨工作通知的请示》，市委宣传部代市委办公厅、市政府办公厅草拟的《关于加强我市新闻和政务类网站建设和管理的意见》；审议市政府党组报送的《关于审定我市2005年重大重点项目及政府投融资项目投资计划、重点工程项目、民心工程项目的请示》；审议并同意市政府党组报送的《关于表彰2004年度全市信访工作先进集体和先进个人的请示》，市纪委报送的《关于对我市2005年党风廉政建设和反腐败工作任务分工进行审定的请示》等；审定并同意市委政法委报送的《关于召开全市信访安全稳定工作会议的请示》；研究有关人事问题。余欣荣主持。

同日　市国资委监管企业第一次工作会议

在市委会议室召开。江铃汽车集团、市国有工业资产经营管理公司、市政公用控股集团公司、市城投公司、市商业银行、南昌旅游集团公司等6户企业成为第一批国资委履行出资人职责的企业。会议强调，国资委要提高依法履行国有资产出资人职责的能力，加强自身建设，理顺工作关系，尽快建立监管体系，不断提高国有资产监管的有效性；各出资企业要做好清产核资工作，按照规范程序进行，务求企业资产的真实性和有效性。

同日　全市市容环境“百日会战”动员大会召开。会议强调，各责任部门要相互协调、积极配合，将整治任务落实到人，并可适当采取严管重罚的方式，保证市容环境的整治合理合法，让南昌更加洁净、文明。李豆罗出席并讲话。

6日　全市创建国家环保模范城市百日整治暨赣江水环境综合整治动员会召开。李豆罗出席并讲话。市长助理刘建洋主持。

同日　全市物价会议召开。会议总结2004年工作，部署2005年任务，表彰2004年度全市物价系统先进集体和个人。会议强调，各级物价部门要进一步建立和完善各项规章制度,加强“四五”普法和价格法律法规宣传教育，大力实施价格“阳光执法”，规范和完善价格听证制度和专家评审制度，整顿和规范市场价格秩序，加大对重点行业和突出案件的查处力度，不断提高价格行政执法能力和水平，努力为全市价格总水平基本稳定和社会经济的健康发展营造良好的价格环境。李豆罗出席并讲话，连樟寿、凌学仁、王水苟出席。

同日　市规划委员会2005年第2次会议召开。会议审议南昌市城市总体风貌等4大方案。余欣荣主持，李豆罗、卢晓健、黄春平、侯捷及市长助理刘建洋等参加审议。

7日　全市信访安全稳定工作会议在红谷滩会展中心召开。余欣荣出席并讲话。李豆罗与各县区、各开发区和部分市直部门主要负责人签订责任状，王样生对全市信访安全稳定工作进行具体部署。龚建华主持，卢晓健、罗为民、周关，市中级人民法院院长江涛出席。

同日　全市经济运行分析会在市政府小礼堂召开。会议分析一季度全市经济运行情况，研究部署下一阶段经济工作。余欣荣出席并讲话，龚建华通报全市2005年一季度的经济运行情况。李豆罗主持，龚建华、连樟寿等出席。

8日　第三轮百路大会战工程开工典礼举行。余欣荣宣布第三轮百路大会战141条道路改造工程开工，李豆罗主持，熊焕高、陈守朴、万先勇等出席。

南昌市第三轮百路大会战开工典礼举行

同日　全市2004年度科学技术奖励大会在市政府小礼堂召开。李豆罗出席并讲话，姚燕平、罗慧芬、王水苟出席。

同日　南昌市城建干部赴同济大学学员汇报、预培训会在红谷滩会展中心举行。余欣荣出席并讲话。史蓉蓉主持，何友德、戴和旺出席。

同日　南昌市在市政府小礼堂设立分会场，收看全省贯彻落实国务院部分主产省粮食生产电视电话座谈会实况，部署全市春耕生产工作。李豆罗、戴和旺及市有关部门负责人出席。

9日　玉带河南支整治动员大会召开。李豆罗、黄春平等出席并讲话。玉带河南支北起顺外路，南至洪都机械厂，长2.9公里。

同日 市青年企业家协会第二届二次会员大会举行。会议审议通过市青年企业家协会工作报告和财务工作报告，决定将南昌市青年企业家协会正式更名为“南昌市青年商会”，并对协会章程进行适当修改。史蓉蓉出席。

12日 全市“建设和谐平安江西，共创富民兴赣大业，提升南昌发展水平”主题教育活动动员大会在红谷滩会展中心举行。余欣荣、李豆罗对此次主题教育活动做出指示。史蓉蓉、蔡社宝、罗为民出席。

13日 2005年南昌（香港）招商引资恳谈会在香港会议展览中心举行。南昌市共签订项目12个，引资额2.1亿美元。罗慧芬、梁小康出席。

14日 100个省直机关党组织与南昌市100个社区党组织结对联合开展“建设和谐平安江西，共创富民兴赣大业”主题教育活动开幕式举行。省移动公司等8个省直单位分别与西湖区直冲巷社区结成共建对子。省市领导陈达恒、刘上洋、龚建华出席。

同日 2005年南昌（澳门）现代服务业招商项目推介会在澳门金碧文娱中心举行。南昌市共签订项目5个，引资额1.4亿美元。罗慧芬、梁小康出席。

16日 全市赣江水环境综合整治动员大会在市政府小礼堂召开。会议强调，要从市民最为关心的环境污染难点、重点入手，有计划、有步骤地实施整治工作，为市民营造健康、舒适的工作和生活环境。李豆罗出席并讲话，黄春平出席。

17日 文明南昌行动委员会调度会在市政府原第二会议室召开。会议通报整治小街小巷、“六小”行业、集贸市场、除“四害”等方面的情况，部署下一阶段各项创建工作。马承祖、罗为民、罗慧芬等出席。

19日 吉林四平市长王克成率四平市代表团一行考察南昌市经济发展和城市建设情况。李豆罗、卢晓健、黄春平，市委助理巡视员杨伟东及市长助理刘建洋等陪同。李豆罗、黄春平及市长助理刘建洋在象湖风景区内的环漪阁会见代表团一行，双方就城市建设和管理、经济发展及创建国家卫生城市等问题进行交流。

同日 市十二届人大常委会第六十七次主任会议在市人大常委会机关三楼主任会议室召开。会议听取市政府关于全市退耕还林工作情况的汇报；讨论《南昌市人民代表大会常务委员会监督司法工作条例（草案）》《南昌市防雷减灾条例（草案）》《南昌市安全生产条例修订草案》《南昌市城市湖泊保护条例（草案）》《南昌市城市供水用水管理条例》等9件地方性法规修正案（草案）；讨论《市人大常委会关于评选优秀市人大代表和先进代表小组方案（草）》《关于调整市人大常委会组成人员联系市人大代表的意见（草）》，人事任免事项等。熊焕高主持。

20日 全市科研体制改革第7次领导小组会在市政府第一会议室召开。与会代表讨论审议《关于市属科研机构体制改革的实施意见》。李豆罗出席并讲话，罗慧芬主持。

23日 全市规范非机动车停放管理现场会召开。会议决定从2005年5月1日起，全面规范城区非机动车占道停放收费管理。李豆罗出席并讲话，罗为民出席。

24日 位于江西桑海经济技术开发区的金利科技工业园、江西中煤公司兴建基础设施、开发区供水厂、国际金融园、省新闻出版学校新校区、中心广场等项目开工典礼举行。项目总投资额28亿元。余欣荣出席并致辞，李豆罗主持。省委副秘书长、江西新闻出版局局长黄鹤，史蓉蓉、马承祖、龚建华等出席。

同日 市委常委会议在市委六楼常委会议室召开。会议审议并原则同意市政府党组报送的《关于审定2005年南昌市劳动模范名单的请示》《关于审定南昌市朝阳农场改革与发展实施方案的请示》；审议并同意市政府党组报送的《关于召开全市劳模表彰大会有关事项的请示》，市编办报送的《关于审定中共江西省南昌英雄经济技术开发区工作委员会、江西省南昌英雄经济技术开发区管理委员会职能配置、内设机构和人员编制规定的请示》；审议市政府党组报送的《关于审定江西长运集团有限公司增资扩股方案的请示》；审定市委办公厅、市政府办公厅《关于贯彻落实效能年活动抓督查、精简会议和文件、控制检查评比活动的实施细则》。余欣荣主持。

25日　余欣荣、梁小康在富豪大酒店会见到南昌考察访问的美国南卡罗莱纳州商务部亚洲分部主管约翰·林一行，就进一步加强南昌市与南卡罗莱纳州的友好往来进行会谈。

26日　南昌海关和厦门海关《海铁联运转关货物监管联系配合办法》签字仪式在厦门市举行。29日，南昌与厦门海铁联运工作座谈会在市政府小礼堂举行。江西出入境检验检疫局局长陶武盛、厦门市副市长徐模，龚建华出席。

28日　市委常委会保持共产党员先进性教育活动专题民主生活会召开。民主生活会的主题是以邓小平理论和“三个代表”重要思想为指导，对照新时期保持共产党员先进性的基本要求和市委常委保持共产党员先进性的具体要求，对照征求到的群众意见和建议，对近来市委常委班子建设和市委常委个人思想、工作、作风等方面的情况进行认真总结和反思，明确今后努力方向，进一步提高境界、开阔眼界，不断增强创造力、凝聚力，战斗力，更好地发挥市委常委会的领导核心和战斗堡垒作用。余欣荣主持并讲话，省委督导组组长刘祖三出席。

同日　全省最大的专业陶瓷卖场——东鹏旗舰店开业仪式举行。李豆罗出席并参观产品陈列。

28—29日　市十二届人大常委会第三十四次会议在市人大机关一楼会议室召开。会议听取和审议市人民政府关于预算外资金及土地出让收益管理使用情况的汇报、市环境保护工作情况的汇报、关于《义务教育法》执法检查审议意见交办函办理情况的汇报、《南昌市人民代表大会常务委员会监督司法工作条例（草案）》《南昌市城市湖泊保护条例（草案）》《南昌市安全生产条例（修订草案）》《南昌市防雷减灾条例（草案）》《南昌市城市供水用水管理条例》等9件地方性法规修正案（草案），表决《南昌市人民代表大会常务委员会关于进一步加强环境保护工作的决议（草案）》《南昌市城市供水用水管理条例修正案（草案）》《南昌市市政工程设施管理条例修正案（草案）》《南昌市城市公共汽车电车客运管理条例修正案（草案）》《南昌市城市绿化管理规定修正案（草案）》《南昌市城乡集市贸易市场管理条例修正案（草案）》《南昌市劳动力市场管理条例修正案（草案）》《南昌市殡葬管理条例修正案（草案）》《南昌市社会医疗机构管理条例修正案（草案）》《南昌市城市中小学校用地保护规定修正案（草案）》，审议有关人事任免事项。熊焕高、姜任保分别主持。

29日　全市消防工作会议在红谷滩会展中心东厅召开。会议强调，各级政府和部门要高度重视消防安全工作，以坚持依法治火为标准强化消防安全责任制，以专项治理为手段狠抓火灾隐患的整改。李豆罗出席并讲话，周关主持。王样生出席。

同日　全市实施畅通工程领导小组全体会议召开。会议讨论《南昌市2005年城市道路交通管理畅通工程实施方案》。李豆罗出席并讲话。卢晓健、罗为民、黄春平及市长助理刘建洋出席。

同日　市委党校教学基地签约揭牌仪式在

南昌经济技术开发区举行。史蓉蓉出席。

30日 全市劳动模范表彰大会在红谷滩会展中心召开。李豆罗宣读《南昌市人民政府关于命名表彰劳动模范的决定》，授予江铃汽车集团公司董事长王锡高等全市各条战线的713名劳动者“南昌市劳动模范”称号。余欣荣出席并讲话。史蓉蓉致辞，周关主持。王样生、马承祖等出席。

同日 第五届中国（南昌）国际汽车博览会在江西国际汽车城开幕。龚建华出席。

2005

5月

May

公元2005年5月　农历乙酉年【鸡】

日	一	二	三	四	五	六	日	一	二	三	四	五	六
1 劳动节	**2** 廿四	**3** 廿五	**4** 青年节	**5** 立夏	**6** 廿八	**7** 廿九	**8** 初一	**9** 初二	**10** 初三	**11** 初四	**12** 初五	**13** 初六	**14** 初七
15 初八	**16** 初九	**17** 初十	**18** 十一	**19** 十二	**20** 十三	**21** 小满	**22** 十五	**23** 十六	**24** 十七	**25** 十八	**26** 十九	**27** 二十	**28** 廿一
29 廿二	**30** 廿三	**31** 廿四											

1日　广西壮族自治区党委副书记刘奇葆率领广西党政代表团一行考察南昌市园区经济发展、高等教育和城市景观亮化情况。省市领导王君、史蓉蓉、卢晓健等陪同。

同日　象湖污水处理厂和红谷滩污水处理厂一期工程开工典礼举行。余欣荣出席并讲话。李豆罗主持，龚建华、熊焕高、陈守朴等出席。

同日　人民公园改建工程竣工典礼举行。黄春平主持，余欣荣、李豆罗、龚建华等出席。

同日　全省首家帮助因公致残劳动者进行康复治疗的专业医院——南昌市工伤医疗康复中心正式开业。省市领导彭宏松、余欣荣、熊盛文、李豆罗为中心开业剪彩。

5—6日　中共中央政治局委员、国务院副总理曾培炎考察南昌市市政建设、文化教育基础设施建设。

7日　市委常委会议在市委办公楼六楼常委会议室召开。会议听取《关于市委常委参加保持共产党员先进性教育活动专题民主生活会情况的报告》，市政府《关于认真贯彻落实省委十一届九次全会和省政府第32次常务会议精神，切实做好为民办实事工作的情况》的报告；总结市委常委领导班子先进性教育活动第二阶段工作，对市级四套班子先进性教育活动第三阶段工作进行初步安排；研究并同意市委先进性教育活动领导小组办公室报送的《关于召开市委常委专题民主生活会情况通报会和全市先进性教育活动第三次工作会有关事项的请示》；审议市政府党组报送的《关于审定〈建立南昌市招标投标统一市场，进一步加强和规范招标投标管理工作意见〉的请示》，市纪委报送的有关请示意见。余欣荣主持。

8日　全市街道社区管理体制改革试点工作现场会在西湖区政府召开。余欣荣出席并讲话，李豆罗、史蓉蓉、马承祖等出席。

同日　市委常委专题民主生活会情况通报会和先进性教育活动第三次工作会议在红谷滩会展中心召开。会议通报市委常委参加先进性教育活动专题民主生活会的情况，全面总结全市先进性教育活动分析评议阶段的情况，研究部署整改提高阶段的工作。市委常委会主持。

9日 联合国经济和社会事务部助理部长乔安妮·迪萨诺及到南昌参加联合国可持续发展实施目标国际研讨会的部分代表参观南昌市八一广场、秋水广场。省市领导吴新雄、龚建华、卢晓健陪同。10日，乔安妮·迪萨诺一行参观天香园。省市领导孙刚、龚建华陪同。

10日 以全国政协副主席张思卿为团长的全国政协常委赴赣考察团在南昌市就中部地区崛起问题进行调研。市委、市政府在市政府小礼堂举行汇报会，向考察团汇报全市经济社会发展情况。省领导吴新雄、钟起煌、雍忠诚出席汇报会，余欣荣汇报南昌市经济社会发展情况。李豆罗主持，陈守朴、雷武江等出席。汇报会结束后，考察团一行实地参观考察南昌市城市规划展示中心、秋水广场和红角洲高校园区等地。11日，考察团一行到南昌经济技术开发区的晶湛（南昌）科技有限公司、小蓝工业园内的江西新龙化纤有限公司、高新开发区内的江西联创光电科技股份有限公司，江铃全顺汽车厂等地，就工业园区和企业的经济发展情况进行调研。省市领导吴新雄、钟起煌、余欣荣、陈守朴等陪同。

同日 市委、市政府发出《关于建立南昌招标投标统一市场进一步加强和规范招标投标管理工作的意见》，强调进一步加强全市招标投标管理体制建设，依法将各类招标投标事项全部纳入统一市场规范交易，进一步规范招标投标统一市场的运行机制，进一步强化招标投标统一市场的监管体系，高度重视招标投标统一市场队伍建设，不断加大招标投标统一市场交易场所建设的力度，按照市级模式建设县级招标投标统一市场。

11日 联合国可持续发展实施目标国际研讨会开幕式在省科技馆举行。与会代表就共同关心的可持续发展议题展开交流。联合国经济和社会事务部助理部长乔安妮·迪萨诺主持。省市领导黄智权、孙刚、李豆罗出席。

11—12日 全国人大常委会副委员长蒋正华率全国人大常委会《中华人民共和国水污染防治法》执法检查组到南昌市扬子洲乡、青山湖污水处理厂等地，实地察看水污染防治情况。省领导余欣荣、彭昆生、万学文等陪同。

12日 南昌港国际集装箱码头竣工典礼举行。该工程位于南昌经济技术开发区白水湖工业园至赣江大桥下游6公里处的赣江主航道左岸，于2003年4月20日开工建设，是中华人民共和国成立以来江西省建设的首座内河现代化一流的集装箱专用码头。项目总投资1.58亿元，设计年吞吐能力为5万标箱，陆域面积17.05万平方米，港区岸线666.45米，建设有2个1000吨级泊位，泊位长200米。吴新雄出席竣工典礼并讲话，省市领导凌成兴、龚建华等及省市有关部门主要负责人出席。

13日 全市林业产权制度改革工作会在红谷滩会展中心召开。余欣荣就林业产权制度改革工作做出批示。会议决定，从2005年5月至2006年底在全市开展林业产权制度改革工作。改革范围主要是县区人民政府区划界定的商品林，林权有争议的山林、国家重点公益林、城市建设总体规划范围内的山林，暂不纳入此次改革范围之内。

同日 全市城乡规划和国土资源工作会议在红谷滩会展中心召开。会议就进一步贯彻落实科学发展观，提高城乡规划水平和做好国土资源管理工作进行总结部署。余欣荣出席并讲话，李豆罗主持。卢晓健作全市城乡规划国土资源工作报告。省建设厅厅长胡柏龄、省国土资源厅副厅长李江华，万先勇、曹连甲出席。

14日 市委常委会议在市委六楼常委会

议室召开。会议审议《中共南昌市委常委会先进性教育活动整改方案》，南昌警备区草拟的《关于进一步加强民兵基层建设的意见》，市委政法委报送的《关于建议表彰2004年度全市社会治安综合治理目标管理先进县区、单位和个人等有关事项的请示》；审议并同意市委政法委报送的《关于下发〈关于开展“规范执法行为、促进执法公正”专项整改活动的实施方案〉的请示》；研究有关人事问题。余欣荣主持。

同日 晶湛（南昌）科技有限公司首座工厂落成投产仪式举行。省市领导吴新雄、余欣荣、李豆罗等出席。

17日 《中国城市竞争力报告》主编、中科院财贸所博士倪鹏飞在红谷滩会展中心作题为《城市竞争力，全球、中国与南昌》的报告。马承祖、蔡社宝出席。

18日 同促崛起（6+2）江西省医药产业发展高层论坛暨中国·南昌医药保健品博览会开幕式在赣江宾馆举行。省市领导胡振鹏、蔡安季、龚建华等出席。开幕式后，南昌市召开医药保健品产业投资推介会。

19日 广州市长张广宁率广州市党政代表团考察南昌市城市建设及经济社会发展情况。市委、市政府在江西宾馆举行仪式，欢迎代表团一行。余欣荣出席并致辞，李豆罗主持。龚建华、罗为民、戴和旺出席。

同日 全市宣传部长会议召开。会议传达贯彻中央《关于进一步加强和改进舆论监督工作的意见》和全省宣传部长会议精神。会议强调，各级新闻宣传部门要提高认识、加强领导，进一步加强和改进舆论监督工作，特别是要大力宣传各地、各部门树立和落实科学发展观、抓住机遇加快发展的新思路、新举措、新进展、新成效，引导广大干部群众进一步坚定加快发展的信心和决心，使全市上下发展的意识更强、崛起的氛围更浓、拼搏的干劲更足。蔡社宝出席并讲话。

同日 全市城区农房普查工作会议召开。龚建华出席并讲话。

21日 全市首次兑现2004年乡镇街道发展经济、增强财政实力奖励会召开。全市73个乡镇、26个街办受到奖励。李豆罗出席并讲话，龚建华主持。连樟寿、王水苟出席。

同日 由市人事局举办、市人才市场承办的2005年南昌夏季大型人才招聘会在省体育馆举行。

23日 红谷滩新区中央商务区规划方案论证会召开。新加坡著名城市规划大师刘太格阐述自己的设计观点。余欣荣出席并讲话，卢晓健、黄春平及市长助理刘建洋等出席。

24日 市政府在市政府小礼堂召开会议，部署江西省龙舟赛暨南昌市第四届龙舟赛和江西省纪念《全民健身计划纲要》颁布十周年、“国际体育运动年”全国亿万群众健步走暨南昌市全民健身月开幕式活动。李豆罗出席并讲话，蔡社宝、罗慧芬出席。

25日 李豆罗、黄春平在滕王阁贵宾厅会见到南昌签约投资的荷兰荷隆美气候与能源公司商务招展经理安东一行。双方就合作投资CDM项目达成共识，并就下一步发展计划进行探讨。

同日 南昌麦园垃圾处理场与荷兰荷隆美气候与能源公司签订《清洁发展机制（CDM）项目合作合同》。

26日 全市建设和谐平安南昌动员暨2004年度社会治安综合治理表彰大会在红谷滩会展中心召开。会议表彰2004年度全市综治工作先进单位、先进个人和见义勇为模范、先进分子；会议围绕贯彻落实全省建设和谐平安江西动员会议精神，就开展建设和谐平安南昌工作进行动员和部署。余欣荣出席并讲话，王样生作建设和谐平安南昌活动动员讲话。史蓉蓉主持，罗为民、熊全柏、黄春平等出席。

全市建设和谐平安南昌动员暨 2004 年度社会治安综合治理表彰大会召开

同日 第二届“泛珠三角省会城市市长论坛”在福州市西湖大酒店开幕。福建省委常委、福州市委书记袁荣祥，商务部港澳司司长王辽平、中国市长协会副秘书长陈志华、中国人民大学博士生导师叶卫平教授，南昌市长李豆罗、广州市长张广宁、福州市长练知轩、长沙市常务副市长赵小明、南宁市长林国强、海口市长陈辞、成都市副市长何华章、贵阳市长袁周、昆明市副市长雷晓明、广州市副市长王晓玲、南昌市副市长梁小康、海口市副市长刘庆声，以及香港特别行政区工商及科技局局长曾俊华、澳门特别行政区贸易投资促进局主席李炳康出席。泛珠三角省会城市市长论坛主委会决定，第三届泛珠三角省会城市市长论坛将在南昌举行。李豆罗、梁小康出席交接仪式。

27 日 全市加快县域经济发展工作汇报会在新建县召开。会议听取各有关县区和部门关于县域经济发展情况汇报，并就下一步工作进行再动员、再部署和再落实。余欣荣出席并讲话。蔡社宝主持。肖永政、戴和旺出席。

同日 江铃陆风汽车公司发车仪式在南昌北生产基地举行。首批出口欧洲的 200 辆陆风汽车正式从南昌发运，通过上海的海通码头运往荷兰。余欣荣出席，周关致辞。

同日 重庆永川市委书记刘强率永川市委考察团考察南昌市城市建设及经济社会发展情况。余欣荣、马承祖、雷武江、何友德、王水苟出席两市交流会。28 日，考察团一行考察南昌市高新技术企业和城市景观。马承祖、雷武江、卢晓健陪同。

28 日 市委宣传部、市文明办联合在南师附小举行《文明南昌三字经》首发式。余欣荣、史蓉蓉、蔡社宝及省委宣传部副部长陈东有出席。

29 日 江铃控股有限公司开业庆典暨小蓝工业园生产基地建设启动仪式举行。江铃控股有限公司由长安汽车股份有限公司和江铃汽车集团公司共同出资组建，首期注册资金 1 亿元，今后将增资到 10 亿元。增资完成后，江铃控股将拥有江铃汽车 41.03% 的股份，成为江铃汽车的第一大股东。长安公司董事长尹家绪，省领导黄智权、凌成兴、余欣荣等出席。

江铃控股有限公司开业庆典暨小蓝工业园生产基地启动仪式举行

30 日 余欣荣、李豆罗率民政、劳动、财政等部门主要负责人在南昌警备区现场办公，协调解决驻地部队发展和建设中遇到的问题。

31 日 全市创建文明村镇工作现场会召开。会议强调，要逐步实行以县区为单位，按照统一选址、统一规划、统一涉及、统一建设、统一安置、统一管理的原则，改造空心村，积极推行农民公寓住宅小区、农民新村建设，使所有文明村镇都达到道路硬化、路灯亮化、房屋美化、围旁绿化、卫生洁化、秩序优化的标准，并以此带动全市农村村镇的建设与发展。余欣荣、李豆罗出席并讲话，蔡社宝就下一阶段文明村镇创建工作进行部署。省文明办主任杨六华，戴和旺出席。

同日 河南省委常委、洛阳市委书记孙善武，洛阳市长李贵基率洛阳市党政代表团一行在凯莱大酒店与南昌交流经济社会发展的经验和做法。余欣荣出席交流会并介绍南昌经济社会发展情况。李豆罗主持，马承祖、熊焕高、陈守朴、雷武江等出席。会后，洛阳市党政代表团一行考察工业园区以及新城建设情况。

同日 南昌中小企业信用建设与融资工作会在红谷滩会展中心举行。省中小企业局副局长林宗霖出席并为南昌市中小企业信用促进会及南昌市中小企业发展投资有限公司揭牌。凌学仁、雷元江，国家开发银行江西省分行副行长刘洪滨出席。

同日 市十二届人大常委会第六十八次主任会议在市人大常委会机关三楼主任会议室召开。会议听取《南昌市人民代表大会常务委员会监督司法工作条例（草案）》修改情况的汇报，关于南昌基层人民调解工作存在的主要问题（书面），市人大常委会选任联工委关于城建环保专业代表小组开展活动情况的报告；讨论《关于扩大市人大专业代表小组试点工作的意见（草）》《关于拟对梅岭国家级森林公园及风景名胜区的保护和建设管理进行立法调研的方案（草）》，2005 年述职评议对象和方案（草）。熊焕高主持。

2005 6月 June

公元2005年6月							农历乙酉年【鸡】						
日	一	二	三	四	五	六	日	一	二	三	四	五	六
			1 儿童节	2 廿六	3 廿七	4 廿八	5 芒种	6 三十	7 初一	8 初二	9 初三	10 初四	11 端午节
12 初六	13 初七	14 初八	15 初九	16 初十	17 十一	18 十二	19 十三	20 十四	21 夏至	22 十六	23 十七	24 十八	25 十九
26 二十	27 廿一	28 廿二	29 廿三	30 廿四									

1日 南昌英雄经济技术开发区揭牌暨项目签约仪式举行。余欣荣、李豆罗出席并揭牌。由中国康超集团投资建设的国际生物科技产业园项目、翠林山庄项目落户该区。龚建华主持。王祥生、熊焕高等出席。

南昌英雄经济技术开发区揭牌暨项目签约仪式举行

同日 市委常委会议在市委六楼常委会议室召开。会议听取市委常委先进性教育活动整改落实情况通报，市公安局党委《关于加强我市特警队伍建设的情况汇报》；审议并同意市教育局关于全省加强和改进大学生思想政治教育工作会议暨第十五次全省高等学校党的建设工作会议精神汇报，市委宣传部、安义县委报送的《关于推荐安义县优秀党支部书记凌美龙作为全市先进典型的请示》，市委政法委报送的《关于提请审议〈关于加强“两所一庭”建设的意见〉的请示》。余欣荣主持。

同日 全市公文传输系统开通仪式在市政府小礼堂举行。马承祖、侯捷出席。

2日 武警南昌市支队（旅级）成立大会在红谷滩会展中心举行。省市领导彭宏松、舒晓琴、余欣荣、李豆罗、雷武江、卢晓健，武警江西省总队总队长施文求、政委张生枝出席。

3日 全市重点企业服务平台工作会召开。会议就进一步推动网络建设和服务工作进行部署。周关出席。

4日 市规划委员会2005年第3次会议召开。会议审议南昌火车站广场改造工程规划方案和南昌国际IT产业园区（地处湾里罗亭）概念性规划方案。余欣荣主持并讲话，李豆罗、龚建华、卢晓健及市长助理刘建洋出席。

5日 2005年全国龙舟月南昌地区首届前湖大学生龙舟邀请赛举行。国家体育总局群体司副司长刘国永，省市领导胡振鹏、余欣荣、李豆罗出席并为获奖队伍颁奖。

同日 由市委、市政府和中央国家机关工委紫光阁画院联合主办的“崛起的南昌”全国名家笔会暨名家书画精品展在省博物馆开幕。余欣荣出席并宣布笔会开幕。中国书法家协会常务副主席、党组书记张飙，李豆罗分别致辞。熊焕高、蔡社宝、姚燕平等出席。

6日 联合国亚太地区绿色食品有机产品发展与农民增收和扶贫开发国际研讨会开幕式在红谷滩会展中心举行。联合国亚太经社理事会发展部主任叶求成，农业部市场与经济信息司副司长徐肖君出席并致辞，国家绿色食品发展中心主任马爱国主持。余欣荣出席并致辞，蔡社宝、肖永政、戴和旺出席。

同日 市人大常委会颁布《南昌市城市供水用水管理条例（修正案）》《南昌市市政工程设施管理条例（修正案）》《南昌市城市公共汽车电车客运管理条例（修正案）》《南昌市城市绿化管理规定（修正案）》《南昌市城乡集市贸易市场管理条例（修正案）》《南昌市劳动力市场管理条例（修正案）》《南昌市殡葬管理条例（修正案）》《南昌市社会医疗机构管理条例（修正案）》《南昌市城市中小学校用地保护规定（修正案）》。

同日 南昌市党政代表团考察福州市经济社会发展情况。两市就经济社会发展的经验和做法进行交流。余欣荣出席交流会并致辞，李豆罗介绍南昌经济社会发展情况。王样生、龚建华等出席。

7日 2005年南昌承接沿海产业梯度转移南昌（福州）推介会在福州市举行。南昌市签订项目39个，总引资额57亿元。余欣荣出席推介会并致辞，李豆罗主持。龚建华向与会客商推介南昌市情、投资环境及经济发展情况。王样生、龚建华、熊焕高等出席。

承接沿海产业梯度转移南昌（福州）推介会举行

8日 南昌市党政代表团考察苏州工业园区十年成果展及考察园区开发建设情况。代表团一行与苏州市党政领导就经济社会发展的经验和做法进行交流。余欣荣出席交流会并致辞，江苏省委常委、苏州市委书记王荣主持。龚建华，苏州市委常委、常务副市长汪国兴分别介绍两市经济社会发展情况。雷武江、梁小康、侯捷等出席。

9日 2005年南昌（昆山）投资环境说明会在昆山市举行。余欣荣出席并致辞，向与会台商做出“四项承诺”：鼓励和支持台商到南昌投资创建台企工业园区，拟规划的台企工业园区，对投资者根据投资规模、园区

2005年南昌（昆山）投资环境说明会举行

类型给予一区一策的政策扶持；鼓励和支持台商到南昌发展软件、IT等高新技术产业，当地政府将按照土地出让金的同比例配套支持该企业的基础设施建设；对投资5000万美元以上的台资企业，由当地政府抽调专人组成项目服务小组，无偿提供保姆式的全过程跟踪服务；对在南昌投资兴业的台商，在居住、医疗、子女教育、生活等方面提供各项优质服务。苏州市委副书记杜国玲出席并致辞。龚建华主持，雷武江、梁小康、侯捷等出席。

同日 上海浦东发展银行南昌分行开业暨银企合作签约仪式在赣江宾馆举行。浦发银行分别与江西铜业公司、新余钢铁厂、江铃集团汽车股份有限公司、市政公用投资控股集团有限责任公司签订银企合作协议。浦发银行董事长张广生、行长金运，省市领导黄智权、吴新雄、李豆罗等出席。

12日 中国江西国际傩文化艺术周开幕式举行。全国政协副主席张怀西，中国文联主席周巍峙，中国文联党组书记李树文，中国文联副主席、中国民协主席冯骥才，省领导孟建柱、黄智权、王君、吴新雄、余欣荣、郝敬民等出席。

14日 全市首次国有资产监督管理会议在市政府小礼堂召开。会议就全市国资监管工作的现状进行分析，并对全市国有资产监管工作进行安排和部署。李豆罗出席并讲话。

15日 大型民俗风情歌舞《赣傩的表情》演出在江西艺术剧院举行。中国文联主席周巍峙，中国文联副主席、中国民协主席冯骥才，省领导孟建柱、黄智权、钟起煌观看演出。

同日 市委常委会议在市委办公楼六楼常委会议室召开。会议听取市党政代表团赴福州、苏州考察、招商情况汇报，市信访局关于《我市1月至5月信访工作情况汇报》；审议并同意市关工委报送的《关于召开纪念南昌市关工委成立十周年暨全市关心下一代工作“双先”表彰会的请示》、文明南昌行动委员会报送的《关于提请审定文明南昌行动先进集体和先进个人的请示》、市委组织部报送的《关于审定全市先进基层党组织、优秀共产党员、优秀党务工作者名单和召开表彰大会有关事项的请示》《关于在全市开展领导干部集中接访月实施方案》。余欣荣主持。

16日 江西微软技术中心落成仪式在南昌高新区金庐软件园举行。省市领导吴新雄、余欣荣，李豆罗等出席。

江西微软技术中心落成仪式举行

同日 市委、市政府在省体育馆举行文明南昌行动总结表彰暨再动员大会，号召全市上下和广大干部群众向文明南昌行动中涌现出来的先进集体和先进个人学习。余欣荣出席并讲话，李豆罗宣布大会开幕并总结文明南昌行动实施一年来取得的阶段性成果。马承祖宣读《市委、市政府关于表彰文明南昌行动先进集体和先进个人的决定》。王样生、史蓉蓉等出席。

同日 南昌海关驻南昌高新区办事处开关仪式及江西出入境检验检疫局南昌高新区办事处大楼奠基仪式举行。李豆罗出席并致辞，龚建华主持，南昌海关关长陈华山等出席。

18日 南昌电子信息产业项目推介会在江西饭店举行。余欣荣出席并致辞，龚建华主持。国家信息产业部经济运行司司长周子学、省信息产业厅副厅长李红何，连樟寿、周关、王水苟出席。

南昌电子信息产业项目推介会举行

同日 由市委、市政府和经济日报社联合主办的“和谐·创业·先进性——县域经济科学发展（南昌）论坛”在红谷滩会展中心举行。余欣荣出席并致辞，李豆罗主持。龚建华、熊焕高等出席。

同日 余欣荣、李豆罗在富豪大酒店会见到南昌参加县域经济科学发展（南昌）论坛的部分专家学者和部分全国百强县代表。

22日 全市农村教育工作会议召开。会议传达全国、全省农村教育工作会议精神，部署全市下一阶段农村教育发展工作。李豆罗出席并讲话。

23日 全市先进性教育活动电视电话会议在红谷滩会展中心主会场召开。会议收看收听全国、全省第二批保持共产党员先进性教育活动电视电话会议实况，回顾总结全市第一批先进性教育活动的开展情况，对即将启动的第二批先进性教育活动工作进行部署。余欣荣出席并讲话。李豆罗、王样生、史蓉蓉等出席。

同日 市十二届人大常委会第六十九次主任会议在市人大常委会机关三楼主任会议室召开。会议听取市政府关于南昌市2004年政府投资项目建设及管理情况的报告，关于《南昌市液化石油气管理条例》和《南昌市城市管道燃气管理条例》实施情况的汇报；讨论《南昌市流动人口计划生育管理和服务办法（草案）》，2005年述职评议方案及述职评议工作组和协调办公室人员名单（草），人事任免事项。熊焕高主持。

24日 庆祝市关工委成立10周年大会举行。会议表彰东湖区关工委等40个先进单位和曾玉麟等150名先进个人。省委常委、市委书记、市关工委名誉主任余欣荣出席并讲话。李豆罗主持，史蓉蓉宣读表彰决定。省关工委主任许勤到会祝贺。

27日 南昌市与到南昌考察访问的瑞士经贸代表团举行座谈会。李豆罗出席并致辞，龚建华主持，周关等出席。

28日 市委常委会议在市委六楼常委会议室召开。会议观看警示教育片《被金钱买断的人生》；审议市委组织部报送的《关于建立健全基层党组织建设和党员教育管理长效机制的意见》；审议并原则同意市编办报送的《南昌市新闻出版局（版权局）主要职责、内设机构和人员编制规定》；审议市委组织部报送的《关于江西省新闻出版局南昌分局划归我市管理后党组织设置的请示》；研究有关人事问题。余欣荣主持。

同日 阳光乳业和世界500强企业——国际纸业集团公司签订合作协议。李豆罗出席签约仪式。

29日 市十二届人大常委会第三十五次会议召开。会议邀请有关专家作《反分裂国家法》专题讲座；听取和审议市人民政府关于全市人口与计划生育工作情况的汇报；审议《南昌市流动人口计划生育管理和服务办法（草案）》；审议通过有关人事任免事项。熊焕高、姜任保分别主持。

30日 余欣荣在市委六楼会见厅会见到安义县投资的新加坡盘龙国际控股有限公司董事会主席潘家民一行。

同日 南昌市农村部分计划生育家庭奖励扶助金首发仪式在新建县心怡广场举行。国家人口计生委纪检组长周清明，省市领导余欣荣、危朝安、蔡社宝出席。

同日 李豆罗率南昌市政府代表团一行赴吉林省四平市进行为期4天的参观考察。7月1日，南昌——四平两市缔结友好城市签字仪式在四平宾馆举行。李豆罗，四平市市长王克成分别讲话。四平市副市长赵洪兴主持，梁小康出席。

2005 7月 July

公元2005年7月 农历乙酉年【鸡】													
日	一	二	三	四	五	六	日	一	二	三	四	五	六
					1 建党节	2 廿六	3 廿七	4 廿八	5 廿九	6 初一	7 小暑	8 初三	9 初四
10 初五	11 初六	12 初七	13 初八	14 初九	15 初十	16 十一	17 十二	18 十三	19 十四	20 十五	21 十六	22 十七	23 大暑
24 十九	25 二十	26 廿一	27 廿二	28 廿三	29 廿四	30 廿五	31 廿六						

1日 全市农村离任“两老”（生活困难的农村离任老村党支部书记、老村委会主任）人员生活困难补助工作会议召开。史蓉蓉出席并讲话。

2日 余欣荣、龚建华、周关在市委六楼会见厅会见到南昌参加马恒达（中国）拖拉机有限公司开业庆典的印度驻华公使白先杰、印度马恒达集团公司首席副董事长兼执行董事马恒达一行。

3日 市委发出《关于加强基层党组织建设和建立党员教育管理长效机制的意见》。内容包括指导思想和基本原则；突出工作重点，进一步加强和改进基层党组织建设；建立健全规章制度，进一步夯实党员教育管理工作基础；改进方式方法，不断提高党员教育管理工作水平；加强组织领导。

7日 余欣荣、李豆罗、龚建华、罗慧芬、周关在凯莱大酒店会见中兴通讯股份有限公司董事长侯为贵一行。

同日 李豆罗考察由泰国正大集团在上海投资开发的浦东正大广场。

同日 李豆罗在上海延安饭店会见上海市法学家企业家联谊会常务副会长张竹，并与部分上海市知名民营企业家进行座谈。

8日 中兴软件技术（南昌）有限公司开业庆典举行。中兴通讯股份有限公司董事长侯为贵，省领导余欣荣、胡振鹏出席。

中兴软件技术（南昌）有限公司开业庆典举行

同日 全市经济发展表彰奖励大会召开。会议表彰南昌工业经济十大突出贡献企业家、南昌工业企业销售收入20强、南昌工业企业纳税20强、南昌工业企业出口创汇10强及南昌工业企业节能降耗10个先进单位。余欣荣出席并讲话，李豆罗主持。王样生、马承祖等出席。

9日 2005年中国（南昌）地产峰会暨南昌地产市场形势与发展论坛在滨江宾馆1号楼召开。李豆罗出席并致辞，龚建华、卢晓健出席。

10日 市委常委会议在市委六楼常委会议室召开。会议听取市文明办《关于我市创建文明城市工作的情况汇报》、市纪委《关于梅岭风景区开发问题的调查报告》；审议《市委、市政府关于推动和谐创业、富民强市、快速崛起的若干意见》《关于加快现代服务业发展的决定》（讨论稿）；审议并同意市委办公厅报送的《关于召开市委八届九次全体（扩大）会议工作方案》、市人大常委会党组报送的《关于2005年述职评议对象的请示》、市纪委报送的《关于重申党政领导干部交流工作纪律的通知》、市委组织部报送的《关于昌东高校园区管委会机构更名后调整党组织设置的请示》和《南昌市公开选拔党政领导干部实施意见》；研究有关人事问题。余欣荣主持。

13日 英特尔战略合作伙伴——上海微迪电子网络有限公司与南昌高新区正式签订落户协议，决定投资2000万美元建造笔记本电脑制造工厂。吴新雄出席签约仪式并致辞。英特尔公司（中国区）总经理赖一龙，李豆罗出席。

14—15日 市委八届九次全体（扩大）会议在红谷滩会展中心召开。会议学习贯彻落实全省领导干部会议精神，围绕和谐创业、富民强市这个主题，分析当前形势，研究部署2005年下半年工作。会议审议并原则通过《中共南昌市委、南昌市人民政府关于推动全民创业，加快富民强市，促进快速和谐崛起的若干意见》《中共南昌市委、南昌市人民政府关于加快现代服务业发展的决定》。余欣荣作题为《大力推进全民创业、加速实现富民强市》的工作报告。李豆罗传达全省领导干部会议精神，并通报上半年南昌市经济运行情况，部署下半年的工作任务。会议由市委常委会主持。王样生、史蓉蓉等出席。不是市委委员的市人大、市政府、市政协党组成员；市委、市人大、市政府、市政协党员助理巡视员、党员正副秘书长；市纪委委员；各县区党政主要负责人；市委各部门、市直各单位党员主要负责人；南昌经济技术开发区、南昌高区、红谷滩新区和桑海经济技术开发区党员主要负责人；市政府驻外办事处、市属大专院校党员主要负责人；中央、省驻市有关单位及市属重点企业党员主要负责人等列席。

市委八届九次全体（扩大）会议召开

19日 玉带河南支整治大会召开，玉带河南支综合整治工程全线开工。李豆罗出席并讲话。

同日 全市优化投资环境工作调度会召开。会议通报全市各单位优化投资环境工作督查情况。马承祖出席并讲话。

20日 2005年中国·南昌红谷滩现代服务业主题招商会召开。南昌市签约项目8个，引资总额达19.87亿元。陈守朴、卢晓健出席。

21日 市委常委会议在市委六楼常委会

议室召开。会议听取市信访局《关于郑州、太原、石家庄等五城市信访、维稳工作考察情况汇报》；审议并同意市委先进性教育活动办公室报送的《关于在先进性教育活动中动员和组织全市广大共产党员为和谐创业作表率的通知》、市人大常委会党组报送的《关于对拟任人员进行任前法律知识考试办法的请示》、市委组织部报送的《关于我市市、县（区）两级联合公开选拔领导干部的请示》；研究有关人事问题。余欣荣主持。

22日 全市公开选拔领导干部动员大会在红谷滩会展中心召开。史蓉蓉出席并讲话。

23日 第二批先进性教育活动首场巡回报告会在红谷滩会展中心举行。史蓉蓉主持并讲话，侯捷出席。

24日 南昌市装饰行业协会成立仪式举行。李豆罗为该协会成立揭牌。中国建筑装饰协会会长马挺贵，市长助理刘建洋出席。

26日 全市创建全国文明城市部署会在红谷滩会展中心召开。会议对迎检工作进行全面部署。余欣荣出席并讲话，李豆罗主持会议并就创建工作提出具体要求，蔡社宝就如何扎实做好迎检工作进行全面部署。卢晓健、肖永政、余根水等出席。

全市创建全国文明城市部署会召开

同日 余欣荣在市委办公楼六楼会见厅会见阿根廷依帕萨矿业公司董事长吴再成一行，双方就推进有关项目的合作进行会谈。

同日 “经济全球化与世界经济发展”报告会在南昌市召开。新加坡南洋理工大学经济学者吕国钧作报告。连樟寿、何友德、凌学仁及各县区、开发区、新区分管经济工作的领导干部听取报告。

27日 余欣荣、李豆罗等到南昌陆军学院和空军某部参加国防“军事日”活动。

同日 全国文明城市责任签订仪式在红谷滩会展中心举行。李豆罗与全市67个责任部门和单位分别签订创建文明城市目标责任状，进一步明确各单位创建工作的目标和任务。史蓉蓉、蔡社宝、罗为民等出席。

同日 全市早稻收购工作会议在市政府小礼堂召开。会议强调，国有粮食购销企业要充分发挥仓容、资金、网点等优势，发挥主渠道作用，积极主动地参与市场竞争，做到运筹帷幄、掌握粮源、敞开渠道、占领市场；要按照“优质优价、敞开收购、诚信经营、不打白条”的原则，以“真价、真秤、真钱、真服务”的态度，进一步提高服务质量，改善服务环境，方便农民售粮；各级粮食、工商、物价部门要组成联合执法小组，深入收购市场进行监督检查，严厉打击违法收购行为，严厉查处非法收购、坑农害农、欺行霸市、压级压价行为，确保早稻收购正常有序。李豆罗出席并讲话，凌学仁传达全省早稻收购工作会议精神并就全市早稻收购工作进行部署。

同日 全市援疆干部座谈会在市委组织部会议室召开。会议宣布全市第四批援疆干部的安置决定和第五批援疆党政干部任职决定。史蓉蓉出席并讲话，何友德主持。

28日 生米大桥西连接线一期工程开工典礼举行。余欣荣出席并察看西连接线规划情况。李豆罗致辞，周关主持。陈守朴、万先勇及市长助理刘建洋出席。

同日 南昌市综合性批发大市场——丰源·金润广场一期正式开业仪式举行。李豆罗、凌学仁出席并剪彩。

29日 全市全民创业企业家座谈会在红谷滩会展中心召开。余欣荣出席并讲话。

同日 全市创建全国文明城市迎检部署会在市政府原第二会议室召开。余欣荣、李豆罗出席并讲话，蔡社宝宣读创建责任分工情况。熊焕高、陈守朴、雷武江等出席。

30日 余欣荣、龚建华在市委办公楼六楼会见厅会见菲律宾SM集团中国区副总裁叶昌一行，并就进一步推进双方的合作事宜进行会谈。

31日 市委、市政府在江西宾馆举行招待会，庆祝中国人民解放军建军78周年。余欣荣出席并致辞，李豆罗主持。龚建华、熊焕高、陈守朴，驻昌部队领导郝敬民、李光金、卢立银等出席。

2005 8月 August

公元2005年8月 农历乙酉年【鸡】													
日	一	二	三	四	五	六	日	一	二	三	四	五	六
	1 建军节	2 廿八	3 廿九	4 三十	5 初一	6 初二	7 立秋	8 初四	9 初五	10 初六	11 初七	12 初八	13 初九
14 初十	15 十一	16 十二	17 十三	18 十四	19 十五	20 十六	21 十七	22 十八	23 处暑	24 二十	25 廿一	26 廿二	27 廿三
28 廿四	29 廿五	30 廿六	31 廿七										

1日 市委、市政府发出《关于推动全民创业 加快富民强市促进快速和谐崛起的若干意见》，要求深刻认识推动全民创业的重大意义、指导思想和总体要求；创新机制体制，加速推进全民创业；打造服务平台，全方位支持全民创业；优化政策环境，大力扶持全民创业；牢牢抓住关键，用干部创事业带动全民创业；落实科学发展观，科学指导全民创业；切实加强领导，确保全民创业取得实效。

同日 南昌八一起义纪念馆改扩建工程建设领导小组向社会各界募集到近2万元的首批工程建设捐款。余欣荣、李豆罗、王样生等出席捐赠仪式。

2日 方大（江西）新材料科技园一期工程竣工投产庆典仪式举行。余欣荣出席并致辞，龚建华主持。省市领导胡振鹏、凌成兴、周关出席。

同日 由市委、市政府主办的“八一”中国人民解放军建军主题晚会《军旗飘飘》在省体育馆举行。余欣荣，省军区领导郝敬民、李光金、卢立银等观看演出。

同日 市第一届政银企融资洽谈会组委会扩大会议在市政府小礼堂召开。龚建华主持并讲话。

同日 史蓉蓉、何友德调研全市史志工作。史蓉蓉强调，要加强理论学习，不断提高干部队伍思想政治素质；要树立做好史志工作的坚定信心，继续推进史志工作向前发展；要狠抓史志业务培训，进一步提高机关干部工作能力；要切实抓好班子建设，努力增强领导班子的战斗力、凝聚力。

3日 市委办公厅、市政府办公厅发出《关于进一步加强信访工作的若干意见》，强调切实加强领导，把信访工作摆上重要位置；实行信访窗口前移，进一步拓宽信访渠道；建立健全矛盾排查工作机制，加强矛盾纠纷排查调处工作；健全完善信访工作机制，有效预防和减少集体访、越级访、重复访；坚持“双向规范”，严格实行信访工作责任追究制度；加强信访机构建设，提高信访干部队伍素质。

4日 国务院、省、市国资监管机构团员青年座谈会在市政府小礼堂举行。国务院、省、市国资委团员青年代表围绕“国资监管、国企改革和青年成才”这一主题展开讨论。国务院国资委副主任王瑞祥出席并讲话，国务院国资委机关党委常务副书记冯爱勤、省国资委党委书记李天鸥，史蓉蓉出席。

同日 市政府、市中级人民法院、市人民检察院向市人大代表通报工作会召开。会议通报“一府两院”上半年工作。熊焕高主持，肖永政、熊全柏、姚燕平、万先勇等出席。

5日 全市网吧迎检动员大会召开。会议就网吧迎检具体工作进行部署。李豆罗出席并讲话，连樟寿、万宗明出席。

6日 全市创建全国文明城市千人再动员再部署会在红谷滩会展中心召开。余欣荣出席并讲话，李豆罗主持。史蓉蓉、熊焕高、陈守朴等出席。

全市创建全国文明城市千人再动员再部署会召开

同日 南昌市纪念方志敏英勇就义70周年座谈会在红谷滩会展中心召开。余欣荣出席并讲话，史蓉蓉、蔡社宝、罗慧芬等出席。

10日 全市开放型经济工作调度会在南昌高新区管委会召开。2005年1—7月，全市新批外商投资企业110家；合同外资6.69亿美元，实际利用外资4.72亿美元，占年计划的54.8%，同比分别增长18.38%、5.63%，落户计划进度3001.67万美元。在利用内资方面，1—7月，全市共达成合同项目390个，实际进资166.99亿元，占年计划的75.9%；同比增长50.56%。龚建华出席并讲话。

13日 全市政法系统解放思想、规范执法、服务全民创业动员大会暨社会治安综合治理工作会议在红谷滩会展中心举行。会议讲评全市政法机关“规范执法行为，促进执法公正”活动和上半年综治工作情况，并对全市政法系统解放思想、规范执法、服务全民创业工作进行部署。王样生出席并讲话，卢晓健、罗为民、肖永政等出席。

14日 由南昌经济技术开发区和江西交远物流有限公司联合打造的南昌保税物流中心（B型）开工庆典举行。余欣荣出席并致辞，龚建华主持。雷武江、连樟寿出席。

同日 美国应用纳米技术集团公司落户南昌高新区暨南昌高新区与浙大科技园共建金庐软件园浙江大学科技园（江西）分园签约仪式在南昌高新区管委会举行。余欣荣、龚建华出席。

同日 创业·浙赣经济合作论坛在南昌高新区举行。龚建华出席。

15日 市委、市政府发出《关于切实加强我市公安特警队伍建设的意见》，要求充分认识新形势下加强公安特警队伍建设的重要意义，大力推动公安特警队伍正规化建设步伐，全面提升公安特警队伍的管理和使用水平，建立和完善公安特警队伍各项保障机制。

同日 南昌市选派年轻干部到开发区（新区）挂职锻炼座谈会在市纪委会议室召开。史蓉蓉出席并讲话，何友德、雷元江出席。

同日 为纪念中国人民抗日战争胜利60周年，由省新四军研究会、市委宣传部和市文化局主办的《血沃赣鄱——江西人民抗日斗争展》在南昌新四军军部旧址陈列馆开展。该展览共展出抗战时期历史照片170多幅，文物、文献50多件。省领导孟建柱、黄智权、余欣荣、郝敬民、万学文等与部分驻昌人民解放军、武警部队官兵、抗日老战士、学生代表共同参观开幕展出。

16日 市委召开常委（扩大）会议。会议针对创建国家文明城市工作中出现的新形势、新任务和新挑战，集中专题研究如何巩固创建成果、实行长效管理问题。会议审议文明南昌行动委员会、市创建指挥部《关于巩固创建成果，实行长效管理的意见（讨论稿）》，围绕如何实施长效管理畅谈将创建工作引向深入听取意见和建议。余欣荣主持并讲话。

17日 2005年中国南昌第四届金秋经贸活动月动员大会召开。会议就活动月相关筹备工作进行再部署、再落实。余欣荣出席并讲话，李豆罗主持。龚建华通报活动月具体实施方案。罗慧芬、凌学仁、周关等出席。

同日 李豆罗、罗慧芬到进贤县三里乡现场办公，协调解决三里乡新和、爱国、光辉3个血吸虫流行村在血防综合治理工作中遇到的各种问题。李豆罗指出，要通过认真细致分析疫情，提出有针对性的防治措施；要把控制和消灭血吸虫病与农民致富、建设社会主义新农村与构建和谐社会结合起来；同时还要在治理中调整农业产业结构，加大养殖业发展，寻找新的经济增长点，实现农民增收，以防治工作的实际成效，推动各项工作的进程。

同日 全市乡镇机构编制工作会议召开。会议传达全省编办主任会议精神，并就全市乡镇机构和人员编制总量控制工作进行部署。龚建华出席并讲话。

18日 全市创建全国文明城市千人动员大会在红谷滩会展中心召开。会议就进一步巩固创建成果、坚持长效管理进行再动员、再部署、再落实。余欣荣出席并讲话，李豆罗主持。马承祖、熊焕高、蔡社宝等出席。

19日 全市人口和计划生育领导小组会召开。会议传达中央对人口计生工作指示精神，并就全市2005年上半年及下一阶段人口和计划生育工作进行总结和部署。李豆罗出席并讲话。

20日 纪念黄庭坚诞辰960周年暨学术交流会在湾里区召开。李豆罗出席并讲话。

23日 全市老干部纪念抗日战争胜利60周年座谈会在市委老干部活动中心阳明楼召开。李豆罗出席并讲话，何友德、万玉明出席。

同日 全市实施国家卫生城市新标准部署大会在红谷滩会展中心召开。李豆罗出席并讲话，指出要努力实现南昌市跨入国家卫生城市的既定目标，向全国爱卫会、向全市人民交上一份满意的答卷。万先勇、曹连甲及市长助理刘建洋、市创建指挥部副总指挥徐兆麟出席。

26日 “新一佳与江西共成长”项目签约仪式暨商品采购大会举行，大型综合连锁超市——深圳新一佳正式落户江西。省市领导吴新雄、凌学仁等出席签约仪式。

27—28日 以中组部副部长兼秘书长李智勇为组长、中办督查专员洪流为副组长的中央督查组检查南昌市贯彻落实《中共中央关于进一步加强和改进公安工作决定》情况。省市领导舒晓琴、余欣荣、蔡安季、李豆罗等陪同。

30日 全球第一块新型三防幕栅板——南昌华春公司投产仪式举行。省市领导吴新雄、余欣荣、李豆罗等出席。

同日 市规划委员会2005年第4次会议召开。会议研究审议南昌市城市燃气专业规划。余欣荣讲话强调，南昌的城市框架在不断拉开，燃气作为城市的基础性工程，其建设也要加快步伐。要更好地把燃气规划建设推向法制化轨道，加强领导，统一思想，把这项民生工程、民心工程、文明工程、战略性工程建设好，为全市百姓造福，为南昌发展加力。李豆罗、卢晓健及市长助理刘建洋出席。

30—31 日 市十二届人大常委会第三十六次会议在市人大常委会机关一楼会议室召开。会议听取和审议市中级人民法院关于执行工作情况的汇报；审议《南昌市城市建设档案管理条例（草案）》、《南昌市公共娱乐场所治安管理条例（草案）》；审议通过《南昌市人民代表大会常务委员会监督司法工作条例（草案修改稿）》《南昌市流动人口计划生育管理办法（草案修改稿）》《南昌市防雷减灾条例（草案修改稿）》《南昌市安全生产条例（修订草案修改稿）》；审议并原则通过《南昌市人民代表大会常务委员会对拟任人员进行任前法律知识考试的办法（草案）》；审议通过有关人事任免事项。熊焕高、姜任保分别主持。

31 日 生米大桥首节钢管拱合龙仪式举行。余欣荣、李豆罗、万先勇、周关及市长助理刘建洋出席。

生米大桥首节钢管拱成功合龙

是月 在第四次全国妇女儿童工作会议上，国务院妇女儿童工作委员会授予南昌市“全国实施妇女儿童发展纲要先进集体”称号。

2005

9 月

September

公元 2005 年 9 月　农历乙酉年【鸡】													
日	一	二	三	四	五	六	日	一	二	三	四	五	六
				1 廿八	2 廿九	3 三十	4 初一	5 初二	6 初三	7 白露	8 初五	9 初六	10 教师节
11 初八	12 初九	13 初十	14 十一	15 十二	16 十三	17 十四	18 中秋节	19 十六	20 十七	21 十八	22 十九	23 秋分	24 廿一
25 廿二	26 廿三	27 廿四	28 廿五	29 廿六	30 廿七								

1 日　以李豆罗为团长的南昌市政府代表团一行到瑞士、马其顿、英国进行为期 12 天的考察访问。

2 日　南昌市领导干部赴新加坡南洋理工大学、香港理工大学培训班汇报暨预培训会召开。余欣荣出席并讲话，史蓉蓉主持。熊全柏、姚燕平、何友德出席。

7 日　凌美龙先进事迹报告会暨全市“十大爱心人物”表彰大会在红谷滩会展中心举行。会议强调，要充分发扬凌美龙和“十大爱心人物”在公民道德建设中的示范带头作用，把学习和弘扬他们的精神与创建文明城市、提升城市文明程度和市民文明素质结合起来，与大力推进社会主义新农村建设结合起来，与推进全民创业、和谐创业及快速和谐崛起事业结合起来，不断推动文明南昌、和谐南昌的全面发展。余欣荣出席并讲话，蔡社宝宣读《关于开展向“十大爱心人物”学习活动的通知》。史蓉蓉主持，熊焕高、蔡社宝、卢晓健等出席。

同日　余欣荣、罗慧芬走访慰问全市部分教职员工。余欣荣在走访中指出，教育是立市之本，是南昌实现快速和谐崛起的根本条件。在南昌面临全新发展机遇的基础上，全市的教育事业要找出自身规律，抓好义务教育和职业教育、特色教育相结合，通过开放的思路提升教育水平。要注重教育质量提高和数量扩张相结合，使教育方式、教育结构都有新变化。要注重教书和育人相结合，为南昌经济多元化发展培育更多德、智、体、美全面发展的优秀人才。

同日　2005 年南昌（厦门）经贸合作恳谈会在厦门亚洲海湾大酒店举行。龚建华出席并致辞。

同日　第二届中国公民道德论坛筹备工作会议召开。会议通报论坛有关组织情况，部署论坛筹备工作。蔡社宝出席并讲话。

8 日　全市领导干部报告会在红谷滩会展中心举行。省委常委、组织部部长董君舒就如何推动全民创业尤其是干部创事业作专场报告。余欣荣主持，史蓉蓉、马承祖等1200余人聆听报告。

9日 余欣荣在厦门马可波罗酒店会见参加第九届中国国际投资贸易洽谈会的新加坡国际企业发展局局长李奕贤一行。双方就进一步加强南昌与新加坡的交流与合作交换意见。余欣荣指出，南昌不仅具有承东启西、沟通南北的区位优势，而且依托水陆空等便捷的交通，正在形成从南昌到周边的一个庞大市场消费圈。南昌人民真诚欢迎新加坡朋友多到南昌，寻求合适的投资机会。

10日 余欣荣在市委六楼会见厅会见上海海立（集团）股份有限公司董事、副总经理郑建东一行，就进一步推进双方合作进行会谈。

同日 十运会“我们万众一心”——中国石化杯火炬传递活动江西起跑仪式在省体育馆西大门隆重举行。孟建柱点燃火炬传递主火炬，黄智权致辞，省市领导万学文、胡振鹏、刘运来、罗慧芬等出席。

12日 2005年昌台经贸合作推介会在庐山举行。南昌市签订项目4个，总投资金额共1.1亿美元。余欣荣出席并致辞。熊焕高、陈守朴及美国科勒厨房与卫浴集团总裁大卫·科勒等出席。

2005年昌台经贸合作推介会举行

12—14日 中共中央政治局委员、国务院副总理吴仪考察南昌市内外资企业、经济技术开发区发展情况。省领导孟建柱、黄智权、余欣荣等陪同。

13日 市特警支队举行训练科目汇报演练。余欣荣观摩演练并讲话，他希望市特警支队要加强队伍建设，在处置突发事件时做到召之即来、来之能战、战之能胜，成为处置突发性事件的突击队。王样生、熊焕高等到场观摩。

同日 南昌科勒有限公司投产仪式在南昌高新区举行。余欣荣出席并致辞。熊焕高、陈守朴及美国科勒厨房与卫浴集团总裁大卫·科勒等出席。

16日 2005年中国·南昌第四届绳金塔庙会开幕式举行。省市领导余欣荣、万学文、孙刚、刘运来、李豆罗等出席。

同日 全市领导干部会议在红谷滩会展中心召开。会议就做好即将在南昌举行的第二届中国公民道德建设论坛、2005年中国南昌金秋经贸活动月等各项大型活动的筹备工作进行再动员、再部署。会议强调，各级领导干部要进一步认真贯彻落实市委八届九次全会精神，再接再厉、精心组织、抓住重点，确保各项大型活动的顺利举行；要继续发扬精益求精、争创一流的工作作风，以高度的紧迫感和责任感扎实做好各项工作，为圆满完成2005年各项目标任务奠定坚实基础。余欣荣出席并讲话，李豆罗就如何进一步做好各项大型活动的筹备工作进行部署。龚建华通报2005年中国南昌金秋经贸活动月筹备进展情况。王样生、史蓉蓉、马承祖等出席。

同日 南昌汽车零部件产业投资环境（上海）推介会在上海银河宾馆三楼会议厅举行。长安集团、江铃集团和美国福特公司分别介绍未来在南昌的汽车产业发展战略构想和相关举措。罗慧芬出席，市直有关部门、南昌小蓝工业园汽车工业城负责人及来自国内外的80多家汽车及汽车零部件生产商代表出席。

17日 “崛起南昌、放歌洪城”中秋赏月晚会暨东湖区第四届百花洲金秋社区文化艺术节开幕式在滕王阁举行。余欣荣、李豆罗出席并致辞，王样生、史蓉蓉、马承祖等出席。

同日　市委、市政府发出《关于做好2005年农村税费改革工作的意见》，要求不折不扣落实免征农业税政策，切实做好粮食直补和良种补贴发放工作；巩固乡镇机构改革成果，转变乡镇政府职能；加大农村义务教育管理体制改革力度，巩固以政府投入为主的经费保障机制；进一步完善县乡财政管理体制；继续整治和规范涉农收费；坚持和完善防止农民负担反弹的长效机制；认真清理审核乡村债务，坚决制止新债发生；完善村内"一事一议"筹资筹劳管理制度；切实减轻国有农场职工负担；稳定和完善农村土地家庭承包经营体制，做好确权发证工作；大力推进社会主义新农村建设；切实加强领导，确保农村税费改革工作的顺利进行。

18日　余欣荣、雷武江到市社会福利院，与老人孩子欢度佳节。

同日　由印度工商会联合会执行董事阿都尔·达拉果地率领的印度商业发展贸易团一行到南昌考察桑海开发区、高新区生物医药产业发展情况。龚建华在南昌高新区管委会会见阿都尔·达拉果地一行。

20日　第二届中国公民道德论坛在南昌市举行。中共中央政治局委员、书记处书记、中宣部部长刘云山向论坛发来贺信。全国人大常委会副委员长、民革中央主席何鲁丽，全国政协副主席、致公党中央主席罗豪才出席并讲话。中国大百科全书出版社总编辑徐惟诚，中宣部副部长、中央文明办主任胡振民，全国政协副秘书长卢昌华，教育部副部长袁贵仁，光明日报总编辑苟天林，团中央书记处书记张晓兰，省市领导孟建柱、彭宏松、钟起煌、余欣荣、万学文、李豆罗、史蓉蓉、陈守朴、雷武江、蔡社宝、罗慧芬等出席。论坛由中宣部宣教局局长杨新力和省委常委、宣传部部长刘上洋分别主持。

同日　第二届中国公民道德论坛文艺晚会在省艺术剧院举行。全国人大常委会副委员长、民革中央主席何鲁丽，中宣部副部长、中央文明办主任胡振民，全国政协副秘书长卢昌华，教育部副部长袁贵仁，光明日报总编辑苟天林，辽宁省委常委、宣传部部长焦利，湖南省委常委、宣传部部长蒋建国，省市领导彭宏松、刘上洋、余欣荣、万学文等与出席公民道德论坛的代表一同观看演出。

21日　南昌广播电视局与湖南经济电视台合作签约仪式在凯莱大酒店举行。湖南省委常委、宣传部部长蒋建国，余欣荣、史蓉蓉、雷武江出席。

同日　余欣荣在赣江宾馆会见联想集团全球高级副总裁陈绍鹏一行，双方就进一步推进联想与南昌的合作进行会谈。

同日　联想集团与先锋软件学院签署战略合作协议，宣布打造中部地区第一所"笔记本大学"。省市领导凌成兴、罗慧芬出席签约仪式。

22日　2005年中国南昌第四届金秋经贸活动月开幕式在红谷滩行政中心广场举行。中华全国工商业联合会副主席谢伯阳、中国侨联副主席林淑娘等出席。余欣荣致辞指出，诚邀天下嘉宾，共度金秋盛会。一年一度的南昌金秋经贸活动月不仅是南昌企业的盛会、市民的节日，也是南昌承接沿海产业梯度转移、做大

2005年中国南昌第四届金秋经贸活动月开幕式举行

做强南昌的经贸平台，更是一张宣传南昌、推介南昌、发展南昌的重要城市名片。李豆罗主持，王样生、史蓉蓉等出席。

同日 李豆罗和芬兰瓦尔济考斯基市市长马库•奥维宁代表两市续签友好协议。史蓉蓉，芬兰瓦尔济考斯基市议长特乌沃•涅米宁出席签约仪式。

同日 中国（南昌）中部崛起与制造业重要基地建设论坛暨民营企业投资洽谈会开幕式举行。南昌市共签订 14 个成果项目，引资金额达 33.45 亿元。余欣荣、中华全国工商联副主席谢伯阳分别致辞，李豆罗主持。龚建华、凌学仁、周关、雷元江及市委助理巡视员杨伟东等，省工商联党组书记舒国华，全国部分兄弟城市工商联负责人，来自上海、广州、杭州、宁波等 30 个经济发达地区的 469 名民营制造业企业家出席。龚建华、周关分别就南昌的开发区、工业发展等情况进行推介。

同日 全市“万店整治”现场会在青山湖区师大南路召开。与会人员实地参观青山湖区师大南路及沿线店面的整治情况。会议强调，在整治万家店面时，各级部门要抖擞精神、善始善终，针对存在的问题，对照国家卫生城的标准，坚持“市里指挥、区自为战、街办牵头、店家为主、单位包点、全城行动”的原则，通过整灯、整线、整管、整地面，刷墙、刷壁、刷店面，控油烟、控噪音、控污水、控时间等措施来进行一次彻底整治；实施百路大会战是广大市民的共同期盼，各城区一定要按照年初预定的计划，继续抓好落实，要做到上整天线、下整路面，两边整店面，将街面整治到边到角到旮旯；要高标准、严要求地修好每条道路，让广大市民满意。李豆罗出席并讲话，马承祖主持，市创建指挥部副总指挥徐兆麟出席。

同日 市政府办公厅发出《印发〈关于推进城乡社会救助体系建设意见〉的通知》。内容包括推进城乡社会救助体系建设的总体思路和基本原则；突出重点，强化措施，全面推进城乡社会救助体系制度建设；切实加强对推进城乡社会救助体系建设工作的领导。

23 日 2005 年中国“五会”（南昌）经贸恳谈会开幕式在红谷滩会展中心举行。孟建柱宣布开幕。黄智权致辞。中央统战部副部长、全国工商联党组书记胡德平代表中国“五会”讲话。中国侨联主席林兆枢，全国工商联副主席谢伯阳，中国侨联副主席林淑娘，全国台联会长梁国扬、副会长史茂林出席。吴新雄主持。省市领导钟起煌、余欣荣、蒋仲平、王林森、金异、李豆罗、龚建华出席。开幕式后举行项目推介会。余欣荣出席并致辞。龚建华作南昌市情推介。雷武江、连樟寿、周关、王水苟、雷元江出席。南昌市共签订项目 17 个，引进内资 15.11 亿元、外资 2.61 亿美元。

2005 年中国“五会”（南昌）经贸恳谈会开幕式举行

同日 市委常委扩大会议召开。会议专题研究和部署全市当前的各项经济工作，要求始终坚持大开放主战略不动摇、实施打造现代制造业重要基地核心战略不动摇、投资拉动战略不动摇、丰富城市功能不动摇，积极破解资金供应难、税收征管难、土地供应难、招商项目落地难、重点工业项目达产达标难等问题，确保全面完成 2005 年全市的各项经济工作目标任务，为 2006 年和“十一五”经济工作打下坚实基础。余欣荣主持。李豆罗、王样生、史蓉蓉、马承祖、龚建华、雷武江、蔡社宝、卢晓健、张国华、罗为民等出席。

24日 首届中国辣文化美食节在绳金塔景区塔西路开幕。李豆罗、中国烹饪协会常务副会长杨柳分别在开幕式上致辞，熊焕高、陈守朴、凌学仁等出席。此次中国辣文化美食节由中国烹饪协会、市政府联合主办。在为期5天的活动中，将围绕"辣味美食，健康时尚"这一主题，把饮食文化传播和商贸经济相结合，把国家级大赛和烹饪技艺交流相结合。活动包括中国辣菜烹饪大赛、美食博览会、中华辣饮食文化论坛等，其中中国辣菜烹饪大赛有15个地区112家餐饮企业的280多位名厨参赛。

同日 2005年昌台商贸服务业投资环境说明会暨台湾知名连锁品牌（南昌）推介会开幕式在滨江宾馆举行。龚建华出席并致辞。王水苟，台湾连锁加盟促进协会理事长、吉的堡教育集团董事长王国安出席。

25日 第26届中国柴油车配件展示订货会、第四届全国微型车配件展示会、首届洪城（华东）汽车展示会开幕式在江西洪城汽配城举行。余欣荣出席并致辞，他指出，汽车产业是南昌目前最大的产业，今后将充分依托江铃、福特、长安战略合作提供的巨大空间，加速汽车零配件产业的发展。中国汽车工业销售总公司总经理王笃洋出席并讲话。熊焕高、陈守朴、连樟寿、凌学仁、周关、王水苟出席。

同日 2005年中国南昌新建（第二届）旅游文化节开幕式在新建县心怡广场举行。李豆罗出席并致辞，蔡社宝、姚燕平、罗慧芬、侯捷出席。旅游文化节招商项目推介会在新建县新都宾馆举行。

26日 南昌首届政银企融资洽谈会开幕式在红谷滩会展中心举行。11家金融机构的相关负责人与来自全市的600余家企业代表汇聚一堂，共签约项目55个，总金额达113.55亿元。余欣荣致辞指出，地方经济与金融血脉总是相辅相成，大家必须在发展中解决问题、在发展中化解风险，形成互利合作的关系；在国际化、市场化的大趋势下，希望政银企三方不断拓展合作空间，积极投身于全民创业大潮中，一起开辟出更加美好的未来。李豆罗主持，龚建华通报南昌首届政银企融资洽谈会筹备情况。连樟寿、王水苟出席。

27日 2005年江西省首届创业博览会开幕式在省展览中心举行。省领导孟建柱考察博览会部分展区并看望参展项目单位代表，彭宏松宣布开幕。余欣荣、张海如、黄懋衡等出席。

28日 第二届南昌制造业博览会开幕式在华东国际工业博览城举行。数百家落户南昌及南昌本土的制造业企业，与全省各设区市知名制造业巨头汇聚一堂，向海内外客商展示"南昌制造""江西制造"的丰硕成果。余欣荣宣布开幕并启动开幕按钮，省市领导孟建柱、胡振鹏、周关等出席。

第二届南昌制造业博览会开幕式举行

同日 南昌牛行水厂一期工程竣工投产仪式举行。该工程位于昌北地区丰和堤以北的牛行水厂，设计总规模为日供水30万立方米，共分三期建设。其中，一期工程于2004年10月开工建设，总投资1.8亿元，日供水设计能力10万立方米，配套输配水管线达27.47公里。李豆罗、万先勇、曹连甲等出席。

南昌牛行水厂一期工程竣工投产

29日 红谷滩新区洪城大厦时代广场超市、南昌市职工科技大学红角洲校区、南昌水利科技大楼、名门世家、中兴华庭、金沙湾餐饮城项目开业、开工仪式举行。余欣荣、熊焕高、雷武江、蔡社宝、卢晓健、王水苟、雷元江，南昌警备区司令员李贤水出席。

同日 市老红军公寓楼工程开工建设仪式举行。余欣荣、史蓉蓉、雷武江出席。

同日 “推进全民创业，加快富民强市”——全市2005年国庆文艺晚会在红谷滩会展中心举行。余欣荣、李豆罗、王样生，南昌警备区参谋长谢光忠、政治部主任刘希文等观看演出。

同日 市十二届人大常委会第三十七次会议召开。会议听取和审议市政府关于南昌市2005年1—8月国民经济和社会发展计划执行情况的汇报、关于2004年度南昌市级财政决算的报告、关于2004年度南昌市市本级预算执行情况、2005年1—8月南昌市财政预算执行情况的汇报和其他财政收支的审议工作报告、市人民检察院关于预防职务犯罪工作情况的汇报（书面）；审查和批准2004年市本级财政决算；审议人事任免事项。熊焕高、肖永政分别主持。

30日 2005年江西首届房产博览会开幕式在省博物馆举行。李豆罗致辞并宣布开幕，万先勇、黄春平、曹连甲及市长助理刘建洋出席。

2005 10月 October

公元2005年10月 农历乙酉年【鸡】													
日	一	二	三	四	五	六	日	一	二	三	四	五	六
						1 国庆节	2 廿九	3 初一	4 初二	5 初三	6 初四	7 初五	8 寒露
9 初七	10 初八	11 重阳节	12 初十	13 十一	14 十二	15 十三	16 十四	17 十五	18 十六	19 十七	20 十八	21 十九	22 二十
23 霜降	24 廿二	25 廿三	26 廿四	27 廿五	28 廿六	29 廿七	30 廿八	31 廿九					

1日 南昌动物园迁建工程开工典礼举行。李豆罗宣布开工并指出，规划、建设、施工、监理等单位要切实按照“保树、活水、通路”的要求，坚持“高标准、严要求、出精品”的原则，加强协调、密切配合、通力协作，精心组织，科学管理、文明施工，把新动物园建成省会城市的一流动物园。陈守朴、万先勇、黄春平及市长助理刘建洋出席。

南昌动物园迁建工程开工典礼举行

2日 中国府第文化博物馆正式落户新建县大塘乡汪山土库。中国民间文艺家协会党组书记白庚胜，李豆罗、史蓉蓉、姚燕平、侯捷出席博物馆揭牌仪式。汪山土库位于新建县大塘乡。自2003年启动修复工程以来，共修复7栋主体房，面积超过5000平方米，完成塘、路、院等配套建设及相关绿化、亮化工程，回收部分古文物、古家具，初步具备接待游客能力。经过中国民间文化协会的实地考察论证，决定授予汪山土库“中国府第文化博物馆”称号。

6日 全国人大常委会副委员长盛华仁一行参观南昌八一起义纪念馆。省市领导余欣荣、孙用和、熊焕高陪同。

8日 2005年第四届绳金塔庙会招商引资项目签约仪式在绳金塔公园举行。李豆罗出席并致辞。他指出，通过举办庙会进一步展示南昌民俗民情，挖掘南昌文化底蕴，提升南昌的城市品位，扩大南昌知名度和美誉度，通过举办庙会，唱响绳金塔品牌，展现赣文化神韵，达到文化搭台，经贸唱戏的目的。龚建华、凌学仁、王水苟出席。庙会期间，南昌市共有40个项目达成协议，协议金额达16.1亿元，其中投资金额5000万元以上项目8个，外资项目4个，内资项目36个，项目内容涉及工业、商贸、教育、文化、卫生餐饮等领域。

9日 全市首期校长高级研修班研讨暨赴无锡挂职锻炼动员大会在市教育学院召开。史蓉蓉出席并讲话，罗慧芬出席。

10日 2005年第十届江西美发美容美体用品博览会暨江西第三届美容文化节开幕式举行。龚建华、连樟寿、凌学仁出席。

11日 全市实施畅通工程领导小组第二次全体会议召开。会议讨论洪城路十字街路口、洪都大道解放西路口、洪都北大道南京西路口3处交通调研报告。会议强调，实施"畅通工程"是南昌市发展经济的需要，市公安交管局要采取切实可行办法，提高自身的管理水平，优化交管队伍；要加强编制规划，加大投入，增添必要设施；通过增哨加岗、加强督导、开展"疏堵、治乱"等工作，为南昌市社会经济发展，全面建设小康社会提供更加安全、畅通、有序、文明的交通环境。李豆罗出席并讲话，罗为民、黄春平及市长助理刘建洋出席。

12日 玉带河北支综合改造一期建设工程竣工典礼举行。余欣荣出席并讲话，李豆罗主持。熊焕高、陈守朴、雷武江、黄春平、曹连甲及市长助理刘建洋出席。

玉带河北支综合改造一期建设工程竣工典礼举行

13日 全市征兵领导小组全体会议和全市征兵工作会议在南昌警备区召开。会议传达全省征兵工作电视电话会议精神，总结南昌市2004年征兵工作情况，部署2005年冬征兵工作任务。会议指出，2005年冬征兵具有三个鲜明特点：在搞好传统项目检查的同时，把艾滋病和吸毒检测列入体检项目；加大依法征兵力度，对县级兵役机关工作人员核发行政执法证；征集全日制在校大学生工作由部分试点转向在全市全日制高校全面铺开。李豆罗出席并讲话，卢晓健，南昌警备区司令李贤水、参谋长谢光忠、政治部主任刘希文出席。

14日 全市"三类"店搬迁、整治工作会召开。会议通报各街办、乡镇外迁金属建材切割、废品收购、水泥石灰沙石等"三类"店情况。李豆罗出席并讲话。

15日 南昌佑民寺开山1500周年庆典纪念活动暨佑民寺纯一方丈升座法会在佑民寺举行。省市领导钟起煌、王林森、雷武江、凌学仁，中央、省、市统战、宗教部门有关人士，中国佛教协会会长一诚及部分海内外佛教界代表共800余人应邀参加庆典。

同日 2005年中国（南昌）第二届服装节暨全国品牌服装服饰（南昌）博览会开幕式在省展览中心举行。龚建华出席并致辞，王水苟出席。

同日 中国作家协会副主席陈建功、李存葆，散文杂志社海外版执行主编甘以雯，与市文学界部分作家召开座谈会，就中国散文发展现状及南昌市文学发展走向进行座谈。蔡社宝出席并讲话。

17日 全市领导干部会议在红谷滩会展中心召开。会议传达学习中共十六届五中全会和全省领导干部会议精神，并结合南昌实际进行具体部署。余欣荣主持并讲话，强调要以中共十六届五中全会精神为指导，进一步明确并着力解决"十一五"期间全市经济社会发展的重大问题。必须坚定不移地坚持“快速发展是前提”的指导思想，坚持速度与效益并重，坚决克服悲观论和速胜论两种倾向，力争实现后来居上；必须坚定不移地实施大开放主战略，进一步加大招大引强特别是引进世界500强和国内200家重点企业的工作；必须坚定不移地实施建设现代制造业重要基地核心战略；必须坚定不移地加快非公有制经济发展，推动全民创业热潮的进一步形成。王样生、史蓉蓉分别传达中共十六届五中全会有关文件精神。马承祖、龚建华、陈守朴、雷武江、卢晓健、罗为民等出席。

18日 特康科技有限公司、江西万基药业一期工程、南昌新索丽科技有限公司、江西诚志日化有限公司等8大重点工业项目竣工投产典礼分别在南昌高新区和南昌经开区举行。熊焕高、陈守朴、周关出席。

19日 市委常委会议在市委六楼常委会议室召开。会议听取市委先进性教育活动领导小组办公室《关于全省先进性教育活动第四次工作会议精神及我市贯彻意见的汇报》，并同意有关意见和建议；听取市委组织部关于全国、全省“严格按照《干部任用条例》和有关规定选拔任用干部”视频会议主要精神和南昌市贯彻落实意见的汇报，并同意有关意见；审议并同意市政府党组报送的《关于呈报审定关于市以下国土资源管理体制改革的实施意见的请示》，市委组织部报送的《关于南昌市招标投标管理委员会办公室党组织设置的请示》；研究有关人事问题。余欣荣主持。

21日 2005年“军山湖杯”第四届鄱阳湖螃蟹节开幕式在南昌市水产大市场举行。李豆罗出席并宣布开幕，王样生、马承祖、熊焕高、陈守朴、蔡社宝、王水苟出席。

同日 南昌首届科技明星表彰暨项目推介会在红谷滩会展中心举行。余欣荣出席并讲话，史蓉蓉主持。龚建华宣读市政府关于授予陶捷等8人为“南昌市科技明星”的决定。中科院院士、国家光电子器件工程中心主任、南昌国家半导体照明工程产业化基地顾问陈良惠，省科技厅厅长李国强，雷武江等出席。

同日 南昌市严格按照《党政领导干部选拔任用工作条例》和有关规定选拔任用干部工作会议在红谷滩会展中心东厅召开。史蓉蓉出席并讲话，何友德主持。

22日 2005年中国南昌第四届金秋经贸活动月闭幕式在南昌国际展览中心广场举行。李豆罗作总结讲话并宣布活动月闭幕，龚建华主持。余欣荣、王样生、史蓉蓉等出席。整个活动月参与人数超过500万人次，参会客商1.8万人次；南昌市签约项目173个，引资额171.96亿元。其中，外资项目33个、引资额5.54亿美元，内资项目140个、引资额126.37亿元。

23日 江西陆军预备役步兵师高射炮团在江西陆军预备役步兵师大院内举行转服现役动员誓师大会。余欣荣出席并讲话。省军区副司令员吴品祥检阅部队。李豆罗主持，熊焕高、陈守朴、卢晓健，江西预备役步兵师师长、省军区副参谋长夏太华，南昌警备区司令员李贤水、参谋长谢光忠等出席。

同日 文明南昌行动“万店整治”调度会召开。会议通报“万店整治”进展情况。李豆罗出席并讲话，罗为民主持。万先勇、罗慧芬、凌学仁、黄春平及市长助理刘建洋出席。

文明南昌行动“万店整治”调度会召开

同日 全市“三农”工作形势分析会在新建县召开。会议指出，要集中精力围绕农村发展的目标，按照“一年抓点、两年抓提高、三年推广”的工作思路，做好重点示范村配套工作，各级负责人要积极转变工作职能，以整治自然村、建设示范村、培育专业村、建设特色村为主要任务，采取综合措施，实现农村经济发展新跨越。蔡社宝出席并讲话。

同日 长江流域人才资源开发联席会议第九次（南昌）年会在江西宾馆召开。李豆罗、人事部人才流动开发司司长余兴安，来自长江流域联席会议35个会员城市政府人事部门的130多名代表参加大会。李豆罗在讲话中指出，长江流域各城市地域相连，经济相融，文化相通，人缘相亲。希望联席会议进一步拓宽合作渠道，丰富合作形式，研究制定人才资源开发的整体性规划，建立流域人才资源系统开发机制，努力推进长江流域人才开发一体化进程，为南昌市做好“两篇文章”，实现“三个率先”，构建和谐社会，推动全民创业提供强有力的人才保证和智力支持。

24日 全市乡镇卫生院建设工作现场会在新建县召开。会议指出，要强化乡镇卫生院在农村卫生工作中的地位和作用，理顺乡镇卫生院的管理体制，创新乡镇卫生院体制机制，努力改善农村医疗卫生状况。李豆罗出席并讲话，罗慧芬、戴和旺出席。

25日 省经贸委支持服务南昌加快工业发展现场会在市政府小礼堂召开。会议围绕省经贸委如何支持、服务南昌加快工业发展、打造现代化制造业基地、实现工业“三年再翻一番”这一主题进行研讨和交流。李豆罗出席并致辞。省经贸委党组书记、主任涂勤华出席。

26日 泰耐克（南昌）国际金融大厦正式开工建设。项目总投资13.66亿元。

同日 法国家乐福、法国欧尚、英国百安居等8个知名品牌生活配套项目入驻红谷滩新区签约仪式举行。龚建华出席并致辞，余欣荣、熊焕高、雷武江、卢晓健、雷元江出席。

同日 南京区域经济农口协调会第18届年会在南昌市召开。李豆罗出席并讲话指出，南昌的快速发展与南京区域经济的发展密不可分，南昌农业和农村工作发展的过程，也就是南昌加强与南京区域各市联系交流与协作的发展过程。凌学仁出席。

同日 全市城市绿地广场规划建设现场会召开。李豆罗、黄春平实地察看东湖区、西湖区、青云谱区部分已经完工和在建绿地广场。李豆罗指出，提高城市建设水平，改善市民的生活环境是老城区改造的基本原则。

28日 市委常委会议在市委六楼常委会议室召开。会议听取市委宣传部《关于王志刚工作室汇报〈发现南昌——南昌城市营销战略策划纲要〉的汇报》，市信访局《关于市领导公开接访活动情况的汇报》，市全民创业有关情况汇报，市总工会党组报送的《全省工会工作会议精神及南昌市贯彻意见、南昌市工会工作基本情况及存在的主要问题的汇报》；审议市总工会代拟的《中共南昌市委关于进一步加强和改进新时期工会工作的实施意见》；市信访局代市委办公厅、市政府办公厅草拟的《关于切实做好全市各级党政领导公开接待群众来访工作的意见》；审议并原则同意市纪委报送的《南昌市关于贯彻落实〈建立健全教育、制度、监督并重的惩治和预防腐败体系实施纲要〉的意见》及任务分工方案。余欣荣主持。

同日 南昌——武昌城际旅客列车K458次冠名“滕王阁号”仪式在南昌火车站举行。余欣荣下达发车令，龚建华为“滕王阁号”列车揭牌。

同日 市人大常委会举行新闻发布会，通报《南昌市人民代表大会常务委员会监督司法工作条例》《南昌市流动人口计划生育管理办法》《南昌市防雷减灾条例》、《南昌市安全生产条例（修订）》4件地方性法规的制定背景、制订过程及主要内容。龚建华、熊焕高、肖永政等出席。

31日 由市、县区联合公开选拔出的76名县、科级领导干部任职暨培训班开学典礼仪式举行。余欣荣出席并讲话。史蓉蓉主持，何友德宣读任职决定。

31日至11月1日 市十二届人大常委会第三十八次会议召开。会议听取市人大常委会法制委员会关于《南昌市公共娱乐场所治安管理条例（草案）》修改情况的汇报，并分别审议和表决通过该条例草案修改稿与草案表决稿；审议市政府关于提请审议授予郑小爱等3人为南昌市荣誉市民称号的议案，表决通过《南昌市人民代表大会常务委员会关于授予郑小爱等三人为南昌市荣誉市民称号的决定》；听取并审议关于考察我市旅游资源开发利用情况的报告（书面）；审议并表决有关人事任免议案；会议还对部分单位领导及工作人员进行述职评议。熊焕高、姜任保分别主持。

2005
11月
November

公元2005年11月							农历乙酉年【鸡】						
日	一	二	三	四	五	六	日	一	二	三	四	五	六
		1 三十	2 初一	3 初二	4 初三	5 初四	6 初五	7 立冬	8 初七	9 初八	10 初九	11 初十	12 十一
13 十二	14 十三	15 十四	16 十五	17 十六	18 十七	19 十八	20 十九	21 二十	22 小雪	23 廿二	24 廿三	25 廿四	26 廿五
27 廿六	28 廿七	29 廿八	30 廿九										

1日 南昌市“提高执政能力，坚持科学发展，构建和谐社会”理论研讨会召开。蔡社宝出席并讲话。

2日 金达莱环保研发基地和中美合资南昌环保设计院成立庆典仪式在新建县长堎外商投资工业园举行。美国尔可姆集团首席执行官迪奥尼西奥，李豆罗、黄春平及市长助理刘建洋等出席。

4日 全市农村敬老院建设现场会在新建县望城镇召开。李豆罗出席并讲话，龚建华主持。

5日 南昌市“三河”(抚河、城南护城河、玉带河）向市民开放免费垂钓。李豆罗出席鱼苗投放仪式。

6日 市规划委员会2005年第5次会议召开。会议审议红谷滩新区南昌中央商务区和艾溪湖景观规划方案，南昌八一起义纪念馆的建筑和布展方案。余欣荣主持，李豆罗、龚建华、卢晓健、黄春平、雷元江及市长助理刘建洋等参加审议。

同日 连接东西外环线的重要通道——胡惠元堤拓宽延伸（昌南大道）暨京九高架工程开工典礼举行。余欣荣出席并下达开工令，李豆罗、龚建华、熊焕高、陈守朴、万先勇、黄春平及市长助理刘建洋等出席。

7日 南昌大学中德文化艺术交流中心挂牌成立。德国巴登符腾堡洲艾因根市长、德中青少年文化艺术交流学院院长克里格，省市领导胡振鹏、李豆罗等出席。

8日 河南省委书记、省人大常委会主任徐光春率河南省党政代表团考察南昌经济技术开发区、红谷滩新区及红角洲高校园区建设情况。9日，代表团一行考察南昌高新区、江铃汽车集团公司，参观南昌八一起义纪念馆。省市领导孟建柱、黄智权、陈达恒、余欣荣、李豆罗、雷武江、卢晓健、雷元江等陪同。

11日 市委发出《关于进一步加强和改进新时期工会工作充分发挥工会组织重要作用

的意见》，要求充分认识加强和改进新时期工会工作的重要意义，充分发挥工会在推动改革、促进发展、维护稳定中的重要作用；认真履行工会的基本职责，依法维护职工群众的合法权益；依法加强基层工会组织建设，不断扩大工会组织的覆盖面；加强和改进党对新时期工会工作的领导，为工会开展工作提供必要的条件。

同日 全市新农村建设工作座谈会在市委农工部会议室召开。会议传达全省新农村建设工作会议精神，部署有关工作。会议指出，要围绕“生产发展、生活宽裕、乡风文明、村容整洁、管理民主”开展新农村建设，以村镇景观化、产业特色化、农民知识化、经营合作化、管理社区化统领新农村建设工作，提升基层班子战斗力、提升村镇自我发展能力、提升农村文明和谐程度。蔡社宝出席并讲话。

同日 法国第戎市与南昌市签订友好交流备忘录。双方决定今后在平等、互利的基础上，广泛开展经济、文化、教育、科技等方面的交流与合作。余欣荣、史蓉蓉、龚建华出席签字仪式并会见法国第戎市副市长阿莱尔一行。

13 日 全市工会工作会议在红谷滩会展中心召开。会议深入学习贯彻中共十六大、十六届四中、五中全会及全省工会工作会议精神，研究部署进一步加强和改进新时期工会工作。史蓉蓉出席并讲话，熊全柏、周关、万玉明出席。

14 日 市委常委会议在市委六楼常委会议室召开。会议听取南昌警备区《江西省民兵预备役部队“一线指挥部”建设总结表彰大会精神》及《江西省国动委第七次全体会议主要精神和贯彻意见》的汇报，并原则同意南昌警备区就贯彻落实这两个会议精神提出的意见；审议《中共南昌市委关于制定南昌市国民经济和社会发展第十一个五年规划的建议（送审稿）》；审议并同意市委宣传部报送的《关于评选全市“十大文明社区”“十大文明村庄”“十大平安卫士”“十大创业先锋”的请示》，市总工会、团市委、市妇联、市文联、市社联、市残联、市科协党组分别报送的《关于召开南昌市工会第十二次代表大会的请示》《关于召开共青团南昌市第十五次代表大会的请示》《关于召开南昌市妇女第十一次代表大会的请示》《关于召开南昌市文联第七次文化会进行换届的请示》《关于筹备召开南昌市第四次社会科学工作者代表大会的请示》《关于要求召开南昌市残疾人联合会第三次代表大会的请示》《关于召开南昌市科学技术协会第七次代表大会的请示》；研究有关人事问题。余欣荣主持。

15 日 市委办公厅、市政府办公厅发出《关于印发〈南昌市关于贯彻落实建立健全教育、制度、监督并重的惩治和预防腐败体系实施纲要的意见任务分工方案〉的通知》，要求加强教育引导，筑牢拒腐防变的思想道德防线；建立和健全反腐倡廉制度，为惩治和预防腐败提供保证；严格监督制约，切实规范权力的正确行使；严肃查处违纪违法案件，充分发挥惩治的重要作用；加强领导，明确责任，切实把建立健全惩治和预防腐败体系工作落到实处。

同日 南昌市举行新闻发布会，宣布审批办证中心电子政务系统（网上办证）开通及“一审一核制”实施。龚建华出席并讲话。

16 日 全市会展经济工作会议在南昌国际展览中心召开。会议总结 2005 年以来全市会展经济发展情况，研究部署下一步工作。余欣荣出席并讲话，李豆罗主持。龚建华、熊焕高等出席。

17 日 台湾泳昌企业集团与南昌经济技术开发区、红谷滩新区签订合作协议，决定联手打造微电子科学园和研发中心。余欣荣出席签约仪式并致辞。龚建华、雷元江及台湾泳昌企业集团总裁梁敬建等出席。

18 日 余欣荣率南昌市代表团到英国、德国、土耳其三国进行为期 12 天的工作访问。

在德国访问期间，南昌市与德国黑森州签署教育合作协议；在英国访问期间，余欣荣一行考察欧洲福特达格南发动机厂，确定将福特汽车发动机项目落户江铃；在土耳其访问期间，余欣荣会见土耳其可契利省长阿库·阿塔进行友好交谈。

19日 全市外贸出口工作会在市政府小礼堂召开。会议指出，2005年前10个月南昌市实现外贸出口7.2亿美元，完成省里9月份调增给南昌市8.6亿美元年计划的83.77%，已经超过了原计划的进度，全市的外贸出口已经占到全省设区市出口总量的45.3%。龚建华出席并讲话，市直有关部门、各县区相关单位及30余家重点企业负责人出席。

21日 全国社会保险稽核工作会议在南昌市召开。南昌市被国家劳动和社会保障部列为全国退休人员社会化管理服务和全国社会保险经办机构能力建设的重点联系城市。

同日 市政府第38次常务会议召开。会议讨论研究《关于加强畜禽养殖污染防治管理的通告》《关于加强环境保护工作的实施意见》《关于分离市属农口企业自办中小学校的实施方案》《南昌市城市管理相对集中行政处罚权实施办法》《南昌市城区河流垂钓管理规定》等。李豆罗主持。

24日 全市“整治市容环境与市民对话”活动举行。李豆罗、马承祖、罗慧芬参加。

25日 市政府召开汇报会，向国家体育总局汇报南昌市体育事业发展工作，并正式提交申请，要求承办2011年第九届全国城市运动会。国家体育总局局长刘鹏，省市领导胡振鹏、李豆罗、罗慧芬等出席。

26日 南昌物流行业协会成立大会在市政府小礼堂举行。李豆罗出席并揭牌，凌学仁、王水苟出席。

30日 市政府发出《印发〈关于加强环境保护工作的实施意见〉的通知》，要求明确责任，完善环境质量行政领导负责制；强化环境保护执法，坚持依法行政；科学制定环保规划，严格环境保护审批；加强环境宣传教育，提高全民环境意识；落实全国生态环境保护纲要，加强农村环境和生态保护；加大投入，提高环境保护基础建设水平；依靠科技进步，推进环保产业发展；加强环保机构建设。

2005
12月
December

公元2005年12月							农历乙酉年【鸡】						
日	一	二	三	四	五	六	日	一	二	三	四	五	六
				1 初一	2 初二	3 初三	4 初四	5 初五	6 初六	7 大雪	8 初八	9 初九	10 初十
11 十一	12 十二	13 十三	14 十四	15 十五	16 十六	17 十七	18 十八	19 十九	20 二十	21 廿一	22 冬至	23 廿三	24 廿四
25 廿五	26 廿六	27 廿七	28 廿八	29 廿九	30 三十	31 初一							

1日 全市中小学危房改造工作现场会在南昌县召开。会议强调，中小学危房改造工作是一项动态工作，各级各部门一定要做到警钟长鸣，常抓不懈，要建立健全中小学危房改造的长效管理机制，精益求精，对照任务，查找差距，彻底解决农村中小学危房问题，为全面改善农村办学条件，提高农村教育水平，为全面提高农村人口素质，建设小康社会做出积极贡献。李豆罗出席并讲话，姚燕平、罗慧芬出席。

2日 市全民普法20周年纪念大会暨法制文艺演出在红谷滩会展中心举行。会议强调，各级、各部门要精心谋划“五五”普法工作，不断把南昌市普法依法治市工作引向深入；要充分认识到做好普法依法治市工作的重要性，认真开展全民普法20周年纪念活动，大力宣传普法依法治市工作；要大力推进法治南昌建设，不断加快依法治市步伐，努力推动人民群众法律素质有一个新提高，城市法治管理水平有一个新飞跃，普法依法治市工作有一个新境界，为“十一五”规划的顺利实施，创造良好的法制环境。李豆罗出席并讲话，卢晓健、罗为民、熊全柏、万玉明出席并观看。

4日 全市文明南昌行动委员会调度会召开。会议通报万店整治和城中村整治等方面的情况，并就下一阶段各项创建工作进行部署。李豆罗出席并讲话。

6日 全市冬季消防工作会议召开。会议要求，全市要以整治“六小场所”（小门店、小作坊及出租屋、小网吧、小招待所、小餐厅、小影视厅）火灾隐患为重点，充分发挥点多面广优势，发动基层组织和群众全面开展一次消防安全大检查，确保全市重大火灾隐患在年底前全部整改到位。李豆罗出席并讲话。

7日 南昌市向九江地震灾区赈灾捐赠仪式举行。李豆罗、张国华等出席。

8日 南昌市换发第二代身份证首发仪式举行。李豆罗、龚建华、胡焯等出席。

9日 凌晨，一辆运载桶装化学品三氯氧磷的赣 M－03089 大货车，在江西梨温高速公路进贤县境内 225 公里处，被后方行驶车辆追尾碰撞，造成 3 人当场死亡和部分三氯氧磷泄漏。事故发生后，孟建柱、黄智权做出重要指示，要求妥善处理事故。余欣荣、凌成兴率公安、安监、环保、消防等部门人员立即赶赴现场，采取有效措施组织事故抢救、展开现场清理、疏散周边群众、进行环境监测，并对泄漏的三氯氧磷进行处置。经过近 20 个小时的战斗，现场基本处理完毕，环保部门对空气质量和水质质量进行检测，符合生活要求，被安全疏散的涉及 2 个乡、5 个村委会 54 个自然村的 6100 余名群众逐渐返家，恢复正常生活。

10 日　全市建立健全惩治和预防腐败体系任务分工会议在市委第一会议室召开。会议就如何更好地建立健全教育、制度、监督并重的惩治和预防腐败体系进行具体部署。余欣荣出席并讲话，史蓉蓉主持。马承祖、罗为民、胡焯、沙闻麟出席。

11 日　由中宣部、中直机关工委、中央国家机关工委、解放军总政治部等联合举办的神舟六号载人航天飞行先进事迹巡回报告会在省体育馆举行。周建平、费俊龙、聂海胜等 9 名载人航天工程领域的功臣作报告。省市领导孟建柱、黄智权、余欣荣、郝敬民、李豆罗等听取报告，彭宏松主持。

同日　神舟六号载人航天飞行先进事迹报告团全体成员到八一广场，向八一南昌起义纪念塔敬献花篮。省市领导彭宏松、刘上洋、李豆罗等出席，余欣荣主持敬献花篮仪式。

12 日　全市妇女儿童工作会议召开。会议传达贯彻第四次全国妇女儿童工作会议和第二次全省妇女儿童工作会议精神，总结五年来全市实施《南昌市妇女发展纲要》和《南昌市儿童发展纲要》的成绩和经验，部署今后五年实施任务。李豆罗出席并讲话，要求各级各部门认真贯彻男女平等基本国策；积极引导、支持广大妇女参与政治、经济、文化、社会事业；加强领导，进一步完善“党委领导、政府负责、妇女儿童牵头、多方协调、社会共同参与”的妇女儿童工作机制。罗慧芬出席。

同日　全市先进性教育活动第五次工作会议召开。会议对全市第二批先进性教育活动进行总结，并对第三批先进性教育活动的具体工作做出部署。史蓉蓉出席并讲话，罗为民、侯捷出席。

13 日　国家一类城市·南昌语言文字工作评估汇报会在滨江宾馆召开。省人大常委会副主任、省评估团团长万学文，教育部语言文字应用管理司司长、国家语言文字工作评审组组长杨光一行听取汇报。龚建华出席并致辞。姚燕平、罗慧芬、侯捷出席。14 日，公布评估结果，南昌市达到“普通话初步普及，汉字的社会应用基本规范”的新世纪初叶语言文字工作的目标要求。

14 日　全市“城中村”整治现场会召开。与会人员实地考察青山湖区塘山镇罗万罗谢村和湖坊镇湖坊村的试点整治效果。李豆罗出席并讲话，他指出，各城区要按照“做好规划、分步实施，先市容环境、后基础设施”的整治要求，认真对照国家卫生城市标准中有关“城中村”的标准，积极开展整治工作，尤其是在环卫设施、道路硬化、污水排放、“六小”行业等 11 个方面加大力度；要不断增添和完善设施、切实搞好村容整治和亮化绿化工作，把城中村建设成为生产发展、生活宽裕、乡风文明、市容整洁和管理民主的社会主义新农村。市创建指挥部副总指挥钟乐初出席。

17 日　市委常委会议在市委六楼常委会议室召开。会议传达学习省委十一届十次全会精神；会议审议《中共南昌市委关于制定南昌市国民经济和社会发展第十一个五年规划的建议（送审稿）》《中共南昌市委常委会 2005 年度工作报告（送审稿）》；审议并同意市人大常委会党组报送的《关于呈请审批〈中共南昌市人大常委会党组关于进一步加强市人大代表工作和市人大常委会制度建设的意见〉的请示》《关于召开南昌市第十二届人民代表大会第七次会议有关建议事项的请示》《关于我市部分省人大代表职务变动的情况报告》《关于提请审查〈南昌市2006年立法计划（草案）〉的请示》，市政协党组报送的《关于召开政协南昌市第十一届委员会第六次全体会议的请示》，市综合目标管理考核领导小组办公室报送的《关于提请市委常委会审定2005年度全市综合目标考核工作几个问题的请示》，市委组织部报送的《市委协管干部工作程序》《关于成立中共南昌市纪律检查委员会驻市信访局纪检组的请示》；审议并原则同意市法制宣传教育工作领导小组报送的《关于申报全国、全省“四五”普法先进集体、先进个人的请示》《关于做好我市“四五”普法先进集体、先进个人评选表彰工作的请示》；研究有关人事问题。余欣荣主持。

18日 微电子技术与南昌工业现代化高层论坛开幕式在滨江宾馆举行。中国科学院院士简水生、李衍达，中国工程院院士倪光南、周立伟等10余名微电子技术领域的专家学者应邀参加论坛并作专题报告。余欣荣出席并致辞，史蓉蓉、罗慧芬出席。

19日 市政府办公厅发出《关于转发赣府厅发〔2005〕57号文〈关于进一步做好农村寄宿制学校建设工程实施工作若干意见〉的通知》，要求严格执行建设计划，保证寄宿制工程顺利实施；加强专项资金管理，提高寄宿制工程资金使用效益；加强工程质量管理，确保寄宿制工程所建校舍安全可靠；采取切实可行的措施，加强寄宿制学校管理；加强督查，落实责任。

同日 2005年南昌投资环境（青岛）推介会在青岛香格里拉大饭店举行。龚建华、青岛市委副书记王文华分别致辞，连樟寿主持。青岛市副市长臧爱民，万玉明、市长助理刘建洋及来自海内外350余名客商出席。南昌市签约项目22个，引资额约37亿元。投资涉及工业制造业、农业、商贸流通、基础设施等领域。

同日 龚建华、连樟寿、万玉明一行考察青岛海信集团总部、青岛经济技术开发区，并与企业和开发区相关负责人座谈。

20日 全市安全信访稳定工作会议在市委第一会议室召开。会议强调，各县区、各部门要从构建社会主义和谐社会和密切党同群众血肉联系的高度，进一步增强做好当前安全、信访、稳定工作的紧迫感和责任感，求真务实创造性开展工作，为构建和谐平安南昌和实现南昌经济社会又快又好发展奠定更加坚实的基础。余欣荣出席并讲话。

21日 全市党外人士座谈会召开。会议听取市各民主党派、工商联负责人和无党派人士对中共南昌市委《关于制定南昌市国民经济和社会发展第十一个五年规划的建议（征求意见稿）》的意见和建议。雷武江主持，余欣荣、史蓉蓉、姚燕平等出席。

22日 南昌市无党派知识分子联谊会成立大会在市委第一会议室举行。会议审议通过《南昌市无党派知识分子联谊会章程》；选举产生市无党派知识分子联谊会常务理事、会长、副会长、秘书长。史蓉蓉、雷武江出席并讲话。

24日 全市领导干部“坚持科学发展观，推动南昌和谐创业”学习研讨班正式开班。余欣荣主持并结合南昌“十五”期间取得的初步成效，就如何谋划南昌“十一五”时期的发展作专题报告。李豆罗致开班辞，王祥生、史蓉蓉、马承祖等出席。

同日 南昌市中华民族文化促进会成立仪式举行。全国政协常委、中华民族文化促进会主席高占祥出席并揭牌。李豆罗出席并讲话，罗慧芬、侯捷，中华民族文化促进会副主席王石、田爱习、金坚范等出席。南昌市是第一个成立中华民族文化促进会的省会城市。

27日 市委八届十次全体（扩大）会议召开。会议深入学习贯彻中共十六届五中全会、中央经济工作会和省委十一届十次全会精神；讨论审议《市委常委会2005年度工作报告》和《中共南昌市委关于制定南昌市国民经济和社会发展第十一个五年规划的建议》；审议并原则通过《中共南昌市委关于制定南昌市国民经济和社会发展第十一个五年规划的建议》和《市委常委会2005年度工作报告》；总结“十五”时期的工作；谋划“十一五”的发展；研究部署2006年的工作。余欣荣出席并讲话，李豆罗作关于《中共南昌市委关于制定南昌市国民经济和社会发展第十一个五年规划的建议》的说明。市委常委会主持。王梓生、史蓉蓉、马承祖、龚建华、熊焕高、陈守朴、雷武江、蔡社宝、卢晓健、张国华、罗为民、胡焯等出席。不是市委委员、市委候补委员的市人大常委会、市政府、市政协党组成员、党员助理巡视员；市中级人民法院院长、市人民检察院检察长、南昌警备区司令员；市纪委委员；市委、市人大常委会、市政府、市政协党员正副秘书长；各县区党政主要负责人，南昌经济技术开发区、南昌高新开发区、红谷滩新区、桑海开发区、英雄开发区工委、管委会主要负责人；市委各部门、市直各单位、市政府驻外办事处、市属

市委八届十次全体（扩大）会议召开

大专院校党员主要负责人，驻市金融机构、驻市重点企业主要负责人列席。

28日 江西铜业集团6000吨高档铜箔暨10万吨铜板带项目开工典礼举行。省领导黄智权出席并下达开工令，吴新雄出席并讲话。省市领导蒋仲平、凌成兴、黄懋衡、李豆罗、周关等出席。

同日 年产30万片芯片的富昌科技有限公司开工仪式在南昌经济技术开放区举行。余欣荣出席并致辞，李豆罗主持。龚建华、熊焕高等出席。

同日 南昌现代商贸业发展论坛在滨江宾馆举行。来自省内部分专家与南昌各大商业企业老总们为未来五年南昌力争建成中部地区商贸中心献计献策。余欣荣出席并致辞，李豆罗主持。连樟寿、凌学仁、王水苟等出席。

同日 南昌市餐饮烹饪行业协会成立20周年庆祝大会举行。李豆罗、连樟寿、凌学仁到会祝贺。

同日 由香港慈济医疗投资集团投资的全省第一家女子医院——南昌仁爱女子医院开业。李豆罗出席开业典礼并剪彩。

同日 余欣荣在市委六楼会见厅会见阿联酋BISSAN PLONEER公司董事长海森一行，就推进双方合作的有关事宜进行会谈。该公司决定在青山湖区投资打造服装出口加工基地。

同日 南昌教育学院建院20周年庆典在红谷滩会展中心举行。近200名各界人士与该校2000余名师生和毕业生代表出席庆典大会。省市领导余欣荣、刘运来、熊焕高等出席，罗慧芬主持。

29日 隆鑫广场开工奠基典礼举行。李豆罗、连樟寿、凌学仁、王水苟等出席。该项目由全国民营企业500强——浙江彪马集团投资建设。

29—30日 市十二届人大常委会第三十九次会议在市人大常委会议室召开。会议

听取市人大常委会选任联工委关于南昌市第十二届人民代表大会第六次会议代表提出的建议批评和意见办理情况的报告（书面）；听取和审议市政府关于南昌市“十五”计划执行情况和“十一五”规划编制情况的汇报，市政府关于南昌市2005年财政收入超收安排使用情况的汇报，市人大常委会执法检查组关于开展《中华人民共和国传染病防治法》执法检查的报告（书面），关于考察全市体育工作情况的报告（书面），市政府关于办理市十二届人大六次会议代表建议工作情况的汇报（书面）；述职评议对象整改情况的汇报（书面），关于补选南昌市第十二届人民代表大会代表的代表资格审查报告；审议南昌市第十二届人民代表大会第七次会议议程（草案），市人大常委会工作报告（草）；审议并通过《南昌市城市湖泊保护法条例》《关于表彰市人大先进代表小组和市人大代表积极分子的决定》《关于召开南昌市第十二届人民代表大会第七次会议的决定》及有关人事任免事项；决定2006年1月17日召开南昌市第十二届人民代表大会第七次会议。熊焕高、姜任保、肖永政、余根水、熊全柏、姚燕平、连樟寿、何友德及万加良等出席。

30日　中国（南昌）绿色·无公害食品博览会暨2005年江西省食品展销洽谈会开幕式在省展览中心举行。王君宣布开幕。省市领导余欣荣、蒋仲平、凌成兴、雍忠和、李豆罗、周关及中国食品工业协会常务副会长韩家增、商务部副司长周世杰等出席。来自湖北、广东、福建、上海等省市和省内600多家、1000多种有机食品、绿色食品、无公害农产品、土特产品及地方名特优食品加工产品等参展。

同日　江铃控股公司首款具有完全自主知识产权的乘用车——“陆风风尚”正式下线。省领导王君、余欣荣、蒋仲平、凌成兴等出席下线仪式。

同日　全市农村乡镇书记、乡镇长会议在南昌国际会展中心召开。会议就贯彻落实市委八届十次全会精神，谋划当前和2006年的农村、农业、农民“三农”工作进行专题研究部署。会议强调，要突出一个主题，按照“生产发展、生活宽裕、乡风文明、村容整洁、管理民主”的基本要求，进行新农村建设；要建好一批基础工程，加快推进农村公路、机电泵站、农村学校危房改造、乡镇卫生院等工程建设；要抓好一批常规工作，进一步加大冬修、冬种、冬防力度，做好森林防火和推进计划生育，并大力开展文化下乡活动，推进农村文化建设；要办好一件急事，针对水禽容易感染、传播禽流感等特点，做好疫苗注射，实现人禽分离；要保持一个好的心态，广大农村干部要埋头苦干抓落实，把精力和思想都集中在工作上，加强廉洁自律、把贯彻落实市委八届十次全会精神的各项措施切实落到实处。余欣荣出席并讲话，李豆罗主持。龚建华、蔡社宝、卢晓健等出席。

同日　南昌市妇女第十一次代表大会开幕式在红谷滩会展中心举行。大会审议南昌市妇女联合会第十届执行委员会工作报告，选举产生南昌市妇女联合会第十一届执行委员会。大会作《坚定不移贯彻落实科学发展观、团结动员广大妇女为促进南昌崛起实现妇女事业的新跨越而奋斗》工作报告。史蓉蓉、省妇联主席李亚平出席并讲话。余欣荣、李豆罗、王样生出席。

同日　共青团南昌市第十五次代表大会开幕式在滨江宾馆举行。2006年1月1日闭幕。大会审议共青团南昌市第十四届委员会工作报告、共青团南昌市第十四届委员会关于团费收缴、管理和使用情况的报告，并选举产生共青团南昌市第十五届委员会。李豆罗、团省委书记钟志生出席并讲话，余欣荣、王样生、史蓉蓉出席。

31日 市委发出《关于印发〈市委常委会2005年度工作报告〉的通知》，强调坚持用科学发展观统领经济社会发展全局，推动经济社会继续保持快速、协调、持续发展；坚持以人为本，努力构建和谐平安南昌；坚持以提高执政能力和增强先进性为目标，扎实推进党的建设新的伟大工程。

同日 市第四次社会科学工作者代表大会在红谷滩会展中心开幕。大会作《繁荣哲学社会科学促进南昌经济社会快速和谐发展》工作报告；决定将“南昌市社会科学学会联合会”更名为“南昌市社会科学界联合会”，并改用“市社科联”的简称，继续承袭原南昌市社会科学学会联合会的届次、组织机构、权利义务及工作职责。李豆罗，省社科联负责人出席并揭牌。王样生、史蓉蓉等出席。

同日 市文学艺术界联合会第七次代表大会在红谷滩会展中心开幕。大会作《牢牢把握先进文化的前进方向、构建和谐南昌争取南昌文艺事业的持续繁荣》工作报告。王样生、省文联负责人出席并讲话。李豆罗、史蓉蓉、马承祖出席。

ISBN 978-7-5144-0502-6

9 787514 405026 >

ISBN 978-7-5144-0502-6
定价：360.00 元